石英
 长石
 云母
 角闪石
 石膏
 赤铁矿

部分土壤原生矿物图片

广东赤红壤剖面

广东水稻土剖面

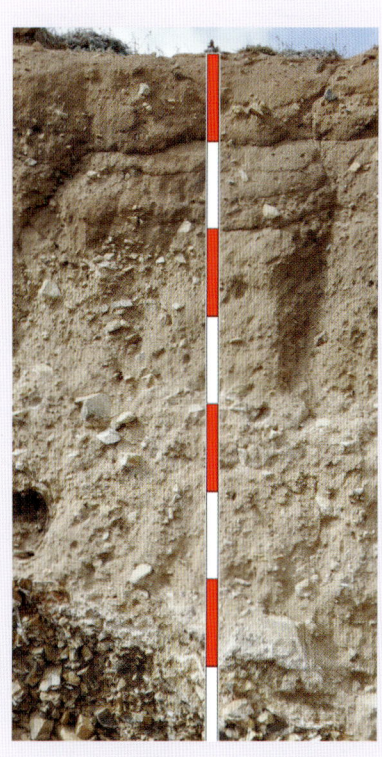

乌兰巴托郊区的棕钙土剖面

青藏高原东北部白浆土剖面

高山草甸土剖面

南极长城站区冰沼土剖面

北京城市土壤剖面

北京城郊土壤剖面
(含埋藏土层)

陕西关中的土壤钙化过程

北京延庆的土壤钙化过程

陕西关中平原旱作人为土形成及其剖面图

海南岛砖红壤

东北地区黑土地

黄土高原坡耕地治理

土壤灌溉

李天杰教授等1960年参加中国科学院新疆治沙队考察

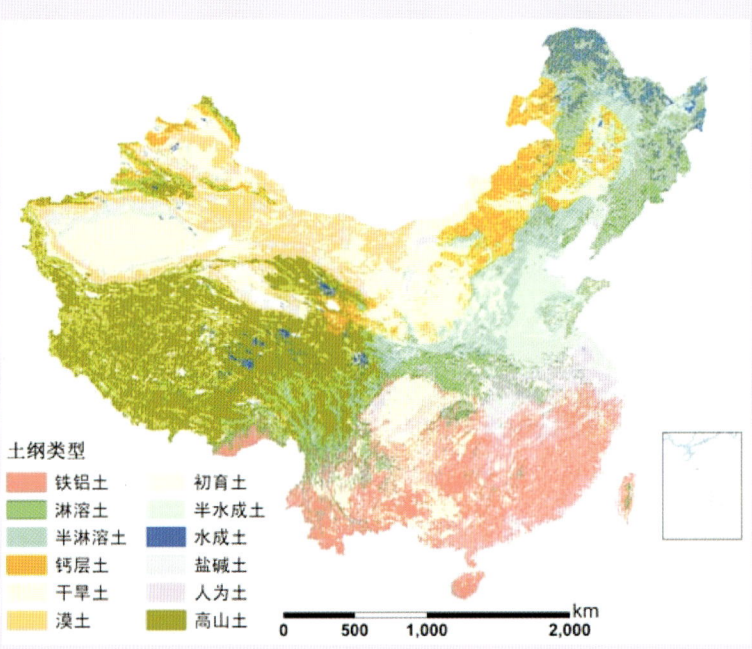

基于中国土壤发生分类的中国1:100万数字化土壤图(土纲)(来源:中国科学院南京土壤研究所)

本书作者研制的美国农部制土壤颗粒粒级参比沙盘　　本书作者研制的美国农部制土壤质地类型参比沙盘

(图片由赵烨提供)

"十二五"国家重点图书出版规划项目

陕西出版资金资助项目

中国地学通鉴

土壤卷

主　编　李天杰

副主编　赵　烨　张科利　杨胜天

陕西师范大学出版总社

图书代号:ZZ18N1624

图书在版编目(CIP)数据

中国地学通鉴. 土壤卷 / 徐冠华等主编; 李天杰等分册主编. —西安: 陕西师范大学出版总社有限公司, 2018.6
ISBN 978-7-5613-8347-6

Ⅰ.①中… Ⅱ.①徐… ②李… Ⅲ.①地理学—研究—中国 ②土壤学—研究—中国 Ⅳ.①K90 ②S15

中国版本图书馆 CIP 数据核字(2016)第 029880 号

中国地学通鉴·土壤卷
ZHONGGUO DIXUE TONGJIAN TURANG JUAN

主编:李天杰

出版统筹	刘东风
项目策划	郎根栋　卢文石
责任编辑	郎根栋
责任校对	卢文石　郎根栋
封面设计	龚心宇
出版发行	陕西师范大学出版总社
	(西安市长安南路199号　邮编:710062)
网　　址	http://www.sunpg.com
印　　刷	陕西金德佳印务有限公司
开　　本	850mm×1194mm　1/16
印　　张	27.75
插　　页	6
字　　数	650 千
版　　次	2018 年 6 月第 1 版
印　　次	2018 年 6 月第 1 次印刷
书　　号	ISBN 978-7-5613-8347-6
定　　价	220.00 元

《中国地学通鉴》编委会

主　　　任　　刘昌明

副 主 任　　高经纬　　刘东风

总 主 编　　徐冠华　　郑　度　　陆大道　　管华诗

编　　　委　　（以姓氏笔画为序）

马林兵	王劲峰	王恩涌	方修琦	石　朋
卢文石	卢新卫	刘　康	刘东风	刘安国
刘昌明	齐清文	芮孝芳	李天杰	李凤棠
李家清	杨永春	杨守仁	杨胜天	杨景胜
吴启焰	吴晋峰	吴殿廷	吴德星	汪新庄
宋长青	张　臣	张　量	张安定	张远广
张治勋	张科利	陆大道	陈忠暖	罗　宏
岳冬菊	周尚意	郑　度	郑景云	郎根栋
孟　伟	封志明	赵　烨	赵　媛	郝志新
胡方荣	胡兆量	宫作民	姚　成	高经纬
索文清	党安荣	徐冠华	曹小曙	揭　毅
葛全胜	董玉祥	景才瑞	景高了	程顺有
傅伯杰	甄　峰	雷明德	蔡运龙	管华诗
樊　杰	颜廷真	薛东前		

总 序

地球科学是以地球系统(包括大气圈、水圈、岩石圈、生物圈和日地空间)的过程与变化及其相互作用为研究对象的基础学科,是研究地球内部和表面、地球与周围流体,以及与人类的相互关系等一类学科的总称。地球科学涵盖范围极其广泛,主要包括地质学、地理学、地球物理学、地球化学、大气科学、遥感科学、海洋科学和空间物理学以及新的交叉学科(地球系统科学、地球信息科学)等分支学科。地球科学的根本任务在于认识地球,合理开发利用自然资源,预防或减轻自然灾害,保护与改善人类生存环境,协调人与自然的关系,为经济、社会发展服务。

中国古代地学知识萌芽很早,至春秋战国时代已在许多方面取得了杰出的成就。战国以后逐渐形成传统的"方舆之学"。明中叶以后,徐霞客等注重实地考察、探讨自然规律,开辟了中国地学研究的新方向。但是,中国近代地学是在西方近代地学传入后开始的,张相文、竺可桢、翁文灏等为中国传统地学向近代地学的转变和发展作出了贡献。

20世纪以来,地球科学发展突飞猛进,其研究成果和科学认识对人类生存、生活质量的提高和社会可持续发展至关重要,地球科学已成为人类社会发展的支柱科学之一。中国地球科学也得到长足发展,取得许多重大成就。从地域背景来看,中国具有的许多世界上独特的自然环境和资源有利于地球科学研究的发展,例如,有"世界屋脊"之称的青藏高原对全球自然环境及其变化产生了显著影响;独具特色的东部滨太平洋成矿带和绵亘东西的中亚成矿带的地质演化和成矿条件;黄土高原是世界上黄土分布最集中、覆盖厚度最大的区域,河流泥沙含量之高,举世闻名;覆盖面积约100万平方千米之广的喀斯特(或岩溶)区,其发育程度和类型堪称世界之最;中国还是地震断裂带十分活跃的国家,有丰富的历史地震资料;中国诸多时代的地层比较完整,埋藏着独特的古生物群,是进行古生物、古人类与古环境研究的优越场所;中国海岸线漫长、海域和陆架区辽阔,生态环境独特,矿产资源丰富,物理、化学、生物和地质过程复杂,为研究陆海相互作用和边缘海形成、演化及其动力学提供了理想场所;中国地域辽阔,气候、生物与生态环境的多样性,举世瞩目。所有这些,形成了具有显著特色和优势的中国地球科学研究事业,产生了众多在国际上具有重大影响的研究成果。中国老一辈地质学家创立并发展的"陆相生油"理论,打破了西方的"中国贫油论",甩掉了中国贫油帽子;"黄土风成说"的确立,使中国黄土与海洋沉积、冰芯一起,成为全球环境变化国际对比的三大标准;叶笃正创立的大气长波能量频散理论,对动力气象学发展作出了重要贡献,"夏季高原为热源"和"大气环流有季节性变化"的理论已成为大气科学方面的经典;中国科学家对珠穆朗玛峰地区和青藏高原的综合科学考察,成为人类科学了解"地球第三极"自然环境的基础;云南澄江大批动物群化石的发现,揭示了生物进化的突发性,并将动物起源时间向前推进

5000万年。经过长期不懈的努力,中国地球科学不仅在地理学、地质学、气象学等传统地球科学分支学科研究中不断深入,在一些交叉学科如地球物理、地球化学、海洋学等领域也都取得重要突破。并为国家宏观决策提供依据,对各类自然资源能源的普查勘探与开发、天气预报与气候预测、海洋开发、国土整治与规划、农业的可持续发展、环境保护与改善、自然灾害防治、重大工程建设、空间计划实施、国防建设以及人类对自然认识的提高等起到不可替代的重要作用。因此,系统全面地分析、研究、总结中国地学各领域科学研究工作取得的一系列成就和实践状况,对进一步推动中国的社会经济建设、地球科学及其他各项事业的发展具有重大的现实意义和深远的历史意义。

在全国数十所大学和科研单位的大力支持下,我们集多方之力编纂成《中国地学通鉴》这套大型地球科学研究志书。全书由地理卷、测绘与地理信息卷、地质卷、地球物理卷、地球化学卷、地貌卷、气候卷、水文卷、土壤卷、生物卷、海洋卷、灾害卷、资源卷、人口卷、民族卷、城市卷、文化地理卷、旅游卷、国土经济卷、环境卷、地理教育卷共21卷组成。各卷内容包括中国各地学要素的综合研究概况、各学科科学研究工作的进展及取得的成就、各地学要素的区域特征、科学研究的主要信息等4部分。翔实记载了中国地球科学领域发生的重大变化和在科学研究与实践等方面取得的巨大成就,系统介绍了中国各地学要素的形成、发展、分布规律与特征等方面的研究进展,全面反映了中国地球科学各领域的研究成果、现状和发展趋势。然而,地球科学范围非常广泛,分支学科纷繁复杂,取得的研究成果和成就更是数不胜数,不是21卷书所能穷尽的。我们这里仅选择了部分重点的学科加以总结,以期能够为推动中国地球科学发展和社会经济建设提供参考与借鉴。

《中国地学通鉴》是由全国40多所大学和科研院所300多位地学领域的专家和学者先后历时5年编纂而成,涵盖了地球科学的主要领域,以经济建设为轴线的指导思想明确,因此,可广泛服务于生产建设各个部门,是制定发展战略、规划、生产布局等方面必不可少的科学参考文献,并有助于提高其科学性、求实性和效益性。全书以其全面、权威的古今发展变化资料记载,为国家的国土资源及能源开发利用、经济社会与文化事业的发展、生态环境的综合治理、科学研究工作等提供详细、可靠的信息资料并发挥积极的推动作用和强有力的支持。

在《中国地学通鉴》付梓之际,仅对参加和支持本书编纂工作的各位专家、学者以及有关部门、科研院所、大专院校表示衷心感谢!对书中所引用的书籍、文献的作者表示由衷的谢意!

由于水平能力所限,书中难免存在一些疏漏和差谬,恳请广大地学工作者和读者不吝批评。

中国科学院院士 刘昌明
2015年10月

前 言

自然环境复杂多变,地壳新构造运动强烈,再加人类农耕历史悠久,故在辽阔的中华大地上孕育了丰富多样的土壤。作为人类生存发展的重要自然资源和自然环境的基本组成要素,人类对土壤的认识与剖析、利用与管护、改良与研究的历史悠久,如形成于商周之际的中国古代物质观——五行学说,认为金、木、水、火、土构成了宇宙中万事万物,并指出了土具长养、化生、承载的特征;中国古代劳动人民早就将中国疆域的土壤归并为五色土,并根据土壤颜色、质地、结构、孔隙、结聚、有机质、盐碱性等肥力因素,结合地形、水分、植被等自然条件,将九州的土壤分为18类。这些也奠定了朴素土壤学形成的基础。在近代中国土壤研究进程中,经过几代人的不懈努力,土壤科学研究取得了很大成就。在土壤形成与发育、土壤分类,以及古土壤形成环境等方面极大地丰富和推动力世界土壤科学的发展。中国土壤学者在人为土壤和干旱土壤方面的研究成果,在世界土壤科学领域有着重要影响力。在20世纪中后期中国进行的两次全国土壤普查,既摸清了中国土壤资源家底,揭示了土壤地理分布规律,也丰富了世界土壤资源信息库。

从土壤作为资源环境集合体及其与人类生产生活的相互关系来看,土壤具有肥力/生产能力、生态服务和环境调节等三方面的功能。中国土壤科学研究经历了认识土壤这个历史自然综合体、分析土壤与成土环境之间的相互作用、剖析土壤物质组成、性状及其空间分布规律,土壤资源利用与管护措施、土壤退化防治对策等阶段,即上述土壤资源方面的研究在保障国家粮食安全方面发挥了巨大的作用。自20世纪后期以来,中国土壤科学界日益关注土壤污染防治技术、土壤在全球变化中作用的研究,使土壤的生态服务与环境调节功能成为研究的热点领域,这也充分跟踪了国际土壤科学的发展趋势,即联合国等确定的2015国际土壤年(2015 InternationalYearofSoils),其主题为"健康的世界需要健康的土壤(The needs of healthy soils for a healthy world)""健康的土壤是健康食品生产的基础(Healthy soils are the basis for healthy food production)"。回顾和总结中国土壤特征及中国土壤学家的研究成就,对合理利用土壤资源、促进农业发展,以及保证世界粮食安全都具有重要意义。同时,对促进中国土壤科学的进一步发展和正确把握未来土壤科学的发展方向也有重要的参考价值。

《中国地学通鉴·土壤卷》是在充分总结几十年中国土壤学者研究成果的基础上完成的。全书分为四篇:第一篇为中国土壤概括,包括四章内容;第二篇为中国土壤土壤科学研究综述,包括九章内容;第三篇为中国土壤类型及其空间分布,包括四章内容;第四篇为中国土壤科学信息要览,包括六章内容。本书具体执笔人分别是:第一篇,第1章赵烨、李天杰,第2,3,4,5,6章,赵烨;第二篇,第1,2,3,4,5,7,8,9章,张科利;第6章由赵烨完成;第三篇由赵烨完成;第四篇,赵烨、张科利、杨胜天。全书由李天杰和赵烨统稿。本书写作过程中力求全面、系统和准确,但由于作者水平有限,难免存在挂一漏万,甚至错误在所难免。在此,恳请同行专家和读者批评指正。最后,对为本书完成和出版作出贡献的责任编辑郎根栋先生表示诚挚的感谢!

作　者

2015.12.1 于北京

目 录

总序 …… 001　　前言 …… 001

第一篇　中国土壤概况

第一章　土壤与土壤圈 …… 002
　第一节　"土壤"名词的由来 …… 002
　第二节　土壤的概念 …… 003
　第三节　土壤—土地—国土 …… 004
　第四节　土壤圈与全球变化 …… 005
　第五节　土壤的生态环境功能 …… 007
　第六节　中国古代土壤分类 …… 010

第二章　中国成土环境特征 …… 014
　第一节　道库恰耶夫成土因素学说 …… 014
　第二节　中国土壤形成的气候因素 …… 018
　第三节　中国土壤形成的生物因素 …… 020
　第四节　中国土壤形成的地质地貌因素 …… 022
　第五节　中国土壤形成的时间因素 …… 024
　第六节　中国土壤形成的人为因素 …… 025

第三章　中国土壤物质组成与性状 …… 027
　第一节　中国土壤剖面及其形态 …… 027
　第二节　中国土壤矿物组成 …… 031
　第三节　中国土壤有机质组成 …… 037
　第四节　中国土壤溶液组成 …… 041
　第五节　中国土壤空气组成 …… 052
　第六节　中国土壤生物组成 …… 057
　第七节　中国土壤主要理化性质 …… 063

第四章　中国土壤资源及其可持续开发利用 …… 078
　第一节　土壤资源及其特征 …… 078
　第二节　中国土壤资源及其利用现状 …… 079
　第三节　中国土壤质量评价 …… 085
　第四节　中国土壤资源可持续开发利用 …… 092

第二篇　中国土壤科学研究综述

第一章　中国土壤科学的发展 …… 097
　第一节　中国土壤科学的发展历程 …… 097
　第二节　中国土壤科学体系 …… 103
　第三节　中国土壤科学主要研究成就及贡献 …… 105
　第四节　中国土壤科学未来发展趋势 …… 107

第二章　中国土壤化学研究 …… 113
　第一节　中国土壤化学研究进展 …… 113
　第二节　中国土壤化学主要代表著作 …… 122

第三章　中国土壤物理学研究 …… 125
　第一节　中国土壤质地与结构研究 …… 125
　第二节　中国土壤水分运动研究 …… 130
　第三节　中国土壤溶质、热量与空气研究 …… 137
　第四节　中国土壤物理主要代表著作 …… 139

第四章　中国土壤地理学研究 …… 143
　第一节　土壤地理学的研究内容 …… 143

第二节　土壤地理学的研究方法 …… 145
第三节　中国土壤地理学的发展 …… 147
第四节　中国土壤地理学研究进展 …… 153
第五节　中国土壤地理学的发展趋势 …… 174
第五章　中国土壤生物学研究 ………… 178
　第一节　土壤生物的主要类群及功能 …… 178
　第二节　中国土壤生物学的研究进展 …… 178
　第三节　中国土壤生物学研究展望 …… 192
第六章　中国土壤环境学研究 ………… 196
　第一节　中国土壤环境学概述 …… 196
　第二节　中国土壤环境学研究进展 …… 200
　第三节　中国土壤环境学发展展望 …… 231
第七章　中国土壤侵蚀－水土流失及防治对策研究 …… 239
　第一节　中国水土流失特点及原因 …… 239
　第二节　中国水土流失研究进程 …… 242
　第三节　中国土壤侵蚀与水土流失研究进展 …… 245
　第五节　中国水土保持技术及成功经验 …… 265
　第六节　中国土壤侵蚀和水土保持主要代表著作 …… 266
　第七节　中国土壤侵蚀和水土保持研究亟待解决的问题 …… 268
第八章　中国风蚀沙化及其防治对策研究 …… 272
　第一节　中国土壤风蚀沙化的主要研究进展 …… 272
　第二节　中国风蚀防治措施和策略 …… 279
　第三节　中国土壤风蚀沙化的未来研究方向 …… 280
第九章　中国土壤盐碱化及其防治对策 …… 285

第三篇　中国土壤类型及其空间分布

第一章　中国土壤地理发生学分类 …… 296
　第一节　中国土壤发生分类的发展 …… 296
　第二节　土壤地理发生分类系统分类 …… 297
第二章　中国土壤系统分类 …… 300
　第一节　诊断层和诊断特性 …… 300
　第二节　中国土壤系统分类体系 …… 301
　第三节　中国土壤系统分类命名与检索方法 …… 305
　第四节　中国土壤发生分类和系统分类的土壤参比 …… 307
第三章　中国主要土纲特征 …… 310
　第一节　中国森林土纲系列 …… 310
　第二节　中国草原与荒漠土纲系列 …… 321
　第三节　中国水成型土壤系列 …… 326
　第四节　中国过渡土纲系列 …… 333
　第五节　中国岩成型土纲系列 …… 337
　第六节　中国人为土 …… 339
第四章　中国主要土壤类型的空间分布规律 …… 342
　第一节　中国土壤分布规律 …… 342
　第二节　中国土被结构 …… 354
　第三节　中国土壤区划 …… 357

第四篇　中国土壤科学信息要览

第一章　中国土壤科学研究单位 …… 365
第二章　中国土壤科学学术期刊 …… 374
第三章　中国普通高校土壤学专业 …… 377
第四章　中国土壤科学研究专家 …… 381
第五章　中国土壤科学大事记 …… 405
第六章　中国土壤科学主要文献 …… 417

第一篇

中国土壤概况

- 土壤与土壤圈
- 中国成土环境特征
- 中国土壤物质组成与状状
- 中国土壤资源及其可持续开发利用

第一章 土壤与土壤圈

第一节 "土壤"名词的由来

土壤是自然环境系统的基本组成要素和人类生存发展的重要自然资源,人类对土壤的认识与剖析、利用与管护的历史悠久。在古代中外哲人对世界万物构成本质的探讨过程中,均将土(土壤)作为物质世界的基本组分之一,如形成于商周之际的中国古代物质观——"五行学说"认为金、木、水、火、土构成了宇宙中万事万物,并论及"土爰稼穑",所谓"稼穑",植物播种谓之稼,收获庄稼谓之穑;古谓:"春种为稼,秋收为穑";土有播种庄稼、收获五谷、化生万物的作用。进而引申为土有生长、承载、化生、孕育、长养的特征;早在5000年前的《周礼》中就指出"万物自生焉民则曰土,以人所耕而树艺焉则曰壤",有土就有植物生长,有植物生长的地方,就有土壤之形成,这是中国古代劳动人民对土壤及其功能的基本认识。古代印度遮缚伽派学说亦认为,世界上一切生物和非生物都是由地、水、风、火4大元素构成的;古代希腊的泰勒斯(Thales,640~546)提出了"万物始源于水"的一元论,而恩培多克勒(Empedocles,490~435)在融合各派主张的基础上,提出了"世界万物是由水、火、土、气4种元素按不同比例组合而成的"多元论。古斯拉夫人视土壤为哺育儿女的"母亲",在古罗马的许多诗歌中将土壤比拟为圣洁的"女神"。

在《周礼·大司徒》的"土宜之法"中就把"十二土"和"十二壤"并列在一起,两者的内涵显然有所区别。据郑玄(127~200)的解释:壤亦土也,变言耳;土是自然生成的自然土壤,壤则是土经过人类的耕作活动而培育形成的耕作土壤或农田土壤。在先秦及秦汉的古籍中,"壤"有时和"土"通用,并包含"肥美、和缓、柔软"等意思,以至作为代表一种优良的土壤类别,即"壤"源于"土"而优于"土"。这表明2000多年前中国古代人民已经知道自然土壤经过人工培育可熟化为肥沃土壤,这也是中国古代劳动人民对土壤及性状最早的朴素的解释。

有关土壤认识与改造利用方面,在战国时代的《尚书·禹贡》根据土壤肥力、颜色、质地、水分与植物生长状况将九州范围内的土壤划分为白壤、黑坟、赤埴坟、涂泥、青黎、黄壤、白坟、垆、埴等9种,并提出了用土、认土和改土的建议,这是世界上有关土壤分类和肥力评价的最早记载。在古希腊狄奥弗拉斯图(Theophrastos,371~286)给予了土壤名词(Edaphos),其希腊语意为土地泥土,并将土壤与作为宇宙体的地(earth or terrae)区别开来,即土壤是一个层状系统,包含富含腐殖质的表层(Surface Stratum)、为灌丛与牧草供给养分的心土层(subsoil layer)、为树木根系提供溶液的底土层(Substratum),其下则为暗色的冥府(Tartarus)范围。古希腊时人们已注意到添加客土于石质土之上是提高土地生产能力的重要途径。

土壤是一个复杂的物质与能量系统,土壤是由固体物质(包括矿物质、有机质和活性有机体)、液体(水分和溶液)、气体(空气)等多相物质和多土层组成的复杂并具有"活性"的物质与结构系统。在系统范围内多相物质、各土层之间不断地进行着物质与能量的迁移、转化与交换,以及土壤的自组织性,这是推动土壤发育与变化的内因和动力;土壤是一个复杂的开放系统,土壤系统是地球表层系统的重要组成部分,土壤系统与大气圈、水圈、岩石圈、生物圈和人类智能圈之间不断地进行物质迁移转化与能量交换,这是推动土壤形成和演变的外驱动力;同时土壤系统也是影响地球表层系统变化的重要原因;土壤是一个生态系统,土壤生态系统是指土壤与其他成土环境因子(包括生物因子和非生物因子)构成的复合整体系统。作为陆地生态系统中最活跃的生命层,土壤生态系统是相对独立的子系统,其中的物质与能量迁移转化过程,特别是生物地球化学过程,在全球物质与能量循环过程中占据着十分重要的位置。

土壤系统具有高度非线性和可变性特征,土壤是自然界最为复杂的系统之一。它包含着复杂多样的物理、化学和生物过程,这使得土壤系统永远不能处于静止的平衡状态。若要真正了解土壤,就必须以非线性理论为指导,从微观(原子、分子)水平上和宏观尺度上去认识和研究土壤。土壤系统界面具有2个特点:一是土壤系统在地表与大气圈、水圈、地上生物群落之间的界面比较清楚;二是在地表以下,土壤系统与非土壤系统的界面也即土壤与松散母质的界限是逐渐过渡的。因此,在研究土壤系统时,对其界面应给予仔细地界定。土壤系统的本质特性是土壤肥力和土壤自净性能。土壤肥力是指土壤为植物正常生长发育提供并协调营养和环境条件的能力;土壤自净性能表现在土壤保持生态系统生物的活性、多样性、调节水体和溶质的流动,土壤能够过滤、缓冲、降解、固定无机和有机化合物,土壤能够调节与控制全球物质能量循环以及全球环境变化。

第二节 土壤的概念

随着近代地质学、地理学、生物学、化学和物理学等自然科学的发展,至19世纪许多学科专家从各自学科背景与兴趣提出了不同学科起源的土壤名词,如地质学家直接从岩石类型角度提出了花岗岩土、石灰岩土、页岩土等;地貌学家则将地表土壤归结为高地土壤、河谷冲积土、崩积土、山地土壤、草原土壤、荒漠土壤等;植物学家从植物群落角度将土壤归结为栎林土、草原土壤、松林土壤、荒漠灌丛土、泰加林土等;化学家则将土壤划分为碱性土、碳酸盐土、盐基饱和土、酸性土等;农学家则将土壤归结为玉米土壤、小麦土壤、牧草土壤、肥沃土壤与贫瘠土壤等;公众则从机械性能方面将土壤归结为黏性土、泥质土、挤压性土、淤泥土、沙质土、石质土等。不同学科的专家对土壤与植物关系提出了各种假说。如范·海尔蒙特(Van Helmont,1577~1644)认为土壤除供给植物水分之外,仅起着支撑物的作用;泰伊尔(A. D. Thaer,1752~1828)提出"植物腐殖质营养系统",认为除了水分以外,腐殖质是土壤中唯一能作为植物营养的物质。1840年德国化学家李比希(J. V. Liebig,1803~1873)提出了有名的"矿质营养系统",认为土壤的矿质养料是植物吸收的主要营养物质,由于植物长期吸收的结果,致使土壤矿质养料储量减少,必须通过施用化学肥料如数归还土壤,以保持土壤肥力的永续不变。德国地质学家法鲁(F. A. Fallow,1774~1877)、李希霍芬(F. V. Richthofen,1833~1905)等在19世纪下半叶用地质学观点来研究土壤和定义土壤,将土壤形成过程看作为岩石风化过程,认为土壤是岩石经过风化而形成的地表疏松层,土壤类型决定于岩石的风化类型。至此,在欧洲形成了以李比希为代表的农业化学土壤学派和以法鲁为代表的农业地质土壤学派,但还尚未形成普遍公认的土壤概念及其识别方法。

1873年~1875年间,在俄罗斯黑钙土经历严重的旱灾并造成了难以估量的苦难和经济损失,随后俄罗斯自由经济学会建立黑钙土委员会,并资助圣彼得堡大学地质学家道库恰耶夫(V V Dokuchaev,1846~1903)对黑钙土进行地质学—地理学调查,在次年的工作报告中道库恰耶夫指出:"Soil generally as a mineral-organic formation of unique structure lying on the surface and continuously being formed as a result of the constant interaction of living and dead organisms, parent rock, climate and relief of the locality…, soil exists as an independent body with a specific physiognomy, has its own special origin, and properties unique to it alone." 1883年道库恰耶夫发表了土壤学经典名著《俄罗斯黑钙土(Russian Chernozem)》,这是他向自由经济学会提交有关黑钙土问题的最终报告,并作为他的博士学位论文得以保存。1882年俄罗斯诺夫哥罗德州(Nizhi Novgorod Province)为了实施合理的土地评价项目,邀请道库恰耶夫指导并开展地质学和土壤调查,该项研究及其成果为一个全新的土壤发生学派(School of genetic soil science)形成奠定了基础。依据道库恰耶夫的观点,土壤学(pedology)的主要目的是研究实际土壤的发生规律性、土壤与成土因素之间的相互关系及其地理分布规律。这将许多有关土壤的概念整合起来,将它们重新构建成一套综合性的因果关系,并为作为一个独立学科的土壤学提供了研究与学习的框架。

第三节 土壤—土地—国土

土壤与土地、国土是3个既有联系又有区别的概念,即土壤是土地的核心组成部分,土地则是国土的基本组成部分,它们之间存在有以下关系:[土壤]⊆[土地]⊆[国土]。

土壤是地球陆地表面能够生长植物的疏松层,是地球陆地表面物质和能量迁移转化的枢纽环节,土壤以不完全连续的"土被"形式覆盖于陆地表面,形成了所谓的"土壤圈"。就其在地理环境系统和人类社会系统中的功能和作用而言,土壤圈处于岩石圈、水圈、大气圈、生物圈相互紧密交接的地带,它既是连接各自然地理要素的纽带,又是结合无机界和有机界的中心环节;土壤不仅是自然环境系统的基本要素,也是人类社会系统生存与发展的基本自然资源;土壤的本质特性是土壤肥力和自净能力。由此可见,土壤不仅是植物生长发育的重要基地,还是动物和微生物栖息繁衍的场所,更是人类劳动的对象。

通常人们把地球表层的地面称作土地。所以人类出现之前,土地就已存在。中国古代学者管仲认为"地者,万物之本源,诸生之根苑也。"马克思在《资本论》中指出"土地(在经济学上包括陆地水体)最初以生产食物,即现成的生活资料供给人类。"苏联土地学者乌达钦认为"土地是自然本身的一种产物,它的产生和存在不随人类的意识和意志而转移,土地一旦被参与到社会生产活动之中,土地就成为生产资料。"土地作为学术用语的涵义,迄今也有不同的认识。1976年联合国粮农组织(FAO)编写的《土地评价纲要》中明确指出"土地是由影响土地利用潜力的自然环境所组成,包括气候、地形、土壤、水文和植被等,它还包括人类过去和现在活动的结果。"据此多数学者认为,土地是包含地球特定地域表面及其以上和以下的大气、土壤与基础地质、水文与植物,还包含这一地域范围内过去和现在人类活动的种种结果,以及动物就人类目前和未来利用土地所施加的重要影响。中国学者普遍赞成土地是一个综合的自然地理概念。认为土地"是地表某一地段包括地质、地貌、气候、水文、土壤、植被等多种自然要素在内的自然综合体"。土地具有2项基本属性:资源属性和资产属性。土地还具有以下基本功能:养育功能、承载功能、仓储功能、景观功能。总之,土地不仅是资源,还是资产和生产资料。自然条件和社会经济条件对土地的形成和发展起着重要的作用,土地还以生产资料和生产关系客体的形式出现在人类社会的生产和经济活动过程中。

国土是指一个主权国家的全部疆域,也就是所管辖的领土、领海和领空。领土即一个国家的陆地部分,包括地面的内陆、内陆水域和地下岩层。通常狭义的国土即指这部分;领海是指临海国家与其海岸或内水域邻接的一定范围的海域,包括海面、海床和海床地层。国际上对领海范围只有一个大致的规定,由各国自行确定领海宽度3海里~200海里不等。中国政府1985年9月4日宣布领海宽度为12海里;领空指领土和领海的全部上空,领空的垂直高度目前国际上尚无明确的规定。但多数国家和国际组织认为现阶段科技条件下,飞机能飞到的极限高度(即所谓空气空间内)属于领空的上限高度,其上的外层空间则属世界共有,属于各国卫星、宇宙飞船等航空航天器运行的区域。此外,也有学者认为,国土是国家管辖范围内的地域空间,是由自然要素(土地、水体、生物、矿藏、气候)和人文要素(人口、历史遗迹、建筑工程设施、生产物质技术基础等)所组成的实体。

2种表述反映了2种不同的概念。前者指国土是政治的、行政的概念,是国家主权所在,具有不可侵犯性;后者指国土是自然的、经济的、技术的概念,表明国土既是人类赖以生存发展时空间场所,又是物质财富的来源。对于一个国家来说,国土的状况如何是至关重要的,国土环境的特征和资源的赋存很大程度上影响一国经济发展的速度和水平。国土资源包括土地、气候、水域、生物、矿产等地表、地下、空中和海洋中的各种资源,它是一个国家赖以生存和发展的物质基础和空间场所,当然一个国家或地区资源丰富只表明它有一定的发展潜力,但不能反映它富裕的程度。国土资源可分为可再生资源,如生物资源等;不可再生资源,如矿产、石油天然气等。外来资源,如太阳能、风能。此外,还有一类像地震、火山、泥石流、滑坡、海啸、洪水、台风等人类还未能完全认识和利用并给人类生存带来巨大威胁的国土资源,即所谓"灾害资源"。

第四节 土壤圈与全球变化

土壤圈(Pedosphere)是覆盖于地球陆地表面和浅水域底部的土壤所构成的一种连续体或覆盖层,土壤圈犹如地球的地膜,其在一定程度上类似于生物体的生物膜,通过它与其他地圈之间进行物质能量交换。土壤圈概念自1938年瑞典学者马特松(S. Matson)提出以后,B. A. 柯夫达(1973)在其专著《土壤学原理》对土壤圈的定义、结构功能及其在地球系统和全球变化中的作用进行了较全面地论述。土壤圈概念的发展旨在从地球系统圈层的角度研究土壤圈的结构、成因和演化规律,以达到了解土壤圈的内在功能,在地球系统中的地位及其对人类与环境的影响(赵其国,1999)。近些年来有关土壤圈的结构、功能及其在地球系统中地位和作用已经成为现代土壤地理学研究的前沿领域。

土壤圈是地球表层系统的组成部分,它处于人类智能圈、大气圈、水圈、生物圈和岩石圈的界面与相互作用交叉带,是联系有机界与无机界的中心环节,也是结合地理环境各组成要素的纽带,如图1-1-1所示。

土壤不仅受到岩石圈、大气圈、生物圈的制约,而且它反过来又对这些圈层产生影响,于是土壤圈表现出以下几个方面的功能:①对生物圈的影响。支持和调节生物过程;提供植物生长的养分、水分与适宜的理化条件;决定自然植被的分布;土壤圈中的各种限制因素对生物起不良的影响。②对大气圈的影响。影响大气圈的化学组成、水分与热量平衡;吸收氧气,释放CO_2、CH_4、H_2S、氮氧化物和氨气,这对全球气候变化有明显的影响。③对水圈的影响。影响降水在陆地和水体的重新分配;影响元素的表生地球化学行为、水平分异及水圈的化学组成。④对岩石圈的影响。作为地球的"保护层",对岩石圈具有一定的保护作用,以减少其遭受各种外营力的破坏。由于土壤圈所处的特殊地位,它成为地球上生物与非生物发生强烈交互作用的基地。土壤圈内的各种土壤类型、特征与性质,都是过去和现在大气、岩石、水和生物圈相互作用的记录与反映,它们对研究土壤圈在自然与人为作用影响下的变化与发展具有重要意义(图1-1-2)。

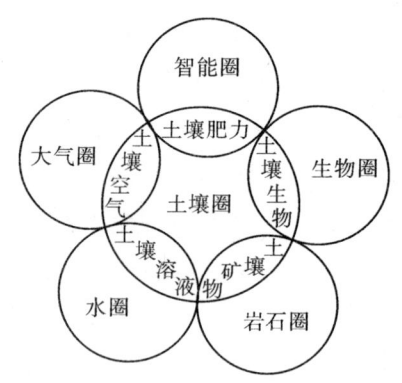

图1-1-1 土壤圈在地球系统中的地位示意图

土壤圈与大气圈在近地表层进行着频繁的水分、热量、气态物质的迁移转化,土壤不仅因其疏松多孔而能接收大气降水及其沉降物质以供应生命之需,而且还能向大气释放CO_2、CH_4、N_2O等气体,参与碳、氮、硫、磷等元素的全球循环,并对全球环境产生影响。土壤圈与水圈的关系密切,如大气降水通过土壤过滤、吸持与渗透进入水圈,成为全球水循环的重要组成部分,从而对水体的物质组成产生影响,在改善生态环境的同时供应生命体对水分的需要;水分也是土壤圈物质能量迁移转化的重要载体和影响土壤性质的介质。土壤圈与岩石圈具有发生

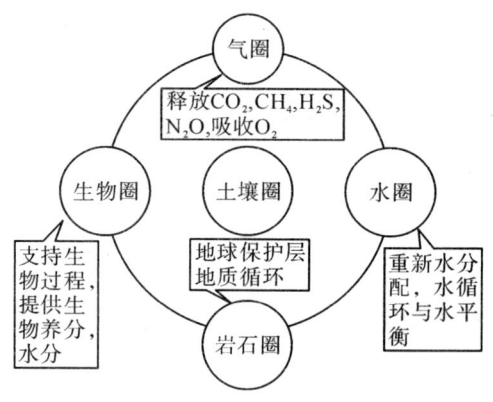

图1-1-2 土壤圈的功能

上的密切联系,岩石圈表层的风化物是土壤形成的物质基础,植物生长发育所需的矿质营养元素均来源于岩石的风化,土壤侵蚀及其堆积也是岩石圈中沉积岩形成的重要物源。土壤圈与生物圈的关系更为密切,土壤是陆地生物圈的载体,土壤支撑绿色植物,并供应其根系吸收水分和养分;同时生物活动又对土壤圈的形成发育具有深刻的影响。物质能量从其他自然地理要素中不断向土壤输入,必然引起土壤物质组成及其性状的变化,土壤组成及其性状的改变又通过反馈机制引起地理环境的变化。也就是说,一方面土壤是自然地理要素、人类活动和时间综合作用的产物,另一方面土壤的发生发育反过来又对地理环境的发展演化起着推动作用。土壤圈作为人类生存与发展的基本自然资源和人类劳动的对象,其变化比大气圈、水圈和岩石圈的变化更为复杂多样,并且在社会经济发展和生态环境改善中起着特殊的作用。

土壤圈物质循环是指土壤圈内部的物质迁移转化过程及其与地球其他圈层之间的物质交换过程。通过连接一系列土壤物质的形态转化、迁移过程来研究物质的循环规律,在探索上述过程

发生机制的基础上建立模拟循环系统,以达到预测和调控土壤圈物质循环过程的目的。过去土壤学研究主要侧重于土壤类型的组成、性质及其与各成土因素之间的关系,现代土壤科学则将土壤圈内部的物质迁移转化过程及与地球其他圈层之间的物质交换过程、速率、机制及其相互影响作为研究重点,以便为保持和改善人类生存环境、发展农林牧业生产和全球变化研究服务。

土壤圈是绿色植物生长的自然环境,地球上每年有550亿吨的植物有机体在这一环境中形成和分解,其中90%转入气相,10%则转化为中间产物保存在土壤圈中,其富集的灰分物质每年近10亿吨,与此同时,由于径流的溶解作用,每年约有3亿吨的物质被注入江河大海。这足以说明土壤圈物质循环在全球物质循环中的重要地位和作用。在大气圈、水圈、生物圈、岩石圈与土壤圈相互作用的界面上,新的土壤在不断地形成;同时已有的土壤又不断地被剥离、搬运和堆积,这种错综复杂的耦连关系形成了土壤圈物质循环的基本轮廓。另外,土壤圈在保蓄水分、供给水源、净化水质,以及净化有机废弃物等方面具有广泛的生态环境功能。

土壤是反映环境的一个信息系统和信息载体,土壤的空间构型、诊断土层、形态特征、物质组成及其理化性状,都记录着地理环境变迁的历史,它们能提供历史时期地理环境要素和人类活动的信息。土壤圈作为地理环境变化的记录体具有以下特性:①广泛性和相对稳定性,即土壤广泛分布于地球陆地表层易于发现和采集,一般来说土壤形成发育过程中的物质空间运动范围较地质地貌过程小,故区域性较强;②综合性和聚集性,即土壤是成土因素综合作用的产物,一种土壤记录不能专一地反映某一种环境变化现象,它反映的是成土环境之综合作用,因而使土壤记录的环境信息具有综合性。反之,一种地理环境要素的变化不可能仅引起特定土壤记录体发生变化,而会引起多种土壤记录体的变化,这构成了土壤记录信息的聚集性。因此,可从多方面对土壤进行解剖,以得到更多更综合的信息;③滞后性,即土壤各相(固、液、气、生物)对地理环境变化的反应具有不同的速率,可用特征反应时间(CRT)即某个土壤性状达到与环境条件准平衡所需要的时间来表示。一般讲,气相约 10^{-3} 年 ~ 10^{-1} 年;液相约 10^{-2} 年 ~ 10^{0} 年;土壤生物约 10^{-2} 年 ~ 10^{-1} 年;固相约 10^{0} 年 ~ 10^{6} 年,其中土壤固相是重要的环境记录体。将土壤性状信息解译成环境变化信息将是土壤地理学家和环境学家的共同任务。

第五节 土壤的生态环境功能

作为人类社会生存与发展的基本自然资源之一和生存环境的基本组成要素之一,土壤不仅能通过生产食物(food)、饲料(feed)、纤维(fibre)和燃料(fuel)即"4F"供给人类社会,土壤还具有重要的生态环境功能。Brady等2000年研究指出,土壤具有以下重要的生态环境功能:①土壤肥力,即土壤在保持生物活性、多样性和生产性方面的功能;②土壤调节水体和溶质流动的能力;③土壤具有过滤、缓冲、降解、固定并解毒无机和有机化合物的能力;④土壤能够储存并循环生物圈及地表养分和其他元素;⑤土壤具有支撑社会经济构架并保护人类文明遗产(Brady,2000),如图1-1-3所示。由此可见,土壤的本质属性是具有肥力和自净能力。

一、土壤肥力

土壤肥力是指土壤为植物正常生长发育提供并协调营养物质和环境条件的能力。它是土的综合属性和基本功能，它不仅反映了土壤系统本身的物质成分、结构和土体构型，以及土壤各种过程和性质，同时也反映了与土壤系统相联系的外界环境条件。在土壤肥力的形成与发展演化的过程中，随着主导因素的不同，可以将其分为自然肥力和人为肥力。前者是在5大自然成土因素（生物、气候、母质、地形和时间）综合作用下的自然成土过程的产物，后者则在自然因素的基础上，人类通过土壤改良、施肥、耕作等措施，促使土壤熟化

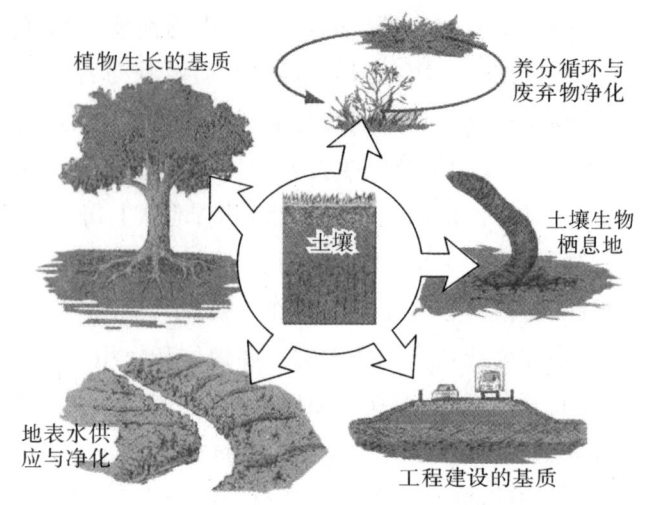

图1-1-3　土壤在陆地生态系统中的功能示意图（据Brady，2000）

的过程中所形成的。早在1840年德国农业化学家李比希首次指出，土壤矿质元素是土壤肥力的核心，西欧土壤学家则把土壤肥力理解为土壤中所含有的植物营养元素的数量及其有效程度，进一步的研究表明，土壤含有作物生长所需要的营养元素至少有16种之多，它们是C、H、O、N、P、K、S、Ca、Mg、Fe、Cu、Zn、B、Mn、Mo、Cl等。前10种元素是植物需要量较多的营养元素，统称为大量元素，其中N、P、K尤为重要，是作物营养三要素；后6种元素生物的需要量极微，但它们是非常重要而不能缺少的营养元素，统称为微量元素。土壤养分存在的形态主要有2种：一种是存在于土壤有机质和矿物质中，非经分解转化不能为植物吸收利用的所谓难溶性养分，也称为迟效性养分；另一种是可溶于水，大多以离子态存在于土壤溶液中，能为植物直接吸收利用的有效性或速效性养分。苏联著名土壤学家威廉斯20世纪初期将土壤肥力定义为"土壤在植物生长的全过程中同时、不断地供应植物以最大数量的有效养料和水分的能力"，并指出土壤肥力的组成要素是养料和水分。美国土壤学会（1978）出版了《土壤科学名词汇编》，并将土壤肥力概括为"土壤供应植物所需要养料的能力及与这种能力有关的各种土壤性质与状态"。中国著名土壤学家熊毅等1990年指出："土壤肥力是土壤从营养条件和环境条件方面供应和协调作物生长的能力"。土壤肥力是土壤的物理、化学、生物学等性质的综合反映，土壤组成与性质都能直接或者间接地影响作物生长。

二、土壤对污染物的净化与养分循环能力

土壤在调节区域水资源的同时对水流还起着机械过滤的作用，从而对水体成分产生影响。土壤还具有巨大的缓冲性能，土壤的缓冲性能就是土壤系统自我协调机能的重要一环，它对于抵抗土壤的酸化、碱化、污染，对于稳定植物的生长环境特别是化学环境，维持土壤的正常功能等都有异常重要的作用。如在自然陆地生态系统中生产者、各级消费者的代谢产物主要在土壤上层，这些生物代谢产物在土壤微生物的作用下，被逐级分解将其中所包含的生物养分释放出来，同时部分分解产物又被微生物合成为土壤腐殖质，形成土壤有机—无机复合体，这样生物养分又被吸附保持在土壤之中，供植物生长发育对养分的需求，构成植物养分的生物小循环过程；在人类农业生态系统中，土壤不仅是人类最基本的生产资料（人类劳动的对象），土壤还是人类生产和生活的场所。这样人类活动可以使来自外界的大量物质快速集中地投入到土壤之中。由于土壤是一个非均质、多相、分散的多孔体系，它可以通过挥发、溶解与沉淀、分解、氧化还原、吸附与解吸、螯合与

络合等过程使土壤中污染物的浓度降低、毒性降低或消失。土壤对进入土体污染物的净化作用包括物理净化（如冲淡、扩散与稀释；过滤、吸附与固化；汽化与挥发等）、化学净化（如溶解与沉淀、分解与合成、氧化与还原、吸附与解吸、络合与螯合等）、生物净化（如生物化学氧化过程等），但应该指出土壤对进入土体污染物的净化能力是有限的。

三、土壤调节水体和溶质流动的能力

区域地表水资源（河流、湖泊、水库及地下水）总量与水质，不仅是区域社会经济发展的重要物质资源，而且还是区域生态系统平衡的基本条件。我们已经认识到，区域几乎所有的水资源如河水、湖泊水、水库水、地下水都是经过土壤的调节或者从土壤表面流过。可以设想，大气降水的雨滴降落在流域的坡面上，土壤被浸湿并将保持部分降水供应植物生长之需求；部分降水将缓慢地渗透土壤层而汇入地下水之中，或者因降水强度过大而形成地表径流，从土壤表面流过，这些水分最终必将进入区域地表水和地下水系统之中。在上述过程中，土壤通过其渗透率再加地表坡度可以调节大气降水的分配状况，并缓解区域水资源的时间变化过程。特别是在中国东部季风区流域内"土壤水库"的调蓄作用，对缓解区域季节性旱情、水土流失及所在流域洪灾均具有十分重要的作用。有专家估算中国长江上游面积为105.6万平方千米，其森林土壤层平均厚度按80厘米，土壤层及枯枝落叶层孔隙度按50%计算，长江上游区土壤层总孔隙之和则为4226亿立方米，相当于长江宜昌站多年平均径流量4509.7亿立方米的93.7%。这足以显示土壤对区域水资源的调节作用。

四、土壤是重要的生物栖息地

土壤不是一堆由破碎岩石碎屑物和死亡的生物残骸组成的混合物，土壤是具有生命活力的有机体，少量的土壤之中也许生活着上千种、数百万个生物个体，包括肉食动物、被掠食者、生产者、消费者和寄生虫等（Brady，2000）。因此，土壤是重要的生物栖息地。在土壤中的某些充满水的孔隙中有蛔虫、硅藻属、轮虫等微生物浮游生活；而在一些充满湿空气的较大孔隙中则有微小昆虫、螨虫生活。在土壤中生物生活条件变异巨大，如好气条件可在几个毫米范围内变化为嫌气条件，土壤中某些微域可能是强酸性，而另一些微域则为碱性；土壤中的温度也具有较大的空间变幅，这些均为各种类型的微生物生存提供了适宜的条件，因此，土壤中包含着大量的生物基因多样性。土壤与大气、水体一样是大型生态系统的重要组成部分，在保护生态环境的今天，土壤质量也与大气质量、水体质量一样必将受到人们的关注。

五、土壤是重要的建设基质

我们经常将土壤看作为结实的固体、一种可用于修筑道路与建筑物很好的基质，实际上绝大多数建筑物搁置于土壤之上，许多建筑项目需要挖掘土壤以修筑坚固的地基（Brady，2000）。各类土壤的结持性、胀缩性、紧实性、可塑性等具有较大的差异，这些都影响土壤对上层建筑物的承载力及稳定性。所以，建筑工程师在接受建筑设计任务之后，必须了解修建道路、建筑物区域的土壤性状，掌握土壤层次及其理化性质，如结持性、紧实度、胀缩性、透水性、导水性、酸碱性、有机质含量、次生黏土矿物含量及其类型、含盐量，以及土壤是否含对建筑物具有腐蚀作用的物质如硫酸盐、硫化物、苏打等，作为建筑设计的参考资料。

总之，从土壤在环境系统中的地位与功能来看，土壤环境是研究土壤质量、土壤健康、生态系

统持续性、人为土壤及生态环境质量演化的基础,美国 EPA 的专家对新泽西州一个小流域过去30年生态环境变化的监测后,指出所有的生态环境问题事实上都是土地利用与土地规划问题,开展土壤科学研究与教学,对于从整体上改善区域环境质量具有重要意义。土壤对人类社会发展的直接影响包括2个方面,一是为绿色植物的光合作用提供并协调水分、养分、温度、空气等营养条件,向人类和陆生动物提供食物、纤维物质,故土壤是人类社会发展的重要自然资源;二是通过土壤形成发育过程分解和净化人类生存环境之中的污染物,因而土壤既是陆地生态系统食物链的首端,又是维持生存环境质量的净化器。如美国土壤学会前主席 L. P. Wilding(1995)所述,土壤在人类生态系统中的重要作用包括:保持生物的活性、多样性和生产性;调节水体和溶质的流动;过滤、缓冲、降解、固定并解毒无机和有机化合物;储存并循环生物圈及地表养分和其他元素;支撑社会经济构架并保护人类文明遗产。故土壤的本质属性是具有肥力和自净能力。"民以食为天,食以地为本,万物土中生",土壤与人类关系自然十分密切,人类生存与发展所需要的物质资源大部分来自于土壤,故创造良好的土壤环境,维护植物正常的生长发育,是提高人类物质文化生活水平的重要方面,如图1-1-4所示。

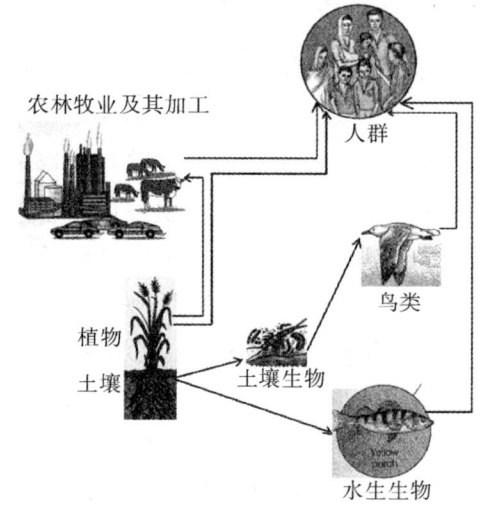

图 1-1-4　土壤圈与人类生存发展的关系示意图

第六节　中国古代土壤分类

中国作为农耕历史悠久的农业大国和人口大国,在过去数千年的发展过程中,中国古代劳动人民在辽阔的土地上持续的耕种生息,并在观察与改良土壤的过程中创造和积累了极其丰富的经验,形成了中国特有的古代土壤科学和土壤分类方法。在先秦就已进行了土壤分类之尝试,是世界土壤科学史上的创举。随着历史的前进和生产的发展,分类之方法不断有所发现,有所创造,有它辩证的发展,而分类的理论体系是从生产出发,以"土宜"科学为基础,历史上是一贯的。根据中国土壤科学史研究的开拓者——王云森教授的研究成果,将中国古代土壤分类汇总如下:

一、《禹贡》的土壤分类

中国著名学者竺可桢先生在经过大量科学研究指出,中国在5000年前的仰韶时代到3000年前的殷商时代,气温比现在高2℃左右,黄河流域的气候比现在温暖、潮湿,河水的径流量和洼地的蓄水面积较大;亚热带的雨水偏多造成了这一地区洪涝灾害的频发。当时正处于原始社会末期,生产力极端低下,生活非常困难。面对到处是茫茫一片的洪水,人们只得逃到山上去躲避。大禹经过实地考察制定了切实可行的方案:一方面加固和继续修筑堤坝,另一方面,大禹改变了其父亲的做法,用开渠排水、疏通河道的办法把洪水引到大海中去,即用"疏导"的办法来根治水患。

为了便于治水,大禹在疏通河道"降丘宅土"发展农业生产的过程中,了解广阔地域的土壤地理状况。在治理水患的基础上,开发土地利用土壤,依据土壤状况栽培作物,制订田赋等级,即所谓"禹平水土"。他把全国土地划为9个州——冀州、兖州、徐州、青州、扬州、荆州、豫州、梁州、雍州,并根据各州的土壤颜色、质地、植被状况、盐碱性和肥力状况等,将九州的土壤划归为壤、黄壤、白壤、赤值坟、坟垆、黑坟、白坟、涂泥及青黎等9大土类;又依各土类肥力上的差异,分为上、中、下3等;每等复分上、中、下3级,共9级,如下表所示。这是中国古代土壤科学上的重大创举。

表1-1-1 《禹贡》土壤种类

州名	土类	颜色	质地	植被	水分	肥力	田赋
冀州	白壤	白	柔和	草木生长均佳		5级	1级
兖州	黑坟	黑	坟起			6级	9级
青州	白坟	白	坟起			3级	4级
徐州(幽)	赤埴坟	赤	粘而坟起	草木丛生	很多	2级	5级
扬州	涂泥		泞泥	草盛木高		9级	7级
荆州	涂泥		泞泥	木高		9级	3级
豫州	壤坟垆	杂	粘疏适中			4级	2级或1级
梁州	青黎	青黑	疏松			7级	8级、7级、9级
雍州	黄壤	黄	柔和			1级	6级

二、《周礼》的土壤分类

在约前11世纪至前256年的周朝时代,中国古代劳动人民在大力发展农业生产的过程中,也推动了土壤科学的进步,其对土壤科学发展的主要贡献有:

一是在《禹贡》划分的9大类土壤基础上,依各州的自然条件和土壤特点,对各州的农业布局,作出了更具体的农、林、牧安排,即冀州:其谷宜黍、稷,其畜宜牛、羊;兖州:其谷宜4种(稻、麦、黍、稷),其畜宜6扰(马、牛、羊、鸡、犬、豕);青州:其谷宜稻、麦,其畜宜鸡、犬;徐州:其谷宜3种(黍、稷、稻),其畜宜4扰(马、牛、羊、豕);扬州:其谷宜稻,其畜宜鸟兽;荆州:其谷宜稻,其畜宜鸟兽;豫州:其谷宜5种(黍、稷、菽、麦、稻),其畜宜6扰(同兖州);梁州:其谷宜5种(同豫州),其畜宜5扰(马、牛、羊、犬、豕);雍州:其谷宜黍、稷,其畜宜牛、羊。

表1-1-2 5个土区产物

土区	适合产物	
	动物	植物
山林	毛物(狐貉等)	皂物(柞栗类)
川泽	鳞物(水族等)	膏物(桐漆类)
丘陵	羽物(翟雉)	核物(梅李属)
坟衍	介物(龟鳖)	荚物(荠荚等)
原隰	臝物(虎豹)	丛物(萑苇等)

二是在《禹贡》划分的9大类土壤基础上,依据各种地形状况将各种土壤划分为5个土区,并提出适宜发展植物生产和动物生产的方向。山林区:高山峻岭之地,有它适宜的植物和动物;川泽区:江河湖泽之地,有它适宜的植物和动物;丘陵区:岗陵之地,有它适宜的植物和动物;坟衍区:平

原低湿之地,有它适宜的植物和动物;原隰区:高原低湿之地,有它适宜的植物和动物。

三是鉴别土壤性状拟定施肥,即以"土化"之法,按照土壤颜色和土壤质地,将各类土壤细分:辞刚、赤提、渴泽、碱泻、勃壤、坟壤、值沪、疆柴、轻具等9种,并采用相应的动植物物质肥料改土和养土。同时在认识"土"和"壤"的基础上,依据地形和"土"与"壤"的性能,采用"土宜"的方法,辨十有二土之名物,开拓疆土发展草木鸟兽生产的法则;辨十有二壤之名物,教民稼穑,发展谷物生产。上述土壤分类进一步充实了《禹贡》九大土类的内容,建立了"土区"和"土种"(看土种施肥)。又根据"土"与"壤"的性能划分出十有二"土"和"壤"之名物。

三、《管子·地员篇》的土壤分类

《管子·地员篇》是战国时期有关生态地植物学的重要论著,其阐明了"凡草土之道,各有谷造,或高或下,各有草土"的土壤与植被及其适宜栽培的作物之间的规律性,明确了在不同的地形部位上分布着不同的植物和土壤。《管子·地员篇》在《禹贡》和《周礼》土壤分类的基础上,主要根据成土条件(地形、植被、地下水)和土壤性质(颜色、质地、结构、孔隙、虫穴、盐碱性)以及肥力状况,对全国(九州)的土壤作了较为详细的区分,采用了一般地区和特种地区的分类,并制订了"土种",如表1-1-3和1-1-4所示。

表1-1-3　一般地区土壤分类

等级		土壤种类	土壤性状	主要宜种作物	生产力%（上等一级为100%）
上等	一级	粟土类(5种)	色……赤、青、白、黑、黄,淖而不朋,阴而不毂,不泞车轮,不污手足	大重、细重	100
		沃土类(5种)	色……赤、青、黄、白、黑,干而不斥,湛而不泽,虫可安居,土多孔隙	大苗、细苗	100
		位土类(5种)	色……五色杂英(有各种不同色彩)不塥、不灰、青怵以落及、不坚硬,不灰散	大无荛、细无荛(稻麦类)	100
	二级	蘟土类(5种)	黑土黑落、青怵以落及、芬然若灰	橭葛、大橭、细橭(稻名)	80
		壤土类(5种)	芬然若泽,若屯土	大水肠、小水肠(水稻类)	80
		浮土类(5种)	捍然若米,以葆泽,不离不坼	忍蘟(大忍蘟、细忍蘟、谷类)	80
中等	一级	怵土类(5种)	廪焉塥如,润湿以处	大稷、小稷	70
		垆土类(5种)	疆力刚坚	大邯郸、小邯郸	70
		壏土类(5种)	芬然若糠,以肥	大荔、细荔(谷类)	70
	二级	剽土类(5种)	华然如芬,以胀	大秬、小秬(黑黍)	60
		沙土类(5种)	粟焉土如屑,尘厉	大赀、细赀(谷类)	60
		塥土类(5种)	累然如仆累,不忍水旱	大檬杞、细檬杞(麦类)	60

续表

等级		土壤种类	土壤性状	主要宜种作物	生产力%（上等一级为100%）
下等	一级	犹土类(5种)	状如粪	大华、细华(黍类)	50
		壮土类(5种)	土色如鼠肝	青粱、大青粱、细青粱(谷类)	50
	二级	埴土类(5种)	甚泽以疏,图坼以膴塔	雁膳朱跗(稻类)	40
		穀土类(5种)	娄娄然(疏意)不忍水旱	大菽、细菽(大小豆)	40
下等	三级	凫土类(5种)	坚而不骼(坚硬不如骨骼硬实)	稜稻(陆稻)	30
		桀土类(5种)	甚碱以苦	白稻(粳稻)	30

表1-1-4 特种地区的土壤分类（平原盐碱土及丘陵、山地土壤）

土名	地势	水性	土性	肥力（等级）	泉深（尺）	主要植被 草	主要植被 木	附注
黑埴	平地	黑而苦	黑色粘重	5	7	稻、麦、萍、蓼	白棠	低隔碱土
赤埴	平地	味	碱性糊	4	14	大菽、麦	杞	低隔盐碱土
黄唐	平地	黄而臭	黄色疏脆	4	21	只宜黍秫,不宜它谷	桑	粘性保水性差(粘土)
赤垆	平地	白而甘	赤色疏脆	3	23	五谷皆宜,又宜白茅与薯	赤棠	无碱
渎田	平地	仓(青)		2	35	五谷皆宜,又宜楚、棘	杜松	土层松,水质好
坟延	平地			1	42			
陕芳	丘陵				49			
祁陵	丘陵				56			
杜陵	丘陵				63			
延陵	丘陵				70			
环陵	丘陵				77			
蔓山	山地				84			
付山	山地				91			
付山白徒	山地				98			
中陵	山地				105			
青山	山地				112			不可得泉
山赤壤	山地				119			
隆山白壤	山地				126			下有石层则无泉
徒山	山地				133			下有灰壤无泉
高陵土山	山地				140			

在数千年持续不断的农耕活动和农耕文明的发展过程中，中国古代劳动人民在认识土壤性状特征的同时，还注重运用各种技术对土壤性质进行改良，以期土壤保持长久不衰的肥力和高产出率。古代人民通过粪肥施用、耕作、种植、盐碱土改造等措施来改良土壤。中国古代土壤改良建立在一定的理论基础之上，这包括古代对土壤结构与性状的认识、"地力可变"的思想、"地力常新壮"的学说以及土壤"治之得宜，皆可成就"的理论。古代在土壤方面的认识有土壤结构、有机质、吸收性能、盐碱性等4个方面，这些认识是改良土壤的重要前提。施用粪肥是中国古代土壤改良技术之一。

第二章 中国成土环境特征

第一节 道库恰耶夫成土因素学说

近代自然地理学与植物地理学的创始人德国科学家亚历山大·封·洪堡(Alexander von Humboldt,1769~1859)受俄国政府的邀请(1829)前往俄罗斯进行科学考察,他和生物学家爱伦贝尔格等从柏林出发,经过东欧平原、乌拉尔山区、西西伯利亚平原、阿尔泰山麓、准格尔盆地边界、图兰低地到达里海沿岸,进行了 15 000 千米的长途考察。之后于 1832 年出版了《亚洲地质学和气候学片断》等著名论著,阐述了亚洲的地形、地质、气候等状况。其成果揭示了在欧亚大陆中西部东西延伸上千千米的大平原上,均被性状相近的风积物、少量冰水堆积物所覆盖,且这个广阔区域从西到东存在着明显的气候与植被的规律性变化。因此,气候与植被的规律性变化在相近的母质上留下了它们的影响,产生了明显的土壤性状差异,这是土壤形成因素学说形成的科学基础。

随后现代土壤地理学的奠基人和成土因素学说的创始人——俄国科学家道库恰耶夫(Vasiliy Vasilyevich Dokuchayev,1846~1903)在广泛科学调查的基础上,首先将上述广阔地域的土壤研究与土壤周围的自然条件联系起来,创立了野外土壤调查与制图的方法,即土壤地理比较法。该研究法强调土壤调查要阐明土壤特性以及土壤分布于地方成土因子,如地方气候、地形条件、母质母岩特性、植被及人类活动之间的相互关系;土壤调查要以土壤剖面为实物依据,在一定地表断面上或系列小区内布设若干土壤剖面,以观测随着断面上成土因素的变化而产生的土壤特性的变化。他与其学生们利用该方法对地处温带草甸草原区的别尔哥罗德州、波尔塔瓦州土壤进行了调查研究,并编绘了上述 2 州的土壤发生类型图。在此基础上道库恰耶夫于 1883 年发表了著名专题论文《俄国的黑钙土》,在论文中他首创"黑钙土"一词以说明俄国广阔草原地带一种松软、暗色的富含腐殖质的土壤特征及其空间分布。之后在道库恰耶夫的指导下,西比尔泽夫等又对俄国欧洲部分进行了土壤调查,编制了土壤发生类型图。在总结上述研究工作的基础上,他探讨了俄国不同气候带内土壤发生类型及其特征,并确立了将土壤作为一系列成土因素作用于母质而形成的独立自然体,构成了成土因素学说的基石。

一、成土因素学说的基本原理

道库恰耶夫(1881)研究指出:"土壤总是有它自己本身的起源,始终是母岩、活的和死的有机体、气候、陆地年龄和地形的综合作用的结果"。并创立了 $\varPi = f(K,O,\varGamma,Б)$ 的函数关系式以表示土壤与成土因素之间的发生关系。式中 $\varPi$ 表示土壤,$K,O,\varGamma,Б$ 分别表示气候、生物、母岩和时间。由于道库恰耶夫认为地形因素只对"隐域土"有重要意义,而上述关系主要阐述地带性土壤的发生关系故未将地形因子列入。他明确地提出了土壤是一个独立的自然体,这样土壤终于从岩石中分化出来,成为一独立的发生形成物,成为现代土壤科学及土壤地理学的独特研究对象。19 世纪末期成土因素学说的形成以及在西欧的传播,促使了农业地质土壤学与成土因素学说的结合,如德国土壤学家施特勒梅在广泛吸收成土因素学说的理论,并将其与土壤学中的矿物—岩石观点结合起来,提出了以成土过程引起的母岩组成变化程度和特征为指标的土壤分类体系。从当今地球系统科学理论的角度来看,道库恰耶夫这种综合地研究土壤的观点仍然具有鲜明的科学价值和实践意义。

成土因素的同等重要性和不可代替性。成土因素学说认为,所有的成土因素始终是同时地、不可分割地影响着土壤的发生和发育,它们同等重要地和不可替代地参与了土壤的形成过程。各个因素的"同等性"绝不意味着每一个因素始终处处都在同样地影响着土壤形成过程。但在所有因素固定而必然的作用下,其中每一个在土壤形成中所表现的特点或个别因素的相对作用则有本质上的差别。道库恰耶夫曾经举例给予了说明,如果医生提出了水、空气、食物对人的机体哪一个比较重要的问题,那么我们会认为水、空气、食物对人机体同样是必需的,因为缺乏这些物质中的任一个,生命体都不能生存,故提出上述问题是空洞的和不需要解释的。可见,讨论在土壤形成过程中哪一个因素起着最重要的作用同样是无益的,因为对其中每一个因素单独来说都是同样的重要。

成土因素的时空分异与土壤演化。成土因素学说认为,土壤是永远发展变化的,即随着成土因素的变化土壤在不断变化,有时进化有时退化以至消亡,这取决于成土因素的变化特征,随着时间与空间的不同,成土因素及其组合方式也会有所改变,故土壤也跟着不断地形成和变化。这样就肯定了土壤是一个动态的自然体,是一个有生有灭的自然体。这些观点在现代也具有重要的借鉴意义,如现代科学研究表明,土壤系统具有非线性和可变性的特征,是极为复杂的物质系统。土壤系统包含复杂的、多种多样的物理过程、化学过程和生物学过程,这就使得土壤系统本身永远不可能处于一个静态、处于一种平衡。

二、成土因素学说的发展

随着成土因素学说的传播和在土壤科学研究中的广泛应用,该学说本身也得到了不断地发展和完善。俄国土壤学家威廉斯从发展的角度提出了土壤形成的生物发生学观点,并认为土壤的本质特性是具有肥力,而土壤肥力是高等植物和微生物在土层中进行生命活动的结果。因此,从土壤肥力发生发展方面来看,土壤是以生物为主导的各种成土因素综合作用下形成的。根据这个观点,在地球上生命出现之前的约40亿年的地质时代,地球陆地表面岩石以物理风化、化学风化为主,并形成了原始的风化壳。只有到了古生代的志留纪(距今约4亿年)陆地生物出现以后,才逐步形成了原始的土壤,而至石炭纪(距今约3.5亿年)地球陆地出现了森林植被,真正的土壤才得以形成。其中部分有机质含量高的土壤经过搬运沉积、长期的地质作用便形成了古土壤的化石即煤层。另外,许多学者特别重视人类活动在土壤形成发育中的特殊作用,提出了土壤是人类劳动的对象和劳动的产物。而人们有意识、有目的、社会性的利用与改造土壤及其成土因素,使得土壤形成发育进入了一个新的、更高级的阶段,于是在人工作用下一些特殊土壤便在悠久农业区得以形成。

由于语言方面的障碍,在19世纪末期美国土壤学家难以阅读原始的俄文出版物,而且极少数来自俄国的英文出版物在美国没有登记,也未得到土壤学界的注意。直到George N. Coffey(1912)才认识到道库恰耶夫学术思想的重要性,但不幸的是他的主张并未得到回应。1914年K. D. Glinka出版了德文书《土壤形成类型:其分类与地理分布》,该书阐述的俄国土壤发生思想才首次在美国引起广泛重视,并引起了美国土壤学家 C. F. Marbut 的兴趣并通过他在美国得到传播。正当 Marbut 即将在美国开展广泛土壤调查的时刻,这本书改变了 Marbut 的土壤学观念使他接受了土壤与土壤形成的概念。1927 年包括 K. D. Glinka、俄国土壤学家等许多国家的学者前来华盛顿参加第一届国际土壤科学大会之际,俄国代表团带来了 10 余份英文论文,其内容包括道库恰耶夫的思想、土壤分类和土壤发生等,并在大会上进行了广泛交流。受俄国土壤学思想的影响,Marbut 接受了土类(Soil type)概念,改变了以前强调母质的观点,并分别于 1928 年和 1935 年创立多级制的美国土壤分类。同时他还将土壤发生和分类的资料传授给美国农业部研究生院,后来在美国大学开始讲授道库恰耶夫的成土因素学说,如在内布拉斯加大学、北达科塔农学院开设了土壤学课程,其内容涵盖了道库恰耶夫成土因素学说。

随着成土因素学说的传播和在土壤科学研究中的广泛应用,该学说也得到了不断的发展和完善。俄国土壤学家威廉斯(从肥力的角度)提出了土壤形成的生物发生学观点,认为土壤的本质特性是具有肥力,而土壤肥力是高等植物和微生物在土层中进行生命活动的结果。因此从土壤肥力发生发展方面来看,土壤是以生物为主导的各种成土因素综合作用下形成的。美国著名土壤学家 H. 詹尼(Han Jenny)在广泛学术考察的基础上,对广阔区域土壤与成土因素的深入研究,使得成土因素学说得到了充实和发展,H. 詹尼(1941)发表了著名论著《Factors of Soil Formation》,其中提出了与道库恰耶夫相似的函数公式即 $S = f(Cl,O,R,P,T,\cdots)$,简称"clorpt"函数公式,成为土壤形成的通用公式。并认为在土壤形成过程中的生物主导并不是千篇一律的现象,在不同地区、不同类型的土壤往往有某一因素占优势。故成土因素函数式有多种组合,即

$$\text{气候主导因素函数式:} S = f(Cl,O,R,P,T,\cdots)$$
$$\text{生物主导因素函数式:} S = f(O,Cl,R,P,T,\cdots)$$
$$\text{地形主导因素函数式:} S = f(R,Cl,O,P,T,\cdots)$$
$$\text{母岩主导因素函数式:} S = f(P,Cl,O,R,T,\cdots)$$
$$\text{时间主导因素函数式:} S = f(T,Cl,O,R,P,\cdots)$$

H. 詹尼(1961,1983)其后对该函数式进行了修正,使其更适用于现代生态系统的概念。将土壤作为生态系统的组成部分,成土因素看作生态状态因子。系统特性与状态因子关系的函数式是:$l,s,v,a = f(L_0,PX,t)$,式中 l 代表生态系统的任一特性;s 代表系统土壤特性;v 和 a 代表系统植被和动物特性,L_0 代表系统的起始状态(系统母质与地形);PX 代表系统的物质通量(系指气候与生物的物质通量);t 代表系统的时间。该函数式表达了土壤及其生态系统特性,是在一定的母质与地形的基础上,通过气候与生物对系统的物质与能量的输入与输出,迁移、转化、交换与循环,以及系统过程持续时间定量化的结果。Shaw(1930)曾对道库恰耶夫函数式提出了很有见解的重要修正,即:$S = M(C+V)t+D$,式中 D 代表由于土壤表层侵蚀和堆积对土壤形成过程的改变。Wilde(1946)、Stephens(1947)等认为土壤形成是同土壤形成环境因素相互依赖相互作用的动态过程。函数式基本上是"clorpt"式的动态变形,即:$S = f(cl,o,r,w,p)dt$,式中 w 代表水面,其他同用于前述函数式。

Sinwnson(1959)提出更广义的土壤形成模型:$S = f(A,R,T_1,T_2)$,式中 A 代表输入;R 代表输出;T_1 代表转化;T_2 代表迁移。Haggett(1995)通过对地圈全部圈层系统更为广泛的研究结果进而提出了"brash"函数式:$Ds/dt = f(b,r,a,s,h)+z$,式中 b 为生物圈,r 为岩石圈表层,a 为大气圈,h 为水圈,z 为来源于宇宙的驱动力,s 为土壤圈。而岩石圈亦包括在驱动变量内而不是作为内部状

态因子变量。由于圈层之间的相互作用,因而在任一圈层内部的变化可能与全部圈层状态的因果作用加上驱动变量的影响是相等的。依据"brash"函数式,地圈中任一圈层发生变化,则土壤圈随之发生变化。Huggett强调该函数式基本上属于"clorpt"函数式的衍生物。但是需要强调指出的是圈层系统作为一个整体,土壤系统仅是该圈层系统组成部分,当单独研究其中一个状态变量时可能产生错误的结果。因此,当解释说明单个土壤与生态系统特性和各个状态因子之间的关系时采取谨慎的态度。Paton等(1995)对该函数式具有稍微不同的观点,强调岩石圈的物质风化作用及其风化物类型对土壤物质组成性质有重要影响,地形因素通过改变地面侵蚀与堆积过程、对地表水分与热量再分配而对生物群落以及土壤圈施加的影响。

H. Jenny在上述函数式中试图将土壤性质与状态因子融和于概念体系之中,并对状态因子进行重新定义,使其成为独立变量,以使上述函数式组成为可解方程组,但未有明显进展。后来的研究表明,土壤形成因素学说原理可用数学方程来表达,但这种方程事实上应看做是概念模型,而不是可解的数学模型。因为在自然环境系统中,每一个成土因素都是极其复杂多变的,它们不仅不是独立的,而且在时空上也是可变的、因子之间及因子与土壤之间时刻都处在作用—反馈之中。

土壤发生学认为:①母质是岩石风化的产物,是土壤形成的物质基础,母质的组成和形状都直接影响土壤发生过程的速度和方向,这种作用愈是在土壤发生的初期愈明显,并且母质的某些性质往往被土壤继承下来。②生物因素包括植物、动物(土壤动物)和土壤微生物,它们将太阳辐射转变为化学能引入土壤发生过程之中,它们是土壤腐殖质的造成者,同时又是土壤有机质的分解者,是促使土壤发生发展的最活跃因素。③气候因素是土壤发生和发育的能量源泉,它直接影响着土壤的水热状况,影响着土壤中矿物、有机质的转化过程及其产物的迁移过程,它是决定着土壤发生过程的方向和强度的基本因素。④地形因素,它与土壤之间并未进行物质和能量的交换,而只是通过对地表物质和能量进行再分配来影响土壤发生过程。⑤时间因素可以阐明土壤发生发育的动态过程,其他成土因素对土壤发生发育的综合作用是随着时间的增长而加强的。土壤有绝对年龄和相对年龄,从开始形成土壤时起,直至现在,这段时间称为土壤的绝对年龄。土壤相对年龄则是指土壤的发育阶段或土壤的发育程度。⑥人类活动对土壤发生发育的影响是广泛而深刻的,人们通过2个途径,一是通过改变成土条件,二是通过改变土壤组成和性状来影响土壤发生发育过程。

土壤发生学还认为,各个成土因素的作用具有本质上的差异,因而它们对土壤的发生发育是同等重要的,彼此不可替代。土壤也正是在各种成土因素的综合作用下形成的,具体表现为:第一,各个成土因素之间具有发生上的联系,在研究成土因素时,不仅要具体地分析各个成土因素的作用,也要在其互相联系上分析它们的作用;第二,对任何一个成土因素来说,其他因素都为它创造或规定了起作用的条件,因而在分析任何一个因素的作用时,要考虑它起作用的条件,从各个因素的相互联系、相互制约、相互作用中去考察它;第三,各个成土因素及土壤本身均是在不断地运动和发展的,因而不仅要研究它们的现状,还要研究它们的过去和最新的发展趋势。B. B.波雷诺夫和V. A.柯夫达创立的土壤历史发生学认为,自然界各种土壤都有一定的历史发生规律,在风化成土过程的第一时期风化物丧失氯的化合物和硫的化合物;第二时期风化物丧失了碱金属和碱土金属元素的盐基离子;第三时期是残积粘土时期即硅积化时期;最后是富铝化时期,大量积累铁铝氧化水化物。该学派以历史发生的观点,按土壤地球化学风化演化阶段将土壤划分为盐渍土、碳酸盐土、硅铝土和富铝土等不同类型。

第二节　中国土壤形成的气候因素

土壤与大气之间经常进行着水分和热量的交换。气候直接影响着土壤的水热状况,影响着土壤中矿物质、有机质的迁移转化过程,并决定着母岩风化与土壤形成过程的方向和强度。在气候要素中,气温和降水量对土壤的形成具有最普遍的意义。

一、土壤形成的气温因素

土壤表面在获得太阳短波辐射和大气逆辐射,这是土壤增温的重要热源;与此同时,土壤表面时刻不停地以长波辐射、土壤水分蒸发以及土壤与大气的湍流交换而向近地大气层传送热能;而只有小部分为生物所消耗,极小部分通过热传导进入土壤底部。由此可见,土壤与近地大气层之间存在着频繁的热量交换过程,土壤温度状况与近地大气层温度状况存在有最直接的依赖关系。如沃洛布耶夫等根据世界上36个气象站的资料,分析了土壤20厘米或25厘米深处年均温度与大气年均温度的相互关系,表明两者之间存在有明显的正相关性,如图1-2-1所示。

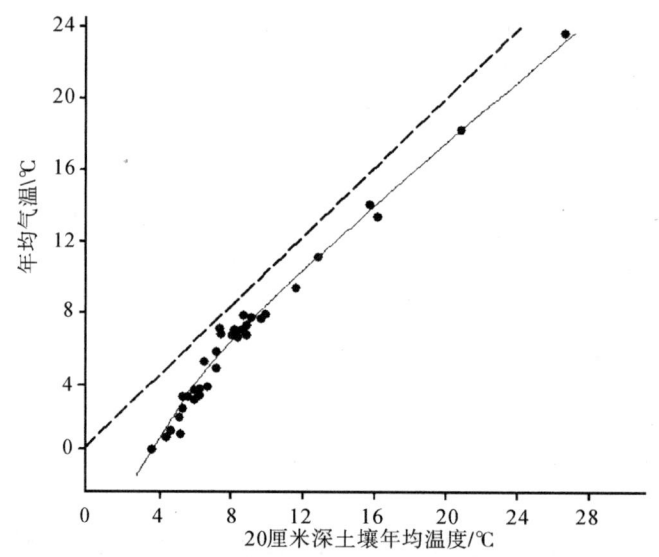

图 1-2-1　土壤温度与大气温度的相关分析图式(据沃洛布耶夫,1958)

中国幅员辽阔,纵跨纬度和横跨经度均较广,地处全球面积最大的亚欧板块东部,且面临全球面积最大的太平洋,再加地势高低不同,地形类型及山脉走向多样,因而气温降水的组合多种多样,形成了多种多样的气候。从气候类型上看,中国东部属季风气候(又可分为温带季风气候、亚热带季风气候和热带季风气候),西北部属温带大陆性气候,青藏高原属高寒气候。从温度带划分看,有热带、亚热带、暖温带、中温带、寒温带和青藏高寒区。复杂多变的气候也使中国土壤形成发育过程更加复杂多样。

中国多年平均1月等温线分布概况。0℃等温线穿过了淮河—秦岭—青藏高原东南边缘,此线以北(包括北方、西北内陆及青藏高原)的气温在0℃以下,如黑龙江漠河气温可低至-30℃以下;此线以南的气温则在0℃以上,如海南三亚气温可高达20℃以上,即中国境内冬季气温南北差异巨大。冬季常有源于蒙古、西伯利亚一带寒冷干燥的冬季风吹袭,对土壤形成发育产生重要的影响,使中国北方许多地区和青藏高原区土壤遭受频繁的冻融作用。

中国夏季7月等温线分布概况。除了地势高的青藏高原和天山等以外,大部地区气温在20℃以上,南方许多地方在28℃以上;新疆吐鲁番盆地7月平均气温高达32℃。所以,除青藏高原等地势高的地区外,全国普遍高温,南北气温差别不大,加速了中国地表土壤的形成发育,并形成了中国境内差异性显著的岩石风化壳和土壤风化类型,如图1-2-2所示。

中国土壤学家根据中国季风性气候的特征,参照美国对土壤温度状况的划分标准,也制定了适合中国土壤特征的土壤温度状况体系,如表1-2-1所示。

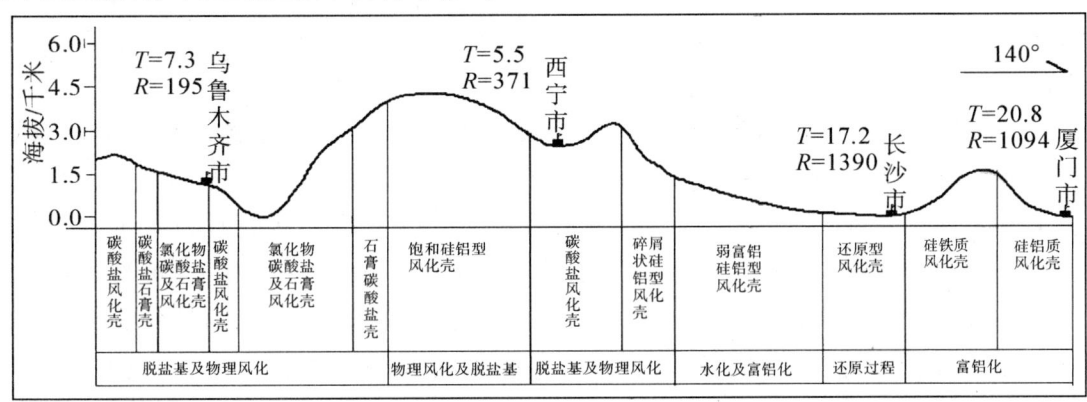

图1-2-2 中国地表风化壳及风化类型分异断面图(T为年均气温/℃,R为年均降水量/毫米)

表1-2-1 中国土壤系统中土壤温度状况划分标准(据龚子同,1999)

土壤温度状况(Temoerature regime)	年均土壤温度 T/℃	备注
永冻土壤温度状况(Pergelic TR)	$T \leqslant 0$℃	包括湿冻和干冻
寒冻土壤温度状况(Gelic TR)	$T \leqslant 0$℃	冻结时有湿冻和干冻
寒性土壤温状况(Cryic TR)	0℃$ < T < 8$℃	
冷性土壤温度状况(Frigid TR)	$T < 8$℃	但夏季土壤温度较高
温性土壤温度状况(Mesic TR)	8℃$ \leqslant T < 15$℃	
热性土壤温度状况(Thermic TR)	15℃$ \leqslant T < 22$℃	
高热土壤温度状况(HyperThermic TR)	22℃$ \leqslant T$	

在通常情况下,作物生长发育一般通过忍耐或农业耕作措施的改进以适应土壤温度状况,一些作物种籽发芽与生长需要的土壤温度为:小麦与豌豆要求4℃~10℃;玉米和谷物要求10℃~29℃;马铃薯要求16℃~21℃;高粱要求在27℃以上。其他作物生长要求的适宜土壤温度为:甘蓝和菠菜:8℃~11℃;甜菜和花椰菜:11℃~18℃强;芦笋、胡萝卜、芹菜、萝卜和西红柿:18℃~25℃。要克服土壤温度的上述限制,只有通过高投入的措施才能缓解土壤温度对作物生长的限制作用,例如在寒冷地区或寒冷季节常利用清洁的塑料薄膜覆盖作物及其土壤,以增加土壤温度确保作物正常生长。

二、土壤形成的降水因素

大气降水对矿物风化和土壤形成过程具有重要的影响,水分是许多矿物风化过程与成土过程的媒介与载体。如在铝硅酸盐矿物风化特别是化学风化的过程中,正是由于水及其中溶解阳离子的参与使原矿物的晶格遭到破坏、晶格中的某些阴离子如 Na^+、Ca^{2+}、Mg^{2+}、K^+ 等进入水体或被土壤有机无机复合胶体所吸附,在较高温度条件下,矿物表面的二氧化硅、氧化铁和氧化铝等与水及其中的阳离子相互作用形成无机胶体。年降水量及其季节分配还决定上述离子及其化合物在土壤中淋溶—淀积,如在干旱地区土壤中的 Na^+、Ca^{2+}、Mg^{2+}、K^+ 淋失极少;在半干旱半湿润地区,土体中大部分 Na^+ 已被淋失,而 Ca^{2+} 和 Mg^{2+} 多淀积在心土层;在湿润地区 Na^+、Ca^{2+}、Mg^{2+}、K^+ 绝大多数被淋出土体进入地表水系统之中。在中国中温带即北纬 42°沿线地区,东部辽宁集安市年均降水量 $R=589$ 毫米,土壤 pH = 6.5 且盐基不饱和;中部内蒙赤峰市 $R=372$ 毫米,土壤 pH = 7.5~8.0,盐基饱和且含有碳酸钙;西部内蒙古二连浩特 $R=142$ 毫米,土壤 pH > 8.0,盐基饱和且含有丰富碳酸钙。

中国年降水量分布概况。800 毫米等降水量线在淮河—秦岭—青藏高原东南边缘一线;400 毫米等降水量线在大兴安岭—张家口—兰州—拉萨—喜马拉雅山东南端一线。塔里木盆地年降水量少于 50 毫米,吐鲁番盆地的托克逊平均年降水量仅 5.9 毫米;中国东南部有些地区降水量在 1600 毫米以上,台湾东部山地可达 3000 毫米以上,如台湾岛东北部的火烧寮年平均降水量达 6000 毫米以上,最多的年份为 8408 毫米,是中国的"雨极";中国年降水量空间分布的规律是:从东南沿海向西北内陆递减。各地区差别很大,大致是沿海多于内陆,南方多于北方,山区多于平原,山地中暖湿空气的迎风坡多于背风坡。在上述降水因素作用下中国境内土壤经历了淋溶作用、干润淋溶作用、非淋溶作用,并形成复杂多样的土壤水分状况类型,即在参照美国土壤系统分类所划分的土壤水分状况类别的基础上,也建立适合于中国土壤特点的土壤水分状况划分体系,并增添了人为滞水水分状况。在中国土壤系统分类中将土壤水分状况划分为以下 7 个类型:干旱土壤水分状况(Aridic moisture regime)、半干润土壤水分状况(Ustic moisture regime)、湿润土壤水分状况(Udic moisture regime)、常湿润土壤水分状况(Perudic moisture regime)、滞水土壤水分状况(Stagnic moisture regime)、人为滞水土壤水分状况(Anthrostagnic moisture regime)、潮湿土壤水分状况(Aquic moisture regime)。

第三节　中国土壤形成的生物因素

在土壤中生活有数百万种植物、动物和微生物,它们及其间的生理过程就构成了地表营养元素的生物小循环,从而形成了土壤腐殖质层以及 C、O、H、N、P、S、K、Ca、Mg 及其微量营养元素在土壤层中的富集。因此,生物生理活动不仅对土壤物理化学性质具有重要影响,而且在土壤肥力、自净能力的形成中也起着决定性作用。在生物学中植物划分为隐花植物和显花植物,其中隐花植物包括藻类植物、菌类植物、苔藓植物和蕨类植物;显花植物包括裸子植物和被子植物。它们在土壤的发生起源、土壤发育过程中作用亦有明显的差异。植物在成土过程中最重要的作用就是将分散在母质、水圈和大气圈中的营养元素选择性地吸收起来,利用太阳辐射能合成有机质,从而将太阳辐射能转变为化学潜能并引入成土过程之中。根据遥感信息估算的全球陆地净第一性生产量(干物质)总计达 117.5×10^9 吨/年,故每年有数十亿吨有机物及与其所结合的化学能以分散的有机残体供给土壤,以满足土壤动物和微生物的生命活动对养分和能量的需求,并促使土壤腐殖质的合成和土壤肥力的不断提高。但全球陆地不同生态系统类型的第一性生产量差异巨大,例如,占全球陆地面积33.6%的荒漠半荒漠、南极大陆冰原寒漠、苔原和高山区平均生产量都不足140克/(平方米·年),而占全球陆地面积16.4%的热带雨林和季雨林平均生产量都在1000克/(平方米·年)以上。因此,不同植被向土壤提供的有机物也差异巨大,导致土壤中腐殖质含量、理化特性的不同。

中国是世界上植物资源最为丰富的国家之一,约有30 000多种植物,仅次于世界植物最丰富的马来西亚和巴西,居世界第3位。北半球寒带、温带、亚热带、热带和多个垂直地带植被的主要植物,在中国几乎都可以看到。天然植被在中国境内总的分布特征:从东南向西北大致可以分为森林(热带季雨林、亚热带常绿林、温带落叶阔叶林、温带针叶阔叶混交林和少部分针叶林)、草原(草甸草原、森林灌丛草原、干草原和荒漠草原)和荒漠(温带荒漠、暖温带荒漠和高寒荒漠)3个植被景观地带,如图1-2-3所示。

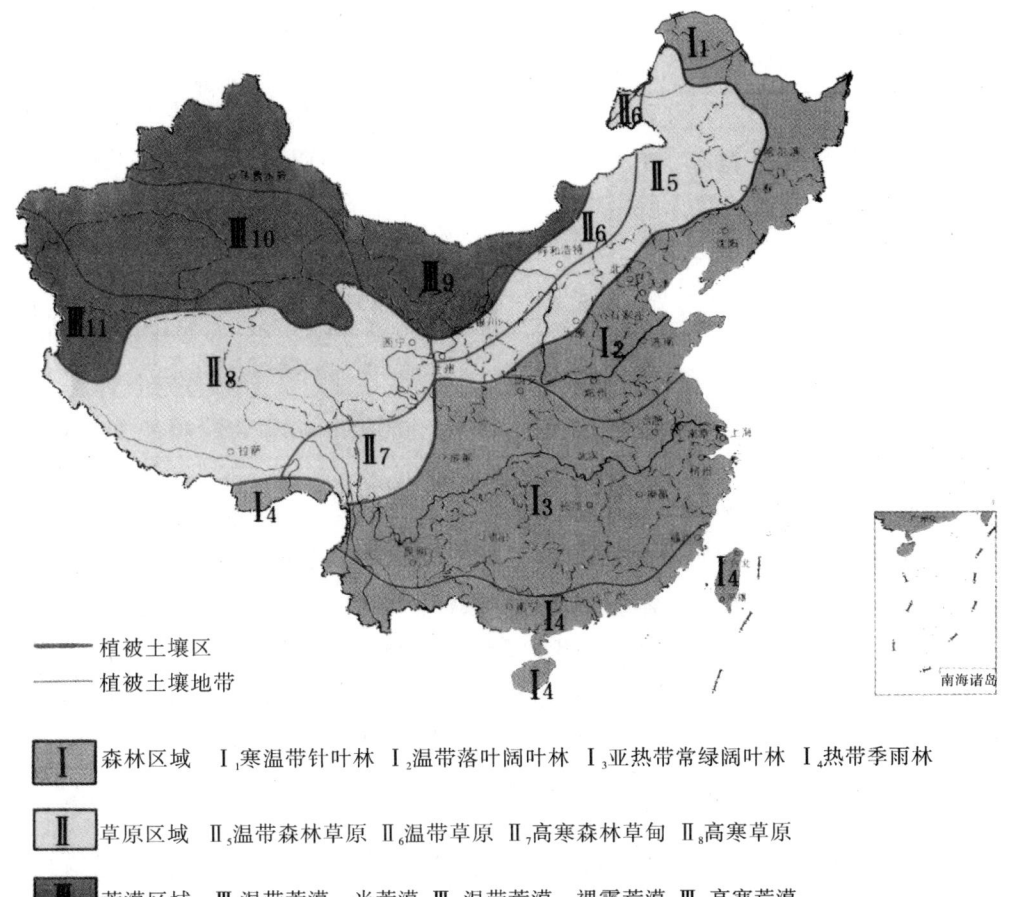

图 1-2-3 影响中国土壤形成发育的植被分布特征

在中国东部、中部、西南部分和东南海岛地区森林植被表现明显的纬度地带性分布规律,即在低纬度的南海诸岛、海南、台湾、广东、广西、云南和西藏部分地区分布有热带季雨林;在华南山地丘陵区、四川盆地、云贵高原、横断山区则广泛分布有亚热带常绿阔叶林;在西北东部、华北大部分地区、山东半岛和辽东半岛地区则分布有暖温带落叶阔叶林;在小兴安岭、长白山区和大兴安岭大部分地区则分布有温带针叶阔叶混交林;在大兴安岭北部山区则分布有小面积的寒温带针叶林。在上述各类森林植被作用下也形成发育了物质组成和理化性状各异的森林土壤。

草原地带位于森林地带以西以北并紧靠森林地带,包括松辽平原、呼伦贝尔草原、内蒙古草原;黄土高原中部的温带草原;青藏高原中部和南部的高寒草甸草原、高寒草原。在上述草原植被作用下形成并发育了腐殖质层厚、腐殖质含量较高的各类草原土壤。

荒漠地带位于中国西北和青藏高原西部,包括阿拉善高原、马鬃山地、柴达木盆地的温带半灌木、灌木荒漠带;准噶尔盆地半灌木、小乔木荒漠带;新疆东部盆地区和塔里木盆地的暖温带灌木、半灌木荒漠带;青藏高原西北部高寒荒漠带。在荒漠区域地表植被稀疏且生物量缺乏,土壤腐殖质化过程相对微弱,但土壤遭受风蚀过程强烈,形成了土层浅薄且粗骨性强的各类荒漠土壤。

第四节　中国土壤形成的地质地貌因素

通常把与土壤形成发育有关的块状基岩称为母岩(parent rock),将与土壤有直接发生联系的母岩风化残积物或堆积物称为成土母质(parent material)。母质是形成土壤的物质基础,在生物气候的作用下,成土母质表面逐渐转变成土壤。但母质在土壤形成过程中并不仅仅是被改造的材料,而是有它一定的积极作用,这种作用愈是在土壤形成过程的初期愈较显著,某些土壤性状特别是年轻土壤的性状主要是继承母质的。

一个发育完整的土壤剖面包含3个最基本的土壤发生层次,即A、B、C层,其中A、B层构成了土壤剖面的"土体"部分,称为土体层,它是成土过程的产物;而C层是母质层,它实际是土壤形成发育方向和强度的对比层,因而是土壤剖面不可分割的有机组成部分。C层主要是地表风化过程的产物,由于地表出露的基岩类型、地表风化过程的差异,形成了各种各样的母质层,它是影响全球土壤形成发育方向、土壤性状多样化的重要因素之一。因此,综合分析母质的性状及其特征也是土壤调查的重要内容之一。

值得注意的是,地表发生的侵蚀和堆积作用中断或搅乱了正常土壤形成发育过程,同时也对土体和母质之间关系上制造出混乱,如有时土体(A层与B层)与下覆的风化物(C层)并不是在发生上相互有联系的土壤剖面整体,仅仅是土体(A+B层)"假整合"覆盖在另类母质(C层)上,或是较新发育的A+AB层假整合覆盖于另类母质起源的B+C土层之上造成假整合土壤剖面。据此,Paton(1995)提出了用更具有动态概念的岩石圈物质(lithosphere material)代替仅具有静态概念的成土母质(parent material)一词。但在绝大多数的土壤形成模型中,仍习惯于"成土母质"一词。

一、地质因素——成土母质

成土母质是土壤形成的物质基础。母质因素在土壤形成上具有极重要的作用,它直接影响土壤的矿物组成和土壤颗粒组成,并在很大程度上支配着土壤的物理、化学性质以及土壤生产力的高低。应该指出,成土母质对土壤形成发育的影响强度随着时间的增长而减弱。例如,花岗岩、砂岩等的风化物含石英多,质地粗,透水性好,除花岗岩因含长石较多而钾含量较高外,一般都缺乏矿质养分。玄武岩、页岩等的风化物含石英颗粒少,粘细物质含量较高,且富含铁、镁的基性矿物透水性较差,矿质养分含量较丰富。石灰岩及其他含碳酸钙岩石的风化物质地比较粘重,碳酸钙含量不等,矿质养分也较丰富。

中国境内的土壤形成发育的主要母质类型的基本分异规律为:在秦岭、淮河一线以南地区多是各种岩石在原地风化形成的厚层风化壳,并以红色风化壳分布最广;昆仑山、秦岭、山东丘陵一线以北地区,主要的成土母质是黄土状沉积物及沙质风积物;在各大江河中下游平原和滨湖平原地区,成土母质主要是河流冲积物和湖泊冲积物为主;在许多高山山区、高原地区除各种岩石的就地风化物外,还有冰碛物和冰水沉积物。

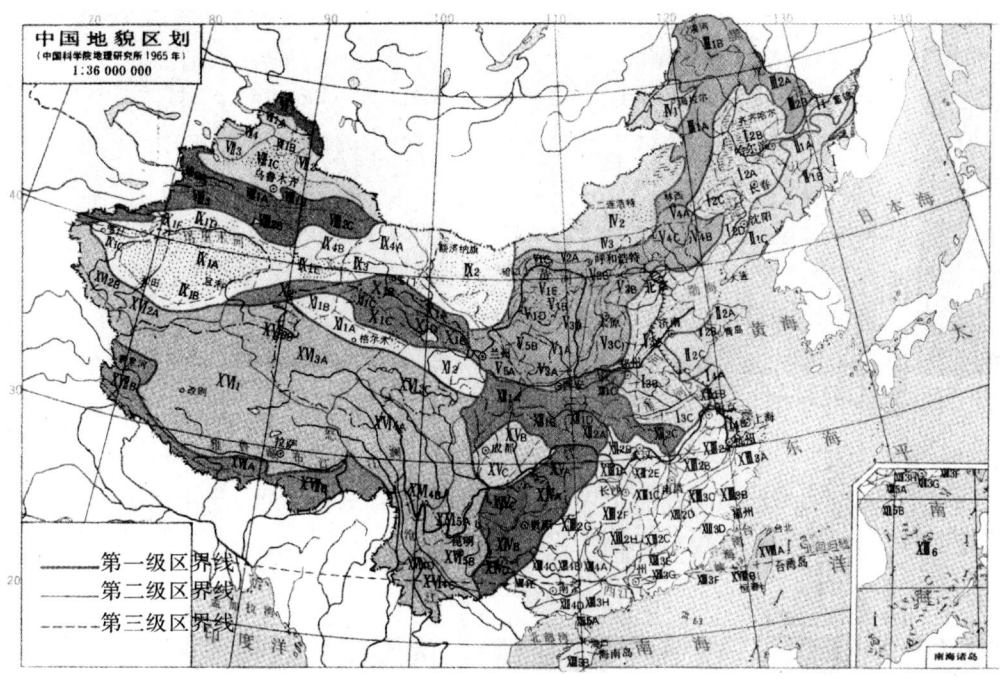

- Ⅰ 东部低地
- Ⅱ 东北东部及山东低山丘陵
- Ⅲ 兴安岭山地与台地
- Ⅳ 内蒙古高原
- Ⅴ 华北山地与高原
- Ⅵ 阿尔泰山山地
- Ⅶ 准噶尔盆地与山地
- Ⅷ 天山山地
- Ⅸ 塔里木盆地及阿拉善平原
- Ⅹ 阿尔金山及祁连山山地
- Ⅺ 柴达木及共和盆地山地
- Ⅻ 秦岭淮阳中山低山
- ⅩⅢ 华东华南低山与丘陵
- ⅩⅣ 鄂西黔中滇东中山与山原
- ⅩⅤ 四川盆地
- ⅩⅥ 青藏山原昆仑高山
- ⅩⅦ 喜马拉雅极高山
- ⅩⅧ 台湾平原与山地

图 1-2-4 中国地貌类型区划图

二、地形因素

地形作为土壤形成发育的一个空间条件,对成土过程的作用与母质、气候、生物等不同。最重要差异在于地形因素与土壤之间并未有物质与能量的交换,地形对成土过程的影响是通过其他因素来实现的,即地形只是引起地表物质与能量的再分配过程,从而影响土壤形成发育的方向和过程强度;地形演变过程更是影响土壤发生发育的重要因素。毫无疑问,地形与土壤之间相互作用的界面,是土壤发生过程的一个重要"地带"。地形的作用主要表现在大、中、小不同的地形及高度、坡向、坡长、位置和地形形态与地形演变对土壤发育的影响。受地形坡度、形态和位置的综合作用,地形支配着地表径

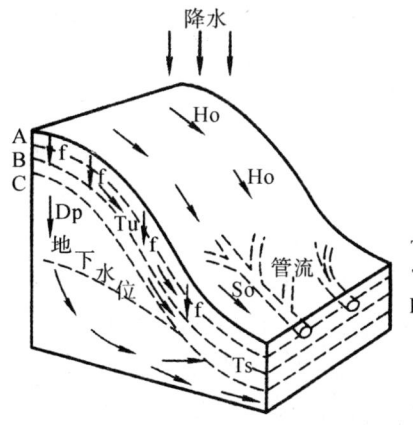

图 1-2-5 地形对水分运动的影响(据 John Gerrard,2000)

流、土内径流、排水情况,因而在不同的地形部位(上部、中部和较低处)有着不同的土壤水分状况类型,如图 1-2-5 所示。它不仅控制着近地表的土壤过程(侵蚀与堆积过程),而且影响着成土作用(如淋溶作用)的强度和土壤特性(如图 1-2-6 所示),以及成土过程的方向(自型土、半自型土)和土链(catenas)的形成与发育。

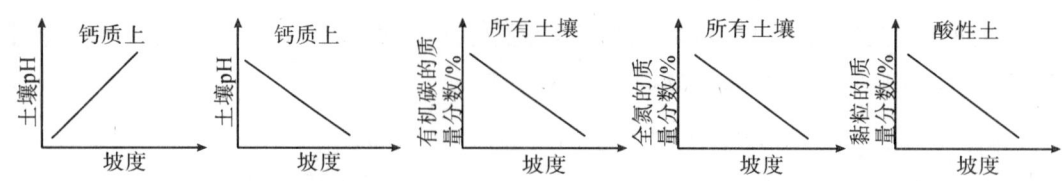

图 1-2-6 土壤特性与地形之间的关系图式（据 Furley,1968 改编）

中国境内具有多种多样地形单元——雄伟的高原、起伏的山岭、广阔的平原、低缓的丘陵，还有四周群山环抱、中间低平的大小盆地，其地势的基本特征是中国地势西高东低，大致呈阶梯状分布：地势的第一级阶梯是青藏高原，平均海拔在 4500 米以上，其北部与东部边缘分布有昆仑山脉、祁连山脉、横断山脉，是地势一二级阶梯的分界线；地势的第二级阶梯上分布着大型的盆地和高原，平均海拔在 1000 米～2000 米之间，其东面的大兴安岭、太行山脉、巫山、雪峰山是地势二三级阶梯的分界线；地势的第三级阶梯上分布着广阔的平原，间有丘陵和低山，海拔多在 500 米以下。据统计，中国山地约占全国土地总面积的 33%、丘陵占 10%、高原占 26%、盆地占 19%、平原占 12%；如果将高山、中山、低山、丘陵和崎岖不平的高原划归为地表起伏的坡地，其面积约占全国土地总面积的 2/3 以上，这是控制并影响中国土壤形成发育的重要条件，并使中国土壤遭受较为强烈的被侵蚀、被搬运和被堆积过程中。

第五节　中国土壤形成的时间因素

时间和空间是一切事物存在的基本形式。前述气候、生物、母质、水文和地形都是土壤形成发育的空间因素（或条件）。而时间作为一个重要的成土因素则是阐明土壤形成发展的历史动态过程。当我们肯定了土壤是母质、气候、生物、水文和地形等综合因素的产物，就必须承认它们对土壤形成的综合作用的效果是随着时间的增长而加强的。具有不同年龄、不同发生历史的土壤，在其他因素相同条件下，必定属于不同类型的土壤。

关于土壤形成的时间因素，威廉斯曾经提出土壤绝对年龄和相对年龄的概念。所谓土壤年龄即指土壤发生发育的时间长短。就一个具体的土壤而言，它的绝对年龄应该从该土壤在当地新风化层或新母质上开始发育的时刻算起。而土壤相对年龄则可由个体土壤发育的程度或发育阶段来确定的，而不是由土壤发育的实际年龄来决定的。最年轻的冲积土或发育在新鲜露头上的土壤，其绝对年龄是用若干年来计算的。一些最古老的土壤，可能在第三纪就已存在，它们的绝对年龄达数千万年。不同地区、不同地形上发育的不同土壤，其形成发育的时间有很大差异。Arduino 等（1986）对意大利北部土壤年龄进行了研究发现，发育较为典型的淋溶土成土时间在 3000 年～7300 年之间，始成土的形成年龄在 1300 年～3000 年之间，而新成土的年龄不足 1300 年。Busacca（1997）对美国加州土壤年龄的研究表明，新成土的年龄小于 3000 年，软土的年龄为 3000 年～29 000 年，老成土的年龄可达 50 万年～320 万年，如图 1-2-7 所示。再如亚欧大陆受第四纪冰川影响的高

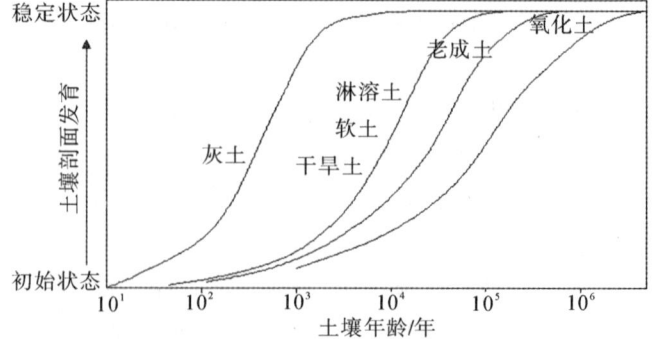

图 1-2-7　不同地带土壤剖面发育与成土年龄相关示意图
（据 Gerrard,2000）

纬地区,土壤发育年龄一般仅数千年(不超过 1 万年);中纬度未受第四纪冰川侵袭地区的土壤年龄则较长;低纬度未受冰川影响的地区土壤年龄可达数十万年以至数百万年。

土壤的相对年龄,即土壤的发育程度或发育阶段。可分为幼年、成熟与老年 3 个阶段,一般用土壤剖面分异程度加以确定,即从 A-C 型到 A-(B)-C 型到 A-B-C 型。土壤剖面发生层次明显和层次厚度较大的,说明土壤发育程度较高;反之,把剖面分异不明显和厚度较薄的,则理解为土壤发育程度较低。总的来说,土壤的绝对年龄越大则相对年龄越大。然而,由于不同类型或土壤形成速率不同,土壤形成的空间因素经常有很大的变动,绝对年龄虽然相同,但土壤相对年龄可有很大变化。所以,只有把空间和时间因素结合起来研究,才能正确揭示土壤发生发展的本质,说明土壤类型性质和形态的多样性。

时间因素的作用,不仅是土壤发育的年龄问题。更重要的是体现在土壤与土壤圈随同整个地球系统,特别是地表系统一起的形成、发展与演变史。地球陆地表面土壤的发生或起源,在理论上是地球上生命现象的出现与进化密切相联系的。由此推测真实土壤的产生时间,至少可追溯到距今 3.9 亿年的古生代志留纪或泥盆纪初期陆地绿色高等生物出现时起。因为只有绿色高等植物通过根系吸收分散在疏松母质的营养元素等,并经光合作用才能将有机物及其养分聚积至陆地疏松表层。有机质在地表聚积的现象,是最古老的原始土壤和土壤圈开始形成与发展的标志。并随着地球内部圈层系统的运动和发展,地球表层系统地壳构造运动的升降、海陆格局、岩石圈地表形态和物质组成、古气候、古生物特别是高等植物的进化等不断的发展演化,土壤和土壤圈也在发生着剧变。总的发展趋势是:由初级到高级、由简单到复杂;新的土壤不断产生,旧的土壤不断衰亡;土壤类型不断趋于多样化,土壤圈区域也开始不断扩展,土层增厚,空间格局复杂化;而土壤圈储存营养元素的质与量逐渐在丰富扩大和增加,容量和调节能力在不断提高。现在多种多样的土壤类型和土壤特性,土壤圈的组成和空间结构特征就是这一复杂的历史演变过程延续迄今的结果。

一般来说,土壤年龄越大,此土壤发育经历的时间越长,其成土环境条件(或景观)的变化也越复杂。这类土壤的特征不仅反映现代的自然景观下形成土壤特性,在过去景观条件下形成的性质,有的仍可继承而留存下来。这些在过去景观条件下形成的而仍保持下来的土壤性质,称为土壤残遗特性。而将具有残遗特性的土壤则称为多元发生性土壤。因此,土壤剖面中的残遗特征可作为环境与成土过程发生演变的见证之一。古土壤是地球表层系统和土壤与土壤圈发生发展复杂历史的最好见证。所谓古土壤(Paleosol)是过去景观条件而非现代成土环境的土壤。古土壤没有时间上的界限,它可以是亿年、千万年、百万年、万年或千年前的形成物。据古土壤的赋存形态又将古土壤分为:①埋藏土,为地质沉积物或岩体所覆盖被埋藏于地表的古土壤层。埋藏土层与上覆层的性质截然不同。如中国黄土高原黄土大剖面中呈条带状分布的红色古土壤层最为典型;②裸露埋藏土,一度被埋藏于地下,后来覆盖层被侵蚀而重新裸露于地表呈残留状在土壤层。各类埋藏古土壤层(古褐土、古黑垆土等)均有可能成为裸露埋藏土,并在原古土壤基础上开始了现代化成土过程,成为多元发生型土壤;③残余土,如新疆塔里木盆地洪冲积平原和塔里木河的古冲积平原在古水成环境条件下形成的古水成土(古盐渍土、古泥炭沼泽土)均属于残余土。

第六节　中国土壤形成的人为因素

人为活动作为一个成土要素,对土壤的形成与演化有着重要的作用,但它对土壤的影响的性质与其他自然要素有着本质的不同。首先,人为活动对土壤的影响是有意识的、有目的的。在生产实践活动中,在逐步认识土壤发生发展规律的基础上,人们可以利用改造和定向培育创造不同熟化程度的耕作土壤;其次,人为活动是社会性的,它受着社会制度和社会生产力发展水平的制约。在不同社会制度和不同生产力水平下,人为活动对土壤的影响及其效果有很大的不同;第三,人为活动对土壤发育的影响具有双向性,既可通过合理利用,使土壤朝向良性循环方向发展,也可由于不合理利用引起土壤退化(荒漠化、次生盐碱化、潜育化、土壤污染酸化)。

人为活动对土壤的影响极为深刻,它可通过改变某一成土因素或各因素之间的对比关系来控制土壤的发育方向。例如,消灭原有的自然植被,完全代之于人工栽培作物或人工育林,可直接和间接影响到物质的生物循环方向和强度;灌溉和排水可改变自然土壤的水热条件,从而改变土壤中物质的运动过程。此外,通过耕作、施肥、施石灰、掺客土等农业措施,可直接影响到土壤发育以及土壤的物质组成和性态变化。因而,国内外土壤专家日益重视并加强人为活动的研究。

中国具有悠久的农业发展历史,至少可上溯到 7000 年前。因而从古迄今,在传统上我们便一直非常重视在人为农业活动上对土壤形成发育与演变的影响研究,它反映了在古代和现代土壤分类的各种方案中。20 世纪 80 年代开始,由中国科学院南京土壤研究所主持开展的中国土壤系统分类课题研究,汲取了国内外土壤分类经验,特别反映代表国际土壤分类发展趋势的美国土壤分类思想。经广大参与课题研究的土壤工作者 10 余年的共同努力,终于取得重大的突破性进展,对人为活动作用下的人为土壤形成与发展、成土过程、诊断层与诊断特性和人为土壤分类进行了全面系统的研究工作。如在自然成土过程的基础上,人为活动作用下 4 种土壤形成过程、水耕过程、灌淤过程、堆垫过程和肥熟过程,其诊断层和诊断特性已经发生了实质性变化,并形成了多种特殊性的土壤类型——人为土,如图 1-2-8 所示。并且在国际土壤分类系统中首次确立了人为土纲,得到了国际土壤界专家权威的重视和确认。随着世界人口的增长,现代化、城市化的发展,人为活动对土壤的影响范围将日益广泛、扩大和加深,于是土壤污染防治和被污染土壤之修复技术已成为当今土壤科学研究的热点。

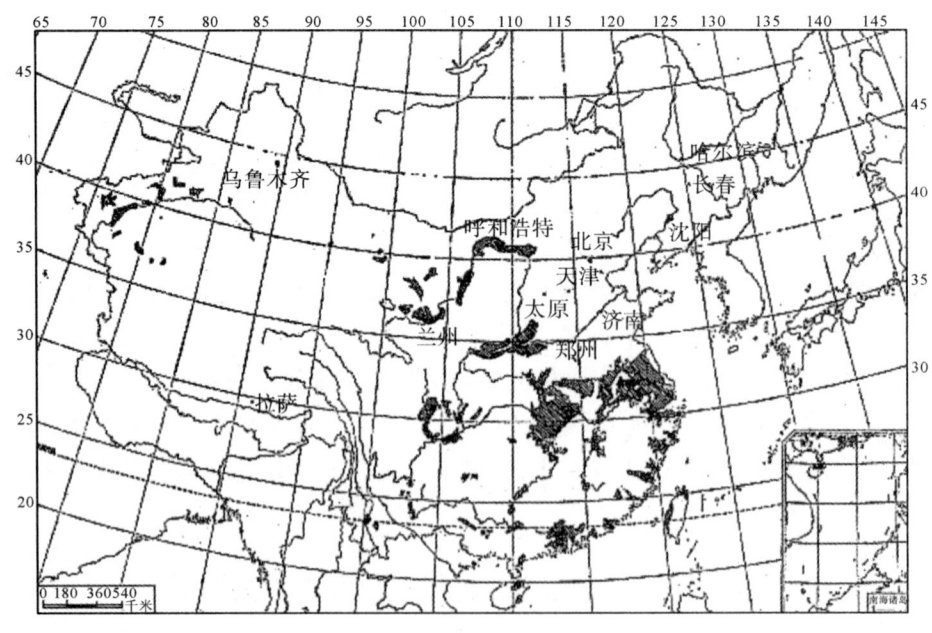

图 1-2-8　中国人为作用形成的各种人为土分布示意图

第三章 中国土壤物质组成与性状

第一节 中国土壤剖面及其形态

一、土壤剖面及其形态特征

土壤剖面,即地表至母质(母岩)的土壤垂直断面,包括整个土体和母质层(母岩层)在内。最具有代表性的土壤剖面形态特征是土壤剖面构型,系指由发生上有内在联系、不同土层垂直序列组合构成的,简称土壤剖面构型。它清楚地显示了土壤发生过程和土壤类型的特征。土体构型与土壤剖面构型相当,但前者不包括"非土壤"的母质层和母岩层。土壤剖面构型及其所可能包含的土壤发生层组合的基本图式可由图1-3-1予以综合说明。

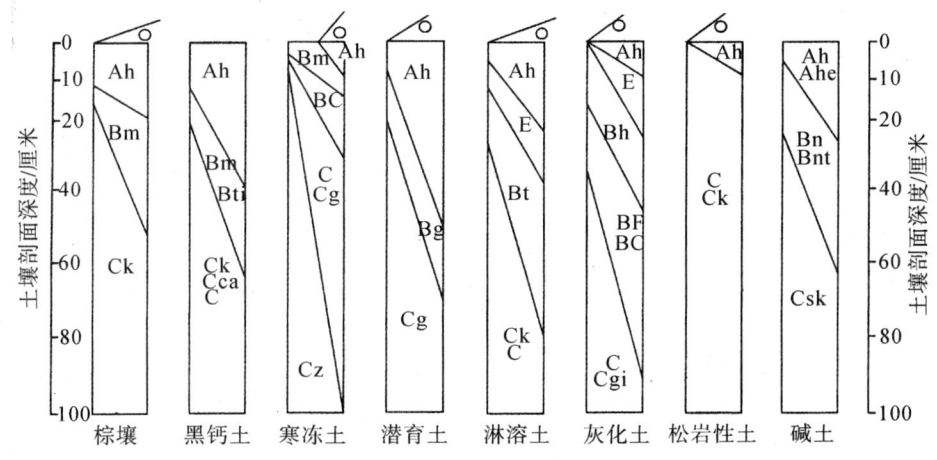

图1-3-1 土壤剖面的概念化构型示意图(据John Gerrard,2000改编)

有机质层:一般都出现在土体的表层,它是土壤的重要发生学层次,依据有机质的聚集状态,尚可分出腐殖质层、泥炭层和凋落物层。参考传统的土层代号和国际土壤学会(以下简称国际的)拟定和讨论的土层名称(1968),拟将上述3个有机质层分别用大写字母A、H、O表示。

淋溶层:由于淋溶作用使得物质迁移和损失的土层(如灰化层、白浆层)。传统的代号为A_2,国际的为大写字母E,本书拟采用后者。在正常情况下,E层区别于A层的主要标志有机质含量较低,色泽较淡。

淀积层:这是物质积累的层次。该层次往往和淋溶层相对立而存在,即上部为淋溶层,下部为淀积层。淀积层的代号以大写字母B表示,但因淀积的土壤物质成分不同,常需用词尾(小字母)加以限制,以便指明淀积层具体淀积的何种土壤物质。如果淀积的是腐殖质则用Bh表示,如果淀积的是氧化铁类物质用Bs表示,如果淀积的是氧化铁氧化锰构成的锈纹锈斑质用Bg表示,如果淀积的是碳酸钙类物质则用Bk表示,如果淀积的是黏土矿物则Bt表示等。

母质层和母岩层：严格地讲，母质层和母岩层不属于土壤发生层，因为它们的特性并非由土壤形成所产生。但它是土壤形成发育的原始物质基础，对土壤发生过程具有重要的影响。因此，它也是土壤发生发展不可分割的组成部分，故也应作为一个土壤剖面的重要成分列出。较疏松的母质层用 C 表示，坚硬的母岩以 R 示之。

兼有 2 种主要的发生层特性的土层，称过渡层。其代号用 2 个大写字母联合表示，例如 AE、EB、BA 等，第 1 个字母标志占优势的主要土层。此外，为了使主要土层名称更为确切，可在大写字母之后附加组合小写字母。词尾字母的组合是反映同一主要土层内同时发生的特性（Anz、Btg）。但一般不应超过 2 个词尾。适用于主要土层的常用词尾字母附录如下：

b 埋藏或重叠土层，如 Btb。

c 结核状聚积，此词尾常与其他表明结核化学性质的词尾结合应用，如 Bck、Ccs。

g 反映氧化还原变化的锈纹锈斑，如 Btg、Cg。

h 有机质在矿质中的聚积，如 Ah、Bh，词尾 h 用于 A 层，仅限于自然土壤。

k 聚积碳酸钙。

m 强烈胶结、固结、硬结，常与表明胶结物质的其他词尾结合应用。如 Cmk 表示 C 层中的石灰结盘层，Bms 表示 B 层中的铁盘。

n 聚积钠质，如 Btn。

p 经耕翻或其他耕作措施扰动，如 Ap。

q 聚积硅质，如 Eq

r 由地下水影响产生的强还原作用，如 Cr。

s 聚积三二氧化物，如 Bs。

t 粘粒淀积聚积，如 Rt。

y 聚积石膏，如 Cy、By。

z 比石膏更溶盐类的聚积，如 Az、Azn。

二、中国土壤剖面及其形态

1. 中国土壤的表土层

多数由有机物和矿物质积聚而成的表土层，在美国土壤系统分类（Soil Taxonomy）中称之为诊断表育层或表土层（epipedons），土壤有机物是由植物从土壤、大气、水态、沉积物中吸收 CO_2、H_2O 和其他养分并通过光合作用合成有机物，其中部分有机物又被动物所食用；植物或动物将其代谢物归还到土壤表层时，土壤微生物又对这些有机物进行分解和转化，这就形成了土壤有机物。其结果导致生命所需要的无机营养元素和有机物在土壤表土层中聚积。土壤中的有机碳化合物又可以被土壤微生物氧化成为 CO_2 排放至大气层中，故土壤有机碳的质量分数是特定时期土壤有机物增加量与有机物被分解量之间的稳定状态的具体反映。中国土壤系统分类共设 4 大类、11 个诊断表层，即有机物质表层（Organic epipedons）类、腐殖质表层（Humic epipedons）类、人为表层（Anthropic epipedons）类和结皮表层（Crusitic epipedons）类。

（1）有机物质表层（Organic epipedons）类：它们是由含高量有机碳的有机土壤物质组成的诊断表层，包括有机表层和草毡表层。其中有机表层（Histic epipedon）是矿质土壤中经常被水饱和，具高量有机碳的泥炭质有机土壤物质表层，或被水分饱和的时间很短，具极高量有机碳的枯枝落叶质有机土壤物质表层;草毡表层(Mattic epipedon)是高寒草甸植被下居高量有机碳有机土壤物质、活根与死根根系交织缠结的草毡状表层。

(2)腐殖质表层类(Humic epipedons):它们是在腐殖质积累作用下形成的诊断表层,包括暗沃表层、暗瘠表层和淡薄表层。主要用于鉴别土类、亚类一级,但暗沃表层加均腐殖质特性则是鉴别均腐土纲的依据。"暗沃""暗瘠"除反映其腐殖质含量较高,且土壤颜色的明度和彩度值较低外,还分别说明盐基的饱和与贫瘠状况。"淡薄"表示该种底层或是腐殖质含量较低,明度和彩度值较高,或是厚度较薄;暗沃表层(Mollic epipedon)是有机碳含量高或较高、盐基饱和、结构良好的暗色腐殖质表层;暗瘠表层(Umbric epipedon)是有机碳含量高或较高、盐基不饱和的暗色腐殖质表层。除盐基饱和度<50%和土壤结构的发育比暗沃表层稍差外,其余均同暗沃表层;淡薄表层(Ochric epipedon)是发育程度较差的淡色或较薄的腐殖质表层。

(3)人为表层类(Anthropic epipedons):它们是在人类长期耕作施肥等影响下形成的诊断表层,包括灌淤表层、堆垫表层、肥熟表层和水耕表层。分别是由浑水灌溉形成的灌淤土壤、由人为堆垫作用形成的堆垫土壤、长期种植蔬菜的高度熟化菜园土壤和长期种植水稻并具有特定发生层分异的水田土壤的诊断依据。其中灌淤表层(Irragric epipedon)是长期引用富含泥沙的浑水灌溉(Siltigation),水中泥沙逐渐淤积,并经施肥、耕作等交迭作用影响,失去淤积层理而形成的由灌淤物质组成的人为表层;堆垫表层(Terric epipedon)是长期施用大量土粪、土杂肥或河塘淤泥等并经耕作熟化而形成的人为表层;肥熟表层(Fimic epipedon)是长期种植蔬菜,大量施用人畜粪尿、厩肥、有机垃圾和土杂肥等,精耕细作,频繁灌溉而形成的高度熟化人为表层;水耕表层(Hydragric epipedon)是在淹水耕作条件下形成的人为表层(包括耕作层和犁底层)。

(4)结皮表层类(Crusitic epipedons):在中国土壤系统分类中干旱土纲的建立曾与ST制一样采用干旱土壤水分状况作为诊断依据,具体包括干旱表层和盐结壳。其中干旱表层(Aridic epipedon)是在干旱水分状况条件下形成的具特定形态分异(特有的孔泡结皮层和片状层)的表层。干旱表层就其腐殖质积累特征来看,相当于腐殖质表层中的淡薄表层;盐结壳(Salic crust)是由大量易溶性盐胶结成的灰白色或灰黑色表层结壳。

2. 中国土壤的表下层

诊断表下层(Diagnostic subsurface horizons)是由物质的淋溶、迁移、淀积或就地富集作用在土壤表层之下所形成的具诊断意义的土层。包括发生层中的B层(例如粘化层)和E层(例如漂白层)。在土壤遭受剥蚀的情况下,可以暴露于地表。中国土壤系统分类共设20个诊断表下层。

漂白层(Albic horizon):由粘粒/或游离氧化铁淋失,有时伴有氧化铁的就地分凝,形成颜色主要决定于砂粒和粉粒的漂白物质所构成的土层。

舌状层(Glossic horizon):由呈现舌状淋溶延伸的漂白物质和原土层残余所构成的土层。

雏形层(Cambic horizon):岩石风化—成土过程中形成的无或基本上无物质淀积,未发生明显粘化,带棕、红棕、红、黄或紫等颜色,且有土壤结构发育的B层。

铁铝层(Ferralic horizon):由高度富铁铝化作用形成的土层。

低活性富铁层(LAC-ferric horizon):由中度富铁铝化作用形成的具低活性粘粒和富含游离铁的土层,其全称为低活性粘粒—富铁层。

聚铁网纹层(Plinthic horizon):由铁、粘粒与石英等混合并分凝成多角状或网状红色或暗红色的富铁、贫腐殖质聚铁网纹体(Plinthite)组成的土层。

灰化淀积层(Spodic horizon)：由螯合淋溶作用形成的一种淀积层。

耕作淀积层(Agric horizon)：旱地土壤中受耕种影响而形成的一种淀积层。位于紧接耕作层之下,其前身一般是原来的其他诊断表下层。

水耕氧化还原层(Hydragric horizon)：水耕条件下铁锰自水耕表层或兼有自其下垫土层的上部亚层被还原淋溶,或兼有由下面具潜育特征或潜育现象的土层还原上移;并在一定深度中氧化淀积的土层。

粘化层(Argic horizon)：粘粒含量明显高于上覆土层的表下层。其质地分异可以由表层粘粒分散后随悬浮液向下迁移并淀积于一定深度中而形成的粘粒淀积层,也可以由原土层中原生矿物发生土内风化作用就地形成粘粒并聚集而形成的次生粘化层(Secondary clayific horizon)。若表层遭受侵蚀,此层可位于地表或接近地表。

粘磐(Claypan)：一种粘粒含量与表层或上覆土层差异悬殊的粘重、紧实土层;其粘粒主要继承母质,但也有一部分由上层粘粒在此淀积所致。

碱积层(Alkalic horizon)：交换性钠含量高的特殊淀积粘化层。

超盐积层(Hypersalic horizon)：含高量易溶性盐,但未胶结的土层。

盐磐(Salipan)：由以NaCl为主的易溶性盐胶结或硬结形成连续或不连续的磐状土层。

石膏层(Gypsic horizon)：富含次生石膏的未胶结或未硬结土层。

超石膏层(Hypergypsic horizon)：土壤发生或地质沉积的富含大量石膏但未胶结的土层。

钙积层(Calcic horizon)：富含次生碳酸盐的未胶结或未硬结土层。

超钙积层(Hypercalcic horizon)：未胶结或未硬结的高量碳酸盐聚积层。

钙磐(Calcipan)：由碳酸盐胶结或硬结,形成连续或不连续的磐状土层。

磷磐(Phosphipan)：由磷酸盐和碳酸钙胶结或硬结,水平方向连续或不连续的磐状土层。

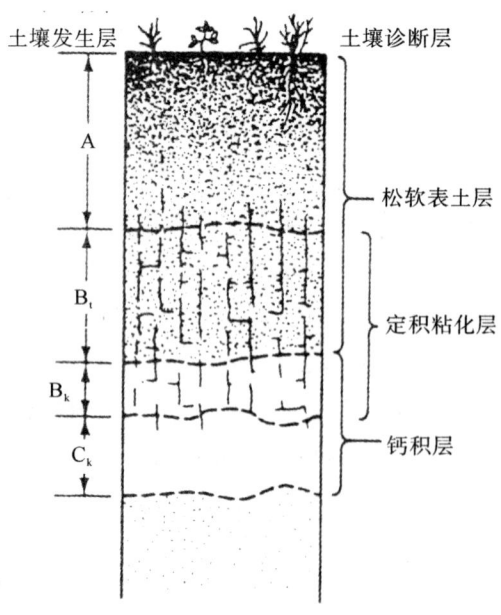

图1-3-2　土壤发生层与土壤诊断层的相关关系举例图式

第二节　中国土壤矿物组成

土壤是由固相(矿物质、有机质)、液相(土壤水分)、气相(土壤空气)等三相物质组成的,它们之间是相互联系、相互转化、相互作用的有机整体。从土壤组成物质总体来看,它是一个复杂而分散的多相物质系统。固相主要是矿物质、有机质,也包括一些活的微生物。

一、土壤矿物组成及诊断分析

矿物是指由地质作用所形成的天然单质或化合物,它们一般具有固定的理化性质和结晶特征,它们在一定的地质条件下是相对稳定的,当外界条件改变时原有矿物也会发生变化。矿物是组成岩石、矿石和土壤的基本单元。已知的矿物种类约4145种,常见的矿物则有50种~60种,而构成岩石和土壤主要成分的只有20种~30种。土壤矿物则是指土壤中各种无机固态矿物的总称,裸露地表的岩石(岩浆岩、沉积岩和变质岩)所包含的各种矿物,在风化过程和成土过程会逐渐向地表环境中更稳定的矿物种类转变,并向环境中释放出一些元素。因此,土壤矿物的起源可归结为3种:一是直接继承自母岩或母质中的矿物;二是由母岩或母质中的矿物转变而成;三是从岩石风化液或土壤溶液中新生。土壤矿物构成了土壤的"骨骼",它对土壤的矿质元素质量分数、性质、结构和功能影响甚大。按照发生类型可将土壤矿物划分为原生矿物、次生矿物、可溶性矿物(盐类)3大类。

1. 土壤原生矿物 (Primary mineral)

土壤原生矿物直接来源于母岩特别是岩浆岩,它只受不同程度的物理风化作用,而其化学成分和结晶构造并未改变。土壤中原生矿物的种类和质量分数随着母岩类型、风化强度和成土过程的不同而异。随着土壤年龄的增长,土壤中原生矿物在有机体、气候因子和水溶液作用下逐渐被分解,仅有微量极稳定矿物会残留于土壤中,结果使土壤原生矿物的质量分数和种类则逐渐减少。Goldich 1938年提出了主要原生矿物的稳定性由小到大的序列,即从橄榄石→镁质辉石→钙镁质辉石→闪石→黑云母→钾长石→白云母→石英。这也是衡量地表岩石被风化及土壤形成过程强弱的重要标志。在风化与成土过程中原生矿物供给土壤水分以可溶性成分,并为植物生长发育提供矿质营养元素如磷、钾、硫、钙、镁和其他微量元素。土壤原生矿物主要包括硅酸盐和铝硅酸盐类、氧化物类、硫化物、磷酸盐类和某些特别稳定的原生矿物。

(1) 硅酸盐及铝硅酸盐类:硅酸盐及铝硅酸盐类矿物是土壤中最主要的原生矿物,它们一般为晶质矿物。常见的有长石类、云母类、辉石、角闪石类和橄榄石类等。

(2) 长石类矿物:长石类矿物占地壳重量的50%~60%,占土壤圈重量的10%~15%,是广泛存在于土壤中的较稳定的原生矿物,多集中于土壤粗粒级之中。长石矿物是正长石($KAlSi_3O_8$)、钠长石($NaAlSi_3O_8$)、钙长石($CaAl_2Si_2O_8$)的固熔体,钾钠质量分数多而钙质量分数少的称为碱性长石,钙和钠质量分数多而钾质量分数少的为斜长石。其风化产物为高岭石、二氧化硅,并释放大量盐基离子,是土壤中钾素的重要来源。

(3) 云母类矿物:占地壳重量的3.8%,按其颜色可分为白云母($KAl_2[AlSi_3O_{10}][OH]_2$)、金云母($KMg_3[AlSi_3O_{10}][OH]_2$)和黑云母($K[Mg,Fe]_3[AlSi_3O_{10}][OH]_2$)。在土壤中白云母不易被风化,而黑云母极易被风化分解,并释放钾元素,故在多数土壤细砂或粉粒中常有云母碎片。

(4)橄榄石类矿物:橄榄石($[Mg,Fe]_2SiO_4$)是基性和超基性岩浆岩的重要造岩矿物,在土壤中极易被风化变成蛇纹石,故土壤质量分数较少。橄榄石类矿物因含铁多少不同可由浅黄绿至深绿色。

(5)辉石与角闪石类矿物:占地壳中岩浆岩总重量的17%左右,是重要的造岩矿物。其中辉石($[Ca,Na][Mg,Fe,Al][(Si,Al)_2O_6]$)为基性超基性岩、变质岩的主要造岩矿物,在土壤中易被风化变成绿帘石和绿泥石;角闪石($Ca_2NaMg,Fe^{II}_4Al,Fe^{III}[(Si,Al)_4O_{11}]_2[OH]_2$)是中性岩的主要造岩矿物,在土壤中易被风化变成绿帘石和绿泥石。

(6)氧化物类:石英$[(SiO_2)n]$在地壳中质量分数仅次于长石,占地壳重量的12%,是许多岩浆岩、沉积物和土壤中最为常见的矿物。在土壤中石英颗粒表面常被黄棕色的氧化铁、氧化锰胶膜所包裹,而呈现黄棕色。在土壤砂粒(0.01毫米~2.00毫米)中石英的质量分数在80%以上。石英在土壤中极为稳定,是土壤的基底物。

(7)硫化物类:土壤中常见的原生硫化物主要是黄铁矿和白铁矿,两者为同质异构物,分子式为FeS_2。黄铁矿是地壳中最为常见的硫化物,在各类岩石中都可出现。在土壤中黄铁矿易于被风化变成褐铁矿,并释放大量硫素供给植物生长发育之需要。

(8)磷灰石类:磷灰石$[Ca_5(F,Cl)(PO_4)_3]$常以微小晶粒散布于岩浆岩之中。在风化与成土过程中磷灰石的分解会逐渐释放磷化物,这是土壤中植物生长发育所需磷素的重要来源。

土壤是由母岩风化而形成的,所以土壤之中原生矿物的数量和种类,可用以说明土壤与母岩之间发生联系的紧密程度,以及土壤的发育程度。在成土过程中凡是不稳定的矿物首先被风化而在土壤中消失,而稳定的矿物则保存于土壤中。

2. 土壤次生矿物(Secondary mineral of soil)

原生矿物在风化和成土过程中新形成的矿物称为土壤次生矿物,包括各种简单盐类、次生氧化物和铝硅酸盐类矿物。次生矿物是土壤矿物中最细小的部分(粒径小于0.002毫米),与原生矿物不同,许多次生矿物具有活动的晶格、呈现高度分散性,并具有强烈的吸附代换性能、能吸收水分和膨胀,因而具有明显的胶体特性,所以又称之为黏土矿物。黏土矿物影响土壤的许多理化性状,如土壤吸附性、胀缩性、黏着性及土壤结构等,同时也对进入土壤的各种污染物(重金属离子、持久性有机污染物等)具有复杂的吸收保持作用,因而在土壤环境学研究及农业生产上均具有重要的意义。

(1)次生矿物的类型

易溶盐类:由原生矿物脱盐基过程或土壤溶液中易溶盐离子析出而形成,其主要包括碳酸盐(如Na_2CO_3)、重碳酸盐[如$NaHCO_3$、$Ca(HCO_3)_2$]、硫酸盐($CaSO_4$、Na_2SO_4、$MgSO_4$)、氯化物($NaCl$)。常见于干旱半干旱地区和大陆性季风气候区的土壤中,在许多滨海地区的土壤中也会大量出现。土壤中易溶盐过多会引起植物根系的原生质核脱水收缩,危害植物正常生长发育。

次生氧化物类:由主要原生矿物脱盐基、水解和脱硅过程而形成,其主要包括二氧化硅、氧化铝、氧化铁及氧化锰等。二氧化硅主要由土壤溶液中溶解的SiO_2在酸性介质中发生聚合凝胶而成,以氧化硅凝胶和蛋白石($SiO_2·nH_2O$)为主。氧化铝是铝硅酸盐在高湿高温条件下高度风化的产物,是土壤中极为稳定的矿物,即三水铝石($Al_2O_3 \cdot 3H_2O$),多见于热带地区的土壤中。氧化铁是原生矿物在高湿高温条件下高度风化或者在潴水条件下氧化还原过程的产物,是土壤中重要的染色矿物。其主要包括赫红色赤铁矿(Fe_2O_3)、黄棕色针铁矿($Fe_2O_3 \cdot H_2O$)、棕褐色的褐铁矿($Fe_2O_3 \cdot H_2O \cdot nH_2O$),即土壤中氧化铁不断水化就形成了黄色的水化氧化铁。氧化锰是原生矿物在高湿高温条件下高度风化或者在潴水条件下氧化还原过程的产物,也是土壤中重要的染色矿物,其主要是MnO和MnO_2,常以棕色、黑色胶膜或结核状态存在于土壤颗粒表面。

次生铝硅酸盐:它是原生矿物化学风化过程中的重要产物,也是土壤中化学元素组成和结晶构造极为复杂的次生黏土矿物。根据每个硅原子所结合的氧原子个数可以将其划分为架状硅酸盐、层状硅酸盐、链状硅酸盐和岛状硅酸盐,几乎所有的次生硅酸盐都属于层状硅酸盐,它们的结构状况如图1-3-3和图1-3-4所示。如表1-3-1已鉴别出土壤中每个主要硅酸盐中微弱的化学键,这些化学键的分裂可引起矿物类型的变化。根据次生铝硅酸盐矿物晶体内所含硅氧四面体层(硅氧片)和铝氧八面体层(水铝片)的数目和排列方式,可以将其划分为1∶1型和2∶1型2大类,其中1∶1型矿物主要有高岭石类矿物,2∶1型矿物主要有蒙脱石类矿物、水云母类和蛭石类矿物。

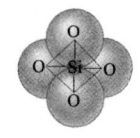
硅氧四面体结构图

单个硅氧四面体
(如存在于橄榄石矿物中)

单链状硅氧四面体
(如存在于辉石类矿物中)

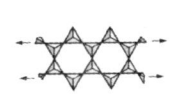
双链状硅氧四面体
(如存在于角闪石矿物中)

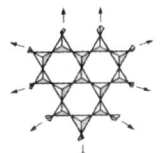
层片状硅氧四面体
(如存在于云母类和粘土矿物中)

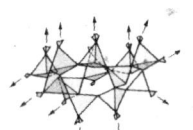
构架状硅氧四面体
(职存在于石英和长万死不辞类矿物中)

图1-3-3 硅氧四面体结构体示意图

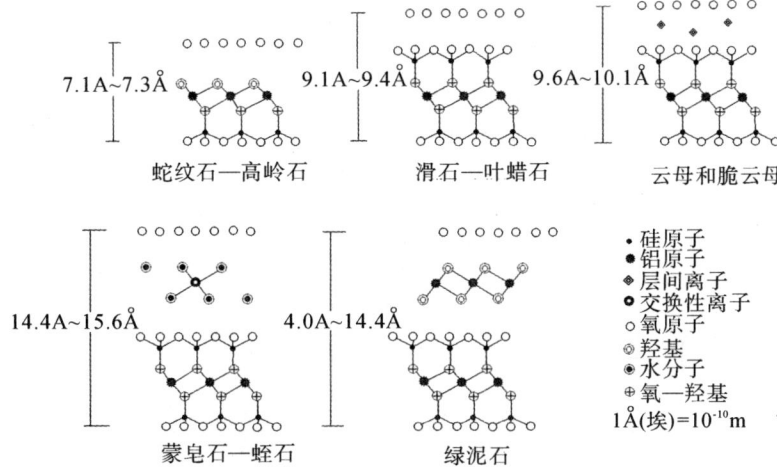

图1-3-4 土壤中主要粘土矿物结构示意图

表 1-3-1　土壤主要次生硅酸盐矿物中化学键特征

矿物类型	结构类型	化学分子式	氧硅比	最弱化学键	举例
架状硅酸盐	构架结构	SiO_2，有 Al 置换 SiO_2	4 4	K^+、Na^+、Ca^{2+} $Si-O$ 键	长石 石英
层状硅酸盐	片状结构	$Si_2O_5^{2-}$，有 Al 置换，层间夹有 Al、Fe、Mg 和羟基化八面体	3	通过层间阳离子，通常为 K^+	云母
链状硅酸盐	单链结构 双链结构	SiO_3^{2-}，有 Al 置换 $Si_4O_{11}^{6-}$，有 Al 置换	2.5 2	通过二价和其他阳离子 通过二价和其他阳离子	辉石 闪石
岛状硅酸盐	隔离四面体	SiO_4^{2-}	0	通过二价阳离子	橄榄石

(2) 土壤次生矿物的形成过程

一些矿物在特殊环境条件下极不稳定,如在酸性环境中方解石、白云石和坡缕石易被溶解,在氧化环境中黄铁矿则易被氧化分解,在还原环境中氧化铁则易被还原溶解,在不同环境中即使相同矿物其稳定性也有差异。土壤中常见矿物变化过程有物理粉碎(physical comminution)、盐分积聚(salt accumulation)、转化(transformation)、新生(neoformation)、分解(decomposition)、继承(inheritance),其中土壤次生矿物的形成与转换模式为:

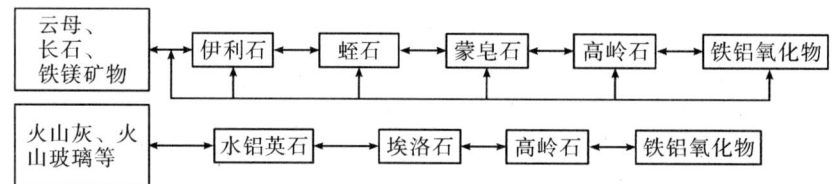

物理粉碎:在寒漠和干旱荒漠环境中,由于缺乏有效水分原生矿物组成分很少发生改变,但频繁的冻融—冰劈作用和剧烈的温度变化—涨缩作用,会加速地表原生矿物的粉碎,并形成细小的伊利石和绿泥石颗粒,这就为土壤形成奠定了物质基础。

盐分积聚:在寒漠和干旱寒漠环境的土壤之中,常有碳酸钠、重碳酸盐、氯化物、硫酸盐等易溶盐分的积聚,其形成与地表岩石的被溶解及蒸发过程有关。在半干旱及半湿润的环境中,季节性干旱也能够引起某些易溶盐分在土壤剖面中的聚集。

转化作用:在寒冷湿润的针叶林条件下,随着有机质在土壤剖面上部的不断积累,土壤也逐渐酸化,这样在酸性淋溶的作用下土壤中典型的矿物转化过程为:

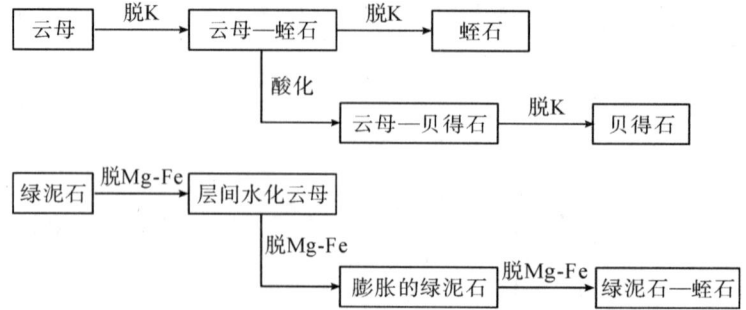

新生作用:是指从原生矿物或次生矿物溶解出来的成分被重新自然合成为固相矿物的过程,新生作用所形成的矿物与原生矿物、次生矿物在组成成分、结构类型上均有差异。在深度发育的

土壤剖面之中,虽然在土壤剖面上部多水高岭石和水铝石比较少见,但通常具有下列矿物转化过程:

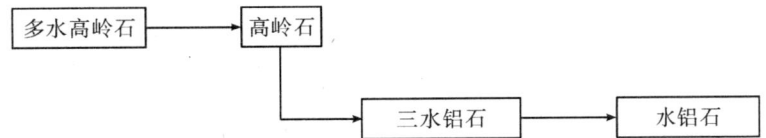

在干旱环境中石灰质成土母质通过新生作用可以形成坡缕石;在年均降水量超过300毫米的地区,上述物质也可形成蒙脱石类矿物。伊利石通常被认为是有细小的原生云母颗粒水化脱K而形成的矿物,但在干旱和半干旱环境中,土壤中的新生作用也可以形成一些颗粒微小的伊利石。随着环境条件的变化,土壤中的蒙脱石类矿物通过新生作用而向高岭石类刊物转化,其变化模式为:

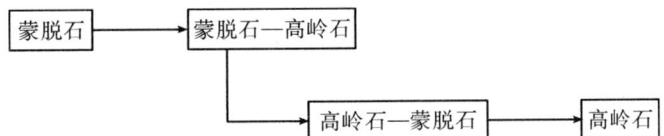

分解作用:虽然次生矿物经常经过原生矿物被酸化而形成,但在季节性干湿交替及土壤剖面中氧化与还原交替也可使原生矿物崩解。土壤剖面季节性的还原条件会使铝硅酸盐层中释放出Fe^{2+}离子;在随后的季节性氧化条件下,Fe^{2+}离子被氧化成为Fe_2O_3并释放出H^+离子。其过程被Brinkman 1970年称之为土壤的铁解过程(ferrolysis)。因此,在所有的岩石化学风化阶段,针铁矿是最为广泛分布的铁氧化物,在热带及亚热带的土壤中常有赤铁矿与针铁矿结合在一起。土壤中氧化锰的存在也预示着氧化过程的发生,原生矿物崩解释放出的$Mn(II)$通常会被氧化为$Mn(IV)$。酸化作用也可以分解土壤矿物,硫化物矿物特别黄铁矿在好气条件下被氧化可释放出硫酸,硫酸雨土壤矿物反应通常产生黄钾铁矾、碱化黄钾铁矾和石膏。人类活动引起的环境酸化也可通过上述反应过程中分解土壤矿物。

二、中国土壤矿物组成的空间分布规律

土壤黏土矿物或来源于成土母质,或产生于成土过程之中。因此,土壤黏土矿物的类型组合随土壤类型的不同而异,在同一生物气候条件下,即使成土母质不同,土壤中的主要黏土矿物类型仍然大体相同,而伴随矿物会有所不同。但是在一个土壤剖面内各个发生土层的主要黏土矿物会有明显差异,如在底土层中黏土矿物种类组合与成土母质关系密切,其矿物结晶度高;心土层中黏土矿物不仅在数量上比底土层高,而且在组成上也有明显的变化,这是成土母质向土壤转变、土壤淋溶—淀积过程综合作用的结果;表土层中的黏土矿物则是各种成土过程综合作用的结果,其代表该土壤所在的生物气候条件下比较稳定的黏土矿物组合,具有明显的地带性分异规律。中国土壤黏土矿物分布地带可以划归为以水云母为主、以水云母—蒙脱石为主、以水云母—蛭石为主、以水云母—蛭石—高岭石为主、以高岭石—水云母为主、以高岭石为主的地带以及高山土壤矿物区等,如图1-3-5所示。

(1)以水云母为主的地带 在中国新疆、甘肃西部和内蒙古西部的荒漠与半荒漠地区,由于气候干燥,土壤矿物风化过程处于初级阶段,其土壤表层中黏土矿物以水云母为主,并含有少量绿泥石、蒙脱石和长石类矿物等。在表土中黏粒的硅铝率大于3.50,黏粒中K_2O质量分数可高达4%,表土层土壤阳离子交换量小于30毫克当量/100克土。这表明土壤矿物风化还处于脱盐基阶段的初期,故土壤矿物风化过程以物理风化过程占优势。

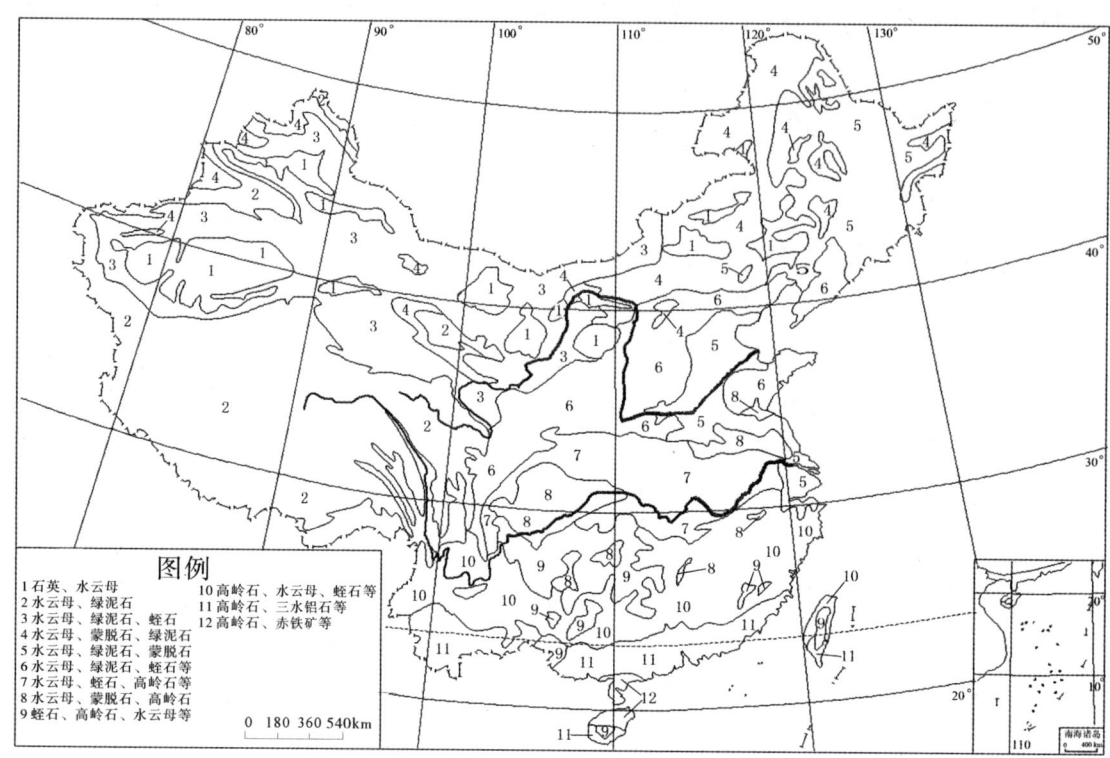

图 1-3-5 中国土壤黏土矿物分区图（据熊毅，1990）

（2）以水云母—蒙脱石为主的地带　在内蒙古中部、黄土高原北部和东北西部等半干旱草原地区，土壤黏土矿物组合随着湿润度增加发生了显著变化，即蒙脱石质量分数明显增加，且土壤中蒙脱石的结晶度也较高，其伴随矿物有绿泥石和少量高岭石。表土中黏粒的硅铝率在 3.0～3.80 之间，黏粒中 K_2O 质量分数在 1.0%～3.0% 之间，表土层土壤阳离子交换量一般在 35 毫克当量/100 克～55 毫克当量/100 克土之间。土壤矿物中碱金属元素大多数已被淋失殆尽，而且碱土金属元素也发生了明显了淋溶—淀积过程，土壤表层中的部分黏粒被淋溶—淀积于心土层中，形成了心土层质地相对黏重紧实的钙层土壤。

（3）以水云母—蛭石为主的地带　在黄土高原东南部、华北平原和东北平原大部分等半湿润地区，发育在黄土性母质上的土壤，其土壤黏土矿物组成与母质差异较小，即以水云母、蛭石和蒙脱石为主；而发育在花岗岩、变质岩和页岩风化物上的土壤黏土矿物则以水云母和蛭石为主，在这些表土中黏粒的硅铝率在 2.6～3.40 之间，黏粒中 K_2O 质量分数在 1.8%～3.3% 之间，表土层土壤阳离子交换量一般在 40 毫克当量/100 克～60 毫克当量/100 克土之间。土壤矿物中碱金属元素绝大多数已经被淋失殆尽，且碱土金属元素发生了明显了淋溶—淀积过程，且淀积深度明显加大淀积量减少，土壤表层中黏粒被淋溶—淀积过程明显加强，形成了心土层质地黏重紧实的黏化土壤。

（4）以水云母—蛭石—高岭石为主的地带　在中国北亚热带湿润地区，这里绝大部分属于江淮平原或低缓丘陵区，其气候、植被和土壤都具有明显的亚热带向暖温带过渡性。因此，其土壤表层的黏土矿物则以水云母、蛭石、高岭石为主，这些表土中黏粒的硅铝率在 2.5～3.80 之间，黏粒中 K_2O 质量分数小于 2.5%，表土层土壤阳离子交换量在 30 毫克当量/100 克土左右。土壤矿物中碱金属和碱土金属元素绝大多数已经被淋失殆尽，矿物风化过程进一步加强，在局部土壤中已有少量三水铝石矿物。

（5）以高岭石—水云母为主的地带　在中国江南丘陵、四川盆地及云贵高原北部的中亚热带湿润区，广泛分布有第四纪红色黏土，这类成土母质的特征是富含高岭石、赤铁矿和水云母，故其上发育的土壤剖面中黏土矿物的组成相当一致，其伴随矿物有蛭石、蒙脱石混层矿物。在这些表土中黏粒的硅铝率 2.5 左右，黏粒中 K_2O 质量分数小于 2.0%，表土层土壤阳离子交换量在 25 毫克当量/100 克土左右。土壤矿物中碱金属和碱土金属元素绝大多数已经被淋失殆尽，二氧化硅开始大量淋失，铁铝氧化物逐渐积累。

（6）以高岭石为主的地带　在中国华南及云南南部广大地区南亚热带、热带湿润区，土壤表层的黏土矿物均以结晶良好的高岭石类矿物为主，其伴随矿物有水云母、蛭石和三水铝石矿物等。在这些表土中黏粒的硅铝率小于 2.0，黏粒中 K_2O 质量分数小于 1.0%，表土层土壤阳离子交换量一般不足 15 毫克当量/100 克土。可见，随着水热作用的加强在土壤表层高岭石类矿物已经代替了水云母矿物取得主导地位，次生铝硅酸盐矿物中的二氧化硅已经大量淋失，而铁铝氧化物大量积累，形成了质地黏重的土壤。另外，中国是一个多高山的大国，山地土壤中黏土矿物组成受海拔高度、坡向、气候植被、成土母岩、侵蚀与堆积过程影响明显，也表现出明显的垂直地带性分异规律。一般来说山地土壤中矿物风化程度较平地土壤要低，土壤黏粒中 K_2O 质量分数则较高。

第三节　中国土壤有机质组成

一、土壤有机质组成及诊断分析

1. 土壤有机质的来源

有机物质通常指含碳元素的化合物，或碳氢化合物及其衍生物总称为有机物。由于早期人们接触的有机物都是从动植物有机生命体中获取的，故称之为有机物；自 19 世纪初期以来，科学家开始运用化学原理和化工方法，人工合成了许多有机化合物，如尿素、醋酸、脂肪等等，目前人类已知的有机物达 8000 多万种，其数量远远超过无机物。有机物化合物可分为烃和烃的衍生物两大类；根据有机物分子中所含官能团的不同，又分为烷、烯、炔、芳香烃和醇、醛、羧酸、酯等等；根据有机物分子的碳架结构，还可分为开链化合物、碳环化合物和杂环化合物 3 类。现代环境系统中存在的有机化合物主要有：烃类化合物、烃类的衍生物、糖类化合物、氨基酸类化合物、高分子化合物、有机硅化合物、胶粘剂与涂料。在自然条件下土壤中的有机物均来源于生物生理代谢过程的产物，包括土壤微生物和土壤动物及其分泌物、土体中植物残体和植物分泌物；从自然生物体代谢并输入土壤有机物的种类、数量（输入通量）、聚集状况来看，自然生物代谢过程是土壤中物质循环过程的核心环节，这对促进土壤形成和发育具有重要的促进作用：一是有机质在土壤中的迁移转化与集聚是土壤形成发育的重要标志，也是土壤剖面分异的重要机制；二是有机质的转化与分解（即有机质矿化）是植物养分的重要源泉；三是土壤有机质与黏土矿物结合形成了稳定性土壤团聚体，改善了土壤的结构、通透性和抗蚀能力；四是提高了土壤的吸附性能、缓冲性能和保肥性能；五是有机质也是土壤微生物活动的重要能量来源。

从质量上看，有机质属于土壤的次要组分，它仅占土壤总质量的 0.1%～10%，即是在有机土也只有40%的有机质;但在全球物质循环、生物生产和环境缓冲性等方面土壤有机质则发挥着极为重要的作用。Claire 2006年估计全球土壤碳储量约为2500拍克(1拍克=10^{15}克),其中土壤有机碳(SOC)储量为1550拍克,土壤无机碳(SIC)储量为950拍克;全球土壤碳储量是大气圈碳储量(760拍克)的3.3倍,是生物圈碳储量(560拍克)的4.5倍,因此,调控土壤碳储量变化将是维持农业生产和缓解温室效应引起的全球变化研究的重要内容。从土壤的本质属性(土壤肥力和环境自净能力)来看,土壤有机质则是土壤中最重要的组成成分之一,是土壤肥力的物质基础,也是土壤形成发育的主要标志。土壤有机质可分为两大类:非特异性土壤有机质和土壤腐殖质,前者是有机化学中已知的普遍有机化合物,主要来源于动植物和土壤微生物的残体,是绿色植物的根、茎、叶的残体及其分解产物和代谢产物,人类通过施用有机肥也会增加非特异性土壤有机质的数量;后者属于土壤所特有的、结构极为复杂的高分子有机化合物。

(1)植物性供给的有机物

土壤有机质的原始来源是植物组织。在自然条件下,树木、灌丛、草类、苔藓、地衣和藻类(即生产者)的躯体都可为土壤提供大量有机残体。在耕作条件下农作物有一大部分被人们从耕作土壤上移走,但作物的某些地上部分和根部仍残留于土壤中。土壤动物如蚂蚁、蚯蚓、蜈蚣、鼠类等(消费者)和土壤微生物(分解者)是土壤有机质的第二个来源,它们分解各种原始植物组织,为土壤提供排泄物和死亡后的尸体。在现代人类活动的影响下,土壤中有机质的来源也更加多样化,如人类生活代谢物、异地生物质、各种有机化合物的注入,并已对土壤环境产生了重要的影响。

植物残体(鲜)的水分含量在60%~90%之间,因植物种类及其生境而异,但绝大多数植物的水分含量为75%,如图1-3-6所示。以质量为基础,则干物质中最多的是碳素和氧素,其次是氢,它们合计占干物质总重量的90%以上。其他元素(如氮、硫、磷、钾、钙、镁、铁、硅、钠等)虽然含量较少,但它们对于植物、动物和微生物的正常生长发育都起着不可替代的作用。一般来说,从低等植物地衣、草本植物、阔叶树到针叶树,植物体灰分含量依次降低。但不同地理环境中生长的植物其体内灰分含量差异巨大,在冰沼地生长的植物灰分含量仅1.5%~2.5%,在温带草原区生长的植物灰分含量在2.5%~5.0%,在亚热带荒漠区生长的旱生植物灰分含量可高达10%以上,在生长在盐碱土及滨海盐土上的盐生植物灰分含量可高达30%以上。

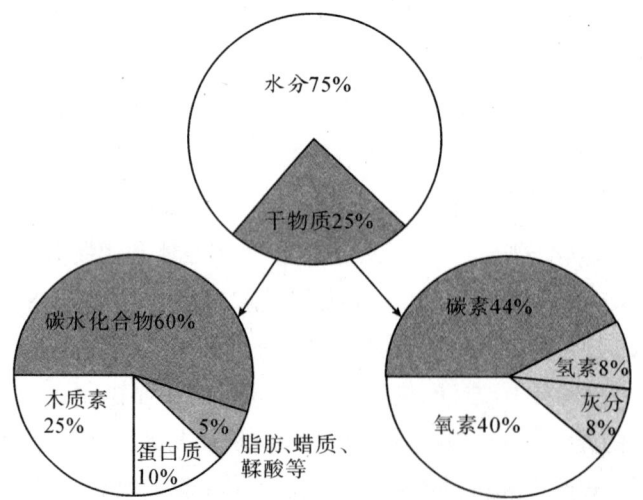

图-3-6 代表性的绿色植物组织的成分(据N.C.Brady,1974)

植物组织中所含的化合物主要有碳水化合物、蛋白质、木质素、脂肪、蜡质、鞣酸、嘧啶、树脂、色素等。其中碳水化合物主要由碳、氧、氢构成,包括有单糖、双糖和多糖(如淀粉、纤维素和半纤维素),它们占土壤有机质的15%~27%,是非特异性有机质的主要组成部分。碳水化合物在土壤中极易被微生物所分解,也是土壤微生物活动的主要能源物质。木质素多存在于较老的植物组织中,如茎和其他木质组织,其主要成分也是碳、氧、氢等。木质素是一类极为复杂并带有苯环结构的高分子化合物,故在土壤中很难被分解。蛋白质是植物组织中结构复杂的化合物,其元素组成中有碳、氧、氢、氮、硫、磷等,也是土壤容易被微生物分解的有机化合物,其分解产物氨基酸类化合物则是土壤腐殖质的重要组成物。上述植物组织在土壤微生物的作用下也会形成多有机酸,再加植物根系分泌的有机酸,对土壤矿物的风化、养分的释放及土壤理化性质均有重要的影响。

(2)动物与微生物供给的有机物

土壤中的动物和异养型微生物一般不能利用环境中的无机物来合成有机物,它们只能利用土壤中现有有机物(植物、动物或微生物)为食料,并对这些有机物进行着复杂的摄食、消化、吸收、呼吸、循环、排泄等新陈代谢过程,同时碳、氢、氧、氮、硫、磷、铁、锰、钾、钙等元素都是组成生物体的必需化学元素,生物也只有不断地从环境中获取这些元素才能生长、发育和繁殖。由此可见,土壤动物活动和异养型微生物活动并不能增加土壤中有机物总质量,但它们却是土壤中有机物迁移转化的主要推动者。

土壤动物和微生物对有机物质的作用可以归结为生物固定和生物释放这2个相互对立的转化过程。前者是指动物和微生物对土壤中有机物的吞噬、吸收至生物体内,用于组成各种细胞物质,即碳水化合物在细胞内被进一步转化,并结合氮、磷、硫等其他元素合成生物体的各种有机组分;后者则是生物体将部分有机物质分解并转化为无机物质,同时还释放各种细胞组分。动物和有机营养型微生物则以植物和微生物为食,从中获得生活所需的能量和组成机体的物质成分,其生命活动的净结果是导致积累于土壤中的生物物质的分解和消失,即生物释放各种化学元素。在生物物质的释放中,微生物所分解的物质种群、数量和程度都远远超过其他生物。根据土壤动物和微生物吞噬吸收的有机物种类不同,将其物质转化过程中及其向土壤释放的产物可以归结为三大类型:

土壤动物和微生物对土壤中的糖类有机物的代谢作用 糖类(主要是淀粉和纤维素类有机物)是动物和人生命活动的主要能源,糖类经过动物的消化并被分解为葡萄糖,在被吸收并输送到生物体全身各个器官和组织中。糖类在生物体内的转化主要有氧化分解、合成糖元、转变成脂肪等。在土壤通气状况不良时,葡萄糖通过酵解生成乳酸;在充分供给氧气的条件下,葡萄糖经过三核酸循环和呼吸链等途径被彻底分解成CO_2和H_2O,这也是细胞内产生能量的主要方式,它比无氧酵解过程释放的能量多,但后者为组织细胞在氧气供应不足时提供机体急需的能量。动物体内多余的葡萄糖在肝脏或肌肉等组织细胞中被合成为糖元贮备起来,动物肝糖元是能量的暂时贮备,当血糖含量降低时,又可以分解成葡萄糖释放到血糖中,使血糖含量得以维持在相对稳定的水平。经上述变化之后动物体内还有多余的葡萄糖,则这部分葡萄糖可以转变成脂肪,作为能源物质贮备在生物体之中。另外,葡萄糖代谢的中间产物如丙酮酸、α-酮戊二酸、草酸乙酸经过转氨作用可产生相应的丙氨酸、谷氨酸、天冬氨酸。

土壤动物和微生物对脂类的代谢作用 土壤有机物中的脂类物质有脂肪、磷脂和胆固醇等。脂肪消化的产物是甘油和脂肪酸,它们被吸收到小肠上皮细胞以后,大部分重新合成脂肪并被运送贮存到脂肪组织中。脂肪也可以再水解成甘油和脂肪酸,甘油经转化后,通过酵解途径进入三羧酸循环而彻底氧化;脂肪酸经β-氧化作用逐步氧化,释放出的乙酰辅酶A通过三核酸循环彻底氧化。磷脂主要参与构成机体的组织,也可以氧化分解,释放能量,或转变成脂肪。胆固醇主要是构成机体的组织,也可以转变成一些重要的化合物,如某些类固醇激素和胆汁酸等。

土壤动物和微生物对蛋白质的代谢作用　土壤有机物中的蛋白质在消化道内被消化分解成氨基酸,氨基酸被吸收、输送到全身各器官组织,在这个过程中主要有4种不同类型的变化:合成各种组织蛋白质,如血红蛋白、肌球蛋白、肌动蛋白等;合成具有一定生理功能的特殊蛋白质,如蛋白质类激素等;氨基转换作用和脱氨基作用。

(3) 人为供给的有机物

土壤是人类生产与生活的场所、农业生产劳动的对象,也是陆地环境系统的核心介质,因此,人类活动对土壤有机物的含量、种类及其分布均有主要影响。人类活动对土壤有机物的影响可以归结为3类:一是人类在生产生活过程中,减少区域土壤中碳水化合物、蛋白质、氨基酸以及脂肪等天然有机物质的输入量及其储藏量,也有向局部土壤中添加异域的碳水化合物、蛋白质、氨基酸以及脂肪等天然有机物质;二是人类在进行农业生产的过程中,向土壤中施加了各种有机类的化学农药物质,如有机氯杀虫剂(如艾氏剂、氯丹、狄氏剂、异狄氏剂、七氯、灭蚁灵、毒杀芬、滴滴涕等)、有机磷类杀虫剂(如磷酸酯、一硫代磷酸酯、二硫代磷酸酯、膦酸酯、磷酰胺、硫代磷酰胺、焦磷酸酯等)、氨基甲酸酯类杀虫剂(如N-甲基氨基甲酸酯类、二甲基氨基甲酸酯等)、有机氮类杀虫剂(如脒类、沙蚕毒类、脲类等)、拟除虫菊酯类杀虫剂(如光不稳定性拟除虫菊酯、光稳定性拟除虫菊酯等)等,另外还有在农业生产过程中大量使用地膜覆盖而向土壤中加入了大量的聚苯乙烯、聚丙烯、聚氯乙烯等高分子化合物;三是伴随着污水灌溉农田和环境污染,更使多种有机污染物进入到土壤之中,酚类、氰化物、石油、合成洗涤剂、二恶英类物质以及一些有害微生物等等。

人类活动向土壤中添加的各种有机污染物的速率和总量超过土壤的自净能力,这不仅会引起土壤的组成、结构和功能发生变化,还会抑制土壤微生物正常的生理活动,影响土壤中正常的有机物转化过程,使有害物质或其分解产物在土壤中逐渐积累,并通过"土壤→农作物→人体",或通过"土壤→水体→人体"间接被人体吸收,达到危害人体健康的程度。

二、中国土壤有机质含量的空间分布规律

土壤有机质含量是指单位质量烘干土壤中以各种形式存在的含碳有机化合物的质量,其单位为克/千克。土壤有机质含量是衡量土壤综合肥力的重要指标,影响土壤中有机质含量的因素众多,主要可以归结为生物因素、气候与水文因素、土壤性状、人类耕作与施肥等。中国地域宽阔、自然环境复杂多变、土壤类型众多、人类活动影响历史悠远且影响强度大,再加较为强烈的水土流失与土壤风蚀沙化过程,使中国境内土壤表土层有机质含量在空间上有剧烈的变异性,其土壤表土层中有机质含量的总体空间分布格局为:

东北地区土壤表土层有机质含量高值区,即在东北的灰色森林土、暗棕壤、黑土、黑钙土、沼泽土和少部分有机土区其表土层有机质含量一般在30.0克/千克以上,其中在黑龙江和吉林的山地森林区表土层有机质含量可达30.0克/千克以上;在三江平原及大兴安岭北部山区表土层有机质含量一般在40.0克/千克~70.0克/千克之间,且在某些沟谷洼地的表土层有机质含量可超过100.0克/千克;在大兴安岭西侧的高原区,因为土壤风蚀沙化和过度放牧或开垦,表土层有机质含量已经降至30.0克/千克以下;辽宁省绝大部分地区的潮土、棕壤、暗棕壤表土层有机质含量相对较低,一般多在10.0克/千克~40.0克/千克之间。

内蒙古、宁夏、甘肃及新疆区域土壤表土层有机质含量呈现显著的经度地带性分异规律，即在内蒙古高原东部的黑钙土、栗钙土区表土层有机质含量在20.0克/千克以上，局部可达40.0克/千克以上；中部淡栗钙土区表土层有机质含量在10.0克/千克~20.0克/千克之间；中西部灰钙土和棕钙土区表土层有机质含量在5.0克/千克~10.0克/千克之间；西部灰漠土、棕漠土及风沙土的表土层有机质含量一般在5.0克/千克以下；在山前绿洲区土壤表土层有机质含量一般在5.0克/千克~15.0克/千克之间，部分山地土壤表土层有机质含量可达70.0克/千克。

华北南部（未含内蒙古）、黄土高原、黄淮平原及山东半岛的潮土、黄绵土、褐土、棕壤等分布地区，由于受强烈的土壤侵蚀（含水蚀和风蚀）与堆积过程，以及人类活动的影响，土壤表土层有机质含量呈现显著的均匀性，即表土层有机质含量一般在5.0克/千克~15.0克/千克之间，局部地区可达15.0克/千克~20.0克/千克之间。

华东、华中、华南、四川盆地、云贵高原、台湾岛、海南岛及其他海岛黄棕壤、红壤、黄壤、赤红壤、砖红壤、水稻土等分布区域，由于受强烈的土壤水蚀与堆积、人类活动的影响，其众多土壤的表土层有机质含量一般介于10.0克/千克~40.0克/千克之间；在台湾岛和海南岛的沿岸平原区表土层有机质含量一般在15.0克/千克~40.0克/千克之间，而部分山地土壤表土层有机质含量可达70.0克/千克以上；在中国南海诸多岛屿因为鸟粪土（有机土）发育，其表土层有机质含量可达100.0克/千克以上。

青藏高原及横断山区的山地黄壤、山地棕壤、山地草甸土、有机土、高寒荒漠土分布区，土壤表土层有机质含量分异显著，即在青藏高原外围的祁连山区和横断山区表土层有机质含量一般在40.0克/千克~100.0克/千克之间，属于中国重要的土壤有机质含量高值区；在广阔的青藏高原地区表土层有机质含量一般在10.0克/千克~15.0克/千克之间，局部高寒荒漠区其土壤表土层有机质含量不足5.0克/千克。

第四节　中国土壤溶液组成

一、土壤溶液组成及诊断分析

土壤溶液（Soil solution）是土壤水分及其所含气体、溶质的总称，水分则是土壤最重要的组成部分之一，也是自然环境系统中重要的搬运营力、物质迁移的载体和化学溶剂，土壤水分含量多少及其存在形式对土壤形成发育过程及肥力水平高低都有重要的影响作用。

1. 土壤溶液的组成

土壤溶液是一种多相分散系的混合液，其包含的物质主要有以下几类：①无机盐类，如碳酸盐、重碳酸盐、硫酸盐、氯化物、硝酸盐、磷酸盐、氟化物等；②简单有机化合物，如乙酸、乙醇、草酸、单糖及二糖类等；③溶解性气体，如 O_2、NH_3、CO_2、N_2、H_2S、CH_4 等。在不同土壤、不同土壤层次、不同季节上述物质在土壤溶液中的组成及其含量是不同的。如在干旱半干旱区盐土的溶液组成主要是易溶性盐类，且主要集中在表土层，在半干旱区碱土的溶液组成主要是强碱弱酸盐类，如碳酸钠、碳酸氢钠等，土壤溶液呈现强碱性；而在湿润地区土壤的溶液组成则以简单有机化合物和少量盐基离子为主，溶液一般呈酸性。土壤溶液的浓度以湿润地区的最稀，约在0.3克/千克~1.0克/千克，半干旱草原区在1.0克/千克~3.0克/千克，而盐土溶液浓度可高达6.0克/千克以上。

土壤溶液中溶质主要来源于矿物风化的产物、成土过程的产物、人类活动所产生废弃物等。因此,许多自然环境因素通过影响矿物风化、成土过程对土壤溶液施加影响,如气候因素所决定的降水、蒸发直接影响土壤溶液的成分和浓度;土壤生物的生理代谢过程不仅能影响土壤溶液的组分,而且也能影响土壤溶液的性质;再如,地下水特别是浅层地下水与土壤溶液之间的物质交换更为密切。近些年来随着人类活动影响的不断强化,人类活动产生的各种污染物通过大气干湿沉降、污水灌溉等多种途径进入土壤,使得土壤溶液成分日益复杂化,并带来了土壤环境污染与食品安全等问题。

影响和控制土壤溶液组分和浓度的土壤内部过程有:①土壤固相组分与液相组分之间的物质溶解与沉淀过程;②土壤溶液与胶体之间的离子吸收与解析过程;③土壤液相与气相之间的气体溶解与失散过程;④土壤溶液与土壤生物之间的选择性吸收、被动吸收与代谢过程;⑤土壤溶液的稀释与浓缩过程(降水与蒸散);⑥土壤表面的毛管蒸发与地下水的逸出等。如图1-3-7所示。由上述可知,土壤溶液的组分及其浓度是随着土壤所处的环境和季节的变化而不同,并且区域人类开发利用土壤资源的措施对土壤溶液亦有重要的影响。在同一土壤剖面或者同一土壤发生层的内部各处也是不均匀的。

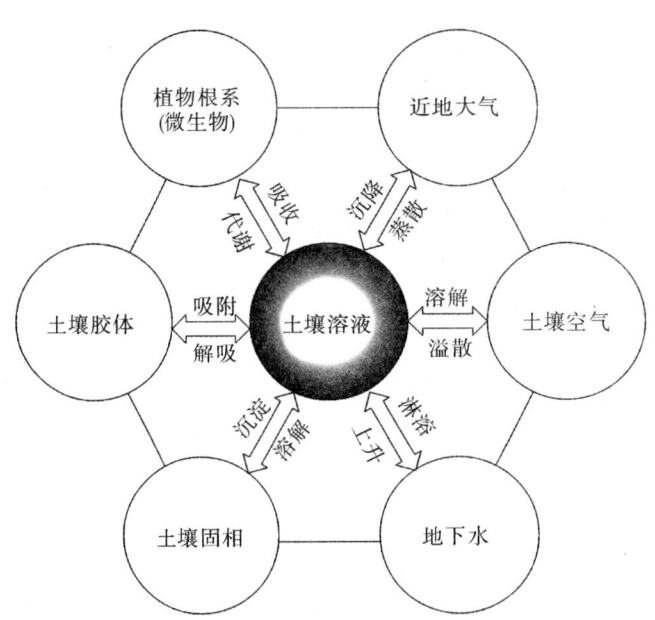

图1-3-7 土壤溶液及其影响因素相互作用图式

土壤溶液组成及其动态变化是现代土壤生态系统中所有生物地球化学过程的综合反映,由于土壤固相组成的特性通常整合了土壤形成发育历史中所有的土壤物质过程,仅仅基于土壤固相组成分析难以清晰地解释现代土壤生态系统中的生物地球化学过程。同理,由于景观程度上土壤组成和性状存在空间变异性,通过观测土壤固相中大量元素汇(large elemental pools)的细微差异,也难以阐明土壤生态系统扰动的机制及其影响。由此可见,土壤溶液研究将是监测、评价、解释土壤过程和生态系统扰动的更为敏感和有效的措施(Ugolini,2005)。然而在土壤溶液组成的化验分析和研究过程中,还面临以下技术和方法上的挑战:如何收集具有代表性的、未发生化学变化的土壤溶液,如何克服土壤性状的空间异质性,如何考虑土壤内部随时变化的水分径流状况,以及如何解决在土壤水分含量较少时(旱地土壤)的溶液收集的困难。

2. 土壤水分平衡与全球水循环

全球水分循环的一般模式为:在太阳辐射能的作用下,水从海陆表面蒸发,上升到大气层中成为大气的一部分；水汽随着大气运动而转移，并在一定的热力条件下凝结，因受重力作用降落形成降水；一部分降水被植物拦截或被植物从土壤层中吸收，在植物代谢过程中再被蒸散；到达土壤表面的降水一部分通过入渗进入土壤层形成壤中流和地下潜流，其中有部分土壤水通过物理蒸发而回归大气层，未入渗的降水形成地表径流进入江河湖泊，部分通过蒸发再回归大气层，其余则通过地表地下径流方式回归海洋，如图 1-3-8 所示。由此可见，土壤圈在全球水分循环中起着重要的作用，首先土壤组成和性状决定着土壤表层水分蒸发 Es；其次，土壤通过影响植物来影响植物蒸散 Ev；第三，土壤通过入渗过程调节地表径流 Rs、壤中流和地下潜流 Rg；第四，土壤组成、性状及其利用状况对地表水的水质也具有巨大影响。因此，土壤水分在农业生产、水文控制与水资源管理、水体环境保护等研究中均具有重要的意义。

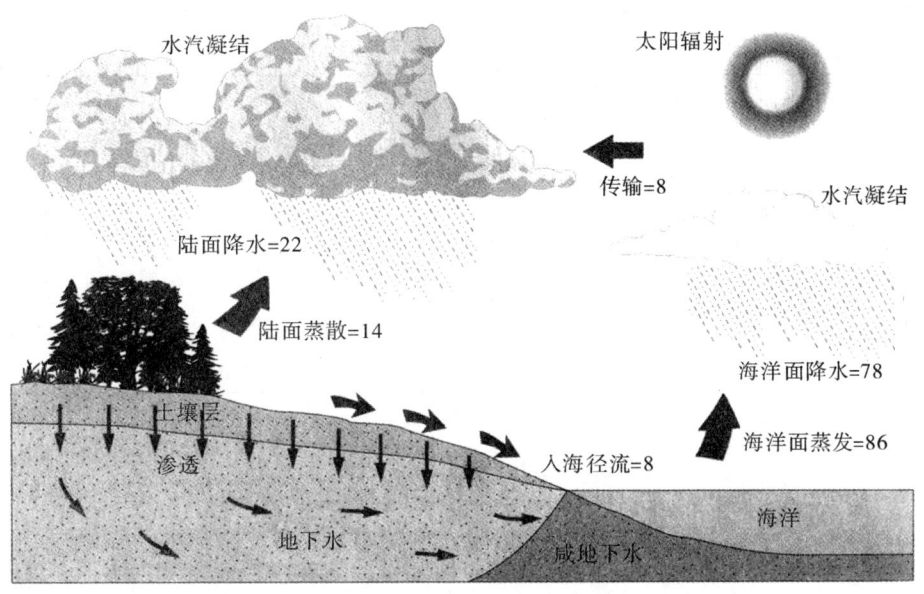

图 1-3-8　全球水分循环示意图

处于大气圈、生物圈和岩石圈交界面的土壤圈，它通过蒸发与渗透作用，将大气降水、地表径流和地下径流三者紧紧地联系在一起。因此，在农业生产、水资源管理、陆地水文循环调控和区域水环境研究过程中，一般是通过调节土壤水分平衡要素来调控土壤水分状况。土壤层水量平衡方程为：

$$\Delta M = P + Ig + Is + Cm - Rs - Es - Eg - Fg - Os$$

式中 ΔM 为时段 Δt 内土壤含水量的变化量，P 为大气降水量，Ig 为地下水通过毛管上升进入土壤层的水量，Is 为土壤中水平方向的入流水量，Cm 为土壤空隙中凝结水量，Rs 为从土壤表层径流出去的水量，Es 为土壤蒸发量（包含植物蒸散量 T），Eg 为潜水蒸发量，Fg 为土壤水分向下补给地下水的水量，Os 为土壤中水平方向出流的水量。

在上升土壤水分平衡方程式中有较多的水量平衡项，对于平原地区土壤层水量平衡的主要项是蒸发和地下水的交换，其他项在水量上所占比重很小。从长时间尺度来看，Is 最终供给蒸发，将各种形式的蒸发合并为总蒸发量 E，土壤层水分平衡方程可简化为：

$$\Delta M = P + Cm - Rs - E - OFg$$

其中 $P + Cm - Rs$ 为大气以降水方式供给土壤包气带的水量，并令 $M = P + Cm - Rs$，则：

$$\Delta M = M - E - Fg$$

对于多年时间段区域土壤的水分平衡而言,其 $\Delta M = 0$,则其土壤层水分平衡方程又简化为:$M = E + Fg$。由此可见,土壤层中的水分主要通过 E 与上面大气层进行交换、通过 Fg 与地下水进行交换,表明在平原地区土壤水分运动是以垂直方向为主的。土壤水分的垂直运动可以用达西定律进行估算,并且在理论上土壤水分含量大小决定于土壤水分蒸发与渗透运动性质。

3. 土壤水类型

在土壤多相物质组成的多孔介质之中的土壤水分,其数量及存在方式随季节及天气状况随时都在发生变化,即土壤水分含量因蒸发、降水和下渗在随时变化,土壤中的水分还存在着固态水、液态水和气态水之间的相互转化。这里我们主要介绍和植物生长联系最密切的液态水。在土壤科学研究和农业生产过程中,通常按水在土壤中存在状态,可以将土壤水划分为土壤固态水、土壤液态水和土壤气态水 3 大类,如表 1-3-2。

表 1-3-2 土壤水分类型划分表

土壤水	固态水	化学结合水	组构水	
			结晶水	
		冰		
	液态水	束缚水	紧束缚水	
			松束缚水	
		自由水	毛管水(部分自由水)	悬着毛管水
				支持毛管水
			重力水	渗透重力水
				停滞重力水
			地下水	
	气态水	水汽		

土壤固态水包括化学结合水和冰,而化学结合水又包括结晶水和组构水。结晶水是指存在于多种矿物之中的水,如 $CaSO_4 \cdot 2H_2O$、$MgCl_2 \cdot 6H_2O$,它们在高温下可释放出来,但并不破坏矿物的晶体构造;组构水是指土壤矿物表面包含的 $-H_3O$ 或 $-OH$ 基,而不是以水分子 H_2O 存在,当矿物在风化或高温条件下可释放出来。冰则存在于寒冷地区的永冻土及非永冻土的冻土层中。土壤固态水一般不参与土壤中的生物化学过程,故在计算土壤水分含量是不把它们考虑在内。土壤气态水是指存在于土壤孔隙中的水汽,其移动取决于土壤剖面中的温度梯度和水汽压梯度,也是影响土壤水分状况和植物生长发育的重要因子。土壤液态水包含束缚水和自由水,土壤水中数量最多的是液态水。土壤液态水可细分为:

束缚水　束缚水是因土壤颗粒表面各种作用力对水分的吸附而附着在矿物表面的膜状水。由于土壤颗粒和水分子之间存在的强大的表面力,吸湿水没有自由水的性质,故称名为束缚水,亦称为吸附水。土壤束缚水的溶解能力很弱、密度较大(密度大于 1.3 克/立方厘米)、介电常数较大、移动速率很小,它们只能化为水汽而扩散,不能迁移营养物质和盐类,植物根系一般不能吸收利用,故属于无效水。

毛管水　毛管水是指在土壤毛管力作用下保持和移动的液态水。它是土壤中移动较快而易为植物根系吸收的水分,是输送土壤养分至植物根际的主要载体,土壤中的各种理化、生化过程几乎都离不开它。所以,在农田土壤水分管理过程中,人们主要通过调控土壤毛管水库容、增加毛管水储量，以创造适合于作物生长的土壤环境。在土壤固相、液相和气相的界面上，由于土壤颗粒—水分子之间及水分子—水分子之间的范德华力、静电引力可以导致水分移动或保持。由于土壤具有十分复杂多样的毛管体系，故在地下水较深的情况下，降水或灌溉水等地面水进入土壤，借助毛管力保持在土壤上层的毛管孔隙中，与来自地下水上升的毛管水并不相连，好像悬挂在上层土壤中一样，成为毛管悬着水。毛管悬着水是地势较高处植物吸收水分的主要来源。

土壤中毛管悬着水的最大含量称为田间持水量。当土体中水分储量达到田间持水量时，随着土壤表面蒸发和作物蒸腾的损失，这时土壤含水量开始下降，当土壤含水量降低到一定程度时，土壤中较粗毛管中悬着水的连续状态出现断裂，但细毛管中仍然充满水，蒸发速率明显降低，此时土壤含水量称为毛管断裂量。借助于毛管力由地下水上升进入土壤中的水称为毛管上升水，从地下水面到毛管上升水所能到达的相对高度叫毛管水上升高度。毛管水上升的高度和速度与土壤孔径的粗细有关。毛管水上升的高度对农业生产有重要意义。如果它能达到根系活动层，对作物利用地下水就提供了有利条件。但是如果地下水的矿化度较高，盐分随水上升至根层或地表，也容易引起土壤的次生盐渍化，危害作物，因此必须加以防治。

重力水 借助重力作用下能在土壤的非毛管孔隙中移动或沿坡向侧渗的水称为重力水。重力水具有很强的淋溶作用，能够以溶液状态使盐分和胶体随之迁移。它的出现标志着土壤孔隙全部为水所充满，土壤通气状况变差，属于土壤不良的特征。

土壤水类型不同，其被植物利用的难易程度也不同。土壤中不能被植物吸收利用的水称为无效水，能被植物吸收利用的水称为有效水。当植物发生永久凋萎时的土壤含水量称为凋萎系数（Wilting water content），这是土壤有效水的下限，低于凋萎系数的水分，作物无法吸收利用，属于无效水。凋萎系数因土壤质地、盐分含量、作物和气候等不同而不同。一般土壤质地愈粘重，凋萎系数愈大。一般把田间持水量视为土壤有效水分的上限。所以田间持水量与凋萎系数之间的差值即土壤有效水最大含量。土壤水的有效性在程度上决定于土壤水吸力和植物根系根吸力的对比，如图1-3-9所示。土壤有效含水量一般系指田间持水量至永久凋萎系数之间的含水量，即田间含

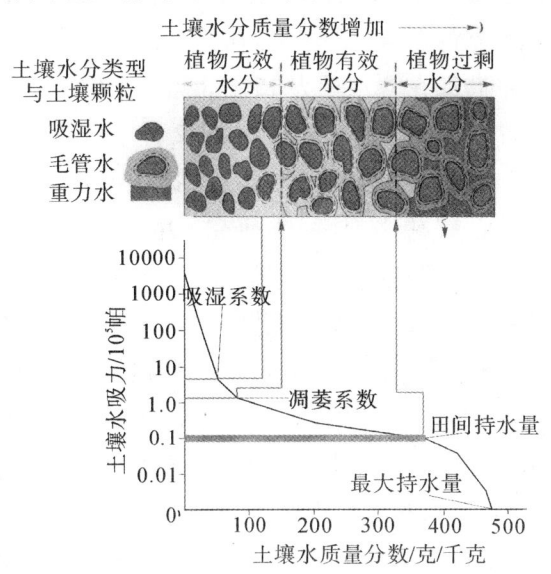

图1-3-9 水分有效性综合示意图

水量减永久凋萎系数之差。田间持水量和永久凋萎系数受土壤质地、腐殖质含量、盐分含量和土壤结构等因素制约。以土壤质地来说，砂质土壤的永久凋萎系数和田间持水量均较低，土壤有效

含水量较低；黏质土壤的田间持水量虽然较大，但其永久凋萎系数亦较高，其土壤有效含水量也不高；唯有壤质土壤的有效含水量最多。

土壤水分含量（θ）是表示土壤水分状况的一个指标，表示方法很多，一般可以分为质量含水量、容积含水量以及土壤储水量等。质量含水量是指土壤中水分质量与干土质量的比值，又称重量含水量，无量纲。常用符号 θm 表示。土壤质量含水量可由以下公式计算：质量含水量 = 土壤水质量／烘干的土质量。即：$\theta m = (W_1 - W_2)/W_2$。其中 θm 为土壤质量含水量，W_1 为湿土质量，W_2 为烘干（105℃）土质量，$W_1 - W_2$ 为土壤水质量。容积含水量是指土壤水分容积占土壤总容积的含量，它表明土壤水填充土壤孔隙的程度，无量纲。常用符号 θv 表示，可以由以下公式计算：容积含水量 = 土壤水容积／土壤总容积。容积含水量计算的基础是土壤的总容积。由于水的密度可以近似等于1克／立方厘米，可以推知 θv 和 θm 的换算公式：$\theta v = \theta m \cdot \rho$。其中 ρ 为土壤容重。

4. 土水势

土壤系统中水分的保持、迁移、水分相态转化等过程，均伴随着能量的转化过程。在物理学中将机械能细分动能、势能，在土壤系统中由于水分的运动速度极为缓慢，其动能可以忽略不计，故势能是决定土壤水能态的主要因素。土壤中的水分因受重力、范德华力、毛管力、溶质水化力、电磁力的作用而具有不同形式的势能，向自然界所有物体运动一样，土壤中的水分也是从势能较高的位置向势能较低的位置运动。为了运用土壤水的能量状态定量研究土壤水分运移规律，白金汉（E. Buckingham，1907）提出了毛管势的概念，随后加德纳（W. Gardner）将土壤水的含量与能量联系起来，并逐渐形成了土水势的概念。土水势（soil water potential）是指单位水量从一个平衡的土—水系统移动到与它温度相同而处于参比状态的水池时所做的功。1963年国际土壤学会土壤物理名词委员会对土水势的定义是：把单位质量纯水可逆地等温地以无限小量从标准大气压下规定水平的水池移至土壤中某一点而成为土壤水所作的有用功。

土壤水总是从土水势高的位置向土水势较低位置迁移，在同一土壤系统中，土壤湿度愈大，土壤水分所具有的土水势也愈高，故土壤水便从湿度大的区域向湿度小的区域移动；但在不同的土壤系统中由于土壤物质组成、性状的差异，使土壤水所受到的作用力也各不相同，这就需要运用土水势来确定土壤水分的运移方向，如在含水量为15%的黏质土壤中，其土壤水所具有的土水势一般低于含水量只有10%的砂质土壤水的土水势，故当这2种土壤相互接触时，水分将从含水量较少而土水势较高的砂质土壤流向含水量较高而土水势较低的黏质土壤。因此，土水势为研究土壤水分能态及其运移规律提供了统一的标准体系，在研究土壤—作物—大气系统中水分运移规律的过程中，运用土水势、根水势、叶水势等定量指标，就可以正确的判断水分在该系统中的运移方向、速度和土壤水分的有效性，为精确测量土壤水分提供了技术基础。

通常把假想的在一个大气压力下，与土壤水温度相同，以及在固定高度的储水池中纯自由水的势能，作为土水势的标准参照状态即势能零点。与此标准参照状态相比较而确定的土水势不是绝对数值，而是相对数值。由于土壤水是在土壤中各种力的作用下，其势能的变化主要是降低，所以其土水势一般为负值。根据土壤水的受力状况，可将土水势细分为以下几个分势能：

基质势 基质势是指单位水量从一个平衡的土—水系统移到没有基质的而其他条件都相同的另一个系统中所做的功。它是由于土壤颗粒（基质）通过吸附力、毛管力作用于土壤水分的结果。在非饱和土壤的基质势为负值，而饱和土壤的基质势最大，即为零。

压力势 压力势是指单位水量从一个平衡的土—水系统移到除压力不等于参比压力，而其他条件都相同的另一个系统时所做的功。它是由压力场中的压力差而引起的。为了方便起见,基准气压一般都选择标准大气压。美国土壤学会(1997)定义的压力势如下:在一定海拔和一个大气压下,从土壤溶液池中把特定质量的纯水中的一小部分可逆的,等温的输送到海拔在某个高度,外部气压为某个值的土壤水中(在水位线以下)时,所需要做的功。标准大气压下,在地下水位下的单位质量的土壤水受到静水压势产生的压力势为正值。当土壤水处于比大气压大的流体静力压力下的时候,它的压力势是正值。在自由水面下的水压力势是正值。自由水面的压力势是零。在这种情况下,压力势都应用于水位或暂时水位下的饱和土壤水。在不饱和的土壤孔隙中都充满水,并连续成水柱。在土表的土壤水与大气接触,仅受大气压力,压力势为零。而在土体内部的土壤水除承受大气压外,还要承受其上部水柱的静水压力,压力势为正值。在饱和土壤愈深层的土壤水,所受的压力愈高,正值愈大。对于水分饱和的土壤,在水面以下深度为 h 处,体积为 V 的土壤水的压力势为:

$$\psi_p = \rho w g h V$$

其中,ρw 为水的密度,g 为重力加速度。

渗透势 渗透势是指单位水量从一个平衡的土—水系统移到没有溶质的而其他条件都相同的另一个系统中所做的功,也称为溶质势。土壤溶液中的溶质对水分有吸引力,水分移动时必须克服这种吸持作用对土壤水做功,因此渗透势也是负值。土壤中无半透膜存在,如果土壤中含盐量较低时,溶质势不会引起水分运移,也没什么重要性,然而在含盐量高的土壤里,渗透势可控制水从土壤到植物根系和微生物的移动。对植物来说吸收水分养分必须通过植物根系细胞的半透膜,溶质势就显得重要。

重力势 重力势是指单位水量从一个处于任何位置的平衡的土—水系统移到处于参比位置上而其他条件都相同的另一个系统中所做的功。它是由地球引力场所引起的,所有土壤水都受重力作用,与基准的高度相比,高于基准面的土壤水,其所受重力大于基准面,故重力势为正值。高度愈高则重力势的正值愈大,反之亦然。基准面的高度一般根据研究需要而定,可设在地表或地下水面。在基准面上取原点,选定垂直坐标 z,质量 M 的土壤水分所具有的重力势为:

$$\psi_g = \pm M g z$$

当 z 坐标向上为正时,取正号,否则取负。

总水势 总水势是指土壤中任一点的单位质量土壤水分的自由能和标准参比状态下自由能的差值,即为该点的总土水势。它包括因系统压力变化引起的自由能增加量的压力势,由于温度改变引起的自由能增加量的温度势,溶液浓度变化引起的溶质势,土壤基质吸力引起的基质势以及位置变化引起的重力势。在这5项分势能之中,由于温度势观测较为困难,在实际调查研究中,一般不考虑它。这样其余4项分势之和就是总土水势:

$$\psi_t = \psi_g + \psi_m + \psi_p + \psi_o$$

其中,ψ_t 是总土水势,ψ_g 是重力势,ψ_m 是基质势,ψ_p 是压力势,ψ_o 渗透势。

在不同的土壤含水状态下,决定土水势大小的分势也不同。如在土壤水饱和状态下,若不考虑半透膜的存在,则总水势等于压力势和重力势之和;在土壤水不饱和状态下,总水势等于基质势和重力势之和;在考察根系吸水时,一般可以忽略重力势,因而根吸水表皮细胞存在半透膜性质,总水势等于基质势和渗透势之和,若土壤含水量达到饱和状态,则总水势等于渗透势。在根据各分势计算总水势时,必须分析土壤含水量含水状况,且应该注意基准面及各分势的正负号。近些年来土水势的测定有了很大发展,用于确定土壤水的势能状况的方法很多,包括压力计、张力计和干湿计。

从水分能量的观点,植物吸水是由植物细胞内水势所决定的。植物细胞内水势可分为叶水势、根水势、茎水势等。植物细胞内水势决定于细胞内的渗透势、基质势(原生质中亲水胶体的胀吸力等),其中尤以渗透势最为重要,它是植物吸水的主要驱动力。由此可见,植物吸水是一个被动过程,即植物需要吸收水分以弥补因蒸腾所消耗的大量水分,其过程是:当水分从植物叶面蒸腾进入大气层后,叶面水势降低,水分依次从水势较高的根系到茎再到水势低的叶面,继而茎水势、根水势随之降低,然后植物根际土壤中的水分再进入根系,土壤中的水分在水势驱动下,再向植物根际土壤运动,构成了土壤—植物—大气的水分运移动态系统(Soil-Plant-Air Contiunm,SPAC),如图 1-3-10 所示。

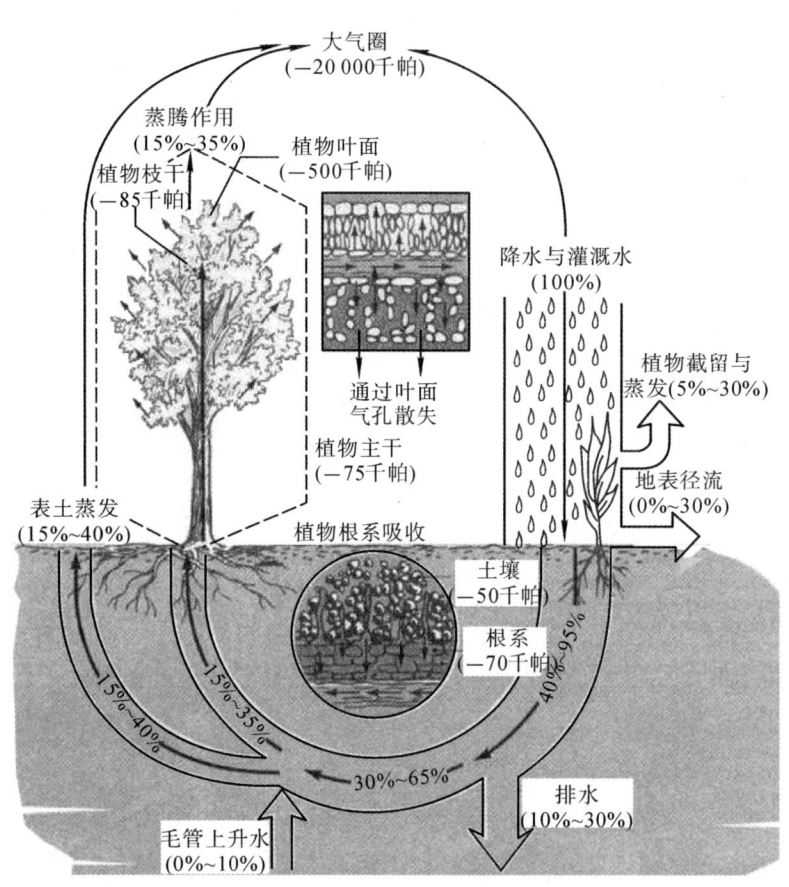

图 1-3-10　SPAC 系统中水分运移过程模式图(据 Brady,2000)

5. 土壤水分状况

周年内土壤剖面上下土层的含水量情况及其变化过程,是土壤水分循环过程的集中体现,它是土壤水量平衡和土壤水文过程共同作用的结果,称之为土壤水分状况(Soil moisture regimes)。土壤水分状况不仅影响土壤中物质与能量的迁移转化过程,同时还影响着土壤形成发育的方向和性质。因此,土壤水分状况不仅是土壤地理调查研究的重要内容,同时也是进行土壤分类的诊断特性指标。

在土壤地理发生分类的过程中,一般按照土壤形成的气候条件、水文地质状况将土壤水分状况划分为以下类型:①淋溶型与周期淋溶型,其土壤水分状况的主要特征是年降水量大于或者接近于年蒸发量,在土壤剖面中水分以下行水流为主,造成土壤水溶性物质的淋失,森林土壤或酸性土壤常具有此水分状况类型;②非淋溶型,在年降水量小于年蒸发量的地区,大气降水因土壤蒸发和植物蒸腾而大量损耗,降水在土壤剖面中淋溶深度较小,故常有难溶性盐类如石灰、石膏在土壤剖面中下部淀积。干旱半干旱地区的草原土壤和荒漠土壤常具有非淋溶型水分状况;③渗出型,在干旱半干旱地区的地形低洼处,在地下水位较浅的条件下,因强烈的土壤蒸发,地下水便在毛管力的作用下上升到达地表,同时将土体中的盐分和地下水中的盐分积聚于土壤表层,引起土壤盐碱化,盐化草甸土、盐碱土具有此水分状况;④停滞型,在气候湿润地区,由于地表排水不良,造成水分在土壤中长时间滞留,引起土壤通气状况不良、大量泥炭物质在土壤表层堆积,沼泽土具有此水分状况;⑤冻结型,在高纬度和高海拔地区,土壤温度经常低于 0℃,土壤中往往形成永久冻土层,冰沼土具有此水分状况。

在美国土壤系统分类的诊断特性,土壤水分状况是依照土壤控制层段内的地下水位和小于1500 千帕张力所吸持水分的季节性有无来确定,由于大多数中生植物无法吸收利用土壤中大于1500 千帕张力的水分。由此可设想在不灌溉的情况下,根据土壤自然供水能力可能生长的作物、牧草或自然植被,来确定土壤水分状况的类别。在美国土壤系统分类中将土壤水分状况划分为 5 个类型:潮湿水分状况(Aquic moisture regime)、湿润水分状况(Udic moisture regime)、半干润水分状况(Ustic moisture regime)、夏旱水分状况(Xeric moisture regime)、干旱和干热水分状况(Aridic & terric moisture regime)。其划分具体指标详见(Soil Taxonomy Soil Survey Staff,U. S. A.,1992)。

在中国由于受季风气候和人类活动的影响,其土壤水分状况具有显著的特殊性。故在参照美国土壤系统分类所划分的土壤水分状况类别的基础上,也建立适合于中国土壤特点的土壤水分状况划分体系,并增添了人为滞水水分状况。在中国土壤系统分类中将土壤水分状况划分为以下 7 个类型:干旱土壤水分状况(Aridic moisture regime)、半干润土壤水分状况(Ustic moisture regime)、湿润土壤水分状况(Udic moisture regime)、常湿润土壤水分状况(Perudic moisture regime)、滞水土壤水分状况(Stagnic moisture regime)、人为滞水土壤水分状况(Anthrostagnic moisture regime)、潮湿土壤水分状况(Aquic moisture regime)。

二、土壤分散系及其特征

1. 土壤分散系的基本概念

土壤是由多相态物质,如固相物质(矿物质和有机质)、液相物质(土壤溶液)、气相物质(土壤空气)及生命体构成的复杂综合体。在复杂综合体的科学研究上,常选取复杂综合体的一部分作为研究的对象,称之为体系。如果某个体系中物理性质和化学性质完全相同的任何均匀部分,且同其他部分有一定的界面分隔开来的叫做一个相,只含有一个相的体系称为均匀体系或单相体系。在自然土壤中一般均包含 2 个或多个相,且相与相之间都有界面分开,这种体系叫做不均匀体系或多相体系。当某种土壤物质微粒子(如阴阳离子、单分子、对分子或多分子聚合体)分布在土壤液态水之中,就构成了土壤分散系,其中被分散的土壤微粒子称为分散质,起分散作用的土壤液态水称为分散剂。

按照土壤分散系中分散质颗粒的大小,可以将土壤分散系分为土壤溶液和土壤胶体两大类:①土壤溶液中分散质的微颗粒由单个分子、离子或高分子构成,其微颗粒的直径一般小于 10^{-9} 米,土壤溶液属于单相分散系。在土壤溶液中虽然分散质是以单个分子或离子的状态存在,但土壤中的单分子化合物所包含的原子数目相差悬殊,一些化合物分子中仅有几个原子构成,如 H_2CO_3、

H_2S、NH_3、CH_3CH_2OH 等,其分子量较小,一般在 1000 以下,这些分子一般称为低分子,由低分子构成的溶液称为低分子物质溶液,或简称溶液;另一些化合物分子由数千个甚至上万个原子构成,如纤维素$(C_6H_{10}O_5)n$、多糖类$(C_6H_{10}O_5)n$、蛋白质$(RCHNH_2COOH)$等,其分子量一般在 1000 以上,这些分子称为高分子,其所形成的溶液称为高分子物质溶液。②土壤胶体中分散质的粒子较大,一般由较多分子聚集而成,这些粒子各以一定的界面与周围的介质分开,成为一个不连续的相,而分散剂如土壤水则是一个连续的相,因此土壤胶体属于多相分散系。根据土壤胶体分散质粒子的大小,又可以将其划分为溶胶和浊液 2 种,在溶胶中分散质粒子的直径在 10^{-9} 米~10^{-7} 米之间,凭肉眼或普通显微镜都不能看出,以致整个体系看上去还是清澈的;③浊液中分散质粒子的直径大于 10^{-7} 米,不但用普通显微镜能看出,有时甚至用肉眼也可以看到,以致体系是浑浊的。按浊液分散质的物质状态继续可将其划分为悬浊液和乳浊液,前者的分散质为固体,如泥水就是悬浊液;后者的分散质属于液体。

2. 土壤胶体

土壤胶体按其分散质的性质可以分为 3 种类型:①土壤矿质胶体,其分散质颗粒由次生黏土矿物如蒙脱石、蛭石、伊利石、高岭石和简单氧化物如铁、铝氧化物和二氧化硅等;②有机胶体,其分散质有土壤腐殖质、有机酸、蛋白质及其衍生物等高分子有机化合物;③有机—无机复合胶体,土壤中的矿质胶体与有机胶体往往通过氢键、库仑引力、表面引力相互结合,形成有机—无机复合胶体。在不同的地理环境条件下土壤中胶体的种类与数量差异较大,如在温带半湿润地区,其土壤胶体以有机胶体、蒙脱石胶体,以及它们通过钙离子桥结合而形成的有机—无机复合胶体,且土壤中胶体数量巨大;而在热带亚热带地区,其土壤胶体则以高岭石、铁铝氧化物胶体及其与活性较强的腐殖质形成的有机—无机复合胶体。

土壤胶体是土壤中最为活跃的组分之一,它们对土壤中营养元素、污染物的迁移转化有重要的影响,这种作用与土壤胶体下列性质密切相关:①土壤胶体具有巨大的比表面面积和表面能,土壤比表面面积是指单位质量土壤颗粒所有表面面积的总和,土壤颗粒越细小其比表面面积越大。土壤胶体颗粒表面的分子与其内部的分子所处的条件是不相同的,胶体内部的分子在各方向上都与它相同的分子相接触,受到的吸引力各方向相等;而处于土壤胶体表面的分子所受到内部相同分子的引力,与其受到介质(分散剂)分子的引力不相同,从而使胶体表面分子具有一定的自由能,即表面能。如土壤颗粒越小其表面能就越大。②土壤胶体具有电性,土壤胶体微粒具有双电层,微粒内部称为微粒核或胶核,一般带有负电荷,形成一个负离子层(即决定电位离子层),故在库仑引力作用下形成一个正离子层(又称反离子层,包括非活性离子层和扩散层)。土壤胶体的决定电位层与分散剂液体分子之间的电位差通常称为热力电位,以 ε 表示。ε 在特定土壤胶体系统中是不变的。在非活性离子层与液态分子之间的电位差叫做电动电位,以 ξ 表示。ξ 的大小随扩散层厚度的增大而增加。而扩散层厚度又决定于补偿离子的性质、电荷数量等,如水化程度较大的补偿离子 Na^+ 形成的扩散层较厚。③土壤胶体的凝聚—分散性,因土壤胶体比表面面积和表面能均大,胶体微粒之间就有相互吸引、凝聚的趋势,这就是土壤胶体的凝聚性。但是在土壤溶液中,胶体微粒常常带有负电荷,即具有负的电动电位 ξ,故胶体微粒之间又因带相同的电荷而相互排斥,电动电位越高,其间相互排斥力也越强,这样胶体微粒的分散性也就越强。影响土壤胶体凝聚—分散性的主要因素是胶体的电动电位 ξ、扩散层厚度,它们均与土壤介质中阳离子种类和数量有关,如土壤介质中阳离子浓度越高,土壤胶体表面负电荷被中和越多,从而强化了胶体凝聚。另外,土壤中阳离子对胶体的凝聚能力顺序为:$Na^+ > K^+ > NH_4^+ > H^+ > Mg^{2+} > Ca^{2+} > Al^{3+} > Fe^{3+}$。

在土壤胶体双电层的扩散层中,补偿离子可以和介质溶液中相同电荷的离子以离子价为依据进行等价交换,称为离子交换(或代换)。离子交换作用包括阳离子交换吸附作用和阴离子交换吸附作用。土壤胶体阳离子交换吸附过程以离子价为依据进行等价交换,其反应方程式如下:$Na-$胶体$-Na + Ca^{2+} \rightleftharpoons$ 胶体$-Ca + 2Na^+$

上述交换反应还受质量作用定律、阳离子交换能力等制约,而阳离子交换能力强弱由阳离子所带的电荷数、阳离子半径及水化程度决定,一般来说,阳离子所带电荷数越多,其交换能力越强;在同价阳离子中,离子半径越大,水化离子半径就越小,因而其交换能力就越强。土壤溶液中一些常见阳离子的交换能力顺序如下:

$Fe^{3+} > Al^{3+} > H^+ > Ba^{2+} > Sr^{2+} > Ca^{2+} > Mg^{2+} > Cs^+ > Rb^+ > NH_4^+ > K^+ > Na^+ > Li^+$。

土壤阳离子交换量(Cation exchange capacity,CEC)是指土壤胶体所能吸附各种阳离子的总量,其数值以每千克土壤的厘摩尔数表示,即单位是(10^{-2}摩尔/千克)。不同土壤的阳离子交换量不同,其主要影响因素有:①土壤胶体类型,不同类型的土壤胶体其阳离子交换量差异较大,土壤胶体的阳离子交换量顺序为:有机胶体>蒙脱石>水化云母>高岭石>含水氧化铁(铝)。②土壤质地越细,其阳离子交换量越高。③对于实际的土壤而言,土壤黏土矿物的SiO_2/R_2O_3比率越高,表明土壤以2∶1性矿物如蒙脱石、水化云母为主,即交换量也越大;当SiO_2/R_2O_3比率<2.0时,表明土壤以1∶1性矿物如高岭石和含水氧化铁(铝)为主,其交换量就越小。④土壤溶液pH,因为土壤胶体微粒表面的羟基(OH)的解离受介质pH的影响,当介质pH降低时,土壤胶体微粒表面所带负电荷也减少,其阳离子交换量也降低;反之,交换量增大。土壤阳离子交换量是土壤缓冲性能高低,也是评价土壤保肥能力、改良土壤和合理施肥的重要依据。

土壤胶体微粒表面上的交换性阳离子有2类:一类是酸性阳离子,其包括H^+和Al^{3+};另一类是盐基离子,主要包括Ca^{2+}、Mg^{2+}、NH_4^+、K^+、Na^+等。当土壤胶体微粒表面吸附的阳离子全部为盐基离子时,该土壤称为盐基饱和土壤;当土壤胶体微粒表面吸附的阳离子有一部分为致酸离子时,则这种土壤称为盐基不饱和土壤。在土壤全部交换性阳离子总量中盐基离子所占的百分数称为土壤盐基饱和度(Base saturation percent,BSP),其计算式为:

$BSP(\%)$ = 交换性盐基离子总量(10^{-2}摩尔/千克)$\times 100/$阳离子交换量(CEC:10^{-2}摩尔/千克)

土壤阳离子交换量(CEC)和盐基饱和度(BSP)是土壤重要性状指标和土壤分类的诊断特性,成土环境、土壤发育程度和成土母质是其重要的影响因素,如温带半湿润地区的土壤表层CEC可达0.35摩尔/千克以上,且$BSP > 90\%$;热带湿润区土壤表层CEC多数不足0.25摩尔/千克,且$BSP < 30\%$;温带荒漠区土壤表层CEC多数不足0.1摩尔/千克,且BSP高达100%。

土壤中阴离子交换吸附是指带正电荷的胶体微粒表面所吸附的阴离子与介质中阴离子的交换作用。土壤中许多重要的营养元素如N、P、S、B、Mo等,以及As、I、F等人为污染元素在土壤多呈阴离子形式存在。土壤阴离子的交换吸附比较复杂,但从吸附与交换机制上可分为阴离子的非专性吸附和专性吸附。

土壤胶体微粒表面带正电荷时,其依靠库仑引力吸附介质中阴离子的过程称为非专性吸附。如 胶体$-Al-OH_2^{0.5+} + Cl^- \rightleftharpoons$ 胶体$-Al-OH_2Cl^{0.5-}$

土壤非专性吸附过程也服从质量作用定律和离子交换的等价规则。土壤胶体微粒表面非专性吸附的阴离子均位于双电层的外层,可以和介质中的阴离子进行交换。非专性吸附量与胶体类型、介质 pH 和阴离子本身特性密切相关，如在热带亚热带地区土壤黏土矿物以铁铝氧化物、高岭石为主，其非专性吸附量较大，而在温带地区土壤黏土矿物以 2∶1 型为主，其非专性吸附量较小；土壤非专性吸附阴离子的量一般随着介质 pH 的降低而增高，对于两性胶体只有当介质 pH 低于其等电点时，两性胶体才能吸附阴离子；土壤胶体非专性吸附阴离子的一般顺序为：$OH^- > PO_4^{3-} > SiO_3^{2-} > SO_4^{2-} > Cl^- > NO_3^-$。

土壤机械吸收是指疏松多孔的土壤对介质中物质颗粒的阻滞截留作用，如土壤中黏土颗粒在心土层的聚积就与土壤机械吸收密切相关。土壤物理吸收则是指土壤微颗粒借助其表面能从介质中吸收并保持一些分子态物质（CO_2、H_2O、H_2S、NH_3 等）的作用，它可以吸收部分养分暂时免于淋失，同时使土壤溶液浓度分布不均，有利于植物根系的选择性吸收。土壤化学吸收作用是指土壤介质中可溶性化合物转化为难溶性化合物的过程（即后面要详细介绍的溶解—沉淀过程）。如在中国华北及黄土高原地区，成土母质均为黄土状物质，故土壤中的 Ca^{2+} 与磷素作用常形成难溶性磷酸钙，即：

$$3Ca(HCO_3)_2 + 2H_2PO_4 \rightarrow Ca_3(PO_4)_2 \downarrow + 6H_2CO_3$$

在中国江南地区土壤中含有较多的 Fe^{3+}、Al^{3+}，它们也能与土壤中磷素形成难溶性磷酸铁（铝），其反应方程式为：

$$Fe(OH)_3 + H_2PO_4 \rightarrow FePO_4 \downarrow + 3H_2O$$

可见化学吸收作用是物质的固定作用，它虽然能使养分固定在土壤之中而免于淋失，但使养分的有效性大大降低。另外，人们可利用土壤化学吸收将土壤中的某些有毒有害的重（类）金属元素加以固定，以降低其对生物及人类的危害。

植物吸收是指在植物叶面蒸腾作用及生理代谢作用的驱动下，植物根系或叶片从土壤或大气中选择性吸收养分元素，并经导管运输至植物体不同组织的过程。其选择性吸收过程具体包括：①根系截获，即植物根系发育，使得土壤中化学元素（水溶态）进入根际并被根系吸收的过程；②扩散吸收，即土壤介质中元素在浓度梯度力的作用下向植物根际迁移并被植物根系吸收的过程，它受土壤水分含量、溶液浓度及根系活性等影响；③质流输送吸收，由于植物蒸腾作用引起土壤水分向根际流动，化学元素也随之迁移至根际并被植物吸收的过程。据研究化学元素进入根系细胞之后在植物体内又通过扩散作用、载体转运及胞饮作用向植物体不同组织聚积。植物吸收的最大特点是具有生物放大的功能，即植物能够逆浓度梯度摄取和累积化学元素。如热带亚热带湿润森林区的表土中盐基饱和度和 pH 均高于心土层就是森林植被对矿质养分（Ca^{2+}、Mg^{2+}、K^+ 等）富集的结果。与此同时，如果土壤被某些重（类）金属元素所污染，这些污染元素也会被植物吸收，并有一个不断累积和逐渐放大的过程，从而对捕食该植物的动物或人群的健康带来危害。

第五节　中国土壤空气组成

一、土壤空气组成及诊断分析

土壤空气是土壤的重要组成成分之一，它是气体、蒸气组成的混合物。土壤空气和土壤水分共同存在于土壤孔隙之中，土壤空气与土壤水分、矿物、有机质、生物、近地层大气之间具有复杂的相互作用，是土壤肥力与土壤自净能力的要素之一。

在自然条件下土壤空气来源于近地大气层并经过土壤微生物的改造，即土壤空气某些组成的形成、转化和迁移均受土壤中的生物物理和生物化学（如微生物呼吸）过程的控制，由于强烈的土壤生物活动，使土壤空气与大气虽然有近似之处，但更存在明显的差异。据观测资料表土层中土壤空气中的 CO_2 绝对含量一般在 0.20%～4.5% 之间，并不很高，但已高出近地大气层中 CO_2 含量的 6 倍～300 倍；此外，随着土壤层次深度的增大，土壤空气中 CO_2 含量急剧增加、而 O_2 含量急剧减少，如表 1-3-3 所示。而在人类活动的影响下的土壤空气则包含上述自然成分和某些污染物，即无机气体（如 N_2、O_2、CO_2、CO、CH_4、H_2S 等）、蒸汽（H_2O、NH_3 等）、挥发性有机成分（碳水化合物、有机酸、乙醇、石油、杀虫剂等）。

表 1-3-3 不同深度土壤空气与大气的成分比较

土壤剖面深度/厘米	冬季（体积百分含量/%）		夏季（体积百分含量/%）	
	CO_2	O_2	CO_2	O_2
30	1.2	19.4	2.0	19.8
61	2.4	11.6	3.1	19.1
91	6.6	3.5	5.2	17.5
122	9.6	0.7	9.1	14.5
152	10.4	2.4	11.7	12.4
近地大气层	0.03	20.97	(N_2)：79.00	

资料来源：H. Don Scott，2000。

此外，土壤空气中水汽经常处于饱和状态，在土壤有机质分解过程中也可产生微量的 CH_4、H_2S、CH_3-CH_2OH、NH_3 等。土壤空气的成分在很大程度上取决于土壤有效孔隙的数量、土体中生物化学反应速度和气体交换速率。土壤有效孔隙的数量与土壤体积密度、结构、质地和有机质含量有关。向土壤施入大量有机肥，特别是在水热条件适宜时，将使土壤空气的成分发生很大的变化。实际上土壤中并不是全部孔隙被土壤空气所充满，其中许多微孔隙被水分所占据。因此土壤空气的组成也随着时间和空间的不同在不断地变化。

土壤空气的成分对生物活动具有明显的影响，首先，土壤通气状况不良对土壤微生物活动影响强烈，只有嫌气性和兼性微生物能在通气不良的条件下进行正常的活动，它们能够利用化合态的氧，最终会在土壤中产生 Fe^{2+}、Mn^{2+}、H_2S、CH_4 等，这些物质对高等植物常常是有毒的；其次，土壤通气不良会对高等植物活动带来许多危害，如制约植物特别是植物根系的生长、阻碍植物根系对水分和养分的吸收等。如观测研究发现苹果树根在土壤空气中 O_2 含量为 3% 以上时才能生存，O_2 含量在 5%～12% 时才可满足其根系生长的需要，且新根的生长至少要求土壤空气中 O_2 含量为 12%。

土壤中不断进行的动植物呼吸作用和微生物对有机质物的生物化学分解作用，使得土壤空气中 O_2 的不断消耗和 CO_2 的累积，其结果引起土壤空气中 O_2、CO_2 浓度与近地层大气中 O_2、CO_2 浓度之间差异的扩大，这样必然引起 O_2、CO_2 气体分子扩散的发生。分子扩散是由分子的随机运动（布朗运动）所引起的质点分散现象，气体分子扩散运动过程服从斐克（Fick）第一定律，即分子扩散运动的质量通量与环境介质中扩散物质的浓度梯度成正比，即

$$Ix = -E_m(dC/dX)$$

式中 Ix 是 x 方向上扩散的气体分子推移迁移质量通量，E_m 是气体分子在环境介质中的扩散系

数，C 是气体分子在环境介质中的浓度。分子扩散运动是各向同性的，式中负号表示分子扩散运动方向与浓度梯度方向是相反的。土壤与近地大气之间 O_2、CO_2 扩散过程也称为土壤呼吸作用，如图 1-3-11 所示。

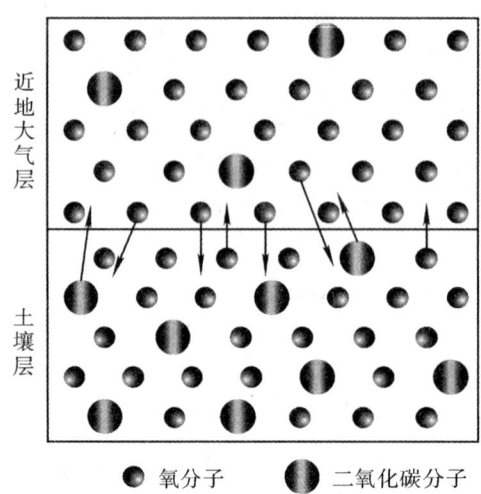

图 1-3-11　土壤空气与近地大气之间气体扩散过程示意图

另外，近地大气层空气的湍流运动也会引起土壤与大气之间的气体交换，这种气体交换只发生在土壤表土层之内，而对土壤心土层和底土层的气体交换影响不大。显然，相对于土壤与近地大气层之间的气体扩散过程而言，空气交换的重要性较小。由此可见，土壤与近地大气层之间气体交换应具备 2 个基本条件：一是土壤固相物质部分有足够的孔隙，容许气体的进出；二是必须具备促使气体进出这些孔隙的原动力（即土壤空气与近地大气层之间不同气体的浓度梯度、近地大气层空气的湍流运动）。因而凡是影响上述条件的因素会对土壤气体交换过程产生影响，这些因素可归结为：①近地大气层的气压、风速、温度和土壤温度的变化，由于这些因素对土壤气体交换的原动力构成影响，因而成为影响土壤空气交换的主要因素；②土壤质地和结构影响土壤孔隙状况，也成为影响土壤空气运动和交换的重要因素；③土壤水分状况直接影响土壤中容许空气进出孔隙的多少，影响土壤与近地大气层间气体交换的速度；④土壤有机质含量及施用有机肥状况，会直接消耗土体内 O_2 的总量、而增加土体内 CO_2 的总量，引起土壤与近地大气层之间 O_2 浓度梯度和 CO_2 浓度梯度的增大，从而加速土壤空气交换过程。

土壤气体交换速率直接反映土壤通气状况，度量土壤气体交换速率的定量指标主要是土壤中氧扩散速率。土壤中氧扩散速率（ODR：Oxygen Diffusion Rates of Soil）是指每分钟由近地大气层扩散进入每平方厘米土壤 O_2 的微克数，其单位是微克/(平方厘米·分钟)。氧扩散速率随着土壤深度的增加而降低，如实际观测表明当表土层土壤空气中氧气体积含量 14.8% 时，10 厘米深处土层的氧扩散速率（ODR）约为 0.60 微克/(平方厘米·分钟)，50 厘米深处的 ODR 约为 0.40 微克/(平方厘米·分钟)，90 厘米深处的 ODR 已在 0.20 微克/(平方厘米·分钟)以下；当土层的 ODR 不足 0.20 微克/(平方厘米·分钟)时，该土层中的多数植物根系便会停止生长，当土层的 ODR 为 0.30 微克/(平方厘米·分钟)~0.40 微克/(平方厘米·分钟)时，在该土层中的多数植物根系将生长良好。因而对土壤空气调控的基本原则就是设法促进对土壤的 O_2 供应量，并排出土层中过多的 CO_2 及其他有毒有害气体。

二、土壤气体的生态功能

土壤气体组成及其存在状态是影响土壤肥力、土壤健康和土壤生产能力的重要因素,土壤中的气体和水分应当处于平衡状态,土壤水的质量分数过高即土壤缺乏通气性会抑制多数陆地植物和需氧性微生物的生长发育过程。掌握土壤充气孔隙度(air-filled porosity, ε_a)、土壤水分饱和程度(W/Ws)、气体相对扩散率(D/D_0,D和D_0分别是气体在土壤中和大气中的扩散率)、空气进入土壤水的潜能(Pe)和其他土壤性质,则是了解土壤中O_2和CO_2的质量分数及其存在状态的关键(Smagin,2003)。对于多数农作物,当土壤气体中O_2的体积分数低于15%~17%、CO_2的体积分数高于3%~4%时,农作物将会出现氧饥荒和根系中毒的症状。在某些湿地的土壤气体中O_2的体积分数可能低于3%~6%,但也有一定量的O_2溶解在土壤水中。例如,在土壤孔隙度为90%、充气孔隙度$\varepsilon_a=5\%$的泥炭土壤表土层(0厘米~10厘米)中,土壤气体中O_2的体积分数为6%,土壤的O_2储量约为400毫克/平方米;在这种情况下(且土壤空气与大气之间的气体交换处于平衡状态)溶解在土壤水中的O_2总量可达1200毫克/平方米,其值为土壤空气中O_2储量的3倍。由于土壤是一个开放的系统,故土壤中气体的质量分数并不是土壤通气性的通用标准,即使在土壤中O_2的质量分数较低且从大气层传输到土壤的O_2速率与其消耗速率相等的情况下,农作物根系和微生物仍然能够正常生长发育。土壤中气体扩散过程传统上被认为是一个普遍的通气机理,从此气体相对扩散率(D_0)成为反映土壤通气状况的通用指数。对许多农作物而言,当D_0低于0.06时则预示着土壤O_2缺乏症状的开始出现;当D_0低于0.02时,则表示土壤处于厌氧状态,农作物根系将受到伤害且生长也将受限;当D/D_0介于0.02~0.06之间时,其对应的土壤充气孔隙度ε_a在6%~10%之间。假定土壤充气孔隙度(ε_a)、土壤水分质量分数(W)、土壤体积密度(ρ_b)、土壤颗粒密度(ρ_s)和水的密度(ρ_1)具有如下关系:

$$\varepsilon_a = 1 - \rho_b/\rho_s - W \cdot \rho_b/\rho_1$$

利用公式就容易计算得出,在土壤体积密度处于1.0毫克/立方米$<\rho_b<$1.6毫克/立方米区间内,土壤水分饱和程度(W/Ws)高于0.85~0.90时,对于耕作而言土壤已处于厌氧状态。对莫斯科的一些壤质城市土壤水分状况的分析表明,土壤厌氧状态持续的时间约占生长期(5月~10月)总时间的10%~25%,特别是临近道路、运动场、公共草坪的高体积密度的土壤尤为突出,这些土壤就需要运用耕作、排水、土壤结构改良和其他管理措施,以确保为植物和微生物呼吸提供适当的O_2量。总之,土壤通气状况和土壤中气体的交换更新控制着土壤中生物的呼吸作用以及土壤向大气的痕量气体释放,这些过程也是土壤在全球气体循环中重要作用的体现。

土壤气体的释放量(Q)是指从土壤表面进入大气层的气体流量,可以用单位时间(t)内穿过单位土壤表面面积(S)的气体质量(m)来表示,即$Q = m/(s \cdot t)$。它的具体测量方法可以分为室方法(chamber methods)和微气象方法(micrometeorological methods),其中室方法又分为密闭溢流道和开放溢流道2种测量方法,它们均是将装置放置在土壤表面(Δt = 10分钟~20分钟),让气体聚积在室内,然后测量密闭室内气体质量分数的增量(ΔC_g)或者通过开放室抽取气体的增量(ΔC_g),这样土壤气体释放量就可以计算得出:

$$Q = \Delta C_g \cdot V/(S \cdot \Delta t) = \Delta C_g \cdot h/\Delta t (密闭室, closed\ chamber)$$
$$Q = f \cdot \Delta C_g/S (开放室, open\ chamber)$$

式中V, S, h是土壤气体观测室参数(室体积、底面面积和高度),f是空气的质量流量(摩尔/

秒)。对于长时间间隔内从密闭室中通过扩散流失的气体量应该给予考虑,因此,上述结果(Q)可能明显偏小;运用密闭室法会低估Q值的另一个原因是该方法中简单地使用了向碱石灰的化学俘获剂,而没有使用CO_2分析仪器;利用化学俘获剂的实际观测表明,对土壤表面的CO_2流通量低估10%～100%。

微气象方法可以在景观尺度上(区域面积可达10 000平方米)综合评价源于土壤的气体流量,但是这需要昂贵的高灵敏度的分析仪器设备。从土壤释放气体的质量分数(C_1、C_2、C_3…)需要在不同大气层高度(Z_1、Z_2、Z_3…)进行测量,各种气体的流量可以通过一个简单的气体迁移涡流模型来计算得出,即$Q = D_T \cdot \Delta C_g/\Delta Z$,式中$D_T$是涡流扩散常数,其值大小与气象参数如风速、气温、水蒸气梯度有关。所谓的涡流相关法就是一种广泛使用的微气象方法,运用该方法可以依据实验观测数据、考虑风速(U')、距土壤表面100厘米～200厘米处的气体质量分数(C'_g)的同时波动并直接计算出气体的释放量,即$Q = \rho_a \cdot U \cdot C_g$,式中$\rho_a$是大气的密度。通过比较运用不同方法测量的土壤$CO_2$释放量发现,这些方法之间还未见有较好的一致性,造成这些差异的原因有土壤气体释放过程的尺度效应和空间不规则显性。

学术界已经对土壤呼吸(CO_2的释放与O_2的消耗)过程进行了细致的研究,但有关土壤痕量气体和有机挥发物的通量目前还知之甚少。由于植物和微生物的呼吸作用土壤会不断释放CO_2,通常在自然通气良好的土壤中,微生物摄取O_2和产生CO_2的速率是植物根系的2倍。在许多森林生态系统中,植物根系自给营养的呼吸、土壤微生物的异氧型呼吸与土壤表面年均CO_2释放量具有显著的相关性(Bond-Lamberty,2004),但土壤中自给营养的呼吸与异氧型呼吸产生CO_2释放量的比例随生长期的变化而变化,其比例还取决于土壤中不稳定的有机物,如新鲜的植物残体与动物粪便的供应量。此外,在实际观测中也难以将根系呼吸与利用根系代谢物的根际微生物的呼吸区分开来。

土壤圈在调节全球大气圈成分方面具有重要的作用。据估计,土壤圈储存的有机碳总量为1480拍克C,这表明土壤圈是地球环境系统中仅次于岩石圈、水圈(海洋)的第三重要碳源,并且土壤圈碳储量比全球植物生物量中碳储量的2倍～3倍值还高。有机碳在土壤圈中的平均滞留时间(MRT)一般较长,其时间范围从枯枝落叶层的数年至土壤中极稳定的腐殖质组分的数百、数千年不等。在人类活动的驱动下,土壤—生物系统稳定性的丧失,将会导致土壤圈中过去数百年所积聚的腐殖质发生灾难性的快速矿质化,许多耕地土壤中或被开垦沼泽地土壤中的有机碳动态观测也证明了这一点。在全球尺度上,过去130年中土壤圈有机碳流失量的估计值约为40拍克C,这对同时期大气圈中碳的质量分数增长的贡献超过了25%(Smagin,2000)。当前全球土壤圈年释放CO_2总量的估计值为55±14拍克C,已接近全球总排放量的30%,是人类智慧圈排放量的10倍。

在土壤中的微量和痕量气体之中,CH_4气体对温室效应的影响最强,CH_4吸收地面长波辐射的效益也高于CO_2气体。在排水不畅的水成土壤和湿地土壤均有CH_4生成,全球每年向大气层释放的CH_4总量在515太克～560太克(1太克 = 10^{12}克),其中70%的来源于生物源,全球水成土壤和水稻田释放的CH_4总量分别为115太克CH_4/年和60太克CH_4/年,两者之和占全球总释放量的30%以上,超过工业和交通业排放量(115太克CH_4/年)的1.5倍。土壤圈释放CH_4的量具有显著的空间—时间差异性,多数在0.02毫克/(平方米·天)～200毫克/(平方米·天)之间,在适宜的温度(约30℃)和有过量土壤有机物的条件下,其峰值可达1000毫克/(平方米·天)。

水稻土和湿地土壤释放 CH_4 的量一般在 1 毫克/(平方米·时)～50 毫克/(平方米·时)之间，在 221 个发表文献中所列举数值的对数常态分布之中位数值是 3±1 毫克/(平方米·时)，而在温带地区大雨之后的周期性湿润土壤中，其值在 0.8 毫克/(平方米·时)～26.73±1 毫克/(平方米·时)之间。在土壤之中微生物将 CH_4 氧化成为 CO_2 的生物化学反应比较微弱，仅占全球 CH_4 总汇份额的 3.5%～10%。但在一些西伯利亚沼泽地的稳定同位素($^{13}C/^{12}C$)分析结果表明，由于在当地水分未饱和土壤中有甲烷生成过程和大量 O_2(60 克/立方米～100 克/立方米)存在的条件下，CH_4 在由甲烷生成土层(methanogenetic horizons)向土壤表层迁移的过程中，则有 30%～80% 的 CH_4 被氧化成 CO_2。土壤吸收 CO 气体的潜能在(2～20)毫克/(平方米·时)～100 毫克/(平方米·时)之间，据估计，与全球自然和人为源排放的 CO 总量约 600 太克/年相对应，全球土壤圈消耗的 CO 总量则不少于 450 太克/年。故土壤被认为是大气中这种有害污染物——CO 的一个最为有效的调节器。

土壤中的氮素固定、氨化、硝化和反硝化等反应过程可以产生多数含氮的气体，如 N_2、NO、NO_2、N_2O、NH_3 等，从整体上看这些反应速率估计为 0.1 毫克/(平方米·时)～10 毫克/(平方米·时)之间，远远低于正常土壤的呼吸速率。在土壤中氮素循环的产物之中，一氧化二氮(N_2O)具有最大的环境危害，据估计全球 N_2O 的排放量为 10 太克 N/年～20 太克 N/年，其中 50%～60% 来源于土壤(如果考虑到化肥使用，其比例可达 70%～80%)；在人为排放的 N_2O 总量中有超过 80% 的来自耕地土壤。田间观测的结果表明土壤释放 N_2O 的速率在 0.003 毫克/(平方米·时)～10 毫克/(平方米·时)之间，在强降雨和施用新鲜肥料之后以及春季土壤融化的过程中，会有大量的土壤氮素(超过 30%)快速流失，故应该给予土壤 N_2O 释放的季节性动态变化必要的重视。目前对土壤中 N_2O 及其含氮气体的释放量及其影响因素人们还知之甚少，依据每年 77 太克 N 的化肥被矿质化简单地推算出土壤中释放到大气圈中的含氮气体的总量约为 50 太克 N/年～60 太克 N/年。

在地表硫循环过程中 2 个主要的气体是生物起源的 H_2S 和人为源的 SO_2，而土壤则以 20 毫克/(平方米·时)～60 毫克/(平方米·时)的速率消耗 SO_2，或者全球人为排放的这个污染物总量(50 太克/年～55 太克/年)中约有 80% 的份额被土壤圈所消耗。据估计，在湿的土壤中 H_2S 的释放速率可达 60 毫克/(平方米·时)～100 毫克/(平方米·时)。有学者认为，虽然土壤中的有机硫化物气体如二甲基硫(CH_3SCH_3)、羰硫化物(COS)、二硫化碳(CS_2)和六氟化硫(SF_6)的流通量远远低于 H_2S 和 SO_2，但它们却在土壤 H_2S 释放过程中起着重要的作用。从土壤中释放的杀虫剂和熏蒸剂的速率大致在 10 微克/(平方米·时)～100 微克/(平方米·时)，这仅占化学农药施用总量的 40%～60%，一些数学模型已经提出了有关土壤中挥发性污染物的行为及其释放进入环境的可靠性预测。

第六节　中国土壤生物组成

土壤生物是指生活在土壤之中、体积介于 10^{-7} 立方米～10^{-3} 立方米的活有机体，它包括土壤微生物(micro-organisms)和土壤动物(fauna) 2 类。土壤生物始终参与地表岩石的风化、土壤的形成发育过程和地表化学元素的循环过程,它们对土壤肥力和环境自净能力的形成和演变,以及高等植物营养供应状况有重要作用。土壤生物的多度和活性受控于环境条件和人类活动的影响,在一般情况下生物量单位活性(biomass-specific activity)随着生物体积的增加而降低,相对能量需求及其对复合转化的贡献率则随着生物多度的增大而增加,故土壤生物的体积与其相对多度、总生物量具有负相关性。

一、土壤微生物

土壤微生物是一群形体微小(微米级)、构造简单的单细胞或多细胞原核生物或真核生物,有的甚至没有细胞结构。土壤微生物的特点是体积小、种类多、繁殖快、适应环境能力强,具有多种多样的生命活动类型。它们在土壤中的数量巨大,可达每克土 10^6 个～10^7 个以上,能扩散到土体中的各个部分,它们对土壤有机质能够进行分解与合成,故在土壤圈物质转化和循环中起着重要的作用。Dilly 等 2005 年对德国北部 Bornhoved 湖区相邻的农业生态系统和森林生态系统的观测研究表明,农业土壤和森林土壤 A 层的有机碳含量分别为 12 克/千克和 24 克/千克;与森林土壤相比较,农业土壤的总有机碳中生物质碳所占比重较大而土壤动物较少,农业土壤和森林土壤中动物生物量比重分别为 0.6% 和 6.6%,如图 1-3-12 所示。由此可见,环境条件和人类活动已经对土壤生物及其微生物组成构成了显著的影响。

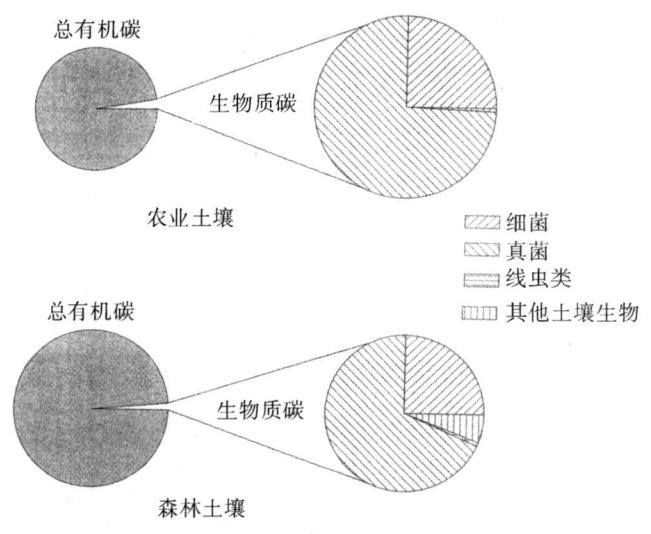

图 1-3-12　德国 Bornhoved 湖区农业土壤和森林土壤中有机碳及其组成比较(据 Dilly,2005)

根据土壤微生物对营养和能源的需求方式,也可以将土壤微生物划分为自养型(化能无机营养型和光能无机营养型)微生物、异养型(化能有机营养型和光能有机营养型)微生物 2 大类。根据土壤微生物生活过程中对氧气需求的不同,还可以将其划分为:好氧微生物,即在有氧环境中才能正常生活的微生物,它们以 O_2 为呼吸基质氧化时的最终电子受体,多在通气状况良好的旱地土壤中生存;兼性微生物,在有氧和无氧的土壤环境中均能进行呼吸的土壤微生物,在各类土壤中均有生存;厌氧微生物,在嫌气条件下也能进行无氧呼吸,以土壤中的无机氧化物(NO_3^-、SO_4^{2-}、CO_2)作为最终电子受体,通过脱氧酶将氢传递给其他的有机或无机化合物,并使之还原。按照土壤微生物有机体的组织及其生理特性可分为细菌、真菌、放线菌、藻类和原生动物 5 大类群,其中以细菌、放线菌和真菌最为常见、数量也多,它们形态特征如表 1-3-4 所示。

表 1-3-4 土壤微生物（细菌、放线菌和真菌）的形态特征

特征	细菌	放线菌	真菌
个体形态	单细胞，椭圆形或球形；圆柱形或杆形；弧形或螺旋形。细胞成对、成串、成链或成丝状排列	单细胞，呈分枝状菌丝体但不分隔，分气生和基内菌丝体，气生菌丝体顶端形成孢子丝	多数为多细胞分枝状菌丝体，有隔或少数无隔。营养菌丝体穿入基质获取营养，繁殖菌丝在基质表面形成孢子
特征	细菌	放线菌	真菌
菌体大小	菌体直径通常<1微米~2微米，长度因种而异	菌丝体直径一般<1微米~2微米	菌丝体直径约5微米~100微米
细胞核	核构造不完善，无核膜，核质散在细胞质内	核构造不完善，无核膜，核质散在细胞质内	有完善的细胞核，核质被包在核膜内
细胞壁	主要成分为肽葡聚糖	主要成分为肽葡聚糖	含纤维素、几丁质、聚氨基葡糖
菌落特征	圆形或呈不规则铺展，表面光滑或褶皱，湿润或干燥，有光泽，半透明或不透明，菌体与培养基结合不容易分离	圆形，表面干燥，有不同颜色的粉末状孢子，菌丝紧贴培养基，基内菌丝产生不同色素	表面疏松呈绒毛状或棉絮状，具有不同颜色的孢子或不同类型的产孢器官
繁殖方式	一般以分裂方式进行无性繁殖	以孢子丝断裂形成孢子的方式进行无性繁殖	以分生孢子或孢囊孢子行无性繁殖，有性发展局有多种方式，因种类而不同，行减数分裂
营养方式	异养型或自养型	异养型	异养型

　　细菌是单细胞或多细胞的微小原核生物，其大小仅0.5微米~2.0微米，呈球形、杆形、弧形、螺形或长丝形，它们均以两等分分裂繁殖为主，据记载土壤中的细菌有近50属250种。依据其营养生活方式可归结为自养型细菌和异养型细菌，其中自养型细菌可直接吸收 CO_2 和 H_2O，依靠光能或化学能而生活，如光能细菌、化能自养细菌都是原始有机质的创造者；异养型细菌所需要的营养元素和能量都是通过分解现成的有机质而获得。土壤中绝大多数细菌属于异养型细菌，因此，它们是土壤有机质转化及其养分循环过程中的重要分解者。在土壤学研究中常按异养型细菌生活对氧气的需要程度，将细菌划分为好气性细菌、嫌气性细菌和兼性细菌。此外，土壤中还有自生固氮细菌、豆科植物根际的共生固氮细菌（根瘤菌）等，它们能直接从大气圈吸收利用氮素，这对增加土壤中氮素、促进土壤氮素循环过程均具有重要的作用。

　　土壤放线菌是原核生物中的一个类群，由于其在形态上分化有菌丝和孢子，被认为是介于细菌和真菌之间的物种，它同真菌的主要区别是原核而不是真核，常从一个中心向周围辐射生长。放线菌的菌丝表现为直径在0.5微米~0.8微米且呈分枝状。放线菌是好气性异养微生物，比较耐干旱和高温，对土壤pH最适应范围为6.5~8.0。它能有效地分解纤维素、半纤维素、蛋白质以及木质素，在亚热带及温带干旱半干旱地区土壤有机质转化中有重要作用。

　　真菌是生活在土壤枯枝落叶层或腐殖质层的单细胞或多细胞异养腐生微生物，其菌体为单细胞或由菌丝组成。土壤中真菌的种类繁多，已鉴别出的有170属690种。根据其营养体的形态和生殖方式的不同，可将它们归结为藻状菌纲、子囊菌纲、担子菌纲和半知菌纲。在土壤中真菌的繁殖方式主要有意义繁殖、无性繁殖和有性繁殖。其中营养繁殖是指菌丝体的再生力很强，断裂后在适宜条件下都可长成新个体，人们培养真菌时常利用它这一特性来繁殖与扩大菌种；真菌的无

性生殖功能极其发达,并形成各种孢子,不产生孢子的真菌是极少数;真菌的有性繁殖是通过不同性细胞的结合后产生一定形态的有性孢子来实现的。真菌属于好气性、耐酸能力强的微生物,是土壤有机质特别是木质素的有效分解者,在森林土壤的有机质转化中起着重要的作用。

藻类是含有叶绿素和其他辅助色素的低等自养植物,其躯体一般构造简单,单细胞、群体或多细胞,无根茎叶的分化。在土壤中常见的藻类有蓝绿藻和绿藻,它们多分布于湿润清洁的表土中,其中水稻土尤多,藻类对于改善水稻土氧的供应状况、氮素固定都具有重要的意义。藻类对于寸草不生的荒漠土、南极裸岩区、浅水区新成土的发育有明显的促进作用,特别是藻类与地衣共生对于南极大陆无冰区原始土壤的有机质积累起着决定性作用。

二、土壤动物

土壤动物是土壤中和落叶下生存着的各种动物的总称。常见的有蚯蚓、蚂蚁、鼹鼠、变形虫、轮虫、线虫、壁虱、蜘蛛、潮虫、千足虫等,它们与处在分解者地位的土壤微生物一起,对堆积在地表的枯枝落叶、倒地的树木、动物尸体及粪便等进行分解。土壤动物种类数以千计,但按其形态和食性可分为:大型食草动物(如鼠类、弹尾虫、蜈蚣、蚂蚁、甲虫、螨虫等)、大型食肉动物(如鼹鼠、蜘蛛、假蝎以及某些昆虫等)、微型动物的个体大小不足0.2毫米(如原生动物、线虫等),如图1-3-13所示。土壤动物是有机质的消费者和分解者,在土壤中有搅动、粉碎和吞食有机质的功能,故它们在土壤有机质(含有机污染物)转化以及土壤结构体的形成等方面具有重要的作用。

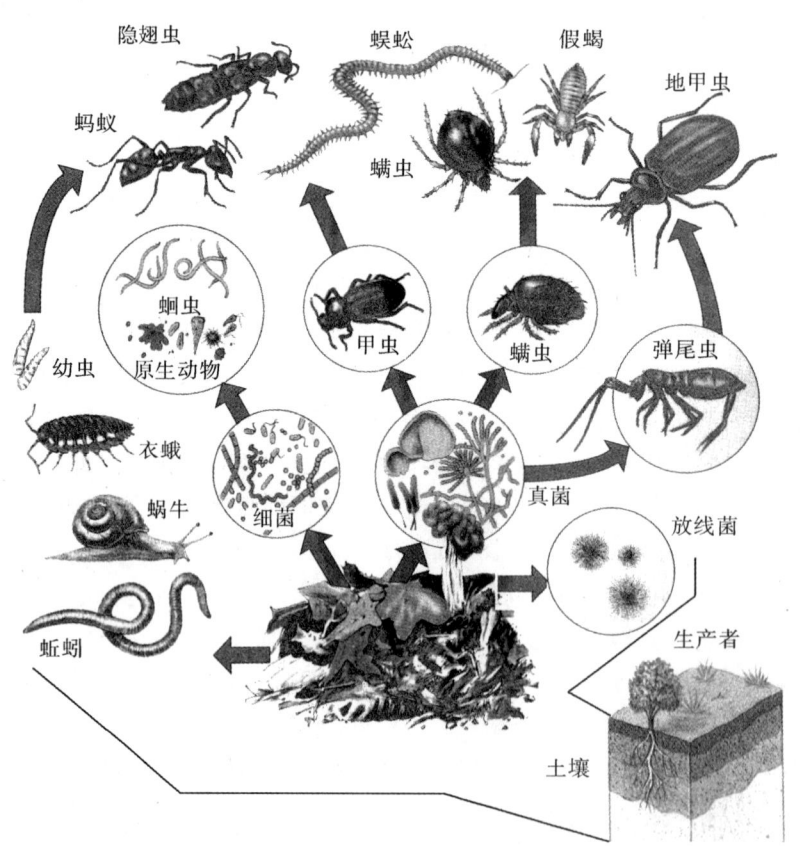

图1-3-13　土壤生态系统组分——主要土壤生物图式(据G.T.Miller,1996改编)

土壤生态系统是指自然界特定地域的土壤与生活在其中的生物群落之间相互作用、相互制约、不断演变,并逐步趋向动态平衡的综合体。土壤生物主要是指土壤中的植物、动物和微生物,以及地上部分的动植物,它们以最紧密的方式和各种生物的生命活动联系在一起。土壤生态系统是一个开发系统,土壤生物与其生存环境之间,以及不同种群生物之间不断地进行着物质能量迁移与转化,即绿色植物是主要的初级生产者,地面动物是主要的消费者,土壤生物则扮演着消费者与分解者的双重角色,通过食物链或食物网将生产者、消费者和分解者联系起来。

三、土壤生物的作用

土壤生物群落对多糖、蛋白质、脂肪、氨基酸、蛋白质等具有分解作用、酚转化作用、固氮作用、氨化作用、硝化作用、有机磷转化作用,对矿质营养元素具有的吸收与富集作用,这些均是构成土壤肥力和生态环境功能的基本要素。欧盟2002年的相关研究亦表明,土壤生物及其新陈代谢过程中对于缓解土壤侵蚀、土壤污染和土壤有机质的流失均具有重要的作用,土壤生物则通过以下途径发挥它们的作用:

土壤矿质组分、腐殖质和生物活动的产物之间的相互作用决定着土壤结构体的稳定性,即土壤生物通过产生各种有机聚合物如各种碳水化合物、单宁酸及其衍生物,能够增强土壤团聚体的稳定性。例如,当自养型蓝藻菌在土壤表面的居殖,一方面增强了土壤表层的水分渗透率,另一方面减轻了土壤侵蚀过程。因此,在湿润地区,土壤生物量高且生物活动强烈常常被认为是土壤稳定的重要标志;在生物与腐殖质组分、落叶、果实、根系和木质物相互作用的过程就形成了土壤表面有机层,它可以使土壤更加稳固。

土壤动物在挖掘地洞巢穴的过程中,通过搬运混合、挤压、疏松土壤物质等物理过程可调节土壤结构,增加土壤孔隙度和活化微生物活动。反之,土壤生物群落特征如个体生物量、色素和适应性也受土壤结构状况的影响。土壤动物特别是大型的哺乳类动物、蚯蚓对土壤中矿物质—腐殖质复合体的形成和扰动起着决定性作用。如在富含有机质且有季节性干旱的黑钙土中就可以看到大型动物的活动状况,土壤中孔径为2.5毫米~11毫米的大空隙常与蚯蚓洞穴相联系,而孔径在0.003毫米~0.06毫米的小空隙常被保留在蚯蚓粪便颗粒之中,如表1-3-5所示。由于在干燥的情况下原生动物不能在土壤团聚体之间移动,原生动物就不能吞噬位于不可抵达空隙中或者土壤团聚体上缺水区域内的细菌,这样土壤团聚体及其水分含量则决定着原生动物对微生物群落的吞噬作用。

表1-3-5　陆正蚓粪便与临近枯枝落叶层的特征

项目	陆正蚓粪便	枯枝落叶层	t - value
碳含量(毫克/克土)	113	78	***49.8
氮含量(毫克/克土)	6.8	5.8	*8.2
C/N	16.6	13.6	***26.8
微生物生物量(毫克 Cmic/克土)	2.3	1.4	***53.0
基部呼吸速率(微克 CO_2 - C/克土)	10.5	4.9	***47.0
比呼吸速率(毫克 O_2/克 Cmic)	4.5	3.3	*9.2
革螨群(个/平方米表土层)	1859	1070	*8.5
尾足螨(个/平方米表土层)	1160	100	*5.4
跳虫(个/平方米表土层)	52 481	32 174	*5.9
甲螨(个/平方米表土层)	6344	6953	0.3
线虫(个/平方米土壤)	26.4	20.3	3.2
线虫(微克/克土)	5.9	2.0	*8.3

资料来源:据 Giacomo Certini,2006。

经过初期的生物化学腐败和土壤动物的机械分解的新鲜植物残落物,在好气条件下,土壤微生物群落中的非自养型和腐生生物几乎能够完全分解这些植物残落物,只有小部分残落物通过自然保护、被吸附在黏土矿物表面并被转化为土壤腐殖质,在上述好气分解过程中,土壤中的 O_2 作为最终的氧化剂被不断硝化,而 CO_2 则进入土壤或大气层,如图1-3-14所示。在土壤有机物被矿质化的过程中,有机物中所含有的氮素以 NH_4^+ 及其被硝化的产物 NO_3^- 得以释放;而有机物中的硫和磷则分别被氧化为 SO_4^{2-}、$H_2PO_4^-$ 和 HPO_4^{2-};同时,有机物中的其他营养元素如 K、Ca 和 Mg 也被释放、被从土壤中淋溶流失,被土壤黏土颗粒或者腐殖质所吸附保持。

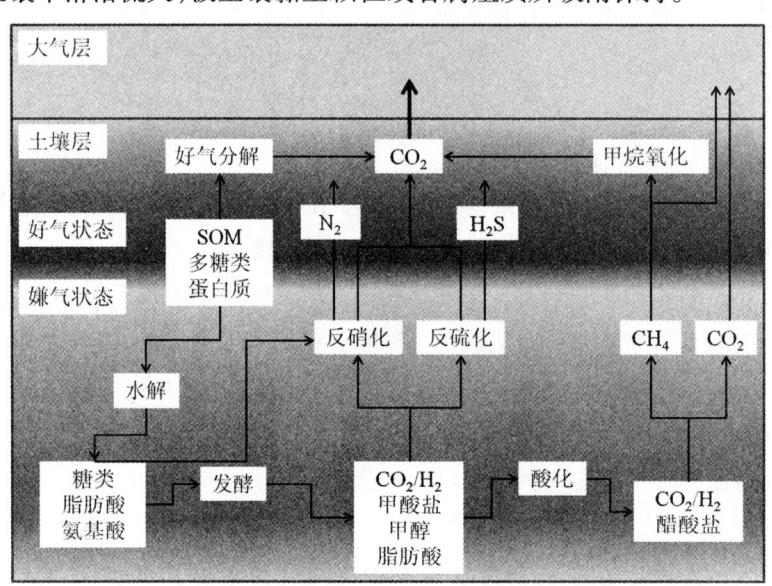

图1-3-14　在土壤微生物作用下的有机质转化过程中示意图

土壤水分及通气状况、温度、质子浓度和养分供应状况是决定土壤有机物分解速率的重要因素,土壤有机质的 C/N 比则是衡量基质质量和有机物分解速率的指数,当 C/N 比 > 25∶1 则表示土壤中生物活性较低,当 C/N 比 < 10∶1 时则表示土壤中生物活性较高,但在有充足的有机物及其 C/N 相同的情况下,新鲜多汁的有机物比干枯有机物更容易被微生物所分解。植物残体的 C/N 比巨大,其比值与植物种类、组织类型、生长时期和土壤养分状况有关,如豆科植物残体及幼叶的 C/N 比在 10∶1~30∶1 之间,小麦秸秆的 C/N 比约为 80∶1,玉米禾茎的 C/N 比约为 57∶1,而云杉躯干木质部的 C/N 比可高达 600∶1,一般的城市淤泥的 C/N 比可高达 7∶1。一般来说植物成熟阶段组织中蛋白质和氨基酸的含量会下降,而木质素和纤维素的比例会增加,故其 C/N 比也会增加。与植物躯体相比较,土壤微生物躯体的 C/N 比则低得多,其值在 5∶1~10∶1 之间,平均为 8∶1,其中细菌中蛋白质含量高于真菌,故细菌体的 C/N 比更低。在土壤微生物的生长繁殖过程中,微生物每吸收 1 份氮素大约需要 8 份碳素与之相配,但由于在土壤微生物活动过程中所吸收的碳素只有 1/3 能够进入微生物细胞构成其躯体,其余的碳素则以 CO_2 的形式释放。由此可见,植物枯枝落叶层进入土壤之后,因其氮素含量过低而不能使土壤微生物将这些有机物中的碳素转化为自身的组成。未来满足微生物分解植物残体对氮素的需要,土壤微生物就必须从土壤中吸收矿质态的氮素(如 NH_4^+、NO_3^- 等),其结果导致土壤微生物与农作物之间形成竞争土壤矿质氮素的格局。为了保障农作物生长发育对氮素的需要,在农作物秸秆归田的初期应该同时适当补施速效氮肥。随着土壤有机物的分解和 CO_2 的释放,土壤有机质的 C/N 比

也逐渐降低,土壤微生物对矿质氮素的需要也逐渐减少,当土壤有机质的 C/N 比降至 25∶1 以下时,土壤微生物就不再利用土壤中的矿质氮素;相反,因土壤有机质被分解而释放出的矿质氮素进入土壤,使土壤中有效氮素含量有所增加。总之,无论植物枯枝落叶物的 C/N 比大小如何,当它们进入土壤之中并经过土壤微生物的分解过程之后,其 C/N 比将会达到一个相对稳定的数值,一般耕作土壤表土层有机质的 C/N 比为 8∶1～15∶1,处于植物残体与微生物躯体的 C/N 比值之间。另外,土壤有机质的 C/N 比还受成土环境条件和成土过程的控制,如在湿润的温带地区的土壤(棕壤或暗棕壤)中有机质的 C/N 比在 10∶1～11∶1 之间,而在热带亚热带的砖红壤、赤红壤、红壤和黄壤中有机质的 C/N 比则高达在 20∶1。

在严重厌氧条件下土壤中的古细菌(Archaea)活动能够导致 CH_4 向大气层的释放,土壤中古细菌的新陈代谢可以分解为 2 个主要途径:一是利用 H_2 作为还原剂将土壤中的 CO_2 还原为 CH_4,在这个过程中不需要有机碳;二是醋酸盐的发酵过程产生 CH_4 和 CO_2。在泥炭地、沼泽、滨海沉积区、滨湖和沿河的淡水沉积区、水稻田、极地苔原区域等水成土壤的厌氧条件下,古细菌仍然具有较强的活性,在淡水沼泽地它们能够将 1.1%～2.4% 的土壤有机碳转化为 CH_4 而释放至大气层中(Wagner 等,1999)。在好气的土壤层中(如氧化性的微团聚体表面或者氧化性的植物根际区域),变形菌则能够将 CH_4 氧化为 CO_2 和 H_2O,在这个 CO_2 释放的过程中 CH_4 起着碳源和能源的双重作用。土壤中甲烷的产生与甲烷被氧化的差异决定着甲烷从土壤中的净释放速率,Khalil 等 1998 年研究指出,土壤中产生的 CH_4 有高达 90% 的又被氧化。

土壤有机质的大型储藏库位于寒冷湿润的沼泽地、泥炭地和北极苔原等生态系统之中,其中土壤有机碳储存量也会随着地表温度、水分状况、土壤通气状况和植物生长状况的改变而变化,如在春季湿润而秋季干燥的气候条件下,则有利于有机碳在土壤中的积累。在自然生物扰动作用和人类耕作扰动能够促进土壤有机质的退化,土壤通气状况的改善能够促进微生物的新陈代谢过程,将草地或森林改造成为耕地则引起土壤腐殖质的退化,人类耕作的初期土壤腐殖质含量则快速下降;自然环境的变化如温度升高和适宜的水分可供应量也能够引起土壤腐殖质退化,并向大气层释放 CO_2、CH_4 和含氮化合物。

第七节　中国土壤主要理化性质

一、土壤质地

土壤质地不仅是土壤分类的重要诊断指标,也是影响土壤水、肥、气、热状况,物质迁移转化及土壤退化过程研究的重要影响因素,是土壤地理研究、与农业生产相关的土壤改良、土建工程和区域水分循环过程等研究的重要内容。

1. 粒级的概念

土壤矿物质是由风化与成土过程中形成的不同大小矿物颗粒组成,其直径相差巨大,从 10^{-1} 米～10^{-9} 米不等,不同大小土粒的化学组成、理化性质也有很大差异。据此可将粒径大小相近、性质相似的土粒归为一类,称为粒级。世界各国对土壤颗粒分级均采用砂粒、粉粒和黏粒 3 个大类别,但每个类别的划分标准有所不同,目前国际土壤学界广泛应用美国制或国际制划分标准。国际制将土壤颗粒划分为4级,粗砂(2.0毫米~0.2毫米)、细砂(0.2毫米~0.02毫米)、粉粒(0.02毫米~0.002毫米)和黏粒(≤0.002毫米);美国(农部)制将土壤颗粒划分为7级:极粗砂(2.0毫米~1.0毫米)、粗砂(1.0毫米~0.5毫米)、中砂(0.5毫米~0.25毫米)、细砂(0.25毫米~0.10毫米)、极细砂(0.10毫米~0.05毫米)、粉粒(0.05毫米~0.002毫米)和黏粒(≤0.002毫米);俄罗斯威廉斯-卡庆斯基制将土壤颗粒划分为6级:粗砂(1.0毫米~0.25毫米)、细砂(0.25毫米~0.05毫米)、粗粉粒(0.05毫米~0.01毫米)、中粉粒(0.01毫米~0.005毫米)、细粉粒(0.005毫米~0.001毫米)和黏粒(≤0.001毫米),中国在1950年~1980年间多采用此分级制;中国(1975)拟定的粒级划分标准:粗砂(1.0毫米~0.25毫米)、细砂(0.25毫米~0.05毫米)、粗粉粒(0.05毫米~0.01毫米)、细粉粒(0.01毫米~0.005毫米)、粗黏粒(0.005毫米~0.001毫米)和黏粒(≤0.001毫米),20世纪70年代后期及80年代中国土壤学文献一般采用此标准,如图1-3-15所示。

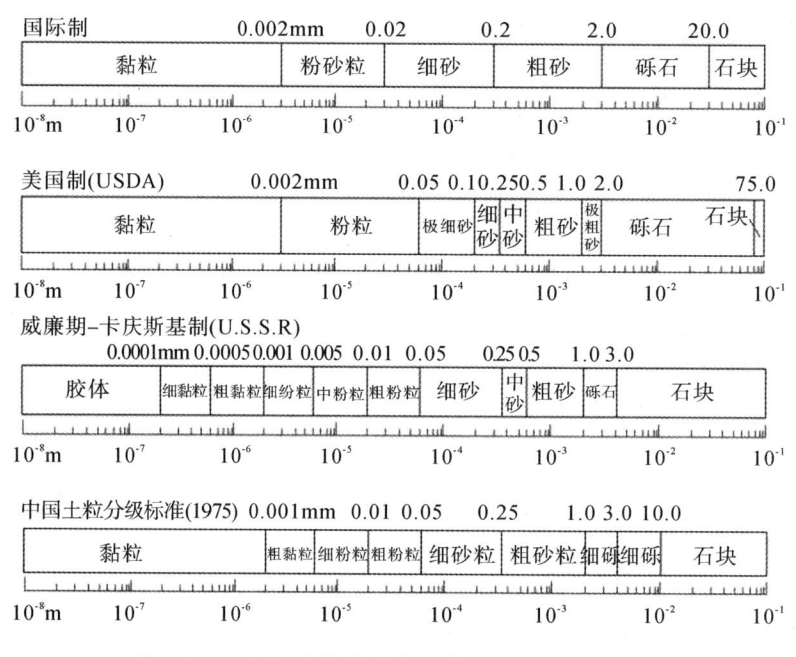

图1-3-15　国际土壤学界常见的土壤颗粒划分标准

土壤中的纳米颗粒与土壤胶体的关系。纳米颗粒(nanoparticles)是指由具有纳米量级(1纳米~100纳米)的晶态或非晶态超微粒构成的固体物质,故从土壤中物质颗粒大小来看,土壤中存在纳米颗粒。Bernd Nowack等2007年将纳米颗粒划分自然纳米、人造纳米颗粒两大类,其中自然纳米颗粒包括土壤中的氧化物微颗粒(如磁铁矿、氧化铁)、粘土矿物微颗粒(如铝英石)、盐分微颗粒(如NaCl)、金属微颗粒(如Ag、Au、Fe)、碳质微颗粒、有机体(如病毒)和有机胶体(如胡敏酸、富利酸)。Buffle 2006年指出,胶体是指自然水体(含土壤水)中粒径在1纳米~1微米之间的颗粒物、高分子化合物和多分子聚合物,可见胶体颗粒包含着纳米颗粒。土壤环境中胶体包括无机胶体(包括Fe、Al、Si等含水氧化物类粘土矿物、层状硅酸盐类粘土矿物)、腐殖质(胡敏素、胡敏酸、富利酸)、大的生物聚合物和有机—无机复合胶体(主要是由无机胶体与有机胶体通过离子键、配位键、氢键等连接而成)四大类。已有研究表明,土壤环境中的纳米颗粒和胶体通常具有特殊的力学、磁学、光学、电学、化学和接触反应特性,并表现在土壤环境污染防治与修复、土壤环境工程具有广泛的应用前景,但有关土壤纳米颗粒的精确功能、组成成分及其对生物的环境效应还有待深入研究(Bernd Nowack,2007)。

2. 土壤粒级的矿物组成和性质

土壤中的石块、砾石和砂粒几乎全部由原生矿物组成,粉粒的绝大多数也是由抗风化能力较强的石英组成,黏粒主要是由次生矿物组成。一般来说,土粒愈细,SiO_2 质量分数愈来愈少,而 Al_2O_3、Fe_2O_3、CaO、MgO、P_2O_5、K_2O 等质量分数愈来愈多。如在中国海南岛土壤的砂粒中 SiO_2、Al_2O_3、Fe_2O_3 质量分数分别为 77.73%、6.86%、11.57%;而在其黏粒中 SiO_2、Al_2O_3、Fe_2O_3 质量分数分别是 27.10%、32.38%、22.64%。当然,土壤颗粒的化学组成也会因成土母质及其风化程度而异。随着土壤颗粒变细和比表面积的增加,不仅改变了土壤颗粒表面吸附、离子交换等物理化学性质,而且也改变了土壤的物理性质。一般来说,随着粒级的减小,土壤颗粒的孔隙度、吸湿量、持水量、毛管含水量、比表面面积、膨胀潜能、吸附性能、塑性和粘结性将增加,而土壤的通气性、透水性、土壤密度将降低。实验观测表明,土壤吸水速度以砂粒、粉粒(1 毫米~0.005 毫米)间的颗粒为最快,而黏粒则非常缓慢。在农业生产与水土保持研究中,既要土壤保水又能通气;既能吸水,又能供水;既要有较强的渗透能力,又不能漏水漏肥;既容易耕作,又不能散成单粒或形成大块。因此,必须考虑各种土壤粒级的合理搭配。自然土壤的矿物质都是由大小不同的土粒成的,各个粒级在土壤中所占的相对比例或重量百分数,称为土壤质地(soil texture),也称为土壤的机械组成。

3. 土壤质地分类

土壤质地的分类和划分标准与土壤粒级标准类似,世界各国亦很不统一,国际上应用较为广泛、中国亦曾经采用过的有国际制、威廉斯-卡庆斯基制和美国制。国际制和美国制相似,均按砂粒、粉粒和黏粒所占的重量百分数,将土壤划分为砂土、壤土、黏壤土和黏土 4 类 12 级,如图 1-3-16 所示。威廉斯-卡庆斯基制则按采用双级分类制,即按物理性砂粒(>0.01 毫米)和物理性黏粒(<0.01 毫米)的质量分数划分为砂土、壤土和黏土 3 类 9 级。中国(1978)拟定的土壤质地分类方案是按砂粒、粉粒和黏粒的质量分数划分出砂土、壤土和黏土 3 类 11 级,如表 1-3-6 所示。目前随着国际学术交流的增多,中国土壤质地分类也采用了国际上流行的美国制分类标准。

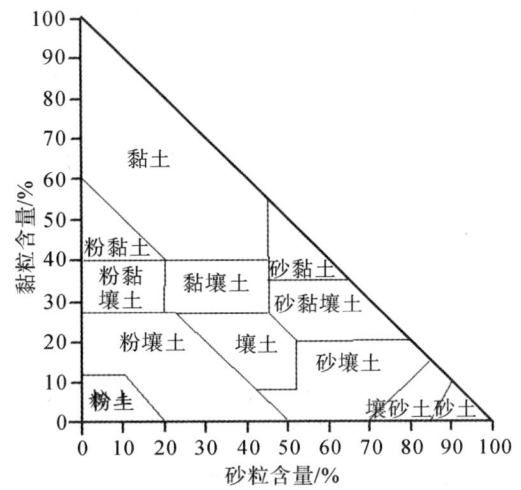

图 1-3-16 美国制土壤质地分类标准(据 Malcolm E. Sumner,2000)

表 1-3-6　中国土壤质地的分类标准（暂拟方案,1978）

质地组	质地名称	土壤颗粒粒级组成/%（粒径：毫米）		
		砂粒(1~0.05)	粗粉粒(0.05~0.01)	黏粒(0.001)
砂土组	粗砂土	>70	—	<30
	细砂土	60~70		
	面砂土	50~60		
壤土组	砂粉土	>20	>40	<30
	粉土	<20		
	粉壤土	>20	<40	
	黏壤土	<20		
	砂黏土	>50		>30
黏土组	粉黏土		—	30~35
	壤黏土			35~40
	黏土			>40

4. 土壤质地的适宜性

土壤质地和土壤剖面中质地层次的排列组合（土壤质地构型），一方面反映了母岩风化、地表堆积（侵蚀）过程以及成土过程的特征，另一方面又是影响土壤性质的重要因素。它与区域地表水分循环、农业生产有关密切的关系。砂土由于土壤颗粒以砂粒占优势，土壤中大孔隙多而毛管孔隙少。因此，砂土的通气性、透水性强，而保水蓄水保肥性能弱；砂土的热容量小，故土壤温度变化剧烈，易受干旱和寒冻威胁。但在春季砂土升温较快发苗早，故称为暖性土。由于砂土通气良好，土壤有机质分解快而不易积累，砂土的肥力相对贫瘠。但它又有易耕作、适宜性强、供肥快等优点。对砂土施肥必须"少吃多餐"，多施有机肥，以免造成过多养分流失，增加农业生产成本，并加重农业面源对地表水体的污染。

黏土由于土粒微小，土壤中的非毛管孔隙少、毛管孔隙多，毛管作用力强，土壤透水通气性差；但保水蓄水及保肥性能强，有机质分解缓慢有利于积累，故土壤养分质量分数丰富；黏土的热容量大、温度变化迟缓，特别是春季升温慢影响幼苗生长，有"冷性土"之称。同时黏土不易耕作、其地表易形成超渗径流，造成严重的水土流失。壤土由于土壤中砂粒、粉粒和黏粒质量分数比较适中，壤土既具有一定数量的非毛管孔隙，又有适量的毛管孔隙，兼顾砂土和黏土的优点。另外，土壤质地构型对于农业生产、水土保持也具有重要影响，一般来说，上砂下黏的土壤有利于耕作、发苗，又托水保肥，被称为"蒙金地"；相反，上黏下砂，既不便于耕作，又漏水漏肥。因此，也会引起区域严重的生态环境问题。

二、土壤结构

土壤固相颗粒很少呈单粒存在，它们经常是相互作用而聚积形成大小不同、形状各异的团聚体（Aggregate），土壤中这些团聚体的组合排列称为土壤结构（Soil structure）。土壤结构是成土过程的产物，故不同的土壤及其发生层都具有一定的土壤结构，如腐殖质含量较高的土壤腐殖层（A层）往往具有粒状或团粒状结构，在土壤剖面中下部黏粒淀积层及碳酸钙淀积层常常呈块状结构。因此，土壤结构是描述和鉴定土体分异、土壤变化的重要形态指标。

1. 土壤结构类型

根据土壤团聚体(或结构体)的大小及其几何形态,可将土壤结构划分为单粒状、粒状—团粒状、块状、柱状、片状和大块状等类型,如图 1-3-17 所示。

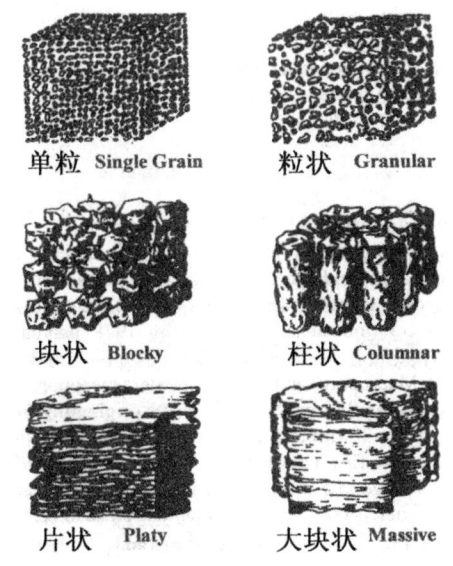

图 1-3-17　土壤结构类型图式(据 M. E. Sumner,1999)

(1)单粒状结构　单粒状是指由松散的、未胶结的土壤颗粒组成,如风沙土属于单粒结构,从严格意义上讲,此类土壤无结构。

(2)粒状—团粒状结构　土壤团聚体的三轴等距伸展且呈球状,并具有平的或弯曲的表面,棱角不明显,如图 1-3-17 所示。团粒状结构多出现在土壤表层即 A 层。依据团聚体的大小可细分为粒状(0.5 毫米～5 毫米)、团粒状(5 毫米～10 毫米)、团块状(>5 毫米)。

(3)块状结构　土壤团聚体三轴平均发展,外形不规则,边面不明显,多形成于壤质的心土层。按其大小可分为小块状(5 毫米～10 毫米)和块状(10 毫米～20 毫米)。

(4)柱状结构　土壤团聚体沿纵轴伸展,水平方向的二轴较短且均等。多形成于干旱地区土壤的底土层和碱土的心土层。

(5)片状结构　土壤团聚体沿水平二轴伸展,纵轴极不发育。常见于干旱土壤的亚表层、耕作土壤的犁底层和受冻融作用影响土壤的底土层。

(6)大块结构　土壤团聚体三轴平均发展,外形不规则,边面较为明显且结构体巨大(>20 毫米),常见于半干旱半湿润地区具有明显碳酸钙淀积土壤的心土层或底土层,以及亚热带具有明显黏粒聚积土壤的心土层。

2. 土壤结构的形成

土壤结构形成的基本条件是具有胶结物质和促使土壤颗粒胶结的作用力,其形成过程包括 2 个阶段:①土壤黏土矿物、腐殖质颗粒之间通过氢键、或静电引力、或表面吸附力、或植物根系挤压力或冻融挤压力而相互黏结、凝聚成原生团聚体(直径 <0.25 毫米);原生团聚体在上述力作用下进一步凝聚形成团聚体,此时的团聚体由于没有胶结物质对其凝聚,胶结是不稳定的;②团聚体再通过黏粒、或碳酸钙、或铁锰胶膜、腐殖质、菌丝体、土壤动物代谢物等的固结而成为水稳性的团聚体。其中土壤腐殖质及腐殖酸盐、次生黏土矿物的胶结作用最为重要,在温带半干旱地区的土壤中,土壤中碳酸钙对心土层结构的形成也起着重要作用,这些胶结物质常以胶膜形式淀积在团聚

体表面。

衡量土壤结构状况的指标是土壤团聚体的稳定性和孔隙性。其中稳定性一方面是指团聚体对机械压力的稳定程度,另一方面是指团聚体遇水浸泡之后的稳定性。通常用水筛后留下的>0.25毫米的团聚体含量作为水稳性指标,这是因为只有>0.25毫米团聚体对提高土壤肥力及农业生产最有价值。土壤孔隙性是指孔隙的大小、分布和多少,一般来说,通过土壤腐殖质胶结形成的团聚体其孔隙度较大,可达40%以上;而通过次生黏土矿物胶结的团聚体其孔隙度较小,大约在35%,且大部分孔隙属于非活性孔隙,水分、空气及植物微根系较难以进入,故植物的生长受限。高质量的土壤结构是高度水稳性和高孔隙度的结合,只有在生物参与下常可形成此类结构。

3. 团粒结构在土壤肥力中的作用

在农业生产上最有价值的土壤结构型是水稳性的团粒结构,其原因主要有:①具有团粒结构的土壤的总孔隙度可高达55%,其中毛管孔隙度为40%,非毛管孔隙度为60%,孔隙的比例较为适宜,而且在土壤中的分布均匀,大小相间分布。在土壤团粒之间为非毛管孔隙,增加了土壤的通透性;而在土壤团粒内部则为毛管孔隙,使土壤具有良好吸水、蓄水与保肥性能。这就有效地解决了土壤透水性与蓄水性的矛盾。②由于有团粒结构的土壤较好地解决了土壤水分与空气同时存在的矛盾,因而就能够较好地调节土壤导热性、热容量状况,使土壤温度变化较为稳定和适度。③具有团粒结构的土壤,有机质和各种养分的含量都比较丰富,这是因为团粒结构表面的有机质在好气微生物作用下,有利于养分的释放和供应;同时,在团粒结构内部的有机质则以嫌气性分解为主,分解过程相对缓慢,这有利于养分的保存。④具有团粒结构的土壤,其黏着性、黏结性和可塑性均较小,这也利于耕作。

土壤结构形成的影响因素大致包括2类:①促进团聚体形成的因素,如植物根系穿插作用、冻融交替、干湿交替、土壤动物挤压及耕作措施等,均可促进不同土壤颗粒的相互接触和聚合以形成团聚体;②促进团聚体固结的因素,土壤腐殖质及腐殖酸盐类、次生黏土矿物、碳酸钙及铁锰胶膜、生物分泌物等对于土壤团聚体胶结,即团粒化与稳定性的形成均起着重要的促进作用,土壤胶体表面吸附的交换性阳离子对团聚体的稳定性也有重要影响,如吸附的交换性钙、氨、镁、铁离子能够通过絮凝作用强化团聚体的稳定性;而吸附的交换性钠离子,则会引起土壤团聚体的分散,从而阻碍土壤结构的形成,如在半干旱地区的碱化土壤以及滨海盐土,均是由于土壤表层过量钠离子的存在,导致土壤颗粒呈分散的粒状结构(土壤颗粒无团聚现象)。

三、土壤密度及孔隙度

土壤固相物质组成、土壤质地和土壤结构是决定土壤许多重要物理特性的物质基础,而土壤颗粒密度、土壤密度、孔隙度、土壤磁性和土壤颜色则是反映土壤组成的重要定量指标。

1. 土壤颗粒密度

土壤颗粒密度(Particle density)是指单位体积土壤固相颗粒的质量(风干),常用ρ_p表示,其单位是克/立方厘米。在传统土壤地理学研究中常采用土壤比重来代替土壤颗粒密度,土壤比重是指单位体积土壤固相颗粒的风干重量与同体积4℃水的重量之比,土壤比重属于无量纲的指标,由于4℃纯水(H_2O)的密度约为1.0克/立方厘米,故土壤颗粒密度与土壤比重在数值上非常接近。土壤颗粒密度实际上是土壤矿物质密度与土壤有机质密度的质量加权平均值,故土壤颗粒密度主要决定于土壤矿物组成、土壤矿物与有机质的相对含量,一般来说,土壤颗粒密度的平均值为2.65

克/立方厘米,含铁矿物较多的土壤其颗粒密度可大于 3.0 克/立方厘米,而含有机质丰富的土壤其颗粒密度可小于 2.40 克/立方厘米。常见土壤矿物及有机质的密度如表 1-3-7 所示。

表 1-3-7 土壤矿物和有机质的密度

土壤矿物质	密度/(克/立方厘米)	土壤有机质	密度/(克/立方厘米)
石英	2.50~2.80	干燥未分解有机物	0.20~0.50
钙长石	2.75~2.76	泥炭	0.50~0.80
石膏	2.30~2.33	高度分解泥炭	1.00~1.20
黑云母	2.69~3.16	腐殖质	1.30~1.40
辉石	3.20~3.60	蒙脱石	2.1
橄榄石	3.27~3.37	高岭石	2.60~2.63
石榴子石	3.40~4.30	水云母	2.75~3.15
正长石	2.50~2.60	云母	2.80~3.20
褐铁矿	3.60~4.00	磁铁矿	5.16~5.18

2. 土壤体积密度

土壤体积密度(传统土壤学中称为土壤容重)是指单位体积原状土壤的质量(风干),常用 ρ_b 表示,其单位是克/立方厘米。这个单位体积包括土壤固相物质所占据的体积和土壤孔隙所占据的体积。与土壤颗粒密度只考虑固体不同,土壤体积密度要由土壤孔隙以及土壤固体的数量来决定。因此疏松多孔、富含有机质的土壤其体积密度就低,而那些较为紧实致密、有机质含量少的土壤其体积密度就高,如有机质含量很少的砂土其体积密度可达 1.6 克/立方厘米以上,而普通壤质土壤的体积密度一般在 1.2 克/立方厘米~1.4 克/立方厘米之间。土壤体积密度是土壤重要的发生特性之一,是估算土壤水分、盐分和养分总量的必需参数。

3. 土壤孔隙度

由于土壤固相是由大小、形状不同的颗粒、微团聚体以及结构体构成的分散系,它们之间的组合是通过点或面相互间的接触关系,因而就形成了大小不同、外形不规则和数量不等的孔隙即土壤孔隙,它们通常被土壤溶液和土壤空气所占据。土壤孔隙度(Porosity)是指单位原状体积土壤中孔隙所占体积的百分数,常用 $\varphi(\%)$ 表示。土壤孔隙度 φ 与土壤颗粒密度 ρ_p、土壤体积密度 ρ_b 之间的换算关系式为:

$$\varphi(\%) = (1 - \rho_b/\rho_p) \times 100$$

由上式可知,土壤孔隙度的大小与土壤质地、结构和有机质含量密切相关,一般土壤的孔隙度为 40%~60%,随着土壤质地的变细,孔隙度也会增加;土壤有机质含量高,土壤孔隙度也高,如泥炭土壤的孔隙度可达 70% 以上,而一些砂质土壤心土层或底土层的孔隙度一般只有 25%~30%。在实际研究与农业生产过程中,将土壤孔径<0.10 毫米的孔隙称为毛管孔隙,土壤毛管孔隙才使得土壤具有持水能力;孔径≥0.10 毫米的孔隙称为非毛管孔隙,非毛管孔隙不具有持水能力,但能使土壤具有通气透水性。故土壤孔隙度可分解为土壤毛管孔隙度和土壤非毛管孔隙度,土壤非毛管孔隙度的大小主要取决于团聚体的大小,土壤团聚体愈大,非毛管孔隙度也愈大,如表 1-3-8 所示。毛管孔隙度则随着土壤分散度或结构体被破坏程度的增加而增大。土壤毛管孔隙主要被土壤水分占据,而非毛管孔隙则主要通气,因此,土壤孔隙度及其孔隙组成直接影响土壤的水、热及通气状况,也影响土壤中物质转化的速度与方向。

表1-3-8 常见土壤的孔隙度变化范围/%

土壤及其层次	总孔隙度	毛管孔隙所占比重	非毛管孔隙所占比重
砂土	30~35	25~35	65~75
砂壤土	35~45	45~55	45~55
壤土	40~47	65~85	15~35
黄土和黄土型壤土	40~55	50~65	35~50
黏土	45~50	90~97	3~10
均腐土（黑钙土）	55~60	40~45	55~60
泥炭土	80~85	95~98	2~5

四、土壤磁性

土壤磁性是土壤各组分的磁性综合反映。常用磁化率、饱和磁化率、剩余磁化强度等表示。土壤中的主要磁性矿物包括反铁磁性矿物（如赤铁矿、针铁矿等）、顺磁性矿物（如纤铁矿等）和亚铁磁性矿物（如磁铁矿、磁赤铁矿等）。国内外已有的研究成果表明，土壤母岩类型及其风化程度、气候条件、地质水分状况、生物及土壤发育程度对土壤磁性具有重要的影响。由此可见，土壤磁性是成土因素和成土过程的综合反映。母岩是土壤中磁性矿物的重要来源，已有的实验观察表明土壤磁化率与母岩的磁化率密切相关，成土母岩的磁化率顺序为基性岩浆岩＞中性岩浆岩＞酸性岩浆岩＞变质岩＞沉积岩。卢升高（2003）研究表明，发育在玄武岩风化物母质上的富铁土的磁化率可以高达 7000×10^{-8} 立方米/千克，而发育在沉积岩风化物母质上的土壤磁化率只有 10×10^{-8} 立方米/千克。地质水文条件通过改变土壤中的氧化还原过程，使土壤中的铁的氧化物的形态发生转化，并在土壤剖面中发生迁移，从而影响土壤磁性的变化。生物气候条件与土壤磁性的关系则较为复杂，在宏观空间上土壤磁性与气温、降水量的关系不明显；但在一个相对稳定地貌面上，其不同历史时期形成的土壤的磁性与气候变化则具有一定的相关性，如刘东生等（1982）研究发现，中国黄土—古土壤剖面中的磁化率变化很大，并认为黄土—古土壤剖面中磁化率分布可以作为古气候的代用指标。

土壤磁性决定于土壤中的磁性矿物类型及其含量，并且土壤中的磁性矿物还随土壤粒级的不同而变化。实验测量发现，发育在沉积岩、变质岩、酸性岩浆岩风化物等弱磁性母质上的土壤，其磁性矿物主要是在母岩风化和成土过程中新形成的次生磁性矿物，这些磁性矿物则集中在土壤黏粒粒级之中，故这类土壤的磁性与土壤质地具有明显的相关性。而发育在基性岩浆岩和中性岩浆岩风化物等强磁性母质上的土壤，土壤的磁性矿物主要是继承母质中的原生磁性矿物，而且这些原生磁性矿物主要集中在土壤砂粒之中，这类土壤的磁性表现为土壤砂粒粒级的磁化率高（原生磁性矿物表现的磁性），土壤黏粒粒级的磁化率也较高（次生磁性矿物表现的磁性），而土壤粉粒粒级的磁化率最低。

由于土壤磁性的测量具有快速便捷、灵敏度高、非破坏性、测量费用低廉等特点，使得土壤磁性的应用范围日益广泛。目前，土壤磁性在土壤发生学研究、土壤背景值调查与土壤污染诊断、过去环境演变和矿产资源勘探等方面的应用已经取得较大进展。如中国学者通过研究黄土—古土壤剖面中磁化率等，已经重建了第四纪中国黄土高原环境变迁与古气候变化的新模式，为全球变化研究作出了重要贡献。

五、土壤颜色

土壤颜色是土壤物质成分和内在性质的外部反映,是土壤发生层次外表形态特征最显著的标志。在传统土壤地理学中许多土壤类型的名称均以其颜色命名,如黑土、红壤、黄壤、棕壤、褐土、紫色土等。土壤颜色是十分复杂而多样的,绝大多数呈复合色彩,在传统的土壤调查过程中,由于土壤调查工作者对颜色的分辨力和理解不同,再加土壤颜色会随时随地变化,因而对土壤颜色的描述上存在的分歧也较大,为此就引进了土壤标准颜色比对的方法。颜色的基本色调是红、黑、白3种,其复合关系可用土壤颜色的色调(Hue)、彩度(Chroma)、亮度(Value)三维图式来表示,如图1-3-18所示。

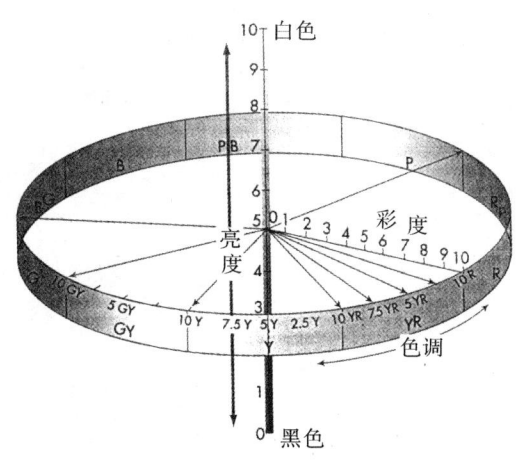

图 1-3-18　土壤颜色的三维图解

为了使土壤颜色的描述科学化(避免主观任意性),真正能反应土壤颜色的本质,目前普遍采用以门塞尔颜色系统(Munsell Soil Color Charts)为基础的标准色卡比色法,它包含有428个标准比色卡。命名系统是用颜色的三属性即色调(Hue)、亮度(Value)、彩度(Chroma)来表示的。

色调是指土壤所呈现的颜色,又叫色彩或色别,它与光的波长有关。包括红(R)、黄(Y)、绿(G)、蓝(B)、紫(P)5个主色调,还有黄红(YR)、绿黄(GY)、蓝绿(BG)、紫蓝(PB)、红紫(RP)等5个半色调或补充色调,每一个半色调又进一步可划分为4个等级,如2.5YR、5YR、7.5YR、10YR等。

亮度也叫色值,是指土壤颜色的相对亮度。以无彩色(Neutral color,符号N)为基准,把绝对黑作为0,绝对白作为10,分为10级,以1/、2/、3/、4/…10/表示由黑到白逐渐变亮的亮度。

彩度是指光谱色的相对纯度,又叫饱和度,即一般所理解的浓淡程度,或纯的单色光被白光"冲稀"的程度。土壤彩度在0～8范围内按间隔——单位分级,以/1、/2、/3、/4、…/8表示,由浓到淡。土壤颜色命名法是:颜色名称＋门塞尔颜色标量,如淡棕(7.5YR5/6)、暗棕(7.5YR3/4),5/6和3/4不是分数关系。土壤颜色的比色应在明亮光线下进行,但不宜在阳光下。土样应是新鲜而平的自然裂面,而不是用刀削平的平面。碎土样的颜色可能与自然土体部的颜色差别很大,湿润土壤的颜色与干燥土壤的颜色也是相同,应分别加以测定,一般应描述湿润状态下的土壤颜色。土层若夹有斑杂的条纹或斑点,其大小多少和对比度影响到土色时,亦应加以描述。如根据明显度(即按土体与斑纹之间颜色的明显程度)划分为:不明显,即土体与斑纹的颜色很相近,常是同一色调。清晰,即相差几个色值和彩度;明显,即不仅色值和彩度相差几个单位,而且具有不同的色调。

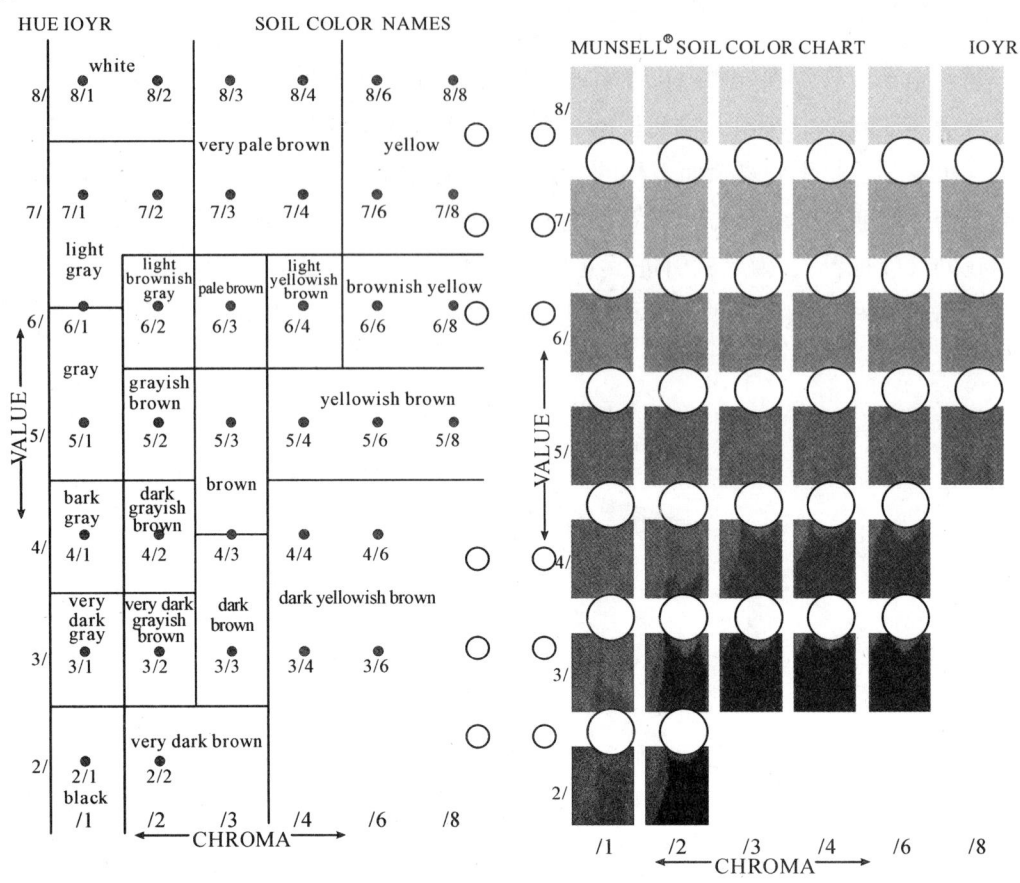

图1-3-19　实际土壤调查中运用的Munsell土壤颜色卡示意图

六、土壤溶液的酸碱性

1. 土壤的pH

在科学研究中，定量反映水溶液酸碱度的化学指标即pH来源于法语（pouvoir hydrogene），其含义是指水溶液中[H^+]活度的负对数，即

$$pH = -\lg[H^+]$$

纯水电解方程式为：$H_2O \rightleftharpoons H^+ + OH^-$。其电解常数

$$K_w = [H^+] \cdot [OH^-] / [H_2O] = 10^{-14}$$

式中水的活度[H_2O]=1，故[H^+]·[OH^-]=10^{-14}。从纯水的电解方程式可以看出，[H^+]=[OH^-]=10^{-7}。故纯水属于中性，其pH等于7。

土壤溶液的pH是反映土壤酸碱性的化学指标，在自然环境中常见土壤的pH变化处于pH=4（极强酸性）～pH=10（极强碱性）之间，在土壤调查研究中常按土壤pH高低将土壤划分为极端酸性、极强酸性、强酸性、中等酸性、弱酸性、中性、弱碱性、强碱性和极强碱性土壤，如图1-3-20所示。大多数作物生长发育适宜的土壤pH介于pH=5.5与pH=8.5之间。在强酸性的土壤溶液中可溶性铝和锰的浓度能达到对生物有毒害的程度，并导致土壤微生物活动急剧减弱；在强碱性土壤中除了硼、氯化物和钼之外，其他微量营养元素的活性会降低，并且铁、锌、铜、锰和大量磷的有效性也会降低。当土壤pH大于9.0时，除了某些盐生植物之外，多数植物将生长停止以至死亡。

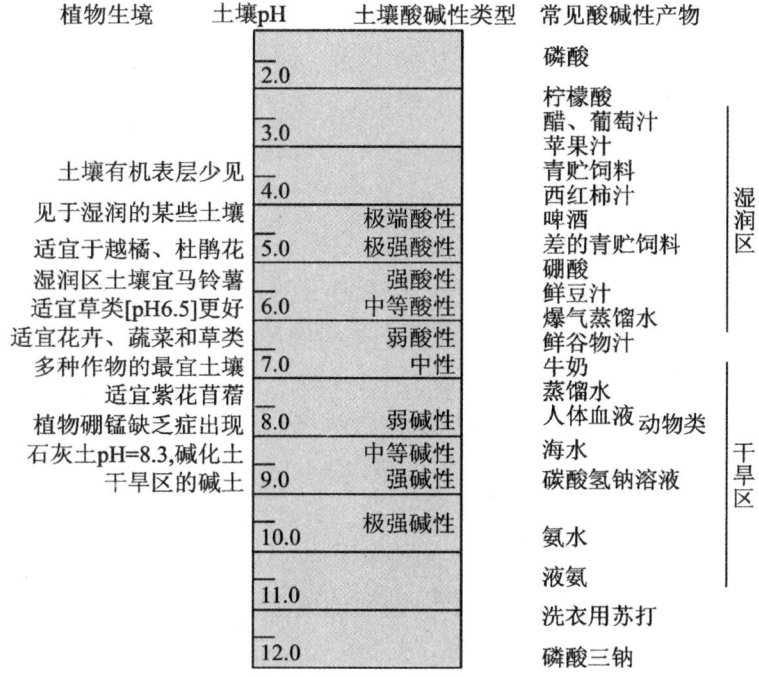

图1-3-20　土壤酸碱状况、形成及其对植物的影响图式（据 R.W. Miller，2001）

在大多数情况下，土壤的形成过程是物质的淋溶过程，在这个过程中土壤及母质的易溶性盐基离子首先遭受淋失，代之的是由 H^+ 来补充。在土壤中 H^+ 的来源途径多样，其中在矿物风化过程中水分子的离解、生物风化过程所产生的有机酸的水解最为主要。

2. 土壤的酸度

根据现代土壤化学的理论，土壤酸性反应是由于土壤溶液中 H^+、交换性 H^+ 和交换性 Al^{3+} 的存在引起的。故按土壤中 H^+ 和 Al^{3+} 的存在形式和测定方法的不同，可将土壤酸度分为活性酸度和潜在酸度2类。土壤活性酸度是指土壤溶液中所含 H^+ 引起的酸度，亦称为土壤有效酸度，常用 pH 表示。活性酸度是按一定的水土比例以去 CO_2 蒸馏水浸提后，再测定浸提液中 H^+ 的浓度。在实际土壤调查与研究过程中，土壤酸碱性就是按土壤活性酸度来划分。土壤潜在酸度是指由土壤胶体或吸收性复合体表面吸收的交换性 H^+ 和 Al^{3+} 所引起的酸度，只有当这些交换性 H^+ 和 Al^{3+} 被其他阳离子交换而转入土壤溶液之后才显示其酸度。潜在酸度一般用 H^+ 的毫克当量数/100 克土表示，有时也用 $pH_{(KCl)}$ 表示，土壤潜在酸度还可细分为代换性酸度和水解性酸度。

土壤代换性酸度是指用中性盐如1摩尔/立方厘米 KCl 溶液与土壤相互作用，所测定的酸度。在用稀碱溶液进行中和滴定，就可求出代换性 H^+ 和 Al^{3+} 的毫克当量数，其代换反应方程式为：

$$胶体 - H + K^+ + Cl^- \rightleftharpoons 胶体 - K + H^+ + Cl^-$$

$$胶体 - Al + 3K^+ + 3Cl^- \rightleftharpoons 胶体 - 3K + Al^{3+} + 3Cl^-$$

土壤水解酸度是指用强酸弱碱盐（NaAc）溶液与土壤相互作用，所测定土壤中交换性 H^+ 和 Al^{3+} 的最大可能数量。其水解反应方程式为：

$$胶体 - H + Na^+ + Ac^- \rightarrow 胶体 - Na + HAc$$

$$胶体 - Al + 6Na^+ + 6Ac^- + 3H_2O \rightarrow 胶体 - 3Na + 6HAc + 2Al(OH)_3$$

由于上述水解反应方程式右侧均为弱电解质 HAc、$Al(OH)_3$，故上述反应方程式向右进行，即土壤胶体或复合体表面所有能够被代换的 H^+ 和 Al^{3+} 都将被代换出来。

在实际土壤化验分析的过程中,测定土壤代换性酸度时包括了土壤活性酸度,而在测定土壤水解酸度时均包括了土壤活性酸度、代换酸度。因此,土壤的水解酸度 > 代换酸度 > 活性酸度。另外,由于土壤中存在复杂多变的离子交换过程,土壤溶液与胶体上的阳离子是处于动态过程之中,因此,土壤活性酸度和潜在酸度也是经常处于动态平衡状态。

3. 土壤酸碱性与养分有效性

实验观测表明土壤酸性本身对植物无直接的不良影响,如 Arnon 用水培栽种作物,在作物所需营养元素供应充分的情况下,将水培液的 pH 调低至 4.0,作物仍然生长良好。可见土壤酸性对作物的不良影响是间接的。即土壤酸碱性一方面影响着土壤矿物风化、土壤生物活性及有机质转化,另一方面决定土壤中化合物的溶解与沉淀、离子交换与吸收。其综合作用决定着土壤中植物营养元素的有效性及污染元素的活性。这些间接影响可归结为:①Al 和 Mn 的毒害,实验观测表明,当土壤溶液中 $[Al^{3+}] > 10^{-6}$、$[Mn^{2+}] > 4 \times 10^{-6}$ 时对作物有显著的毒害,当土壤 pH 降至 5.0 以下时,土壤中 $[Al^{3+}]$ 和 $[Mn^{2+}]$ 明显增加。②土壤中有效态 N、P、Ca 的缺乏,如在强酸土壤中,土壤微生物活动受到抑制,妨碍有机质的分解、硝化作用及其固氮作用的进行,如图 1-3-21 所示;强酸性土壤中大量的 Fe^{3+}、Al^{3+} 会导致 P 的固定;酸性土壤中缺乏交换性 Ca^{2+}。③对土壤中许多微量元素的有效性和毒性有影响,Fe、Zn、Cu、Mo 等微量营养元素,在 pH 过低的情况下,溶解度会增加造成毒害。另外,土壤过酸或过碱性均导致土壤其他物理化学性状的恶化,因此,在实际生产与研究中,需要采取适当的措施加以改良,如对过酸土壤采取施用适量石灰的办法以中和其酸性,对过碱的土壤采取多施用硫酸铵、硫酸铁等强酸弱碱肥的办法中和其过量的碱性。

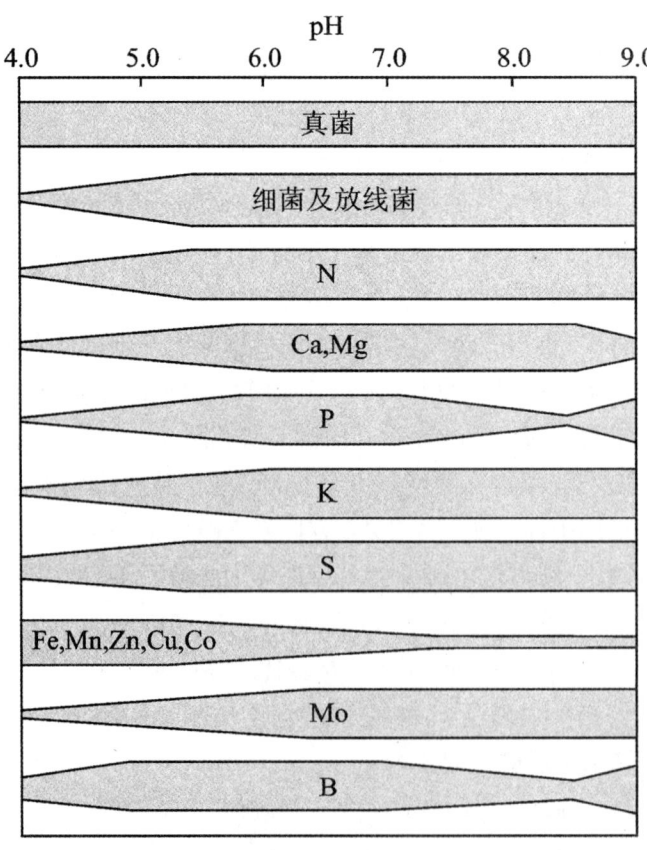

图 1-3-21　土壤 pH 与微生物及营养元素有效性的相关图式

4. 土壤对酸碱的缓冲性能

土壤对酸碱的缓冲性能是指土壤所具有的抵抗在外界化学因子作用下酸碱反应剧烈变化的性能,即当减少或增加土壤溶液中 H^+ 的浓度时,其 pH 并不随之相应上升或降低。土壤对酸碱的缓冲性能有赖于多种物理化学过程,它们共同组成了土壤的缓冲系统,这些物理化学过程包括有:

土壤胶体的缓冲作用,土壤胶体微粒表面的离子交换过程是土壤缓冲性能形成的重要基础,其缓冲作用模式如下:

$$对酸的缓冲作用式:胶体 = Ca + 2HCl \rightarrow H - 胶体 - H + Ca^{2+} + 2Cl^-$$

$$对碱的缓冲作用式:H - 胶体 - H + 2NaOH \rightarrow Na - 胶体 - Na + 2H_2O$$

上述反应式表明土壤胶体的缓冲性能,一般随着阴离子交换量的增加而增大,即土壤腐殖质、蒙脱石、次生二氧化硅等含量较高的土壤,其对酸碱的缓冲性能较大;土壤盐基饱和度对其也有重要影响,如土壤对酸的缓冲性能随盐基饱和度的增高而增大,对碱的缓冲性能随盐基饱和度的减小而增大。另外,土壤中的酸碱两性化合物如 $Al(OH)_3$ 相互转化也是土壤缓冲性能形成的重要方面,其缓冲作用模式如下:

$$对酸的缓冲作用式:Al(OH)_3 + H^+ \rightarrow Al(OH)_2^- + H_2O$$

$$对碱的缓冲作用式:Al(OH)_3 + OH^- \rightarrow H_2AlO_3^- + H_2O$$

美国学者斯科费尔德研究发现,在酸性土壤中的水化 Al^{3+} 对碱也具有明显的缓冲性能,其缓冲机理为: $2Al(H_2O)_6^{3+} + 2OH^- \rightarrow [Al_2(HO)_2(H_2O)_8]^{4+} + 4H_2O$

土壤中的弱酸强碱盐或强酸弱碱盐类物质也会表现出一定的缓冲性能,土壤中的有机—无机复合体、可溶性氨基酸、胡敏酸微粒本身就含有羟基和胺基等官能团,在酸或碱的作用下这些官能团就会发生相应解离或转化,并表现出一定的缓冲性能。

土壤的缓冲性能为植物生活维持了比较稳定的环境,是影响土壤肥力的重要性质。但是任何土壤的缓冲性能都是有限的,过度地利用会导致土壤缓冲系统的彻底崩溃。如在西北欧、东北美、东南亚及中国江南等酸雨多发地区,许多土壤对酸的缓冲性能已经衰竭,并已出现了不同程度的土壤酸化问题。

5. 土壤的氧化—还原反应

在母质风化、土壤形成发育的过程中,进行着多种多样的物理过程、化学过程和生物学过程,其中氧化还原过程占有重要的地位。在矿物风化过程中,参与氧化还原反应的元素主要有 O、S、Fe、Mn、P、Cr、Ni、Cu、Ti 等,在陆地表层的风化过程中它们均趋向以氧化态存在;而在生物参与的成土过程之中,上述元素再加 C、H、N、水及各种有机化合物等元素的参与,使得还原反应得以加强,从而构成在土壤形成发育过程中的氧化—还原反应的交替进行,它们对土壤肥力的形成以及物质的迁移转化起着重要的作用。

土壤空气和土壤水中溶解氧、土壤有机质、矿物及其中可变价态元素,以及植物根系和土壤微生物均是参与和决定土壤中氧化还原反应的最重要物质基础。它们在作用过程凡失去电子的物质(即电子给予体)为还原剂,而得到电子物质(即电子接受体)为氧化剂,其反应模式为:

$$还原剂(Red) = 氧化剂(Ox) + ne$$

$$例如 \quad Fe^{2+} = Fe^{3+} + e$$

氧化还原反应也遵守电量守恒定律，即在同一氧化还原体系中还原剂失去电子的数目必然相等于氧化剂得到电子的数目，其定量根系可以用氧化还原当量即氧化剂和还原剂之间获得、失去电子的摩尔数来表示。在实际科学研究中，常用氧化还原电位(Eh)来表示氧化还原反应的程度，根据奈斯特(Nernst)公式：

$$Eh = E_0 + (RT/nF)\ln([Ox]/[Red])$$

简化式为：$Eh = E_0 + (0.059/n)\log([Ox]/[Red])$

式中 Eh 表示氧化还原电位，E_0 为体系的标准电位，即在25℃ 1个大气压条件下，氧化剂和还原剂离子浓度(或活度)均为1摩尔时测得的 Eh，$[Ox]$ 和 $[Red]$ 分别为氧化剂和还原剂的浓度或活度，T 为体系的绝对温度，F 为法拉第常数(9650库仑)，R 为气体常数(8.313焦耳/库仑·摩尔)，n 为反应中转移的电子数。

氧化还原体系的标准电位表示氧化剂或还原剂的强弱，E_0 值(正值)愈大，其电对中氧化剂的氧化能力愈强；E_0 值(负值)愈小，其电对中还原剂的还原能力愈强。如金属元素如铂的标准电位愈大，其稳定性愈大，这种金属难以被氧化成金属离子，相反，标准电位较低的金属如铁、锌等易被氧化成为金属离子。在自然环境中最强的还原剂为 Li，最强的氧化剂应是 F_2。

影响土壤氧化还原状况的因素主要有：土壤通气状况、土壤有机质状况、土壤中可变价态物质的状况、植物根系和微生物活动状况。土壤通气状况决定土壤与大气之间的气体交换，在通气良好时土壤空气中氧气分压较大，如一般旱地土壤的 Eh 多在300毫伏以上，高者可达700毫伏以上，此时土壤中的Fe和Mn多呈高价态，故土壤颜色为红、黄棕、褐等鲜亮的色调；当土壤通气状况不好时如水稻土，土壤的 Eh 多在200毫伏以下，此时土壤中的Fe和Mn多呈低价态，而土壤呈灰白或灰色，且土壤中大量还原态物质也对作物生长发育有强烈的毒害或抑制作用。土壤中有机质含量高，那么在微生物这些有机质发生生物化学氧化作用，会消耗土壤中的大量氧，导致土壤有大量还原性物质的产生，其氧化还原电位 Eh 急剧下降。另外，植物根系及根际微生物具有分泌特殊有机物的功能，会造成根际氧化还原状况的改变，如水稻根系的分泌氧功能能够使其根际土壤的氧化还原电位高出外围土壤数10毫伏，从而为水稻的正常生长发育创造有利条件。在实际农业生产过程中，人们通过改良土壤质地构型、结构、排出土壤中多余水分、翻耙土壤以加强土壤的通气性，来改善与调节土壤氧化还原状况。

中国地域宽阔、自然环境复杂多变、新构造运动强烈、土壤类型众多、人类活动影响历史悠远且影响强度大，使中国境内土壤pH及盐基饱和度在空间上变异性显著，其总体空间分布格局为：

东北地区的灰色森林土、暗棕壤、黑土、黑钙土、沼泽土和少部分有机土区，其土壤基本呈现中性至微酸性，土壤pH介于6.0~7.5之间，部分山地土壤pH介于5.0~6.6之间，而少部分积水洼地地区因有土壤盐碱化，其土壤pH可达8.5以上；辽宁省绝大部分地区的潮土、棕壤、暗棕壤表土层有机质含量相对较低，一般多在10.0克/千克~40.0克/千克之间。

内蒙古、宁夏、甘肃、新疆、黄土高原、黄淮海平原等广阔区域土壤pH主体维持在7.5~8.5之间，其中太行山地、阴山、秦岭、祁连山、天山、阿尔泰山等山地土壤pH值介于6.0~7.5之间，部分山地洼地或灌溉农田因土壤盐碱化或次生盐碱化，其土壤pH可达8.5以上。

华东、华中、华南、四川盆地、云贵高原、台湾岛、海南岛、南海诸海岛及横断山区的山地黄壤、山地棕壤、山地草甸土、黄棕壤、红壤、黄壤、赤红壤、砖红壤、水稻土等分布区域，其土壤均为酸性至强酸性,其土壤 pH 在 4.5~7.0 之间,只有在少部分滨海区域,pH 介于 7.0~8.0 之间。

青藏高原的高寒荒漠土分布区,其土壤主体维持在 7.5~8.5 之间,只有在青藏高原东部和南部边缘山区,其 pH 在 5.0~7.0 之间。

土壤 pH 与土壤盐基饱和度具有很好的相关性,见图 1-3-22。

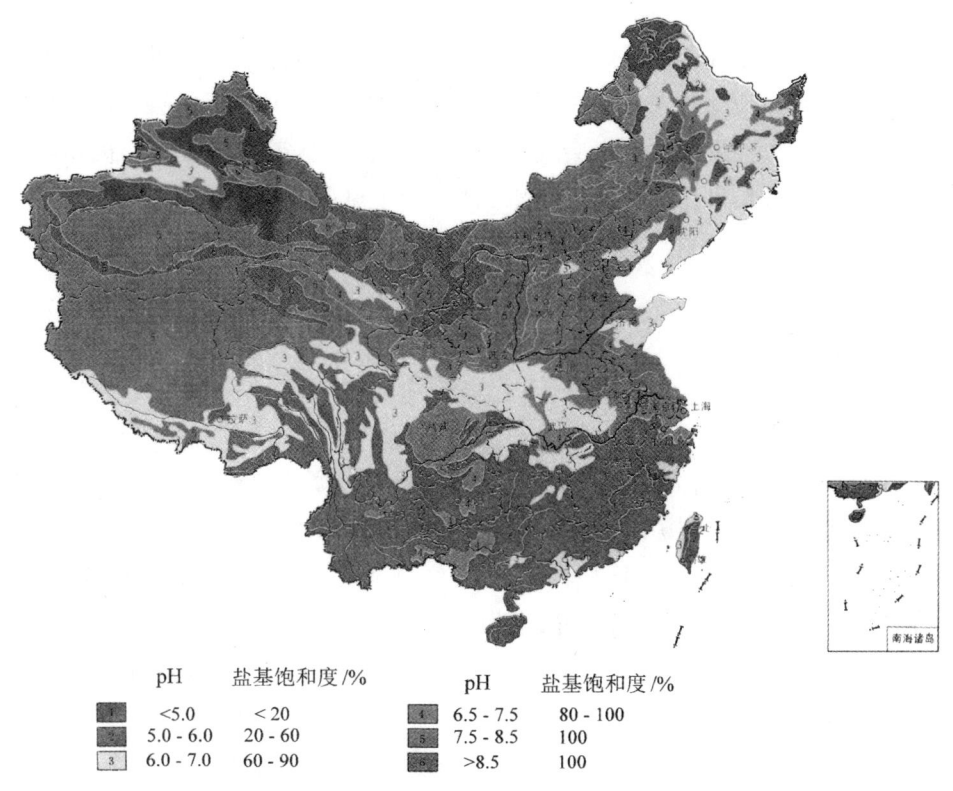

	pH	盐基饱和度 /%		pH	盐基饱和度 /%
1	<5.0	<20	4	6.5-7.5	80-100
2	5.0-6.0	20-60	5	7.5-8.5	100
3	6.0-7.0	60-90	6	>8.5	100

图 1-3-22　土壤 pH 值与土壤盐基饱和度的相关性

第四章　中国土壤资源及其可持续开发利用

自20世纪中期以来,随着世界人口的激增、资源枯竭、生态环境恶化的加剧,土壤资源及其持续发展利用模式研究日益受到重视。早在1985年联合国粮农组织、环境规划署、教科文组织同国际土壤学会召开了第二次世界土壤专家会议,拟定了《世界土壤宪章》,其核心内容是研讨未来世界土壤资源与全球人口增长对食物和纤维需求的增加、土壤圈与全球环境变化的相互关系,提出了在全球土壤资源系统评价的基础上,规划未来持续利用土壤资源和防治土壤退化的对策。

第一节　土壤资源及其特征

土壤资源是指具有农业、林业、牧业生产力的各种土壤类型的总称,是人类生存和发展过程中最基本、最广泛、最重要的自然资源之一。从地球上陆地生态系统来看,土壤资源是陆地生态系统的重要组成部分,在生态系统的物质迁移转化过程中,土壤不断释放、富集矿质养分元素,给植物生长不断提供养分、水分、空气和热量;另外,生物生理代谢过程的产物在归还土壤之后,这些有机废弃物又在土壤微生物作用下,被分解为简单养分并保持在土壤中,从而促使土壤中的养分处于不断循环的动态平衡状态。

土壤资源具有一定的生产力。土壤生产力的高低,除了与其自然属性有关外,很大程度上决定于人类生产科学技术水平。不同种类和性质的土壤,对农林牧具有不同的适宜性,人类生产技术是合理利用和调控土壤适宜性的有效手段,即挖掘和提高土壤生产潜力的问题。

土壤作为一种资源,具有质(土壤肥力)和量(面积)2方面的内容,对特定的区域而言,土壤资源的面积和分布区域是固定的,它不能像其他生产资料一样,可以根据生产生活的实际需要对之进行空间转移。因此,在土壤利用过程中,需要采取不同类别和程度的改良措施,保护土壤资源并对之加以持续性的利用,这是扩大农林牧业再生产、维护人类生态系统平衡的重要途径。土壤资源不仅能够生产出食物、饲料、木材和纤维等人类生产生活所必需的原材料,同时土壤还具有以下5个重要的生态环境功能:①土壤支持和调节地表许多生物过程,维持、调节和控制着地表生物和非生物之间的物质循环过程;②土壤对地表水分循环、碳循环以及热量平衡等具有重要影响;③土壤将大气降水重新分配为入渗、地表径流、地下径流和土壤水分,并影响地表水和地下水资源的总量及其化学成分;④土壤作为固体地球的"皮肤",使岩石圈遭受外营力破坏性影响得以缓解;⑤土壤在分解人类生活垃圾净化生态环境等方面也具有极其重要的作用。

土壤资源具有可更新性和可培育性,人类可以利用它的发展变化规律,应用先进的技术,促其使肥力不断提高,以生产更多的农产品,满足人类生活的需要。若采取不恰当的培育措施,土壤肥力和生产力会随之下降,甚至衰竭。对特定区域而言,土壤肥力及其面积在允许的可塑范围内能够保持相对稳定,超出可塑范围则表现为不稳定,并可能引起土壤肥力的衰竭或者土壤(某个土壤类型)面积减小。所以,土壤资源开发利用得当,土壤中物质迁移转化即可保持稳定的动态平衡,土壤资源既可不断更新,也就可以保证人类社会持续发展的需要,表现出可再生资源的特性;如果开发利用不合理,打破了土壤中物质迁移转化过程的动态平衡,便会导致土壤肥力衰竭或者土壤(某个土壤类型)面积的减小,并引起生态环境的恶化,最终制约区域社会经济的发展。由此可见,从自然地理过程的时间尺度来看,土壤资源属于可再生资源;而从社会经济发展的时间尺度来看,土壤资源是有限的,具有不可再生性。

土壤资源与土地资源既有联系,又有区别,不能把它们的概念相混淆。联合国粮农组织对土地的定义是:指地球陆地表面和近地面层,包括气候、地貌、土壤、水文、植被,以及过去和现在人类活动影响在内的自然历史综合体。土地具有明显的地域特征和垂直分层结构,在水平方向上土地资源与海洋分界,并表现出地带性和非地带性分异规律;在垂直方向上土地又具有分层剖面系统,即土地可分为底层、内层和表层。底层由岩石及其风化物构成,是土地资源的承载体;内层是土壤层,这是土地资源生产力的基本源泉所在;表层是指近地大气层、生物群落以及人类劳动所形成的建筑物。土地资源的功能表现为2个方面:一是土地为农业、林业和牧业提供最基本的生产资料;二是土地为人们生产和生活提供场所。很显然,土地资源包括土壤资源,土壤不但提供植物生长所必需的水分和养分,而且气候因子如光照、热量条件对植物生长的重要影响,很多都是通过土壤环境来实现的。因此,土壤资源是土地资源生产能力的核心组成部分,土壤性状也是土地资源质量评价的最重要定量指标之一。

土壤资源的空间存在形式具有地域分异规律,这种地域分异规律时间上具有季节性变化的周期性,所以土壤性质及其生产特征也随季节的变化而发生周期性变化。

土壤资源的合理利用与保护是发展农业和保持良性生态循环的基础和前提。

第二节　中国土壤资源及其利用现状

一、中国土壤资源的特点

中国地域辽阔,自然地理环境复杂多变,再加农业生产历史悠久,故其土壤资源丰富,土壤类型多样。由于土壤是一个独立的历史自然体,深受自然环境条件和人类活动影响。因此,在不同地区内土壤类型、肥力水平及其特性均具有明显的差异,土壤改良与持续利用模式也应随之而异。从土壤形成的自然环境和社会历史条件以及土壤诊断特性等来看,中国土壤资源具有以下特点。

1. 土壤资源丰富,土壤类型多样

中国境内从北部的寒温带针叶林、温带落叶阔叶林、亚热带阔叶林过渡到南端的热带季雨林;从东部滨海湿润森林区、半湿润灌丛林区、半干旱草原区到西北部的干旱荒漠区;从东部以平原丘陵为主的三级阶梯、中部以高原盆地山地为主的二级阶梯到西南部以青藏高原和高山为主的一级阶梯。这些错综复杂的自然环境和多样的水热组合,形成了复杂多样的土壤类型。据调查,中国具有14个土纲、39个亚纲、140个土类。其中干旱土面积最大,其次为富铁土、淋溶土、均腐土和雏形土,如表1-4-1所示。不但具有世界上主要的森林土壤,而且具有肥沃的黑土、黑钙土以及其他草原土壤,同时还具有世界上特有的青藏高原土壤,因此对发展农、林、牧生产具有广泛的应用价值。除了少部分新成土、盐碱土、干旱土、建设用地和水体外,约有75%的土壤已利用或者可利用于农林牧业,这表明中国是世界上土壤类型繁多、土壤资源极其丰富的国家。

据统计,在中国土壤资源中,适于发展农业或农林结合的土壤约263.33万平方千米,占全国土壤资源总面积27.4%,适于发展林业和林农结合的土壤约243.33万平方千米,占总面积25.38%;适于发展牧业或牧农、牧林结合的土壤面积为234.47万平方千米,占总面积的24.42%,仅部分适于林业或牧业的高山及亚高山土壤,面积为198.66万平方千米,占总面积的20.7%;尚难开发利用的石质山地及其他土地,共约20.24万平方千米,占总面积的2.1%。

表1-4-1 中国土壤资源概况

土壤地域及主要土壤类型	中国境内面积/万平方千米	占总面积/%
I 东部湿润土壤区域	399.36	41.6
I₁ 寒温带寒冻雏形土、正常灰土	11.52	1.2
I₂ 中温带冷凉淋溶土、湿润均腐土	82.56	8.6
I₃ 暖温带湿润淋溶土、湿润雏形土	49.92	5.2
I₄ 北亚热带湿润淋溶土、水耕人为土	41.28	4.3
I₅ 中亚热带湿润富铁土、常湿雏形土	163.20	17.0
I₆ 南亚热带湿润富铁土、湿润铁铝土	41.28	4.3
I₇ 热带湿润富铁土、湿润铁铝土	9.60	1.0
II 中部干润土壤区域	217.92	22.7
II₁ 中温带干润均腐土、干润砂质新成土	57.60	6.0
II₂ 暖温带干润黄土正常新成土、干润淋溶土	59.52	6.2
II₃ 高原温带干润均腐土、干润雏形土	100.80	10.5
III 西部干旱土壤区域	342.72	35.7
III₁ 中温带钙积正常干旱土、干旱砂质新成土	76.80	8.0
III₂ 暖温带盐积、石膏正常干旱土、干旱正常盐成土	119.04	12.4
III₃ 高原温带正常干旱土、寒冻雏形土	48.00	5.0
III₄ 高原温带黏化寒性干旱土、灌淤干润雏形土	19.20	2.0
III₅ 高原亚寒带钙积、寒性干旱土	50.88	5.3
III₆ 高原寒带钙积寒性干旱土、干旱正常盐成土	28.80	3.0

资料来源:据龚子同等,1999年资料整理。

2. 山区、干旱区和高寒区土壤资源比重大

中国是个多山的国家,山地丘陵占65%,平原只占国土面积的35%,山区土壤资源所占比重较大,特别是海拔3000米以上的高山土壤占20%左右,加之寒漠、冰川有2万平方千米,沙漠、戈壁约110万平方千米,石质山面积约43万平方千米,所以,中国土地面积中有20%开发利用上是有困难的。但从另一角度来看,广阔的丘陵山地、复杂而多变的山地气候、丰富的生物资源和土壤资源,也为中国发展多种经营、创建山区农林牧业相互调节的立体农业结构提供了有利条件。

3. 宜农后备土壤资源缺乏,土壤退化严重

中国土地总面积居于世界第3位,但人均土地面积仅为0.741公顷,相当于世界人均土地的1/3;2010年中国耕地面积12 173.9万公顷,占国土总面积的12.68%;人均耕地面积0.10公顷,

不足世界人均耕地的一半。中国耕地利用程度高,目前垦殖率已达13.7%,超过世界平均数的3.5个百分点(中国环境状况公报,2000)。中国由于人口众多、农业开发历史悠久,绝大部分平原、沿河阶地、盆地和山间盆地、坝地和平缓坡地等条件优越的土壤资源均早被开垦耕种,开垦条件较好的土壤资源已所剩无几,故依靠扩大耕地面积达到增产增收已近于极限。目前,中国后备耕地土壤资源总量约1000万公顷,主要分布在北纬40°~50°的一年一熟地区,同时又是降水量少、干燥度大的干旱半干旱地区,土壤资源量少质差,开发利用难度较大。但是,中国一方面还具有丰富的宜林宜牧土壤资源,具有进一步发展林业和牧业的巨大潜力;另一方面现有耕地中还有相当大比例的中低产田,只要通过改良土壤强化农业基础设施建设,进一步提高耕地粮食单产以增加总产的潜力也是巨大的。

中国受自然条件制约和人为作用的影响,土壤质量参差不齐。据资料统计,西部干旱地区占国土总面积的35.7%,其中包括干旱土、寒冻雏形土和盐成土,不利于农业利用。然而,经过长期农业利用,培育了大面积稳定的基本农田,如灌溉条件下形成的灌淤土、堆垫条件下形成的土垫人为土和泥垫人为土、蔬菜栽培条件下形成的肥熟土和水耕条件下形成的水耕人为土等。据全国第2次土壤普查,中国现有耕地中,按产量分,高产田占21.54%,中产田占有37.24%,低产田占有41.22%。但耕地土壤中有机质含量低于0.5%的耕地约占10%,缺磷耕地占59%,缺钾耕地占23%。据国土资源部的调查评价结果显示,全国耕地质量平均等别为9.80等,等别总体偏低。1~4等、5~8等、9~12等、12~15等面积占全国耕地评定总面积的比例分别为2.67%、29.98%、50.64%、16.71%。全国耕地低于平均等别的10等~15等地占调查与评定总面积的57%以上;全国生产能力每亩大于1000千克的耕地仅占6.09%。中国耕地质量总体明显偏低。中国科学院南京土壤研究所研究指出,近些年来,长江中下游土壤有机质含量明显上升,全氮和速效磷含量增加,速效钾含量略有下降。华北地区全氮和速效磷含量增幅较大,但速效钾含量损耗很多。东北地区肥力下降较为明显。水土流失、盐渍化、沼泽化、沙化的耕地共占53%,受工业"三废"污染和酸雨侵蚀的耕地有853.33万公顷。

4. 土壤资源空间分布差异明显

中国土壤资源分布上很不平衡,约85%的耕地集中于仅占全国土地面积44%的东部季风区22个省(市)内,其中大部分分布于温带、暖温带和亚热带的湿润、半湿润地区。而占全国面积一半以上的西部各省、市、区,其耕地只占全国耕地的15%,耕地只占这些省(市、区)土地总面积23.3%。总的来说,中国人均耕地不仅少,而且分布也过于集中。

由于自然环境空间分异明显,再加农业开垦强度及其历史不一,土壤资源及其开发利用状况存在东部、中部、西部的巨大差异。如东部季风区面积不足全国土地面积的一半,却集中了全国约90%的耕地、95%左右的人口,众多的人口及其快速发展的经济已对土壤资源构成了巨大压力,土壤生态环境问题如土壤污染、面源污染扩散较为突出;中部地区由于自然环境相对脆弱,再加人类农业开垦历史悠久,土壤退化如水土流失、土壤风蚀沙化明显;西部地区虽然地域辽阔,但由于干旱或者寒冷干旱,其土壤以新成土(戈壁、沙漠、裸岩)、干旱土、盐碱土为主,目前还尚难以利用,农业仅限于滨河、滨湖的绿洲区域。

在《中国土壤系统分类:理论·方法·实践》一书中,龚子同将全国划分为3大土壤区域、16个土壤地区、54个土壤区。就3大土壤区域来看,东南部湿润土壤区域占国土总面积的41.6%,人口密集、经济发达,集中了全国81%的人口、72.2%的耕地,粮食产量占全国的81.5%,集中程度十分惊人。但人地矛盾、生态环境恶化问题日益突出。西北干旱土壤区域占国土总面积的35.7%，由于干旱和高寒对人类生产和生活的制约，水土矛盾尖锐，生态环境脆弱，经济欠发达，人口和耕地分别占全国的4%和8.2%，粮食产量只占全国的4.2%。中部半干润土壤区域具有明显过渡性，占国土总面积22.7%，人口和耕地分别占全国的15%与19.6%，粮食产量占全国的14.3%，工业发展较滞后，农业比重高（如表1-4-2）。在同一土壤区域内，农业自然资源的不均衡性也很大。例如，在东南部湿润土壤区域内，3个北方土壤地区地多水少，人均耕地0.13公顷以上，旱地面积约占全国耕地总面积的85%左右。南方4个土壤地区水多地少，水田约占全国水田总面积的93%，人均耕地在0.07公顷上下，造成农业南水北旱的地区结构差异，并形成了中国长期存在的南粮北调的格局。

表1-4-2　中国土壤分区特征

区号及简称	占全国总人口/%	农业人口占总人口/%	占国土总面积/%	占全国耕地总面积/%	复种指数/%	占全国水资源/%	占全国化肥/%	占全国粮产/%	人均粮食产量/千克
全国	100	72	100	100	118.9	100	100	100	365
I 东南部湿润土壤区域	81.0	72	41.6	72.2	–	68.3	82.4	81.5	367
I$_1$ 寒温带土壤地区	0.04	56.3	1.2	0.1	80.3	0.38	0.04	0.1	740
I$_2$ 中温带土壤地区	6.96	54.8	8.6	16.3	83.4	4.8	7.2	13.7	723
I$_3$ 暖温带土壤地区	19.7	71.3	5.2	15.7	128.1	3.9	25.8	20.5	378
I$_4$ 北亚热带土壤地区	15.7	70.8	4.3	11.5	150.9	5.6	18.4	15.2	354
I$_5$ 中亚热带土壤地区	28.7	80.2	17.0	22.4	137.2	38.4	23.4	26.1	332
I$_6$ 南亚热带土壤地区	8.4	62	4.3	4.9	129.8	12.8	6.2	4.9	211
I$_7$ 热带土壤地区	1.6	71.7	1.0	1.3	118.4	2.4	1.4	1	242
II 中部半干润土壤区域	15	73.1	22.7	19.6	–	15.6	13.8	14.8	346
II$_1$ 中温带土壤地区	2.0	67	6.0	4.2	84.5	1.0	2.1	2.5	437
II$_2$ 暖温带土壤地区	9.0	71.3	6.2	10.8	97.4	2.5	8.8	7.9	321
II$_3$ 高原温带土壤地区	4.0	80.5	10.5	4.6	97.8	12.1	2.9	3.9	357
III 西北部干旱土壤区域	4.0	71	35.7	8.2	–	16.1	3.8	4.2	395
III$_1$ 中温带土壤地区	1.1	66.4	8.0	2.9	76.3	1.4	1.1	1.5	437
III$_2$ 暖温带土壤地区	2.22	72.7	12.4	4.4	72.3	2.6	2.2	2.2	321
III$_3$ 高原温带土壤地区	0.49	72	5.0	0.7	73	1.3	0.4	0.5	313
III$_4$ 高原温带土壤地区	0.08	85.5	2.0	0.11	65.4	2.3	0.03	0.0008	356
III$_5$ 高原亚寒带土壤地区	0.05	82.1	5.3	0.06	65.4	6.2	0.02	0.0005	338
III$_6$ 高原寒带土壤地区	0	0	2.0	0	0	2.3	0	0	0

据龚子同等，2005年资料。

二、中国土壤资源开发利用存在的问题

1. 耕地逐年减少，人地矛盾突出

中国人地矛盾突出，从20世纪50年代初期～1980年不到30年的期间，人均占有耕地少了666.7平方米（1亩），40多年来，开荒造田虽达2513万公顷，但减少耕地达4073万公顷，而人口增加了6亿多。如太湖地区近期工业建设每年占用耕地1.8%，南方不少地区的耕地占用比率也在2%～3%之间。近年来，在工业化和城市化快速发展的情况下，面积有限的耕地不断地被占用。按中国统计局公布的传统耕地面积，从1996年～2003年间共减少666万公顷，约为总耕地面积的7%；按国土资源部根据卫星遥测资料确定的全国耕地面积，从1996年的1.300 39亿公顷到2004年的1.2247亿公顷，8年间共减少576.9万公顷，约占总耕地面积的5.8%。粮食播种面积从1998年到2003年减少到1亿公顷以下，为以来的最低水平。1978年～1996年间，中国新垦耕地1125.6万公顷，占全国耕地的12%，而占用耕地1629万公顷，年均递减28万公顷；人均耕地由0.11公顷减少到0.08公顷。2004年通过土地整理复垦开发补充了大量耕地，由于占用、灾毁、生态退耕、农业结构调整等原因，当年反而减少耕地80万公顷。现在耕地减少主要集中在灌溉设施、基础设施均较好的南方沿海地区，而新开垦的耕地多为偏远的丘陵山区贫瘠之地，造成新开垦耕地质量远远低于被占用的耕地质量。现有数据表明，开垦0.2公顷以上的耕地才能弥补占有0.06公顷现有耕地的生产能力，使中国总体上优质高产田在减少。新《土地法》实施后，滥占乱用耕地的状况得到一定的遏制。

2. 土壤侵蚀严重，危害巨大

土壤侵蚀和水土流失是中国最主要、危害最严重的土壤退化形式。由于植被破坏，利用不当，土壤侵蚀现象已越来越严重。中国在20世纪50年代初，水土流失面积为116万平方千米，而目前扩大到356万平方千米，占国土面积的37%。土壤侵蚀使中国每年失去7万公顷的耕地。受水土流失危害的耕地约占耕地总面积1/3以上，涉及全国近1000个县（市），其中水土流失最严重的为黄土高原，水土流失面积占全区面积的90%，约有43万平方千米，平均每年侵蚀量每平方千米6000吨以上，占水土流失面积30%。南方丘陵红壤侵蚀面积约为40万平方千米。按照南亚及东南亚地区人为因素诱导的土壤退化现状评估项目（ASSOD）的数据，中国20万公顷土壤由于严重水蚀，1万公顷～10万公顷土壤由于严重的风蚀而失去肥沃的表层土。根据估算，每年中国流失的土壤达50亿吨以上，相当于从中国耕地上平均刮去3厘米厚的肥沃表土，每年流失的有机质及氮、磷、钾养分分别为2700万吨、550万吨、6000吨、500万吨，土壤养分因侵蚀而损失的总量分别相当于全国化肥施用总量中42%的氮肥、2%的磷肥和63%的钾肥所含有的有效成分肥，总量相当于4000万吨标准化肥，超过中国每年化肥施用总量。土壤侵蚀危害国民经济建设的很多方面，主要危害农业生产与区域水资源，同时对水利、交通、工矿事业等带来巨大危害。其危害可归结为：①土壤侵蚀导致土壤肥力迅速下降、土壤生态环境功能衰竭；②随着土壤养分及细粒物质的流失，土壤性状便趋于恶化，土壤保水保肥及抗旱能力也显著降低；③在土壤侵蚀过程中，土壤表层大量养分、农药残留物等随水流进入地表水系，导致水体富营养化与水污染。由于土壤侵蚀使大量泥沙进入河川，造成下游水库淤积、河道阻塞甚至泛滥成灾，淹没大面积农田及城镇村落。

3. 土壤资源退化，肥力下降

土壤退化已成为严重的全球性环境问题之一。全球共有20亿公顷的土壤资源受到土壤退化

的影响,即全球农田、草场、森林与林地总面积大约22%的土壤发生了不同程度的退化。土壤侵蚀、化学退化、物理退化是全球范围内最主要的退化形式,土壤退化是人类活动诱导和加速的一种自然过程,其中最主要的人为驱动因素为农业土壤不适当的利用与管理、森林破坏以及过度放牧等,土壤退化的直接后果是导致土壤生产力的大幅度下降。在过去50年中,由于土壤退化而导致的全球农业产量下降幅度为11.9%~13.4%。此外,土壤退化还造成如河流与湖泊淤积、土壤有机碳储量变化、特殊生境消失以及生物多样性减少等其他环境与生态问题,对人类的生存与可持续发展形成极大威胁。

中国是受土壤退化影响最严重的国家之一。目前中国超过60%的耕地土壤发生重度以上的土壤退化。除了土壤侵蚀,化学、物理退化作用在中国主要粮食种植地区造成的土壤退化现象甚至更为严重。中国耕地土壤有机质下降也是很普遍的,如东北地区"黑土地,油汪汪,不上粪也打粮"的初垦黑土,土壤有机质为80克/千克~100克/千克土,但开垦不到百年,黑龙江绥化地区土壤有机质下降为30克/千克~40克/千克土,有的甚至只有20克/千克土,每年平均流失黑土层7毫米左右。由此可见,如果不加阻止,地球上土壤腐殖质的损失可以形成生态危机,因为土壤腐殖质是地球表面太阳能的主要累积器,也是保证生物圈生态稳定的土壤生产力保护者。

表1-4-3　中国土壤退化的主要类型、退化程度及分布面积

退化类型	亚类	退化程度/百万公顷				
		可忽略	轻度	中度	强度	极度
水蚀	表层土剥蚀(W_t)	15.8	105.9	44.9	3.8	0.2
	地体变形(Wd)	0.5	7.9	5.9	24.0	-
	非原位影响(Wo)	0.2	0.2	0.2	-	-
风蚀	表层土壤剥蚀(E_t)	1.7	65.9	2.5	+	+
	地体变形(E_d)	+	7.2	5.5	57.9	
	非原位影响(Eo)	+	2.0	6.5	0.2	
化学退化	肥力下降(Cn)	32.4	31.7	4.8	-	-
	盐渍化(Cs)	0.5	6.8	2.6	-	-
	营养障碍(Cl)	-	+			
物理退化	干旱化(Pa)	-	23.7	-	-	-
	土壤压实、结壳(Pc)			0.5		
	淹水潜育化(Pw)	3.8	-			
退化总面积	所有类型	55.0	251.9	72.9	72.9	0.25

资料来源:Lynden and Oldeman,1997;IIASA,1998。

发生在中国干旱半干旱地区的草场退化现象也十分严重,尤其是在西北农牧交错带地区。目前,大约6770万公顷的草场受到不同类型、不同程度的土壤退化影响。

4.土壤盐碱化、沙化加剧

中国盐碱土主要在黄淮海平原、东北西部、河套地区、西北内陆干旱半干旱地区,以及滨海地带,估计总面积20万平方千米以上。中国是世界上沙漠化最严重的国家之一。北方地区沙漠、戈壁、沙漠化土地的面积已达149万平方千米,占国土面积的15.5%,其中沙漠化土地面积为33.4万平方千米,涉及212个旗县(市),断续约5500千米长。据20世纪50年代与70年代航片对比分

析,中国沙漠化土地每年约以1600平方千米的面积扩展,近25年共丧失土地3.9万平方千米。目前,土壤风蚀化面积约190万平方千米,主要分布在内蒙古、新疆、甘肃、宁夏、陕西北部、青海北部、山西北部、河北北部、辽宁西部和吉林西部等。全国约有394万公顷农田、493万公顷草场、2000多千米铁路以及许多城镇工矿和水库受到沙漠化威胁。据估计,荒漠化每年导致的草场废弃面积为4.27万公顷。

5. 土壤受污染日益严重,农田生态恶化

随着工农业生产的发展,由于工业"三废"的大量排放和为了增加农作物产量而大量施用农药、化肥等,加之管理不善,进入土壤的有害物质逐年增多,致使有毒、有害物质在土壤中的含量达到危害植物正常生长发育的程度,并通过食物链的传递,从而影响到人类的健康。土壤污染不仅影响农业生产,而且将危害到人体健康,这也是当前土壤资源存在的主要问题之一。

耕地受到不同程度的污染。从20世纪90年代以来,快速的工业化和城市化活动已造成中国上千万公顷的农业土壤受到严重污染;从1985年~1994年的10年间,中国南方地区酸雨的影响面积已由150万公顷扩大到250万公顷。据报道,全国利用污水灌溉的农田面积约为361.8万公顷,占全国总灌溉面积的7.3%;大气污染的农田面积约530万公顷,固体废弃物侵占农田和垃圾、污泥农用不当污染的农田面积90万公顷。因农田污染每年损失粮食120亿千克。土壤有机质污染已成为影响土壤环境安全的主要污染物。有机污染物是国际上关注的热点,对农产品安全和人体健康危害极大。

随着稀土元素农用的不断发展,越来越多的稀土元素进入土壤环境,并进一步进入生物链和食物链,土壤中新的放射性污染物不断增加,将成为新的土壤环境安全问题。

土壤受到污染后,浓度较高的污染表土容易在风力和水力的作用下分别进入到大气和水体中,导致大气污染、地表水污染、地下水污染和生态系统退化等其他次生生态环境问题。

第三节 中国土壤质量评价

一、土壤质量

近数十年来,由于全球土壤质量退化的加剧,诱发农业生态环境质量也随之下降,从而制约着农业生产的可持续发展,于是全球变化研究也日益重视土壤圈变化及其在地球表层系统中的应用。在此科学研究大背景下,与土壤变化密切相关的土壤质量评价就成为现代土壤地理学研究的新领域。

1. 土壤质量的概念

土壤质量(soil quality)或称土壤健康(health of soil)是指土壤具有维持生态系统生产力和动植物健康而不发生土壤退化和其他生态环境问题的能力。土壤健康一般为农学家、生产者及大众媒体所采用,它强调土壤的生产性能,即健康的土壤能够持续生产出品质优良、数量丰富的农产品。自20世纪90年代以来,随着地球表层系统学科的兴起,人们对土壤的认识不再仅仅局限于对农作物生产有影响,对水体质量、大气质量、环境质量以及人类食品安全均有重要影响。为此,环境学家、土壤学家更偏向于运用土壤质量的概念来替代土壤健康,以唤起人们对土壤质量的重视与关注。Doran等(1994)指出,土壤质量是指土壤在生态系统界面内维持生产,保障环境质量,促进动物和人类健康行为的能力。美国土壤学会(1995)研究指出,土壤质量是指某种土壤在自然或人工管理条件下,维持生物生产能力、保持与提高水体质量、大气质量,以及维持人群和动物健康生存的能力。并认为在评价土壤质量时,需要对土壤的以下5个功能加以评价:①土壤维持生物活性、多样性和生产力的性能;②土壤具有分配和调节地表水分、溶质流动与循环能力;③土壤具有过滤、缓冲、分解、固定和降解有机物和无机物的能力;④土壤具有存储和循环利用生物圈中养分和其他成分的能力;⑤土壤具有支持社会经济系统、保护人类居住环境及其有关历史文化遗迹的性能。中国学术界于20世纪90年代中期也开始关注土壤质量的研究,如赵其国等系统介绍了国际土壤质量研究文集《土壤质量与持续环境》。在土壤质量演变机理与持续利用影响的研究中,注重土壤肥力水平、土壤质量演变机理及其对土壤资源持续利用影响的研究,并在土壤质量指标体系及其评价方面进行了探索,开展了土壤质量和农产品品质的关系、中国土壤质量控制理论等基础研究,重点耕地土壤质量之护育等应用研究。

土壤质量概念的提出,意味着人类社会开始重视土壤所具有的全部功能:①土壤的持续性生产能力,即以土壤肥力为标志的土壤生产力功能,这已为人们普遍认识和接受;②土壤的环境质量是指土壤对各种污染物的净化与缓冲能力,土壤圈作为地球表层系统的组成部分,具有保持和提高大气质量、水体质量和环境质量的能力,土壤对全球变化有一定的控制与调节能力,如对地球表层系统中水分和热量平衡、温室气体的吸收与排放的调节能力,土壤对水圈的全球水分循环及水质有影响,对生物圈的生物地球化学过程也有影响;③土壤健康系指影响人类和动物健康的能力;④土壤的生态质量即维护生态系统平衡与生物多样性的能力。因此,土壤质量概念的范畴不仅涵盖了土壤肥力和土壤生态环境功能,它还关系到土壤圈在陆地生态系统的稳定性和多样性、地球表层环境系统物质与能量的良性循环。

人类活动与土壤之间是相互作用和彼此制约的关系。人类活动产生的污染物进入土壤后,在自然因素作用下发生各种运动和变化。土壤质量评价的任务是评定各土壤单元的特点,研究各土壤单元的演变、形成过程和发展机理,从而为土壤质量区划提供依据。土壤质量变异虽然受自然的影响,但主要决定于人类的活动。土壤的性质和人类活动影响的效应,又受区域条件的影响。因此,收集和整理有关土壤质量形成的区域条件和污染源的资料,是土壤质量评价的基础工作。

2. 土壤质量指标体系

土壤质量是土壤物理性状、化学组成和性质、生物群落组成及其结构,以及形成这些形状的物质能量迁移转化过程的综合反映。土壤质量指标则是土壤属性的外在量度,由于对各种土壤属性与功能之间的关系,以及形成各种土壤属性的过程机理等问题尚未十分明确,目前的土壤质量评价体系仍无明确标准,土壤质量的研究仍然只是从不同关心角度进行的尝试。目前,国内外科学家采用的评价土壤质量的指标体系不尽一致,可根据不同的土壤和不同的评价目的,选择不同的评价指标体系。

土壤质量是土壤本身所固有的属性,这种属性可以从土壤特性的观察中间接地推断出来。为了将土壤质量的定义应用到土壤质量评价之中,我们需要选取能够代表土壤质量的属性,对这些属性进行定量化,然后组成一个简明数据集。对农业生产而言,基于作物潜在生产力和无土壤退化的前提。对上述土壤性状的测量应该是一个相对简单而又准确的土壤分等定级方法。但理想化的土壤质量参数通常与作物产量不存在良好的相关性。土壤质量指标是从土壤生产潜力和生态环境管理角度监测和评价土壤健康状态的性状、功能和条件,这些指标可以与土壤直接有关,也可以通过改变成土因素对土壤施加影响。因此,在不同时期针对不同的土壤,其指标体系会有所不同。理想的土壤质量指标不仅要具有代表性、灵敏性、通用性和可操作性,而且还要指标的阈值及适应幅度可以量化为数据,以便收集、综合、计算与交流。根据已有的研究成果,土壤质量指标一般可归纳为两大类:一是描述性指标,二是分析性指标。土壤质量指标体系与土壤功能之间的关系如图1-4-1所示。

(1)描述性指标

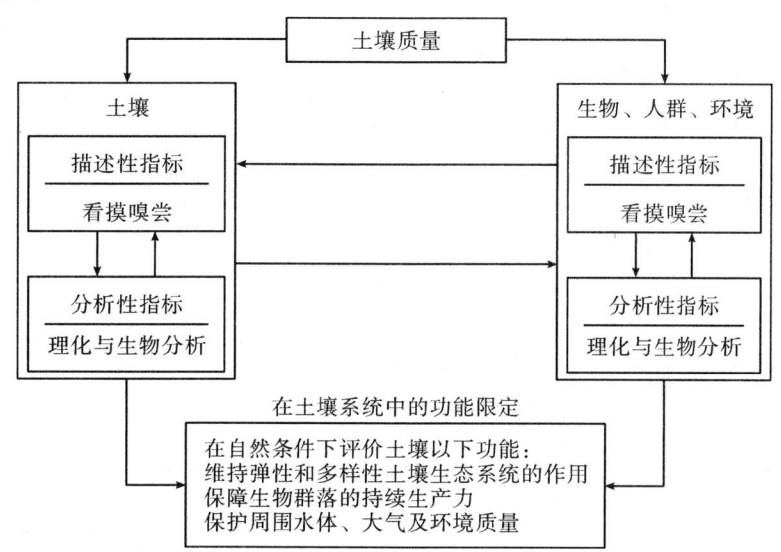

图1-4-1 土壤质量指标体系与土壤功能的关系图式(据Doran,1994年资料改编)

土壤质量的描述性指标是通过对田间土壤进行野外调查、现场诊断分析而获得的有关土壤宏观性状,如土壤颜色、质地、紧实性、耕性、侵蚀状况、作物长势、保肥性等,是土壤质量的直接定性描述,并带有一定的经验性,而且这些描述性资料往往难以量化。随着近年来土壤调查过程的不断规范化、标准化和定量化,描述性指标在客观评价土壤质量的重要性愈来愈受到土地使用者和研究者的关注。

(2)分析性指标

为了确切地评价土壤质量或土壤健康状况,需要通过观测或采集土壤样品进行化验分析,以定量地确定土壤物质组成及其性状,并建立这些土壤分析性指标的阈值及适应幅度,即土壤质量评价的分析性指标。其大体包括3类指标:一是土壤物理性状指标,二是土壤化学组成及化学性状指标,三是土壤生物学指标。各种指标的不同取值组合决定了土壤质量的优劣,如表1-4-4所示。在实际土壤质量评价过程中,应根据土壤性状及其地理环境的差异以及土壤质量评价的目标对这些指标进行必要的取舍,以有效地反映土壤质量或土壤健康状况。

表1-4-5 土壤质量评价分析性指标及其土壤功能

	分析性指标	与土壤功能的联系	运用途径
土壤物理指标	土壤质地	土壤水分、养分保持与传播	土壤侵蚀模型的参数
	土壤厚度与根系深度	土壤肥力水平的标志	土壤景观模型的参数
	土壤密度和渗透性	淋溶、侵蚀与水分调节	土壤体积分析重要参数
	土壤持水性(水分特征曲线)	水分保持、传输与侵蚀	有效水的计算

续表

	分析性指标	与土壤功能的联系	运用途径
土壤化学指标	土壤有机碳、全氮含量	土壤肥力、缓冲性能	土壤过程模型的参数
	土壤pH	生物活性与养分有效性适宜区	土壤过程模型的参数
	土壤电导率	生物活性阈值与适宜区	某些土壤过程模型参数
	土壤有效态氮磷钾	植物有效态养分	生产力和环境质量参数
	土壤阳离子代换量	保持矿质养分	肥力和缓冲性能参数
	土壤重(类)金属含量及状态	对生物及其环境危害状态	土壤及环境质量参数
土壤生物指标	生物量	土壤有机质及养分储存	模拟管理对土壤养分影响
	潜在矿化氮含量	土壤生产力和氮供应潜力	土壤过程模型参数
	土壤呼吸、水分含量、温度	估计生物活性及物质转化	土壤微生物活性测定模型
	土壤微生物活性及多样性	物质转化与养分循环	土壤过程模型参数
	土壤动物组成及多样性	物质转化与结构形式	土壤微生态学指标
	土壤酶活性	养分有效性与缓冲净化作用	土壤生态学指标

资料来源：据Doran,1994改编。

土壤物理指标是指衡量土壤物理性状对作物生长发育、土壤生态环境质量的直接或间接影响。土壤物理指标包括土壤质地及粒径分布、土层厚度与根系深度、土壤容重和紧实度、孔隙度及孔隙分布、土壤结构、土壤含水量、田间持水量、土壤持水特征、渗透率和导水率、土壤排水性、土壤通气、土壤温度、障碍层次深度、土壤侵蚀状况、氧扩散率、土壤耕性等。例如，土壤质地、团聚性都会影响土壤侵蚀、水分运移和植物根系生长；土壤密度、孔隙度会影响土壤与大气之间的物质交换、土壤中养分的传输及植物根系生长，它们对土壤缓冲性能和净化均有重要影响。土壤中固、液、气相三态物质在不断变化之中，土壤的各种物理性状也是相互联系和制约的。如壤质、团聚性好的土壤，其密度、孔隙度及大小孔隙分布均较为适宜，从而使土壤具有较好的保持养分、保持水分的能力和良好的通透性能。如果土壤质地黏重，那么其结构性差、密度大，则容易出现土壤板结、结皮、滞水等问题，进而导致植物根系发育不良、养分有效性难以发挥，影响土壤的生产力及其正常的生态环境功能。

化学指标是指衡量植物养分、污染物在土壤中的存在状态和浓度，以及它们对作物生长发育、动物及人群健康的直接或间接影响。土壤质量的化学指标包括土壤有机碳和全氮、矿化氮、磷和钾的含量和有效量、阳离子交换量(CEC)、土壤pH、电导率(含盐量)、盐基饱和度、碱化度、各种污染物存在形态和浓度等。例如，土壤中的氮素是植物生长发育的重要养分，但在水土流失过程中，当土壤中的氮素随水土进入地表水体(如湖泊、水库)后，就会引起湖泊水体富营养化，或进入人群生活饮用水之中也会危害饮用者的健康，其结果导致土壤肥力衰竭和生态环境质量恶化。土壤的某些化学性质如阳离子交换量(CEC)、pH和电导率等，对土壤中养分和污染物的转化、存在状态、有效性和毒性均有重要影响。例如，土壤阳离子交换量不仅是评价土壤保肥能力的重要指标，也是土壤缓冲性能的主要来源；土壤酸碱度即pH对土壤养分和污染物的存在形态和有效性、对土壤物理化学性质、微生物活性及作物生长发育都具有很大影响，农作物、土壤生物活性及养分有效性均有其相应的土壤pH阈值及适宜范围；土壤电导率则是影响植物和微生物活性的重要指标。

土壤生物指标是衡量土壤中生物特别是微生物生理代谢的性状指标。土壤生物是维持土壤质量的重要组成部分，它们对施入土壤中的有机质、有毒有机物的分解、转化与物质循环过程，以及土壤结构的形成均起着重要的调节作用；土壤生物种群在维持生态平衡、保护生物多样性方面也具有重要的意义。土壤质量的生物学指标包括微生物生物量（C/N、细菌、真菌），潜在可矿化氮、总生物量、土壤呼吸量、微生物种类与数量、生物量碳/有机总碳、呼吸量/生物量、酶活性、微生物群落指纹、根系分泌物、作物残茬、根结线虫等。土壤生物种类繁多，且在土壤中的分布也随时间和空间的不同而有明显差异。一般地将土壤生物划分为动物和微生物，它们主要存在于土体上部，土壤动物属于消费者，其在扰动、粉碎和吞食有机质，以及有机质转化过程中起着重要作用；土壤微生物作为分解者，在有机质分解、养分释放及循环方面起着决定性作用。如土壤固氮细菌直接从大气中吸收利用氮素，对增加土壤的氮素含量有一定的作用。某些土壤生物如线虫、病原菌、真菌会降低作物产量，也会对动物及人群健康构成危害。

二、土壤资源评价的依据和原则

土壤资源评价的目的与具体要求，主要按不同地区的生产需要加以确定。这是土壤资源评价的重要前提。

土壤资源评价的首要任务是，评定土壤资源质量、统计其数量，借以确定土壤的利用方向和土宜，并提出土壤的有利因素和限制因素，充分发挥土壤潜力，合理利用土壤资源。

土壤资源评价的主要依据是土壤生产力。土壤生产力的高低包括质和量2个方面。质的方面主要表现为土壤对发展农业、林业、牧业生产的适宜性和限制性，例如，适种作物的种类和品质；草地的饲草组成、营养价值、适口性及饲养牧畜的种类；适宜树种和材质；直接影响劳动生产率、生产费用的土壤利用和改良的难易程度等，均属质的范围。量的方面主要表现在作物、饲草、树木的单位面积产量。同时，土壤生产力是土壤属性和土壤肥力的主要表现，也是土壤利用方向的基准。因此，土壤和利用方向都是土壤资源评价的依据。

土壤资源评价的原则，概括起来包括如下4个方面：

（1）土壤生产力是土壤资源评价的基础。土壤生产力是土壤在一定的利用方式下，所表现出的土壤生产性能与肥力水平。它是反映在一定利用情况下，农产品（指农林牧）数量与质量的标志。因此，与土壤生产力相关的土壤环境因素，如水、热、气、肥诸因素，以及土壤肥力水平（潜在与有效肥力）都是评价的重要依据。

（2）土壤的利用方向和土宜是土壤资源评价的中心。土壤的利用方向和土宜包括农、林、牧利用的适宜性和适宜度。适宜性是反映土壤资源适宜利用的方式；适宜度主要反映土壤资源利用于农、林、牧的质量水平。

（3）各种因素的综合分析是土壤资源评价的重要环节。影响土壤利用的因素很多，包括温度、水分、母质、水文地质等土壤环境因素，土壤质地、土层厚度、土体构型及养分含量等土壤肥力因素。这些因素都对农、林、牧各业的生产有不同的影响。

（4）坚持当前与长远、养地与用地相结合的原则，是土壤资源评价的出发点。土壤资源评价主要以农林牧生产的需要和土壤本身的肥力特性为依据。其利用方式是可以改变的。因此，在土壤资源评定中，应注意当前与长远利益相结合、用养结合、合理利用、保护土壤资源，以不断提高土壤生产力。

三、土壤质量评价方法

土壤质量评价必须全面掌握土壤类型和土被结构的发生和特性,一般是在土壤调查的基础上进行的。除收集各种成土因素的材料、研究土壤各种性质和变化规律外,还要调查当地土壤利用的历史和现状,总结群众用土、改土经验,观察在不同利用方式下土壤的演变情况,作为土壤质量评价的依据。同时还要综合分析研究不同土壤肥力因素和环境条件之间相互影响和相互制约的关系,找出影响土壤生产力水平的主导因素,包括有利因素和限制性因素,研究进一步发挥有利因素,克服和转变限制性因素的可能性及其相应措施,正确评定土壤质量等级、利用方向和改造措施。

目前,评价土壤质量的方法很多,例如土壤质量综合评分法、土壤质量动力学方法、土壤质量多变量指标方法等,概括起来为两大类:一类是土壤质量定量评价方法,另一类是土壤质量定性评价方法。土壤资源评价的基本方法是野外调查与总结经验相结合、主导因素与综合分析相结合。但不管采用何种评价方法,首先要确定有效、可靠、敏感、可重复及可接受的指标,建立全面评价土壤质量的框架体系。可根据不同的评价目标和技术水平选择或设计合适的评价方法。

1. 土壤质量定性评价方法

农民很早就懂得区分"好的土壤"和"差的土壤"。据《尚书·禹贡》记载,早在4000多年前的夏代,中国古人就根据土壤肥力、颜色、质地、水分和植被状况将天下九州土壤划分为3等9级;据《管子·地员篇》记载,在2000多年前,中国古人根据土壤性状(包括质地、结构、孔隙、颜色、有机质、酸碱性和肥力)和自然条件(包括地形、水分、植被)评价土壤肥沃程度,将九州土壤划分为3等18类90种,并按照土壤质量等级制度赋税。联合国粮农组织(1976)运用 Liebig 最小限制因子定律,建立了完整的土地评价体系,其基本原理和方法同样可应用于土壤质量的定性评价。美国农业部专家 Romig(1995)总结了农民评判土壤质量的主要指标体系,包括土壤有机质、作物外观、侵蚀状况、蚯蚓、排水状况、耕作难易性、土壤结构、土壤 pH、土壤试验、作物产量、土壤紧实度、土壤渗透率、土壤颜色、氮素含量、水分保持、碳素含量、养分含量、有机质降解速率、钾素含量、根系状况等。

2. 土壤质量定量评价方法

美国国家土壤保持局(SCS)建立的土壤评价目标包括:确定当前技术水平可测定的参数;建立评价这些参数的标准;建立短期和长期土壤质量变化的体系;确定耕作管理措施组成及其对土壤质量的影响;评价现有知识和数据以找出适合它们的适宜参数和方法。1992年土壤质量国际会议上,建立标准的土壤质量评价方法包括对气候、景观、土壤化学和物理性质的综合评价。土壤质量的评价方法目前国际上尚无统一的标准,国内外提出的土壤质量评价方法主要有以下几种。

(1)土壤质量指数法(SQI) Parr 等1992年在综合研究土壤质量指标体系基础上,建立了土壤质量指数评价方法,其土壤质量指数方程式为:

$$SQI = f(SP, P, E, H, ER, BD, FQ, MI)$$

式中:SQI 为土壤质量指数;SP 为土壤性状参数;P 为作物潜在生产力;E 为环境因子;H 为动物和人群健康状况;ER 为土壤可蚀性;BD 为生物多样性;FQ 为食品质量与安全状况;MI 为管理投入。实际研究表明,确定每个变量的详细而精确的量化指标,以及不同变量之间的相互作用是一项十分繁琐的工作,而且采取数学方法整合这些因子所得出的土壤质量指数也是不精确的。联合国粮农组织建议在土地质量评价指数中引入生物多样性 BD、食品质量与安全状况 FQ、管理投入 MI 指标参数。

(2) 多变量指标克立格法（MVIT） 美国农业部组织相关专家建立了土壤质量与健康评价的方法，即多变量指标克立格法。这种方法是根据特定的标准将多个变量的测定值转换为土壤质量指数，各个指标的标准代表土壤质量最优的范围或阈值。该方法的优点是可以把管理措施、经济和环境限制因子引入分析过程，其评价范围可从农场到地区水平，评价的空间尺度弹性大。通过单项指标评价，还能确定影响土壤质量的关键因子。

(3) 土壤质量动力学法 Larson（1994）提出土壤质量的动力学方法，从数量和动力学特征上对土壤质量进行定量评价。某一土壤的质量可看作是它相对于标准（最优）状态的当前状态，土壤质量（Q）可由土壤性质 qi 的函数来表示：$Q = f(qi \cdots n)$。

描述 Q 的土壤性质 qi，是根据土壤性质测定的难易程度、重视性高低及对土壤质量关键变量的反映程度来选择的最小数据集。例如，土壤生产力指数（PI）是由土壤 pH、容重、有效水容量对根系生长的满足度计算的，用来估计土壤侵蚀对土壤生产力质量及其变化的影响。该法适用于描述土壤系统的动态性，特别适合于土壤可持续管理。

(4) 土壤质量综合评分法 Doran 等（1994）提出土壤质量的综合评分法，将土壤质量评价细分为对 6 个特定的土壤质量元素的评价，这 6 个土壤质量元素分别为作物产量、抗侵蚀能力、地下水质量、地表水质量、大气质量和食物质量，根据不同地区的特定农田系统、地理位置和气候条件建立数学表达式，说明土壤功能与土壤性质的关系，通过对土壤性质的最小数据集评价土壤质量。这种方法充分考虑了土壤质量评价的区域性和土壤的特殊性，认为对农业生产体系而言，应依据土壤的最大生产量和生态环境正常运行的条件来确定土壤质量评价指标的评分准则，并根据当地自然地理条件、社会经济发展状况对每个土壤质量元素确定相应的权重，以相对准确地估算土壤质量水平。

(5) 土壤相对质量法 通过引入相对土壤质量指数来评价土壤质量的变化，这种方法首先是假设研究区有一种理想土壤，其各项评价指标均能完全满足植物生长的需要，以这种土壤的质量指数为标准，其他土壤的质量指数与之相比，得出土壤的相对质量指数（$RSQI$），从而定量地表示所评价土壤的质量与理想土壤质量之间的差距，这样，从一种土壤的 $RSQI$ 值就可以表示土壤质量的升降程度，从而可以定量地评价土壤质量的变化。该方法方便、合理，可以根据研究区域的不同土壤选定不同的理想土壤，针对性强，评价结果较符合实际。

(6) 土壤质量大尺度地理评价法（BGA-SQ） 这种方法是国家级、地区级土壤质量评价的代表性方法，它包括 5 个基本步骤：第一步，利用土地资源信息（包括大尺度的土壤、气候和景观信息）或 1:100 万的 SOTER，针对 1 个或 2 个特定土壤功能估算土壤本身所固有的质量。例如，在中国华北平原区，一个土壤层次深厚、排水良好的土壤就具有较强的保持水分和养分功能，故该土壤也能很好地适应于作物生长，并有效地截留和净化环境污染物。第二步，利用 1:100 万 SOTER 中的相关信息，确定区域土壤遭受退化的风险及其驱使土壤退化的环境条件，并通过土壤质量敏感性指标了解土壤质量下降的耕作区。如在中国北方农牧交错区，在缺乏灌溉水源情况下，大规模开垦发展旱作农业会导致土壤风蚀沙化。第三步，利用土地利用详查资料或区域土地利用土地覆盖变化资料估计那些引起土壤质量下降的人为条件。如在中国江南丘陵区，集约化的顺坡条行种植可以加剧土壤侵蚀、土壤有机质和养分损失的过程。第四步，综合上述各方面的信息，估测土壤质量可能发生变化的方式及其趋势。其方法主要有：一是主观法，即根据经验知识主观地进行综合评价；二是动态监测法，依据监测和新记录的土地资源数据进行综合评估；三是模型法，利用计算机模型来模拟土壤退化过程，参照历史气候资料进行土壤质量变化过程综合评估。第五步，利用土地资源评估结果，对特定利用条件下的土壤质量变化趋势进行评测，利用土壤自然质量 ISQ 指数对土壤进行排序。土壤自然质量主要决定于自然地理过程及成土过程，其质量水平是决定土壤生产力的重要依据。从以下方面可以观测土壤自然质量：一是土壤孔隙状况，决定土壤的水肥气热条件及养分传输；二是养分保持能力，土壤协调保持与供应作物养分的能力；三是根系生长状况等。

第四节 中国土壤资源可持续利用

一、开展土地开发整理

中国人口众多、人均可利用土地资源量少、后备资源缺乏，而且随着社会经济的迅速发展、城市化进程加快和人民生活水平不断提高，基础设施建设占地与粮食生产用地的矛盾日益突出，以及生态环境建设所必须的退耕还林问题，都已成为社会经济发展和人民生活改善的重要制约因素。但从总体上看，中国耕地资源一方面相对紧缺，另一方面又存在利用不合理、大量浪费和废弃耕地的现象。根据国际土地经营和管理经验，通过开展区域土地开发整理，促进传统粗放的土地资源利用模式向集约高效的土地利用模式的转变，以确保土地生产力的持续增长和农业生态环境的优化，创建可持续农业生产模式，是缓解建设占地与耕地保护矛盾的关键所在，也是现代土壤地理学研究的重要内容。

土地整理是针对特定行政区域或自然地域按照区域土地利用总体规划或城市规划所确定的目标和用途，采取行政、经济、法律或工程措施对土地利用现状进行调整改进、综合整治，以提高区域土地利用率和产出率，改善农村生产、生活条件和生态环境过程的总和。依照中国国土资源部（2002）颁布的《土地开发整理规划编制规程》，并参考各地开展土地开发整理的实践和土壤地理学的发展趋势，土地开发整理的内容包括宜农土地的适度开发、农用地整理、建设用地整理、废弃土地复垦、土地权属调整等，其实施的一般步骤如图 1-4-2 所示。

土地开发是指在保护和改善生态环境、防止水土流失和土地荒漠化的前提下，采取工程、生物等技术措施，将未来利用土地资源投入利用与经营的活动；土地整理是指采取工程、生物等措施，对农田、水渠、道路、林网和村庄进行综合整治，以增加有效耕地面积，提高土地质量和利用效率，改善农业生产、农民生活条件及其生态环境的活动；土地复垦是指采取工程、生物措施对在生产建设中因挖损、塌陷、压占造成破坏、放弃的土地和自然灾害造成的破坏、废弃的土地进行整治，使其恢复到可利用状态的活动。土地开发整理的基本功能是进行国土资源整治和补充耕地面积的不足，在经济快速发展的同时，使农业生态环境得到根本改善。作为生态环境系统重要组成要素的土地资源，其开发整理与生态环境的变化密切相关，因此，在进行土地开发整理中，保护并改善农业生态环境、优化农业生产景观也是实现土地整理总目标的重要方面。国土资源部 2000 年颁布的土地开发整理标准明确指出，土地开发整理规划方案的可行性分析包括经济效益分析、环境效益

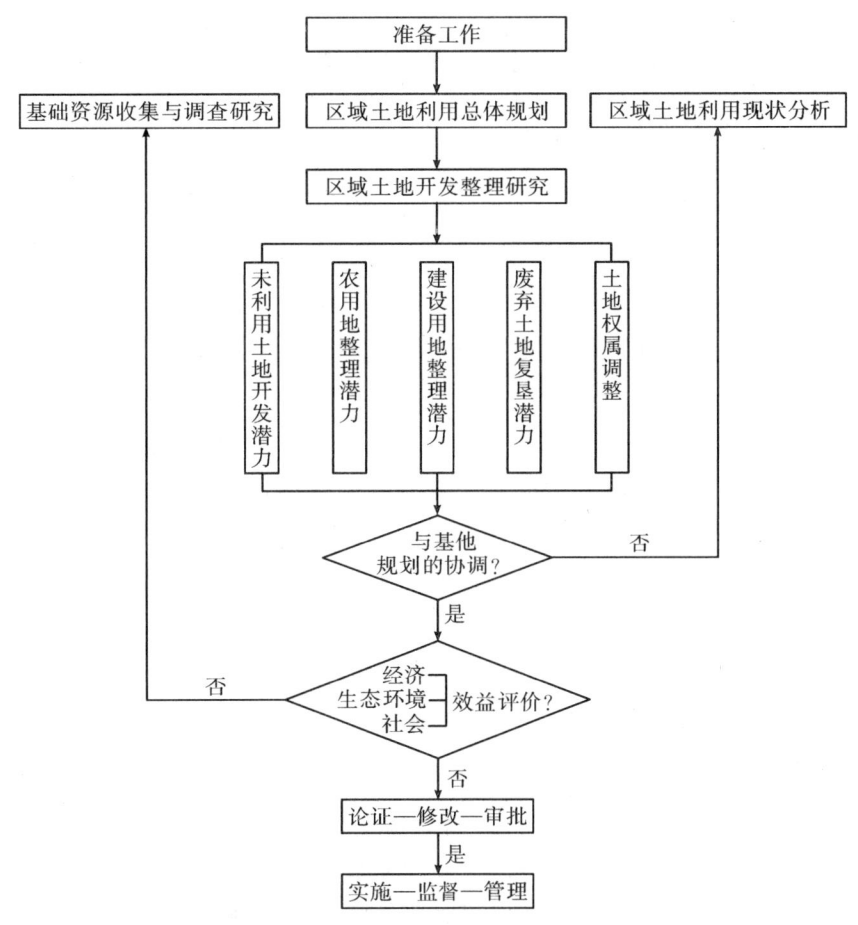

图 1-4-2　土地开发整理专项规划及实施步骤

分析和社会效益分析。其中经济效益是衡量土地开发整理投资收益的重要指标,环境效益是衡量土地可持续利用的重要指标,社会效益是衡量社会可持续发展的重要指标。这就要求我们科学地评价土地开发整理对生态环境的影响,即预测土地开发整理活动本身对生态环境的不利影响;预测未来农业生产过程可能引起的生态环境问题;也要求对土地开发整理过程中可能存在的生态环境问题进行科学地研究,提出切实可行地、有效地生态环境保护对策,使土壤损失减至最小,以确定土地持久高效的生产力,从而创建可持续发展的农业生产模式。

二、利用和保护相结合,防治土壤的侵蚀

土壤资源保护主要是防止土壤侵蚀,防治土壤沙化,培肥土壤,提高有机质和养分的含量,改善生态系统,使土壤资源显现出应有的生态效益和社会经济效益。

防治土壤侵蚀可采取工程措施和生物措施相结合的方法进行。首先做好总体规划,并因地制宜地确定农、林、牧用地的适当比例,然后按农、林、牧业生产需要采取工程和生物措施。如农用修筑水平梯田,打坝淤地等工程措施,并在地坝沟头植树造林或种草,以加固或保护工程措施。美国的试验表明,种植在梯田上的苜蓿比坡地上增产 1 倍～2 倍。美国衣阿华州连续种植玉米的水平梯田,土壤流失不到等高耕作地区的 3%。林业方面可采取挖水平沟、鱼鳞坑等方式栽植林木。

此外,采用等高耕作、深耕松土、施用肥料免耕法以及采用固沙剂等方法,均可起到防治土壤侵蚀的作用。

不管采取哪种措施都要考虑经济效益和生态效益相结合,例如,植树要选栽速生、优质木材树种或经济林木,种草首先考虑能起水土保持作用的优质牧草或绿肥。

三、采用多种措施,改良盐碱土及沙土

改良盐碱土和防止次生盐渍化是遍及各大洲许多国家的一个重要问题。改良盐碱土必须是抗旱、治涝、治盐碱相结合,其主要措施有:

冲洗。即利用灌溉水溶解并排去土壤中过多的盐碱成分。

排水。排水不仅能排走土壤的盐分,并能降低或控制地下水位,使土壤逐渐脱盐,地下水逐渐淡化,从而防止土壤返盐。

井灌井排。利用机井灌排,加强土壤水分的垂直下降运动,促进地面水与地下水的循环,使土壤向脱盐方向发展。

合理耕作。合理耕作包括合理施肥,可改善土壤结构,加速盐碱土的改良过程。

生物措施。在一些盐碱土区可采用各种饲料作物(或绿肥)或采用水稻或其他农作物轮作都能起到加速脱盐和提高盐碱土的肥力等效果。

化学改良措施。例如,施用酸性肥料、硫酸钙或石灰石粉与石油工业副产品树脂酸混合施用,对盐碱化土壤都能起较好的改良效果。

在沙漠化的治理上,应与区域性的环境保护结合起来,采取综合性的措施,进行针对性的治理,其主要任务是防风固沙,在此基础上再采取渗粘土、引洪漫淤、施用有机肥料、施用固沙剂等办法进行改良。

此外,对洪、涝、旱、风、酸、粘、沙、贫瘠等多种问题影响农业生产的低产田,应因地制宜,采取综合性的改良措施,使其成为高产稳产的农田。

四、改善土壤肥力条件

提高土壤的质量首先要大力发展农田基本建设。农田基本建设的中心任务是提高土壤的肥力,培肥土壤。实践证明,增施有机肥,实行秸秆还田,种植绿肥,加强水肥科学管理,是改良低产田成为中产田,中产田成为高产田的主要措施。

增加投资,改善土壤肥力条件是防治土壤退化的关键。要改变自然农业的观点,树立现代农业和土地生态观点,做到产出和投入的协调。增加物资投入,重视保护生态环境。

五、防治土壤污染

首先控制污染源,这可通过制订环境保护法、土壤环境容量、农田水质标准、农用污泥中有毒物质控制标准等,以控制和消除土壤污染源;同时采取相应的农业技术措施进行治理,如施用石灰提高土壤的pH,而使镉、铜、锌、汞等形成氢氧化物沉淀,科学的增施磷肥可减轻过量的铜、锌、镍等对作物生长的危害,施用有机肥可促进土壤对有毒物质的吸附和降解,污水经处理后再灌等措施,在污染较重的块地可采用客土法等方法来减轻土壤的污染。

六、综合整治、合理布局

要充分发挥土壤资源的优势,就要因地制宜地合理安排农业生产布局和结构,使农、林、牧都

能协调发展。否则,不仅对农业生产产生不利的影响,而且还会破坏土壤资源,如农业开垦不考虑林业的发展,就会引起水土流失;农业开垦不考虑牧场问题,将会影响畜牧业的发展,甚至导致沙漠化,反过去也影响农业生产。因此,必须根据不同土壤资源的特点,正确合理安排好农、林、牧业,促进农业生产全面地、稳定地、协调地发展,获取较高的经济效益,创造一个良好的生态环境和生活环境。

合理开发土地,实行农、林、牧有机结合。大农业是一个庞大的、综合的、以土地为基础、生物生产为目的的系统产业,农、林、牧应视为一个有机整体。农业土地资源的开发利用不应仅仅局限于耕地,变传统"粮食"观念为现代"食物"观念,变种植业为现代大农业观念。

农业土地利用要有动态的观点,做到宜耕则耕、宜草则草、宜林则林。要因地制宜,合理耕作,用养协调。对半湿润半干旱、干旱地区,宏观上要采取"波动农牧业"对策;南方广大的山地丘陵应实行立体开发、全方位开发政策;农业发达地区实行集约经营和规模经营。发展多种经营,建立良性循环的新型生态农业、生态牧业和生态林业。

对生态平衡失调地区进行综合治理。黄土高原以水土保持为中心,禁止陡坡开垦种植,大力种草造林,提高耕地肥力与单产。黄淮海平原应提高土壤肥力与复种指数。南方丘陵山地在防止水土流失的基础上,大力发展经济作物与果树,实行农、林、牧全面发展。北方农牧交错带应禁止盲目毁草造田,采用乔灌相结合、轮牧和小草囤囵等方法培育人工草地,改善自然草地等措施治理风沙,防治土壤退化。热带地区应加强自然保护,禁止盲目毁林造田,注意立体垂直布局和多种经营。

第二篇

中国土壤科学研究综述

- 中国土壤科学的发展
- 中国土壤化学研究
- 中国土壤物质学研究
- 中国土壤生物学研究
- 中国土壤环境学研究
- 中国土壤侵蚀—水土流失及防治对策研究
- 中国风蚀沙化及其防治对策研究
- 中国土壤盐碱化及其防治对策

第一章　中国土壤科学的发展

第一节　中国土壤科学的发展历程

土壤学在自然科学中作为一门独立科学的发展历史,在世界上也不算太长。但因为土壤作为人类生存与发展的重要自然资源,人类在农耕之初就开始认识、利用和改造土壤,并逐渐归纳总结了有关土壤的知识与经验,随后土地所有者为了征收田地赋税的需要,也要了解各地土壤肥力等级及其分布。如中国战国时期《尚书·禹贡》中就按土壤颜色、土粒粗细等对土壤进行分类。古罗马学者加图(前234～前149)在《论农业》中就建议不同土壤应该种植不同的作物。在16世纪以前,人类对土壤的认识仅限于某些直观性质和农业生产经验。随着16世纪～18世纪间蓬勃发展的自然科学为土壤学萌芽的形成奠定了基础。不同学者在论证植物与土壤的关系中,提出了各种假设,最终形成了近代土壤学的3大代表学派:农业化学学派、农业地质学派和土壤发生学派。农业化学学派以德国化学家李比希(J. F. Liebi)为代表,主要理论为植物矿质营养学说和土壤归还学说,强调土壤就是保证植物生长的营养库,只要持续不断地给土壤补充植物消耗的营养物质,土壤就能永远保持生产力,极大地促进了化肥工业的快速发展。农业地质学派以德国地质学家法鲁(F. A. Fallow)为代表,认为土壤是岩石风化的产物,土壤形成过程就是岩石风化过程,强调了土壤与岩石及其风化物之间的必然联系,开辟了从矿物学研究土壤的新领域。同时,也提出了关于土壤改良、耕作和施肥等科学主张。土壤发生学派以俄国土壤地理学家道库恰耶夫(V. V. Dokuchaev)为主要代表,提出了土壤是成土因素综合作用的结果,强调土壤形成过程有岩石风化过程与成土过程共同推进,即现代所称的地球化学过程与生物累积过程共同决定了土壤的形成、性状及其分布。道库恰耶夫的土壤发生理论从俄国传到西欧,再由西欧转至美国,对世界土壤学的发展产生了深刻的影响,被各国土壤学家公认为近代土壤学发展的里程碑。上述土壤学学说或理论的提出和发展,标志着近代土壤科学的形成,对世界土壤学在土壤形成理论、土壤与环境的关系、植物生长与土壤养分,以及土壤分类与测试技术方面的发展奠定了理论基础。

土壤科学研究在中国开展的时间更短。中国是世界四大文明古国之一,也是农耕历史最为悠久的农业古国,我们祖先耕垦土壤的历史可上溯到六七千年以前。尽管在中国4000多年前的夏代就有关于土壤类型等的描述,在《周礼》和《管子·地员篇》中也有关于土壤的记载,但是在漫长的封建社会,中国土壤研究进展十分缓慢。虽然近代土壤学从19世纪末开始在欧美兴起,但至20世纪20年代,随着一批留学归国人员陆续到大学从事教学和研究工作,才真正开启了中国现代土壤研究的新局面。

一、中国人民共和国成立前土壤科学的发展

在20世纪30年代,全国有10所大学院校分设农科或农学院开设土壤肥料课程。1930年7月2日,中华教育文化基金会委托农矿部地质调查所举办全国土壤调查,因此,中国第一个土壤研究单位——中央地质调查所土壤研究室在北京成立(1935年迁至南京),开始对中国土壤进行系统地调查研究,这是中国近代土壤科学研究真正开始的标志。在工作条件和研究经费相当困难的情况下,先后开展了区域土壤调查和制图;进行了室内理化分析和田间实验,对中国土壤资源、主要土壤类型的理化性质、分布规律以及土壤改良等进行了开创性的研究。

20世纪30年代,美国土壤学者梭颇(J. A. Thorp)、贝克(J. L. Buck)等来华讲学或工作,将世界近代土壤学理论和当时土壤学最新成果传入中国,并将马伯特(C. F. Marbut)的土壤分类系统用于中国东部土壤调查与分类中,推动了中国早期的土壤调查。1930年谢家荣、常隆庆等开展了河北省三河、平谷县土壤调查与约测,以及在陕西省渭水流域采集土壤标本,并编绘了中国北方部分地区土壤图和土壤断面图,特别是他们编辑出版的1:75 000河北省三河平谷蓟县土壤类型彩色图,属于中国土壤地理学区域研究的开拓之作,这些珍贵的中国土壤学资料至今还保存于北京。同年,黄国璋《社会的地理基础》(世界书局)出版,其中从社会与土壤方面辩证地论述了人地关系。1930年~1936年,先后有谢家荣、常隆庆、潘德顿、侯光炯、陈伟、周昌芸、梭颇、李连捷、陈恩风、朱莲青、李庆逵、熊毅、马溶之、宋达泉、刘海蓬等中国第一代土壤科学开拓者进行的土壤调查,足迹广涉东北辽、黑、绥、蒙,西北陕、甘、宁、青、新,华北晋、冀、鲁、豫,华东苏、浙、闽,华中湘、鄂、皖、赣,华南粤、桂,西南川、滇、黔、康等全国绝大部分省区。通过概查,对于中国土壤类型及分布情形开始有了较为系统的实查资料和令人耳目一新的认识。1936年首次刊印梭颇编著的《中国之土壤》及1:750万中国土壤图,《中国之土壤》是反应中国土壤概貌的第一部土壤专著,在国际上有一定影响。

1937年~1945年间,为进一步补充和完善全国土壤约图的编制,继续在浙、赣、闽、川、黔、康、陕、甘、宁、青、新等省区扩大了调查,并有侯学煜、席承藩、席连之、黄希素、王文魁、陆发熹等新人相继加入调查队伍。1940年马溶之、朱莲青根据历年调查研究资料,对梭颇土壤图作了进一步增补修正并缩编为1:1000万中国土壤图正式出版。分省区域调查并着手编绘1:100万土壤约图的工作,1936年之前已有苏、浙、皖、湘、鄂、川、桂、陕等省陆续开始,之后开展了浙、川、湘、陕和闽、赣、康、黔、冀、豫、晋、甘、新等省调查。1945年余皓编制的1:100万四川土壤约图刊印,随后,侯光炯编制的福建省全省土壤图、侯光炯和马溶之编制的1:300万甘肃土壤概图、朱显谟编制的江西省土壤图等也相继刊印。分省土壤约图测制,常常先从中、大比例尺土壤详测试点入手,藉明土性与分布规律,再为广泛调查,故工作基础较全国约图详而扎实。这阶段土壤研究工作有较大拓展:①土壤调查工作的拓展。开始探索中、大比例尺土壤调查及其方法研究;进行各种不同实用目的土壤调查,如盐土改良调查、土壤侵蚀调查、荒地土壤调查、土宜土地利用和土地分等、工程土壤调查等;进行特种土壤和专题土壤问题调查,如海岛土壤调查(浙江普陀山)、水稻土调查(江西南昌、黎川)、四川紫色土调查等。②土壤研究工作的拓展。主要有土壤发生分类理论研究,成土环境条件(地形、植物、岩石等)与土壤地理分布研究,土壤性态研究(土壤剖面形态,土壤理化性质),土壤肥力与土壤管理研究等。特别是1938年冬在北碚筹设了土壤保肥试验场,从防止土壤侵蚀以保持水土、进行土壤理化性质改良以保持土壤肥力、进行田间土壤观察试验以协助野外土壤调查诸方面，设计10多个项目进行长期的综合试验研究。这是中国土壤科学田间定位试验研究的开始。③土壤工作方法的研究。逐步对野外调查和室内研究的方法进行改进和厘定。

1945年8月15日8年抗战胜利结束后，土壤研究室进行了长江上游（嘉陵江流域）土壤侵蚀与水土保持调查；豫、皖、苏黄泛区土壤调查（1947）；西沙群岛土壤与鸟粪磷矿和南沙群岛土壤调查。代表这一阶段特点的主要工作有：①中国区域土壤状况的综合研究。1944年马溶之、朱莲青汇总修编1:300万中国土壤图，代表全国土壤调查的最新综合成果。进行分省区域土壤综合研究并陆续形成一系列成果，主要有：《四川之土壤》（1945，余皓、李庆逵）；《新疆中部之土壤地理》（1945，马溶之）；《甘肃土壤概要》（1946，马溶之）；《陕西中南部土壤概要》（1946，陆发熹）；《福建土壤概要》（1947，宋达泉）；《江西土壤概要》（1948，朱显谟）等。②土系整理与研究。土系是土壤基层分类的基本单元。凡土壤剖面发育层次、性态及其排列次序相似的同类土壤即为同一土系，故土系是真实具体的土壤实体单元。以土系为基本单元进行大比例尺详细土壤调查制图，是摸清土壤底细真切认识当地土壤最基本最重要的土壤科学工作。土壤研究室最早于1931年6月由潘德顿带领常隆庆、陈伟、侯光炯在绥远萨拉齐县作1:10万土壤调查，是把美国农业部的土壤分类制及其土系概念引进中国土壤调查与研究的开始。之后连续15年的全国土壤调查与土壤分类研究中，一直都很关注土系单元的调查研究、标本采集和资料积累。1940年土壤研究室制定"土系分类概则"，以土壤剖面发育层次、颜色、构造、质地、新生体、埋藏层、pH、石灰反应、可溶盐含量等10项内容作为评比和鉴定土系的指标。同年，马溶之、席承藩等对调查的土系进行初步整理。其后，朱莲青、宋达泉、熊毅等分别对川、闽、赣土系作了评比。1941年陈恩凤、刘培桐等对陕西汉中盆地的土壤进行了调整研究，随后又对汉渝公路暨渠江流域的土壤及土地利用进行了路线调查，1942年刘培桐发表了《中国气候与土壤的关系》《汉中盆地地理考察报告》《汉渝公路暨渠江流域的土壤与土地利用》等论著。1943年席承藩对闽、赣2省主要土系作了统一评比鉴定。在这些工作的基础上，1945年起马溶之、席连之、席承藩等便着手对全国土系进行通盘整理与鉴定，至1947年完成1500个土系，1949年完成2200个土系的统一鉴定。这一浩繁的土系评比鉴定与研究成果，为中国土壤分类研究及其成果应用实践奠定了重要的科学基础。

二、中国人民共和国成立以来土壤科学的发展

中国人民共和国成立以后，中国社会得到稳定，经济逐步恢复和发展，科学事业及科技工作者的境遇发生了根本变化，土壤科学事业也得到了快速发展。1953年在地质调查所土壤研究室的基础上成立了中国科学院南京土壤研究所，同时，中国农科院和各省市自治区也成立了专门的土肥研究结构，在十数所大学设立土壤农业化学专业。从这一时期开始，中国土壤科学在人才培养、结构组建和研究条件建设等方面都逐步走上正规。20世纪50年代初，刘培桐运用土壤发生学基础理论研究中国土壤发生与分布规律，并于1956年与周廷儒合作发表了《中国的地形与土壤概述》等名著。特别是在组织全国土壤学研究力量完成2次全国土壤普查（1958年和1979年）的工作中，不仅是土壤科学知识在全国得到广泛普及，而且进一步建立和健全了中国土肥事业科技推广服务体系，培养了一大批土肥工作者，使中国土壤科学得到了极大地发展。在干旱区土壤、高寒区土壤、水稻土和南方红壤研究和改良利用研究方面，对世界土壤科学作出了重要贡献。

(1) 20世纪50年代~60年代土壤科学研究的特点

中国人民共和国成立给土壤事业带来了新的动力。土壤研究室开展了3年恢复时期的土壤科学研究工作,包括黄泛区、橡胶草土宜及黄土区治理预查等;同时,先后(包括建所初期)在江西甘家山、辽西章古台和陕西武功等地建立了试验站,以深入研究红壤、黄土及风沙土的改良利用。在"按人民政协共同纲领规定的文教政策,改革过去的科研机构,以期培养科学建设人才,使科学研究真正能够服务于国家的工业、农业、保健和国防事业的建设"的办院方针指引下,根据国家经济建设的需要,制定了"研究中国各种土壤中的化学、物理、生物学性质及其肥力情况,为生产部门的土地利用和提高作物产量提供基本资料,并研究土壤科学中的理论问题"研究方向,开展了大量的土壤资源调查、土壤改良、肥力培育和合理施肥方面的工作。包括东北粮棉增产土壤调查,华南、滇南橡胶宜林地调查,黄河中、下游水土保持考察,黄河中、下游及长江流域土壤调查,甘、新、青、藏综合考察,西部地区南水北调考察等。针对黄淮海平原、南方丘陵和长江、珠江三角洲3大主要产粮区土壤和农业生产中的存在问题,长期进行了试验研究,在黄淮海平原旱涝盐碱综合治理研究中,开展了除灾增产区划、井灌井排试验和碱化土壤改良,探讨了种稻改良盐渍土的机理和熟化土层对控制返盐的作用等。为中国农业增产、发展橡胶、水土保持、流域规划、区域治理及荒地开垦等建设事业提供了土壤方面的科学依据。

1953年~1958年中苏土壤学家马溶之、熊毅、席承藩、朱显谟、А.Н.罗赞诺夫等对黄河中游水土保持进行综合考察。1957年中苏2国科学院组成联合队,由马溶之和А.Л.阿尔曼德领导对包括东北、西北、华南、西南等地区进行土壤考察工作。与此同时,在熊毅、席承藩领导下,与水利部共同开展黄河以北华北平原和长江流域的土壤调查制图,聘请苏联С.А.舒瓦洛夫、Д.С.巴宁为顾问。1958年李庆逵与С.В.佐恩合作著文讨论中国热带土壤的发生与分类,并对云南热带雨林土壤生物群落定位试验站给予组织和方法上的指导。

在土壤学基础理论研究方面,这一时期主要是土壤的发生、分类、分布规律和基本性质的研究。在苏联土壤学派的深刻影响下,中国土壤学研究从一开始就直接走上了发生学的道路。期间,马溶之率先提出的欧亚大陆的土壤分布规律,受到国际土壤学界的高度重视。在土壤地带性分布、土壤发生学原理、土壤有机质的组成和性质、土壤微生物特性、有机无机复合胶体的肥力特性、土壤粘土矿物特性、土壤的水分和物理特性等方面的研究取得了重要的进展,积累了大量的试验资料。

在此期间,建立了多个试验站、点,包括甘家山红壤试验站、章古台治沙试验站、武功黄土试验站、云南热带森林生物地理群落定位试验站、运村白土试验点、白茆综合观测试验点、里下河沤改旱试验点、盛水源试验点等,在这些站、点上,科技人员开展了大量的低产土壤改良、丰产土壤总结、土壤肥力培育、荒地开垦、治沙治碱的实验研究和定位观测,取得了丰富的第一手资料。

这一时期的主要成果有:《中国土壤图》(马溶之等,1953)、《华北平原土壤》(熊毅等,1961)、《中苏黑钙土基本特征的对比研究》(刘培桐,1961)、《土壤地理学发展方向与途径》(刘培桐,1961)、《土壤学基础与土壤地理学》(南京大学、北京师范大学、华东师范大学,1961)《华北平原土壤图集》(熊毅、席承藩,1964)《水稻丰产的土壤环境》(中国科学院土壤研究所,1961)、1:400万《中国土壤概图》《中国土壤发生类型及其地理分布规律》(格拉希莫夫、马溶之,1958,俄文版)、《中国土壤区划(初稿)》(中国科学院土壤研究所,1959)等专著和一大批学术论文。北京师范大学于20世纪50年代初期就组织专家编写了《土壤地理学讲义》;在国家教育部组织和领导下,刘培桐具体负责,聘请国内外相关专家培训了20多名土壤地理学骨干教师,这些教师成为20世纪后期中国土壤地理学教学与科学研究的骨干队伍。

(2)"文革"期间中国土壤科学的发展

"文革"期间土壤研究工作主要有：以河南封丘井灌井排为中心的旱、涝、盐、碱、风沙综合治理区划和试验研究；黑龙江荒地资源综合考察；新疆重点地区荒地资源综合考察；青藏高原综合科学考察；南水北调东线土壤次生盐渍化防治；中国土壤地理分区；西沙群岛科学考察；宁夏固原县资源开发利用调查；安徽城西湖农场土壤调查及改良；太湖地区土壤板结的机理及改善；徐淮地区"旱改水"；城市地区土壤本底值的调查；苏北黄泛区旱改水及微量元素的推广应用；江苏启东肝癌、陕西大骨节病水土病因调查；南方红土地区水库铁锈水的形成与防治；碳铵粒肥的研制及应用；有机农药污染与防治；土壤植物营养诊断及作物缺素症状；氮肥增效剂的施用及其对生物脱氮的影响；炼油、印染、造纸废水的处理及利用；石油、维生素C生物发酵；青虫菌的生物防治；生长刺激素"920""5406"的效应；细菌炼铜等。期间，中国科学院土壤研究所土壤地理研究室引进欧美等国关于土地资源调查评价的理论和方法，活跃了学术思想，推动了有关研究工作的开展。在完成上述室内外工作的同时，专著编写和翻译出版增多，主要有：《中国土壤》（中国科学院南京土壤研究所，1978）、1:400万《中华人民共和国土壤图》（中国科学院南京土壤研究所，1978）、《土壤电化学性质及其研究法》（于天仁等，1976）、《碳酸氢铵粒肥》（中国科学院土壤研究所长效肥组，1977）、《土壤理化分析》（中国科学院南京土壤研究所，1978）、《土壤地理学》（李天杰、郑应顺、王云，1979）、《土壤与植物中微量元素分析法》（中国科学院南京土壤研究所，1979）等。停刊12年之久的《土壤》于1974年2月复刊。

(3)1978年～2000年中国土壤科学的发展

改革开放后，中国土壤科学研究也进入了一个新的发展阶段。土壤科学着重抓住了以国家科技攻关任务为中心的一系列重大任务，直接为国民经济建设服务。先后完成了黄淮海平原综合治理和合理开发、南方红壤丘陵综合治理及持续发展、太湖平原综合开发、长江三峡工程对生态环境影响及其对策等多项国家科技攻关任务。与此同时，围绕国民经济建设的需要，还开展了黑龙江荒地资源综合考察、南方11省土壤区划调查、横断山区科学考察、新疆重点地区荒地资源综合考察等一系列土壤调查，取得了一系列重大成果。

在土壤基本性质研究方面也取得了新的进展，水稻土的物理化学、土壤胶体和粘土矿物研究、中国主要土壤的供钾潜力、需钾前景和钾肥的推广施用、中国磷矿农业利用的研究、稻田土壤的供氮能力和氮肥施用量的推荐、土壤电化学研究、中国土壤中硼钼锰锌的含量与分布规律等项目的研究都有新的发现，取得了新的科技成果。1978年中国土壤学会组织召开了"土壤分类及土壤地理学"研讨会，李天杰等首次提出了开展土壤数值分类的设想及其具体措施。由熊毅、李庆逵主编、全国百余学者共同编写的《中国土壤》（中英文版，1987）以及《中国土壤图集》（中国科学院土壤研究所，1986）是土壤工作者数十年辛勤劳动的结晶，是第一部全部由中国土壤学家自己编写的关于中国土壤的巨著，在国际上产生了重要影响。随后出版的《中国土壤元素背景值》（国家环境保护局，1990）、《中国磷矿的农业利用》（李庆逵等，1992）、《中国土壤氮素》（朱兆良等，1992）、《中国水稻土》（李庆逵等，1992）、《中国土壤资源》（赵其国等，1991）、《中国盐渍土》（王遵亲等，1993）、《中国土壤分类系统》（龚子同，1993）等专著，对中国土壤科学研究具有重要的作用。

这一时期，在土壤科学理论研究中有4项新的重大进展。一是土壤环境保护学科和土壤生态学科的建立。这是熊毅鉴于人类面临生态危机和环境恶化威胁的前提下，开创的中国土壤生态与环境科学研究的新领域。二是土壤学由侧重研究土壤本身向研究土壤圈及其与地球各圈层的关系方向发展。从地圈系统的发展看，土壤圈研究的总方向是研究土壤圈物质的组成、性质和物质与能量的循环及其对人类生存环境的影响。也就是说，把土壤这个历史自然体与地球系统其他各圈层紧密联系起来，研究它们的相互关系，从而为改善人类生存环境而作出贡献。这一进展具有重要意义，是把土壤学理论提高到了土壤圈学的高度，是宏观研究理论的一次突破，新的理论得到了国内外土壤学家的高度重视。三是土壤分类研究由定性研究阶段，逐步向分类指标量化新时期推进。由中国科学院土壤研究所牵头的中国土壤系统分类研究是国家自然科学基金的重点项目，经过10多年的悉心研究，在吸取国外土壤分类经验的基础上，研究出了一套适合中国土壤特点的系统分类体系。在土壤分类检索中采用了定量化指标的检索体系，从而彻底改变了以往分类中因人而异、因时而异和因地而异的不确定性。在中国土壤分类史上是一个突破。四是土壤电化学的崛起，它的开创，使土壤化学领域的研究进入了一个新的阶段，它通过研究土壤中的带电质点之间的相互作用及其化学表现来揭示土壤的各种特性。土壤电化学不仅在理论上使土壤化学研究得到提升，而且，他们还同时确立了一套研究方法，在方法论上也有所突破。上述4项开创和突破，给今后的土壤学研究带来了新的理论基础。

随着人口、粮食、环境等世界性问题日益严重，保护土地资源、改善生态环境问题提上议事日程。中国较早地开展了土壤环境容量、农田环境生态和环境质量、防止土地退化、土壤中气体排放对地球温室效应的影响、土壤全球变化等项研究，较早地揭示了国民经济持续发展中的障碍问题，从而在新的历史时期能够较好地适应社会发展的需要，较好地获得新的研究课题。

（4）21世纪以来中国土壤科学的发展

进入新世纪以后，中国土壤科学顺应世界土壤科学发展潮流，注重土壤圈与其他圈层的物质迁移和能量交换、土壤资源开发利用与土壤信息系统、遥感GIS技术在土壤调查中的应用、土壤退化和土壤修复保护技术等研究领域，有关"数字土壤"方面的工作也受到了广泛地关注。特别是土壤圈或土地利用变化在全球变化中的作用越来越受到土壤学家和土壤地理学家重视。也就是说，现代土壤学研究在注重土壤资源价值的同时，更关注土壤的环境作用，特别是土壤在地表系统中的作用。不是独立地为研究土壤而研究土壤，而是从地球系统科学的理论和方法来研究土壤问题，从而为有效防治和解决人类目前面临的生态环境问题提供理论依据。

中国的土壤科学虽然起步较晚，但近年来发展极为迅速。在土壤学的某些分支，如土壤系统分类、表面化学、土壤温室气体排放和面源污染控制、土壤水肥管理、长效肥的研制、土壤—植物营养、土壤污染修复和土壤微生物等方面的研究均有长足发展。中国的土壤系统分类研究逐步与美国系统接轨，中国土壤分类系统已经成为国际4大分类体系之一，其中，有关人为土纲的分类研究在世界处于领先水平；在土壤化学方面系统地开展了土壤胶体化学、土壤界面化学、土壤养分化学、土壤污染化学等方面的研究，其中以土壤胶体和界面化学的研究较为系统和深入，也取得了很好的研究结果；在污染土壤修复方面系统地开展了土壤污染调查、污染过程与机制研究、污染效应风险评价、污染土壤修复管理研究，基于污染物界面过程的效应评价模型已经达到国际水平；在土壤环境方面开展了温室气体排放调控和农业非点源污染控制的系统研究，稻田CH_4和N_2O排放规律和稻麦系统CO_2倍增生态效应的FACE研究达到国际先进水平；土壤—植物营养学方面已形成以植物—土壤互作的根际理论为核心，以作物高产、资源高效和环境保护为目标，综合利用生物调控及养分管理技术来实现作物高产高效的研究体系，形成以植物营养生理与遗传、土壤—植物互作与调控、养分资源管理、污染物控制和治理等主要研究领域的系统学科；土壤物理学与土壤矿物学研究在土壤水文学、土壤力学、矿物界面反应分子机制以及矿物界面反应过程与化学动力学等领域也已接近国际前沿。此外，中国的古土壤研究、（数字）土壤制图研究、土壤质量研究、土壤退化机理研究等基本与国际同步。

面对国家需求、解决生产实际问题的同时土壤学的学科建设也得到了极大发展，相继建立了土壤地理学、土壤化学、土壤物理学、土壤生物学等各分支学科，出版了《土壤发生与系统分类》《中国农业土壤志》《中国土壤质量》《中国红壤》《红壤物质循环与调控》等一系列专（编）著，提出了土壤圈物质循环的重要研究内涵，建立了具有中国特色的土壤学理论，中国土壤学已经形成了阵容较大的研究队伍和较为完整的学科体系，在国际上已具有一定特色和地位。

纵观中国土壤科学的发展历程，土壤科学是一个由弱到强的发展过程，研究队伍不断壮大，研究条件不断改善，研究内容不断深入，研究区域和范畴不断扩大，研究成果不断增多。但不可否认，由于种种原因，中国土壤科学的发展也走了不少弯路。在土壤科学发展初期，我国土壤科学发展深受欧美体系影响，但中国人民共和国成立以后，又完全转向前苏联的体系，直到改革开放以后，中国土壤科学又逐渐转向欧美体系。受影响最大的领域属土壤分类工作，从20世纪30年代开始，美国马伯特分类理论和思想影响中国，并初步建立了中国土壤分类的雏形。中国人民共和国成立以后的土壤分类主要依据前苏联的发生分类，经过大量的野外工作和室内实验，完成了中国土壤分类系统。从20世纪80中期开始，又依据美国系统分类理论体系，建立了中国土壤系统分类。土壤分类工作指导思想的几经变化，导致了中国目前2套分类系统并存和土壤基础资料的混乱。这种现状不仅限制了土壤基础资料的应用价值，也给后来的土壤学教学带来了极大的不便。

第二节　中国土壤科学体系

土壤科学是既需要开展广泛地野外调查，又需要深入进行室内实验分析的科学。土壤学的兴起和发展与近代自然科学，特别是与近代化学、物理学和生物学的发展息息相关。同时，相关技术科学发展在很大程度上也推动了土壤学发展。在自然科学中，土壤学已经发展成为一门独立的科学，其研究对象为一个具有生命活力的、动态变化的复杂自然系统，具有高度的非线性和变动性，在研究方法和技术上具有自己特色。随着土壤学研究的不断发展与深入，已经形成了许多分支学科。目前国际上比较成熟的土壤学分支包括土壤物理学、土壤化学、土壤生物学、土壤矿物学、土壤肥力与植物营养、土壤分类和制图、土壤技术等。

中国土壤学起步较晚，直到20世纪30年代，现代土壤学才开始在中国得到推进。到20世纪50年代，随着完成全国各大区土壤资源的开发利用、大面积中低产田土壤的改良以及高产土壤的培肥和合理施肥等国家任务，中国土壤科学得到了很大发展，并逐步与国际土壤科学的发展形成同步，形成了土壤物理学、土壤化学、土壤生物和生物化学、土壤地理学、土壤植物营养学、土壤矿物学等分支科学。同时，还从土壤化学中发展出土壤电化学和土壤环境学，从土壤地理学中发展出土壤地球化学和土壤生态学等学科领域。在中国土壤学会成立50周年时（1999），学会已下设土壤物理、土壤化学、土壤生物与生物化学、土壤—植物营养、土壤发生分类与土壤地理、土壤肥力与土壤生态、盐渍土、土壤侵蚀与水土保持、森林土壤、土壤环境污染与保护等10个专业委员会。

到2004年在北京召开的第十届土壤学会全国代表大会上又将调整为土壤物理、土壤化学、土壤—植物营养、土壤生态、土壤生物和生化、土壤发生分类和土壤地理、土壤侵蚀与水土保持、土壤环境、盐碱土、森林土壤、土壤遥感与信息、土壤肥力与肥料等12个专业委员会。突出了生态学和遥感地理信息系统技术在土壤领域的交叉和渗透。土壤学会下设的专业委员会或许不能完全对应于土壤学各分支学科，但基本上可以反映土壤学科学体系的发展现状。

土壤物理学是研究土壤中物理现象和过程的土壤学分支。主要研究土壤物理性质和水、气、热运动及其控制原理。研究内容包括土壤水分、土壤质地、土壤结构、土壤力学性质、土壤溶质移动及土壤—植物—大气连续体中的水分运动和能量转移。由于中国干旱区面积大、水土流失和盐渍化等导致的土壤退化问题严重，以土壤水分运动为主的有关土壤物理研究队伍庞大，研究成果丰富，在区域土壤资源有效利用和生态恢复重建中发挥了重要作用。

土壤化学是研究土壤化学组成、性质及其土壤化学反应过程的分支科学。重点研究土壤胶体组成、性质及土壤固液界面发生的系列化学反应。为开展土壤培育、土壤管理、土壤环境保护提供理论依据。随着土壤污染及修复技术分支学科的不断深入和推广，土壤化学在土壤学中的地位日渐升高，其研究成果的应用价值也越来越高。

土壤微生物是研究土壤中微生物区系、多样性及其功能和活性的分支学科。主要包括微生物的种类、数量、形态、分类、分布规律和生理代谢特征，以及与土壤形成、物质循环、植物生长和环境保护的关系。土壤微生物是土壤有机质转化和分解的主要推动者，该领域的研究成果对土壤肥力调控及全球碳循环研究具有重要意义。

土壤生物化学是研究土壤中的有机质组成、结构及生物化学转化过程的土壤分支科学，包括土壤腐殖质形成、特性及其对土壤肥力的影响，土壤碳、氮、硫、磷的生物转换，土壤酶活性，有机生物制剂及其环境的影响等。由于土壤中生化过程的复杂性，目前该领域研究还有待于进一步加强，对土壤腐殖质的形成、土壤酶的功能等问题还不是十分清楚。

土壤肥力与植物营养是研究土壤营养物质运移规律、肥料功效和合理使用，以及植物吸收效果的科学，主要包括不同土壤类型的养分现状、主要营养物质的地带性分布规律、不同土壤元素在植物生长过程中的作用、合理施肥技术，以及土壤养分形态转化等。随着测试技术的不断进步，土壤微量元素的功能与作用受到普遍关注，研究成果已被广泛应用于复合肥料和环境医学等方面。

土壤地理学是研究土壤发生、演变、分类、分布规律及其与地理环境之间关系的土壤学分支，是土壤学与地理学交叉发展而形成的边缘学科。主要研究土壤发生与分类、土壤分布规律、土壤调查制图和质量评价等。

土壤矿物学是土壤学与地质学相互渗透的交叉学科，主要研究土壤粘土矿物组成、成分、分布规律，以及与生物气候环境的关系。土壤矿物学研究既可以探究土壤发生过程，也可以为反演成土环境提供理论依据。由于土壤矿物具有很好的环境指示作用，土壤矿物学研究成果直接关系到土壤环境信息的解译精度。

现代土壤学无论从自身的科学基础理论创新，还是用于解决实际问题，其复杂性日益增加，应用范围不断扩大。在土壤基础研究方面，必须与地学、生物学、数学、化学、物理学等基础科学相结合，来不断发展和完善土壤物理学、土壤化学、土壤生物学和土壤地理学等分支科学。在土壤应用研究方面，现代土壤学在农业持续发展、环境保护、区域治理、全球变化等方面发挥着重要作用，未来土壤学与农学、环境学、生态学、气象学、区域地理学以及社会经济学等学科的联系与渗透会越来越广泛,土壤学分支会更细更完善。

第三节 中国土壤科学主要研究成就及贡献

土壤是人类赖以生存的不可缺少和不可代替的宝贵资源,自然界的土壤需要人类去开发、改造和利用,同时这一过程也发展和丰富了土壤科学。尽管相对欧美西方国家,中国土壤科学起步较晚,发展过程中也走了不是弯路,但经过几代土壤科学家的不懈努力,中国土壤学研究也取得了很大成就。熊毅在庆祝中国人民共和国成立35周年讲话中指出,中国人民共和国成立以来,土壤科学工作者面向经济建设,以南京土壤研究所为主先后完成了从黑龙江三江平原到海南岛、新疆、西藏的大规模综合考察及资源调查,为有计划地开垦荒地,扩大耕地面积,合理利用土壤资源提供了科学依据。开展全国土壤普查,以及对各地土壤的改良、培肥、合理施肥和建设高产稳产农田途径和理论研究,为改良红壤、盐碱土等许多低产土壤作出了贡献。赵其国在中国科学院南京土壤所成立40周年纪念文章中,系统总结了南京土壤研究所取得的成就,在一定程度上也反映了中国土壤学的研究成就。在中国人民共和国成立前夕,中国土壤工作者就开展了一系列土壤调查。中国人民共和国成立初期,开展了黄泛区、橡胶土宜及黄土区治理预查。并在江西、辽西和陕西建立试验站,深入研究红壤、黄土及风沙土的改良利用。在中国土壤学会成立50周年纪念文集中,张世贤曾就中国土壤科学的成就总结了14个方面:完成了2次全国土壤普查;推动了化学肥料工业的发展;坚持有机肥与无机肥相结合;优化配方施肥技术;普及微肥使用技术;改良中低产田土壤;划定基本农田保护区;建立土壤测试中心和肥力监测站;利用农业微生物资源;建立生态农业;调整作物种植结构和布局;先进实用的土肥技术推广;实施肥料、土壤调理剂及生长调节剂检验登记;执行保护土壤和环境的有关法规。可以说土壤科学在上述方面取得的研究成就,极大地推动了中国土壤学本身的发展和完善。同时,也促进了中国农业生产的飞跃,为解决全国人民的温饱及国民经济的总体发展作出了重要贡献。

一、中国土壤科学主要研究成就及社会贡献

中国自古以来就是以农业立国,但由于缺乏土壤科学理论与实践的指导,中国只能算作农业大国,一直是农业弱国。几千年来,温饱问题一直是首要的社会问题。自从有了现代土壤科学以后,经过广大土壤科学工作者的不断努力,中国粮食产量由1949年的1.13亿吨上升到1993年的4.56亿吨,单产则由每亩68.6千克上升到每亩240.5千克。到2010年,在耕地持续减少的情况下,粮食总产量仍达到5.4641亿吨,亩产达331.56千克。当然,粮食产量变化也与种植面积变化及育种科学的发展密切相关,但其中来自土壤科学的贡献是功不可没的。

回顾中国土壤科学的成就及其对社会经济发展的贡献,可以概括为以下几个主要方面:

(1)土壤资源清查 通过开展全国土壤普查和区域土壤资源调查,摸清了不同时期中国土壤资源的数量、类型,以及性状特征。特别是20世纪90年代完成的第二次全国土壤普查,对全国土壤类型、分布范围,以及典型坡面的土壤理化性质进行了全面分析整理,建立了完善的土壤数据库,并编绘了全国及分省土壤图,完成出版《中国土壤》和《中国土种志》等重要著作。这些成果为农业区划以及其他相关研究的开展提供了基础数据支撑。

(2) 肥力水平评价　通过大量采样分析建立的农耕地养分元素(有机质、氮、磷、钾、硫)的地域分布规律,为有针对性地合理施肥、稳产高产提供了理论依据。特别是有关土壤微量元素研究,为肥料的高效利用提供了技术支撑。进入21世纪以来,由国家土地整理中心牵头开展的全国农耕地分等定级工作,使全国土地资源的科学和信息化管理成为可能。

(3) 土壤改良与修复　中国低产田多,土壤污染严重。大量土壤科学的相关研究成果为低产田的成因、限制因素,以及改良技术提供了理论依据。特别是分布广泛的盐渍土、红壤改良技术,极大地促进了粮食生产和耕地资源的恢复保护。近年来,随着对土壤污染过程及其生化机理研究的深入,受损土壤的修复技术及理论体系得以完善。

(4) 特种植物土宜　特别需要强调的是,正是土壤学家的不懈努力,才使原先不能生产橡胶的中国实现橡胶种植,打破了国外封锁,为国家建设作出了重要贡献。此外,利用特定植物找矿技术也与植物土宜研究成果密不可分。

(5) 土壤资源保护　中国水土流失、土壤退化、盐渍化等生态环境问题十分突出,而现有生态环境问题的根源基本都是土壤资源的不合理利用。要有效地实施生态恢复,就必须首先深入研究其中蕴含的土壤资源问题。几十年来土壤科学取得的研究成就,为实施环境问题评价及治理提供了理论指导和资料支撑。如第2次土壤普查完成的《土种志》,支撑了水土流失评价中的可蚀性值计算。

(6) 区域综合发展　土壤资源分布及其性状直接关系到植被、水资源及土地利用总体规划等,对区域土壤资源研究的深入程度也就直接关系区域综合发展规划的详细程度及实际应用价值,土壤资源研究是区域发展规划的基础。

(7) 环境演变与全球变化　全球变化的主要标志是气温升高,而气温升高的主要原因又是CO_2浓度的增加。土壤是有机碳的储存库,但由于人类对土壤资源的不合理利用,导致土壤有机碳减少,通过呼吸或分解排放到大气中CO_2浓度的增加,加剧了全球环境变化的程度。因此,土壤学研究成果促进了全球变化研究者碳循环计算的精度。土壤剖面形态变化和土壤微结构等领域的研究成果为探究历史时期的环境变化提供证据。

二、中国土壤科学研究的主要科学贡献

如果从20世纪30年代算起,现代土壤科学在中国已有80多年的发展历史。经过几代土壤科学家的不懈努力,中国土壤科学走过了从经验总结到定量化和标准化、逐渐与其他学科交叉渗透的发展道路,同时也不断与国际接轨。中国土壤科学不仅为中国也为农业发展及生态环境恢复治理作出了重要贡献,同时也促进了世界土壤科学的发展和完善。概括起来主要表现在以下方面:

(1) 丰富了土壤分类系统　由于中国成土环境复杂多样,以及人类耕种历史悠久,土壤性质多变,类型复杂,发育了许多世界上其他国家或地区没有的独特土壤。中国土壤分类系统中创建的一系列人为土诊断层,对国际土壤分类都有重要的借鉴意义。如淤灌土、堆垫土和水耕土等。中国土壤分类系统中提出的以土壤微形态为基础的干旱表层代替土壤干旱水分状况来划分干旱土类型,弥补了原有分类系统中对干旱土分类中的不足。创立了反映青藏根源土壤原始性的诊断表层——草毡表层。

(2) 水稻土成土过程及机理　中国水稻种植面积广阔,从南到北发育了一系列的水稻土。国外学者认为,水稻土只是土壤的一种利用方式。以熊毅为代表的中国土壤学家研究成果表明,水

稻土是一个独立的土壤类型,在人类种植过程中经过淹水和脱水过程,土壤的理化性质、生化性质等都发生了变化,形成一个稳定的土体结构。这些成果不仅为水稻土的有效利用提供了理论指导,也为土壤分类奠定了理论基础。

(3)盐碱土形成机制及其防治技术 中国华北平原地区土壤盐碱化问题严重限制着区域农业生产,中国土壤科学家经过深入研究华北平原的自然条件、土壤形成过程及土壤自然属性和农业生产特征,提出了冲积平原地区土壤分类系统及理论基础。盐碱土形成理论的完善促进了盐碱土防治技术体系的形成。

(4)红壤低产田改良与利用 由于强烈的风化和淋溶作用,中国南方红壤区农田肥力水平较低,但人口众多。中国科学院南京土壤研究所几代土壤学家的研究成果,不仅为南方红壤区低产田改良提供了技术指导,同时也推动了土壤胶体化学、土壤矿物学和土壤肥料学的发展。

(5)古土壤的发现 古土壤指形成于历史时期并埋藏于地表下的土壤层,古土壤是环境信息的重要载体。朱显谟关于黄土高原地区黄土地层中古土壤方面的研究成果,不仅为正确认识黄土沉积和黄土高原的形成演变过程提供了有力证据,而且也丰富了土壤学理论,同时也为第四纪地质研究提供了新的途径和方法。

(6)土壤微结构与环境变化 土壤结构是传统条件的具体反映,土壤微结构反映了土壤形成过程中的水热条件及其变化。土壤学家唐克丽将其在土壤微结构领域的研究成果应用于环境演变研究,促进了土壤学与第四纪地质学的交叉渗透。尽管相对于其他方面,目前有关土壤微结构与环境变化领域的研究成果还较少,但为今后土壤科学的深入研究开拓了一个崭新的领域。

第四节 中国土壤科学未来发展趋势

随着人类社会经济的不断发展,人口—资源—环境之间的矛盾日益突出。土壤作为人类赖以生存的重要资源,在人地系统中的地位和作用也会发生相应的改变,土壤对地球系统的反馈影响,也为土壤科学提出了新的目标和挑战。近十几年来,中国著名土壤学家从不同方面探讨了土壤科学未来发展趋势,以及中国土壤科学发展的重要领域,为中国土壤学发展指明了方向。

一、21世纪土壤科学发展的特点

土壤学的研究成果在解决全球资源紧张、环境污染、气候变化以及保障人类社会可持续发展等问题中发挥了巨大作用。目前,该学科正在经历从传统土壤学向现代土壤学的过渡,具体可归结为3方面的转变:一是研究目标的转变,即从土壤的发生分布更多地转向与人类活动密切相关的农业、资源和环境方面的研究;二是研究时空尺度的拓展和融合,土壤研究在宏观(全球、区域、流域)、中观(土链、田块、颗粒、结构、表面)和微观(分子、原子、离子和电子)尺度上相互融合,在短时间(秒、分)和长时间(年、世纪)尺度上相互结合;三是研究手段的不断提升,借助于现代高技术不断走向信息化、数字化、网络化、集成化,建立从实验室模拟、机制模型到田间模式、示范模区的综合体系。经过160多年的发展,土壤科学已发展成以系统观测与定量实验为基础,以多组分、多形态和多尺度物质性质、分异与变化为中心,以土壤过程和功能为重点的土壤学学科理论、研究方法及相应技术体系的综合性学科。近年来,国内外土壤学的发展呈现如下发展态势。

（1）新技术、新方法的应用以及长期定位试验成为土壤学发展的重要手段

当前国际土壤学研究,由于广泛借助地球系统科学新思维、物质科学新技术和地球过程监测新装备等现代科学技术而获得空前大发展。技术进步将在未来相当长的一段时期内继续推动土壤学的认知水平和分析能力,从而提升土壤学研究的整体水平。这些技术包括:应用同位素的生物地球化学法元素识别技术、同步光谱显微技术、同步辐射技术等对土壤物质形态和性质的研究;应用红外发射光谱法、发射性反射光谱法和光栅分类法等技术进行的遥感遥测与制图技术;应用现代分子微生态技术(例如 FISH 和 CARD-FISH 技术)和 DNA 同位素探针技术(^{13}C DNA probing),生物化学同位素质谱探针耦联技术(例如 PLFA-GC-MS)进行界面及其相互作用研究;应用磷脂脂肪酸(PLFA)、脂肪酸甲酯(FAME)、限制性片段长度多态性(RFLP)、DGGE/TGGE 等方法进行分子生物学和分子生态学研究;应用基因芯片(又称 DNA 微阵列)与高通量 DNA 测序技术进行基因组学研究;借助通量观测系统、水分—温度—电位的现代传感器系统、数据自动存储和远程传输系统进行长期定位观测和联网试验研究等。

（2）基础理论创新、技术进步与产业开发相结合成为现代土壤科学发展的战略途径

土壤科学正在向农业和环境问题的结合研究发展,(有机)碳—氮—磷的土壤和生态系统循环再度成为土壤学研究重点和热点。环境污染和全球变化下生态系统 C-N 耦合、P 的活化及其在土壤—植物—水体系统转移与富营养化形成机理成为土壤学解决农业和环境问题的焦点;土壤中痕量元素的生物有效性与环境效应研究朝着食物安全和生物修复方向不断深化;土壤环境污染表征、界面过程与生物效应研究成为新热点,土壤环境污染修复技术向通过化学—生物联合方法降低重金属对作物的生物有效性以及提高富集植物的生物提取效率 2 个方向发展。上述动态说明,当前国际土壤学研究已在基础理论创新上有所突破,并不断地推进农业和环境技术体系与产业发展进步。

（3）多学科交叉综合与集成研究是提升和发展现代土壤学的新的趋势

新兴土壤学研究方向及分支学科的诞生和涌现得益于与土壤学内部分支学科的融合和土壤学与其他基础科学的渗透融合。例如,生物学参与土壤物质和过程的研究,衍生出土壤生物物理研究分支学科;微生物学、微形态学和土壤颗粒与土壤结构的交叉研究派生出土壤微生境和微生态研究方向;突飞猛进的生物学特别是分子生物学技术与土壤学的交叉发展了分子土壤学研究;化学结构、化学计量与土壤颗粒基本物质分子组成的交叉和综合形成了分子模拟(molecular modeling)方向;数学、地统计学和土壤学的交叉形成了土壤计量学(pedometrics);数字技术、信息技术的发展使得土壤信息系统研究和数字土壤研究成为现实,改变了传统土壤学分析的模糊和定性的形象。特别是在土壤的环境研究上,土壤学与生态毒理、环境毒理和化学毒理与风险管理学等学科的交叉融合奠定了土壤环境与健康风险的活跃的研究领域方向。而临界带(critical zone)土壤的研究,则是整合了微生物学、水文学、生态学、环境科学、地球化学、地质学、大气科学的知识和技术,在考虑土壤过程、功能及服务上与地球系统科学表层过程研究接轨,使得土壤学在解决地球各圈层交互作用以及诸如农业与面源污染、土壤与全球变化、跨界面和跨流域环境污染与控制等问题上的能力大为提高。

（4）社会与公众需求成为土壤科学发展的推动力

全球社会可持续发展面临的挑战极大地推动了土壤学的发展。不断增长的人口对粮食的需求成为农业土壤学尤其是土壤肥力和生产力研究的持续动力;气候变化及其应对的挑战,催生了

土壤碳循环与固碳土壤学在全球的兴起；环境污染的全球化和POPs控制的国际公约推动了土壤环境与污染控制和修复成为全球环境科学的热点领域。科学研究的全球合作和重大国际科学研究计划，也推动了土壤学的全球对比与网络化。随着国际地圈生物圈计划（IGBP）等全球变化研究的需要，构成了国际有机质研究网络（SOMNET）和全球土壤变化与长期试验网络（LTES）的跨地域和国家的整合研究。为了全球土壤信息化对比，在ISRIC基础上，正在开展国际土壤分类系统的全球合作研究。随着全球对社会可持续发展科学的需求，土壤学在各个领域的全球对比和网络化研究必将得到进一步的推进。

总之，进入21世纪后，土壤科学发展的主要特点将表现为：①研究领域不断向深层次发展，科学分支不断拓展，将从不同角度对土壤的各个属性与过程进行综合研究；②研究领域的广度进一步扩展，土壤学将更具学科交叉性和综合性，在解决国民经济的重大问题中，将更注重土壤与环境、土壤质量与肥力、生态与健康之间的关系；③土壤科学将更注重定量化和信息化，无论是对土壤属性、土壤分类，还是对土壤过程研究，都将逐步趋向于定量化和信息化；④由于土壤本身存在的时空多变性，对土壤动态的定位监测将是未来土壤科学的重要趋势；⑤未来土壤学发展将更凸现出国际性特点，从全球程度上解决不同层次的土壤学问题。

二、土壤科学的研究趋势

根据新时期土壤学发展的特点，赵其国院士指出未来土壤学研究将更重视以下方面：

（1）从研究土壤本身转向研究土壤与人口、资源、环境、生态、社会经济发展相协调，使土壤科学研究参与并服务于国家重大战略。

（2）土壤研究从单一学科走向与其他相关科学相互综合、相互渗透和相互交叉，不断丰富和发展土壤学自身的研究内容。

（3）土壤研究走向国际化、定量化和标准化。

（4）在现代科学技术的推动下，土壤科学在研究手段上走上了信息化、数字化、网络化和集成化。

（5）从静态走向动态监测、预控和长期定位观测。

（6）从微观走向微观与宏观相结合，研究领域进一步拓展。

（7）从地区、全国走向区域和全球。

（8）更加重视土壤管理、土壤时空变化和土壤污染退化过程与调控等研究。

三、土壤科学的重点研究领域

今后中国土壤学的发展必须首先面临全球能源、资源、生态、环境、农业、全球变化、自然灾害、经济危机及人类生命健康等主要问题的挑战。目前中国面临的土壤学问题主要是如何进一步提高土壤生产力和可持续利用能力，满足人口不断增加对粮食和其他农产品的需求；如何提高农用化学品和水资源利用率，减少环境污染；最大限度地开发土壤的环境保持功能，缓解区域和全球环境向不利方面发展。针对这些问题，《土壤学学科发展报告2010~2011》认为，在未来几年土壤科学应该优先发展的重要领域如下：

（1）土壤发育与土壤信息　研究大空间和精细时间尺度土壤演化速率、影响因素和过程模拟，特别是全球环境变化背景下风化和土壤（如冻土）形成过程与全球生物地球化学循环，以及地学定年为基础的古土壤与环境演变以及近代人为活动的土壤学记录;深入研究以基层分类为主要内容的土壤系统分类,以国际上统一分类为导向开展分类参比研究;研究土壤遥感与信息技术中土壤学、农学、地学等的机理,构建标准光谱库;发展土壤遥感图像处理与自动分类技术,多元、多维复合分析的智能化处理,以及新型传感器数据分析处理技术;实现土壤数字制图和土壤数据库的数据标准化,开发"3S"一体化技术。

(2)土壤资源和土壤质量演变系统观测和联网　研究高强度利用条件下土壤质量,特别是环境和健康质量的演变规律和机制;研究土壤退化的景观生态学机制和预测预报,自然作用和人为活动共同影响下土壤侵蚀的形成过程、机理及其调控机制,跨尺度土壤侵蚀研究方法综合集成和预测模型,径流—泥沙(土)—面源污染物相互作用机制,盐渍土土壤质量演变规律与机制,高效评估方法、盐渍化防控机理和修复技术,酸沉降和人为活动共同影响下的红壤加速酸化机制及其生物调控技术。

(3)土壤性质与多界面过程　研究土壤特性和生物物理过程演变的定量描述方法和监测方法;研究土壤物理过程和化学、生物过程的耦合机制和模拟模型,建立土壤基本特性与土壤水、盐、溶质(包括养分和污染物)、热、气迁移特性的内在定量关系;研究土壤水—盐—肥耦合调控的机理和措施;基于现代光谱技术研究土壤胶体的结构、亚结构及特性,以及纳米相界面反应和纳米颗粒相互作用的机理;开展纳米微域中养分和污染物的土壤固定与液体流动态监测,研制相应的非均质体系模型;研究土壤组分与有机物/微生物作用的界面过程、分子机制及分子模拟;研究土壤矿物表面铁循环与物质转化的化学过程、生物起源的矿物形成过程和形成机制及其在污染物迁移中的作用。

(4)土壤分子生物学与蛋白组学　以土壤微生物群落的遗传信息为研究对象,采用先进的分子生物学手段,构建土壤微生物环境基因组学和蛋白组学库;研究土壤生物代谢过程及其影响因素和产物;研究炭黑形成的生物化学过程与机理,土壤生物氧化还原过程及其作用机制;研究极端环境、微域空间与根际界面土壤生物驱动过程、互作方式及其调节机制;研究复杂群落及食物网水平土壤生物的相互作用、进化机制及其生态功能。

(5)土壤利用与全球变化及生态系统　通过多目标、多类型(农田、森林、草地、湿地等)的长期野外观察网络,研究不同生态系统土壤碳汇提高和稳定的机制,全球变化下土壤生态过程的响应与反馈过程和机理,特别是土壤碳、氮循环与温室气体产生和释放的关键过程和因素作用,以及全球变化背景下不同类型生态系统土壤碳动态的模型模拟和准确预测;研究脆弱和退化农业生态系统中土壤—生物—植被交互作用机制,以及生态系统服务功能恢复过程中土壤生物多样性与植物多样性的协同机制及其反馈;研究污染退化土壤的土壤植物—微生物强化修复机理。

(6)土壤养分、肥力与生产力研究　农田生态系统内源有机质转化途径及其关键生物群落与功能,有机质积累、转化的环境因素与调控机制,土壤有机质提高对高生产力条件下生态系统稳定性的影响机制;研究土壤多养分转化的生物学过程和机制,如土壤有机碳耦合条件下氮磷在土—水界面的生物学过程及其机制,土壤碳氮共济的关键生物过程、制约条件及潜力;研究土壤根际过程与养分资源高效利用机制,主要包括作物根系诱导的根际养分活化过程及其分子机制、根际微生物与根际养分转化过程、根系与水分养分时空耦合的作物根层水肥调控机制;建立不同尺度土壤肥力及可持续性评价的方法与指标体系,研究不同生态区域土壤肥力的演变规律与主要驱动因子及机制;研究高生产力条件下养分资源综合管理理论与技术。

(7)生态高值农业的土壤学基础研究　研究耕地质量的定向培育与耕地资源集约利用、水肥耦合管理与流域水资源保护利用、农业面源污染控制与农业清洁生产、应对全球变化的农田增汇减排体系;研究现代农业条件下,主要土壤障碍形成机制与调控技术;研究连作障碍的生态过程与调控、精准农业和信息化农业科技发展技术,建立土壤质量标准体系;研究土壤环境污染防治与修复技术体系。

面对这些艰巨的任务,我们应该清楚地看到存在的不足。首先,中国教育体制限制了多学科综合人才的培养。由农业大学培养的土壤学基础人才在数学、物理学和哲学等基础学科的知识和技能上明显逊于国外,使得从事土壤科学研究的科研人员知识面单一,应用其他自然科学的最新进展严重滞后,从而影响其创新能力。其次,对于土壤学观测、监测和实验分析的仪器设备研制方面的支持不够,生态环境长期定位监测网络的自动化水平低,制约了土壤学研究水平的提升,导致尖端仪器设备以及相关信息产品(如高精度卫星遥感数据)的土壤学研究工作始终滞后于国际先进水平。第三,部门分割导致土壤学研究资源分散,利用效率低,共享程度差。高水平研究平台、国家信息数据、土壤调查和长期试验资料分别掌握在不同的部门和研究单位,由于管理体制问题,对这些资源很难做到完全共享,制约着整体土壤学研究水平的提高。

针对21世纪土壤学发展的特点及中国社会经济发展需求,赵其国将未来中国土壤学发展的重点领域归结如下:

(1)土壤资源的开发、利用与土壤信息系统建立　重点完善中国土壤分类系统,促进中国土壤科学研究走向定量化、信息化和国际化;建立国家级土壤信息系统,促进全球"数字土壤"目标的实现;开展节约、高效和低耗型现代化农业技术研究。

(2)土壤退化的时空变化、形成机理和监控对策　通过定位观测和遥感GIS技术,研究中国土壤资源退化的时空变化规律,深入探讨土壤退化机理,建立土壤退化预测评价模型;研究土壤退化防治技术,为土壤资源变化提供理论依据。

(3)土壤生态与环境的改善、控制技术与示范工程　主要开展土壤生态系统中物质循环机理和模式研究、能量流及控制技术研究,以及农田生态系统功能和土壤环境中元素异常与人类健康关系的研究,为人类面临的生态环境问题解决和人类健康发展提供理论和技术支撑。

(4)土壤肥力与农业持续发展　主要开展不同生态系统中土壤肥力演变规律和集约化条件下高效施肥制度研究;区域土壤养分消长规律及肥料需求预测研究,土壤营养元素在土壤中化学行为及其有效控制研究,为农业持续发展和清洁土壤系统建立提供理论支撑。

(5)土壤水平衡与溶质迁移　主要研究水热平衡的区域分异与水土资源的耦合类型、不同区域农业水资源及农业节水潜力,以及多孔介质中溶质迁移规律,为土壤养分有效利用和土壤污染防治、盐渍化治理提供技术指导。

(6)土壤圈物质循环　用系统观点研究土壤圈与其他各圈层间的关系,通过连接一系列土壤物质的形态转化、迁移过程来研究土壤圈内部的物质循环与转化过程及其与地球其他圈层间的物质交换过程、速率和机制,为人类保护和改善生存环境服务。

(7)全球土壤变化　主要开展土被及其历史演变规律、古土壤特种及其与形成环境间的定量关系、中国主要土壤类型与形成环境间的定量关系,以及不同土壤类型的变化趋势,深入解析土壤剖面及现状特征中蕴含的环境信息等方面的研究。

综上所述,土壤学发展面临着前所未有的机遇与挑战,特别是随着全球生态环境的急剧变化,人类将遭受难以预测的突发性灾害影响。因此,现代土壤学研究的任务,首先必须从战略的高度、从系统角度出发研究土壤的结构、过程和功能的演变规律和机制,准确把握土壤演变的未来发展趋势,提出应对策略和措施;同时,现代土壤学的研究必须与社会需求和社会变革相适应,以解决全球土壤变化和生态环境对社会经济与人类健康影响等方面的关键性问题。只有不断发展现代土壤学,才能为实现人口、资源、环境和社会可持续发展的前景提供必不可少的保障。

参考文献:

[1] 刘培桐. 中国气候与土壤之关系[J]. 地理,1942,2(3~4):16-28.

[2] 周廷儒,刘培桐. 中国的地形和土壤概述[M]. 北京:商务印书馆,1959.

[3] 熊毅. 建国以来的土壤科研工作——庆祝中华人民共和国成立35周年[J]. 土壤,1984,16(5):161-162.

[4] 李庆逵. 我国土壤科学发展的回顾与展望——庆祝中华人民共和国成立40周年[J]. 土壤学进展,1989,17(4):1-16.

[5] 龚子同,王志刚,J. L. Darilek,等. 20世纪美国土壤学家对中国土壤地理学的贡献[J]. 土壤通报,2010,41(6):1491-1498.

[6] 赵其国,万红友. 中国土壤科学发展的理论和实践[J]. 生态环境,2004,13(1):1-5.

[7] 赵其国. 中国土壤学学科发展战略研究报告[J]. 地球科学进展,1996,11(2):151-159.

[8] 赵其国. 中国科学院南京土壤研究所40年[J]. 土壤,1993,25(4):169-175.

[9] 史学正,于东升. "数字土壤"——21世纪土壤学面临的机遇与挑战[J]. 土壤通报,2000,31(3):104-108.

[10] 中国土壤学会. 中国土壤学在前进[M]. 北京:中国农业科技出版社,1995.

[11] 黄昌永. 土壤学[M]. 北京:中国农业出版社,2000.

[12] 周健民. 熊毅教授与我国土壤科学的发展[J]. 土壤学报,2002,39(6):769-779.

[13] 龚子同. 朱显谟先生是我们的良师益友——贺朱显谟先生90华诞[J]. 土壤,2005,37(5):575-576.

[14] 赵其国. 21世纪土壤科学展望[J]. 地球科学进展,2001,16(5):704-709.

[15] 龚子同. 我国现代土壤科学的起源——纪念前地质调查所土壤研究室成立80周年[J]. 土壤,2010,42(6):868-875.

[16] 赵其国. 土壤科学发展的战略思考[J]. 土壤,2009,41(5):681-688.

[17] 赵烨. 南极乔治王岛菲尔德斯半岛土壤与环境[M]. 北京:海洋出版社,1999.

[18] 李天杰,赵烨,张科利. 土壤地理学[M]. 北京:高等教育出版社,2004.

[19] 赵烨. 土壤环境科学与工程[M]. 北京:北京师范大学出版社,2012.

第二章 中国土壤化学研究

土壤化学主要研究土壤中的物质组成、组分之间和固液相之间的化学反应和化学过程,以及离子(或分子)在固液相界面上所发生的化学现象,包括土壤矿物的形成。土壤化学性质可以借助各种方法加以调节和改善。常用的农物和有机质的化学组成、土壤胶体、土壤溶液、土壤电荷特性、土壤吸附性能、土壤酸度、土壤缓冲性、土壤氧化还原性等。它们之间相互联系、相互制约,而以土壤矿物和有机质等居主导地位。土壤化学性质和化学过程是影响土壤肥力水平的重要因素之一。除土壤酸度和氧化还原性对植物生长产生直接影响外,土壤化学性质主要是通过对土壤结构状况和养分状况的干预间接影响植物生长。土壤矿物的组成、有机质的数量和组成、土壤交换性阳离子的数量和组成等都对土壤质地、土壤结构直至土壤水分状况和生物活性产生影响。进入土壤中的污染物的转化及其归宿也受土壤化学性质的制约。

第一节 中国土壤化学研究进展

中国土壤化学的研究始于20世纪30年代。在中国人民共和国成立前的10余年中,研究人员很少,主要研究工作只限于对某些土壤化学组成的分析,主要成果也只是在总结大量分析结果的基础上,提出了有关中国主要土类的化学组成及矿物组成的规律性的资料。

中国人民共和国成立以后,中国土壤化学理论研究逐步发展,研究内容几乎遍及土壤化学的各个领域,不仅在土壤胶体、离子交换和电化学等基础理论方面有不少进展,而且在成土过程化学、土壤肥力化学、土壤养分化学、土壤污染化学、土壤分析化学等应用技术方面也有较大的发展。20世纪50年代,随着土壤资源调查范围的扩大,特别是红壤地区的调查,带动了土壤酸度本质、土壤交换性盐基组成、土壤氧化还原过程以及土壤黏土矿物组成等研究的开展;60年代起特别是70年代中期之后,先后开展了有关红黄壤表面化学、电化学性质以及水合氧化物型表面电荷可变特性及其界面化学行为等领域的研究,并将反应动力学原理重新引入各有关领域;20世纪末期以来,土壤界面化学(主要包括电化学和表面化学)的研究明显活跃。进入21世纪以来,随着土壤所受人为扰动的日益增加,其污染问题日益受到关注,有关土壤面源污染的问题开始成为研究的热点。

经过大半个世纪的研究和积累,中国在土壤化学研究领域走出了一条独具特色的发展历程,取得了大量科学成果,解决了生产实践中的许多重要问题,为世界土壤化学研究作出了重要贡献。将中国土壤化学方面的主要研究成果归纳如下。

一、主要土类及其化学组成研究

中国土壤分类工作始于20世纪30年代,这一时期的土壤分类研究受欧美土壤学理论影响较大。当时,在美国土壤学家J. Thorp的帮助下对中国土壤进行调查,结合当时的美国土壤分类——马伯特分类,对中国土壤进行分类,建立了2000多个土系,并出版《中国土壤地理》一书,介绍了中国土壤概况。中国人民共和国成立初期,在已有土壤分类基础上进一步明确了中国土壤分类标准,基于美国马伯特土壤分类体系,以土类为基本单元,以土系为基层单元,在分类中引用了显域土、隐域土和泛域土作为土纲;钙层土、淋余土、水成土、盐成土、钙成土、高山土和幼年土作为亚纲;列举了黑钙土、栗钙土、棕壤、红壤和黄壤等18个土类,其下即为土科和土系。该分类所提出的山东棕壤、砂姜黑土以及水稻土等土壤类型至今仍在使用。

20世纪50年代中期,随着中国与苏联交流的不断深化,中国土壤化学研究受到苏联影响,土壤分类也随之发生了改变,从马伯特分类体系转为土壤发生分类体系。1954年全国土壤学会代表大会拟定的土壤分类正式采用"以地理发生为基础、以成土条件为依据、以土类为基本单元的包括土类、亚类、土属、土种和变种"的5级分类制。在此分类体系下,提出了草甸土、褐土、黄棕壤、棕色泰加林土、黑土、白浆土、黑垆土、灰棕荒漠土、龟裂土、砖红壤、砖红壤性红壤与山地草甸土等新的土壤类型,并编制出版了一系列中、小比例尺土壤图、土壤资源图和土壤区划图。

20世纪50年代末期,中国开展了一次全国范围的土壤普查,在这次普查中对耕种土壤的分类和命名进行了重点调查和研究。但是对于耕种土壤一直存在较多争议,直至20世纪70年代末期才建立起统一的土壤分类。这次土壤分类将土壤发生分类和中国实际情况相结合,充实了水稻土的分类,明确了潮土、灌淤土等独立的土类地位,同时丰富了高山土壤的分类,还增加了磷质石灰土等一些新类型。

20世纪80年代中期,中国土壤分类体系再次发生重大调整,由土壤发生分类体系转为土壤系统分类体系。发生这一调整的原因主要有2点:意识到原有的土壤发生分类体系在实际应用中暴露出一些问题,如土类边界难以界定,缺少定量性评价标准等;另一方面,当时国际上普遍采用的是土壤系统分类或联合国分类体系,中国分类体系与国际脱节,不便于国际交流,在一定程度上制约了中国土壤分类研究的发展。基于实际的考虑,中国科学院南京土壤所联合18个单位成立了中国土壤系统分类协作组,经过5年的努力,提出了中国土壤系统分类的一二三稿。这一分类总结了国内外土壤分类的经验,以诊断层和诊断特性为基础,结合中国实际,采用了30个诊断土层,17个诊断特性,提出了12个土纲,建立起包括土纲、亚纲、土类、亚类等的土壤分类体系,并且具有一个完整的土壤分类检索系统。在此分类基础上进一步编制了1:100万土壤图以及其他一些大中比例尺土壤图。

二、土壤胶体化学研究

土壤胶体包括黏土矿物和有机矿质复合体,是土壤中所有化学过程和化学反应的物质基础。土壤胶体的研究一直是中国土壤化学的重点和核心。中国人民共和国成立以来,有关土壤胶体的研究从其化学组成着手,逐步深入。熊毅是中国土壤胶体化学和粘土矿物研究的先驱和奠基者,留学美国时是用X射线分析中国粘土矿物的第一人。中国科学院成立土壤研究所后,他即着手建立土壤胶体实验室,从事并指导科技人员进行土壤胶体化学研究。在探索研究方法的同时,从《土壤胶体膨胀的初步研究》(1956)开始,首先阐明《中国土壤胶体的一般性质》(1956),进而研究了《黄土胶体的矿物组成和性质》(1958),以求阐明土壤保肥供肥、保水供水和团聚的机理。20世纪60年代,熊毅在国内开拓了"有机无机复合体"研究领域,先后发表了7篇文章,对"土壤有机无机复合"作了系统阐述和介绍。研究工作主要涉及复合胶体的膨胀性、复合体中腐殖质的氧化稳定性、电化学性质等物理化学特性,以及复合体形成与土壤的关系等。20世纪80年代~90年代,随着相关土壤胶体理论和研究方法的著作如熊毅编著的《土壤胶体》第一二三册等的陆续出版,极大地推动了土壤胶体化学的研究,并逐渐形成了相关的研究体系和特色。例如,在明确中国水平地带土壤层状黏土类型、组合和分布规律的基础上,重点关注了它们与土壤形成发育的关系和表面化学特点,为中国土壤的发生分类和对土壤性质表征提供了重要依据;关于热带亚热带土壤中1.4纳米过渡矿物的形成、分布和性质的研究取得了进展,首次报道了土壤中的1.4纳米过渡矿物可以由蒙脱石衍生而成(TaoS 等,2004);对山地黏土矿物的组合、形成和演化有了新的认识,提出了三水铝石的形成与水平地带土壤具有不同成因的观点;从成土条件、过程和胶体物质组成与特性等方面论证了山地土壤随海拔升高与基带土壤随纬度增加的水平变化有很大区别(TaoS 等,2003);热带亚热带土壤中的铁铝氧化物的表面化学特点与行为开始受到明显关注;关于铝的溶液化学特点和酸性土壤中铝形态的研究(何艳等,2005);中国南方土壤中氧化铁类型的区分、定量方法、分布及矿物学性质、对磷吸附固定及生物有效性的影响等都有了一些较明显的进展(何建明等,2006)。20世纪末～21世纪初,相关土壤胶体组分与土壤中生物活性分子及微生物间的交互作用成为研究热点。2004年受国际土壤学联合会委托在武汉成功举办了第四届土壤矿物—有机物—微生物相互作用国际研讨会,并编辑出版了近年来该领域研究成果的专刊和专著。新近研究主要从化学组成及胶体组分间的相互作用着手。

在黏土矿物方面,李庆逵、熊毅、许冀泉、谢萍若等先后运用化学分析和X衍射图谱等现代技术的研究,已基本上明确了中国各主要土类的粘土矿物组成,提出了7个分区。包括:以水云母为主的西部漠境和半漠境土壤,以水云母和蒙脱石为主的北部和东北的栗钙土和黑钙土,以水云母、蛭石和高岭石为主的黄棕壤,以水云母和蛭石为主的北部褐土和棕壤,以高岭石和水云母为主的红壤,以高岭石为主的中亚热带赤红壤和砖红壤,以及以蛭石和高岭石为主的黄壤等,并且研究了中国境内云母类矿物的演变规律为:从西北漠境土壤的水云母逐渐演变为半干旱草原地带的蒙脱石,然后随着脱钾作用的增强进一步演变为半温润地区的蛭石,而后在亚热带地区由于脱硅作用而逐渐演变高岭石和铁铝氧化物。新近研究发现,土壤黏土矿物与矿床黏土矿物的形成条件是不同的,与之相关的新的研究内容涉及黏土矿物与黏粒氧化物结晶及其发生过程溶解反应、离子交换释放机理中基本化学键机制精确量化、氧化还原过程中的电子传递、中间体的产生及物质形态转化与过程等(李学垣,2002)。刘凡等应用XRD、XPS、TEM/HRTEM/ED、FTIR等现代测试技术和溶液化学方法较系统研究了不同气候带几种土壤中铁锰结核的环带构造、物质组成、与土壤环境的关系、表面化学特性;土壤中常见锰矿物的化学形成与转化条件、表面电荷特点以及对金属的吸附、氧化特性和反应机制,促进了土壤氧化锰的矿物学与锰的土壤化学行为研究(Liu F 等,2002;Tan W F 等,2005;Feng X H 等,2004;谭文峰等,2004)。

20世纪60年代开始了有机无机复合胶体的研究,这项研究以"土肥相融"为基本观点,把复合体的形成、性质和数量直接和土壤的培肥相联系。对于复合胶体的研究主要包括以下3方面:提取和区分复合体的方法、复合体肥力特征以及复合体形成机制。首先是提取和区分复合体的方法问题:在60年代和70年代,陈家坊、傅积平等先后把分组胶散法、腐殖质结合形态分组法、颗粒大小和比重分组法等介绍到国内,并且做一些改进如增加G组;提出复合度的概念作为复合体量的指标等等。但是这些方法过于繁琐费时,不能用于检测大量样品,为此袁可能提出了测定复合体氧化稳定性的方法,可简捷而灵敏地测定复合体的特征和动态变化。第二方面是复合体肥力特征的研究:侯惠珍、袁可能测定了复合体G0、G1、G2组中氨基酸和有机磷化合物的分布,证实G2组中含量虽然比较高,但有效性降低。第三方面是复合体形成机制的研究:60年代蒋剑敏等曾在实验室内进行矿物胶体吸附有机胶体的研究;80年代相关研究更多的是结合田间情况进行的,如姜岩等研究施用各种有机物料对复合体形成的影响,黄不凡研究绿肥、麦秸还田对复合体组成的影响等等;20世纪末,徐建明等(1999)、侯惠珍等(1999)针对有机无机复合体的特性以及不同复合体之间的转化问题进行了系统和深入的研究,发现钙键复合体和铁铝键复合体在成分、结构及相关的肥力性质方面都有明显的差异,且2类复合体在一定条件下可相互转化,如在钙、铁、铝键3种复合体中,以钙键复合体最易被置换,铝键次之,而铁键复合体基本上不能被置换,可以通过增加金属键改变复合体的组成和特性,极大地推动了有机无机复合体的理论研究进程。

在土壤胶体组分与生物活性分子相互作用方面,土壤酶是土壤中所有生物化学反应的催化剂,其活性被认为是土壤质量和健康的重要指标;DNA是各种生物的基本遗传物质。因此,新近研究主要围绕土壤胶体组分与酶、DNA及蛋白质等生物活性分子相互作用的特点、机制及其对生物分子活性影响的原因等角度展开,旨在为阐明土壤组分相互作用的规律、揭示土壤质量的本质以及合理调节土壤生物活性等提供科学依据。近10多年来,中国学者对层状硅酸盐矿物、氧化物、腐殖质以及土壤胶体等与生物分子的结合机理及其对生物分子活性的影响进行了一系列深入研究,发现土壤矿物、胶体组分对生物大分子的吸附量、亲和力等与它们对无机离子和低分子有机化合物的吸附明显不同(Huang Q Y 等,1999),并探讨了磷酸根及低分子量有机配体对土壤活性组分表面生物分子吸附的影响(Huang Q Y 等,2003),明确了土壤有机质在恒电荷和可变电荷土壤对生物分子吸附中的不同作用和贡献,运用红外线光谱、圆二色谱、荧光光谱等手段初步阐明了生物分子在不同类型土壤组分表面结合的机制、构型特点及对生物分子活性影响的根本原因(Tan W F 等,2008;Cai P 等,2006a),并进一步运用微量热技术从热力学角度开展了土壤固相组分与生物大分子、微生物相互作用的研究(Cai P 等,2006a,2006b)。

三、土壤有机质化学研究

土壤有机质化学是阐明土壤胶体本性以及在土壤固—液相界面上发生各种过程的基础,是了解土壤中重金属和农药等有机污染物积累与转化规律的前提。相关研究主要从腐殖质结构及形态转化、土壤有机质含量及碳库、活性有机质等方面展开。中国土壤有机质化学较为系统的研究始于20世纪50年代中后期。中国科学院南京土壤研究所土壤生物化学研究室文启孝等学者对土壤有机质中胡敏酸(HA)、富里酸(FA)的物理及化学结构特性的系统研究,奠定了中国土壤有机质化学的基础。文启孝、蒋国祥等就黑钙土、栗钙土、棕钙土、沼泽土、红壤和黄壤的代表性剖面进行了研究,表明在黑钙土和华北石灰性土壤中,土壤条件与土壤腐殖质组成的相关性,一般符合H.B.丘林所建立的腐殖质形成的地理规律。在华南强酸性的红壤及黄壤中,胡敏酸的含量低,分子简单,状态不确定,富啡酸的含量高,以及与其相矛盾的大量胡敏素的存在,似乎表明对于这些土壤的腐殖质研究方法,还需要有所改进,而特别应该注意富啡酸的性质。在中国热带土壤的研究中,佐恩、李庆建等即指出植被组成对成土作用的重大影响,指出土壤中胡敏酸与富啡酸的比率不仅与植被形成的大草系(森林、热带干草原等)有关,而且也决定于草系范围内的种属比例。为了研究热带地区生物资源循环,中国科学院在苏卡切夫院士等的帮助下,于1958年在云南建立了第一个生物地理研究站,开始进行了不同植被下有关土壤有机质累积、分解及转化的系统测定。90年代以来,应用IR、NMR、Py-MS、IRMS、XPS和δ^{13}C、^{14}C、微生物量和模型技术等对腐殖质结构及形态转化的研究、结合长期定位试验对土壤培肥后有机质变化规律的探讨成为主流。21世纪开始,相关工作开始注重环境效应,有机质与重金属、持久性有机污染物的相互作用、土壤固碳减排等研究逐渐兴起,进一步拓展了中国土壤有机质化学的研究领域。

对腐殖质结构的研究内容涉及分子量、元素组成和含氧官能团含量、各组分的活化度测定及大小对比、化学降解作用及其产物分析、光学和光谱学性质、热分解特性等(Dou S等,1994;窦森等,1995;赵高侠等,1995)。近年来,随着IR、XPS、ESR及NMR等测试手段的应用,对腐殖质结构的认识才获得较大进展。如新近研究发现土壤腐殖质以脂肪族碳较多,而芳香碳较少(窦森等,1997;周江敏等,2004);对4种胡敏素(HM)残渣的CP/MAS ^{13}C-NMR,间接地计算了铁结合HM、黏粒结合HM、继承性HM和高度发育HM的结构特征,认为高度发育HM的烷基碳比例较高(李之峰等,1999);应用Pallo方法直接制备铁结合HM、黏粒结合HM样品,一般黏粒结合HM较铁结合HM结构复杂,体现在烷基碳含量高、脂族性强方面,但黏粒结合HM的芳香度和缩合度(C/H)反而较铁结合HM低,说明不能总用芳香度和缩合度来代表腐殖质的分子复杂程度(窦林等,2006;肖彦春等,2007)。

在腐殖质形态转化方面,借助同位素方法的不断发展,从^{14}C和^{13}C标记到利用δ^{13}C研究和模拟计算土壤中有机碳的转化和积累,发展了一系列计算模型,揭示了腐殖质中FA与HA存在的发生学联系及其相互转化特点。窦森等(2003)将δ^{13}C方法用于短期培养实验中腐殖质的形成转化研究,发现加入玉米秸秆后HA、FA的C_4-C和C_3-C的数量都在下降,但后者下降速度较慢。培养初期FA的形成速度大于HA,随着培养时间延长FA转化为HA或相互转化。原腐殖质中HA、FA也发生了相互转化,但转化速度相对较慢。环境因素对各组分在总腐殖质中的比重影响也重大,影响因子包括水分、温度、大气条件、pH、矿物组成、地带性等(徐跃等,1994;于水强等,2005;窦森等,2007)。

在土壤有机质含量及碳库方面,由于土壤、估算方法、数据收集及处理的差异,导致对中国土壤碳库的估算结果仍未达成一致。方精云等(1996)利用1∶1 000万中国土壤类型图估算出中国土壤总有机碳为185×10^{15}克;王绍强(2000,1999)运用全国第一次土壤普查资料结合1∶400万中国土壤分布图,估算得到中国土壤总有机碳库为10×10^{16}克(不包括台湾省),运用第二次全国土壤普查资料的计算结果为92×10^{15}克;潘根兴(1999)按照《中国土种志》(1卷~6卷)中全部约2500个土种的有机碳含量资料计算结果为50×10^{15}克,且表层有机碳集聚突出。

溶解性有机质(DOM)、微生物量碳及轻组有机碳等活性有机质的生物活性和化学反应活性均相对活跃,其对有机污染物有明显增溶作用,可以改变土壤溶液中有机污染物的浓度,影响有机污染物在土壤固/液界面的吸附—解吸、环境介质间的迁移—转化等行为,因而成为近年来的研究热点之一,进展显著。新近研究认为,DOM是一种带有多种功能团的芳香族和脂肪族碳氢化合物的混合物,由此采用XAD-8树脂可将DOM按疏水酸性、酸不溶、疏水中性和亲水性等组分加以区分(周江敏等,2004);对DOM的^{13}C-NMR图谱分析结果表明,碳水化合物碳、羧基碳和长链脂肪碳为其主要成分(傀进治等,2003,2004)。

四、土壤电化学研究

中国土壤电化学的研究范围较广,涉及表面电荷性质、离子与胶粒的相互作用、离子迁移、络合作用、氧化还原等,研究较深入的则为氧化还原和表面电荷性质2方面。氧化还原过程的研究是和中国广泛存在的水稻土的特性分不开的,相关研究工作始于50年代初期,于天仁、陈家坊、李学垣和季国亮等老一辈土壤化学家在土壤电荷性质研究中的开创性工作,为中国土壤电化学理论的进一步发展奠定了坚实的基础。这一时期把过去以形态(灰斑、锈斑)判断的土壤氧化还原状况,改为以铂电极测定氧化还原电位,得出了许多影响氧化还原过程的因素以及相应的 Eh 指标。于天仁、刘志光等在研究了中国水稻土的氧化还原电位后,认为其特点是变异范围很广,可从负200毫伏、300毫伏到正600毫伏、700毫伏,几乎包括生物界的整个变异范围;在同一土层中,氧化还原状况的微域差异也很明显,氧化还原电位可以相差多达数百毫伏;剖面各层次的差异更大,且明显受灌水和地下水位的影响;水稻根区的 Eh 值明显高于株间而不同于旱地作物。60年代初,相关研究转入了对还原物质的区分,刘志光应用电化学方法把有机还原物质分为5组,保学明等则对亚铁和亚锰的形态和变化作了系统的研究。近年来,对电荷发生理论、电荷数量测定方法等的研究证实了多数土壤是永久电荷和可变电荷的共存体系,因而对硅氧烷表面的恒电荷概念提出了质疑,并由此推动了可变电荷土壤特性的研究发展。围绕土壤表面电荷与离子之间的相互作用,研究内容主要涉及电化学理论和区域性的土壤电化学性质2方面,成果突出表现在对可变电荷土壤的微观研究进展上。

对于表面电荷的研究,张效年、蒋剑敏等在20世纪60年代初测定了几种红壤的负电荷和正电荷量及其与pH的关系,同时还测定了比表面,电荷密度和等电点,并指出红壤的等电点pH约为4.7,但除去腐殖质后升高,而去除氧化铁后则降低。此外,在中国也兴起了以测定土壤电荷零点(EPC)为中心的可变电荷土壤表面性质的研究,并测出了中国几种土壤的电荷零点,南方红壤pH约在3.0~4.0之间,黄棕壤和石灰性土壤pH约在2.0~3.0之间。同时还研究得出:磷酸根、硅酸根和硫酸根的存在使砖红壤的电荷零点降低,而少量的钙离子存在则使电荷零点有所升高。

此外,在可变电荷土壤的电化学、水稻土电化学和土壤电分析化学等领域也取得了世界瞩目的成绩。中国科学院南京土壤研究所土壤电化学研究室的研究较为全面,成果突出,已有专对可变电荷土壤的界面化学性质进行过系统的总结和提炼,明确了可变电荷土壤不同于恒电荷土壤的固有特性,阐述了带电粒子(胶粒、离子、质子、电子)之间的相互作用及其化学表现形式。

新近研究主要包括可变电荷土壤与恒电荷土壤在离子吸附和电导方面的比较探讨,发现了恒电荷土壤所不具备的一些新性质,从本质上揭示了2种土壤表面化学性质的异同。例如,对可变电荷的恒电位的影响因素作出了新解释,认为可变电荷表面的电位变化不仅与pH有关,而且还强烈地依赖于电解质浓度;对离子强度影响可变电荷表面吸附重金属离子现象提出了新解释,认为重金属离子的吸附量随着离子强度的增加而增加的原因不是由于双电层的压缩,而可能是由于离子强度变化导致的表面电位的变化而引起。在土壤胶体表面与离子相互作用的理论方面也取得了一些重要进展,包括对离子交换吸附本质的认识,交换平衡机理模型的建立、吸附态离子的活度系数的理论计算,扩散过程、静电吸附过程和专性吸附过程的区分方法、配位形态、酸根离子的竞争吸附等。这些研究不仅丰富了土壤化学的研究内容,而且为创立新的土壤化学理论体系奠定了基础。

相关水稻土中氧化还原过程研究,设计水稻土的氧化还原电位及其测定、水稻土中的还原性物质及其区分、水稻土中几种主要氧化还原体系、水稻土的氧化还原性质与土壤发生和植物生长的关系等,相关成果总结成专著《水稻土的物理化学》(1983)和《Physical Chemistry of Paddy Soils》(1985)等。这些研究扩大了中国土壤化学研究在国际上的影响,使中国成为国际上研究土壤氧化还原的3大中心之一。后来的研究发现,即使在通气的旱地可变电荷土壤中氧化还原反应也具有重要意义,特别在季节性多雨期间土壤含大量水分,可以有相当强的还原状态存在(Yu T R,1997)。近年来在水稻土中铁的微生物还原方面也取得一定进展,研究发现与传统认为的土壤中铁锰氧化物的还原以纯化学过程为主的观点不同,微生物在土壤和沉积物中起重要作用(曲东等,2003)。

五、土壤酸碱性质研究

中国土壤的极限pH一般由北向南渐高。东北土壤低到3.5~4.0,南方土壤可以高达4.5~5.0。对于同一类土壤,有机质多者极限pH低。半中和pH为土壤被碱中和一半(即酸和盐的比例为1)时的pH,它相当于弱酸的PK值。云南、广东红壤的半中和pH高达5.5,湖北、浙江的冲积土低至4.5。由此看来,作为一种弱酸来看,北方土壤的酸性较强。中和点pH相当于"土壤酸"的"盐"的pH,其钠盐约为8.2,钙盐约为7.0,几乎不因土壤类型而异。在自然条件下,由于土壤类型不同,交换性离子的组成也不同,所以pH的变异范围很大。台湾、广东的红黄壤以及东北的灰化土的pH有的低至3.6~3.8,还有一种特殊的"反酸田",pH甚至低到2~2.5,华北、西北的碱化土壤的pH可以高到10以上。各种土壤的氢离子浓度相差7个~8个数量级,比一般生物体系的变异范围大得多。

土壤也具有抵抗(缓冲)溶液中酸碱剧烈变化的能力。土壤所带的电荷特别是可变电荷愈多,其缓冲能力愈强。腐殖质的一个特点是缓冲能力大,酸基的组成复杂。例如,一个广东红壤的胡敏酸在pH3.7~4.0至9.7~9.8之间表现出几个明显的缓冲范围,其总缓冲能力比矿质胶体大三四十倍。所以对于同一种土壤,有机质多者缓冲能力强。

在表面化学方面,关于土壤表面与质子反应所表现出的土壤酸度和土壤酸化问题,中国土壤化学界对此已有相当长时间的工作积累。导致土壤酸害的关键原因是铝毒害,因此研究主要围绕铝的形态与转化展开。土壤铝的形态对处理土壤酸化及其对植物的影响至关重要。借鉴国外的研究经验,结合中国的土壤特点和电化学方法,中国土壤化学工作者以酸性红壤为对象对中国土壤酸化问题开展了广泛的研究,其内容涉及土壤酸化机制、土壤酸度的原位测定、土壤酸化的模拟和预测、土壤对酸的敏感性及临界负荷、土壤酸化控制和酸性土壤改良等多方面,研究成果区分了酸性红壤中铝离子的化学形态,阐明了其中氢—铝转化的动力学及其机制(Xu R K等,1998;凌云霄等,1957)。中国酸性土壤主要分布在热带、亚热带地区,为可变电荷土壤。研究表明,这类土壤的酸化过程与温带地区的恒电荷土壤有诸多不同特点。如氢离子与可变电荷土壤反应除释放可溶性铝和转化为土壤交换性酸外,还可以转化为土壤的表面正电荷(Zhang F S等,1991)。可变电荷土壤对硫酸根的专性吸附过程中释放的羟基可以中和酸雨中的部分质子,因此,可以减缓硫酸型酸雨对土壤的危害(Xu R K等,2001)。新近研究还探讨了铝毒与植物生长的关系,使得近年来在植物耐铝毒的机制研究方面也取得很好进展,发现植物根系分泌低分子量有机酸是植物耐铝毒的重要机制(Ma J F等,1997;Shen R F等,2004)。近期从土壤化学角度对酸性可变电荷土壤中低分子量有机酸与铝的交互作用的研究则加深了对这类土壤中铝的化学行为的了解。如有机酸对可变电荷土壤吸附铝的影响主要决定于pH、有机酸种类及其浓度。低pH下,低浓度的柠檬酸、苹果酸和酒石酸可明显增加铝的吸附,而乳酸、丙二酸、草酸和水杨酸则作用微弱。高pH下,高浓度有机酸均抑制土壤对铝的吸附。有机酸对铝吸附的促进作用主要通过有机酸在土壤表面的吸附使表面负电荷增加和正电荷减少,对铝吸附的抑制作用则主要通过有机铝络合物的形成促使更多铝保留在土壤溶液中(徐仁扣等,2004)。

六、离子吸附研究

20世纪50年代,朱祖祥研究了各种粘粒矿物在多离子系统中的交换吸附平衡,以及盐基饱和度和陪补离子对交换性阳离子有效度的关系;此后他又研究了土壤的磷酸盐位。陈家坊在铁的吸附和解吸方面进行了比较系统地研究,提出吸附性铵有易解吸和非解吸性铵2部分,其中易解吸性铵属物理性吸附,其含量和氧化铁及其活化度有关。吴志华经过研究提出中国东北地区某些土壤的钾素有很强的自然补给能力,此后李庆逵也认为中国南方的某些红壤有较好的供钾条件。70年代以后,随着国际上阳离子专性吸附研究的开展,中国也开始重视这项研究,研究对象包括铜、锌、锡等,研究结果明确了氧化铁是产生专性吸附的主要因素,并且指出专性吸附与氧化铁的活化度有显著正相关。

20世纪70年代以后,配位体交换理论引入中国,磷酸离子吸附研究受到关注。目前,大多数研究结果认为,除了含碳酸钙量较高的土壤外,磷酸离子的等温吸附基本上符合Langmuir或Freundlich吸附公式,重新认识了磷在土壤中的反应机理,并且也重新评价了土壤中磷在农业上的利用价值,即使吸附力很强的红壤,其吸附的磷也可在一定条件下部分解吸。有关磷酸离子解吸的研究也正在展开,何振立在有机阴离子释出磷的机理方面取得了进展,认为主要是配位体交换,而络合溶解是次要的。除磷酸根外,其他阴离子如氟离子、硫酸根、砷酸根、铬酸根等阴离子的吸附也受到关注,其吸附机理大多涉及配位体交换,并和氧化铁含量及其活化度有关。

广泛地应用吸附等温方法研究吸附机理是近10多年来中国土壤化学研究中的一个特点,其中应用较多的是磷酸根离子的吸附,其次是各种阴离子,也用于研究某些阳离子和重金属离子,研究的目的主要是探讨各种离子在不同土壤中的吸附过程是否和常见的吸附等温式(Langmuir, Freundlich, Temkin)吻合。运用吸附等温方程进行研究时还注意联系实际,试图把最大吸附量、缓冲容量和解吸量等作为土壤保肥和供肥的指标,这是中国研究中的一个特点。

七、土壤污染化学研究

20世界末21世纪初,环境问题日益突出,土壤污染化学研究引起广泛关注。研究内容侧重先进的结构测定法、热力学和动力学研究法以及现代配位化学理论,探讨土壤重金属和有机污染物在土壤—生物系统中的结构、形态、存在方式及其与生命物质的结合方式,土壤污染物的有效性及其生物效应的相关性,产生毒害的机理及其结构、性质与生活活性的关系等;研究对象主要涉及Hg、Cu、Cr、Cd、Ni、As等有毒重金属以及多环芳香烃类、有机氯类与农药、杂环化合物、离子型有机化合物等有机污染物;研究手段多与污染修复过程相结合。陈怀满等(2002)在化学物质的行为与环境质量,何振立等(1998)在污染元素的化学平衡,朱永官等(2004,2005)在砷、铅、汞等元素在土壤—生物系统中结构及存在形态,周东美等(2003a,2003b)在重金属污染土壤的电动修复技术及有机—无机污染物交互作用,蒋新等(2000,2004)在重金属污染物的土壤矿物吸附特性、有机氯类等有机化合物的土壤残留,徐建明等(2004,2005,2006,2007)在农药的结合残留、DOM存在下农药的土壤—水间界面行为及其根际特异降解行为,射正苗等(1998)、陈同斌等(2003)在土壤砷污染化学,骆永明等(2004a,2004b)在土壤污染物的迁移转化及有效性,周启星(1995)等在土壤复合污染生态化学,邢宝山等(1997,1998)在有机污染物竞争吸附及非离子型有机化合物非线性吸附方面,均进行了大量研究。从分子水平研究土壤中外源污染物的化学物理形态及分布,揭示土壤中污染物离子的释放机理、化学转化、毒理和生物有效性,建立污染物预测模型是土壤污染化学研究的前沿领域。

土壤污染化学是新时期体现土壤学与环境科学等学科交叉和融合的重要研究内容之一。重金属离子和农用化学品等有机污染物进入土壤后的形态变化及其环境效应是当今土壤污染化学研究的热点,除可为土壤环境容量的确定提供临界性指标外,还可以为阐述生态系统的"黑箱"理论提供主要依据。

在土壤重金属污染化学方面,近年来,中国在土壤重金属调查与分析、重金属在土壤中环境行为及其影响以及利用土壤化学原理调控重金属活性及对污染土壤修复等诸多方面做了大量工作,取得了较大进展。其中,重金属与土壤有机质特别是与 DOM 的相互关系及其对重金属迁移、生物活性和毒性的研究,是最热门的研究领域之一。中国学者在此方面开展了出色的研究工作,例如,周立祥等(2003,2007)通过田间试验较系统研究了水旱轮作下,DOM 产生以及对重金属 Cd、Cu 等向土壤深层运移规律及运移通量和对重金属生物有效性的影响,并研究了不同土壤类型、不同性质 DOM 对重金属 Cu、Pb、Zn、Cd 的影响机制。在"优势流"和土壤胶体对金属长距离运输方面也得到广泛关注,发现由于重金属与土壤中"活性"胶体颗粒的结合,并在"优势流"作用下,重金属能向地下水、周围水体长距离迁移(徐建明等,2007)。在与氧化物表面的专性吸附方面,有关土壤矿物特别是各类铁锰氧化物与重金属相互关系,也是近年来土壤化学研究最感兴趣的内容之一。相关研究发现,重金属离子(Pb、Cu、Zn、Co、Ni、Cd)在土壤铁锰结核中的固持 60%~100% 来源于锰氧化物的吸附贡献,且结核中锰矿物类型的不同对重金属离子吸附的影响明显,隧道结构的钙锰矿吸附作用较强,层状构造的水钠锰矿其次,而锂硬锰矿的吸附作用相对较弱。土壤氧化还原反应对污染物的化学行为有重要影响,中国学者在这方面也开展了大量的研究。例如,明确了土壤中的氧化锰将 As(III)氧化为 As(V)、Cr(III)氧化为 Cr(V)受 pH 控制的激励问题(王永等,2005;谭文峰等,2001;Feng X H 等,2006)。此外,对与重金属胁迫下土壤 C、N 转化过程、有机肥料堆肥过程中和有机废物施用后土壤中重金属的形态转化及有效性、重金属与有机污染物复合污染等方面进行了深入研究,不仅丰富了对重金属在土壤中环境行为的认识,还拓展了和深化了中国土壤污染化学的研究内容,为农业生产与环境保护作出了贡献。

在土壤有机污染化学方面,外源有机污染物在土壤中与腐殖质的结合关系、残留及其释放是研究重点内容之一。采用同位素失踪技术,结合 NMR、FTIR、ESR 等分析方法,揭示外源有机污染物在腐殖质可提取态残留、结合态残留的同位素分异及形成机理,是当前相关研究中的常用手段。徐建明等(2005a)研究证实,^{14}C-甲磺隆在土壤中同时以可提取态及结合态与腐殖质结合,引起甲磺隆在土壤中的滞留,且随着培养时间延长可提取态残留逐渐降低,结合态残留存在先增加后降低的变化趋势,揭示出伴随土壤老化过程,甲磺隆的土壤残留可提取态向结合态转化的可能性,为纠正老化土壤中外源物质污染风险的习惯评价提供了新的理论依据。从活性有机质的角度就 DOM 与有机污染物的相互关系进行了深入研究(凌婉婷等,2006,2004)。结合机理方面,发现大多数农药与腐殖质的结合涉及离子交换、氢键、电荷转移、共价键、范德华力、配体交换、疏水吸附和分配等作用。腐殖质中的芳香碳结构可以分子态发生疏水分配作用而引起五氯酚(PCP)在土壤中的滞留。分子态 PCP 与腐殖质中脂族碳结构的结合、与 COOH 功能团通过分子间氢键作用结合也是引起 PCP 在土壤中之流的可能原因(He Y 等,2006a,2006b)。

环境污染生物修复的发展给土壤污染化学研究注入了新活力。根据土壤由于根系分泌物的影响,理化及生物学性质发生改变,使其中离子(分子或自由基)的原有吸附解吸、络合沉淀、转化释放等化学过程趋于复杂化。根—土界面污染化学的研究因此得到迅速发展(徐建明等,2006)。鉴于根圈土壤的微域特点,多学科交叉及分析技术的联合应用在当前研究中表现得尤为突出。徐建明等(2005b,2005c,2007)借鉴植物营养学中根箱盆栽方法对五氯酚(PCP)在距离根系生长室不同毫米级范围内根—土界面的降解行为进行了细致研究,发现受根系分泌物的影响,根圈土壤中 PCP 的降解高于非根圈土壤,以距离生长室 3 毫米处根圈土壤的降解程度最大,并结合模拟条件下根—土界面中土壤理化及生化性状的考察,推测根—土界面中 PCP 的特异降解行为与根系分泌物诱导的土壤环境质量演变过程密切相关。陶澍等(2003,2005)以根圈土壤 Cu 的存在形态为对象进行了相关研究,结果表明,根系分泌物的存在诱导了水溶性有机碳、氧化还原势及微生物活性等根际土壤理化及生物学形状的变化,导致其中 Cu 的存在形态发生相应变化,表现为可提取态和 Fe、Mn 氧化物结合态 Cu 增加,而碳酸盐结合态和有机结合态 Cu 减少,且这种形态转化主要受配位作用的影响,酸化及碱化作用在其中的贡献相对微弱。

第二节　中国土壤化学主要代表著作

《土壤化学原理》由于天仁主编、中国土壤学会土壤化学专业委员会邀请有关学者于 1987 年完成出版,是中国较早的一本综合反映现代土壤化学的著作。主要讲述土壤化学的基本原理,介绍了粘土矿物、氧化物、腐殖质等固相物质的组成、结构和性质。叙述了土粒表面的类型、表面积、表面电荷、双电层以及动电现象等固—液相界面的性质,着重讨论了较为活泼的土壤液相中的水、离子、质子(酸度)、电子(氧化还原)等物质的性质及其与土壤固相表面的关系。对于与土壤化学性质密切相关的植物养分也进行了综述。《土壤化学原理》一书内容丰富,概念清晰,科学性强,风格严谨,既是一部学术专著,也是当时理想的土壤化学领域的教学参考书。

《土壤胶体》由熊毅主编、中国科学院南京土壤研究所多位学者参加编写,1983 年完成出版,分为《土壤胶体的物质基础》《土壤胶体的研究方法》和《土壤胶体的性质》3 册,分别于 1983 年、1985 年和 1990 年由科学出版社出版发行。本书根据国内外 20 世纪 60 年代以来的成果和资料,对决定土壤性质,构成土壤物质基础的土壤胶体各组分和特性及其研究方法作了比较全面系统的总结。第 1 册对层状硅酸盐的概念和混层矿物、氧化物与层状硅酸盐的关系、氧化物的专性吸附、土壤有机质中的碳水化合物以及有机无机复合体类型与特性等方面作了深入系统的论述,反映了土壤粘土矿物与土壤化学的最新发展与水平;第 2 册分别介绍和讨论有关土壤无机胶体、有机胶体与有机无机复合胶体的提取、分组,X 射线与电子显微镜鉴定,土壤胶体的基本特性如表面积、电荷、电动电位、吸附性、亲水性与粘度等的研究方法和具体测试技术;第 3 册系统介绍和讨论土壤胶体表面性质、电动特性、导水性、吸附性能以及粘土—水分散体系的稳定性和胶体物质的团聚作用,同时也讨论了土壤胶体性质与土壤发生和土壤肥力的关系,反映了土壤胶体表面化学发展的 20 世纪 80 年代的水平。对中国土壤胶体的研究起到促进作用,同时还为地质矿物学特别是粘土矿物的开发利用、陶瓷工业、土木工程和地球化学探矿以及石油钻井泥浆处理等有关技术提供了重要参考。

《土壤的电化学性质及其研究法》由于天仁主编,是国内外第1部全面系统论述土壤的电化学性质及研究方法的著作。该书根据土壤的电荷性质,从离子活度、Donnan 平衡、离子吸附和负吸附、动电性质、电导、离子扩散、酸碱平衡和氧化还原平衡等方面论述土壤中带电质点之间特别是土壤胶粒与离子之间的相互作用及其化学表现,并讨论了某些土壤电化学现象中的能量关系。还介绍了土壤 pH 的测定、研究标本的制备和土壤电化学研究中的常用仪器。本书根据作者的工作经验,详细地介绍了有关的研究方法,可为相关科学工作者提供有力参考。

经过半个多世纪不懈努力,中国在土壤化学研究领域取得了丰硕成果,同时也积累了丰富的实践经验。但由于起步较晚,与先进国家相比,仍存在一定差距。

一方面,在土壤电化学和土壤胶体化学方面进行了一系列的工作,其中某些领域已经具有自己的特色。另一方面,许多重要的学术领域还没有触及。中国从事土壤化学分析的人员很多,但大多数没有从理论的角度研究土壤问题。所以整体说来,中国土壤化学的水平相对较低。中国土壤学工作中长期以来形成的把研究工作和技术工作混淆起来的传统对于土壤科学的发展所起的阻碍作用,在土壤化学方面表现得特别明显。因此,土壤化学基础理论的研究是未来应当关注的问题。

参考文献:

[1] 凌云霄,于天仁. 土壤酸度与代换性氢、铝的关系[J]. 土壤学报,1957,5(3):234-246.

[2] 李庆逵,鲁如坤,陈家坊. 土壤分析法[M]. 北京:科学出版社,1958.

[3] 熊毅,许冀泉,蒋剑敏. 中国土壤胶体研究——Ⅰ. 黄土胶体的矿物组成和性质[J]. 土壤学报,1958,6(2):89-98.

[4] 贝尔,袁可能,朱祖祥,等. 土壤化学[M]. 北京:科学出版社,1959.

[5] 罗义珍. 中国土壤胶体研究——Ⅱ. 几种土壤和粘土的颗粒分离法及其矿物组成的研究[M]. 土壤学报,1960,6(2):129-138.

[6] 许冀泉. 中国土壤胶体研究——Ⅲ. 褐土胶体的矿物组成[J]. 土壤学报,1961,9(3):103-109.

[7] 熊毅,朱祖祥. 土壤物理化学专题综述[M]. 北京:科学出版社,1965.

[8] 于天仁. 土壤的电化学性质及其研究法[M]. 北京:科学出版社,1976.

[9] 于天仁. 我国土壤物理化学的发展[J]. 土壤学报,1979,16(3):203-209.

[10] 于天仁. 中国土壤化学的发展[J]. 化学通报,1979(6):24-28.

[11] 熊毅. 土壤胶体[M]. 北京:科学出版社,1983.

[12] 文启孝. 土壤有机质研究法[M]. 北京:农业出版社,1984.

[13] 于天仁,袁可能,李学垣. 近年来土壤化学发展中的一些问题[J]. 干旱区研究,1986(3):17-28.

[14] 于天仁. 土壤化学原理[M]. 北京:科学出版社,1987.

[15] 袁可能. 我国土壤化学研究工作的回顾:1949~1989[J]. 土壤学报,1989,26(3):249-254.

[16] 龚子同. 中国土壤分类 40 年[J]. 土壤学报,1989,26(3):217-225.

[17] 文启孝. 我国土壤有机质和有机肥料研究现状[J]. 土壤学报,1989,26(3):255-261.

[18] 陈家坊. 40 年来土壤化学的发展[J]. 土壤学进展,1989(4):17-35.

[19] 陈英旭,朱荫湄,袁可能,等. 土壤中铬的化学行为研究——Ⅱ. 土壤对 Cr(Ⅵ)吸附和还原动力学[J]. 浙江大学学报(农业与生命科学版),1989,9(2):137-143.

[20] 徐明岗,安战士. 土壤有机质表观阳离子交换量几种测定方法的比较[J]. 土壤肥料,1990(6):45-46.

[21]陈英旭,朱荫湄,袁可能,等.土壤中铬的化学行为研究——Ⅰ.几种矿物对六价铬的吸附作用[J].浙江大学学报(农业与生命科学版),1990,16(2):119-124.

[22]王建林,陈家坊.土壤中可变电荷表面磷的解吸特性[J].土壤学报,1991,28(1):14-23.

[23]李学垣,徐凤琳,黄巧云,等.中南地区可变电荷土壤的表面性质[J].华中农业大学学报,1991,10(4):36-44.

[24]徐建民,袁可能.我国土壤中有机矿质复合体地带性分布的研究[J].中国农业科学,1993,26(4):65-70.

[25]唐世荣,黄昌勇,朱祖祥.利用植物修复污染土壤研究进展[J].环境科学进展,1996,4(6):10-16.

[26]侯惠珍,袁可能.土壤有机矿质复合胶体的金属离子平衡[J].浙江大学学报(农业与生命科学版),1999,25(4):389-391.

[27]于天仁.土壤电化学的建立与发展[J].土壤,1999(5):231-254.

[28]季国亮.土壤电化学研究取得新进展[J].中国科学基金,2000(1):46-47.

[29]康玲玲,王云璋,刘雪,等.水土保持措施对土壤化学特性的影响[J].水土保持通报,2003,23(1):46-55.

[30]于颖,周启星.污染土壤化学修复技术研究与进展[J].环境污染治理技术与设备,2005,6(7):1-7.

[31]肖彦春,窦森.土壤腐殖质各组分红外光谱研究[J].分析化学,2007,11(35):1596-1600.

[32]徐建明,蒋新,刘凡,等.中国土壤化学的研究与展望[J].土壤学报,2008,45(5):817-829.

[33]李广枝.土壤化学的研究进展及其在现代农业生产中的地位[J].现代农业科技,2009(2):258-259.

[34]曾敏,廖柏寒,张永,等.几种酸和盐对As污染土壤的化学萃取修复[J].水土保持学报,2009,23(3):69-73.

[35]李学垣.土壤化学[M].北京:高等教育出版社,2001.

[36]周建民,石元亮.面向农业与环境的土壤科学(综述篇)[M].北京:科学出版社,2004.

[37]蒋代华,黄巧云,蔡鹏,等.黏粒矿物对细菌吸附的测定方法的建立[J].土壤学报,2007,44(4):656-662.

[38]李航,薛家骅.土壤中离子扩散的动力学研究[J].土壤学报,1996,33(4):327-336.

[39]Li H、Wu L S. A generalized linear equation for non-linear diffusion in external fielda and non-ideal systems. New Journal of Physics,2007,9:357(1-17).

[40]Cai P、Huang Q Y、Zhang X. Protection of clay minerals and varioua colloidal particlea from an Alfisol for DNA against nuclease degradation. Environmental Science & Technology,2006,40:2971-2 976.

[41]曲东,张一平,Schnell S,等.水稻土中铁氧化物的厌氧还原及其对微生物过程的影响[J].土壤学报,2003,40(6):858-863.

[42]徐仁扣,季国亮.低分子量有机酸对可变电荷土壤中铝吸附的影响[J].土壤学报,2004,41(1):144-147.

[43]窦森,肖彦春,张晋京.土壤胡敏素各组分数量及结构特征初步研究[J].土壤学报,2006,43(6):934-940.

[44]窦森,张晋京,曹亚澄.用$\delta^{13}C$方法研究玉米秸秆分解期间土壤有机质数量动态变化[J].土壤学报,2003,40(3):328-334.

[45]方精云.中国陆地生态系统碳循环及其全球意义[C]//温室气体浓度和排放监测及相关过程.北京:中国环境科学出版社,1996:129-139.

[46]王绍强,周成虎,李克让,等.中国土壤有机碳库及空间分布特征分析[J].地理学报,2000,55(5):533-534.

[47]潘根兴.中国土壤有机碳和无机碳库量研究[J].科技通报,1999,15(5):330-332.

[48]陈怀满.土壤中化学物质的行为与环境质量[M].北京:科学出版社,2002.

[49]何振立,周启星,谢正苗.污染及有益元素的土壤化学平衡[M].北京:中国环境科学出版社,1998.

[50]徐建明,何艳.根—土界面微生态过程与有机污染物的环境行为研究[J].土壤,2006,38(4):353-358.

第三章 中国土壤物理学研究

土壤物理学是土壤学中一门重要的基础科学分支,主要研究土壤固、液、气三相体系的物理现象、过程和能量转换过程。其中,土壤中的水、热、气和溶质运动及能量转换是目前土壤物理学研究的核心内容,也是与其他相关科学和领域的重要结合点。随着物理学、数学、计算机科学、遥感科学等多学科的渗透与应用,土壤物理学得到了迅速的发展,并在农业、水利、环境、土木等多个方面得到了广泛的应用。

在当今世界范围内,人口、资源和环境的压力给土壤物理学提出了新的挑战。为了解决人类生存与资源环境的矛盾,势必要对土壤物理学进行系统、深入地研究。在中国人民共和国成立以后,中国学者对土壤物理进行了广泛地研究:为防治黄河中游的水土流失,对华北平原灌区进行了规划与调查,这些调查中涉及了土壤物理性质的研究,并对中国土壤物理研究起到了积极的推动作用。1958年的第1次土壤普查极大地促进了土壤物理学的发展,并建立相应的土壤物理专业及研究机构。20世纪70年代以来,中国土壤物理学取得了长足的进步,并多次召开了土壤物理专业会议,随着先进的测试技术及先进装备的应用,中国土壤物理学的研究进入了新的阶段。主要从土壤的质地与结构、土壤水分、土壤溶质、热量及空气等几个方面介绍中国土壤物理在近几十年的研究成果及发展脉络,最后总结了中国土壤物理近些年来的经典著作。

第一节 中国土壤质地与结构研究

一、土壤粒径研究

对于中国土壤粒径分级方法,早在1937年熊毅就已经开始了初步的研究,经过多年的逐步完善,于1978年出版的《中国土壤》中提出了较为详尽的分类方案。然而,在科研及生产工作中,发现该类分类系统存在诸多不足。对于北方土壤而言,1978年所提出的粒径分级标准将石砾的范围划分过宽,而对于南方土壤而言,土壤中粘粒的范围划分也不能够很好的应用于生产实践。针对上述问题,中国学者邓时琴于1986年提出了对中国土壤粒经分级标准的修改建议,在修改建议中,邓时琴对1978年中国土壤粒径分级标准中的石砾与粘粒进行了细化,形成了较为符合中国标准的土壤粒径分级标准(表2-3-1)。

土壤颗粒组成的分形维数是近年来研究的热点之一。李德成等(2000)以土壤颗粒组成数据为基础,分析了中国土壤颗粒组成的分形维数。结果表明,不同质地的分形维数存在一定的差异,分形维数随土壤质地的变细而增大;由北至南、由西向东和由西南至东北,中国主要地带性土壤的分形维数逐渐递增;成土母质对土壤质地分形维数有很大影响,易风化母质上发育的土壤质地分形维数高于难风化母质上发育的土壤。程先富等(2003)以土壤颗粒组成数据为基础,运用分形模型分析了红壤丘陵区耕层土壤颗粒的分形维数。结果表明,13个耕层土壤颗粒的分形维数D为2.772~2.897,其中紧砂土2.788,砂壤土2.807,中壤土2.814,轻壤土2.817。

表2-3-1　中国土壤颗粒分级

土粒有效直径/毫米	土粒名称			
	1978年		1986年	
>10	石块		石块	
10~3	石砾	粗砾		
3~1		细砾	石砾	
1~0.25	砂粒	粗砂粒	砂粒	粗砂粒
0.25~0.05		细砂粒		细砂粒
0.05~0.01	粉粒	粗粉粒	粉粒	粗粉粒
0.01~0.005		细粉粒		中粉粒
0.005~0.002	粘粒	粗粘粒		细粉粒
0.002~0.001			粘粒	粗粘粒
<0.001		砂粒		细粘粒

分形维数随土壤质地的变细而增大;由北向南逐渐增加;成土母质对土壤颗粒的分形维数影响较大;D与全氮含量达极显著正相关,与有机质含量、全磷含量达显著正相关,D与有机质含量、全氮含量、速效磷含量、速效钾含量的复相关达极显著水平。叶雅杰等(2005)通过应用自相似理论分析了松嫩平原3个典型盐碱湖滩土壤不同深度的颗粒的分维数差异,并应用土壤颗粒分形维数寻找松嫩平原盐碱地的水分特征参数,分析了研究土壤水分日迁移特征。缪驰远等(2007)基于第二次全国土壤普查结果,应用土壤颗粒的质量分布计算了36个典型剖面表层土壤颗粒的分形维数值。结果表明,土壤颗粒分形维数值D在2.5831~2.8230,其变异性极弱,且分形维数值随质地变细而增大;土壤机械组成中,砂粒(2毫米~0.02毫米)含量、粉粒(0.02毫米~0.002毫米)含量与分形维数值均呈显著负相关($P<0.05$);粘粒(<0.002毫米)含量与土壤分形维数值呈极显著正相关($P<0.01$);分形维数值D与土壤中的有机质、全N、全P、全K含量及pH相关性均不显著。土壤分布的分形维数可以作为反映黑土退化程度的一个综合性定量指标。张国瑞(2007)对内蒙古武川县保护性耕作试验区的传统耕作农田和保护性耕作农田土壤颗粒的机械组成进行了分析,计算了土壤颗粒的分形维数,对土壤颗粒的分形特征进行了研究。同时对传统耕作农田和保护性耕作农田的原状土样进行了风蚀风洞试验,计算出在不同风速吹蚀后表层土壤颗粒的分形维数,研究了2种农田土壤颗粒分形维数和粒度组成随风速的变化规律。结果表明,土壤颗粒的分形维数与土壤的粒级组成密切相关,因而可以利用土壤颗粒的分形维数代替土壤的机械组成,作为一项定量指标来评价农田土壤的风蚀程度;保护性耕作农田土壤颗粒的分形维数要大于传统耕作农田土壤颗粒的分形维数,而且在土壤表层,保护性耕作农田土壤颗粒的分形维数明显高于传统耕作农田,则表明该地区保护性耕作农田的土壤状况要好于传统耕作农田的土壤状况;在相同风速吹蚀下,传统耕作农田分形维数的变化趋势大于保护性耕作农田分形维数的变化趋势,则表明实施保护性耕作和留茬覆盖对于减少农田土壤风蚀具有明显作用。庄淑莺等(2007)通过对31个土壤样品的测定,研究了不同质地耕层土壤颗粒表面的分形维数(D),结果表明D介

于 2.7060~2.9968 之间,并且同一质地类型的土壤分形维数 D 差异不大,但有随土壤质地由紧砂土、砂壤土、轻壤土、中壤土、重壤土到轻粘土,分形维数 D 呈递增趋势。统计分析结果表明,土壤颗粒表面的分形维数 D 与 10 个粒级颗粒含量之间存在极显著的线性回归关系;4 个粒级对分形维数 D 的直接贡献由大到小依次为:粘粒 > 细粉 > 粗粉 > 中粉,无论哪一个粒级的颗粒含量增加,通过其他 3 个粒级的颗粒含量的间接效应都将使分形维数 D 增大;土壤有机质、土壤阳离子交换量分别与 D 有极显著正相关,可以用 $OM = -229.1113 + 86.5400D$ 和 $CEC = -84.6456 + 32.1086D$ 的直线回归方程来描述它们间的数量关系。刘耘华等(2009)研究了胡杨和梭梭"肥岛"土壤颗粒分形维数在空间上的变化特征,以及分形维数与土壤性状的关系。结果表明,胡杨"肥岛"颗粒分形维数冠幅内略小于冠幅外,表明胡杨冠幅内土壤质地比冠幅外土壤质地略粗;梭梭"肥岛"颗粒分形维数冠幅内大于冠幅外,表明梭梭冠幅内土壤质地比冠幅外土壤质地细。胡杨和梭梭"肥岛"土壤颗粒大小分形维数与砂粒(>2.00 毫米)含量呈显著的线性负相关,而与粉粒(2.00 毫米~0.05 毫米)、粘粒(<0.05 毫米)含量呈极显著的线性正相关($P < 0.01$)。土壤颗粒分形维数可作为评价荒漠灌木"肥岛"土壤的定量指标之一,但分形维数与有机质和总盐没有显著的线性关系。余健等(2012)研究了长江下游马鞍山段成长型江心洲洲头、洲中央和洲尾 3 个部位 100 厘米深度范围内的土壤颗粒特征及分形规律。结果表明,江心洲土壤颗粒总体偏砂性,主要由粉 3 粒、极细砂和细砂组成,颗粒最大粒径为 350 微米;在剖面上,3 类颗粒的比例洲中央部位变化较小,洲头和洲尾变化较大;颗粒随深度的增加逐渐变粗;粉粒平均含量表现为洲中央 > 洲头 > 洲尾,分别为 75.42%、43.58% 和 22.13%;土壤颗粒分形维数表现为洲中央 > 洲头 > 洲尾,分别为 2.28、2.17 和 2.05,小于安徽省耕作表层土壤的分形维数平均值,与单位体积比表面积呈极显著正相关,与粘粒、粉粒含量极显著正相关,与极细砂、细砂极显著负相关。江心洲不同部位的土壤颗粒特征与江心洲的发育演变之间存在对应关系。

土壤粒径分布(PSD)作为土壤重要物理属性,与土壤其他诸多物理、化学、生物特性密切相关。杜高赞和高美荣(2011)为揭示三峡库区典型消落带土壤的独特性,通过野外调查和实验室定量分析,研究了消落带典型区阶地土壤粒径分布和分形特征。结果表明,该典型消落带土壤分形维数在 2.80 左右;共有 3 种质地的土壤,分别是壤质黏土、粉砂质黏土、黏壤土,2 种黏土的分形维数不存在显著差异,黏土和壤土的分形维数差异显著且分形维数以黏土的较大。土壤粒径随高程增加表现为由尖峰胖尾分布向尖峰分布变化,在降水和江水的双重作用下,较高高程处小颗粒土粒含量较低,而较低高程处小颗粒土粒含量较高。淹水年限为 3 年和 1 年的不同植被类型下消落带土壤分形维数不存在显著差异。目前对土壤粒径分布的研究方法除了普遍使用的粘粒、粉粒、沙粒等 3 级或更多粒级划分研究外,研究方法则多体现为分形理论的对其应用。杨培岭等(1993)通过土壤粒径分布与对应的重量分布相联系,提出了另一种计算土壤颗粒粒径分布分形维数求解模型。该模型只需通过分析土壤颗粒的机械组成,就可确定相应的分形维数。郭冬梅等(2010)利用杨培岭等提出的土壤颗粒分形维数求解模型计算了内蒙古四子王旗耕地、普通草地和围封草地地表土壤颗粒的分形维数,通过探讨风蚀土壤的分形维数与土壤粒度组成和土壤有机质含量的关系,分析了土壤在风力侵蚀过程中的分形特征,并讨论了利用分形维数来代替土壤粒度组成表征土壤风蚀程度的可能性。通过对 3 块地地表土壤颗粒分形维数的比较可知,土壤植被覆盖度能有效地改善土壤的质地状况,从而影响土壤颗粒分形维数的大小。中国科学院新疆生态与地理研究所桂东伟及其所在研究团队,基于土壤 PSD 数据特点、与取样点构成的二维表属性特征,将广泛应用于植物群落格局研究的数量生态学算法——排序方法,通过算法原理分析、改进,首先从理论上表明其可成功运用于土壤 PSD 差异性比较及其与环境因子的相关研究,其次在选取策勒河流域中昆仑山的土壤 PSD 及对应植被的分析研究中,进一步证实了相关如 CA、CCA 等排序算法在土壤 PSD 研究的适用性,指出排序算法能得到土壤 PSD 更为细致的定量信息进而有效反映其差异性。具体研究表明 16 粒级划分已足够反映不同土壤样品 PSD 的差异性。而将排序算法与目前普遍使用的分形理论算法相结合,则能体现出更为全面的 PSD 信息。这在一定程度上发展了土壤 PSD 研究的方法论。基于这一研究成果,以策勒绿洲为例,利用绿洲农田表层土壤 PSD 的取样数据,系统分析了人为管理及自然风蚀因素对土壤 PSD 影响状况。研究首次表明,绿洲表层土壤尽管受风蚀等自然危害影响严重,但对土壤质地影响起决定因素的仍然是人为因素,主要体现在耕作年限方面,定量回答绿洲农田如垦殖后持续利用超过 30 年,则其表层土壤 PSD 会趋于更好,起到质的变化。这一研究结果为绿洲土壤变异中人为因素的决定性提供了理论支撑。

二、土壤质地分类研究

早在 1978 年中国就已经形成了相对系统、完整的土壤质地分类方法与标准,然而该套方法仍存在些许不足,首先对于砂土的分类过宽,不利于砂土的利用与改良。其次,该分类标准部分质地名称含糊,概念不清,不能很好地反映土壤的基本特性。再次,部分土壤质地组与土壤质地名称重叠,为该类土壤质地分类方法的应用带来不便。最后,1978 年土壤质地分类中,所有粒径含量的百分数均没有注明"大于等于"或"小于等于",因而不同质地的土壤之间不能很好地衔接。为此,中国学者邓时琴于 1986 年提出了相应的修改意见,并形成了较为适合生产应用的土壤质地分类方法(表 2-3-2)。

表 2-3-2 中国土壤质地分类

质地组	质地名称	颗粒组成(粒径:毫米)/%		
		砂粒 (1~0.05)	粗粉粒 (0.05~0.01)	细粘粒 (<0.001)
砂土	极重砂土	>80	——	<30
	重砂土	70~80	——	
	中砂土	60~70	——	
	轻砂土	50~60	——	
壤土	砂粉土	≥20	>40	
	粉土	<20		
	砂壤土	≥20	<40	
	壤土	<20		
	砂粘土	≥50	——	≥30
粘土	轻粘土	——		30~35
	中粘土	——		35~40
	重粘土	——		40~60
	极重粘土	——		>60

三、土壤结构研究

土壤结构与土壤肥力等性质紧密相关,因而早在20世纪40年代就引起了中国相关学者的注意,并开始了初步的研究,并主要集中于水稻土。在后继的20年内,对于水稻土的结构及其肥力特性的研究在全国范围内普遍展开,然而由于分析方法的不统一,且没有对土壤结构本性及形成特征进行深入的研究,因而较难进行比较及确切的反映出水稻土的肥力特征。中国对土壤结构性质及形成机制较为系统全面的研究应始于60年代,姚贤良与于德芬等(1962,1964)学者针对中国赣中丘陵地区的红壤结构特性的研究与分析,其中包括了红壤性水稻土的结构特征与肥力指标的确定,土壤结构的形成过程及其影响因素及土壤结构对土壤肥力性质的影响等方面。针对苏南地区的水稻土,赵诚斋等(1981,1989)对耕作条件与土壤结构形成的与发育的关系作了较为系统的试验对比分析,并得出了水稻土不耕翻,不耙耕不但不会引起减产,反而对土壤结构等方面起到某些积极作用,进一步丰富了中国土壤结构的研究。此外,中国学者对土壤结构改良剂对土壤结构的影响也进行了一定的研究。中国土壤结构改良剂的使用始于1982年农牧渔业部从比利时引进聚丙烯酰胺和沥青乳剂,引用于渠道防渗、盐渍地改良、造林、种草、旱地增温、保墒等方面。然而中国对土壤结构改良剂的应用仍然处于较为不成熟的阶段,对于土壤结构改良剂可能带来的环境问题等还需进一步研究。

近年来,随着CT技术和图像分析技术的发展,土壤结构由过去定性描述走向定量化研究,这为打破传统的"土壤黑箱"模式,直接构建土壤孔隙与水肥供应的耦合关系成为可能。中国科学院南京土壤研究所彭新华等(2011)采用同步辐射显微CT扫描技术,结合图像处理和分析方法,揭示了水稻土结构随耕作熟化过程、有机碳的积累而发生变化。水稻土熟化过程提高了团聚体水稳定性和土壤总孔隙度,而这部分主要来自大孔隙(>50毫米)的增加。同时也提高了孔隙比表面积和连接性,形成疏松多孔的团粒状结构,利于水肥保持与供应。随后,针对有机碳改善土壤结构这一问题,进一步分析长期施肥、植被恢复等在提升土壤有机碳的同时,研究其对土壤结构演变过程的影响。发现这2种截然不同的土地利用方式下土壤结构都有类似的趋同性。即有机碳积累提高土壤总孔隙度,且主要是大孔隙,同时增加了团聚体的水稳定性,而降低了力稳定性。在此基础上,研究者提出了一个概念模型,以铁铝氧化物为主导的红壤结构较致密,力稳定性高,水稳定性差;而通过其他途径(施肥、植被恢复等)增加土壤有机碳后,转为以有机物胶结为主,或者两者兼之的红壤结构,大孔隙明显增加,连接性也相应增强,提高了水肥供应能力。同时,有机物的斥水性和胶结作用提高了团聚体水稳定,而孔隙度增加则降低其力稳定性,从而易于耕作(彭新华等,2012a)。针对土壤结构随水分条件和耕作而发生变化,发现水稻土耕作层和犁底层的土壤结构与水分含量变化存在相似性,进一步分析这2层之间的粘粒含量和粘土矿物组成也类似,主要差异是容重。综合前人大量研究数据,得出耕作压实不能改变土壤结构收缩变化的行为的结论,并提出模型模拟的方法(彭新华等,2012b)。另外,通过原位研究不同干湿交替条件下水稻土裂隙产生过程,发现耕作时间久的水稻田裂隙具有大而少的特点,新的水稻田裂隙细而多,而且前者随水分变化较后者慢。通过一季水稻生长过程的田间观测,发现新水稻田裂隙显著提高了入渗,而老的水稻田裂隙则没有(彭新华等,2012c)。上述部分研究尚属国内首次报道,定量化研究土壤结构为今后构建土壤孔隙与水肥供应的关系奠定基础,土壤结构与有机碳的关系可为指导土壤固碳和地力提升提供初步理论依据。

第二节 中国土壤水分运动研究

20世纪50年代中期~60年代中期,中国对国内几个主要土壤类型均开展了定位和半定位的土壤水分动态观测和研究。以原苏联A.A.罗戴为代表的形态学水分研究观点和方法全面系统地传入中国,推动了中国土壤水分研究的发展。1977年在杭州举行的第1次土壤物理学术会议上,首次将土壤水分的能量概念介绍到国内。人们开始用定量的、连续的能量观点代替以定性为主的间断的形态学观点来研究土壤水分;用势能来解释土壤中的水分保持;用水分特征曲线来表示土壤水蕴有的能量水平,即水势(或吸力)与土壤含水量之间的函数关系。研究认为,土壤中水势梯度是土壤水分运动的驱动力。

一、土壤水分状况研究

确定土壤水分状况,首先必须计算土壤的水分平衡,而确定土壤水分平衡状况的关键在于土壤潜在蒸散量的计算。用于计算土壤潜在蒸散量的方法较多,桑斯维特公式法和彭曼公式法都是较为常见的方法。其中桑斯维特公式是Thornthwaite在1948年提出的,它是一个用大气温度表达土壤潜在蒸散量的公式,NSM模型以及国内的一些学者也都采用这一方法来计算土壤潜在蒸散量。

1982年郑剑非等利用气候资料成功地分析了海南岛的土壤水分状况。1989年杨学明利用气候资料估算出吉林省的土壤水分状况,将吉林省划分成5个土壤水分资源区。同年,卢玉邦根据气候资料,以新安江模型为基础建立土壤水分状况的预报模型。1990年陈健飞利用气候资料计算出闽东南3县的土壤水分状况,指出"湿润"状况与该区土壤资源形成的特点是相吻合的。这些研究工作对于研究全国的土壤水分状况具有重要参考价值,但由于区域的限制,这些方法都不能直接用来研究全国的土壤水分状况。1992年钟骏平在新疆干旱地区应用NSM模型效果较好,但在其他地区,特别是在半干润地区效果并不理想,某些结论与实际情况相差很大,这说明美国NSM模型在中国并不完全适用。

于东升、史学正(1998)根据全国656个气象站点的地面气候资料,通过建立我国土壤水分状况估算模型,并依据《中国土壤系统分类(修订方案)》中有关土壤水分状况,即干旱、半干润和湿润土壤水分状况的定义,初步评估出中国土壤水分状况。根据《中国土壤系统分类(修订方案)》中对土壤水分状况的定义要求,采用彭曼公式法来估算土壤的潜在蒸散量。初步将中国划分为3个土壤水分区和6个土壤水分亚区(图2-3-1)。①湿润区(Ⅰ):年干燥度D。极湿润亚区(ⅠA),年干燥度D;湿润亚区(ⅠB),$0.45 \leq$ 年干燥度D。②半干润区(Ⅱ):$1.0 \leq$ 年干燥度D。半湿润亚区(ⅡA),$1.0 \leq$ 年干燥度D;半干旱亚区(ⅡB),$2.7 \leq$ 年干燥度D。③干旱区(Ⅲ):年干燥度$D \geq 3.5$,相当于干旱土壤水分状况。该区也可进一步划分为2个亚区:干旱亚区(ⅢA),$3.5 \leq$ 年干燥度D;极干旱亚区(ⅢB),年干燥度$D \geq 16.0$,相当于极端干旱的干旱土壤水分状况。主要分布于甘肃的北部和新疆的南部以及青海的部分地区,主要是大面积的沙漠和戈壁地区。土壤类型属于干旱土纲,包含首次方案中的棕漠土、灰漠土等。

二、土壤水入渗速率研究

土壤性质与入渗速率 土壤性质是影响土壤水分入渗的重要因素之一。田积莹(1987)、蒋定生(1987)等,认为,土壤入渗能力的影响主要取决于土壤机械组成、水稳定性团粒、含量、土壤容重、土壤质地等。普遍认为,土壤质地越粗,土壤入渗速率越大,但当土壤具有结构时,可能导致相反的结论,且土壤的剖面分层结构也对土壤的入渗过程、入渗性质有较大的影响。而最为具有代表意义的为蒋定生与黄国俊(1986,1990,1997),通过双环试验,建立了土壤入渗速率与0.25毫米水稳性团粒含量之间的关系,并基于此关系绘制了中国黄土高原土壤入渗速率的分布图,为中国黄土高原水土保持的治理提供了理论依据。

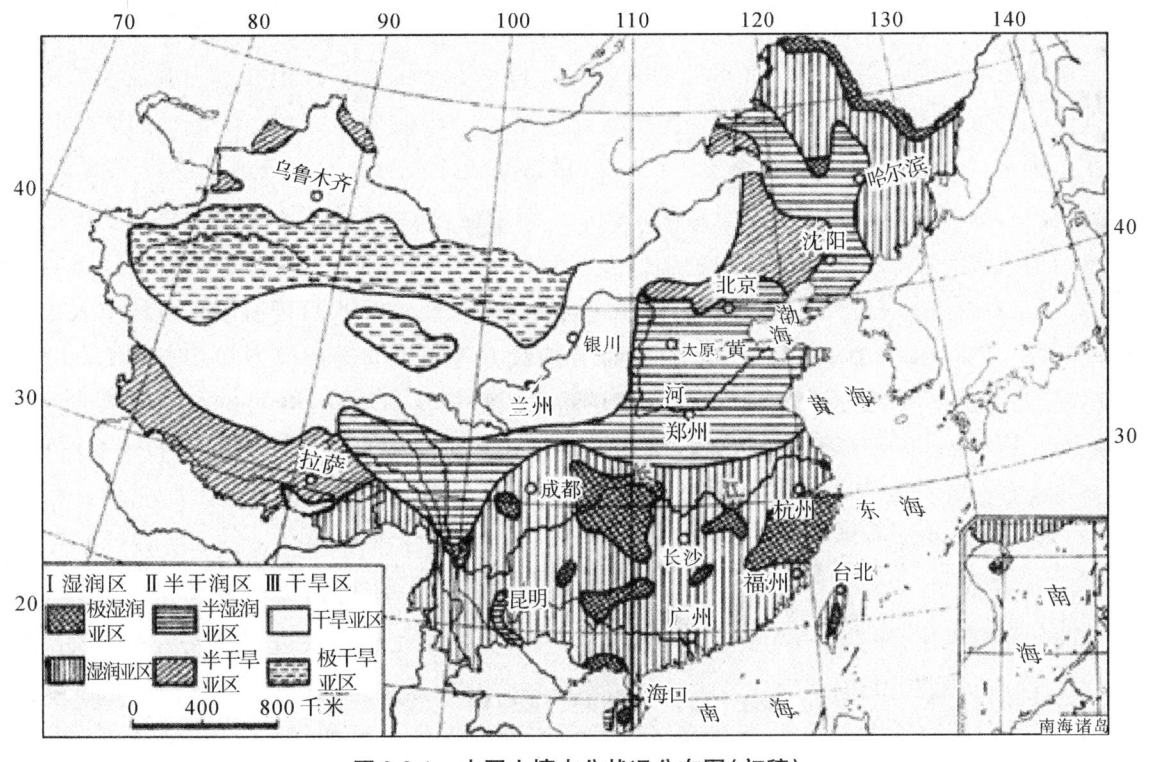

图2-3-1 中国土壤水分状况分布图(初稿)

水质与入渗速率 由于中国是一个水资源较为贫缺的国家,尤其在干旱、半干旱地区,农业生产尤为依赖引取河水进行灌溉。然而干旱地区河流普遍含沙量较高,中国学者王文焰等对黄土的浑水入渗机制进行了试验研究,结果表明水中含沙量的高低不仅影响了黄土的入渗能力,也影响了湿润锋的运移深度。在此基础之上,王全九等(1999)、汪志荣等(1998)对浑水的入渗机制进行了进一步的研究,并与较为成熟的入渗过程模型相结合,提出了较为适宜黄土区浑水入渗过程计算方法。

下垫面条件与入渗速率 中国在20世纪90年代就已经基本较为全面的研究了下垫面条件对地表入渗过程的影响,其中包括了地形坡度对降雨入渗、产流的影响,林地、草地及不同植被覆盖度等下垫面条件下土壤入渗特性及规律,这些规律为中国水资源的规划与利用,水土保持规律研究与防治等方面都作出了较大的贡献。

土壤入渗过程模拟方法 土壤水分入渗是估算地表径流的关键,在中国较早提出的与实际应用结合较好的土壤入渗估算方法为1973年赵人俊提出的新安江模型,该模型根据蓄满产流机制可以较为准确的估算中国南方湿润地区降雨入渗过程,并在此基础之上根据产流机制的不同,提出了干旱、半干旱地区产流、入渗估算的陕北模型。然而由于干旱、半干旱地区非饱和土壤产流过程复杂,对其入渗过程的模拟仍然吸引了中国学者的注意,并引入了国外提出的 Horton 模型、Green-Ampt 模型、Philip 模型及径流曲线数法等土壤产流入渗估算模型以试图解决中国干旱地区产流、入渗过程模拟问题。对于国外所提出的入渗模型,往往不能直接应用于中国土壤,中国学者王文焰(2003)、邵明安(2000a,2006)、张光辉(2000)、王全久(2002)等均对国外入渗模型的参数求解方法及在中国特定下垫面状况下模型的改进进行了研究。

三、土壤水分模型与实验研究

20 世纪 80 年代以后,中国相继开展了土壤水的理论与实验研究,计算机技术的发展也推动了中国土壤水分的研究。雷志栋等(1982)在有限元分析基础上编制了非饱和水一维流动的 BASIC 计算程序。杨诗秀等(1985)用 FORTRAN 语言建立了一个非饱和土壤水一维流动的数值计算模型。在土壤水运动模拟的研究中,李恩羊(1982)对渗灌条件下的土壤水分运动进行了数学模拟。杨诗秀和雷志栋(1983)研究了均质土壤降雨喷洒入渗模型,提出了均质土壤表面供水强度已知但未超过土壤入渗能力的入渗模型。杨金忠(1989)提出了二维饱和—非饱和水流运动问题的有限元模型,并在室内进行了二维饱和—非饱和水流运动实验。任理(1990)把有限解析法引入求解非饱和流问题。申双和等(1992)应用由达西定律和连续方程导出的物理模型和基于土壤水分收支的簿记模型,分别模拟了地处半干旱地区的农田土壤水分的逐日变化,并对农田土壤水分进行适当的时间序列分析,提出了农田土壤水分随机模拟预报模型。李洪文等(1996)通过对年降雨量、气温和蒸散量的分析建立了保护性耕地土壤水分模型及相关因子模型。李军等(2004)利用美国的 EPIC 模型对旱塬地小麦水分生产力和土壤水分动态进行了长期定量模拟试验研究。

近年来 SPAC 理论被引入中国并开展了土壤水分运动动力学、数值模拟及水分运动参数的测定等方面的研究工作,取得了一定进展。杨邦杰(1989)开展了土壤蒸发过程的数值模拟及其原应用研究。康绍忠等(1991)在 SPAC 系统水分传输机理研究的基础上,提出了包括根区土壤水分动态模拟、作物根系吸水模拟和蒸散模拟 3 个子系统的 SPAC 水分传输动态模拟模型。王靖等(2008)对 SPAC 理论的研究现状和进展作了详细阐述。另外,刘昌明等(1992)对土壤—植物—大气连续体中的蒸散模型进行了研究。龚元石等(1995)根据水分平衡模型研究了冬小麦和夏玉米田间的水分变化规律,计算了农田实际蒸散量和土壤分层根系吸水量。申双和等(1998)将 CERES-小麦的土壤水分平衡子模型进行了应用,提出了一种改进的旱地农田土壤水分平衡模型。尚宗波等(1999)利用气温、降水量、日照时数等气象要素,建立了玉米土壤水分动态模型。刘广明等(2002)利用室内模拟试验深入研究了地下水埋深、地下水矿化度对土壤蒸发量的综合作用,并建立了相应的模型。徐力刚等(2004)从地下水流运动特点和土壤水盐运动的机制出发,提出了一种简化数值模拟方法,用于预报土壤水盐动态。汪丙国等(2006)对冬小麦生长条件下土壤水分的动态变化规律进行了模拟,揭示了人工微地形条件下典型时刻土壤水流动系统特征,建立了土壤沟垄微地形条件下土壤剖面二维饱和—非饱和水流运移的数学模型。陆垂裕等(2007)提出了可以用来统一计算土壤剖面降雨/灌溉入渗、地表积水、地表径流、蒸发、蒸腾以及当这些现象交替出现时的复杂上表面边界条件的一维土壤水运动数值模型。土壤水分仪是土壤水分研究过程中使用最多的仪器。中国的土壤水分模拟主要限于非饱和土壤水分运动的研究,在湿润气候下,地下水位过高,非饱和—饱和状态下的土壤水分变化的模拟研究有待加强,如稻田土壤水分的模拟研究不多见,不利于解决稻田节水问题。土壤水分动态模型中,对地下水位高时不同土壤质地下毛管上升水的模拟、农田土壤水分的侧向运移、根吸水空间分布模型还考虑不足。

近20多年来发展的土壤水分运动基本参数的估算方法——土壤传递函数法(PTFs)一直备受关注,迄今已经建立了一系列统计模型和经验、半经验模型。由于土壤结构形状的极端复杂性,因此,利用这些模型确定土壤水分运动参数无论在理论上还是在实用上都具有明显不足。20世纪80年代以来,国内外学者在寻找土壤结构分形维数的基础上,根据土壤结构与水分运动基本参数之间的关系,确定土壤水分运动基本参数分形描述模型。李保国(1994)、詹卫华等(2000)和刘建国等(2001)均综述了分形理论在预测土壤水力性质方面的应用及进展。王康等综合考虑了土壤孔隙及土壤颗粒的不完全自相似性,提出了基于不完全分形理论的土壤水分特征曲线模型(2004a);并根据土壤的孔隙是具有连续分形性质的物理结构特性,建立了基于连续分形的非饱和水力传导度模型(2004b)。

四、土壤水分异质性研究

从20世纪80年代中期开始,中国进行了土壤水分异质性研究。雷志栋和杨诗秀(1987)进行了田间土壤水分入渗的空间分布研究。史海滨等(1994)运用线性地质统计理论,确定了研究区域的半变异函数二维平面结构为带状各向异性套合结构模型,使用最优内差无偏估计法,通过模糊聚类分析,绘制了区域土壤水分含量的空间信息分布图。近年来,随着经典统计学、地统计学、时间序列分析和分形理论的成熟及其在土壤水分异质性方面的应用,使得土壤水异质性研究得到了很大的发展。李毅等(2000)运用经典的统计学方法和地统计学方法,研究了土壤水分的空间变异性,将得出的合理取样数、空间相关域和等值线图用于确定中子仪测量水分前观测管的布置个数、布置距离以及布置位置,为实现精确灌溉奠定了试验和理论基础。傅伯杰等(2001)采用有限元方法正解模型,建立了黄土丘陵坡地土壤水分的空间分布预测模型。刘云鹏(2002)运用分形理论对不同土壤质地结构对土壤持水性能、水分运动影响进行了研究。熊亚兰和魏朝富(2006)利用地统计学方法对西南丘陵区坡地土壤水分时空变异特性进行了研究。国内外土壤水分异质性研究目前仍处于介绍和初步应用阶段,许多方面还需要不断完善发展。

土壤最本质的特征就是结构异性,近几年异质性研究从通常的空间概念向时间、过程、机理、资源管理的领域扩展,在土壤学、水文学、资源管理学等领域取得了许多研究成果。过去几十年基于达西定律的理查德方程及其最近的成果基本上都是土壤物理学阶段性的里程碑,但是其仍然是认识均质土壤的多维水运动,对土壤异质性仍然没有好的解决办法(雷志栋等,1999)。土壤本身的异质性又被分为微观异质性(包括土壤孔隙、结构等)和宏观异质性(即土壤性质的空间变化)(张成才等,2004;Jan F等,1998)。土壤水异质性研究正成为土壤物理学知识体系完善的一个重要方向。三大驱动因素推动土壤水异质性研究:其一,土壤性质本身的时空异质性促进测点尺度的资料向上转换(肖洪浪,2005),这种转换必须注意测点土壤属性数据转换到大尺度时其机理的差异;其二,土壤水利用者的时空异质性推动着土壤—植被系统水分异质性研究(赵文智等,2002),其水分利用过程的差异尤其值得关注;其三,坡度、坡向、大气条件、地下水埋深等成土环境也是形成土壤水分异质性的直接因素,这迫使土壤水文学走向交叉与综合。影响土壤水变异的因素分成2类:一类是在小尺度控制因素,如土壤、地形和植被;另一类是在大尺度上起作用的因素,主要是大气因素,包括降水等。影响土壤水结构变异的因素有气候、地形、母质等宏观因素;而土壤水随机性变异则受采样、分析等因素影响(夏建强,2005)。邱扬和傅伯杰(2001)研究了黄土丘陵小流域土壤水分空间异质性的剖面及时间变化规律,从土壤水分与环境因子的关系分析入手,探讨了景观尺度上土壤水分空间异质性的影响因子,结果表明,黄土丘陵小流域土壤水分的平均值与空间异质性均呈现出明显的剖面变化与季节变化规律,土壤平均含水量从表土层开始,随着土层深度的增加而增高;空间异质性(变异系数)从亚表层开始增加,土壤含水量在降雨后立即升高随后逐渐降低;空间异质性却正好相反,方差分析与相关分析表明,土壤水分的空间异质性是立地尺度(坡度)、坡面尺度(坡位与相对高度)和流域尺度(土地利用与降雨)等多重尺度上的环境因子共同作用的结果,这些不同尺度的环境因子对土壤水分空间异质性的影响表现出明显的剖面变化规律与季节变化规律。孙中峰等(2004)经过多年观测,研究了晋西黄土区林地坡面土壤水分异质性的变化规律,通过不同数学方法分析土壤水分与环境因子的关联,探讨坡面尺度上的土壤水分空间异质性的影响因子。结果表明,晋西黄土区林地坡面土壤含水量呈现出明显的剖面与时间变化规律;土壤平均含水量在100厘米以内,从表层开始随着土层深度的增加而减少,变异系数也相应减小;土壤含水量与前期降雨呈现出显著的线性关系;变异系数在降雨后迅速减小,并随着干旱天数的增加而增加。通过灰色关联与多元回归分析得出在坡面尺度上土壤水分是地形因子、植被因子等多重因子共同作用的结果,对于不同土层土壤水分来说,影响因素所起的作用也不相同。在坡面尺度上气象因子对土壤水分的空间异质性影响不大。张凯等(2011)通过野外试验和室内分析,对民勤绿洲荒漠带土壤水分的空间分异进行了研究。结果表明,在水平方向上,土壤水分的平均最大值基本出现在绿洲区,最小值出现在绿洲荒漠过渡带。在绿洲区,土壤含水量由表层向下逐渐递增;过渡带土壤含水量呈现出表层和底层低,中间层高的特点;荒漠区土壤含水量呈现出表层和底层高,中层低的特点。土壤水分特性的变异系数最大的是过渡带,最小的是绿洲。土壤水分含量各层最佳拟合模型不尽相同。水分含量的自相关性不强,受随机因素的影响较大。国内外对于坡度作用下土壤水分空间异质性尚无定论,且国内时间异质性研究尚很缺乏,以野外水文山实验流域为研究对象,选取偏干和偏湿年份分析了土壤水分的时空异质性。空间异质性的研究表明,土壤水分的主要趋势是60厘米大于30厘米,但在有的时间段30厘米含水量也会超过60厘米;总体而言从坡顶到坡脚土壤含水量依次增加,但是在某种特殊情况下也会发生变化。即土壤水分在空间上的分布结构在时间上具有一定的稳定性,并且降水量越多坡度的作用表现得越明显。时间异质性的分析表明,土壤水分的时间变异表现出明显的季节性差异,并且坡面不同位置的变异性不同,偏干年份的年内变化类似于正弦曲线(郝振纯等,2012)。

中国科学院地理科学与资源研究所刘苏峡课题组自1995年以来,一直致力于区域土壤水分的研究,较早开展了基于地统计学的区域土壤水分的空间变异性研究,提出了中国地表以下0.1米和1米土层的土壤水分的变程分别为200千米~400千米和400千米~700千米的结论。通过在中国科学院栾城农业生态系统试验站开展土壤水分田间实验,分析了土壤水分和土壤—大气界面对麦田水热传输的抑制和加速作用。发现当土壤水分较小时,界面厚度对显热和潜热输送作用较大。对于土壤热输送,界面厚度起决定作用,界面厚度越大土壤热通量越小。60厘米深处土壤水势与叶水势和大气水势的相关系数较其他深度处的土壤水势大。最新的土壤水分研究,采用维也纳理工大学基于欧洲遥感卫星生成的全球遥感土壤水分数据、VIP生态水文过程模型模拟结果和流域内绥德及榆林站的实测数据相融合的方法,生成了无定河流域各个空间格点从1956年~2004

年的长系列日土壤水分数据,发挥了遥感数据能获取大范围土壤水分的优势,克服了遥感资料年限较短的不足。基于经过实测站点和区域遥感资料双验证的VIP过程模型模拟出的长系列资料,采用"变异系数—变量"双指标法,分析了土壤水分在日、月、年和多年尺度的变化规律,并给出了变化的物理解释。发现了土壤水分的多年、年内的变异性较其他生态水文变量小的规律,给出了选取土壤水分进行区域水文趋势分析的意义。基于线性趋势法、Mann-Kendall(M-K)法、Sen法和年代比较法,特别考虑了数据自相关对M-K趋势分析成果的影响,提出了用自相关系数的显著性和3种去自相关方法结合的方法估计趋势,发现研究区有很强的北方干旱化信号,其显著性水平(0.01)大于径流降低的显著性水平(0.001),低于降雨降低的显著性水平(0.1),表明土壤水分不仅受制于气候还受控于其他因素。这些结论为黄土高原干旱趋势预测及水土资源综合管理提供了决策支持。课题组通过参与国际实测土壤水分研究计划(AMIP),合作构建了全球土壤水分数据库。所在的区域土壤水分的研究团队形成较早、具有一定国际影响。截至2009年底,土壤水分相关论文被引次数533次,论文最高影响因子为5.252。这些研究受到了国家自然科学基金、国家"973"、国家"863"计划、国家气象局气候变化专项项目和国际合作项目的持续支持。目前这些研究成果正被应用于西北荒漠化的水文效应、华北水文循环和东北水资源优化配置等重要国家需求中。

五、土壤水分监测方法研究

自20世纪80年代以来,中国土壤水分的检测方法有了显著的改进与提高。首先中国科学院南京土壤研究所研制了土壤张力计,并进行了小规模的生产,随后许多单位对其进行了改进并多用于灌溉节水或环境控制等方面。随着中子水分仪技术传入中国,江苏农业科学研究院原子能研究所研究的铍源中子水分仪已在国内形成商品。随后核工业部所属的北京核子仪器公司出品的CNC503DR智能中子水分仪,均有计算机存贮、显示、打印等功能。但总体说来,质量水平仍稍逊于国际产品。90年代,用时域反射仪(TDR)逐渐进入中国市场,但当时在国内未有生产TDR产品,而在2000年以后中国已有多个厂家可以生产TDR。频域反射仪(FOR)测定的精度较高,具有快速、准确、连续测定的优点,在土壤水分测定中越来越受到青睐,有取代TDR的趋势。此外90年代起,中国已经逐步形成了大型的物理模拟设施系统来对土壤水分运动进行模拟与监测,在此推动下,相关的水分探测技术也得到突飞猛进的发展。遥感监测土壤水分的可行性研究在60年代就已经开始,而应用研究也在70年代中期开展起来。国内开展土壤水分遥感监测实验比国外大约晚10年以上,大体上从80年代中期才开始起步。利用遥感技术可以实现实时、快速、长时期大面积区域动态监测土壤水分,但对深层的土壤水分测定遥感技术有待于研究。多种遥感技术的联合应用以及与地面技术的结合是目前遥感技术的主要方向。

快速、方便的土壤水分测定是农业科技的一个重要问题,早在21世纪初,国内外对此进行了大量研究,先后提出了几十种方法。到目前为止,研究较多的有重量、能量、热特性、中子、阻抗、电容、时域反射(TDR)、微波、近红外、光学、X-射线、C-射线方法等,也根据这些原理方法研发出了土壤水分记录仪等土壤水分检测记录的仪器,而从阻抗法到C射线这8种方法都是基于广义电磁波与土壤相互作用原理,因此,可将其概括为广义电磁方法。由于人们对电磁波的认识已相当深入,而现代电子技术又为其研究提供了强有力的技术支持,这是目前研究最多,最深入且最具潜力的一类方法。

回顾现有研究可以发现,过去国内外对土壤广义电磁测量进行了大量研究,取得了显著进展。但现有方法都是从其他领域引进而来,在这些方法使用的领域里可能取得较高精度,但由于田间土壤容重、质地、含盐量和土壤结构的变异性以及土壤分层等原因,使其使用时需要对不同土壤乃至不同田块、不同点及同一点不同层次进行大量田间标定,而且田间标定又相当困难,标定结果应用范围也很狭窄,有些方法如电阻法,随着时间的推移,标定结果往往很快失效。而且满足测量精度要求的方法如TDR法大多技术十分复杂,成本高,这些都极大地限制了方法的推广应用。而造成以上问题的原因,引入对其他物质湿度测量方法时,没有充分考虑土壤复杂、多变的性质,特别是土壤理化性质的空间变异,当发现其存在问题时,大多不是从物理机理上进行分析和解决,而是引入土壤理化校正和补偿曲线解决。应该指出的是由于田间土壤的复杂性和变异性,使得任何一种方法在测量田间土壤水分时,都存在一定的误差。造成这一误差既有测定技术和土壤水分速测仪等仪器方面的原因,也有方法本身的原因。对于前者可通过技术改进予以减小或消除;而对后者,减小它则非常困难。因此问题的核心是确定在一般农田土壤理化变异情况下不同方法本身的误差究竟有多大,是否在允许范围内,这是确定一种方法是否有进一步研究潜力的关键。由于研究对象——土壤十分复杂和多变,这一研究不应从某一具体方法的实验入手,而应以物理机理上的理论分析为基础。从物理机理上看,现有各种电磁测量方法,尽管其具体原理互不相同,但都是利用电磁波与土壤相互作用的原理实现的,在这一点上其总原理是统一的。在广义电磁波谱范围内,包括土壤在内的所有物质电磁特性都可用复介电常数、复折射率、朗伯吸收系数、质量吸收系数这几个反映物质电极化特性相互联系的电磁参数来概括,因此通过分析这几个电磁参数的水分敏感性及土壤质地、容重、含盐量对其影响,才能避开各种具体技术方法的纠缠,正确估计各种土壤水分电磁测量方法进一步研究的潜力。同时这是一个涉及土壤电磁特性和电子测量技术的综合性问题,必须对目前其他物料水分测定技术进行分析和考察,把土壤水分电磁特性与传感测试技术有机结合起来进行研究,这是今后研究的方向。

六、土壤水分循环研究

土壤水是陆地表面水分循环的重要组成部分,土壤含水量高低及其分异特征直接关系到降水在地表的再分配以及产流强度和过程。同时,土壤水状况也直接关系到农业生产和区域生态建设,特别是在干旱和半干旱地区。关于土壤水分及其循环研究,中国土壤科学家做过大量研究,取得了许多创造性贡献,在此仅介绍在黄土高原地区的重要成果。作为独特的自然地理单元,黄土高原地区黄土堆积深厚、降水量季节性明显。中国科学院西北水土保持研究所(现中国科学院水土保持研究所)李玉山、杨文治等学者通过长期大量野外实验观测,对黄土高原地区土壤水分循环特征及其植物利用效率进行了系统研究,取得了创新性成果。他们提出的土壤水库概念及对其功能和作用等的研究结果对科学指导渭北旱原区旱作农业发展提供了科学依据。他们在实验中发现的土壤剖面中存在的"干层"问题,为指导西北黄土高原地区的生态恢复建设提供了科学依据。"土壤干层"发现及对其区域分异规律的研究结果,对科学认识黄土高原地区陆地水分循环特征具有重要的科学意义。

未来土壤水的研究将在以下方面深入开展:①土壤水分的研究将与土壤—植物—大气系统的研究、与生态系统的研究紧密结合,涉及土壤学、农业气象学、植物生理学、水力学、环境学、生态学、地学等多学科的交叉联合研究是未来土壤水研究的发展趋势;②随着全球环境问题的不断日益严峻,土壤中的溶质运移、污染物的扩散稀释、优先流等理论研究将受到关注;③随着中国经济的飞速发展、城市化进程的加快,土壤水研究的范围将更加广泛,基于不同陆面过程的土壤水分动态变化研究将是一个主要研究方向;④土壤水的测试仪器将更为精密,土壤水的动态基理性研究将更加深入,以农业节水和高效用水为中心的土壤水与作物关系研究将广泛开展。

第三节 中国土壤溶质、热量与空气研究

一、土壤溶质迁移研究

土壤中水分和溶质运移一直是土壤—水环境系统中的研究热点。尽管人们对土壤溶质迁移现象的认识较早,可以追溯到公元前,但人们对土壤溶质迁移的研究相对较晚,在世界范围内,主要的研究始于20世纪初期。而中国对于土壤溶质的迁移研究相对较晚,较早引起中国学者关注的是土壤盐碱化问题,为了改造与利用盐碱地,中国学者早在20世纪60年代就已经开始了对淮北地区的盐分运移过程进行了初步的分析,并针对盐碱地形成的机理提出了合理的灌溉方法与农业措施。与此同时,地下水咸化问题也引起了中国学者的注意,并于60年代对土壤盐分运移与地下水水质的关系行了探讨,随后在中国范围内土壤盐分运移与地下水关系的研究均有展开。此外,在80年代,土壤中农药及重金属污染等问题引起了中国学者对土壤中重金属吸附及农药的运移与降解等方面的注意,并结合国外提出的模型利用计算机对中国土壤溶质迁移过程的模拟进行了初探。在90年代,出现了关于土壤溶质运移的著作,极大地推动了中国土壤溶质迁移的研究进程。在2000年以后,中国对土壤溶质迁移的研究更是蓬勃发展,在引进国外的土壤溶质迁移理论的同时,也提出了新的模型理念,如王全九的土壤溶质迁移几何模型等,杨金忠等的溶质运移随机理论都丰富了土壤溶质运移研究的理论基础,但中国对于土壤溶质研究仍不是十分完善。随着环境问题的出现,中国土壤水溶质运移的研究也逐渐受到关注。石元春等(1986)研究了盐渍土的水盐运动。黄康乐(1988)根据欧拉-拉格朗日坐标相结合解法、交替方向解法和有限元法的思想,提出了求解二维饱和—非饱和溶质运移问题的交替方向特征的有限单元法。有关土壤盐渍化、土壤污染物的扩散理论研究仍将是中国土壤和环境问题的研究热点。李云开等(2005)在对土壤结构定量化的分形表征进行简要阐述的基础上,重点介绍了分形理论在水分特征曲线和水力传导度等土壤水分运动基本参数的分形模型、土壤水分运移过程模拟、土壤溶质运移的非费克现象、弥散度的尺度效应以及溶质运移机制研究方面所取得的一系列成果,并就分形理论今后在土壤水分、溶质运移研究中的应用作了展望。

土壤溶质运移机制的分型理论研究。20世纪70年代Mandelbort分形理论问世以来,已成为探索不规则结构和形态的强有力工具。分形理论及其研究方法引入到土壤物理学研究中,使定量描述土壤结构特征的复杂性质成为可能,在土壤水分和溶质运移机制与过程研究中提供了可靠的参数和理论支持,已成为该领域最有效的理论和方法之一。有关研究表面(2001),多孔介质是包含多重的、嵌套和天然的空间与时间的尺度的介质,可将多孔介质划分为4种尺度:孔隙尺度、实验室尺度、田间尺度、区域含水层尺度。但无论何种尺度,介质都是非均质性的,在某一尺度上测

量得到的性质可能不适用于其他尺度。大量研究表明,用 ADE 模型或带有宏观弥散度的 ADE 模型来描述溶质迁移过程时,弥散度具有尺度效应,即弥散度随研究区域的尺度增大而增大的现象(刘建国,2001)。大量的土柱穿透曲线试验显示出弥散度随土柱长度的增加而加大。刘建国等(2001)通过归纳总结,得出弥散度与运移距离及多孔介质孔隙表面分形维数存在一定关系。2005年,由中国科学院、水利部、西北农林科技大学水保所主持的"旱区土壤中物质迁移理论与方法研究"项目针对干旱半干旱地区农业生产、水土资源高效利用以及生态环境修复中存在的有关理论、方法和生产实际等方面的问题开展了大量理论分析和实验研究工作,在土壤水分、溶质和热传递理论、模拟型和参数确定、节水灌溉技术等方面取得了重要研究进展和成果,成果在陕西、新疆等干旱半干旱地区的现代农业生产、水土资源高效利用、西北地区生态环境建设方面将发挥积极的作用。揭示土壤水分运动特征、建立相应的预测预报模型和合理调控土壤水分状况是发展节水灌溉技术和实现农业高效用水的基础。

二、土壤热量状况研究

土壤温度对农业生产有重要意义,中国学者早在 20 世纪 50 年代就开始了对土壤温度的研究,这些研究大部分是针对土壤温度与作物生长的关系,如宛敏渭等(1957)认为秋播时 5 厘米土温以 9℃~16℃为宜。曾友梅(1957)认为土壤温度可以显著的改变作物内的水分平衡,以至导致作物体内因水量平衡失调而死亡。进入 60 年代~70 年代,中国对土壤温度与肥力及作物根系吸收土壤养分能力的研究逐渐增多,如土壤温度与氮素矿化速率的关系、土壤速效磷含量与土壤温度之间的关系、土壤温度对固定磷元素的作用、土壤离子扩散速率与土壤温度的关系等多个方面。土壤温度是土水势的重要影响因素,土壤水分与土壤热力学的关系自 60 年代起就引起了人们的关注,然而对土壤温度与土水势、土壤水分运动规律等关系方面的研究多始于 80 年代,如白锦鳞等(1988)对不同土壤在不同的热力学条件下的土壤水分吸附特性、张一平等(1990)对不同土壤在不同的温度条件下土壤水势的变化及特点的研究。与此同时,中国学者林家鼎(1983)与孙菽芬(1985)等也开始了将土壤温度作为一个影响土壤水分蒸发的因素并结合土壤水分运动方程来综合模拟土壤水分蒸发与运动过程。随之,关于土壤温度与土壤蒸发、水分运动的讨论在国内热烈展开。进入 90 年代以后,中国学者对土壤温度与土壤溶质迁移的关系的关注逐渐增加,即水、热、盐耦合运动的研究,以及不同农作措施土壤温度场的影响等方面的研究。

三、土壤空气研究

土壤空气是土壤物理学中研究较为薄弱的一个分支,在 20 世纪 60 年代中国学者就已经对土壤空气有了初步的认识,如程云生(1963)通过研究发现烤田可以明显的改变土壤空气组成,土壤中氧气含量可以显著的改变土壤化学、生物过程。但上述研究较为零散,未成为一个体系。程云生于 1965 总结了国外土壤空气研究的进展,将土壤空气的相关理论引入中国,认为对土壤空气的研究是中国土壤学研究的一项重要任务,土壤空气的研究对中国农业生产具有重要意义。在 70 年代,关于如何合理调整土壤空气以适宜农作物生长推动农业发展开展了专题讨论会。尽管近 30 年来,中国对土壤空气的研究又取得了新的进步,并在土壤空气对土壤氧化还原电位、土壤水分入渗的阻力等方面取得了一定的进展,但对土壤空气的研究依然较为不充分。

第四节 中国土壤物理主要代表著作

《土壤物理学》由姚贤良与程云生编著,并于1986年出版,是中国较早对国内外土壤物理研究成果进行的系统总结。该著作涵盖了土壤的质地、结构、水、气、热、磁性等诸多方面,具有很强的生产指导意义。此外,该书的各个章节均总结了中国不同区域土壤物理状况及国内当时的研究进展与成果。该著作的出版对中国土壤物理学的发展具有重要意义。

《土壤物理学》由邵明安与王全九等多位科研人员编著,于2006年出版,是目前较新的系统介绍土壤物理学理论的书籍,并一直受到国内科研工作者的好评。与姚贤良的著作不同,该书更注重土壤物理学的基础知识及数理模拟方法。该书各个章节的编写均与作者科研工作者的成果相结合,对中国土壤物理教育的展开有重要的推动作用。

《土壤水动力学》由雷志栋、杨诗秀等多位国内专家编写,于1988出版,是中国关于土壤水分运动方面最为经典的著作之一。该书系统介绍了土壤水分运动的数理方程及国内外土壤入渗、蒸发等模型的推导过程及土壤水分运动参数的测定方法等方面的内容。是中国最早将国外理论系统引入中国的经典论著,至今仍对中国土壤水动力学的发展具有重要的意义与参考价值。

《土壤溶质运移》由李韵珠、李保国等多位学者编著,于1998年出版,是中国最早的关于土壤溶质运移方面较为系统、全面的经典著作。该书内容系统全面,涵盖了土壤溶质运移的化学过程、基本理论、溶质运移模型及求解方法等多方面内容,是进行土壤溶质运移研究的必备手册。该书不仅丰富、完善了中国对土壤溶质运移研究的理论基础,也对该方面科研工作具有较强的指导意义。

《土壤—植物—大气连续体水分传输理论及其应用》是由康绍忠、刘晓明、熊运章等多位国内专家进行编著而成,并于1994年出版的中国较早关于农田水分循环方面的经典著作。作者总结了国内外20世纪90年代关于SPAC(土壤—植物—大气连续体)的研究成果,并注重与实际应用相结合。是对中国农田水分循环、转化过程等方面理论知识的补充与完善。

《波涌灌溉试验研究与应用》由王文焰编著,于1994年出版,在理论上论述了波涌灌溉的节水机理,表土致密层的形成与发展;在应用上论述了波涌灌溉的适用条件及效益分析与计算等方面内容。为中国发展节水农业提供了理论基础与一定的技术支撑,受到国内专家的好评。

参考文献:

[1] 熊毅. 土壤质地之研究[J]. 地质评论. 1937,2(1):23-38.

[2] 中国科学院南京土壤研究所主编. 中国土壤[M]. 北京:科学出版社,1978.

[3] 邓时琴,徐梦熊. 中国土壤颗粒研究Ⅰ:太湖地区白土型水稻土中白土层土壤及其各级颗粒的理化特性[J]. 土壤学报,1982,19(1):22-33.

[4] 邓时琴,徐梦熊. 中国土壤颗粒研究Ⅱ:太湖地区黄泥土型水稻土及其各级颗粒的理化特性[J]. 土壤学报,1986,23(1):57-68.

[5] 邓时琴. 关于修改和补充我国土壤质地分类系统的建议[J]. 土壤,1986(6):304-311.

[6] 朱莲青. 水稻土的构造[J]. 土壤季刊,1940,1(2).

[7] 朱祖祥,袁可能. 水稻土与各种冬季作物轮栽对于土壤构造的影响[J]. 浙江农学院学报,1957,2(1):

115-120.

[8] 林景亮.鹰厦铁路沿线几种水稻土的微团粒含量与水稻产量的关系[J].水稻土通讯,1958(2).

[9] 陈志诚.广东省几种水稻土耕层中团聚体与土壤耕性及肥力的关系[J].土壤通报,1961(3):24-30.

[10] 姚贤良,于德芬.赣中丘陵地区红壤性水稻土的结构状况及其肥力意义[J].土壤学报,1962,10(3):267-288.

[11] 姚贤良,于德芬.赣中丘陵地区红壤及红壤性水稻土的胶结物质及其与土壤结构形成的关系[J].土壤学报,1964(1):43-54.

[12] 姚贤良,于德芬.关于集约农作制下的土壤结构问题Ⅰ:有机物料及其利用方式对土壤结构的影响[J].土壤学报,1985(3):241-250.

[13] 姚贤良,许绣云,于德芬.不同利用方式下红壤结构的形成[J].土壤学报,1990,27(1):25-33.

[14] 姚贤良,于德芬.赣中丘陵地区红壤的不同结构状况对土壤养分的影响[J].土壤学报,1979(1):75-80.

[15] 姚贤良,于德芬.赣中丘陵地区红壤的不同结构对某些水分物理性质的影响[J].土壤学报,1966(1):65-72.

[16] 赵诚斋,周正度,董百舒.苏南地区水稻土的合理耕作的研究[J].土壤学报,1981(3):223-233.

[17] 赵诚斋.太湖地区水稻土的物理特性与少免耕法的关系[J].土壤学报,1989,26(2):102-108.

[18] 朱咏莉,刘军,王益权.国内外土壤结构改良剂的研究利用综述[J].水土保持学报,2001,15(6):140-142.

[19] 蒋定生.黄土高原水土流失与治理模式[M].北京:中国水利水电出版社,1997.

[20] 杨文治,邵明安.黄土高原土壤水分研究[M].北京:科学出版社,2000.

[21] 王文焰,张建丰,汪志荣,等.黄土中砂层对入渗特性的影响[J].岩土工程学报,1995(5):33-41.

[22] 蒋定生,黄国俊.黄土高原土壤入渗速率的研究[J].土壤学报,1986(4):299-305.

[23] 王文焰,张建丰,王全九,等.黄土浑水入渗能力的试验研究[J].水土保持学报,1994(1):59-62.

[24] 王全九,王文焰,邵明安,等.浑水入渗机制及模拟模型研究[J].农业工程学报,1999(1):141-144.

[25] 汪志荣,王文焰,王全九,等.浑水波涌灌溉入渗机制及其 Green-Ampt 模型[J].水利学报,1998(10):45-49.

[26] 蒋定生,范兴科,黄国俊.黄土高原坡耕地水土保持措施效益评价试验研究(Ⅰ)坡耕地水土保持措施对降雨入渗的影响[J].水土保持学报,1990(2):1-10.

[27] 康绍忠,张书函,聂光镛,等.内蒙古敖包小流域土壤入渗分布规律的研究[J].土壤侵蚀与水土保持学报,1996(2):38,46.

[28] 吴长文,王礼先.林地土壤的入渗及其模拟分析[J].水土保持研究,1995(1):71,75.

[29] 张光辉,梁一民.黄土丘陵区人工草地径流起始时间研究[J].水土保持学报,1995(3):78-83.

[30] 石生新,蒋定生.几种水土保持措施对强化降水入渗和减沙的影响试验研究[J].水土保持研究,1994,1(1):82-88.

[31] 郭瑛.一种非饱和产流模型的探讨[J].水文,1982(1):1-7.

[32] 包为民.格林—安普特下渗曲线的改进和应用[J].人民黄河,1993(9):1-3.

[33] 符素华,刘宝元,吴敬东,等.北京地区坡面径流计算模型的比较研究[J].地理科学,2002(5):604-609.

[34] 王文焰,汪志荣,王全九,等.黄土中 Green-Ampt 入渗模型的改进与验证[J].水利学报,2003(5):30-34.

[35] 邵明安,王全九,Horton Robert.推求土壤水分运动参数的简单入渗法Ⅱ.实验验证[J].土壤学报,2000(2):217-224.

[36] 邵明安,王全九.推求土壤水分运动参数的简单入渗法Ⅰ.理论分析[J].土壤学报,2000(1):1,8.

[37] 张光辉,邵明安.用土壤物理特性推求 Green-Ampt 入渗模型中吸力参数[J].土壤学报,2000(4):553-557.

[38] 王全九,来剑斌,李毅.Green-Ampt 模型与 Philip 入渗模型的对比分析[J].农业工程学报,2002(2):

13-16.

[39] 雷志栋,杨诗秀. 非饱和土壤水一维流动的数值计算[J]. 土壤学报,1982,19(2):141-153.

[40] 杨诗秀,雷志栋,谢森传. 匀质土壤一维非饱和流动通用程序[J]. 土壤学报,1985,22(1):24-34.

[41] 杨金忠. 二维饱和与非饱和水分运动的理论及实验研究[J]. 水利学报,1989(4):55-61.

[42] 申双和,周英. 农田土壤水分的随机模拟和预报[J]. 南京气象学院学报,1993,16(3):324-328.

[43] 李洪文,高焕文. 保护性耕地土壤水分模型[J]. 中国农业大学学报,1996,1(2):25-30.

[44] 李军,邵明安,张兴昌,等. 黄土高原旱塬地冬小麦水分生产潜力与土壤水分动态的模拟研究[J]. 自然资源学报,2004,19(6):738-746.

[45] 史海滨,陈亚新. 土壤水分空间变异的套合结构模型及区域信息估值[J]. 水利学报,1994(7):70-77,89.

[46] 李毅,门旗,罗英. 土壤水分空间变异性对灌溉决策的影响研究[J]. 干旱地区农业研究,2000,18(2):80-85.

[47] 傅伯杰,杨志坚,王仰麟. 黄土丘陵坡地土壤水分空间分布数学模型[J]. 中国科学,2001,31(3):185-191.

[48] 刘云鹏. 土壤结构的分形特征及土壤水分运动模型研究[D]. 杨凌:西北农林科技大学,2002.

[49] 熊亚兰,魏朝富. 西南丘陵区坡地土壤水分的时空变异[J]. 土壤学报,2006,37(1):22-26.

[50] 雷志栋,胡和平,杨诗秀. 土壤水研究进展与评述[J]. 水科学进展,1999(3):311-318.

[51] 王文焰,张建丰. 室内一维土柱入渗试验装置系统的研究及应用[J]. 土壤学报,1991,28(4):447-451.

[52] 王文焰,张建丰,汪志荣. r透射法测量土壤含水量的层间分辨率实验研究[J]. 水利学报,2004(8):85-89.

[53] 李玉山. 黄土区土壤水分循环特征及其对陆地水分循环的影响. 生态学报,1983,3(2):91-101.

[54] 李玉山,韩仕峰,汪正华. 黄土高原土壤水分性质及其分区. 中国科学院西北水土保持研究所集刊,1985(2):1-17.

[55] 孙怀文,高立峰. 安徽淮北"花碱土"的类型和积盐规律及其水盐动态的特点[J]. 土壤通报,1964(5):16-21.

[56] 王遵亲,刘有昌,黎立群,等. 山东聊城盐渍土的形成条件及其分布规律[J]. 土壤学报,1963(4):343-360.

[57] 倪尔玺,徐世保. 花碱土小麦井灌问题的初步研究[J]. 安徽农业科学,1965(5):13-23.

[58] 倪尔玺,徐世保. 皖北花碱土的积盐特性及小麦井灌初步研究[J]. 土壤通报,1964(3):45-47.

[59] 羊锦忠,李凤岭,郝孝文,等. 土壤积盐与地下水关系的分析[J]. 水利学报,1965(2):72-78.

[60] 娄溥礼. 土壤积盐与地下水关系的分析[J]. 水利学报,1964(3):1-12.

[61] 石元春. 黄淮海平原的水盐运动和旱涝盐碱的综合治理[M]. 石家庄:河北人民出版社,1983.

[62] 林玉锁,薛家骅. 锌在石灰性土壤中的吸附动力学初步研究[J]. 环境科学学报,1989(2):144-148.

[63] 林玉锁,薛家骅. 由Freundlich方程探讨锌在石灰性土壤中的吸附机制和迁移规律[J]. 土壤学报,1991(4):390-395.

[64] 陈秋方,Evans A. E.,Nicholls P. H.,等. 用计算机模拟农药在土壤中的移动和降解[J]. 土壤学报. 1986(4):375-381.

[65] 石元春,李保国,李韵珠,等. 区域水盐运动监测预报[M]. 石家庄:河北科学技术出版社,1991.

[66] 李韵珠,李保国. 土壤溶质运移[M]. 北京:科学出版社,1996.

[67] Wang J Q, Horton R, Jonhonn. A simple model relating soil water characteristic curve and solute break through curve[J]. Soil Science,2002,167(7):436-443.

[68] 杨金钟. 多孔介质中水分及溶质运移的随机理论[M]. 北京:科学出版社,2000.

[69] 李云开,杨培岭,任树梅,等. 土壤水分与溶质运移机制的分形理论研究进展[J]. 水利科学进展,2005,16(6):892-899.

[70] 朱兆良,廖先苓,蔡贵信,等. 苏州地区双三制下土壤养分状况和水稻对肥料的反应[J]. 土壤学报,1978(2):126-137.

[71] 彭千涛,钦绳武,刘芷宇.温度对 Olsen 法提取土壤速效磷量的影响[J].土壤,1980(1):28-30.

[72] 万兆良.应用^{32}P 研究四川省 6 种土壤固定磷的能力及在不同温度条件下对土壤固定磷的影响[J].核农学报,1981(2):40-45.

[73] 于天仁.土壤的电化学性质及其研究法[M].北京:科学出版社,1976.

[74] 朱祖祥.土壤水分的能量概念及其意义[J].土壤学进展,1979(1):1-21.

[75] 白锦鳞,张一平,戴万宏.几种土壤吸附气态水的特性及其热力学函数的研究[J].土壤学报,1988(2):132-138.

[76] 张一平,白锦鳞,张君常,等.温度对土壤水势影响的研究[J].土壤学报,1990(4):454-458.

[77] 林家鼎,孙菽芬.土壤内水分流动、温度分布及其表面蒸发效应的研究——土壤表面蒸发阻抗的探讨[J].水利学报,1983(7):1-8.

[78] 孙菽芬.土壤内水分流动、温度分布及其表面蒸发效应的研究[J].水利学报,1985(1):68.

[79] 李毅,王文焰,王全九.半无限深盐碱土等温再分布的水盐运移试验研究[J].灌溉排水学报,2008(2):30-34.

[80] 李毅,王文焰,王全九,等.温度势梯度下土壤水平一维水盐运动特征的实验研究[J].农业工程学报,2002(6):4-8.

[81] 程云生,N.JI 格列钦.土壤氧气状况及其对生草灰化土性质的影响[J].土壤学报,1960(1):41-64.

[82] 程云生.土壤空气研究概况[J].土壤学报,1965(3):344-353.

[83] 江平.土壤—空气—作物[J].灌溉排水学报,1978(Z1):76-77.

[84] 李援农,林性粹,杨江涛,等.土壤空气阻力对水平畦灌溉的影响[J].西北农林科技大学学报,2000(3):70-73.

[85] 李援农.浑水灌溉禁锢土壤空气压力影响的研究[J].干旱地区农业研究,2003(1):91-93.

第四章 中国土壤地理学研究

土壤地理学是以土壤及其与地理环境系统的关系作为研究对象,它是研究土壤的发生发育、土壤分类及时空分异规律,进而为调控、改造和利用土壤资源提供科学依据的学科,是自然地理学与土壤科学之间的交叉学科,也是一门综合性和生产性很强的学科。土壤各物质组成和各个土层之间的物质迁移与能量转换是推动土壤发生发育的内因,各地理环境因素与土壤之间的物质能量交换则是土壤发生发育的外因,外因通过内因起作用,外因还对内因有一定的控制作用。地理环境对土壤的作用就是推动土壤及其母质内部物质能量的迁移转化,物质能量从地理环境输入土壤,然后经土壤内部的迁移转化再向地理环境输出。土壤与地理环境之间的这种既相互对立、又相互依存、相互作用和相互转化的对立统一关系,决定着土壤发生发育的方向及其空间分异规律。

第一节 土壤地理学的研究内容

土壤地理学在充分研究土壤与地理环境之间物质能量迁移转化机制的基础上,揭示土壤类型及其特性的时空分异规律,为合理开发、持续利用土壤资源、保护土壤环境提供科学依据。土壤地理学主要研究土壤的发生和演变、土壤分类、土壤分布、土壤区划和土壤资源评价几个方面。

一、关于土壤发生发育、诊断特性与系统分类的研究

土壤的发生和演变主要是研究成土因素在土壤形成中的作用,以及土壤随成土因素的变化和成土过程的发展,从一种类型演变为另一种类型的过程。其中,土壤与地理环境间的物质和能量交换、土体中物质和能量的迁移与转化是最重要的研究内容;对土壤性质、形态的定性和定量观测与分析是研究的基本依据。土壤分类是根据土壤成土因素、成土过程及土壤自身的属性和肥力特征等方面的异同,按一定的原则和系统,对土壤进行划分归类。土壤分类的完善程度取决于土壤科学发展水平。

地理环境的复杂多变性就决定了土壤发生发育过程的复杂性、土壤诊断特性及土壤类型的复杂多样性。因此,开展土壤发生学、诊断特性及其土壤分类研究是土壤资源合理开发与持续利用、土壤环境保护以及全球土壤变化研究的基础,也是现代土壤地理学首要的基础理论性研究工作。开展不同景观尺度土壤发生过程建模,单个土体土层尺度内的物理化学过程定量研究以及有关人为作用对土壤形成及性状变化的影响均成为现代土壤地理学研究的前缘领域。土壤学界还没有一个世界统一的土壤分类体系,1978年国际土壤学大会倡议发展国际性土壤分类,并成立了国际土壤分类参比基础 IRB (International Reference Base for Soil Classification)。之后,通过吸收各国土壤学研究成果并以诊断层和诊断特性为基础,发展成为现在的世界土壤资源参比基础 WRB (World Reference Base for Soil Resources),从而形成了世界各国交流土壤资源信息与研究成果的中介。

二、关于土被结构和土壤—地形数字化数据库(SOTER)的研究

土壤地理学在深入研究土壤个体(或聚合土体)物质组成、诊断特性及其演化的基础上,对于土被(土壤群体)的发生、演替、空间结构及其分类系统研究是土壤地理学研究的深化。土被与地理环境之间存在密切的发生联系,特别是结合气候变化、植被演替和地貌发育来研究土被的发生与演替,对于合理开发和持续利用土壤资源具有重要的意义。近些年来国际学术界十分重视世界土壤—地形数字化数据库(SOTER)的研究,该数据库首先将土壤和土地分类系统及其研究成果资料标准化、定量化,创建土壤图斑单元界线(多边形属性)子库、土地组分属性子库和土壤层属性子库;再系统地将这些数据子库存储在计算机中,可按照需要随时输出,并能够与其他资源数据库(如气候、地貌、植被、土地利用、土地覆盖类型等)结合在一起进行综合分析研究,为不同空间尺度的土壤资源利用与管理提供科学依据。

三、关于土壤调查、制图和土壤资源评价的研究

土壤调查主要是指通过对土壤形成和发育过程所产生的土壤特性的测定,确定土壤类型的分布范围。土壤调查是认识土壤、掌握土壤地理发生学理论、科学地描述土壤以及进行土壤系统分类研究之基础。土壤调查与制图是土壤地理学最基本的研究内容和方法之一,现代遥感技术(RS)、地理信息系统(GIS)和全球定位系统(GPS)已经成为现代土壤调查与制图的支柱,这些新技术的应用加快了土壤调查、制图的速度和精度,为土壤资源合理利用、综合配置、全面规划、农林牧各业的协调发展提供可靠的依据和保证。以专家系统支持下的土壤遥感影像自动识别、直接制图是联系土壤调查与土地评价的纽带。以土壤为核心的土地评价、土地开发整理也已经成为现代土壤地理学应用基础研究工作之一。是对具有农、林、牧业生产能力或者其他功能的各种土壤类型进行数量和质量的评定。土地评价包括农业土壤资源评价、林业土壤资源评价、牧业土壤资源评价、工程土壤资源评价和环境土壤资源评价等。

对野外土壤的成土因素、成土过程和土壤剖面形态进行观察、描述、比较分析和分类,绘制土壤图,编写调查报告,是土壤地理学传统的基本研究方法。随着科学技术的发展,土壤调查和制图的技术手段、方法和装备已有很大改进。如土壤的遥感遥测、电子计算机的应用、土壤制图的自动化等,为土壤地理研究的深化提供了现代化新技术。

四、关于地理环境、人类活动与土壤圈相互作用的研究

土壤圈内的各种土壤类型、诊断特性都是过去和现在大气圈、水圈、生物圈、岩石圈之间物质能量迁移转化的结果,也是人类智能圈与地圈相互作用的记录。因此,土壤圈的内在结构、功能及其演化在地球系统中的地位,以及人类活动、地圈与土壤圈的相互作用已经成为现代土壤地理学的重要研究内容之一。其研究热点领域包括:土壤圈与生物圈、大气圈之间的碳、氮、硫、磷等养分元素的迁移转化过程及其环境效应的研究;土壤圈与水圈之间的水分循环与物质迁移;土壤圈物质能量循环与地球生命、人类生存环境以及全球变化之关系研究。

五、关于土壤资源保护及被污染土壤的修复技术的研究

从人类社会经济发展的角度来看,土壤是一种非再生的自然资源,如何合理开发利用和管理土壤,是土壤地理学研究的重要组成部分。土壤资源保护研究的内容主要包括土壤侵蚀(包括水

土流失与面状污染源控制)、土壤风蚀沙化、土壤肥力退化、土壤盐碱化、土壤酸化、土壤性状恶化等的防治。其重点研究领域包括土壤退化形成机制及其时空分异规律,土壤退化评价指标体系的建立,土壤退化治理的决策系统研究,土壤退化的治理模式研究等。同时,运用地理学和生态学的基本原理,研究土壤各组成成分、土层,以及土壤与生态环境之间的物质能量过程及其规律性,有效实施以土壤持续利用为核心的土地整理与良性高效农业生态系统的重建也是土壤资源保护研究的新方向。随着社会经济的快速发展,大量工业废水、废渣、废气直接或间接通过大气、水体、生物向土壤环境输入,同时在农业生产过程中过多地施用化肥、农药及污水灌溉,使土壤不同程度地遭受污染。故用生物技术和方法来治理土壤污染,使土壤恢复其正常功能的途径,即土壤生物修复技术(Soil bioremediation)已成为现代土壤科学研究的新内容。如 Lena 等 2001 年的研究表明,一种耐寒、适应性强、速生的欧洲蕨,能够在短时间内将土壤中大量砷吸收并积累到其复叶之中,它不仅能祛除土壤中不同浓度的砷,还能祛除土壤中不同形态的砷,且欧洲蕨体内高达 93% 的砷被富集到复叶,从而使欧洲蕨成为修复土壤砷污染的救星。

第二节　土壤地理学的研究方法

一、土壤野外调查与定位观测研究法

在综合分析区域文献资料的基础上,通过野外对成土环境、土壤剖面及其诊断特性、土壤利用现状进行综合的观察与研究,运用地理比较研究法和相关分析研究法,从宏观上把握区域土壤形成过程、土壤性状特征及其地理分异规律,然后绘制区域土壤图,采集土壤标本与土壤分析样品,即土壤地理学传统的基本研究方法和一般流程,如图 2-4-1 所示。

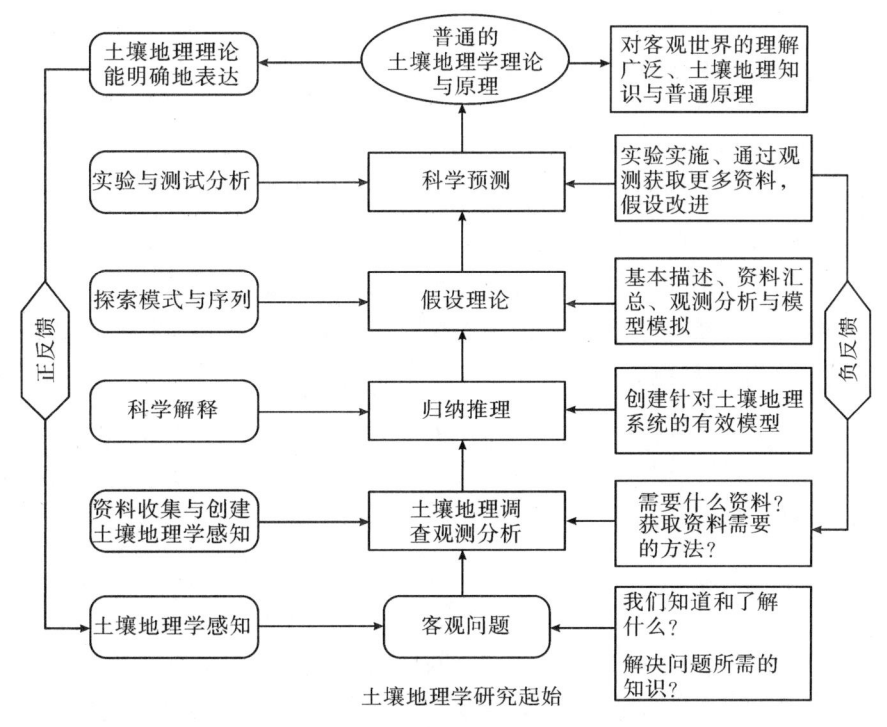

图 2-4-1　土壤地理学研究步骤示意图

在有条件的情况下,可修建土壤野外定位观测站,获取连续性的土壤资料,以揭示土壤动态变化规律。在高新技术条件下对野外土壤性状进行动态监测已成为可能,如现代精准农业生产过程中均配备有土壤养分快速监测子系统,以指导合理施肥和定向培肥土壤。土壤野外调查与定位观测是土壤地理学传统的、基本研究方法,也是获取土壤信息的必不可少的手段。随着科学技术的发展,土壤调查和制图的技术手段、方法和装备已有很大改进。如土壤的遥感遥测、电子计算机的应用、土壤制图的自动化等,为土壤地理研究的深化提供了现代化新技术。

二、实验室化验分析与实验模拟研究法

土壤是一个可以从物质组成和形态特征方面剖析的自然体,因此,可以借助现代分析测试手段,在实验室对野外采集的土壤样品进行土壤物理、化学、生物、微形态等方面的化验分析,定量地获取有关土壤物质组成、理化性状、微生物区系及数量、土壤微形态等方面的信息,以揭示土壤物质和人为污染物的淋溶、迁移、富集与时空分异规律,为研究土壤形成过程、分类及其合理利用提供必要的基本数据。这是现代土壤地理学研究中不可缺少的重要环节。

三、遥感技术在土壤调查中的应用

借助现代遥感信息对区域土壤进行解译,是现代土壤调查与制图的基本方法,也是进行土壤空间分异、土壤利用现状及其动态监测的技术手段。通过多时相、多光谱、多种遥感信息源图像的综合研究,将图像处理技术、计算机自动制图方法应用于土壤资源、土壤水分、水土保持以及区域土壤变化监测等研究领域,以开发区域土壤退化遥感监测系统已经成为新的研究方向。在进行广泛国际交流的基础上,使土壤野外调查、实验室分析方法标准化,借助遥感技术有计划地开展区域土壤—土地数字化数据库(SOTER)工作,以充分发挥遥感技术在全球土壤变化、土地资源评价和土壤退化防治研究中的作用。

四、数理统计与 S-GIS 在土壤研究中应用

土壤诊断特性属于多指标、多变量的综合信息,需要应用多元数理统计的方法来研究成土条件、土壤性状与土壤类型之间的内在联系。用可计量的指标来刻画土壤发生过程,以土壤类型的边界概念替代中心概念,并在此基础上借助计算机硬件、软件、数据库等技术手段,创建区域土壤地理信息系统(SGIS)、土壤分类计算机检索系统和区域土壤数值分类软件,以完善土壤系统分类的原则和系统、诊断层和诊断特性,加强和改进土壤调查信息的收集、贮存、操作和传播,从而推进数字土壤或者区域土壤信息数据库的研究。由于土壤信息具有高度的非线性和动态性,包含了许多难以量化的物理、化学和生物学现象与过程,再加上土壤系统又是一个复杂多变的开放系统,在研究土壤系统及其演化的过程中,也需要以非线性科学理论为指导,从微观(原子、离子、电子)、宏观角度去进行综合观测分析。

五、土壤历史发生研究法

土壤圈内的各种土壤类型、组成、特性及其空间构型是过去和现在自然环境、人类活动作用的信息记忆块。因此,随着地理环境的变化,如气候变化、新构造运动引起的地质地貌、水文条件、母质的侵蚀与堆积过程的改变等,都会引起土壤发育历史的变化;同时,人类活动方式与强度的改变也会加速或者延缓土壤发育过程。表征这些历史演变信息的是古土壤及其残遗特性,故借助土壤

历史发生研究法如地层分析法、同位素测年法、孢子分析、古土壤及其特性分析,通过确定土壤发育的绝对年龄和相对年龄,就会认识现代土壤的发展过程,为全球变化研究提供科学依据。

第三节　中国土壤地理学的发展

土壤地理学是土壤科学的一个重要基础性分支学科,也是土壤科学中发展历史最为悠久的分支学科。它最早可追溯到人类农业活动的起始阶段。因为土壤作为重要的自然资源,人类在农耕之初就开始认识、利用和改造土壤,并逐渐归纳总结了有关土壤的知识与经验,随后土地所有者为了征收田地赋税的需要,也要了解各地土壤肥力等级及其分布。如中国战国时期《尚书·禹贡》中就按土壤颜色、土粒粗细等对土壤进行分类,《管子·地员》篇论述了土壤与地形、地下水、植物的关系。古罗马学者加图(前234～前149)在《论农业》中就建议不同土壤应该种植不同的作物。在古希腊亚里士多德等的著作中也有类似的记述。近代土壤科学的发展始于16世纪,随着自然科学的快速发展,为土壤学和土壤地理学的形成奠定了基础,许多学者开始论证不同地域土壤水分、营养元素和腐殖质与植物生长发育的关系,并逐渐形成了近代土壤地理学的学科基础。19世纪中叶,随着地质学的兴起,一些地质学家根据岩石的风化和残积、沉积物的移动和淀积划分土壤,有的按堆积物成因类型命名土壤,如冲积土、风积土等。所有这些为土壤地理学的创立提供了条件。

一、国外土壤地理学的发展

1. 西欧土壤地理学派的发展

18世纪以后在西欧逐渐形成了近代土壤地理学,其中对土壤科学的发展产生了巨大推动作用的是农业化学土壤学派、农业地质土壤学派、土壤形态发生学派。①以德国科学家李比希(1803～1873)为代表的农业化学土壤学派,提出了矿质元素是植物的主要营养物质,而土壤则是这些营养物质的主要供给源。并认为土壤中能供植物利用的矿质元素是有限的,必须借助增施矿质肥料予以补充,否则,土壤肥力会日趋衰竭,植物产量会不断下降,这就是著名的"归还学说"。这种人为有意识地调节农业生产与土壤之间物质交换的思想,在今天也具有一定的积极意义。李比希同时将化学方法运用于土壤学研究之中,分析土壤与植物的化学组成,从而开辟了土壤地球化学过程、土壤植物化学过程研究的新领域。②以德国地质学家法鲁(1794～1877)为代表的农业地质土壤学派,认为土壤为陆地的一个淋溶层,是岩石经风化作用而形成的地表疏松层,土壤的过去是岩石,而今后将会形成新的岩石,在深入研究土壤矿物形成转化过程的基础上,提出了一些土壤改良、耕作和施肥的措施。但该学派忽视了土壤形成过程中的生物作用,使土壤与母质相互混淆。③以奥地利土壤学家库比纳(Kubiena)为代表的土壤形态发生学派,库比纳首次将土壤薄片显微观察方法引入土壤学研究,创建了土壤微形态学体系,并用来鉴别分类土壤。他用土壤剖面系统特征、土壤发生层的组合来区分土壤的发育阶段,并划分出(A)-C型土壤、A-C型土壤、A-(B)-C型土壤、A-B-C型土壤、B/A-B-C型土壤,即幼年土壤向老年土壤演替的序列。在土壤分类过程中主张按土壤发生序列把土壤归结到不同的分类单位之中。这些研究成果极大地促进土壤科学与土壤地理学的发展。

2. 俄国土壤地理学派的发展

现代土壤地理学奠基人俄国科学家道库恰耶夫(Dokuchaev,1846~1902)于1883年发表了《俄国的黑钙土》,在总结广泛的土壤调查与制图成果的基础上,论述了俄国广阔草原地带一种松软、暗色的富含腐殖质的土壤特征及其空间分布,并从分析不同气候带内土壤类型及其特征入手,揭示了土壤发生与成土环境之间的密切联系,从而创建了著名的成土因素学说,即土壤是气候、生物、母质、地形和陆地年龄(时间)等5种因素综合作用的产物。道库恰耶夫创立的土壤发生学派和土壤地带性学说已经得到了世界各国土壤学家的公认,并已成为现代土壤地理学和自然地理学的重要理论基础。以道库恰耶夫代表的俄国科学家在土壤地理学等方面的学术贡献主要有:从自然—历史学角度对土壤形成进行了科学的解释,提出了土壤形成因素学说,并认为生物因素(动植物及人类活动)在土壤形成中起最主要的作用;揭示了地球陆地表面土壤的地带性分布规律;创建了以发生学原则对土壤进行分类,即根据土壤内在特征及成土因素进行土壤分类,并揭示了土壤与地理景观要素之间规律性联系和相互关系;在深入研究俄罗斯黑钙土的基础上,提出了土地评价的自然—历史方法,以及土壤改良的综合性措施。其代表性论著有《俄国的黑钙土》《论自然地带学说:水平和垂直土壤地带》《近代土壤学在科学与生活中的地位和作用》等。

随后,前苏联学者如威廉斯、波雷诺夫、柯夫达等进一步继承和发展了土壤发生学理论,提出了统一的土壤形成过程学说,并指出土壤的本质特性是土壤肥力,以及土壤形成过程是地表物质的生物小循环与地质大循环的对立统一过程,而生物因素及生物小循环在成土过程中起主导作用,即所谓的土壤生物发生学派。俄国土壤发生学派对土壤与环境之间发生关系的研究,从定性的相关分析开始并逐步趋向定量化。至20世纪中期一些新的重要研究成果已陆续发表,如《植被与土壤》《气候与土壤》《母岩、地形和土壤的关系》《土壤学原理》。这些成果也极大地推进了世界各国土壤地理学的发展。

3. 美国土壤诊断学派的发展

美国著名土壤学家马伯特(C. F. Marbut)是美国现代土壤科学的主要奠基人,他将俄国的土壤发生学派的主要理论引进美国,并以土壤剖面及其性状为研究核心,创建了美国第一个土壤分类系统,其确定的土壤基层分类单元土系在美国土壤科学界一直沿用至今。美国著名土壤学家詹尼(Hans Jenny)对道库恰耶夫和威廉斯的土壤形成因素学说进行了补充修正,并于,1941年发表了《土壤形成因素》专著,认为在土壤形成过程中生物的主导作用并不是到处都是一样的,不同地区、不同类型的土壤往往主导因素是不同的。如果某因素所起的作用超过其他因素,那么就得出以该因素为主导的函数式,将主导因素放在函数式右侧括号内的首位。土壤形成方程式只是对土壤形成概念的一种总结与概括,并不能运用数学方法逐个求解。因为上述成土因素之间具有复杂的内在联系,它们之间相互作用及对土壤形成的综合作用极其复杂多变。自20世纪中期以来,美国土壤学界将现代科学理论与技术运用于土壤调查制图、土壤分类,对土壤组成、形态和属性进行了定量化、标准化的系统研究。美国著名的土壤分类专家史密斯认为:①土壤是气候、地形、生物和人类活动在时间因素的配合下作用于母质的产物,无论在什么地方,只要这些成土因素相同,则产生的土壤也必然相同;②无论在什么地方,只要土壤是相同的,那么土壤性质的表现或反应也是相同的,故可将在一种特定的土壤上获得的经验转移到其他地方的同样土壤上,同时对于类似而不同的土壤其表现或者反应只能是类似但不相同;③在土壤分类时,则根据土壤本身的性质分类土壤,只将发生理论作为选择土壤分异特性的参考,以使将类似发生的土壤归集到同一类别之中的目的。在此基础建立了标准化、定量的上壤诊断层、诊断表层、诊断表下层和诊断特性,形成土壤系统分类体系(Soil Taxonomy)。美国土壤系统分类已经成为世界土壤学界应用最为广泛的土壤分类体系。

二、中国土壤地理学发展概况

中国古代土壤科学不仅起源早,而且土壤观察记载详尽。在长期的农业生产实践之中对区域土壤的认识愈来愈深刻。如2000年之前的《尚书·禹贡》中就记载了中国各地土壤的特征,并根据土壤颜色、质地和结构等划分土壤类型;依据土壤生产力将土壤划分为上、中、下3等9级的肥力等级,成为世界上最早的土壤地理文献。《管子·地员》可说是中国最早的土壤分类文献。中国其他古书如《周礼》《氾胜之书》《齐民要术》等,也都有关于土壤地理知识的记载和总结,中国劳动人民在长期的生产活动中积累的这些宝贵经验,为中国和世界的农业科学、土壤科学和地理科学的发展提供了宝贵的资料。另外,中国自古代起在区域土壤开发利用、改良与培肥等方面逐渐积累了极为丰富的经验,特别是在人工旱耕堆垫熟化形成的黑垆土、人工水耕熟化形成的水稻土、灌溉耕作下形成的灌淤土研究等方面为世界土壤科学发展作出了重要贡献。同时,在对土壤的科学含义和内容进行了广泛的探讨,认为土壤不仅是一个历史自然体,也是劳动的对象和产物,从而概括了自然土壤和耕种土壤的发生发展的基本规律,揭示了两者之间的区别和发生联系,为土壤地理学和农业生产的发展提供了宝贵资料和依据。

中国近代土壤地理学的发展历史较短且进展缓慢,成立于1898年的京师大学堂于1902年12月17日正式开学,其中仕学馆招收学生57名,师范馆招收学生79名,随后又从各省保送的学生中录取50余名。1905年在京师大学堂的农科开设土壤肥料学课程,开始讲授土壤科学知识,而土壤地理学的教学与研究起步较晚。京师大学堂师范馆学制初定3年,后改为4年,其中第1年所定课程为补习普通学科和国学方面的课程,第2年则分设4类授课:第1类以国文外语为主;第2类以史地为主;第3类以数理化为主;第4类以植物、动物、矿物、生理学为主,并在第2类和第4类的课程教学中零星地涉及土壤学的知识。1928年北京师范大学正式将史地系分解并建成了独立的历史学系和地理学系,著名学者王谟、谢家荣、刘玉峰相继于1928年~1931年、1931年~1932年、1932年~1935年间担任地理学系主任。在此期间,谢家荣1931年3月发表了著名的土壤学论著《土壤分类及土壤调查》,与此同时在中华教育文化基金董事会委托之下,谢家荣与北平地质调查所常隆庆等开展了河北省三河、平谷县土壤调查与约测,以及在陕西省渭水流域采集土壤标本,并编绘了中国北方部分地区土壤图和土壤断面图,特别是他们1930年编辑出版了1∶75 000河北省三河平谷蓟县土壤类型彩色图,(如图2-4-2所示),应该属于中国土壤地理学区域研究的开拓之作。

著名学者谢家荣将上述土壤科学研究成果引入北京师范大学地理学教学过程中,这些珍贵的区域土壤调查研究成果自今仍然完好地保存于北京师范大学图书馆中。随后谢家荣、常隆庆、潘德顿、侯光炯等中国第一代土壤学者,在借鉴国际土壤科学研究经验与方法的基础上,开展了广泛的土壤调查与制图工作,初步揭示了中国土壤类型及其分布情形。

著名地理学家黄国璋1930年出版了《社会的地理基础》(世界书局),其中就从社会与土壤方面辩证地论述了人地关系。随后陈恩凤、刘培桐等在对汉中盆地土壤进行调查的基础上,发表了《汉渝公路中段暨渠江流域之土壤与土地利用》;1935年~1944年间老一辈土壤学家朱莲青、李连捷、陈恩凤、余皓、宋达泉、马溶之、侯学煜、席连之等研究了中国地形与土壤分布;马溶之和刘海蓬

(1940~1941)研究了地质与土壤分布;王树嘉和侯学煜(1940~1943)研究了植物与土壤分布;1941年研究了土地利用与土壤分布;刘培桐1942年综合研究了中国气候与土壤之关系。上述研究成果奠定了中国土壤地理学的理论基础。

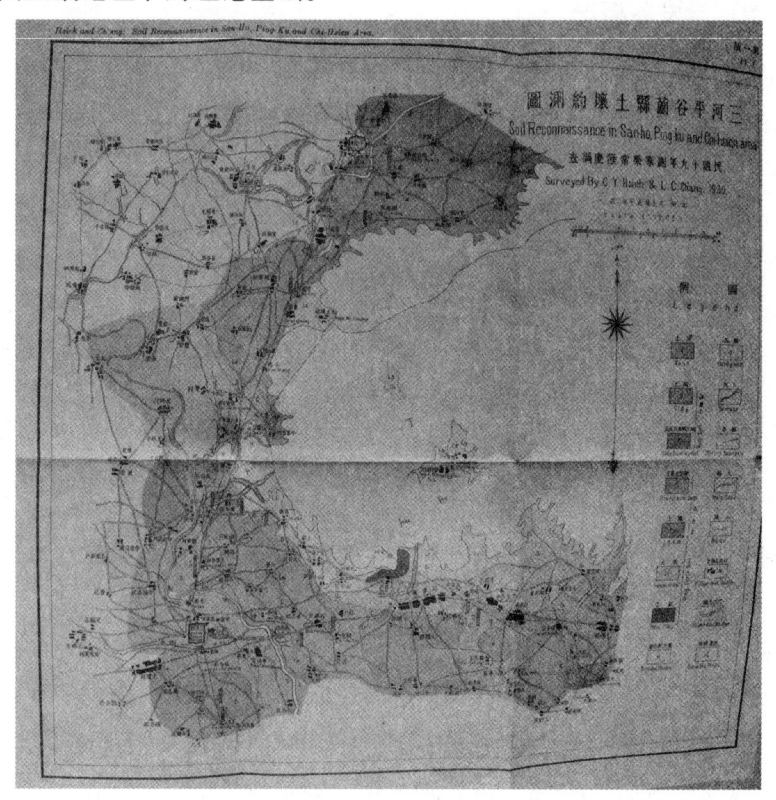

图 2-4-2　北京师范大学图书馆保存的土壤地理学研究成果

1930年前后开展了较大规模的有计划的土壤调查研究工作,曾调查中国中、东部的土壤,并纯粹用地质学方法进行命名。1930年~1949年期间,中国土壤科学的发展受欧美土壤学派的影响较大,在这段时间里,先后对中国的主要土壤开展了调查研究,编绘了全国性和地方性的土壤图,出版了多期土壤专报、土壤季刊,编译了《中国之土壤概要》等专著,拟定了中国最早的土壤分类系统(1941),当时受美国土壤分类的影响,建立了2000多个土系。值得指出的是,中国土壤工作者在20世纪30年代就把水稻土作为独立的土类划分出来,而且明确地指出了水稻土的形成与灰化过程的本质区别,这在当时来说是一个相当重要的成就。

中国近代土壤地理学发展起步较晚,但是从20世纪30年代之后,特别是50年代以来,土壤地理学的研究取得了不少成果。如中国全国土壤调查和制图、中国土壤地理分布规律、水稻土等土壤分类,以及对盐碱土、红粘土和风沙土等的改良和利用等。

中国人民共和国成立后,中国土壤地理学有了长足的进步,土壤地理学的研究一直是围绕国民经济建设和土壤地理学发展的需要开展的。在土壤资源调查和开发利用方面,先后开展了全国性的土壤普查、黄淮海平原盐碱土治理和南方丘陵红壤综合利用等,在工作中广泛采用了遥感航空制图技术。在土壤发生与环境生态方面,重点开展了中国红壤、黑土、盐渍土、水稻土、山地土壤的发生分类研究。近年来还开展定量土壤分类研究。与此同时,不仅开展了生态系统研究,而且还在土壤本底、容量等研究方面,取得明显的进展。随着近代物理学等新兴科学的发展,土壤测试手段和土壤信息系统研究也有了可喜的进展。

1950年著名学者马溶之发表了《中国土壤的地理分布》和《中国土壤的地理区划》,北京师范大学围绕国家建设和农业生产发展,较早地开展了土壤地理学教学与研究,于1950年就组织专家教授编写《土壤地理学讲义》,编绘世界土壤分布图等教学挂图(如图2-4-3所示),1951年陈恩凤出版了《中国土壤地理》(商务印书馆),自此土壤地理学便成为新中国高等地理教育中的骨干课程。为了促进土壤地理学教学与研究,在教育部支持下,1954年北京师范大学组织举办了土壤地理学研究生班,培养土壤地理学教师,并于1955年编写了师范学院地理系地质学土壤地理试行教学大纲,1959年周廷儒和刘培桐发表《中国地形和土壤概述》。在20世纪50年代,刘培桐在国内高校率先创建了土壤地理学实验室、土壤标本室和土壤地理学野外实习基地,并开展了北京郊区土壤抗旱保墒调查及不同地貌部位土壤水分状况动态变化的定位观测研究。

图2-4-3 北京师范大学专家教授编绘的土壤地理教学挂图

20世纪50年代开始,为配合国民经济建设开展了大规模的综合考察、流域规划和专题土壤调查,其中包括华南、滇南橡胶宜林地调查,黄河中游水土保持调查,黄河中下游及长江流域土壤调查,东北土壤调查和黑龙江流域考察,华北地区土壤调查,甘、新、青藏综合考察,还有南水北调西部地区考察等。通过这些考察,形成了一些代表性成果,主要体现在反映当时土壤分类和分布认识的《中国土壤区划》《中国土壤发生类型及其地理分布》和1∶400万中国土壤图、《新疆土壤地理》及新疆1∶100万土壤图。从而建立了一支土壤地理队伍,如中国科学院南京土壤研究所的土壤地理组发展成为土壤地理研究室,在各农业大学中均设立了土壤地理教研室,各大学地理专业也开设了土壤地理课程。与此同时,南京大学、北京师范大学等联合编著出版了《土壤学基础与土壤地理学》教材,促进了中国土壤地理学研究与教学的快速发展。上述众多的土壤地理学研究与教学成果,已经于50年代早期使土壤地理学成为自然地理学中重要的分支学科。

1958年~1959年,开展了以县为单位的、以耕地为中心的全国土壤普查,同时,在"以粮为纲"的指导思想下进行农业土壤的调查和土壤改良工作。20世纪60年代后期,虽然处于"文革"时期,但也开展了一些非常有意义的工作,如西藏和西沙群岛考察等,并随后出版了全国1∶250万和

1∶400万农业土壤图、1∶400万农业土壤肥力图和《中国农业土壤志》《西藏的土壤》《我国西沙群岛土壤和鸟粪磷矿》《中国土壤》等重要著作。

总体来看,1950年后在俄罗斯学派的影响下,在土壤地理研究中地带性学说和地带性分类占主导地位。之后以土壤资源调查和水土保持调查为主的应用基础研究极大地促进了中国土壤地理学各个分支学科的发展。针对热带亚热带地区、东北、青藏高原、黄淮海地区等多个区域的专门土壤研究构成了这一时期中国土壤地理研究的主体,并在此基础上,逐步明确了中国土壤发生、分类和分布的基本状况。

改革开放后,随着第2次全国土壤普查的开展,中国的土壤地理研究得到迅速发展。土壤采样计划(土壤空间变异)、土壤形态学(描述)、土壤分类、土壤制图、土壤资源评价等所有土壤地理学领域都充分发挥了自己的作用,为人才培养、计划实施、成果总结作出了重要贡献,土壤地理学学科建设也得到很大发展。特别是在土壤基层单元建立、小比例尺全国土壤制图等方面取得了明显地进展。土壤遥感及其在土壤资源调查、土壤制图、水土保持、资源评价等方面的应用取得长足进步。在全国土壤普查中,原有的地带性土壤分类问题更加突出,为后来开展定量土壤分类研究提供了契机。1984年中国科学院南京土壤研究所组织开展了历时20多年的"中国土壤系统分类研究",促进了土壤发生学、土壤形态学、土壤制图等诸多土壤地理学分支学科的发展,成为近20多年来中国土壤地理学最活跃的研究领域。

自20世纪90年代以来,随着全球变化问题的日益突出,人类活动对全球环境变化的影响以及这种变化与土壤资源演变之间的互相作用逐步得到重视,在很大程度上引导了中国土壤地理学的发展。赵烨、陈杰等分别对南极无冰区的土壤发生与环境演变、土壤与生态系统进行了观测研究。借助遥感、地理信息系统以及全球定位系统技术的发展,土壤资源研究越来越强调定量化的手段和方法。这一时期,在土壤系统分类研究继续深入的同时,多种遥感数据在土壤资源调查和评价中的应用研究及相关技术发展迅速;随着土壤资源数据库在全球范围内的兴起,中国在海南等地陆续开展了中比例尺的土壤与具体数据库研究,并为区域土地资源的可持续利用提供了重要依据。在全国土壤普查获得的1∶100万土壤图的基础上,对该图进行了数字化处理,初步建立了小比例尺的土壤信息系统。随着土壤质量概念的引进和传播,土壤质量演变和调查及制图也是中国土壤地理学研究的重要内容。

第四节 中国土壤地理学研究进展

一、土壤发生与分类研究

中国人民共和国成立初期,开展了大规模的土壤资源考察和调查,积累了丰富的资料,为土壤发生研究奠定了基础。1954年在全国土壤学会代表大会上拟定了土壤分类,第1次正式采用以成土条件为依据、以土类为基本单元的5级分类制,即土类、亚类、土属、土种、变种。格拉西莫夫和马溶之合著的《中国土壤发生类型及其地理分布》的出版,系统地将前苏联地理发生分类介绍到中国,此后,陆续提出了一些新土壤类型,如黑土、白浆土、黑垆土、砖红壤性土、灰棕荒漠土和棕色荒漠土以及过渡地带性的黄棕壤、砖红壤性红壤等。通过中苏黑龙江流域考察纠正了误认为前苏联远东地区和中国东北地区的白浆土是灰化土的错误。宋达泉等(1958)将中国东北形成于湿润气候条件下、富含有机质、而无碳酸钙积聚的草原土壤正式命名为黑土,以区别于俄罗斯形成于半干旱条件下、富含碳酸钙的草原土壤黑钙土。朱显谟等(1959)将黄土高原分布的一种腐殖质深厚而有机质含量低、具有特殊的假菌丝状碳酸盐淀积并具有粘化特征的耕种土壤称为黑垆土,以区别过去误称的栗钙土。李庆逵(1957)基于对红壤化学性质的研究,将热带海南岛高度富铝化土分类为砖红壤性土,以区别于黏粒 Si_2/Al_2O_3 在 1.33 以下的典型砖红壤。马溶之(1957)阐述了中国干旱土壤形成特点,提出温带干旱区的灰棕荒漠土的形成中易溶盐和石膏主要是积累过程,但有季节性的上下移动现象,而暖温带的棕色荒漠土石膏和易溶盐类在剖面上部的积累特别明显。

1958 年开展了以耕地为主的全国土壤普查,土壤学者广泛总结了各地农民群众土地分类命名和土地利用的经验,尤其重视在长期耕作下的土壤及其形成过程。龚子同、曹升赓、徐琪和雷文进等分别对华南、江西、太湖和里下河地区水稻土的发生演变展开了进一步研究。王吉智通过宁夏淤灌土的研究提出了淤灌土的熟化问题。朱显谟对黄土高原主要耕种土壤尤其是塿土的形成、分类进行了研究,出版了《塿土》一书,推进了耕种土壤研究。在对耕种土壤分类时,有学者强调人为因素在土壤形成过程中的特殊作用,认为耕种土壤已不同于自然土壤发生的特点,主张将耕种土壤和自然土壤作为 2 个独立的系统分开;有学者重视耕种土壤和自然土壤的共同性,主张将耕种土壤在低级单位中加以区分;更多学者认为两者具有共同性又有特殊性,应根据耕种土壤发育的阶段和程度不同而置于统一分类系统中的不同级别上。1978 年在中国土壤学会分类研讨会上形成了"中国土壤分类暂行草案",建立了统一的土壤分类系统,结束了长达 20 年的讨论,充实了水稻土分类,明确了淤灌土、塿土和黑垆土独立土类的位置,潮土也首次作为独立土类划分出来。在 20 世纪 70 年代,通过青藏高原的考察,揭示了青藏土壤形成的幼年性和多元发生的特点,丰富了高山土壤的分类;同时通过对中国南海诸岛的考察,剖析了其成土作用中积盐和脱盐、有机质积累和分解、磷的富集和运移过程,提出了磷质石灰土等一些新的土壤类型。热带亚热带土壤发生和分类研究也一直得到重视,相继出版了《中国红壤》等总结性专著。1978 年 ~ 1984 年,随着交往的增加,土壤系统分类和联合国图例单元传入中国,地理发生分类受到很大影响。1979 年李天杰等提出了开展土壤数值分类的理论与方法。1984 年开始制定(全国土壤普查办公室)的第 2 次土壤普查分类系统,土纲一级增加了人为土、干旱土和初育土,基层分类中也吸收了部分土系概念,最后出版了《中国土壤》和《中国土种志》(1 卷 ~ 6 卷)。

1984 年中国开始了土壤系统分类研究。发生分类在中国土壤科学发展和生产实际应用方面曾起到重要作用。但随着科学技术进步,在实践过程中发生分类显现出一些不足之处。发生分类是建立在土壤发生假说基础上,由于对土壤发生原因认识不同,同一种土壤常被人为地列入不同的归属。在中国科学院和国家自然科学基金持续支持下,由中国科学院南京土壤研究所主持,先后有全国 38 个单位和高等院校 240 多人参加,进行了长达 20 多年的中国土壤系统分类研究,这是中国土壤学家第一次自己制定的一个定量的土壤分类体系。该研究通过拟定适合中国实际的诊断层和诊断特性,创建了一个以诊断层和诊断特性为基础的、全新的谱系式土壤分类,实现了中国土壤分类由定性向定量的跨越;通过创建一系列人为土诊断层建立用以鉴别季风亚热带富铁土的活性富铁层,提出干旱表层代替干旱水分状况来定义干旱土,创立反映青藏高原土壤原始性的诊断表层——草毡表层等,科学地界定了中国特有的土壤类型,并为国际土壤分类提供了借鉴。中国土壤体系分类研究重点剖析了各种人为土壤发生过程,在此基础上建立了一系列人为土诊断层,在世界上首先建立了人为土纲的诊断体系,并被 WRB 完全接受,成为国际上人为土分类的标准。

二、土壤制图研究

土壤制图是土壤地理学的重要内容之一,包括土壤类型制图、土壤组合制图、土被结构制图以及新近发展起来的土壤—地体制图。中国常规土壤制图的发展经历了几个阶段,即早期以区域性制图为主的初创阶段(20 世纪 30 年代～40 年代),以地带性学说为理论依据不断充实土壤制图内容阶段(50 年代～60 年代),重视制图理论方法研究、革新土壤制图体系、发展遥感与地理信息系统阶段(70 年代以后)。

20 世纪 30 年代,在分类上主要受美国 Marbut 分类的影响,县级以下的土壤图以土系为上图单元,但在小比例尺图上提出并应用了土区的概念。50 年代,受前苏联土壤发生学观点和土壤地带性学说的影响,土壤制图发展到全面以土壤类型为制图单元的土壤类型图,同时由于研究的深入,土壤类型的划分更为详细。1955 年格拉西莫夫与马溶之合编的 1∶400 万《中国土壤概图》明显地反映出土壤分类的发生学观点和中国土壤分布的地带性,体现了制图单元的转变。除土壤类型图之外,也开始了大比例尺的土壤质地、养分含量、酸碱度、碳酸钙含量等基本性质的制图研究。70 年代中后期,随着基础和应用基础研究的逐步恢复,土壤制图工作包括土壤制图理论和方法的研究逐渐得到重视,提出了土壤制图体系的概念和划分、土壤组合发生的制图原则以及单区和复区并重的制图表达方式。到 80 年代中后期,已经编制了多幅全国和区域性的、多个比例尺的土壤图,其中运行系列成图方法编制的反映土壤学各分支学科成果的《中国土壤图集》是最具有代表性的。在全国第 2 次土壤普查成果基础上编制的 1∶100 万《中国土壤图》则是迄今为止最详细的全国性土壤图。遥感制图研究也有了极大发展,开始利用卫星遥感数据编制区域性土壤图和土地利用图。

20 世纪 90 年代以来,随着科学技术的不断进步,将地理信息与土壤信息结合起来的土壤地理信息系统显著地改变了传统制图方式和内涵,土壤图从制图方式、表达内容、包含的信息、应用范围等都发生了显著改变,土壤制图从此进入了信息时代。

采用新方法开展数字土壤制图是土壤学科新兴的研究方向。数字土壤制图就是采用现代土壤地理学、遥感、地理信息系统、数据挖掘等理论和方法,完成全球土壤重要属性的高分辨率的数字地图。中国科学院南京土壤研究所于 2009 年参与发起了"全球数字土壤制图计划",并成为该计划的东亚区域中心,负责领导和协调东亚 15 个国家(地区)的相关研究工作,并与北美、南美、欧洲、非洲、大洋洲等中心一起构成了全球网络。在数字土壤制图方法上,周斌(2004)以浙江省龙游县为例从土壤图、地质图、土地利用现状图、DME、TM 遥感影像等相关数据中,使用分类树提取土壤规则知识库,并基于这些规则库生成了该区域的土壤图。朱阿兴等(2005,2007)开展了基于 GIS、模糊聚类和专家知识进行的数字土壤制图研究,并出版了《精细数字土壤普查模型与方法》专著,对精细数字土壤普查的理论和技术及其应用进行了系统研究,内容包括基于模糊逻辑的精细数字土壤的表达模型、定量描述土壤环境要素空间变化的分析技术、获取土壤与环境关系知识的人工智能和机器学习方法、模糊推理的计算手段等。国内其他学者对国外土壤景观模型、计量土壤学的发展也进行了总结和分析(张华等,2004;史舟等,2007;檀满枝等,2009a)。杨志强等(2010)开展了面向系统分类的土壤调查制图方法研究。在土壤特性制图方面,赵量等(2007)以安徽省宣城市丘陵为研究区,使用模糊c均值聚类(FCM)方法对决定性地形因子进行了聚类分析,提取土层厚度与地形之间的对应关系,然后对隶属度高值区土壤进行目的性采样为隶属度函数赋值,制作研究区土层厚度连续分布图。杨琳等(2009)以黑龙江鹤山农场为研究区,利用模糊c均值聚类方法获取模糊隶属度,并采用加权平均的方法对土壤属性(土体厚度和表层有机质)进行预测性制图。檀满枝等(2009b)以江苏省南京市东郊麒麟镇东流村为例,运用模糊c均值算法和地统计学相结合的方法进行土壤预测制图。孙孝林等(2008a,2008b)以亚热带丘陵地区为研究对象,以不同分辨率DEM为基础,建立多元线性土壤—景观模型并运用模型预测研究区土壤表层有机质的含量分布,比较了不同分辨率DEM对土壤—景观模型影响及其预测制图精度的影响。郭鹏涛(2009)在重庆梁平县仁贤镇试验区以土壤特性为研究对象,以地形因子为辅助变量,利用3种预测方法(多元逐步线性回归、普通克里格和回归克里格)对西南地区丘陵山地条件下的土壤特性进行预测。在采样方法上,国内学者也开展了目的性采样方法的研究。杨琳(2009)在鹤山农场研究区进行了目的采样下样本设计与制图精度的关系研究,目的采样同普通采样设计相比,目的采样设计方案是一种有效的采样方案,可以减少采样点、提高采样效率、降低调查成本,最终通过较少样点得到较高精度的土壤图。其研究成果还显示,随着样点数量增加,土壤类型图精度提高,但随其增加到一定数量,精度变化不大。中国科学院寒区旱区环境与工程研究所(2011)以成土因素学说和土壤景观模型理论为基础,运用支持向量机的方法基于青藏高原大片连续多年冻土分布的东部边缘、青海省兴海县温泉地区的野外调查数据,通过对研究区遥感数据的分析,开展了土壤制图方法的研究。以成土因素学说和土壤—景观模型理论为基础,筛选土壤分类潜在变量,在不同的变量组合下运用支持向量机(SVM)的方法建立土壤—景观模型,对整个研究区进行预测性分类。为了更好地检验该方法的有效性,采用五折交叉方式进行结果的验证。并通过对比不同变量组合的交叉验证结果和分布模拟结果图,确定了适合典型冻土区土壤分类的环境变量组合,以较少的样本知识较好地预测该区土壤类型的空间分布。

三、土壤信息系统研究

中国土壤信息系统起步于20世纪80年代中期,近年来得到迅速发展。北京大学遥感中心1986年研制了土壤侵蚀信息系统,中国科学院南京土壤研究所1989年建成了东北三江平原土壤信息系统。90年代后,随着GIS技术发展及其在土壤信息系统中的广泛应用,中国土壤数据库的研究发展到了一个新阶段,1991年中国科学院沈阳应用生态研究所进行了区域土壤信息系统(RSIS)的建立和应用研究。1992年中国科学院南京土壤研究所基本完成了1∶50万海南省SOTER数据库及制图工作。随着SOTER数据库理论和方法的引进,中国先后建立了全国1∶400万SOTER数据库、1∶50万海南和苏南等地的SOTER数据库,1998年在UNDP的支持下,中国科学院南京土壤研究所联合华南热带农业大学应用和发展了SOTER理论及方法,并将海南省作为中国第一个省级单元开展中比例尺(1∶20万)SOTER的建立和典型地区示范研究。与此同时,不同比例尺红壤资源信息系统的研制也迅速开展起来,重点讨论了土壤数据库和土壤信息系统的建造技术,以及土壤信息系统在资源类型划分、资源适应性评价等方面的应用。土壤信息系统是近年来国内外土壤学研究的热点和前沿学科之一,在国民经济和解决全球问题中发挥着重要作用。土壤—土地一体化数据库和精确农业应用研究是当前中国土壤信息系统研究的热点,在研究中更注意解决数据采集、更新、编码和应用的开发等问题。近年,以GIS为基础进行了大量山崩危险性的研究。孙波等(1995),为进行南方红壤丘陵区土壤养分贫瘠化的综合评价,利用普查资料,分省收集东部丘陵区各类土壤表层的相应数据,建立了一个红壤区养分数据库。数据指标包括有机质、全氮、全磷、全钾、速效磷、速效钾等 6 项指标。利用红黄壤地区土壤图作底图,借助 GIS,绘制土壤养分贫瘠化状况评价图,收到很好的效果。王效举等(1997)收集 1983 年~1994 年江西省和泰千烟洲的土壤理化性质和环境条件、多年有关的气象资料、经济数据和土壤剖面等数据,利用 GIS 的制图功能,绘制出千烟洲开荒 11 年后的土壤质量变化图。1:5万~1:25 万 SOTER 数据库的建立已在中国海南省、四川省、北京市、辽宁省、苏南等地区完成。中国 1:400 万 SOTER 的研究已经启动,山东省还对 1:100 万全省 SOTER 数据库进行了研究。1992 年中国科学院南京土壤研究所基本完成了 1:50 万海南省 SOTER 数据库及制图工作,其后北京、四川、辽宁、苏南、山东也陆续建立起本地区的 SOTER 数据库。

21 世纪初是中国土壤信息系统发展最快的时期。中国科学院南京土壤研究所初步建立了较为系统的中国土壤信息系统,建成了全国土壤空间数据库、土壤属性数据库和土壤参比数据库。土壤空间数据库包括全国尺度的 1:1 400 万系列、1:400 万系列、1:250 万和 1:100 万数字化土壤图,区域尺度的 1:50 万、1:20 万和 1:5 万数字化土壤图,以及土壤地球化学类型图和有效态微量元素图等,总计达 1000 余幅。土壤属性和参比数据库分别由全国 7292 个土壤剖面属性数据以及可以与国内外不同分类系统的参比数据组成,土壤分析数据量达到 100 万余个,并由 1:100 万数字化土壤图集成了相同比例尺的数字化土壤 pH 图和土壤黏粒分布图等 10 多种图件。同时通过全国 1:100 万数字化土壤图与 7292 个土壤剖面参比数据的集成,编制出分别基于美国土壤系统分类、国际土壤参比基础(WRB)和中国土壤系统分类的中国 1:100 万数字化土壤图,在国际上提出了基于多个土壤分类系统的建库理论,建成了全国性土壤类型齐全、数据量大、集成系统以及国际化程度较高的中国土壤信息系统,成为 FAO 归一化国际土壤数据库(HWSD)的重要成员。为适应网络化需要,建成了基于 WebGIS 的中国土壤信息查询系统,中国土壤发生分类与美国土壤系统分类和中国土壤系统分类的智能化网络参比查询系统,促进了土壤及其相关学科的发展。

四、土壤质量、土壤资源及其评价研究

1. 土壤质量评价研究

土壤质量作为土壤肥力质量、环境质量和健康质量的综合量度,是土壤维持生产力、环境净化能力以及保障动植物健康能力的集中体现。人类干扰在很大程度上影响了土壤质量在时空尺度上变换的方向和程度,由此产生的土壤侵蚀、酸化、养分耗竭、污染和其他自然资源问题也已影响了人类的发展。土壤质量评价可以直接或者间接的反映生态系统的变化,也可以反映人类干扰所产生的效应。由于土壤在植物和人类健康之间的作用,近几十年来,国内外科学家针对土壤质量问题开展了许多相关的课题研究,其中土壤质量的定量化评价是土壤质量研究的重要内容。

(1)土壤质量的概念与发展

土壤质量主要依据土壤功能进行定义。从农学的概念,土壤质量通常定义为土壤生产力,特别是指土壤维持自然植物生长的能力;从农作物产量的观点来看,土壤质量可以定义为"土壤维持作物生长的能力而不引起土壤退化或损害环境";从生态系统角度,美国农业土壤学会定义为"同土壤特定功能相联系的能力,它维持植物和动物生产,保持并提高水和空气质量维持着人类健康和生境";1992 年美国的土壤质量会议认为土壤的主要功能包括生产力、环境质量、动物健康。这

些定义表明土壤质量包含 2 个方面的含义:内在部分包含土壤供作物生长的内在能力,受土壤使用者和管理者影响的土壤动态。李天杰、赵烨等 2004 年将土壤作为自然资源和环境要素的集合体,研究土壤的肥力、生产能力和生态环境自净能力,同时提出土壤肥力与土壤自净力,一并均为土壤的本质属性,倡导从土壤肥力角度综合研究保护与提升土壤生产力的技术措施,以保障世界粮食安全;从土壤自净能力与土壤物质循环角度综合研究土壤的生态环境服务功能的技术措施,以改善环境质量和保障全球生态安全。与此同时,台湾土壤学界也认同,土壤科学的学术领域已由原本农业生产为主扩充到含环境及生态等主题。

土壤质量和土壤健康。土壤质量和土壤健康紧密联系在一起,土壤健康强调土壤的生产性,土壤健康不仅对作物生长活动的效率有影响,而且对水质量和大气质量有影响。土壤健康的术语描绘土壤作为一个活的动态的系统,它的功能为需要管理和保持的多种生物调节。有学者认为土壤健康和土壤质量是同义的,但土壤质量通常与土壤适宜于某一特定功能相联系,而土壤健康在更广的范围内指出土壤作为生命系统维持生物生产力、促进环境质量和维持作物和动物健康的能力,在这一意义上,土壤健康和可持续同义(Doram J W 等,2000,2002)。土壤的质量的内在的成分由气候和生态系统约束内的土壤的物理和化学特性决定,除此之外,土壤质量包括被管理和土地利用决策影响的成分。生态系统的各个部分是相互作用、相互影响的,所以,应该将土壤健康与生态系统及环境联系起来,与土壤保护及持续农业联系起来,它应能给许多特性和过程的条件勾绘出总体的面貌。所以,土壤学家、环境科学家更偏向于用土壤质量这一术语来代替土壤健康,以唤起人们像关注水质量和大气质量那样关注土壤质量。土壤质量对环境的可持续性至关重要,土壤质量监测进程进展缓慢,只是和随时间变化的评估需要评价不同管理措施的影响,关键指标和临界值的维持需要监测土壤质量在区域、国家和全球水平的多种农业生态区的变化和决定土壤质量改进和退化。许多土壤指标相互作用,因此,一个指标的值被一个或多个选择的参数所影响。

土壤质量和土地质量。土壤是环境系统的一部分,土地则是反映土壤、水、气候、景观和植被特性的结合,过去对土壤质量和土地质量的定义认识比较模糊,土壤是所有土地利用的基础,土壤质量看起来是土地可持续利用的理想指标,然而很少土地管理采用土壤质量作为土地持续利用的指标,因为许多限制因素需要改进,评价土壤内在质量需要评价包括景观质量在内的外在因素,这样,土壤质量是土地质量的组成成分。虽然土壤有与它们内在的被气候和生态系统约束的物理、化学和生物特性相联系的固有的品质,科学家将土壤功能的科学知识和信息转化为实际的工具和方法,为土地管理者用来评价他们的管理措施的可持续性。土壤质量和土地质量的区别也可以通过近年来土壤学的发展说明,土壤学关注于土壤作为三维的实体。相比之下,土壤学已经发展从定点的分析到二维土壤剖面的分析和三维土体分析。空间部分也强调运用 GIS 和空间分析。土地质量比土壤质量的概念更广泛,它描述成土壤、水、植被的综合。土地质量也可以通过属性和指标来判定,国际上,土地质量指标体系研究计划中,土地质量指标按照压力—状态—响应(PSR)框架,可分成压力指标,状态指标和响应指标。土壤质量是其中一项重要的状态指标,所要反映的关键问题是:当前的土地利用管理是否提高了土壤功能;是否保持了土壤的生物多样性和环境恢复力,以利于全球生命支持功能的维持(郭旭东等,2003)。

土壤质量和生态系统服务。土壤作为生物圈的极其重要的组成部分,其功能不仅仅是生产力,同时在维持生态系统功能和区域与全球环境质量发挥着重要作用,土壤质量的主要生态系统服务功能表现在生物圈水分循环,积累储存生物基因能,维持和存储有机质,气候交错的缓冲区,消除有毒害物质,减少 CO_2、NO_x、CH_4 排放,生物多样性的功能等方面上。土壤不仅调节着生物过程(供给植物矿质元素和水),也影响着要素的流动(影响 C、N、P、S 的循环)。土壤功能也影响着生态系统的其他组分和相邻的生态系统。土壤改变了降水的化学组成,影响水在环境中的分配,对大气中气、水和热的平衡起较大作用。作为生物多样性和基因物质的蓄库,土壤也是地球表层生物活动最活跃的部分,土壤生物多样性对于土壤生态健康和服务功能有重要作用,以往的研究工作将土壤理化性状、有机质、土壤微生物量等作为反映土壤健康的重要指标加以研究,直到最近几年,有关土壤无脊椎动物,尤其是土壤线虫群落对土壤健康的研究才受到重视(梁文举,1992;Duan Y 等,2002)。

(2) 土壤质量的评价方法研究

评价指标选取。土壤质量的指标必须考虑土壤功能,这些功能是变化的和复杂的。对某一功能来说高质量的土壤对其他功能就未必是高质量的。因此,有许多土壤特性可以作为土壤质量的指标,研究需要明确最适合的标准(Stepen N,2002)。过去几十年中,许多研究基于选择合适的指标来评价土壤质量,但是由于受多种管理系统的影响,土壤质量变化的检测非常缓慢,关键指标的选取必须是可维持土壤功能,检测土壤变化的方向速率和程度等,决定多种生态系统的改善和退化。中国在 20 世纪 80 年代初期就土壤质量的评价也选择了许多的指标进行评价,但到目前为止,始终没有形成一个合适的体系和标准。具有代表性的土壤质量评价体系指标因子选取有:万存绪等(1991)对黄土高原土壤质量评价选取了有机质、熟化层、侵蚀强度、水分、土层厚度、质地、土体构型、肥力、微生物等指标体系;张建辉(1992)选取质地、容重、湿度、土层厚度、砾石、有机质、全氮、速效磷、pH、石灰含量等作为评价川江流域土壤质量的评价指标体系;吴先余等(1994)在黄土丘陵林场选取坡度、<0.01 毫米物理粘粒、交换量、有机质、碱解氮、速效磷、有效土层厚等作为土壤质量评价指标体系;陈松林(1996)耕作土壤质量的评价则选取有机质、全氮、全磷、全钾、有效磷、速效钾、pH、CEC + 质地、耕层厚度等为指标;王效举等(1998)在江西红壤区选取土层厚度、质地、坡度、有机质、全氮、全钾、速效氮、速效磷、速效钾、阳离子交换量、pH 作为评价指标;陈龙乾等(1999)在徐州矿区土壤选取质地、土层厚、砾石含量、耕层结构、有机质、全氮、全磷、全钾、pH、镉、汞、砷、铅、氟等作为评价指标;秦明周等(2000)对城乡结合部土壤选 pH、全氮、有机质、速效氮、速效磷、速效钾、阳离子交换量作为评价指标;胡月明等(2001)在广东东莞红壤地区选取土壤质地、pH、有机质、速效磷、速效钾、土地利用、土壤类型、坡度、坡向等作为评价指标;楼文高(2002)对三江平原沼泽选取土壤质地、有机质、N、P、K、速效氮、速效磷、速效钾、CEC、pH、孔隙度、水稳性团粒等作为土壤质量评价指标;齐伟等(2003)在河北曲周选取土体构型、质地、有机质含量、全盐量、全氮、有效磷、速效钾和地下水等作为土壤质量评价指标;黄婷等(2010)以陕西长武县所处的黄土高原沟壑区土壤为研究对象,通过主成分分析并结合筛选出活性有机质、全氮、速效磷、速效钾、粘粒、CEC、过氧化氢酶、磷酸酶和转化酶等 12 个指标,建立了黄土沟壑区土壤综合质量评价的 最小数据集;李桂林等(2007)基于研究区 194 个土壤样点数据,利用方差分析、主成分分析及其他相关统计方法确定了苏州市土壤质量评价最小数据集,包括有机质、pH、容重、全钾、速效磷等;白文娟等(2010)为揭示黄土高原水蚀风蚀交错带土壤质量变化规律和总体水平,通过敏感性分子、主成分分析和相关分析,确定了研究区的土壤质量评价最小数据集,MDS 为有机质、速效磷、蔗糖酶和真菌。由此可以看出,中国土壤质量的评价研究范围日趋广泛,从农业土壤区到自然生态环境和人类干扰下的城乡结合部土壤评价、从平原地区到山地土壤、从林业土壤到湿地土壤等都有所涉

及。目前,研究各种土壤功能退化和恢复是土壤质量评价的重点,这些代表性的研究所选用的土壤质量的指标体系仍然是以土壤理化性质为主,而且主要侧重土壤肥力评价。中国土壤质量评价研究中所选用的评价指标范围很广,涵盖了土壤质量的各个方面,其中土壤的肥力因子相对比较确定,物理性指标次之。有机质的含量是中国土壤质量评价中几乎必须考虑的因子,依次是速效钾、速效磷、pH、全氮、土壤质地、土壤厚度、全钾、全磷、CEC、水解氮、水分等,而比如土壤温度、成土母质、土壤侵蚀等因素很少考虑到。具体的文献分析发现,由于土壤质量评价具有目的性和针对性,不同研究者所利用的指标也不同。中国在土壤质量评价中,侧重土壤理化性质的评价,而作为土壤健康指标的生物指标较少。虽然国内许多研究者对于土壤质量评价的指标体系进行了综合的概述,但在实际的评价过程中,由于多方面的限制,其评价体系仍不尽完善。土壤质量评价指标可分为物理、化学、生物因子,但把土壤质量和其他生物物理和社会—经济指标相结合,则更能有效预警和监测土壤变化的趋势,所以从生态系统功能角度,依据景观生态学原理来研究土壤质量,进行质量评价具有深远的意义。土壤质量评价的理化因子一般包括有机碳、容积密度、多孔性、空气容量、永久萎蔫点、作物可利用水量、土壤 pH、土壤电导率、土壤微量元素、土壤全氮等(胡春胜,1999)。从大尺度看,土壤指标通常包括:植被覆盖、土壤有机质、生物活性和土壤生物多样性、土壤结构和多孔性、有效水容量、植物可利用的养分、阳离子交换量、土壤酸度、土壤盐度、根系深度。生物指标在土壤质量评价中占有重要的作用。不同的生物,尤其是微生物在生物地球化学过程起关键的生态作用。微生物相关的参数在土壤质量指标里占很重要的地位。为了指出一些可靠的指示物,许多国家参加的一个国际计划建立为选择微生物和生化土壤参数的标准的方法被重复利用在各自的实验室,针对没有被影响和土壤样品在评价了 20 多个不同的参数后,得出结论为:固氮细菌、总微生物生物量、土壤呼吸、脱氢酶活性及土壤微生物的腐殖化活性可作为土壤质量的敏感指示物。为了考虑不同类型土壤和利用应明确临界限定,季节性变动与生态相关的生物活性应被适当考虑(Filip Z,2002;孙波等,1996;俞慎等,1996)。

  土壤质量评价的方法。目前国际上比较常用的评价方法有多变量指标克立格法(MVIT)、土壤质量动力学方法、土壤质量综合评分法、土壤相对质量评价法等。中国目前土壤质量评价方法的发展处于起步阶段,而土地评价方法比较丰富和系统,主要包括参数法、层次分析法、主成分分析法、模糊聚类评价法、景观生态法、土地系统分析法和地理信息系统法等,并且多位学者不断尝试将新的评价方法运用到土壤质量评价中(王海涛等,2011;范海荣等,2011)。张建辉(1992)利用专家评价法确定权重,对川江流域土壤质量进行了模糊综合评判。后来许多学者对确定权重的方法进行了改进,比如利用等比级数转换、层次分析法、主成分分析、线性回归等等,但是经验法和专家法还是应用比较多的一种方法。土壤质量的综合评价方法中,中国利用最多的是指数和法,指数和法一般就是综合土壤质量指数法。比较有代表性的有陈龙乾等(1999)利用综合土壤质量指标评价徐州矿区土壤,胡金明等(1999)利用综合指数法评价三江平原主要耕作区的土壤质量,刘世梁等(2003)对四川卧龙不同土地利用方式下的土壤质量进行了综合评价,同时对 2 种土壤质量方法的效果进行了比较。有些学者也利用相对土壤质量指数法,如王效举等(1998)利用和 RSQI 对红壤进行分级;铁光等(2003)利用相对土壤质量指数对黑龙江富锦市土壤进行评价;张学雷等(2001)利用土壤属性动态性,对海南省农业土壤进行质量评价。模糊评价的方法在土壤质量评价中也得到广泛的应用,主要有代表性的有张建辉(1992)对川江流域土壤质量的模糊综合评判和万存绪等(1991)利用二阶 FuzzY 综合评判方法评价黄土高原林业土壤;吴国清(1995)对上海崇明岛土壤资源进行模糊聚类评价;陈松林(1996)对农田土壤系统聚类方法评价;武伟等(2000)对重庆水稻土进行了模糊综合评价;胡月明等(2001)利用模糊变权评价对广东东莞热带土壤的综合评价等。目前有许多新的方法用于评价土壤质量,比如潘峰等(2002)利用层次分析法的物元模型,评价松花江地区土壤质量,取得了较好的效果;秦明周等(2000)利用修正的内梅罗(Nemoro)公式对河南开封土壤进行了评价。刘崇文(1996)比较了土壤质量评价的几种方法,主要是 T 值分级法、综合指数法、模糊数学综合评判法、灰色聚类法、等斜率灰色聚类法、宽域灰色聚类法,认为宽域灰色聚类法比较好。韩军利等(2003)利用投影寻踪评价模型(PPE)对三江平原湿地土壤进行了评价,利用改进的加速遗传算法(RAGA)优化投影方向(湿地土壤评价指标),寻求最优投影方向及投影函数值来实现对土壤的分类与质量变化评价;侯文广等(2003)利用顾及因子变化系数的线性回归分析法(LRCCV)对南方土壤进行了评价,使得确定的因子不但相关性小和显著性强,而且评价因子稳定性强,使得评价结果更加客观和科学;李月芬等(2003)对吉林草原土壤进行灰色关联分析,利用关联度排序确定土壤质量;楼文高等(2002)用神经网络模型法对三江平原湿地土壤进行评价,利用删减或扩张准则确定神经网络最佳拓扑结构,建立了具有较好的泛化能力和预测能力的土壤质量的综合评价与预测模型;潘峰等(2002)利用层次分析法的物元模型评价了松花江地区的土壤质量,取得较好效果;门宝辉等(2002)利用物元模型对某地区的农业土壤进行评价,并用 Hamming 贴近度法、Fuzzy 综合评判法、分级贴近度法作为对照,得到物元模型的评价结果与贴近度法比较接近,而且也比较符合实际情况;施建俊等(2005)建立相应物元模型进行土壤质量评价,得到土壤单元各个属性的初始值通过物元模型可以计算其适用性等级及最佳途径,为土地资源的综合利用提供了最基础的资料和决策依据;余立斌等(2008)利用熵权物元分析模型对福州市郊菜区土壤质量进行综合评价,使得评价结果具有分辨率,为土壤质量评价提供了新思路。GIS 和土壤质量评价方法的结合是土壤质量评价的一个方向。王效举等(1998)在土壤质量指数对土壤进行分级的基础上,对江西千烟洲土壤进行了空间分类;胡月明等(2001)探讨了基于 GIS 与灰关联综合评价模型的土壤质量评价;张华等(2003)利用最小数据集中的 7 项指标作为土壤质量指示因子,利用地统计学方法分析了海南省儋州的土壤质量的空间差异;张庆利等(2003)利用传统统计与地统计学方法及 GIS 技术相结合评价江苏金坛土壤质量;王良杰等(2010)在 GIS 支持下,运用层次分析法与模糊数学、综合指数等方法对耕地的土壤质量进行综合评价;徐建明等(2010)介绍了在 GIS 支持下的土壤质量系统动态评价流程。

从中国国情看,深入开展土壤学研究必须紧紧围绕土壤质量的新概念、新理论开展工作,同时要加强土壤质量评价方法的研究,而且研究需要具有可操作性,可应用性和综合性。主要研究内容可归纳为:第一,土壤质量的指标体系与调控原理,包括土壤质量的自然与人为指标体系、土壤质量演变的信息数据库与评价咨询系统的建设、土壤质量调控原理研究;第二,土壤质量的时空变化与发展,包括不同时间尺度上土壤质量动态变化规律、空间分布特点、质与量演变及发展趋势;第三,土壤质量评价的综合性研究,包括土壤质量演变过程与形成机理、人为活动对土壤质量演变的影响及反馈机理,土壤质量与土壤圈物质及环境的交互作用;第四,土壤质量评价指标体系和评价方法的选择,最终将建立土壤质量指标体系与评价系统,提出土壤质量国家标准的建议方案,评估中国主要类型耕地土壤质量,揭示其演变规律,创建主要典型区域土壤质量的保持与定向培育理论,土壤质量数据库与预测预警系统。

2. 土壤肥力质量综合评价研究

土壤肥力是农业持续发展的重要基础,有机质是土壤的主要组成部分,是衡量土壤肥力高低的重要指标之一。过去人们评价土壤肥力时多从土壤有机质或氮、磷、钾等单方面来评价,不能把握土壤的整体质量特征。近年来,GIS技术逐渐应用到土地质量评价中,运用GIS和相关统计技术建立多指标评价体系,对土壤肥力进行综合评价和快速的信息查询、地图和图表输出等,不仅加快了评价的速度,也保证了评价结果的准确性和精确性,对于土壤质量评价研究和土壤资源可持续利用具有重要意义。

20世纪80年代中期,中国的土壤工作者开始进行某些专项土壤信息研究,至今已取得一些重要成果。1986年底,北京大学遥感研究中心建立区域土壤侵蚀信息系统,对数据输入及数据结构进行比较研究,同时建立多种土壤侵蚀信息系统,对数据输入及数据结构进行比较研究,同时建立多种土壤侵蚀信息模型。新疆土壤侵蚀试验的结果表明,这一信息系统是实用的。这是中国较早关于土壤信息系统的研究。1989年南京土壤研究所用2年时间完成了1:5万东北三江平原土壤信息系统土壤图与数据库的建立;1990年又完成了1:5万江西红壤生态站土壤信息系统土壤侵蚀图。1991年中国科学院沈阳应用研究所探索主持了"区域微机土壤信息系统的建立与应用研究",在吉林省农安县试验表明,这是一个比较成功的土壤信息系统,所建立的SIS具有信息的提取和查询、土壤信息更新和纠正、信息综合处理等多种功能。进入20世纪90年代以来,地理信息系统在全球得到了迅速的发展,广泛应用于各个领域,产生了巨大的经济和社会效益。自它应用于研究土地之后,土地的研究内容、性质、方法与技术不断翻新,定量化、标准化与科学化水平不断提高,给本领域带来了一场空前的革命,土壤信息系统越来越趋于国际化并解决全球问题。

评价单元选择。何同康(1983)指出应以土壤系统分类为基础,根据不同的条件和需要,正确地从中选定某些分类单元,作为自己的评价单元。一般而言,对省(区)评价,评价单元以采用亚类或土属为宜;对县,以采用土种为宜。武伟等(2000)采用土种作为评价单元,指出土种强调以土体构型作为区分指标,而土体构型既能反映土壤的发生特点,又能反映土壤的养分水平。吕苏丹等(2002)以田块为评价单元,指出由于人们以田块为基本单元进行操作,经过长期人为耕作因素的影响,同一田块内的土壤基本属性尤其是土壤肥力具有相对的一致性。因此,按田块进行评价和农民的生产习惯相一致。周红艺等(2002)用土壤图(土系)层与土地利用现状相叠加的方法取得多个图斑单元,并根据地貌类型及土壤类型近似,单元空间界线及行政隶属关系明确,利用方式及耕作方式基本相同的原则取其中部单元作为评价单元。孙艳玲等(2003)以评价因素的组合确定土壤肥力评价单元,其方法为先将各评价因素的单因素图件数字化,再利用GIS软件ARCINFO的多边形拓扑迭加功能对各单因素图层进行迭直分析,最后用生成图层的图斑作为土壤肥力评价的单元。史志华等(1999)应用网络作为评价单元,强调在一个网络的空间范围内各因子数值的任意变化对土壤肥力的评价不能产生有意义的影响。

近年来,许多学者在寻求土壤肥力评价的数学方法。何同康(1983)提出评分法,即根据肥力因素对肥力贡献的大小予以一定分数,所有肥力因素得分之和便表示相应地块肥力的高低,每个评分因素都基于科学分析和实践经验的基础上。曹承绵等(1983)首先提出土壤肥力的数值化综合评价。安战士(1987)提出用等比数列来确定肥力指数的数值化评价方法,该方法能够反映土壤肥力差异,符合施肥效益递减率。张妙龄等(1984)用回归分析法来确定土地质量因子与农作物产量之间的内在联系等。耿兴元等(1995)和唐晓平等(1997)研究了土壤肥力的模糊定量化评价方法并给出了相应的评价标准。孙波等(1999)用模糊数学和多元统计分析,建立了定量的土壤肥力评价方法,并结合 GIS 绘制出土壤肥力评价图。潘发明(1997)用标准综合级别法对森林土壤肥力进行了评价。王军艳等(2001)用指数和法计算出土壤肥力综合指数(IFI)可以综合直观地表示土壤肥力状况。肖慈英等(2000)用灰色关联分析对森林土壤肥力进行综合评价。李方敏等(2001)用主成分分析法对损害土壤肥力指标进行了综合分析也取得良好效果。

3. 土壤水资源及评价研究

土壤水是农业和生态环境中各种作物和植被赖以生存的基础,同时也是流域水循环中最为活跃的部分,影响着农作物生长、生态环境建设以及水资源的合理分配与高效利用。因此,土壤水的研究备受关注,使得土壤水的研究经历了从微观到宏观,从定性到定量的研究过程。尽管近年来随着水资源日益紧缺,土壤水资源的含义从不同的角度被提出,涌现出一些关于土壤水资源的评价结果。

土壤水资源的概念。中国学者对土壤水资源的概念进行了探讨。1984 年施成熙、粟崇嵩认为,土壤水被调蓄到起后备水源的作用,形成可以向根系层补给土壤水分的土壤水库,但还不是浅层潜水的组成部分时也可按水资源论。刘昌明 1988 年从土壤水的储量、土壤水与植物生长的关系、土壤水与地表水及地下水资源的相互转化关系论证了土壤水的资源属性,指出从根系层或非饱和带的角度评价土壤水可采用下式:$Wn = P - Rs - F(W)$。式中,Wn 为土壤截留量;P 为降雨量;Rs 为地表径流量;$F(W)$ 为根系层或非饱和带下边界的通量,为正值时表示降雨的下渗,为负值时表示地下水对土壤水的补给。土壤截留量中包含了地下水向上的补给量,它是从土壤水补给的角度进行论述。从消耗的角度看,这部分最终消耗于蒸散。随着对土壤水资源补给、消耗过程认识的进一步深入,中国许多学者都对土壤水资源的概念进行了进一步阐述。冯谦诚(1990)提出的土壤水资源的概念强调了土壤水资源被植物利用的方面,认为土壤水资源是土壤层中经常参与陆地水分交换的水量,特别是根系层中能为植物利用并可恢复的水量,表现为土壤水分不断地补给与消耗的动态水量;一年内土壤水的总补给量即为土壤水资源量。夏自强(2001)从区域多年平均水量平衡方程出发,再次论证了区域多年平均的陆面蒸发总量即土壤水资源量。孟春红(2005)对土壤水资源认识中强调了土壤水能被人类生产和生活的利用,认为土壤水资源是用来衡量一个地区包气带内能被人类生产和生活直接和间接利用的土壤水量。王浩(2006)对土壤水资源的认识强调了土壤水对生态环境的作用,认为,土壤水资源是赋存于土壤包气带中,具有更新能力,并能被人类生产和生活直接和间接利用(包括人类对生态环境的维持)的土壤水量和对维持天然生态环境良性循环具有一定作用的土壤水量。

土壤水资源评价方法。土壤水资源的评价是对土壤水资源数量、质量、有效性、可利用量以及相应的时空分布等特征进行的定量分析。因此,需要建立一系列指标体系来反映土壤水资源的这些特征。目前提出了土壤水库库容、土壤蓄水量、多年平均可更新的土壤水资源、可被植被吸收利用的土壤水资源、区域土壤湿度系数等指标(刘昌明,1988;由懋正等,1996;靳孟贵等,1999;夏自强等,2001;孟春红,2005;王浩等,2006)。土壤蓄水量是指某一时刻一定深度内土壤层实际储存的水量,它是土壤含水量的函数,由土壤含水量的实测值逐层计算累加得到。表 2-4-1 显示了中国北方 4 个台站的土壤蓄水量(由懋正、王会肖,1996)。可以看出,中国北方春季土壤蓄水量在 410.8 毫米 ~ 769.0 毫米之间,其中海伦站最多,长武站最少。夏季土壤蓄水量在 354.0 毫米 ~ 643.6 毫米之间,除南皮站外,各站都因为作物生长消耗了部分土壤水资源。秋季土壤蓄水量在 436.8 毫米 ~ 754.8 毫米之间,说明经过一个降水期,土壤蓄水量得到补充。冬季土壤蓄水量变化不大。目前对土壤水资源利用的研究主要集中在植被对土壤水资源的利用。可被植被利用的土壤水资源量一般由长期的土壤水资源补给量和播种前可利用的土壤水资源量组成。植被利用的土壤水资源量处于根系及其影响层,因此,此时土壤层的深度取决于根系及其影响层的深度。近年来,新技术手段在土壤水资源评价研究中得到广泛应用。几种主要的土壤含水量遥感监测方法有:热惯量法、作物缺水指数法、归一化植被指数法、植被指数距平法、植被供水指数法、植被状态指数法、温度状态指数法、温度植被干旱指数法、高光谱法、微波遥感法等。刘昌明等(2006)采用SEBS模型,利用MODIS数据估算泾河北洛河流域的日蒸散量基本在0毫米~5毫米;在遥感条件温度植被指数、农业气象观测站土壤水分观测资料以及气象观测数据的基础上,估算出1982年~1998年黄河全流域1米土体各层土壤水分状况。还有学者将遥感数据获得的表层土壤含水量置入点尺度土壤水模拟模型中,获得更高精度的土壤含水量值,即是采用数据同化的技术提高预测土壤含水量的精度。模拟土壤含水量和蒸散的时空分布,对土壤水资源的管理具有重要意义。建立基于"五水"转化规律的土壤水资源评价模型是预测土壤含水量和蒸散时空分布的有效手段。流域尺度的水文模型很多,分为集总式、半分布和分布式(吕允刚等,2008)。目前也有学者将水文模型用于流域土壤水时空分布的研究,例如,任立良等(2000)基于HUBEX试验资料,应用新安江模型模拟了史灌河流域土壤水的时空分布,结果表明,新安江模型中表达土壤湿度指标的土壤蓄水量计算值能够反映土壤水分的时空变化过程。在农田尺度上预测土壤水分的方法主要有:基于土壤水分平衡方程的估算法、引入随机变的机制性模型、土壤水动力模型法、时间序列分析模型法等。例如,基于SPAC系统开发了RZWQM、SWAP等模型。计算实际蒸散量的方法很多,一种是先确定潜在蒸散量,然后再根据植被与土壤含水量的关系计算实际蒸散量,可以采用热量平衡、空气动力学、混合法、水量平衡、直接测定等方法确定潜在蒸散量(芮孝芳,2004)。另一种方法是建立植被—大气相互作用的水分传输模型(张永强,2004),这类模型可以分为大叶模型、双源模型和多层模型等。将这些模型应用于土壤水资源评价需要进一步考虑模型建模的目的、模型模拟的时空尺度、模型的复杂程度、各种因子(土壤、地形、植被、气象)的时空变异性、管理措施对模型参数的影响、与RS和GIS的结合等。

表2-4-1 中国北方4个台站根系层土壤蓄水量(单位:毫米)

台站	春(4月中旬)	夏(7月中旬)	秋(10月中旬)	冬(1月中旬)
海伦	769.0	643.6	754.8	—
栾城	545.9	489.8	602.4	—
南皮	541.9	581.0	560.2	551.0
长武	410.8	364.0	436.8	410.8

资料来源:由懋正,王会肖.农田土壤水资源评价[M].北京:气象出版社,1996:16-78.

气候变化和人类活动对土壤水资源的影响是通过对水循环过程的影响来实现的。气候变化与人类活动对水循环是交织和叠置的。气候变化主要是改变了全球能量与水循环,包括温度的变化、降水的变化、蒸发的变化、极地与高山冰雪融化、海平面上升(包括海水膨胀),从而改变水量平衡各要素、引起生态环境系统退化等。邱新法等研究表明,在1960年~2000年期间,黄河流域年平均温度升高了0.6℃,但蒸发皿蒸发量却呈现明显下降趋势,黄河流域年蒸发皿蒸发量在20世纪80年代~90年代较60年代~70年代下降了136毫米,下降幅度为7.5%,下降主要表现在春、夏季,秋、冬季不明显。另外,水循环对气候变化的相应特征具有非线性、区域分异性、极化性、响应系统复杂反馈性等。人类对水循环的影响主要归结为两大类(刘昌明等,2006):一是与土地有关的人类活动,这类活动属于对水循环的直接影响。曹建生等(2007)在华北平原进行了石子和秸秆覆盖下降水量转化特征试验研究,结果表明,不同下垫面条件下土壤层的水分变异不大,而土壤深层的水分变异较大;覆盖具有增加地下渗透的效果,特别是坡地上覆盖着小石子在防止土壤侵蚀、增加地下水渗流方面效果最为明显,地下渗流系数达到了37.44%;小石子覆盖有利于山地降水资源的高效转化利用,其中在水平地上进行覆盖处理有助于降水资源的就地利用,而在"上覆土壤,下伏岩石"为结构特征的坡地上进行覆盖处理有助于坡地岩土界面渗流的产生,从而提高降水资源的异地利用率。二是与影响气候变化有关的活动。

土壤水高效利用机制和实用技术。通过经济生物量生长,如农业,木材生产、纤维制造、燃料用木材生产、牧场等可实现对土壤水资源的直接利用;通过生态系统生物量生长,如湿地、草地、森林及其他陆生生境可实现对土壤水资源的间接利用。刘昌明等(1999)在华北平原进行了土壤—植物—大气界面的水分过程与节水调控研究表明,合理密植、喷灌、滴灌、在作物表面施用抗蒸腾剂、选育节水品种、通过水分调控光饱和点、对农田采用覆盖措施、合理的耕作措施等都能提高土壤水分的利用效率。康绍忠等(1992,1998)也在旱区开展了SPAC系统水分传输理论和其应用、水—土—作物关系及其最优调控原理的研究,提出了根区交替灌溉的理论。当前土壤水高效利用的机制及其使用技术仍在进一步研究之中。例如,在生物节水方面,进行作物需水机制研究、建立生物节水模式体系、培育节水抗旱新品种等都是其研究的方向(王会肖等,2007)。当采用土壤水高效利用措施后,原有模拟"五水"转化规律的模拟模型中的参数、过程会发生变化,如何描述这些变化是进一步值得研究的问题。

4. 土壤退化研究

中国土壤学研究工作在过去几十年主要集中在土壤发生、分类和制图(特别是土壤资源清查);土壤基本物理、化学和生物学性质(特别是土壤肥力性状);土壤资源开发利用与改良(特别是土壤培肥,盐渍土和红壤的改良等)等方面。这些工作虽然在广义上与土壤退化科学密切相关,但直接以土壤退化为主题的研究工作主要集中在最近10多年,其中又以热带亚热带土壤退化研究工作较为系统和深入,并在20世纪80年代参与了热带亚热带土壤退化图的编制,完成了海南岛1:100万SOTER图的编制工作。90年代以来,中国科学院南京土壤研究所结合承担国家"八五"科技攻关专题"南方红壤退化机制及防治措施研究"和国家自然科学基金重点项目"中国东部红壤地区土壤退化的时空变化、机理及调控对策的研究"任务,将宏观调研与田间定位动态观测和实验室模拟试验相结合,将遥感、地理信息系统等高新技术与传统技术相结合,将自然与社会经济因素相结合,将时间演变与空间分布研究相结合,将退化机理与调控对策研究相结合,对南方红壤丘陵区土壤退化的基本过程、作用机理及调控对策进行了有益的探索,并在以下方面取得了重要进展(张桃林,1999;赵其国等,2000):①初步定义了土壤退化的概念,阐明了红壤退化的基本过程、机制、特点。②在土壤侵蚀方面,利用遥感资料和地理信息系统技术编制了东部红壤区1:400万90年代土壤侵蚀图与叠加类型图及典型地区70年代、80年代、90年代叠加土壤侵蚀图,并在土壤侵蚀图、土地利用图、土壤母质图等基础上,编制了1:400万土壤侵蚀退化分区概图;对南方主要类型土壤可蚀性K值进行了田间测定,并利用全国第2次土壤普查数据和校正的Wischmeier方程,计算中国南方主要类型土壤可蚀性 K,编制了相关图件。③在肥力退化机理方面,建立了南方红壤区土壤肥力数据库,初步提出了肥力退化评价指标体系,进行了土壤肥力退化评价的尝试,并绘制了红壤退化评价有关图件;将养分平衡与土壤养分退化研究相结合,总结了中国南方农田养分平衡 10 年变化规律及其与土壤肥力退化的关系,认为土壤侵蚀、酸化养分淋失等造成的养分赤字循环及养分的不平衡是土壤养分退化的根本原因;应用遥感手段及历史资料,编制了 0 厘米~20 厘米及 0 厘米~100 厘米土层的土壤有机碳密度图,探讨了红壤有机碳库的消长与转化及腐殖质组成性质的变化规律;提出了磷素固定是红壤磷素退化的主要原因,磷素有效性衰减的实质是磷素的双核化和向固相的扩散,解决了红壤磷素退化的实质问题。④在土壤酸化方面,研究了红壤的酸化特点,根据土壤的酸缓冲性能,建立了土壤酸敏感性分级标准,进行了红壤酸敏感性分级和分区,首次绘制了有关地区土壤酸敏感性分区概图;采用 MAGIC 模型,并进行校正对中国红壤酸化进行预测,揭示红壤酸度的时空变化规律;并在作物耐铝快速评估方面取得了重要进展。⑤在土壤污染方面,利用多参数对重金属的土壤污染进行了综合评估,建立了综合污染指数(CPI)值的计算方法,对不同地区的污染状况进行了评估,绘制了重金属污染概图;应用农药在土壤中的吸附系数(K_d)和半衰期($t_{1/2}$)及基质迁移模式,阐明了土壤农药污染的机理;在重金属污染对土壤肥力的影响方面的研究结果表明,重金属污染可降低土壤对钾的保持能力,促进钾的淋失;而对氮和磷而言,主要是降低与其催化降解和循环相关的酶的活性。⑥红壤退化防治方面,提出了区域治理调控对策,"顶林—腰果—谷农—塘鱼"等立体种养模式等,并对一些开发模式进行示范和评价。

然而,中国幅员辽阔,自然和社会经济条件复杂多样,地区间差异明显。各类型区在农业和农村发展过程中均不同程度地面临着各种资源环境退化问题,有些问题是全区共存的,有些则是特定类型区所特有的。过去的工作仅集中于江南红壤丘陵区,而对其他地区触及较少。而且,在研究工作中,也往往偏重于单项指标及单个过程的研究。土壤退化综合评价指标体系的研究基本处于空白,对退化过程的相互作用研究不够。同时,在合理选择碱性物质改良剂种类、提高经济效益以及长期施用改良剂对土壤物理、化学,特别是生物学性质的影响等方面还有许多问题有待进一步研究,对耐酸(铝)作物品种的选择研究也亟待加强。此外,对其他土壤退化问题,如集约化农业和乡镇企业及矿产开发引起的土壤及水体污染、土壤生物多样性衰减等问题,尚未开展系统研究。

土壤退化是一个非常综合和复杂的、具有时间上的动态性和空间上的各异性以及高度非线性特征的过程。土壤退化科学涉及很多研究领域,不仅涉及土壤学、农学、生态学及环境科学,而且也与社会科学和经济学及相关方针政策密切相关。迄今为止,国内外的大多数研究工作偏重于对特定区域或特定土壤类型的某些土壤性状在空间上的变化或退化的评价,而很少涉及不同退化类型在时间序列上的变化。而且,在土壤退化评价方法论及评价指标体系定量化、动态化、综合性和实用性以及尺度转换等方面的研究工作大多处于探索阶段。

中国土壤退化研究虽然在某些方面取得了一定的、有特色的进展,但整体上还处于起步阶段。中国土壤退化的研究工作应从更广和更深的层次上系统综合地开展土壤退化的综合评价与主要退化类型农业生态系统的重建和恢复研究,并逐步向土地退化或环境退化方向拓展。具体来说,应加强以下几个方面的研究工作:①土壤与土地退化指标评价体系研究。主要包括用于评价不同土壤及土地退化类型的单项和综合评价指标、分级标准、阈值和弹性,定量化的和综合的评价方法与评价模型等;②土壤退化的监测与预警系统研究。主要包括建立土壤退化监测研究,对重点区域和国家在不同尺度水平上的土壤及土地退化的类型、范围及退化程度进行监测和评价,并进行分类区划,为退化土地整治提供依据;③土壤与土地退化过程、机理及影响因素研究。重点研究几种主要退化形式(如土壤侵蚀、土壤肥力衰减、土壤酸化、土壤污染及土壤盐渍化等)的发生条件、过程、影响因子(包括自然的和社会经济的)及其相互作用机理;④土壤与土地退化动态监测与动态数据库及其管理信息系统的研究。主要包括土壤退化监测网点或基准点(Benchmark sites)的选建、3S(GIS、GPS、RS)技术和信息网络及尺度转换等现代技术和手段的应用与发展、土壤退化属性数据库和 GIS 图件及其动态更新、土壤退化趋向的模拟预测与预警等方面的工作;⑤土壤退化与全球变化关系研究。主要包括土壤退化与水体富营养化、地下水污染、温室气体释放等;⑥退化土壤生态系统的恢复与重建研究。主要包括运用生态经济学原理及专家系统等技术,研究和开发适用于不同土壤退化类型区的、以持续农业为目标的土壤和环境综合整治决策支持系统与优化模式,主要退化生态系统类型土壤质量恢复重建的关键技术及其集成运用的试验示范研究等方面的工作,为土壤退化防治提供决策咨询和示范样板;⑦加强土壤退化对生产力的影响及其经济分析研究,协助政府制定有利于持续土地利用,防治土壤退化的政策。

5. 农地整理研究

中国对农地整理的研究起步较晚,相比而言,中国台湾地区的农地重划计划有不少经验值得借鉴。农地重划即农地整理包括丰富的内容,如整理区选择问题、规划设计、土地分配、整理资金、权属调整等问题(曲福田,2007)。而大陆学者对农用地整理的研究主要集中于农地整理的内涵、前期决策、项目后期效益、整理后的耕地质量、农地整理的可持续性等方面。

中国学者研究的角度主要集中在农地整理内涵、前期决策、综合效益评价、生态风险和耕地质量评价、整理的可持续性等,农地整理的公众参与、融资机制、农地整理模式、土地权属调整、工程类型区等研究也得到少量的研究。农地整理是指按照土地利用总体规划所确定的目标和用途,采取行政、经济、法律和工程技术手段,对土地利用状况进行综合整治、调整改造、以提高土地利用率和产出率,改善生产、生活条件和生态环境的过程,包括农地整理和市地整理(曲福田,2007)。一般农地整理包括调整土地使用权、农地整理、更新生产条件、开发荒地等等,目的是为改进土地利用(严金明等,1998)。关于农地整理的前期决策研究主要集中在农用地整理的潜力评价、整理的优先度及立项决策的评价方面。主要代表包括张正峰和陈百明(2002)、李宪文等(2004)、罗罡辉等(2004)。农地整理项目后的社会、经济及生态环境等综合评价研究集中在效益的表现及指标体系构建、效率的评价方法等方面。目前,从农地整理的不同侧面预测其风险,其结果大不相同,因而国内关于农地整理的环境影响和生态风险存在 2 种截然相反的观点(Ran 等,2008)。因为农地整理会给区域自然生态系统和人类社会经济系统带来广泛而深刻的影响,而对这些影响难以作全面评估(Guangming Yu,2010)。在整理项目的可持续性方面,吴怀静、杨山(2004)指出农村农地整理要实现可持续必须实施农地整理集中经营战略、创建生态农地整理模式、引入新技术、做好规划设计等工作。鞠正山等(2003)认为要因地制宜地确定农地整理示范区的方向,协调人地关系,实现可持续土地利用。董利民等(2006)构建了初步的可持续农地整理评价指标体系。张敏(2007)以湖北红安某个农地整理项目为例研究了农地整理的可持续性问题。

从目前国内理论研究和项目开展的情况看,农地整理研究的内容还需要深化。例如,针对农地整理项目的全过程的效率管理及改进,提高资金的使用效率,做好项目后期管护,发挥农地整理项目在社会主义新农村建设、农村发展、农民增收、农业增产中的带动作用。此外,如何加强资金的监管,确保项目资金专款专用不是一句空话,相应的法律、法规及其他制度设计研究还有待加强。这些都是理论研究者和决策者需要思考的、有深刻现实意义的问题。

五、陆地生态系统土壤碳储量与全球变化研究

土壤有机碳是地球表层系统中最大且最具有活动性的生态系统碳库之一。土壤中贮存的 C 是大气层的 2 倍,对土壤 C 库的微小扰动可引起大气层 CO_2 浓度的较大波动。温度、湿度、大气 CO_2 浓度均可直接或间接地影响土壤呼吸。因此,土壤有机碳在生态环境变化和全球变化下的稳定性是认识土壤碳库对于全球变化的长期效应的基本问题,大气—土壤间 CO_2 互换机制及受全球气候变化的影响成为近年来全球变化研究的热点之一。近年来,国际学术界在探讨温带森林、湿地和极地生态系统与土壤碳汇效应的同时,越来越重视农业土壤有机碳库的变化及其对陆地生态系统和大气 CO_2 的源汇效应,以及其在人类利用和管理与生态环境演变中的动态变化。中国大面积的水稻土自 1980 年以来显示出的有机碳库增加现象,说明农业生产对大气 CO_2 可能产生汇效应,但对于水稻土中有机碳的分布和结合状态与农业管理措施、水稻土质量变化、农业生态环境变化的关系仍不清楚。因而建议就这一问题从土壤物理学、化学和生物学的相互作用与土壤微团聚体中矿物质、有机质和生物质的相互结合关系的层面上进行多学科研究。

1. 土壤碳库存量及分布研究

国外对土壤碳的研究在 20 世纪 60 年代已经开始。国内关于土壤碳储量研究起步较晚,但经过 2 次全国土壤普查,积累了大量土壤属性数据,对中国土壤碳的含量及其空间分布,一些学者开始了进行探索,并着重对中国土壤有机碳库进行估算,对其分布特征及在全球碳循环中的意义给予了分析。如 1998 年林心雄进行了系统总结,对不同植被下个土类及不同农区主要土类的有机碳储量也进行了统计。中国科学院南京土壤研究所(1997)对中国热带、亚热带地区土壤碳储量进行了初步研究。如汪业勖等(1998,1999)、陈庆强等(1998)、杨昕等(2001)分别对陆地生态系统,特别是土壤碳循环进行了研究和评述,金峰等(2000,2001)对土壤有机碳库存量进行了统计,张东辉等(2000)对土壤有机碳的转化与迁移进行了研究。王淑平等(2002)的研究表明,土壤有机碳含量与降水量之间呈显著正相关,温度对有机碳的影响较复杂,适宜温度有利于土壤有机碳积累,否则,对有机碳积累具有负效应。此外,由气候等因素影响的植物种类组成对土壤有机碳库存量也有重要影响。王艳芬等(1998)在研究中发现,植物种类组成可通过影响植物残体分解速率进而影响土壤有机碳的含量及分布,并对草甸草原、典型草原、荒漠草原植物种类组成与土壤有机质含量关系作了详细分析。

近年来,中国学者也将遥感技术和地理信息系统技术应用于土壤有机碳研究。中国已完成了 1:400 万土壤分布图和 1:100 万土地利用图数字化工作,但所包含的土壤碳属性数据较少,不能直接用于中国土壤碳库估计(汪业勖等,1999)。汪业勖等(1999)、潘根兴等(1999)、王绍强等(2000)、李克让等(2003)对中国土壤有机碳库进行了估算。一些学者还对中国陆地土壤有机碳库存量以及特定区域和生态群落土壤有机碳库存量进行了探索,但由于计算方法和数据来源不同,不同研究者之间的估算结果存在较大差异(王绍强等,2000;李克让等,2003;Jian N,2001;Li Z 等,2001;周玉荣等 2000)。

土壤有机碳(SOC)包括植物、动物及微生物遗体、排泄物、分泌物及其部分分解产物和土壤腐殖质。土壤有机碳量是进入土壤的植物残体量以及在土壤微生物作用下分解损失的平衡结果。土壤是一个不均匀的三维结构体,在空间上呈现复杂的镶嵌性,且与陆地植被和生物发生复杂的相互作用，土壤碳密度存在极大的空间变异性。基于不同研究者所采用的资料来源和统计样本容量不同，所得结果存在一定的差异性。王绍强等（2003）根据中国第二次土壤普查数据，估算出中国陆地土壤有机碳蓄积量大致在 615.19×10^{14} 克~1211.37×10^{14} 克之间，平均碳密度为 10.49 千克/立方米~10.53 千克/立方米（土壤厚度为 100 厘米）或 11.52 千克/立方米~12.04 千克/立方米（土壤厚度为 88 厘米），土壤平均碳蓄积量为 $(913.28 \pm 298.09) \times 10^{14}$ 克；其空间分布总体上是东部地区大致随纬度的增加而递增，西部地区则随纬度减小而增加。潘根兴（1999）根据《中国土种志》的 2500 多个土种的剖面分析资料计算得出中国土壤有机碳总量为 50×10^{15} 克，无机碳库总量为 60×10^{15} 克，主要分布在华北和西北。中国国土面积约占全球陆地面积的 1/15，而土壤总有机碳库仅占全球 1/25~2/25，故中国是低土壤有机碳密度国家，这与中国一半以上国土为低或贫有机碳土壤所覆盖的国情相符（李甜甜等，2007）。中国耕地有机碳含量普遍很低，南方约为 0.8%~1.2%，华北约为 0.5%~0.18%，东北约为 1.0%~1.5%，西北绝大多数在 0.5% 以下。而欧洲农业土壤大多在 1.5% 以上。中国耕地平均有机碳含量低于世界平均值 30% 以上，低于欧洲 50% 以上（宫占元等，2006）。方精云等（1996）把土壤均一化为 1 米厚度，从而估算出中国土壤总有机碳库高达 185×10^{14} 克，约占全球总量的 12.5%。2010 年 3 月，中国地质调查局公布，全国多目标区域地球化学调查，采用双层网格化土壤测量方法，完成调查面积 160 万平方千米，首次系统地获得了中国中东部主要农耕区表层（0 厘米~20 厘米）和深层（150 厘米~180 厘米）土壤、湖泊湿地、部分森林和草地土壤中有机碳和全碳等 54 种元素及指标的高精度海量数据，覆盖了中国不同气候带、不同地理景观区、不同土壤类型和土地利用类型，是目前世界唯一系统、海量、高精度土壤实测碳数据。这使中国在准确计算土壤碳储量、土壤碳库空分布、土壤固碳机理、农业增产与固碳、土壤碳源汇变化监测等碳全球循环研究中具备了全球任何其他国家均不具备的基础条件。根据中国不同深度的土壤有机碳储量，按照土壤类型、土地利用分类（现状）、生态系统及自然景观等进行土壤有机碳储量统计，初步分析了四川、湖南、吉林、江苏、河北、陕西等代表性地区有机碳储量空间分布特征。结果表明，中国土壤有机碳储量空间分布不均，与各地区不同的土壤类型、土地利用方式、成土母质等密切相关。

表层土壤有机碳库。表层土壤有机碳直接与陆地生态系统碳循环相动态耦合，其储量、分布、循环等与环境变化休戚相关。潘根兴（2003）分别采用《中国土种志》和《中国土壤普查数据》的资料，估算出中国表层土壤有机碳含量均为 20×10^{15} 克（采样深度为 20 厘米），占全球的 4.4%，Potter 等在 1993 年根据 CENTURY 模型计算全球表层土壤有机碳为 455×10^{15} 克。因此，中国土壤有机碳表聚性较突出。中国表层土壤有机碳库从地区分布上看，东北地区和西北地区库量较大，在占总量 8.7% 和 32.5% 的土壤面积中，土壤总有机碳库分别占总量的 28.3% 和 32.3%，表层土壤有机碳库占总量的 38.9% 和 30.5%（李甜甜等，2007）。

在无机碳库研究方面，潘根兴等（1999）以桂林丫吉村岩溶试验场为例，分析了表层带岩溶系统中碳库组成，表明土壤碳是系统中最大的碳库，揭示了土壤碳对表层岩溶作用动力机制，认为岩溶土壤系统可能是十分重要的陆地碳汇。秦小光等（2001）应用生物地球化学模型研究了气候变化对黄土碳库效应的影响，结果表明，在各种稳定的气候条件下，黄土的土壤有机质都是持续增加的；在自然草原环境下，黄土是大气 CO_2 的一个汇；并估算出中国黄土有机碳量约为 197×10^{15} 克 C，无机碳量约 850×10^{15} 克 C，黄土碳库的主要存在形式是以次生碳酸盐为主，其次是土壤有机质，气态 CO_2 只占很小比例。

土壤碳储量的研究方法。目前,土壤碳储量估算的方法的较多,其中较为常用的有:生命地带类型法、土组法、气候参数法和土壤类型法等(Li Z P 等,2007;王效科等,2002)。由于土壤类型法方法简单,数据较易获取,是目前国内外土壤碳储量估算的常用方法。中国的土壤碳估算的不确定性达到20%~50%,其中采样数量的差异是导致不确定性的重要因素之一(王绍强等,2000;李克让等,2003)。因此,如何提高土壤碳量的估算精度是今后需要解决的问题。

2. 土地利用和覆被变化对土壤碳库和碳循环的影响研究

土地利用、覆盖类型是决定陆地生态系统碳存储的关键因素,土地覆盖形式由一种类型转换为另一种类型导致土壤碳存储发生变化,就土地利用变化对碳收支的影响而言,主要关注的是林地、草地和耕地中间的相互转换(刘纪远等,2004)。王艳芬等(1998)、李凌浩等(1998)研究了人类活动对锡林郭勒地区主要草原土壤有机碳分布的影响,结果显示,由于其特定的气候条件和植被特征,该地区土壤有机碳的储量随草甸草原—典型草原—荒漠草原逐渐减少,每一个草原类型土壤有机碳含量沿土壤垂直剖面逐渐减低;土地利用方式不同,土壤有机碳的分布也有所不同。吴仲民等(1997,1998)尖峰岭热带森林土壤碳含量进行了研究,发现热带森林地区的土壤碳储量高,与植被的生产力、微生物活性、气候条件有较大关系。王金叶等(20000)研究了祁连山青海云杉林的土壤碳,认为祁连山森林土壤碳总储量呈增加趋势,森林土壤既是极为重要的碳汇,又是一个相当重要的碳源。田大伦、项文化等利用定位观测数据,对会同森林定位站杉木人工林的生物量(2000a,2000b,2003)、碳密度、碳储量及其空间分布特征(2002)和碳平衡(2002)等方面进行了相关的研究,陈存根、刘建军等对秦岭定位站油松、锐齿栎等主要森林类型的生物量和生产力(1996)、土壤呼吸(2003)、土壤和根系及土壤碳循环(2003,2002a,2002b)方面进行了详细研究。刘纪远等(2004)基于陆地卫星数据资料得到的结果显示,1990年~2000年中国林地和草地面积分别减少100万公顷和335万公顷,耕地面积增加405万公顷,由林地和草地转变为耕地导致的0厘米~100厘米土壤有机碳损失量分别为74.9×10^{12}克和87.4×10^{12}克,年均损失7.5×10^{12}克和8.7×10^{12}克。大量研究表明,退耕还林、造林和再造林增加植被碳汇和土壤碳汇(Fang J Y 等,2001;谢锦升等,2008;张国斌等,2008;黄从德等,2009)。Zhou 等(2006)对中国华南森林观测表明,即便是树龄大于400年的老龄林土壤仍有具有较高的碳积累能力,年均610千克 C/公顷。Post 和 Kwon(2000)通过大量文献数据的总结分析指出,退耕还林可使土壤有机碳大幅度提高,年均固碳速率为33.8克 C/立方米,可持续50年~100年。但也有研究指出,草地转变为林地种植松树会导致土壤有机碳损失。段文霞等(2007)在四川的研究表明,栽植柳杉促进土壤有机碳积累,且积累速度随树龄的增加而加快。但王春梅等(2007)在吉林的研究表明,退耕还林初期促进土壤有机碳矿化。Paul 等(2002)、黄从德等(2007)和白雪爽等(2008)也得出类似的结果。对野外观测数据(邱丹,2005;刘兵等,2007;周万海等,2008)的分析表明,重度、中度和轻度退化草地土壤有机碳分别比未退化草地低$(55 \pm 3)\%$、$(49 \pm 4)\%$和$(27 \pm 8)\%$。随着放牧强度的增加,土壤有机碳亦呈明显下降趋势(王长庭等,2008;裴海昆,2004;王启兰等,2007;董全民等,2007;邱英等,2007)。与对照(无牧)相比,重牧、中牧和轻牧草地土壤有机碳分别降低$(50 \pm 15)\%$、$(35 \pm 14)\%$和$(30 \pm 12)\%$。草场围封不仅使退化草地的植被生产力得以恢复,而且使土壤有机碳逐步增加(瞿王龙等,2004;薛博等,2008;贾宏涛等,2009;Su Y Z 等,2005;Cui X 等,2005;Pei S 等,2008;He N P 等,2008),围封20年可使土壤有机碳增加28%;植被恢复14年~23年和40年~50年土壤有机碳分别较恢复初期(0年~4年)增加1.5倍和4.5倍。

为了揭示土地利用变化对土壤碳氮循环的影响,中国科学院武汉植物园系统生态学学科组程晓莉等(2012)运用土壤分馏和碳氮稳定同位素方法($\delta^{13}C$、$\delta^{15}N$)研究丹江口库区森林、灌丛和农田生态系统等不同土地利用类型对土壤有机碳氮循环的影响机制。研究发现,近20年通过森林和灌丛的植被恢复显著增加了土壤有机碳的含量,其中林地土壤有机碳含量最高。土壤有机碳的累积取决于植物凋落物碳输入的增加和土壤有机碳分解的降低。森林和灌丛增加了凋落物生物量的输入。农田、灌丛和林地土壤有机质的碳氮比(C:N)依次从低到高。林地和灌丛土壤中的不可分解有机碳的指数高于农田,而林地和灌丛土壤中的不可分解有机氮的指数低于农田,该研究结果表明,林地和灌丛土壤有机碳相对农田土壤有机碳较难分解。碳氮稳定同位素($\delta^{13}C$、$\delta^{15}N$)研究结果进一步表明农田土壤有机碳的分解速率最高。该研究结果揭示,由于大量植物凋落物碳输入和土壤碳分解速率降低,植被恢复(森林和灌丛)增加了土壤有机碳。土壤利用变化导致的植被改变影响土壤碳的质量和数量,并对生态系统的功能以及生态恢复产生重要影响。同时,叶琛(2012)在张全发和程晓莉指导下开展了植被恢复和水淹对三峡消落区土壤氮循环的影响的研究,结果揭示出土壤无机碳含量在植被恢复和水淹后能显著下降,同时植被恢复具有提高库区水质的潜力。

农田土壤有机碳组成及其影响因素。在农业生态系统中,土壤有机碳来源于原始植被残留碳、农作物残体及人为施入的有机物料。土壤有机碳库包括动物、植物、微生物遗体,排泄物,分泌物及部分分解产物和土壤腐殖质。土壤有机碳不同粒级和密度组分在有机碳周转和营养元素循环中具有不同特征。根据研究需要,Patton将土壤有机碳分为活性库(active pool)、缓性库(slow pool)、钝性库(passive pool)。邵月红(2006)的研究结果表明,农田土壤活性碳一般占土壤有机碳的0.6%~3.7%,缓效性碳一般占土壤有机碳的37.7%~81.2%,惰效性碳一般占土壤有机碳的17.1%~48.1%。农田土壤有机碳库变化取决于土壤有机碳输入和输出的相对关系,即有机物质分解矿化损失和腐殖化、团聚作用累积的动态平衡与土壤物质迁移淀积平衡的统一,而土壤有机碳侵蚀、迁移和沉积过程在研究中没有得到充分考虑,是产生土壤碳循环不确定性的根源之一。农业土壤有机碳损耗主要经历3个过程(方华军等,2003):①由于团聚体解体使碳暴露,以及温度、湿度机制的变化所引起碳的氧化和矿化;②溶解性有机碳(DOC)或颗粒态有机碳(POC>53微米)的淋溶和迁移;③风和表面径流的加速侵蚀。土壤开垦初期,通过土层厚度减小,降低根区含水量和植物养分,土壤结构退化等方式发生。Gregorich等研究表明,侵蚀倾向于优先使低密度小颗粒的有机碳组分发生再分布,沉积区土壤有机质比侵蚀区土壤有机质生物活性更大,因为轻质、细颗粒物质相对累积,一定程度上侵蚀影响土壤有机碳含量取决于土壤类型,有机质含量高的土壤比有机质含量低的土壤流失量较少。决定农田土壤有机质分解量和生成量的主要因素是人们所采用的管理方式和措施。影响有机质分解和生成的因素包括土壤所处气候区的温度、水分、地形、耕作措施、作物残体管理方式、施肥制度、轮作方式、灌溉制度等,以及土壤本身的一些性质,如质地等,尤其是粘粒矿物对土壤有机质的形成与稳定关系密切;此外,土壤pH和$CaCO_3$含量对土壤有机质含量也有重要影响(方华军等,2003)。土壤有机碳库受降雨量和温度强烈影响。自然生态系统土壤有机碳库随温度增加呈指数下降(Lal R等,2002)。大气候对土壤潜在活性组分有很大影响,但对微生物生物量专性呼吸影响较小。较高的年平均温度对应于较高的土壤呼吸和较大的土壤微生物生物量碳;土壤微生物生物量碳的专性呼吸强度是热带地区<寒冷地区。较高的年降水量导致较低的土壤呼吸与较低的微生物生物量碳对于土壤的专性呼吸强度是湿润地区>干旱地区。地形对土壤性质的影响因地质差异变得很复杂。低坡位土壤因有效水增加、土壤有机碳沉积、营养元素通过侵蚀和亚表层流迁移，导致土壤理化性质发生变化。细粘粒含量、细粘粒/总粘粒随深度增加，表明粘粒可能发生迁移；表层比亚表层酸度小，归因于表面生物盐基循环，有效阳离子交换量（ECEC）与粘粒含量有相关关系，有机质与 ECE 显著相关。Jenn-Shing Chen 利用 ^{137}Cs 示踪技术研究坡耕地土壤有机碳动态，土壤剖面微生物生物量碳（Cm ic）与水溶性有机碳（WSOC）显著相关，说明水溶性有机碳是微生物最直接物源。从表面到深层及从坡顶到坡脚下降，坡地水溶性有机碳与总有机碳（TOC）分布一致。土壤条件对土壤有机碳特性具有明显的影响。土壤粘粒主要通过粘粒胶体吸附及土壤有机无机复合体的形成，对土壤有机碳起到物理保护作用。一般来说，细颗粒有机碳库比粗颗粒有机碳库稳定，导致其稳定性的原因与土壤微生物活动有关。Ar-rouays 研究表明，土壤有机碳与粘粒含量呈明显正相关，粘粒含量是影响土壤有机碳分布的最重要因素。土壤 pH 主要通过影响土壤微生物活动进而影响土壤有机碳分解矿化。有机碳具有一定的空间分布规律，土壤有机碳随纬度增加而增加，土壤有机碳与纬度的相关系数为 0.70（解宏图等，2006）。不同耕作方式下土壤有机碳特性差异明显。常规耕作频繁搅动土壤，破坏土壤结构使原本被土壤结构体保护的土壤有机物游离土壤结构体之外，而处于化学和生物的分解和攻击之下，加剧了土壤有机物质分解矿化过程。过度耕作的结果是土壤有机物数量和质量的下降，集中表现在活性土壤有机物质数量降低。而由常规耕作改为保护性耕作实施 10 年以上，可以使农田土壤耕层有机碳含量增加 7%~10%（Yang X M 等，2001）。保护性耕作条件下，土壤固碳潜力与许多因素相关，如土壤质地、土壤排水状况、土壤有机碳初始含量和土壤 pH（Ling B C 等，1998；赵荣钦等，2004）。Chan K Y 等（2002）研究了不同残体管理（保留作物残体和焚烧残体）和耕作方式对土壤有机碳各组分和土壤质量的影响。结果表明，耕作与焚烧残体降低了不同土壤有机碳组分含量，优先降低颗粒态有机碳（POC > 53 微米）和直径 > 2 毫米水稳性团聚体含量；而焚烧残体倾向于降低复合态有机碳（IOC < 53 微米）和直径 < 50 微米水稳性团聚体含量。不同施肥方式影响土壤有机碳变化趋势。一般来说，无论是单施化肥还是有机无机肥混施，对土壤有机碳各组分都有所增加，但增加量和对有机碳质量的影响存在差异。大量施用矿质肥料可增加土壤总碳含量，有机无机肥配施比单施腐殖质增加量更大。连续 4 年不施肥，农田土壤有机碳亏缺主要来自松结态有机无机复合体及缩合程度较低的腐殖质，单施化肥农田土壤有机碳亏缺主要来自稳结态和紧结态腐殖质，而有机无机配施农田土壤有机碳盈亏处于动态平衡（马成泽等，1994）。

3. 土壤碳循环对全球变化的响应研究

土壤碳库动态及其驱动机制是陆地生态系统碳循环与全球变化研究的热点问题之一。随着各国对《京都议定书》的重视，农业土壤碳库变化及其"源汇效应"研究不断加强。中国关于农业土壤有机碳动态的研究主要围绕农业土壤有机碳储量、固碳潜力等问题展开，重点研究区域为南方水稻土分布区、东北黑土区，取得了显著研究成果。水稻土与全球变化的研究中主要集中在水稻土的温室气体（CH_4 和 N_2O）释放行为方面。自 1980 年以来全国水稻田的灌溉方法由持续淹灌逐渐改为晒田间灌，利用 DNDC 模型计算的中国稻田 CH_4 的年排放量由 1980 年 1200 万吨降至 2000 年 700 万吨，且在时间及量值上与全球大气近 20 年 CH_4 浓度增长率的降低相一致（Pan G 等，1999；李长生等，2003；Lal R，2007），说明中国水稻土固碳效应十分显著。东北黑土分布区是世界 3 大黑土带之一，其所处的北半球中高纬度地区是全球变化最为敏感的区域之一，且目前对黑土的研究主要集中在固碳潜力方面，包括免耕等保护性耕作措施对保护和恢复退化中的东北黑土资源的作用等研究显示,如果采用新的管理措施,东北黑土最大固碳潜力为 244.3×10^{15} 克 C,在未来 20 年内土壤固碳潜力为 30.9×10^{15} 克 C(方华军等,2003)。

土壤有机碳循环过程及其驱动机制研究是定量评价陆地碳收支和全球变化的重要科学基础。近 10 年来,以大型试验环境控制、涡度相关测定和定量遥感为代表的多尺度生态观测网的建立,为陆地碳循环研究积累了大量数据(刘纪远等,2003)。但试验和观测总是在特定尺度上进行的,认识和定量表达多尺度相互作用需要应用机理模拟的方法。为此,科学家相继开发了大量的陆地生态系统碳循环模型,其中国际上比较成熟的碳循环模型有 3 大类,包括生物物理模型(如 CLASS 模型)、生物地理模型(如 MAPSS、BIOME 模型)和生物地球化学模型(如 TEM、CENTURY、DNDC 模型)。目前,针对无机碳动态变化的研究方法不多,仅限于稳定同位素和放射性同位素等方法,这 2 种方法常用于在生态系统长期动态过程的重建(如植被演替)、土壤碳周转周期、土壤无机碳年龄测定等方面(韦莉莉等,2008)。其中碳酸盐的稳定同位素方法不但可以定量区分土壤无机碳的来源和组成,还可以评价土地管理措施对土壤碳酸盐动态的影响。

近年来,熊正琴等(2009)率先开展稻田温室气体 N_2O 产生过程中 ^{15}N、^{18}O 同位素自然丰度变异研究,发现稻田生态系统中 N_2O 同位素值明显高于其他农业生态系统,从而揭示稻田生态系统中反硝化过程在全球氮循环中具有重要意义,对全球 N_2O 收支平衡研究具有重要参考价值。潘根兴等(2009)采用国土地调成果和耕地土壤监测结果,采用 Meta Analysis 统计方法及年相对增量评价方法,并与第 2 次土壤普查结果对比,首次分析了江苏省尺度土壤表层和全国耕地耕层(深度为 0 厘米~20 厘米)土壤有机碳含量变化,实证揭示江苏省 1982 年~2004 年间表层土壤有机质碳库增加 24×10^{12} 克,全国耕地在 1985 年~2006 年间土壤表土有机碳库增加 0.65×10^{15} 克,平均每年增加 25.5×10^{12} 克,并且水稻土增加较大幅度高于旱地土壤;有机无机配合施肥可以显著增加耕地土壤有机质碳库固定,保护性耕作可以进一步将固碳效应提高 150%,农业土壤固碳潜力可达 1990 年温室气体减排份额的 50% 左右。这些工作是中国首次通过土壤测定值对土壤碳库增加的实证研究,进一步支持了过去提出的农业土壤固碳对减缓气候变化的巨大潜力,值得在中国生态系统和农业固碳减排中予以充分重视。南京农业大学农业资源与生态环境研究所在 2008 年~2009 年对农田土壤有机质固碳增汇增产机理进行了分析研究,收集整理了中国不同省区谷物作物产量与耕地有机质碳含量资料,南方稻田长期试验中作物产量与有机质碳含量变化资料,以及几个典型水稻长期试验土壤的有机质、土壤氮素养分及微生物生物量及微生物区系的实际采样分析,统计建立了耕地有机质含量与作物产量及其多年稳定性的关系,首次实证揭示耕地有机质固碳对于提高和稳定耕地粮食生产力的作用,这种作用与有机质增加下土壤微生物生物量增加及其微生物氮素等养分蓄持而提高了氮素等养分利用率有关;良好管理下的固碳增汇作用通过微生物区系多样性及真菌优势度提高,而减慢有机质矿化分解,减少温室气体释放。对南方多个长期试验农田的系统碳汇效应的评估得到进一步证实。这些结果支持了 2007 年度发表的有机无机配合施肥增加土壤有机质碳库并减少稻田温室气体释放的实验研究结果。因此,以稻田为例,揭示农田土壤固碳减排增汇和增产的共轭双赢作用和农田 C-N 耦合作用,为低碳农业技术途径提供了明确的科学依据。

中国科学院华南植物园植被与景观生态学研究组申卫军与美国杜克大学 James F. Reynolds、田纳西州立大学惠大丰等(2009)合作,利用基于植物与微生物生理特征的生态系统模型模拟了渐变与突变效应的差异以及温度、降水和 CO_2 浓度3个因子之间的交互作用关系。结果发现突变通常高估土壤排放速率,并且突变与渐变引起的长期效应不同。就单因子效应来说,升温、CO_2 浓度和降水增加以非线性方式刺激土壤呼吸,降水减少则线性地抑制土壤呼吸。多因子混合效应并不等于单因子效应的加和;升温可放大降水与 CO_2 浓度增加的效应;降水增加与 CO_2 浓度增加的效应则相互抑制;因对各因子处理水平和呼吸组分(自养或异养)的不同,降水减少既可放大也可抑制升温与 CO_2 浓度增加的效应。

中国科学院南京土壤研究所许乃政等(2010)基于新近完成的1∶25万多目标地球化学调查及相关研究成果,运用地理信息系统软件 ARCGIS 9.2、统计软件 SPSS13.0,对长江三角洲地区0厘米~20厘米、0厘米~100厘米、0厘米~180厘米深度土壤有机碳密度及储量作出实测统计。结果表明,长江三角洲地区0厘米~20厘米土壤有机碳库储量为238.65太克,有机碳密度为3.28±0.92千克/平方米,各类型土壤有机碳密度均值介于2.63千克/平方米~3.57千克/平方米;0厘米~100厘米土壤有机碳库储量为822.76太克,有机碳密度为11.30±3.48千克/平方米,各类型土壤有机碳密度均值介于9.35千克/平方米~11.94千克/平方米;0厘米~180厘米土壤有机碳库储量为1245.72太克,有机碳密度为17.11±7.04千克/平方米,各类型土壤有机碳密度均值介于14.27千克/平方米~18.00千克/平方米。与第2次土壤普查比较,全区0厘米~20厘米、0厘米~100厘米土壤有机碳密度均值都表现为上升趋势,有机碳库储量增加,土壤表现为碳汇功能。提供了新的土壤碳库实测统计信息,为研究中国区域土壤碳固定潜力、深入全面理解区域碳循环提供基准数据。

为了揭示全球变暖对土壤碳氮循环的影响,中国科学院武汉植物园系统生态学学科组程晓莉与美国 Oklahoma 大学的骆亦其等(2011)开展了合作研究,运用土壤分馏和碳氮稳定同位素方法($\delta^{13}C$、$\delta^{15}N$),研究9年控制加温对北美高草草原土壤有机碳氮循环的影响机制。研究发现,虽然9年的温度升高显著增加了 C_4 植物的生产力和碳输入,但没有显著改变土壤有机碳氮含量以及土壤颗粒组成。碳稳定同位素($\delta^{13}C$)研究结果表明,温度升高加速了所有土壤组分的分解速率。土壤不同组分的分解速率差异显著,轻碳的分解速率高于重碳,而大颗粒土壤碳分解速率高于小颗粒土壤。氮稳定同位素($\delta^{15}N$)研究结果进一步表明,增温增强了土壤氮循环和流失,同时,C∶N 值和 $\delta^{15}N$ 值的变化阐明了土壤轻碳与近期新鲜植物的碳输入的相关性以及重碳的矿化过程。该研究结果揭示出气温升高改变了物种的组成,增加了碳的输入,同时也增加土壤碳氮的分解作用,导致土壤有机碳氮库没有显著的变化。

哥本哈根气候峰会预示全球变化问题面临更为严峻的局面,我们必须在科学研究和实际减排等各方面作出贡献。国土资源部非常重视全球气候变化问题,采取积极应对措施,加强清洁能源、土地利用、地质碳汇及碳储空间等方面调查和应用研究。土壤有机碳问题十分复杂,为应对全球气候变化挑战,我们面临的重大科学问题和研究方向,主要有以下6项:①土壤有机碳储量分布与影响因素研究,它这样的分布是什么因素引起的?②土壤碳循环与全球变化,它和全球变化是什么关系?③土地利用方式及不同生态系统对生态碳影响特征和机制;④土壤碳汇潜力与固碳机理;⑤土壤固碳工程技术及土壤碳科学利用和管护;⑥土壤碳变化检测网络与土壤碳源/汇变化趋势预测模型等。

第五节　土壤地理学的发展趋势

土壤地理学今后的发展,将注重以下几个方面:①在方法论方面,将更加重视宏观研究与微观研究的结合,注意用生态学观点研究土壤地理学;②在研究内容方面,重视土壤学与地理学及其他有关学科的联系和渗透;③在具体方法方面,将向指标化、数值化发展;④土壤制图和土壤理化分析方面将向简便、快速、准确的方向发展。

土壤地理学作为一门独立的学科时间还不长,但它在国民经济和科学发展中,已显示出重要的作用。随着社会经济不断发展和人口的快速增长,人类活动对全球生态环境冲击的强度和规模也与日俱增,使整个世界近 50 年来一直遭受资源、环境、人口、发展(PRED)及粮食短缺问题的困扰。土壤作为人类赖以生存的重要自然资源和生态环境的核心要素之一,土壤资源的持续利用与全球土壤变化已经成为国际学术界普遍关注的议题。纵观国际土壤地理学研究的现状,土壤地理学研究具有以下发展趋势。

(1)重视土壤圈物质循环及其全球土壤变化的研究

利用现代遥感技术与新的测试技术,监测土壤圈物质的迁移转化过程,在进行土壤发生过程建模的基础上,探讨土壤圈、生物圈、大气圈、水圈、岩石圈之间的物质能量过程(如水分、CO_2、CH_4、N_2O、NH_4^+、NO_3^-、S、P 循环过程)的机制,建立数学模型,揭示地表圈层之间物质能量交换过程、速率和机制及其相互影响,以达到预测和调控区域地表系统、保持和改善人类生存环境、持续发展农林牧业生产之目的。同时全球土壤变化是全球变化的重要组成部分,其研究有助于提高对全球土壤变化的预测能力,为长远的土壤资源管理与规划的宏观决策提供科学依据。

(2)土壤资源持续利用研究得到重视

当前国际社会对土壤资源的开发利用研究给予了充分的重视。联合国粮农组织(FAO)、教科文组织(UNESCO)以及国际人与生物圈计划(MAB)通过对世界陆地生物圈、世界土壤资源图及世界土壤宪章等项目的研究,规定了土壤资源开垦、保护与改善的国际政策。国际地圈生物圈计划(IGBP)也重视土壤资源在自然与人类活动驱动下的动态变化研究。中国人口众多而土壤资源相对不足,合理开发和持续利用有限的土壤资源尤为迫切和重要。

(3)世界土壤资源参比基础和土壤信息系统不断加强

以土壤诊断层和诊断特性研究为基础,尽可能多的吸收、集成世界各国的土壤地理研究成果,创建能够起到统一国际土壤分类作用的世界土壤资源参比基础,这对于土壤科学的国际交流、资料共享、信息联网以及土壤地理学研究成果在土地利用、发展持续农业等方面均具有重要作用。同时,加强遥感技术的应用研究,对土壤遥感信息与非遥感数据进行综合处理,逐步建立区域土壤理化属性数据库,为创建区域中比例尺的土壤—土地数字化数据库提供基础。

(4)土壤退化的时空变化、形成机制和监测对策

土壤退化是制约世界许多发展中国家国民经济发展和人民生活改善的主要因素,中国也是世界上土壤退化较为严重的国家。因此,深入研究中国土壤退化的机制、现状及发展趋势,提出其防治对策具有重要的意义。其重点研究领域包括:①土壤退化的时空分异规律,中国土壤退化现状分布图编绘、土壤退化生态环境数据库的建立、土壤退化监测系统及预警系统的建设;②土壤退化

机理研究、土壤可蚀性研究、养分流失机理、土壤盐碱化发生条件及机理、土壤对酸雨的敏感性研究、污水灌溉对土壤—作物系统的影响评价等；③土壤退化综合评价和治理模式，土壤退化评价指标体系的创建、土壤退化治理决策系统研究、土壤退化的治理模式研究，以及被污染土壤的生物修复技术的开发等。

（5）土壤地理学研究内容日益扩展

随着土壤地理学研究的深入以及与其他学科相互渗透，在土壤地理学中萌生了许多新的研究焦点，主要有：①土壤质量—食品安全—人群健康的研究，通过土壤中化学元素丰缺及其有效性的调查，揭示微量营养元素和有毒元素在土壤—植物系统中的迁移转化特征，以及对人群健康的影响，提出防治地方病的有效对策；②土壤与考古的研究，通过分析人为耕作土壤层（考古学中的文化层）中的木炭碎屑、磷素含量、硅酸体、^{14}C年龄、土壤微形态，并结合地层分析法确定古人类活动范围的研究，已受到国际学术界的重视；③在土地整理过程中进行土壤环境的优化，通过进行土壤适宜性评价、产业结构调整和生产方式的优化，提高区域土地利用率和产出率，改善农村生产、生活条件和生态环境。其基本功能是进行国土资源整治和补充耕地面积的不足，在经济快速发展的同时，以确保土壤生产力的持续增长和生态环境的优化，创建可持续农业生产模式；④土壤景观系统的研究日益受到重视，土壤是成土因素综合作用的产物，也是地球陆地表层自然景观的核心组成部分，如图2-4-4所示。

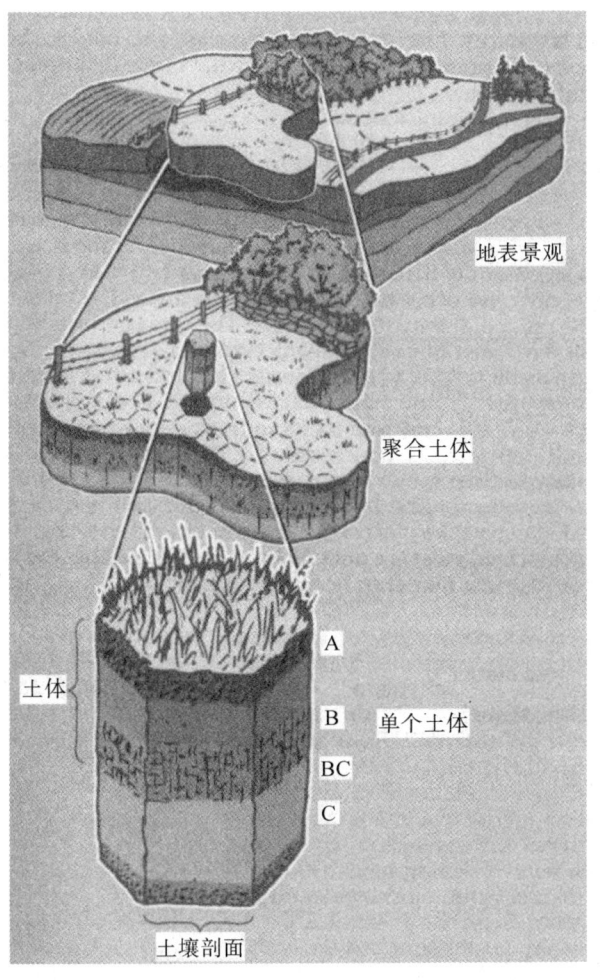

图2-4-4　地表景观—聚合土体—单个土体组成结构图式（据Brady，2000年资料）

由于土壤是地表自然景观中相对稳定、又能进行现场观测和定量分析的自然独立体,使得土壤景观成为研究区域景观空间组合规律及其动态变化的重要内容。土壤景观系统具有不同的空间尺度,如最小的土壤景观单元单个土体(pedon)通过不同方式的镶嵌组合,便形成较大的土壤景观单元聚合土体(Polypedon)(即土壤基层分类单元),这些土壤基层分类单元又可造成更高级的土壤类型单元,以致形成具有地带性特征的土壤—地球化学群系。这些不同层次的土壤景观单元均与大气圈、生物圈、水圈、岩石圈和人类智能圈不断地进行物质与能量交换,这些就构成了地表景观发育演化的实质内容。

(6)加强与发展土壤地理学基础性理论研究

正如上述,随着现代土壤地理学研究内容的不断扩展和深化,有必要对有关土壤(类型)的形成发育、分类、基本功能与特性进行综合性研究,进一步探索土壤圈(或土被)的组成、结构、功能及其演变规律,概括土壤圈在地球表层系统中的地位、作用及其与地球变化之间的作用和反馈机制,以全面提高土壤地理学的理论水平,更好地指导土壤地理学的发展。总之,需要指出的是土壤地理学在地理学、资源与环境科学、农业科学、生态学等学习与研究中占有重要地位,正如土壤地理学本身在地理学、全球变化研究体系中的地位和作用一样,土壤地理学的学习和研究在其他相邻学科的研究中起着重要作用。

参考文献:

[1] 赵其国,龚子同. 土壤地理研究法[M]. 北京:科学出版社,1989.

[2] 龚子同. 中国土壤系统分类:理论·方法·实践[M]. 北京:科学出版社,1999.

[3] 李天杰,赵烨,张科利,等. 土壤地理学[M]. 北京:高等教育出版社,2004.

[4] 中国科学院南京土壤研究所. 中国土壤系统分类[M]. 北京:中国农业科技出版社,1995.

[5] 熊毅,李庆逵. 中国土壤[M]. 北京:科学出版社,1990.

[6] 李天杰. 土壤环境学[M]. 北京:高等教育出版社,1995.

[7] 徐启刚,黄润华. 土壤地理学教程[M]. 北京:高等教育出版社,1990.

[8] 林培. 区域土壤地理学[M]. 北京:北京大学出版社,1993.

[9] 熊毅. 水稻土之化学性质[J]. 土壤特刊甲种,1941(4):1-22.

[10] 马溶之,文振旺. 以农业发展为目的的土壤区划原则[J]. 土壤学报,1958,6(3):157-177.

[11] 格拉西莫夫,马溶之. 中国土壤发生类型及其地理分布[J]. 土壤专报,1958,第32号:1-52.

[12] 中国科学院新疆综合考察队,中国科学院土壤研究所. 新疆土壤地理[M]. 北京:科学出版社,1965.

[13] 农业部全国土壤普查办公室. 中国农业土壤志. 北京:农业部全国土壤普查办公室,1964.

[14] 中国科学院西藏综合考察队,中国科学院土壤研究所. 西藏的土壤[M]. 北京:科学出版社,1970.

[15] 中国科学院南京土壤研究所西沙群岛考察组. 我国西沙群岛的土壤和鸟粪磷矿[M]. 北京:科学出版社,1977.

[16] 席承藩,章士炎. 全国土壤普查科研项目成果简介[J]. 土壤学报,1994,31(3):330-335.

[17] 戴昌达. 土壤航测普查[M]. 北京:农业出版社,1980.

[18] 周慧珍. 海南岛土壤与土地数字化数据库及其制图[M]. 北京:科学出版社,1994.

[19] 龚子同,张学雷,骆保国,等. SOTER的建立及其在世界上的传播[J]. 地理科学,2001,21(3):217-223.

[20] 赵其国,邹国础. 雷州半岛之土壤及其利用[J]. 土壤专报,1958,第31号:67-98.

[21] 李庆逵,石华,龚子同,赵其国,等. 中国红壤[M]. 北京:科学出版社,1983.

[22] 龚子同. 华中亚热带土壤[M]. 长沙:湖南科学技术出版社,1983.

[23]宋达泉,程伯容,曾昭顺.东北及内蒙古东部土壤区划[J].土壤通报,1958(4):3-12.

[24]朱显谟,贾文锦,张相麟,等.暂拟陕西土壤分类系统[J].土壤通报,1959(1):1-6.

[25]李庆逵,张效年.中国红壤的化学性质[J].土壤学报,1957,5(1):78-96.

[26]马溶之.中国土壤的地理分布规律[J].土壤学报,1957,5(1):1-18.

[27]龚子同,陈志诚.珠江三角洲之土壤[J].土壤专报,1964,36号:69-129.

[28]曹升赓.江西红壤性水稻土的形成特点[J].土壤学报,1964,12(2):63-73.

[29]雷文进.江苏省里下河土壤的发生和改良[J].土壤学报,1959,7(3/4):227-236.

[30]徐琪,陆彦椿,朱洪官.江苏省太湖地区水稻土的发生分类[J].土壤学报,1980,17(2):120-132.

[31]张甘霖,史学正,龚子同.中国土壤地理学发展的回顾与展望[J].地理学报,2008,45(5):793-801.

[32]朱显谟.塿土[M].北京:农业出版社,1964.

[33]龚子同,赵其国,曾昭顺,等.中国土壤分类暂行草案[J].土壤,1978(5):168-169.

[34]全国土壤普查办公室.中国土种志[M].北京:农业出版社,1993.

[35]中国科学院南京土壤研究所土壤系统分类课题组,中国土壤系统分类课题协作组.中国土壤系统分类(第3版)[M].合肥:中国科技大学出版社,2001.

[36]李锦.土壤制图[M].福州:福建地图出版社,1997.

[37]李锦.小比例尺土壤制图理论和方法的研究[J].土壤学报,1988,25(4):336-348.

[38]熊毅,李锦.中国土壤图集[M].北京:地图出版社,1986.

[39]贺红士,侯彦林.区域微机土壤信息系统的建立和应用[J].土壤学报,1991,28(4):345-354.

[40]张定祥,于东升,史学正.苏南SOTER数据库的建立及其在水稻土生产力评价上的应用[J].安徽农业大学学报,2001,28(2):119-124.

[41]张学雷,张甘霖,龚子同.SOTER数据库支持下的土壤质量综合评价——以海南岛为例[J].山地学报,2001,19(4):377-380.

[42]史舟,王人潮.大比例尺红壤资源信息系统的研制[J].浙江农业大学学报,1997,23(6):707-710.

[43]潘剑君,靳婷婷,孙维侠.江西省余江县土壤信息系统建造研究[J].土壤学报,1999,36(4):522-527.

[44]张甘霖,龚子同,骆国保,等.国家土壤信息系统的结构、内容与应用[J].地理科学,2001,21(5):401-405.

[45]高鹏,史学正,于东升,等.基于WebGIS的中国土壤信息查询系统研究[J].土壤,2008,40(1):9-15.

[46]杨国祥,史学正,于东升,等.基于WebGIS的中国土壤分类参比查询系统研究[J].土壤学报,2007,44(1):1-6.

[47]张甘霖.土壤发生学的发展和未来方向.见:中国土壤学会.中国土壤科学的现状与展望[M].南京:河海大学出版社,2007:64-73.

[48]孙福军,雷秋良,刘颖,等.数字土壤制图技术研究进展与展望[J].土壤通报,2011,42(6):1502-1507.

[49]刘世梁,傅伯杰,刘国华,等.我国土壤质量及其评价研究的进展[J].土壤通报,2006,37(1):137-143.

[50]汪媛媛,杨忠芳,全涛.土壤质量评价研究进展[J].安徽农业科学,2011,39(36):22617-22622.

[51]刘丽芳,许新宜,王会肖,等.土壤水资源评价研究进展[J].北京师范大学学报(自然科学版),2009,45(5):621-625.

[52]黄耀,孙文娟,张稳,等.中国陆地生态系统土壤有机碳变化研究进展[J].中国科学:生态科学,2010,40(7):577-586.

[53]刘留辉,邢世和,高承芳,等.国内外土壤碳储量研究进展和存在问题及展望[J].土壤通报,2009,40(3):697-701.

[54]赵烨.南极乔治王岛菲尔德斯半岛土壤与环境[M].北京:海洋出版社,1999.

第五章 中国土壤生物学研究

土壤生物学是研究土壤中的生物特别是微生物的区系、功能和活性及其多样性的分支科学。包括生物的种类、数量、形态、分类和分布规律,生理代谢特征,土壤酶活性和土壤过程、植物生长及环境的关系。土壤生物学是传统土壤科学的重要研究内容,也是现代土壤科学的研究热点和前沿。土壤生物种类丰富、数量巨大,参与土壤有机质的分解与合成、养分的释放与固定等过程,与土壤团聚体的形成以及污染物的降解等密切相关,因而在可持续农业、环境保护和资源开发等方面发挥着重要作用。可以说,土壤生物学是土壤科学一个永恒的研究内容,随着分子生物学和现代分析测试技术的广泛引入,土壤生物学的研究也必将进入一个新的发展时期。

第一节 土壤生物的主要类群及功能

土壤是由固相(矿物质、有机质)、液相(土壤水和溶液)、气相(土壤空气)和土壤生物有机体4部分组成,其中土壤生物种类丰富,数量非常大,它包括土壤微生物、土壤动物和植物3个部分。土壤生物是土壤发生与发展的重要推动力,是土壤生态系统中最为活跃的组成部分。土壤微生物包括细菌、放线菌、真菌。土壤是微生物生活的良好环境,是微生物的大本营,几乎全部细菌与真菌的种类都生活在土壤中。土壤动物也是土壤中一个重要的生物类群,其种类数以千计。土壤动物由土壤原生动物和土壤后生动物群落组成。土壤原生动物属于单细胞动物,通常包括鞭毛纲、纤毛纲、裸露的和有包被的变形虫及孢子纲。土壤后生动物群落主要由线虫、千足虫、蜈蚣、轮虫、螨、环节动物、蜘蛛、昆虫、蛇、泥鳅、鳝鱼、蚯蚓、蚂蚁、白蚁、老鼠、野兔等组成。它们共同构成了土壤微小动物区系和土壤中型动物区系。

土壤植物主要是指一些低等植物和高等植物的地下部分(如根系、地下块茎等)。低等植物包括藻类、地衣和苔藓,它们主要生长在土壤表面,对原始土壤的有机质积累起着重要的作用。土壤中常见的藻类有蓝藻、绿藻、接合藻和硅藻等,其中以蓝藻和绿藻为最多。植物的地下部分也可视为土壤植物的一个重要组成部分,它们主要包括植物根系和地下块茎如马铃薯、红薯等。土壤生物在自然生态系统中扮演着消费者和分解者的角色,对全球物质循环和能量流动起着不可替代的作用。土壤食物网中的各种生物通过相互协作,在生态系统的物质循环和功能维持等过程中起重要作用。这些作用主要包括:①分解有机质和调节养分循环;②改善土壤理化性状;③传播或控制植物疾病;④清除污染物和维持生态系统健康;⑤调控植物根际食物网而影响植物的生长;⑥指示和预警生态系统受损状况;⑦具有食用、医药等方面的经济价值。

第二节 中国土壤生物学的研究进展

一、中国土壤生物学研究的现状

近年来,中国土壤生物学研究队伍不断扩大,研究领域不断拓展,研究水平有较大的提高。得益于土壤学、环境科学、生物学等学科的交叉渗透,也与新的研究技术和方法的广泛引入有关,尤其是分子生物学技术和现代分析测试技术长足发展,使传统的土壤生物学的研究水平大大提高,目前土壤生物学已经成为土壤科学知识创新的重要生长点。

中国土壤生物学研究的现状具有以下几个特点:

(1)土壤生物学研究具有不同学科交叉渗透的知识背景。土壤圈与大气圈、水圈、岩石圈、生物圈是相互作用的,土壤科学的研究与农业发展、环境保护和资源利用密切相关,因而也是农学、环境科学、生物科学和地球科学关注的内容,不同学科交叉渗透有力地促进了土壤生物学的发展。

(2)新的研究方法与技术的广泛引入是土壤生物学不断创新的推动力。随着科学技术的不断发展,尤其是信息科学、系统科学、计算机科学和现代分子生物学技术的广泛引入,土壤生物学研究无论从广度和深度方面均有较大的进展,新的科学技术成为土壤生物学发展的重要推动力。

(3)土壤生物学研究成果丰硕。中国土壤生物学研究是与国家需求紧密联系的,作为一个农业大国,中国的土壤科学研究面临发展农业与保护环境的双重任务。在此背景下,土壤科学研究在污染土壤的生物修复、土壤质量的生物学指标建立、土地利用与温室气体排放、主要生物化学过程与土壤养分释放等方面取得了重要进展,为世界土壤科学的发展作出了贡献。

(4)土壤生物学研究内容存在不平衡性。土壤生物学研究内容涉及土壤微生物学、土壤动物学、土壤—物系统、土壤昆虫学、土壤生态学和土壤生物化学等领域。土壤生物化学和土壤—植物系2方面的研究内容占有较大比例,并且相对稳定;土壤微生物学和土壤生态学呈现了较快的发展势头;土壤动物学方面的研究较为薄弱并有待进一步加强。

二、中国土壤动物学研究

1. 中国土壤动物学的发展状况

土壤动物是指其生活中有一段时间定期在土壤中度过,而且对土壤有一定影响的动物。主要涉及原生动物、扁形动物、轮形动物、线形动物、软动物、环节动物、缓步动物和节肢动物,有时甚至将部分两栖动物、爬行动物和哺乳动物中的食虫目和啮齿目也包括进来。

国际上土壤动物的研究开始于1840年达尔文等对蚯蚓生物学的研究。中国古代有一些涉及土壤动物的零星资料,最早记载土壤昆虫的文字是河南安阳出土的3000多年前的殷墟甲骨文,共记载有9种昆虫。公元前2世纪前后成书的《尔雅》中记载有昆虫80多种,涉及土壤昆虫的有蝼蛄、衣鱼、蝉、蚁和蛴螬等。在《本草纲目》等中对蝼蛄、蚯蚓(地龙)、蚁和蛴螬等的描述,这些均散见于一些古籍中,未进行系统的整理。中国土壤动物的研究起步较晚,国内开始对土壤动物生态地理的研究时,国际上土壤动物学的研究已经形成了完整的学科体系。中国学者通过学习和借鉴国外先进的技术和方法,推动了土壤动物学在中国的快速发展。20世纪50年代~70年代后期,虽有一些涉及土壤动物的报道,如蚯蚓、跳虫、螨类、蜘蛛、线虫、金龟子等,主要注重种的描述、区系调查和生活史等方面。1979年中国科学院地理研究所张荣祖领导成立了长白山森林生态系统定位站土壤动物组,在中国首次开展了土壤动物区系、生态地理的综合性研究,这标志着中国土壤动物生态学的研究真正开始起步。近年来,中国土壤动物学的研究内容大致集中于以下几个方面:土壤动物区系调查与研究;土壤动物的分布及其与环境因子的关系;土壤动物对环境的指示作用;土壤动物在物质循环、能量转化方面的作用。

1979年张荣祖等在吉林省东部山地进行了土壤动物的生态地理学研究,为中国土壤动物学研究开辟了方向。随后,土壤动物在东北地区的研究得到了快速发展,并带动了国内土壤动物生态地理学的研究。东北师范大学陈鹏和殷秀琴领导的研究组开始在吉林省和黑龙江省小兴安岭地区开展了土壤动物生态地理区系的研究,他们从1979年6月~1986年6月,每年用1个月~3个月,其中2年连续12个月,对吉林省东部山地12种生境、9种土壤类型中的土壤动物进行了调查,并编辑成《动物生态地理研究》。哈尔滨师范大学张雪萍的研究组开始在黑龙江省大兴安岭地区开展了土壤动物生态地理区系研究。《土壤动物区系生态地理研究》和《东北森林土壤动物研究》等著作的相继出版,反映了中国土壤动物研究的新进展,促进了中国土壤动物生态研究迈向了一个新阶段。

南方亚热带地区土壤动物研究开始于20世纪80年代中期。1987年在国家自然科学基金的支持下,由中国科学院上海昆虫研究所尹文英主持的"亚热带森林土壤动物区系及其在森林生态平衡中的作用"(1987~1991)和"中国典型地带土壤动物研究"(1993~1996)2个重点项目,在亚热带地区进行了土壤动物分类区系、生态和生物地理等方面的研究,系统研究了中国东部温带、亚热带和热带地区的土壤动物群落。同时,生态学定位和控制实验也陆续开展,探讨了土壤动物在凋落物分解中的作用及其对环境污染的响应(尹文英,1997),对中国土壤动物学的研究作出了巨大贡献。尹文英等通过对中国不同气候区的典型地带土壤动物进行定点、定期、定性、定量的调查、采样、鉴定、分析,在土壤动物物种多样性、群落结构、地理分布与区系组成;不同环境和不同季节土壤动物的动态变化特点、调查研究方法和物种分类鉴定等方面积累了丰富的资料,研究成果包括了中国典型气候带土壤动物群落多样性与季节动态、研究方法和分类鉴定等,并先后出版了《中国亚热带土壤动物》《中国土壤动物检索图鉴》《中国土壤动物》及《土壤动物研究方法》和《土壤动物调查研究手册》等一系列研究专著,标志着中国土壤动物学研究逐步走向成熟。

近年来,随着地下生态学的崛起,土壤动物的相关研究引起更大的关注。目前,土壤动物的研究从学科的发展、资料的积累、过程研究和实际应用等方面,都有了长足的进展。主要涉及土壤动物区系组成、多样性和生态分布及其与环境因子之间的关系,土壤动物在生态系统物质循环中的作用及土壤动物与微生物、植物及草食动物的关系等。

20世纪80年代以后中国才开始进行土壤动物学的系统性研究,近年来主要完成了土壤动物多样性和地带特征的调查,同时对各不同地带、不同类群的种类组成、分布类型、生活习性、区系组成和分布特点均进行了研究和分析;开展了土壤动物在凋落物分解过程中和不同植被类型影响下,群落结构、演替及其动态变化等的试验研究;在人类活动对土壤动物影响方面,研究了土地利用方式、农田耕作制度和耕作方法,肥料施用、杀虫剂喷洒,工业粉尘和酸雨的侵蚀等对土壤动物的种类、数量、生活史、群落结构以及对它们的生理过程和生态功能的影响特点;土壤动物群落特征与土壤农药污染和重金属的相互关系,土壤动物在生态恢复中的作用;生态系统不同管理措施下不同土壤动物群落的变化;土壤动物与土壤微生物与植物生长的关系等。通过这些研究,对中国主要生态系统中土壤群落结构、区系组成和分布特征有了基本的了解;同时,对土壤动物在凋落物分解和养分循环中的作用以及人类活动如何影响土壤生物多样性等方面都有了较好的认识。

近些年,国内学者陆续在中国森林、草地、湿地、农田和中东部沙漠地区开展了大量的研究工作,但这些研究多集中于中国中东部地区和西南地区。中国科学院西双版纳植物园的杨效东、邓晓保和邹晓明等对热带地区土壤动物的生态分布及其在凋落物分解中的作用开展了大量研究,同时探讨了热带森林地区人类活动频繁扰动对土壤动物群落的影响(杨效东和沙丽清,2000;邓晓保等,2003;杨效东和邹晓明,2006)。中国科学院东北地理与农业生态研究所的吴东辉和武海涛对东北地区草地、农田和湿地土壤动物进行了调查,探讨了土壤动物在草地和湿地生态系统凋落物分解中的作用(吴东辉等,2007;武海涛等,2007)。此外,还有一些学者对土壤动物群落中的某些类群也进行了深入研究。比如,内蒙古教育学院的刘永江和内蒙古师范大学的刘新民等对干旱区、半干旱区草地进行了研究,特别是对鞘翅目种类的关注(刘新民和刘永江,1999;刘新民和杨劼,2005)。河北大学的任国栋等对中国拟步甲科动物区系特征进行了系统研究,而宁夏大学贺达汉等研究了西北地区蚁科动物的区系分布特征和生态功能(任国栋和于有志,1999;长有德和贺达汉,2002;贺达汉等,2003)。梁文举、傅声雷、李辉信、胡锋和吴纪华等对线虫和蚯蚓的生态功能等进行了跟踪研究,并通过控制模拟实验揭示了线虫在农田和森林土壤生态系统中的生态功能(李琪等,2007;傅声雷,2007;吴纪华等,2007;陈小云等,2007;罗天相等,2008)。柯欣、赵立军和陈建秀等对弹尾类分类及生态功能进行了研究,并关注重金属和有机污染土壤中的跳虫等土壤动物的响应机制(柯欣等,2001;陈建秀等,2007;Ke and Scheu,2008)。

关于土壤动物学主要代表著作有《中国亚热带土壤动物》《中国土壤动物》等。

《中国亚热带土壤动物》是尹文英教授主持的"亚热带森林土壤动物区系及其在森林生态平衡中的作用"课题研究总结。通过2年多的大量调查、采集、鉴定、分析以及在3个典型山区的设点观察,然后由38位专家执笔写成此书。该书是中国第一部系统介绍亚热带土壤动物的专著。中国的亚热带与世界同纬度的其他地区相比,有其独特的自然生物地理特征:气候温湿、环境多样、物种丰富,虽然长期受人类活动影响,原始生物区系变化甚大,但森林保护区仍拥有比较丰富的物种。《中国亚热带土壤动物》的研究基础是森林土壤动物区系,使本书拥有难得的物种丰富资料,并通过点面结合,取得环境影响下的土壤动物的动态变化,以及土壤动物地理分布与区系组成规律的特点,是该书的优点。

《中国土壤动物》自1987年开始由尹文英组织的一批著名动物学家首先开展的"亚热带森林土壤动物区系及其在森林生态平衡中的作用",以及继续完成的"中国典型地带土壤动物研究"2项国家自然科学基金重点项目,该书就是项目研究的结晶,系统地总结了北起长白山、南至海南岛、西达青藏高原、东临东海之滨的5个典型森林和草原地带的土壤生态系统中的动物区系组成、群落结构、分布特点和动态变化,比较了不同地理区之间的差异及其与土壤环境的关系,可被视为中国土壤动物学的第一部专著。

2. 土壤动物群落多样性与生态地理分布研究

土壤动物群落分布是土壤动物生态学研究的基础,经过近30年的努力,中国土壤动物区系调查和研究工作取得了较大进展。很多学者对土壤动物群落进行了大量研究,从热带、亚热带到温带、寒区、旱区,从森林、草地、沙漠到湿地、农田乃至城市等诸多生态系统都开展了土壤动物生态分布和时空动态方面的研究。

大量研究表明,不同气候带的土壤动物群落其类群数、种类组成及个体数量存在明显差异。寒温带地区森林和麦田生态系统中土壤动物优势类群均包括:弹尾类、甲螨类、线虫类,湿生土壤动物的比例大(苏永春,1995)。中温的地区森林生态系统中土壤动物优势类群主要包括:弹尾类、甲螨类、线蚓类、线虫类(殷秀琴,2001);草地生态系统中包括:蚁类、鞘翅类、蓟马类、甲螨(殷秀琴,1999);沙漠生态系统中包括:鞘翅类、蚁类(大型)(刘永江等,1999)。暖温带森林生态系统中土壤动物优势类群包括:弹尾类、甲螨类、线虫类(王宗英等,1994),此外,部分地区啮齿类多见(田家怡等,2001);农田为等足类、后孔寡毛目、蚁类、线虫类多见(林英华等,2005),二水田中腹足纲也为优势类群之一(闫冬春等,1998;熊燕,2005)。亚热带地区森林生态系统中土壤动物的优势类群主要包括:蜱螨类、线虫类和弹尾类(尹文英等,1992);草地生态系统中大型动物为蚯蚓类和鞘翅类幼虫、中小型中螨类和线虫类多见(钱复生,1996);农田中型动物为弹尾类和蜱螨类(柯欣等,2003),蚁类和线虫类多见(晏毓晨等,2005)。热带地区雨林生态系统中土壤动物优势类群主要包括蜱螨类、弹尾类和膜翅类(廖崇惠等,2002)。滇藏高山草甸大型土壤动物的优势类群为线蚓和金龟子幼虫,农牧区中小型土壤动物中的跳虫和甲螨数量较多(张一等,1991)。

从中国典型生态系统中土壤动物群落的数量特征(表 2-5-1)来看,土壤动物群落的个体数量从高纬度向低纬度有逐渐增加的趋势,但群落指数随纬度变化所代表的热量、土壤、植被等环境条件变化的影响不明显,而主要与局地环境条件具有相关性(梁文举等,2001;殷秀琴,2001)。同纬度地带不同水分条件的森林与草地生态系统比较,草地生态系统中小型土壤动物数量较多,个体数和群落指数受水分条件的限制并不明显。

表 2-5-1 中国典型生态系统土壤动物群落的数量特征

生态系统类型	多样性指数	均匀度	优势度	个体密度/(个/立方米)	资料来源
温带针阔混交林	2.2205	0.5867	0.1830	3093.6(HT)	苗雅杰等(2005)
温带典型草原	1.5049	0.5312	–	153.3(H)	刘新民等(1999)
				6980.9(T)	
				329121(B)	
温带落叶阔叶林	0.7215	0.3009	–	119185(HTB)	傅必谦等(1997)
亚热带常绿阔叶林	0.9850	0.4930	0.3060	114980(HTB)	易兰(2005)
热带山地雨林	1.4600	0.4700	0.3700	8100(HT)	熊燕(2005)

资料来源:殷秀琴,宋博,董炜华,等.我国土壤动物生态地理研究进展[J].地理学报,2010,65(1):91-102.

注:表中数据采用秋季的研究结果。其中,"H"为手捡分离的大型土壤动物;"T"为采用 Tullgren 法分离的中小型土壤动物;"B"为采用 Baermann 法分离的土壤动物。"–"为所引文献中相应统计数据缺失。

在充分发育和未扰动的土壤中,土壤动物的组成和数量具有明显的分层性,一般随着土层的加深而呈现出递减的趋势(殷秀琴,2001),并且类群数和个体数随着海拔高度的增加而递减(张荣祖等,1980)。土壤动物群落动态呈现出年周期现象,在湿热同期的夏秋季节土壤动物群落数量和多样性都较高,而冬春季节相对较少(殷秀琴,2001;易兰,2005)。

3. 土壤动物对环境的响应及其指示意义研究

土壤动物群落的多样性与土壤环境特征密切相关。不同土壤类型中土壤动物的组成不同。土壤水文环境不同土壤动物群落和分布也发生变化,极端的水文条件(洪水或干旱)导致土壤动物消失。一般来说,土壤动物和土壤有机质呈正相关,与 pH 呈负相关(殷秀琴,2001)。地表植被覆盖较好的土壤中土壤动物数量较多,草地土壤动物多样性随退化程度加重而降低(Yin Xiuqin 等,2001)。紫茎泽兰入侵后,土壤动物类群数量及部分类群个体数量减少,针叶林和草地土壤动物群落多样性、均匀度有所降低(刘志磊等,2006)。

强度干扰(火烧、放牧、耕作、施肥等)会造成土壤动物群落多样性降低,尤其是敏感类群(稀有类群)数量减少乃至消失,而对优势种数量影响不大(殷秀琴等,2003;梁文举等,2001)。

蚯蚓等大型土壤动物受重金属污染的影响产生毒理响应,并对重金属元素具有富集作用(万振中等,2006),可以作为有效指示生物(Wang Quanying 等,2009),其对重金属毒性的响应能力为土壤污染提供早期警示信号(Gao Yuhong 等,2007)。土壤的重金属污染还可以导致土壤动物群落数量急剧减少,敏感类群消失,造成土壤动物群落结构简单和不稳定(王振中等,2006;Wang Quanying 等,2009;Gao Yuhong 等,2007)。王振中(1986)对湘潭锰矿废水污染灌田中土壤动物的调查证明土壤中过量的重金属积累是导致土壤动物生存繁衍的主要限制因素,重金属污染程度与土壤动物数量减少和种群结构的变化呈正相关。邓继福等(1999)对株洲清水塘工业区内的菜园土壤中的土壤动物群落进行调查,结果表明重金属污染区土壤动物优势类群的优势度与污染程度呈负相关,且不同的重金属元素在其体内的富集系数不同,蚯蚓体内的重金属积累含量与土壤中的重金属含量呈明显的正相关。李忠武(2000)进行的 Cd 污染对土壤动物影响的模拟实验和张永志等(2006)通过盆栽试验研究重金属 Cu 污染对土壤动物群落结构及其生态指标的影响,均证实随着污染程度的增加土壤动物的种类数和个体密度急剧减少,土壤动物多样性指数、种类数、均匀度指数与污染指数呈显著负相关。对土壤动物受农药污染(李忠武等,1999)、灌区污染、矿区污染(闫冬春等,2000;查书平等,2004)、交通污染(张小磊,2006)的影响研究均得出类似的结论。刘骅(2008)对新疆灰漠土区进行的研究表明,施肥对灰漠土动物个体及类群数的影响显著,长期单施化肥对土壤动物优势度作用较大,化肥配施秸秆有利于增加土壤动物的丰度,尤其是疣跳科和等节跳科动物,长期不施肥土壤动物均匀性较高,但优势类群数较低。张庆宇等(2008)对玉米田土壤动物的研究也说明玉米田土壤动物数量变化主要与不同施肥情况有关。由文辉(1994)研究表明,农药污染区土壤动物种类的减少主要是由于常见类群和稀有类群的减少或消失,后空寡毛类、等足类、唇足类以及昆虫纲中的双尾类、直翅类、啮虫类、同翅类、半翅类、缨翅类、革翅类等对农药反应敏感,在重污染区极少发现,而在轻污染区和对照区普遍存在。史雅娟(20)在林丹和呋喃丹对赤子爱胜蚓的影响的研究中发现,林丹和呋喃丹均可对蚯蚓产生毒害作用,当农药达到一定程度时,将导致蚯蚓死亡。受到人类影响地区(土壤污染、农耕、火烧等)、重金属污染(Cu、Pb、Zn、Cd、As、Hg 等)和农药(如乐果、有机磷、化学除草剂等)可使土壤动物优势类群数量急剧减少,一些敏感类群消失,原生动物多样性下降,群落表现出不稳定性(李淑梅,2007;孙雷等,2008;朱永恒等,2005;许杰等,2007)。

土壤动物类群和群落能够对环境变化做出敏感响应,因此,应用土壤动物群落和敏感物种进行环境监测已引起人们重视。特别是土壤线虫已被看作是生态系统变化和干扰的敏感性指示生物(梁文举等,2001;李玉娟等,2005;Shao Yuanhu 等,2008)。梁文举等(2001)认为 Shannon–Wiener 多样性指数和丰富度指数是评价黑土区线虫群落对化肥投入最敏感的指数。线虫种类、Simpson 指数和成熟度指数(MI)随耕作方式不同而异,但食物网结构指数(SI)是东北草原土壤扰动的较好指标(Liang Wenj 等,2007)。

4. 土壤动物在生态系统中的功能作用研究

土壤的理化性质也直接影响到土壤动物的多样性与分布,土壤动物反作用于土壤,它们在有机质的分解、养分循环、改善土壤结构和土壤肥力方面扮演着十分重要的角色。

土壤动物对土壤环境的营造和改变。土壤动物活动使土壤的物理性质(通气状况)、化学性质(养分有效性)以及生物化学性质(微生物活性)均发生变化,对土壤形成及土壤肥力发展有重要作用。大型土壤动物如蚯蚓、白蚁等的挖洞、筑穴活动能够减小土壤容重,增加土壤持水能力,提高土壤孔隙度,增大水分渗透率,对地下环境具有改造作用,而被称为"生态系统工程师"。其次,通过大型土壤动物的掘穴、垂直运动和采食活动可以混合不同层次土壤,改变土壤层次,促进土壤整体结构形成(李德成等,2003)。此外,土壤无脊椎动物通过采食枯落物或直接以真菌为食,将富含有机质的粪便排出体外,如线虫摄食食物中90%的N经过消化处理后又排出体外,增加了土壤有机养分的有效性(刘长海等,2007)。土壤动物通过改变微生境、提高有机中的表面积、直接取食、携带传播微生物等方式影响土壤微生物群落的数量、活性、组成和功能。

土壤动物对环境污染的净化。土壤改良和土壤污染的生物修复已成为当前研究的热点,中国已有很多学者研究蚯蚓对污染土壤的修复(马淑敏等,2008;成杰民等,2006)。蚯蚓活动可以改变土壤中重金属的生物有效性(冯凤玲等,2006)。蚯蚓对重金属有一定的耐受性和富集能力,用蚯蚓修复重金属污染的土壤具有一定的应用价值,但蚯蚓对不同重金属的耐受性和富集能力是有限的,在蚯蚓的耐受范围内,当蚯蚓吸收的重金属积累到一定程度就会通过粪便和身体分泌物排出;但若蚯蚓吸收的重金属超过了蚯蚓的耐受范围,则土壤中过高的重金属含量会直接毒害蚯蚓(戈峰等,2002)。跳虫与蚯蚓有相似的特点,某些种类的跳虫对重金属有很强的耐受力,它们能不同程度地吸收这些污染物,并通过改变其形态或形成络合物的方式降低污染物的毒性。跳虫耐受重金属的主要机理是它们能通过2条途径将进入体内的金属排出体外:将弥散到整个身体中的金属慢慢排泄掉;其中肠上皮细胞内可形成不溶性颗粒,储存有毒的金属物质。当跳虫蜕皮时中肠上皮细胞脱落,金属物质随之通过粪便排出体外(陈建秀等,2007)。于水利(2004)对铅锌矿区土壤镉污染的研究发现土壤动物对土壤重金属污染具有修复作用。戴宇(2009)在对铬的研究中指出,土壤中的这些无脊椎动物对铬毒性的耐受性要强一些,能够为铬污染场所生态风险评估提供更有效的生态毒理数据。此外,土壤动物的活动还可以促进土壤微生物的繁衍,对微生物消除污染物毒性的功能起到极大地协助作用。因此,通过生态调控技术充分发挥蚯蚓、跳虫等土壤动物的作用,可以达到土壤改良和污染土壤生物修复的目的。

土壤动物在物质分解和养分循环中的作用。在陆地生态系统中,土壤生物区系是分解者食物网的重要组成部分,并且是分解、养分矿化等生态过程的主要调节者。它既是消费者又是分解者,通过其自身的活动担负着分解有机质、推动自然界物质循环的重要作用。中国很多学者关注土壤动物群落在凋落物分解过程中的变化及其数量和类群特征与分解的关系(殷秀琴等,2002,柯欣等,1999;熊燕等,2005)。凋落物分解过程中,其组成成分的变化为弹尾目昆虫提供了不同的食物源和生境,凋落物分解的不同阶段,适应食物源和生境的弹尾目种类组成不同,从而导致了弹尾目群落的演替(柯欣等,2001)。土壤动物在其生命活动中,通过食物链(植物残体、微生物、腐殖质和水等)不断从环境中吸收富集必要的营养和矿质元素,同时不断地将体内未被消化吸收的物质排出。在微生物的分解和综合作用下,土壤动物的残体和其排泄物中的化学元素转化为土壤中的有效成分而被植物吸收利用(陈鹏等,1984;殷秀琴等,2007a)。不同微量元素在土壤动物体内的富集程度不同,其中,蚯蚓和蜈蚣对Cu、Zn和Mn的富集顺序是$Zn>Cu>Mn$,马陆为$Cu>Zn>Mn$(殷秀琴等,2007b)。凋落物、土壤动物和土壤中的营养元素存在差异,且在坡面上营养元素存在纵向分异。在较缓的丘陵坡面上,N、P、K、Ca、Mg、Fe 6种营养元素的纵向分异并不十分显著(殷秀琴等,2006)。马陆对土壤环境中Ca和Mg强烈富集,而蚯蚓与马陆和蜈蚣相比对Fe有一定的富集(Song Bo等,2008)。蚯蚓和马陆等对森林凋落叶的分解受温度、凋落叶的种类及分解时间的影响(张雪萍等,2001;Dong Weihua等,2007)。马陆的同化效率随温度升高而降低(张雪萍等,

2001），蚯蚓喜食半分解凋落叶，其摄食量随凋落叶预先分解时间的延长而增加（董炜华等，2007）。食细菌线虫和食真菌线虫都是有助于土壤氮素等养分矿化，从而促进植物生长（吴纪华等，2007）。动物取食粉碎凋落叶使其逐渐变成碎屑和粪便，致使碎片的体积越来越小而有机物表面却相对变大，微生物便很容易附着并分解这些碎片（田兴军等，2002）。季雨林大中型土壤动物群落对凋落叶物质损失的贡献率为年均46%左右，使凋落叶C/N和C/P明显降低，而对不同元素释放率的影响不同，其中对N、S和Ca元素释放率的影响较大，而对K素释放的影响作用最小（杨效东等，2006）。2毫米网孔分解袋内土壤动物群落类群和个体的相对密度与凋落叶物质残留率有较好的负相关关系，而群落多样性指数与凋落叶分解率表现出一定的正相关（宋博，2008）。

5. 土壤动物与其他生物的相互作用研究

土壤生物之间的相互作用。土壤动物包括大型土壤动物（如蚯蚓、马陆、蜈蚣、白蚁等）、中型土壤动物（如螨类、跳虫等）和小型土壤动物（如原生动物、线虫等）。中型土壤动物能够捕食线虫等小型土壤动物；大型土壤动物作为"生态系统工程师"通过改变土壤结构而改变资源的可利用性。而线虫和原生动物、部分螨类、跳虫、线蚓等与微生物也存在竞争关系。蚯蚓和线虫的关系更为复杂，如蚯蚓粪便可刺激食细菌线虫增加并抑制食植物线虫的数量（邵元虎等，2007）。土壤动物中的蚯蚓、线虫对微生物具有选择性取食作用（陈建秀等，2007）。微生物广泛分布在蚯蚓消化系统。大量试验证明，微生物在蚯蚓对有机物降解及同化中起着重要作用；伴随蚯蚓的取食、排泄和挖掘活动，土壤表面的有机残体被运到土体内部，下层土壤被运至土表。蚯蚓的这些活动对土壤微生物的传播提供了条件。同时，蚯蚓也对微生物的群体结构、数量和活性具有调节作用（张宝贵，1997）。土壤动物对微生物的选择性取食和生物量刺激有利于回避不利植物生长的微生物有害作用，促进有益微生物种类的活性。因此，从某种程度上来说，土壤动物的粪便积累对于生态系统分解的意义远不如土壤动物的取食活动。

土壤动物与植物之间的相互作用。地下食物网的复杂关系不仅对土壤生态系统具有重要意义。而且通过土壤生物群落的相互作用对地上群落不同的植物种类产生不同的反馈作用（图2-5-1），这样造成地上植物群落物种组成和结构的差异，进而影响草食动物的数量和组成。这是自下而上的上行过程，反过来下行过程中，土壤动物群落也受到地上植物、草食动物的影响。由于地上植物群落的特性和组成的差异引起凋落物数量和质量的差异，将导致土壤动物活性和组成乃至结构的变化。李庆新等（2003）研究发现松嫩草原土壤动物的优势类群黄墩蚁改变了羊草群落和羊草+虎尾草群落生境中的植被组成，2群落中的羊草密度增大，羊草和虎尾草的高度明显占优势，地上生物量和地下生物量明显增加。在植物群落的不同演替阶段，土壤动物群落随植物群落演替而发生明显的变化（余广彬等，2007；殷秀琴等，2008），凋落物中个体总数和类群总数在演替顶极阶段最高，其次为中期阶段，演替初期最低。演替中期凋落物中土壤动物群落与顶极阶段最为相似（傅必谦等，1997）。土壤动物对植被的恢复演替阶段具有一定的知识作用。大兴安岭森林火灾后6年~7年是中小型土壤动物发展的盛期，随后土壤动物类群和数量开始减少并趋于稳定（张雪萍等，2006）。半干旱典型草原地带公路路域植被自然恢复过程中，不同演替阶段土壤动物群落的类群和密度随植被的恢复明显增加（董炜华等，2008）。地上部分物种组成、土壤微生物、根系生物量的菌根的繁殖等均受到起始土壤动物区系的影响。草地土壤的无脊椎动物的作用不仅可以加快次生演替进程，还可以增加群落的物种多样性。此外，土壤动物的活动有利于植物种子的传播。

6. 土壤动物与全球变化研究

近年来,全球变暖的趋势日益显著,而土壤动物对生态系统的碳循环有着重要的调节作用。目前,关于全球气候变化背景下不同土地利用方式下土壤呼吸的研究较多,但关于土壤动物对土壤呼吸影响的报道较少,而这又是查明土壤温室气体排放机制的关键。另外,气候变化已经使土壤动物群落发生了相应变化。从全球角度分析,气候变暖、CO_2浓度升高、酸雨、N沉降等对土壤动物群落产生了相应的影响,土地覆被与土地利用变化改变土壤动物生存环境,并对土壤动物群落结构产生影响。

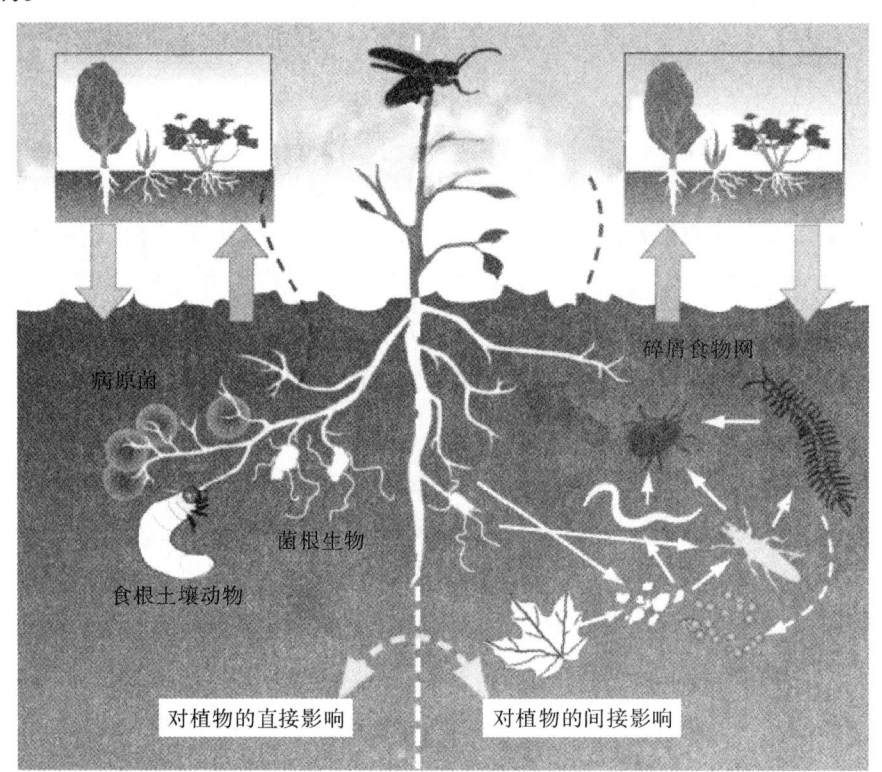

图 2-5-1　土壤动物与植物的互作(引自 Wardle D A 等,2004)

提高 CO_2 浓度可以增加小麦田杂食线虫的多度及线虫的成熟度指数(MI)和结构指数(SI)(Li Qi 等,2007),鼎湖山生物圈保护区模拟野外 N 沉降样地进行的土壤动物群落对 N 施加的响应研究(Xu Guoliang 等,2006),发现土壤动物的密度、类群多度和多样性指数随林型不同而异,所以变量在常绿阔叶季雨林增加 N 量情况下均降低了。而在针阔混交林恰恰相反。在持续大量 N 沉降的作用下,土壤动物向土壤深层趋避,显示 N 处理的负效应。N 沉降的阈值效应和累积效应也都符合中度干扰理论(徐国良等,2006)。线虫和蚯蚓对土壤示踪气体(CO_2 和 N_2O)的影响研究,发现线虫或蚯蚓的个体数量增加都会增加土壤 2 种气体的排放量(Lu Tianxiang 等,2008)。长江口潮间带开垦对线虫群落的影响研究显示线虫密度没有显著变化,但是群落结构变化显著。开垦后植食和杂食线虫比例增加,而食细菌和捕食性线虫比例减少。开垦陆地环境潮间带湿地线虫斑块分布现象更显著(Wu Jihua 等,2002)。下辽河平原不同土地利用方式下(撂荒、林地、旱田、水田)土壤微节肢动物群落结构受季节变化影响,但土地利用方式不影响群落结构的季节变化规律(柯欣等,2004)。

尽管土壤动物在生物地球化学循环中起着重要的作用,且欧洲和美洲已经进行了较多土壤动物对全球变化的响应研究,但是国内很少有相关研究,主要是由于缺乏全球变化研究所需的野外设备和试验设计(Xie Zubin 等,2007)。

二、中国土壤微生物学研究进展

土壤微生物学在国际上是从19世纪中叶发展起来的一个生命科学的分支学科,在20世纪初叶成为一门独立的学科。中国土壤微生物学研究起步较晚,1935年张宪武开始对根瘤菌进行研究。到20世纪30年代末,由张宪武、陈华癸、樊庆笙等少数几位学者将国外的新知识介绍进来,进行启蒙和培养人才。

中国人民共和国成立以后,中国土壤微生物研究工作迅速地开展起来了,在党和国家的重视下,不少相关科研院所设立了土壤微生物研究室(组),许多农业院校建立了土壤微生物教学和研究组织(实验室),开设土壤微生物学课程,1953年首先在华中农学院开始招收3年制土壤微生物学研究生,大力培养师资和研究人才,重点资助科研与教学经费,为土壤微生物学的发展创造了前所未有的条件。现已拥有一支相当大的具有一定水平的科技队伍,并在一些基础理论研究方面和生产实践上作出了一定的贡献。

20世纪50年代,首先开展了根瘤菌肥料的研制和推广工作,在农村取得了很好的示范和增产效果。积极进行了下列诸方面的基础与应用研究:土壤微生物区系研究,根圈(根际)微生物研究,元素循环中土壤微生物的作用,水稻田土壤中微生物学过程,土壤生化活性和土壤酶,根瘤菌和豆科植物固氮作用,自生固氮细菌、固氮蓝细菌和红萍,以及转磷细菌等有益农业微生物的种类和作用。新中国诞生以后的15年时间里,中国土壤微生物学研究从无到有,在多方面开展,并在有的方面已经接近或达到了当时的国际发展水平。在水稻田物质循环的研究中,首次发现厌氧条件下形成亚硝酸的现象。

"文革"期间,土壤微生物学的研究停顿了下来。到20世纪70年代后期土壤微生物学的科学研究又开始了蓬勃发展。80年代以来,中国土壤微生物学研究无论在基础研究、应用研究还是在方法研究上都获得显著成就。

(1)生物固氮方面 近年来,中国学者对豆科根瘤菌与非豆科弗兰克菌的资源调查、联合固氮的研究和固氮菌的生化、分子生物学研究都取得了重要进展;根瘤菌分类研究和用根瘤菌球化三叶草和沙打旺种子进行飞播的应用技术达到国际水平;非豆科结瘤固氮得到了验证和评价,为研究非豆科固氮问题开拓了新的路子;第一个由中国学者鉴定并命名的"中华根瘤菌"新属为中国土壤特有的快生型大豆根瘤菌,它的发现和定名引起国际上极大的兴趣。与此同时,还首次通过DNA转化构建出耐盐高效固氮的快生型大豆根瘤菌新菌株,这将有利于菌剂的工业化生产及其在中国大面积盐碱土地上的应用。根据固氮菌与植物的疏密关系划分为共生固氮、联合固氮和自生固氮3个体系。①共生固氮体系中有根瘤菌与豆科植物共生和弗兰克氏菌与非豆科植物共生等,其中以根瘤菌与豆科植物共生体系固氮能力最强,年固氮量占生物固氮总量的60%以上。根瘤菌—豆科植物共生固氮体系是自然界固氮效率很高的一个体系,中国共有豆科植物约1400多种。多年来,中国科学家以豆科植物根瘤菌为重点,对中国豆科植物的根瘤菌资源进行了系统分类,发现了一些新属、新种,并建立了中国最大的根瘤菌数据库。中国科学院沈阳应用生态研究所(前林业土壤研究所)张宪武等在中国开创弗兰克氏菌与非豆科植物共生固氮研究。这一类共生现象虽然早在19世纪末已被发现,但直到1978年才从根瘤中分离获得纯培养体,加速了研究进程。非豆科结瘤固氮得到了验证和评价,为研究非豆科固氮问题开拓了新的路子,现已知能与弗兰克氏菌结瘤的植物种类多,抗逆性强,在农业和水土保持中具有广阔的应用前景。②在联合固氮研究方面,李季伦等对从中国土壤中分离出来巴西固氮螺菌 Yu62 进行了多方面研究,铵对该菌固氮酶活性的抑制已基本研究清楚,构建成脱铵阻遏的工程菌株 UB37,在玉米田间小区实验中达到减少氮肥用量20%的效果。中国科学院植物研究所、武汉病毒研究所、广东省微生物研究所、中国农业科学院原子能研究所等单位也进行了联合固氮的应用与基础研究,取得可喜成绩。③与共生固氮相比,自生固氮菌的研究相对较少,自生固氮菌,不需与植物共生或联合也能固氮,但固氮能力一般较弱。1956年中国水生生物研究所开始了固氮蓝藻的研究,并分离出4种固氮蓝藻,其中3种属于鱼腥藻属,一种为林克氏念珠藻,并获得了纯培养,固氮能力很强。1958年以来在水稻盆栽和田间试验中,接种固氮蓝藻都取得了增产的效果,引起了普遍重视,到目前为止,除蓝藻外,自生固氮菌很少作为肥料在土壤中应用。中国在固氮酶蛋白表达与调控方面的研究也取得了一定成果。通过定点突变及转基因技术得到了第四十八位半胱氨酸残基替换为丙氨酸的突变体重组 HetR 蛋白和蓝细菌突变株,利用酵母双杂交等各项技术证明了重组蛋白和野生型蛋白在生化特性和体内生理功能上存在显著的差异,突变株蓝细菌更不能在缺乏化合态氮素的环境条件下形成异形胞进行固氮作用。发现了 HetR 同源二聚体蛋白是一类新型的 DNA 结合蛋白,其特殊结构给其他类似蛋白质性质的研究提供了新的线索,证明了 HetR 蛋白通过结合目标基因的 DNA 来调控基因表达水平,从而影响异形胞分化的过程。发现了同源二聚体 HetR 能正调控 herR、heoA 和 patS 的表达,提出了一个新型的基因调控作用方式和模型,给蓝细菌固氮作用中细胞格式形成开辟了深入研究的新方向,将有助于揭示细胞分化的调控机制,以及发育生物学中胚胎发育早期细胞间相互作用的机制。

(2)菌根研究取得了明显进展 菌根菌的资源调查、分类、生理、生态以及分子遗传学研究有良好开端,在应用上也初见成效。在外生菌根的研究和应用方面,中国林业科学院是较早的单位,他们的外生菌根应用已达3.3万多公顷(500万亩),该项成果获2001年度国家科技进步一等奖。丛枝菌根方面,北京市农林科学院对中国北方、东南沿海、西南、华中等地区丛枝菌根真菌资源进行了调查,报道该真菌51种,内含一个新种,中国新记录13种。四川省农科院柑橘研究所、中国农业科学院土壤肥料研究所、中国科学院南京土壤研究所、中国农业大学、华中农业大学等单位对丛枝菌根真菌进行了包括柑橘菌根吸收磷、铁的应效,菌根对多种植物生长及田间接种效果以及生物学、生态学、遗传学和分子生物学等多方面研究,取得一些成绩。在基因组学的研究中,国内已经建立了有效的苜蓿根瘤菌全基因组平台,在此基础上进行了其转录组学的研究。斯氏假单胞菌 A1501 在自然环境和微好氧条件下具有很好的固氮能力,并作为一种作物生长促生菌得以开发利用,其固氮基因研究一直是该领域的研究热点,中国科学家对该菌株的基因组进行了研究,并绘制出了它的基因组草图。在根瘤菌群体感应研究方面,朱军等(2003)在国际上首次报道了中慢生根瘤菌属中存在群体感应现象,通过转入外源调控蛋白 TraR 发现华癸根瘤菌群体感应能调控其生物膜的形成,对群体感应相关基因的缺失突变发现其能正调控共生结瘤过程。同时获得天山根瘤菌群体感应信号分子合成酶基因,证明该基因被其调控蛋白正调控,进而影响其根毛吸附能力,而且正调控根瘤菌的共生结瘤能力。周相娟等(2007)通过 GFP 标记的根瘤菌接种水稻,发现在其根、茎、叶等部位均有大量的根瘤菌存在,从而成为内生细菌,并对植物生长有重要的促进作用,能显著提高其光合作用速率、气孔导度、蒸腾速率等,累积了较高含量的 IAA 和 GS 等生长调节激素。

中国科学院上海植物生理生态研究所发现 nifA 的功能具有根瘤菌菌株和宿主属性,其 N 端结构域可能决定 nifA 的专一性,同时发现 nifA 具有调节结瘤作用的功能,其突变菌株侵染后能产生更多的根瘤。

(3)微生物在环境领域显示了巨大的应用潜力　包括环境监测、土壤修复、固废处理、水汽净化等方面。例如,对于受污染土壤,利用天然存在的或人工培养的微生物功能群,在适宜环境条件下,通过促进或强化微生物代谢功能,从而达到降低有毒污染物活性或降解有毒污染物成无毒物质的目的,现已成为污染土壤生物修复技术的重要组成部分和生力军;运用发光细菌法并研制与之配套的仪器监测环境急性生物毒性;以微生物量和活性为指标制定重金属等有毒物质在土中的临界浓度和允许量。此外,微生物资源的开发利用再次受到重视,尤其是近年来对"增产菌"菌株的筛选、菌剂研制和机理研究,并通过大面积推广运用,获得了明显的增产效果。土壤污染物的来源广、种类多,大致可分为无机污染物和有机污染物两大类,其中最重要的是农药和重金属污染。国内的研究工作者结合中国土壤污染的现状,在农药和重金属污染方面开展了大量的研究工作,取得了较大的进展。在农药污染与生物修复方面,福建农业大学将分离出的有机氯农药(六六六、DDT)降解菌株制成复合菌剂,应用于盆栽试验和田间小区试验,所得到的降解效应类似于纯培养试验,对有机氯的降解率达到了 50%～60%。裘娟萍等(2002)通过循环富集法筛得多效唑高效降解菌群,能彻底降解多效唑产生二氧化碳,并建立了受多效唑污染土壤的再生修复技术,35 天土壤中多效唑的降解效果达 86.2%。张卫等(2004)从试验土壤中分离到一株高效降解阿维菌素的菌株,土壤接种该优势菌后有助于加快阿维菌素的降解。南京农业大学分离鉴定了多株高效降解菌株,建立了目前国内最大的农药残留微生物降解菌种资源库,包括甲基对硫磷、三嗪类降草剂、三唑磷、呋喃丹、六六六、DDT、菊酯类等农药的微生物降解菌株,已经筛选出农药残留微生物降解菌 500 余株,其中高效微生物降解菌 40 余株,克隆获得新的有机磷农药降解基因 mpd,对有机磷农药的代谢途径、mpd 基因表达与调控、甲基对硫磷水解酶(MPH)的结构与功能等有了深入而系统的认识。微生物和植物可以联合修复土壤重金属污染,一方面是因为它能通过各种代谢活动直接或间接地转化或溶解土壤中的重金属,使其转变为更易被植物吸收的形式。土壤微生物通过代谢活动产生的有机酸、氨基酸、酶类以及其他代谢产物能溶解重金属及含重金属的矿物;根际微生物从土壤和根系分泌物获得营养并通过分解有机物产生的产物活化根际土壤重金属;微生物的强氧化还原能力,可以还原土壤中的铁锰氧化物,使被结合的重金属释放出来;菌根真菌能影响菌根植物对重金属的积累和分配,使菌根植物体内重金属积累量增加。微生物的这些活化作用将在一定程度上增加土壤中重金属有效态的含量。另一方面,某些微生物如植物根际促生细菌(PGPR)、菌根菌和根瘤菌等能促植物旺盛生长,增加植物生物量,提高重金属的总吸收量。根际微生物可以合成氨基酸、植物生长素和赤霉素,加快种子萌发速率和根毛发育,从而有利于植物生长;微生物可以通过竞争和拮抗作用抑制或杀死植物病原微生物,确保植物的良好生长;菌根真菌向宿主植物传递营养,使宿主植物抗逆性增强、生长加快,间接地促进植物对重金属的修复作用。因此,微生物强化植物修复重金属污染土壤是一条高效、经济、环境友好的很有发展前景的生物修复新途径。

(4)土壤酶研究　土壤酶是参与土壤新陈代谢的重要物质,它主要来自于土壤微生物,也可以来自动植物残体。根据作用原理可分为氧化还原酶类、水解酶类、裂合酶类和转移酶类 4 大类。土壤酶是土壤的组成成分之一,参与包括土壤中的生物化学过程在内的自然界物质循环,土壤酶的酶促作用是在土壤颗粒、植物根系和微生物细胞表面上发生的,具有与环境的统一性,土壤酶使土壤具有同生物体相似的活组织代谢能力。中国对土壤酶的研究始于20世纪60年代初期,主要研究土壤酶与土壤微生物的关系、耕作技术对土壤酶的影响及土壤酶与植物生长的关系,仅发表少量研究报告。从1970年开始,土壤酶研究涉及的土壤有白浆土、黑土、棕壤、褐土、栗钙土、黑垆土、灰钙土、潮土、黄棕壤、红壤、黄壤、紫色土、石灰岩土和水稻土等十几种土壤,研究内容既联系微生物性质研究土壤酶活性,也特别注意研究一些土壤积累酶的特性,探讨了土壤酶与其他肥力因素的关系,同时用土壤酶评价农业管理措施的效果,鉴别土壤类型和肥力水平。研究的土壤酶种类有过氧化氢酶、多酚氧化酶、脲酶、蛋白酶、磷酸酶、脱氢酶和蔗糖酶等。80年代中期以后,随着环境科学的发展,土壤酶对废水、废物的降解作用受到普遍关注。金属元素对土壤酶的影响也备受生态学家的重视。国内对农田生态系统的土壤酶研究较多,如与碳、氮、磷转化相关的几种土壤酶在剖面的分布特点,农业管理措施对土壤酶活性的影响及土壤酶活性与土壤其他肥力因子的相关性的研究。土壤酶在环境污染治理中的作用也进行了初步探讨,并报道了废水、废物中金属元素对土壤酶的影响。然而土壤酶在森林生态系统、水生生态系统中的功能及其作用机制探讨少,更没有把研究成果用于生态系统恢复与重建工作。

(5)根际微生物研究　根际微生物的生长密度远高于根际外,其细菌数量每立方厘米可达10^9个。根际微生物对土壤有机物质的分解、无机物质的转化、氮的固定以及提供植物营养、保持土壤肥力均具有重要作用。中国的根际微生物研究始于20世纪50年代,80年代有了较快的发展,已经开展了不同土地利用方式、不同土壤类型和不同植物种类的根际微生物的区系组成、根际效应、根际微生物与氮素转化、根际酶活性、土壤植物病原菌等方面的研究工作,对菌根菌的资源调查、分类、生理、生化以及分子遗传学的研究,均取得了初步进展,基本解决了外生菌根纯培养过程中存在的问题。总体而言,中国土壤微生物学已经进入了一个紧跟国际发展前沿、赶超世界先进水平的全新时期。

(6)土壤微生物多样性研究　土壤具备微生物生活所需的各种条件,是微生物生活和繁殖的良好场所。土壤中广泛分布着数量众多的微生物,重要的类群有细菌、放线菌、真菌、藻类和原生动物。土壤微生物多样性包括物种多样性、遗传多样性和生态系统多样性,其与土壤中的主要生态过程与功能密切相关。中国的土壤微生物学多样性研究早期主要借助于平板培养方法,通过对微生物区系分析反映土壤微生物与土壤肥力之间的关系。Biolog微平板法是20世纪90年代建立起来的一套用于研究土壤微生物群落结构和功能多样性的方法,这种方法是根据微生物对单一碳源底物的利用能力的差异,来表征土壤微生物代谢功能多样性或结构多样性的一种方法。采用Biolog体系能够较好地评价中国不同耕地、草地、森林等土壤中的微生物群落结构。随着分子生物技术的广泛引入,通过非培养方法研究土壤微生物多样性的报道不断增加,这些方法包括磷脂脂肪酸方法、脂肪酸甲酯方法、限制性片段长度多态性方法,以及DGGE/TGGE方法等,通过这些方法已经揭示出土壤环境中存在高度的微生物多样性。中国作为世界微生物资源大国,微生物资源开发利用具有重要的科研和经济价值。在根结线虫生防真菌、有机污染物降解微生物、根瘤菌、黏细菌、放线菌等方面均开展了大量的研究,分离、筛选出一批重要的微生物菌种资源。近年来,国家科技部启动"环境微生物菌种资源整理、整合"项目,必将极大地推动微生物资源开发的进程。

近年来,中国学者在环境因素对土壤微生物多样性的影响及驱动机制方面进做了大量研究工作。章家恩等(2002)对6种土地利用方式下的土壤微生物数量与肥力关系的研究发现,从多样性指数来看,粮作旱地＞菜地＞果园＞荒地＞水稻田＞鱼塘底泥。姚槐应等(2003)用碳素利用和磷酸酯脂肪酸法研究了8种供试红壤微生物群落的功能多样性和结构多样性,2种方法均表明土地利用方式能显著影响微生物的多样性。对3类不同类型的土壤(红壤、黑土、灰漠土)研究发现,随着耕作年代的增加,土壤细菌、真菌、放射菌、固氮菌以及氨化细菌在3类不同土壤中都呈现明显差异(徐晶等,2006)。杨超等(2007)研究了皖南烟区4种不同的植烟土壤类型认为,不同生态环境下根际及非根际土壤中各类微生物数量及多样性指数各不相同,多种微生物数量与土壤养分含量呈正相关关系。刘文娜等(2006)研究了山东桓台县3种土壤类型(潮土、褐土和砂姜黑土)与农业用地方式(林地、菜地和粮田)对土壤表层(0厘米~10厘米)微生物量碳的影响,结果表明,土壤类型不同土壤微生物量碳含量不同,碳含量依次为粮田>菜地>林地。研究川西北退化草地土壤微生物数量发现,微生物种类与数量有随退化程度增高而减少的趋势(刘世贵等,1994)。在不同耕作栽培方式对微生物区系影响的研究中,杨靖春等(1985)研究认为,人参与紫穗槐轮作,土壤真菌、放线菌及细菌均有变化,细菌种群类型变化最明显,随着轮作年限的增加,氨化细菌和硝化细菌的数量比对照高几倍,固氮菌的数量亦有所增加。在连作地植物病害调查研究中发现,多年连种小麦后全蚀病出现自然衰退现象,究其原因主要是由于土壤中荧光假单胞杆菌等有益细菌数量增多抑制了全蚀病菌的生长。少耕或免耕会促进那些以食真菌为主的原生动物和线虫等土壤原生虫系的发展,而常规耕作通常有利于那些生命周期短、代谢率高和扩散迅速的生物繁殖。植物群落类型初步决定了微生物群落的组成,植被通过影响土壤环境,进而影响土壤微生物群落结构和多样性。土壤微生物多样性与覆盖于土壤上的植物群落多样性呈正相关。不同的原始环境必然有不同的特定微生物群落,热带原始森林和寒带原始森林的微生物群落明显不同(姜成林等,1997)。原始森林遭破坏后,土壤放线菌的种类按次生林、荒地、旱地的顺序减少(王献溥等,1990)。在对甘肃环县的草地植被类型与根际细菌关系的研究中观察到,不同牧草根际细菌数量、种类、优势种群均存在差异(中国科学技术协会学会部,1996)。陈文新(1990)研究土壤杆菌属发现,许多种明显集中在植物的根际,根际土壤中的土壤杆菌比非根际土壤高1000倍,且沙土有利于它们的生长。毕江涛等(2009)研究认为植被类型、种类、植被不同生长发育阶段等均对土壤微生物多样性产生影响。杨喜田等(2006)对太行山针阔混交林等6种不同植被群落中的微生物区系、微生物生物量和土壤呼吸强度变化测定表明,微生物群落特征存在较大差异,微生物数量顺序依次为落叶阔叶纯林>针阔混交林>针叶纯林>针叶混交林>裸地。Han等(2007)研究发现,豆科植物能够明显增加可培养微生物数量、微生物生物量和群落代谢多样性,证实较多的植被种类、豆科植被和天然植被类型能够增强土壤微生物群落的功能。孟庆杰等(2008)在中国科学院海伦生态试验站进行长期定位试验结果表明,在春季和夏季土壤微生物平均颜色变化率和多样性指数均表现为草地高、农田次之、裸地最低。严君等(2009)研究了不同植被覆盖下所形成的不同的土壤属性对微生物类群组成、数量的影响,结果表明,不同植被覆盖下的土壤在长期没有肥料投入的情况下,土壤微生物总数量的变化为草地>作物覆盖>裸地。此外,植被的多样性对土壤微生物C、N源的利用也具有重要影响。从不同土壤及覆盖其上的植被与土壤微生物群落结构和多样性的关系来看,植被使土壤中的微生物种类更丰富,群落多样性更高,表层土壤微生物没有明显的优势种群,种间竞争作用较弱(夏北成等,1998)。森林土壤微生物的数量与树种、林木根际的距离、土壤有机质含量等因子有关(潘维旺等,1998),马尾松林中土壤微生物数量几乎是杉木林的20倍,微生物数量与土壤有机质含量呈正相关。我们生活的地球上有多种多样气候类型,由此形成的复杂自然条件影响土壤微生物的生态分布。特别是在高寒极地、高山冻原、热带雨林等各类土壤中,土壤微生物扮演了主要生物因子。而在高温、高盐、高碱、高压和低温、低pH的极端环境中，土壤微生物更是发挥了不可替代的作用。如酸热芽孢杆菌的大多数菌株在65℃～75℃还能生长，在40℃下停止生长；温暖、干燥气候条件下土壤曲霉属占多数，寒冷地方毛霉和青霉属为主，多湿地方木霉属最多。在各种气候带中，热带占有突出的地位。只占世界陆地总面积7%的热带森林，却拥有世界50%以上的物种(王献薄等，1990)。此外，生长于土壤中的某类嗜热菌，在高达112℃环境中能产生甲烷，嗜碱菌必须在pH高于8的环境中才能生存，专门在盐性环境中存活的嗜盐菌，嗜低温的食用菌菌种等等，目前此类大多数微生物利用价值未知，但其理论价值是肯定的。中国科学院生态环境研究中心贺纪正等(2008)采用分子生物学技术，结合先进的统计分析方法，对大量土壤样品细菌多样性特征进行了系统分析，发现历史进化(以地理上分隔的不同取样点或土壤类型、土壤剖面层次来表征)是驱动大尺度下(约1000千米)土壤细菌多样性变化的主控因子，其对土壤细菌多样性变化的贡献约为60%；当代环境扰动(以不同的取样时间和施肥处理来表征)也可造成局部土壤细菌多样性变化，其对土壤细菌多样性变化的贡献约为20%；另有约20%的贡献来自于该研究尚未考察到的因子。这一研究首次在大尺度下对土壤细菌多样性的变化给出了定量表征，并为开展类似的土壤微生物生物地理学研究提供了方法思路。该项研究成果表明，历史进化和现代环境扰动对土壤细菌多样性变化的作用模式与大型动植物有相似之处，可能有一些对所有类型生物都适用的生物地理分布规律存在。中国科学院华南植物园刘占锋(2010)与中国科学院生态环境研究中心、内蒙古呼伦贝尔环境研究所的专家合作，在内蒙古呼伦贝尔草原研究了区域尺度上土壤微生物功能多样性的驱动机制。研究发现，在区域尺度上植物群落结构和多样性不再是影响土壤微生物群落的重要驱动因子。在呼伦贝尔草原土壤微生物的功能多样性在区域尺度上主要受植被的生物量、土壤含水量和土壤N/P比值的影响。由于温带草原植被生物量主要受土壤水分和氮素的可获得性的限制，植被生物量可以很好地指示资源的可获得性。因此，在温带草原土壤微生物的功能多样性在区域尺度上主要受资源的可获得性驱动。

第三节 土壤生物学研究展望

中国土壤生物学研究与欧美发达国家相比，仍然存在着较大的差距，因此追踪国际土壤生物学发展的前沿和热点，发挥资源和人才优势，大力开展国际合作，加大对土壤生物学研究的投入，是摆在我们面前的迫切任务。为此特别要注意开展如下方面的研究：

(1) 土壤生物与全球环境变化。注重土壤温室气体形成生物学机理与变化规律研究，包括参与CO_2、CH_4、NO等温室气体形成的微生物种群、数量和分布特征，重要功能基因的克隆与代谢过程，以及CO_2浓度升高条件下土壤微生物的响应等方面的研究。还有土壤生物在缓解全球气候变化的作用研究。

(2) 土壤生物多样性及其生态功能。土壤生物参与土壤中的重要生态过程，包括有机质的分解、土壤养分固定、污染物的降解、土壤团聚体的形成等。采用分子生物学方法，结合同位素标记技术，可以深入分析C、N元素循环的过程和相关的土壤功能生物类群。

(3) 土壤生物与土壤质量。传统的土壤质量指标体系是以土壤理化指标为基础的，由于它们的相对稳定性，难以反映土壤质量短期的、微小的变化。随着人们对土地开发利用强度的不断增加,寻找某些敏感的生物学指标成为土壤科学的一个主要研究内容。

(4)土壤污染与生物修复。应加强环境微生物种质资源和基因资源的收集与保护,研究高分子有机污染物降解过程中的共代谢机理和代谢工程与生物修复相结合以解决难降解污染物的生物降解问题,加强污染环境中的降解性微生物分子生态的研究。

(5)未培养微生物与土壤宏基因组学。土壤中蕴藏着极其丰富的微生物资源,但绝大部分属于未培养的微生物类群。通过优化培养基质和培养条件,可以获得某些未培养的功能微生物。近年来,通过构建土壤微生物宏基因组文库,可以获得较大片段的微生物基因,为微生物基因资源开发与活性物质筛选提供了一个新的途径。

(6)土壤酶学与元蛋白质组学技术。土壤酶是存在于土壤环境中的各种蛋白质,它是一个特定土壤生态系统中微生物活性的反映,因此可以利用元蛋白质组技术进行微生物群落生态功能分析。元蛋白质组是利用物理或化学的手段,直接分离提取某一特定环境中的蛋白质组,并对其中的蛋白质成分进行大规模的鉴定,从而认识环境中微生物特定活性的方法。近年来,采用元蛋白质组学技术,对环境蛋白质的生物来源、环境微生物多样性及其生态功能进行研究的报道迅速增加,环境元蛋白质组学技术的研究正在受到越来越多的关注。

(7)土壤生物在食物网各生物类群之间的相互作用,特别是它们之间的正、负反馈作用机制。虽然我们对土壤食物网中各生物类群之间的正、负反馈作用有了一些认识,但如何定量研究这些作用是我们面临的一个挑战。

(8)土壤生物与植物之间的相互作用,特别是土壤生物对植物根际环境的影响。土壤生物与植物根际的相互作用主要包括植物与根瘤细菌、植物与菌根真菌的共生关系以及根际分泌物与根际食物网的关系。但以往很多有关土壤生物与植物根际的研究多集中于对根瘤菌和菌根的研究上,而土壤生物对根际分泌物和根际食物网影响的研究还很不足。土壤生物某些类群的消失或显著增加将如何影响植物根系的生长、植物的结瘤固氮、根际化学物质的分泌、根际呼吸作用的变化？这些变化又将如何影响微生物与植物之间的养分竞争关系？这些方面都有待更深入的研究。

(9)土壤生物功能群的控制实验研究。虽然专家学者从养分循环和土壤结构角度归纳了不同土壤生物功能群的作用,但是某个土壤生物功能群的变化如何影响生态系统功能？一个功能群的减少或增加将如何影响其他土壤生物的活动？这些最基本和最重要的问题至今没有得到清楚的解答。通过控制实验手段研究土壤生物功能群对生态系统功能的影响还处于起步阶段。

参考文献：

[1]章家恩.土壤生物多样性的研究内容及持续利用展望[J].生物多样性,1999,7(2):140-144.
[2]章家恩,徐琪.论土壤生物多样性的保护[J].土壤,1995,27(4):169-172.
[3]李天杰,赵烨,张科利,等.土壤地理学[M].北京:高等教育出版社,1979.
[4]尹文英,杨逢春,王振中,等.中国亚热带土壤动物[M].北京:科学出版社,1992.
[5]尹文英.中国土壤动物检索图鉴[M].北京:科学出版社,1998.
[6]尹文英.土壤动物学研究的回顾与展望[J].生物学通报,2001,36(8):1-3.
[7]尹文英.中国土壤动物[M].北京:科学出版社,2000.
[8]王振中,颜亨梅.有机磷农药对土壤动物群落结构的影响研究[J].生态学报,1996,16(4):357-366.
[9]孙贤斌,刘红玉,李玉成,等.重金属污染对土壤动物群落结构及空间分布的影响[J].应用生态学报,2007,18(9):2080-2084.

[10] 高岩,骆永明.蚯蚓对土壤污染的指示作用及其强化修复的潜力[J].土壤学报,2005,42(1):140-148.

[11] 王振中,张友梅.土壤污染对土壤动物群落结构的影响[J].湖南师范大学学报,1987,10(1):90-96.

[12] 陈文新.土壤和环境微生物学[M].北京:北京农业大学出版社,1990.

[13] 林先贵.土壤微生物研究原理与方法[M].北京:高等教育出版社,2008.

[14] 林先贵.土壤微生物学的研究进展和发展方向[J].土壤,1991(4):197,210-213.

[15] 中国土壤学会.中国土壤科学的现状与展望[M].南京:河海大学出版社,2007.

[16] 王书锦,胡江春,张宪武.新世纪中国土壤微生物学的展望[J].微生物学杂志,2002,22(1):36-39.

[17] 林先贵,胡君利.土壤微生物多样性的科学内涵及其生态服务功能[J].土壤学报,2008,45(5):892-900.

[18] 马旅雁,李季伦.巴西固氮螺菌 Yu62 draTG 基因启动子区域的核苷酸序列及其功能分析[J].生物工程学报,1997,13(4):343-349.

[19] 慈恩,高明.生物固氮的研究进展[J].中国农学通报,2004,20(1):25-28.

[20] 李华,陈万仁,王光龙.生物固氮的研究与发展[J].郑州工业大学学报,1997,18(3):90-92.

[21] 李阜棣.当代土壤微生物学的活跃研究领域[J].土壤学报,1993,30(3)229-236.

[22] 张小甫,时永杰,田福平.土壤微生物生态学研究进展[J].安徽农业科学,2010,38(19):10 124-10 126.

[23] 杨海君,肖启明,刘安元.土壤微生物多样性及其作用研究进展[J].南华大学学报(自然科学版),2005,19(4):21-26,31.

[24] 蔡燕飞,廖宗文.土壤微生物生态学研究方法进展[J].土壤与环境,2002,11(2):167-171.

[25] 吴少慧,张成刚,张忠泽.RAPD 技术在微生物多样性鉴定中的应用[J].微生物学杂志,2000,20(2):44-47.

[26] 张晓君,冯清平,白玲.分子生态学方法在微生物多样性研究中的应用[J].微生物学通报,1999,26(1):68-70.

[27] 杨永华,姚键,华晓梅,等.农药污染对土壤微生物群落功能多样性的影响[J].微生物学杂志,2000,20(2):23-25.

[28] 彭源东,张忠泽.Frankia 菌的遗传多样性的 RAPD 研究[J].应用生态学报,1998,9(1):59-63.

[29] 李振高,骆永明,滕应.土壤与环境微生物研究法[M].北京:科学出版社,2008.

[30] 张咏梅,周国逸,吴宇.土壤酶学的研究进展[J].热带亚热带植物学报,2004,12(1):83-90.

[31] 杨万勤,王开运.土壤酶研究动态与展望[J].应用与环境生物学报,2002,8(5):564-570.

[32] 陈文新,李阜棣,闫章才.我国土壤微生物学和生物固氮研究的回顾与展望[J].世界科技研究与发展,2002,24(4):6-12.

[33] 曹慧,崔中利,李顺鹏.中国土壤生物学研究的回顾与展望[J].土壤学报,2008,45(5):830-836.

[34] 陈鹏.吉林省东部山地土壤动物系列研究[J].东北师范大学学报(自然科学版),1990(2):77-88.

[35] 李景科,陈鹏.土壤动物区系生态地理研究[M].长春:东北师范大学出版社,1993.

[36] 张雪萍.大兴安岭森林生态系统土壤动物结构及其功能研究[D].北京:北京林业大学,2000.

[37] 殷秀琴.东北森林土壤动物研究[M].长春:东北师范大学出版社,2001.

[38] 张雪萍,侯威岭,陈鹏.东北森林土壤动物同功能种团及其生态分布[J].应用与环境生物学报,2001,7(4):370-374.

[39] 王金凤.城市生态系统中不同土地利用类型土壤动物群落学研究[D].上海:华东师范大学,2007.

[40] 廖崇惠,东建雄,黄海涛,等.南亚热带森林土壤动物群落多样性研究[J].生态学报,1997,17(5):549-555.

[41] 张荣祖,崔振东.土壤动物与陆地生态系统[J].生态学杂志,1983,2(4).

[42] 宋理洪,武海涛,吴东辉.我国农田生态系统土壤动物生态学研究进展[J].生态学杂志,2011,30(12):2898-2906.

[43] 张雪萍,张淑花,李景科. 大兴安岭火烧迹地土壤动物生态地理分析[J]. 地理研究,2006,25(2):327-334.

[44] 武海涛,吕宪国,杨青,等. 土壤动物主要生态特征与生态功能研究进展[J]. 土壤学报,2006,43(2):314-323.

[45] Huang X,Dong Q Y,Zhao J D. HetR homodimer is a DNA-binding protein required for heterocyst differentiation,and the DNA-binding activity is inhibited by PatS. Proceedings of National Academy of Science,2004,101(14):4848-4853.

[46] Xie Z H,Yang Y,Ping S Z. Structural on molecular interaction between NifA and NifL of pseudomonas stutzeri A1501 by using the yeast two-hybrid system. Chinese Science Bulletin,2005,50(2):190-192.

[47] Yan Y L,Yang J,Chen L H. Structural and functional analysis of denitrication genes in pseudomonas stutzeri A1501. Science in China(Series C),2005,35(3):246-253.

[48] Zhu J,Chai Y,Zhong Z. An agmbacterium bioassay strain for ultrasensitive detection of N-acylhomoserne lactone-type quorum-sensing molecuies:Detection of autoinducers in Mesorhizobium huakuii. Applied Environmental Microbiology,2003,69:6949-6953.

[49] 周相娟,梁宇,沈世华,等. 接种根瘤菌和遮光对大豆固氮和光合作用的影响[J]. 中国农业科学,2007,40(3):478-484.

[50] Yang C T,Yu G Q,Shen S J. Functionl difference between Sinorhizobium meliloti NifA and Enterobacter cloacae NifA. Science in China(Series C),2004,47(1):44-51.

[51] 方玲. 降解有机氯农药的微生物菌株分离筛选及应用效果[J]. 应用生态学报,2000,11(2):249-252.

[52] 裘娟萍. 耕地受多效唑农药污染后的再生修复技术[J]. 土壤学报,2002,39(1):46-51.

[53] 张卫,虞云龙,吴加伦,等. 阿维菌素在土壤中的降解和高效降解菌的筛选[J]. 土壤学报,2004,41(4):591-596.

[54] 李顺鹏,蒋建东. 农药污染土壤的微生物修复研究进展[J]. 土壤,2004,36(6):577-583.

[55] 滕应,骆永明,李振高. 污染土壤的微生物修复原理与技术进展[J]. 土壤,2007,39(4):497-502.

第六章 中国土壤环境学研究

第一节 中国土壤环境学概述

土壤科学是研究土壤中的物质运动规律及其与环境间关系的科学,也是介于地球科学与生命科学之间的一门独立的学科。除主要服务于农业外,又可服务于水利、工业、矿业、交通、医药卫生和国防事业等。传统土壤科学的分支学科包括:土壤地理学、土壤物理学、土壤化学、土壤生物化学、土壤植物营养学、土壤制图学、土壤技术和土壤矿物学等。当今世界面临的人口、资源、环境与发展问题,也对土壤科学提出了新的挑战,要求它对环境保护、资源利用、持续农业、全球变化及其国土整治等重大问题作出自己的贡献,于是1990年在日本召开的第十四届国际土壤学大会的主题确定为"人类与环境",新增设了土壤环境学分支,自此土壤与环境问题成为国际土壤科学研究的重要议题;1994年在墨西哥召开的第十五届国际土壤学大会就新增设了土壤环境学分会,1995年李天杰组织相关专家编辑出版了《土壤环境学——土壤环境污染防治与土壤生态保护》一书;1998年在法国召开的第16届国际土壤学大会上则有8个学科讨论土壤与环境问题;2002年在泰国召开的第17届国际土壤学大会正式提出了土壤学科新的组织结构调整方案,即将全球土壤科学集成为土壤时空变化、土壤性质与过程、土壤的利用与管理、土壤在社会发展与环境中的作用。其中前2个部门为土壤科学的基础研究领域,后2个部门为土壤科学的应用研究领域,也是现代国际土壤科学发展的重要方向。

土壤环境科学是运用环境科学理论与方法,研究人类土地利用下土壤物质与性状变化以及污染物在土壤中系统的迁移、转化规律的科学,它属于环境科学的分支学科,是环境科学与土壤科学交叉渗透的重要分支领域,也是现代科学服务于21世纪的人口、资源、环境与可持续发展的前沿学科。国外许多著名大学设立有植物与土壤环境学系,中国台湾的中兴大学1995年在整合土壤学与农业化学学科的基础上成立了土壤环境科学系。纵观国内外土壤环境科学研究现状及其发展趋势,可将土壤环境科学的主要研究内容归结为:①从环境系统角度研究人类土地利用过程中土壤物质、性状变化过程,以阐明土壤生态环境功能的演变规律;②运用环境污染源调查评价方法,研究区域土壤中主要污染物类型、土壤污染类型及其特征,创建土壤污染诊断与评价的方法体系;③研究土壤—植物系统污染物迁移转化规律及其生物有效性,探索不同土壤环境中主要污染物的基线(Baseline)和土壤污染修复的原理、技术与方法,为维持土壤健康与人类健康风险评价提供科学依据;④研究在人类活动驱动下,土壤圈物质循环及其与全球环境变化的响应与反馈作用。

环境土壤学主要研究人类活动中所产生或释放的各种物质在土壤系统中的系列物理、化学、生物工程及其能量交换、转化和物质迁移转化规律及其相互作用的科学,它既是环境地学的重要分支学科,也是土壤环境科学的姐妹学科,如图所示。其研究主要目的是保护土壤资源,提高土壤生态系统的生产能力,重点是研究土壤污染及其防治(黄瑞农,1987),环境土壤学也是当今国内外土壤科学机构重要的研究领域之一。

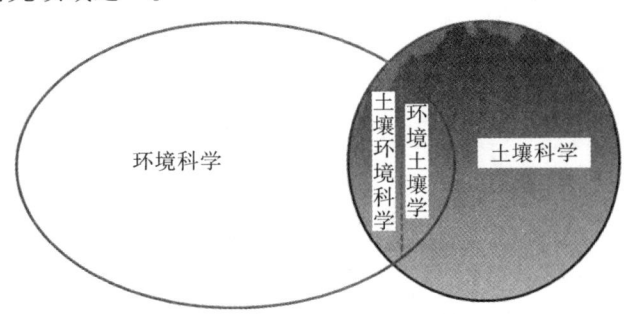

图 2-6-1　土壤环境科学与环境土壤学相互关系示意图

工程科学是具有科学内涵和技术内容的创造满足人类所需要的新存在物之社会实践活动的统称，它是一个包含科学试验、技术发明、工程设计、工程模拟、工程建造等多个环节的复杂过程系统。工程科学是指通过整合现代科学与工程技术而形成的一个独立的学科体系，它是科学和技术在产业中的应用的产物。根据科学和技术应用的领域差异，工程科学常被划分为：地矿、材料、机械、仪器仪表、能源动力、电气信息、土建、水利、测绘、环境与安全、化工与制药、交通运输、海洋工程、轻工纺织食品、航空航天、武器、工程力学、生物工程、农业工程、林业工程、公安技术等21个工程类别，其中与土壤环境密切相关的有环境与安全、地矿、材料、土建、水利、测绘、交通运输、工程力学、轻工纺织食品、生物工程、农业工程、林业工程等12个工程类别，这表明土壤环境学在工程科学中所具有的基础地位和重要作用。

环境工程学（EES）是环境科学类的重要分支，是一门工程性、针对性、应用性很强的学科，但至今还没有统一的概念，其狭义的定义是指运用工程技术和基础学科、环境科学的理论与方法，研究控制和预防各种环境污染的工程技术措施的学科；根据2008年修订的《环境科学大辞典》中的定义，环境工程学是指运用工程技术和基础学科的原理和方法，研究防治环境污染、合理利用自然资源、保护和改善环境质量，使人类生产、生活与生态环境达到协调的措施与方法的学科，这应该是对环境工程学广义的理解。从国内外环境科学研究与教学来看，目前环境工程的分支领域主要有大气污染防治工程、水体污染防治工程、固体废弃物污染控制机器资源化技术、噪声污染控制工程、其他污染控制工程。土壤作为一个重要的环境要素和一种重要的自然资源，尚未有土壤污染防治工程，而有关土壤污染防治与土壤资源合理利用的工程技术常常被分散至水体污染控制与固体废弃物污染防治工程之中。由于土壤污染的复杂性、隐蔽性和其危害的滞后性，使得土壤成为人类生产生活的最后的"垃圾桶"，越来越多的调查研究表明，土壤污染一方面已经严重地威胁生物多样性的保持和生态系统健康，也威胁到食品的安全和人类的健康；另一方面绝大多数的水污染、大气污染也与土壤环境密切相关，如美国EPA的专家对新泽西州一个小流域过去30年生态环境变化的监测后，指出所有的生态环境问题事实上都是土地利用与土地规划问题。因此，开展土壤污染防治与合理利用土壤资源的工程措施的研究，已经成为环境工程研究的前沿领域，也是从源头控制环境污染的重要方面。从环境工程学的形成和发展来看，当今环境工程学的主要研究内容有：水污染防治、大气污染防治、固体废物处理处置和资源化、物理污染防治、土壤污染（污染现场）修复等工程等。

环境工程作为学科诞生于20世纪中后期，但人类的环境工程活动则是久远的，如约在明朝时期陕北黄土高原地区的人们在修建窑洞时，就运用热对流—虹吸原理设计了专门为排出窑洞内部烟气、改善空气质量的窑洞哨眼系统，如图2-6-2所示；再如，在新疆山麓干旱地区，古代劳动人民为了防止长距离地表引水造成的水量损失和水质恶化(水体矿化度增高)的坎儿井系统,如图2-6-3所示。

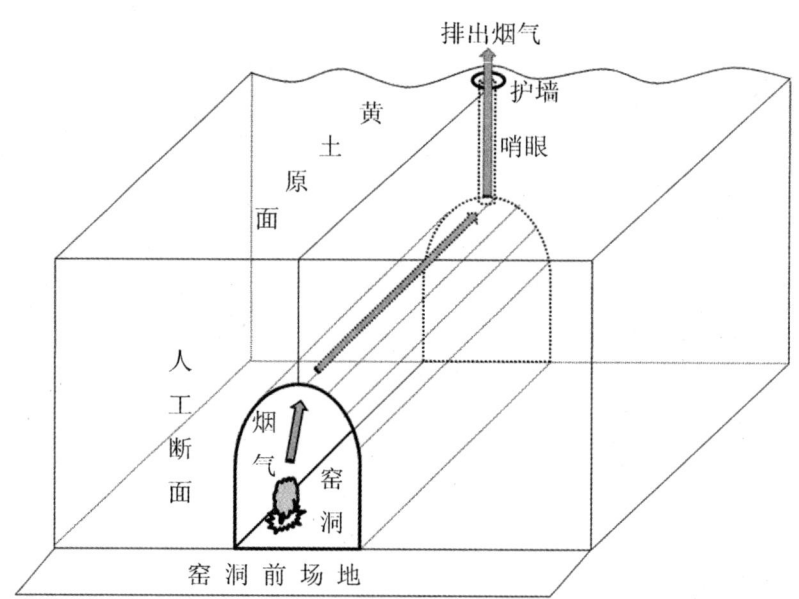

图2-6-2 陕北黄土高原窑洞及其排除烟气的哨眼结构示意图

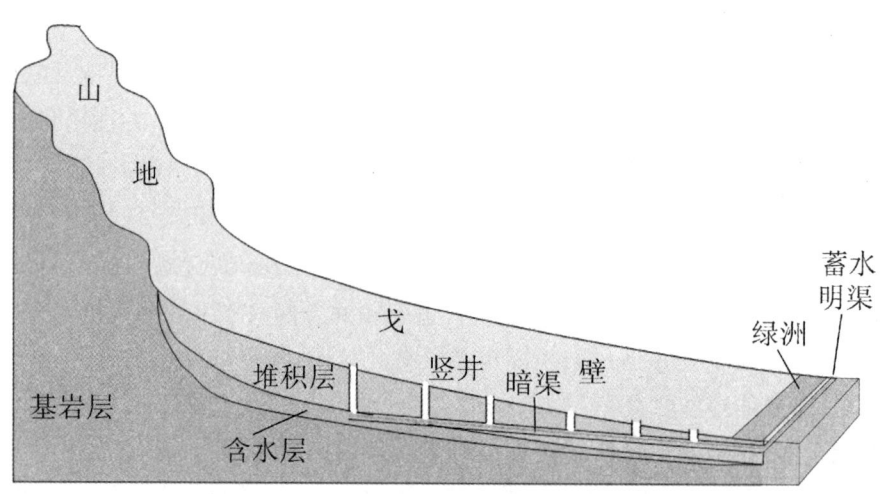

图2-6-3 新疆山麓地区长距离引水的坎儿井结构示意图

在19世纪中期工业化使英国伦敦出现了严重的环境污染,并引起了重大公害事件,夺去了上万人的生命,使环境污染及其控制成为人们关心的问题,于是公共卫生学家Edwin Chadwick(1800~1890)在综合分析了霍乱流行与供水排水相互关系的基础上,提出了"雨水汇聚至河道,污水扩散于土壤"的理念,促使英国于1848年制定《公共卫生法案》,并逐步建立了城市污雨独立排水系统、污水处理厂,这些均有力地推动了环境工程在土木工程、公共卫生工程及相关工业技术等研究领域中的诞生与发展。随后,人们运用基础学科理论、工程技术的原理与方法形成了以解决废气、废水、固体废物、噪声污染为主要内容的单项治理技术、大气与水体污染治理的工艺系统。

在20世纪70年代初期,国内外许多知名大学纷纷在给水排水工程、化学工程、冶金工程等本科专业中开设了与环境保护相关的课程或设置了废水、废气治理专业方向,其环境工程研究以局部环境污染防治和末端治理为特征,其环境工程基本都设在市政与环境工程之下,其研究方向主要集中在水污染与大气污染防治以及噪声与固体废弃物控制等方面,而土壤污染防治还未被列为相对独立的研究方向,常被包含在固体废弃物控制研究之中。随着环境污染问题日益突出和影响范围的不断扩大,再加上环境科学的快速发展,环境工程研究表现出向着整体(系统)化、专业化、生态化发展的趋势,以土壤污染修复、生态系统恢复为特色的土壤环境工程(含生态工程)日益受到学术界与政府界的关注,已经成为环境工程研究和社会关注的热点领域。纵观国内外土壤环境工程的研究现状及其发展趋势,土壤环境工程的主要研究内容包括:

(1)土壤污染防治与食品安全工程,即以改善土壤环境质量、保障农产品质量与安全、建设良好人居环境为总体目标,研究控制农田土壤污水灌溉的措施,探索有效控制农药、化肥、农膜及废弃物对土壤危害的产生,建立区域土壤健康监测、评价指标体系及其管护信息系统。

(2)场地污染(土壤污染)修复工程,即依据环境科学和土壤科学原理,运用物理、化学、物理化学、生物化学的技术与方法,研究在确保区域生态环境质量的条件下去除、固化、钝化、无害化(污灌区农田和污染场地)土壤中污染物的有效措施。土壤污染修复有异位(Ex Situ)修复和原位(In Situ)修复2种形式,其中异位修复是将被污染土壤挖出聚集后采用化学物理方法清洗、焚烧、热处理及生物反应器等多种方法去除其中的污染物,属于早期常用的土壤污染修复方法,对土壤环境扰动强烈且投资大、易引起二次污染;原位修复是指在不扰动土壤剖面的前提下,去除其中污染物或降低土壤中污染物危害的产生,学术界较为普遍的土壤污染原位修复技术有生物修复、物理修复、化学修复等,其常用的方法有非食源性植物萃取法、覆盖与围封恢复法、土壤冲洗法、微生物降解法、固化及玻璃化法、曝气与抽气法、热解吸附与微波热解法、电动力学法。

(3)土壤水蚀与水体污染防治工程,即研究在降雨、融雪水和灌溉条件下,土壤物质流失所导致的土壤质量退化、地表水体污染和湿地退化过程及其防治措施。土壤加速侵蚀一方面造成了土壤水分、养分、有机质等物质的流失,引起土壤层次变薄、结构表差、肥力衰竭和土壤质量恶化;另一方面这些携带大量的养分、化肥、农药、城市污泥等的土壤物质随地表水流进入江河湖库,加速水体富营养化的发生、水体浊质的增大及其水体的加速淤积,致使相关水环境质量的恶化与水利工程设施的老化;三是直接造成被侵蚀区陆地生态系统和堆积区水体生态系统的退化。国内众多的调查研究均表明,土壤侵蚀已经成为当今的头等生态环境问题;人类不合理的土地利用方式,即毁林毁草、滥垦滥伐、开垦扩种、顺坡耕种、大水漫灌、开矿修路、弃土弃渣活动是造成土壤加速侵蚀的重要因素。因此,运用土壤环境科学理论与环境工程措施整治土壤侵蚀,也是从源头上维持土壤健康、防治水体污染的重要途径。

(4)土壤风蚀沙化与大气污染防治工程,即研究在风力作用下,干燥裸露的土壤物质流失所导致的土壤质量退化、区域大气颗粒物污染过程及其防治措施。土壤风蚀沙化的直接危害:一是造成干燥表土层中的养分、有机质、黏粒、粉粒快速损失,致使土壤表层的砂砾相对含量的快速增加和土壤肥力的快速衰竭;二是驱使大量源于干燥表土层中微颗粒物(≤0.02毫米)进入并悬浮于大气层中,造成被风蚀区域及其下风向地区大气中颗粒物含量急剧增高,形成严重的大气污染并危害人群健康;三是直接造成被风蚀区生态系统及其景观的退化。已有的调查研究表明,盲目开垦、粗放耕作、过度放牧、过度樵采、水资源匮乏与干旱大风天气的耦合是引起土壤风蚀沙化的根本原因。因此,运用土壤环境科学理论与环境工程措施防治土壤风蚀沙化,也是从源头上维持土壤健康、防治大气污染的重要途径。

第二节 中国土壤环境学研究进展

一、中国土壤环境学的发展

中华人民共和国成立以来,中国土壤环境保护工作和土壤环境学的发展可以分为3个阶段(图2-6-4):

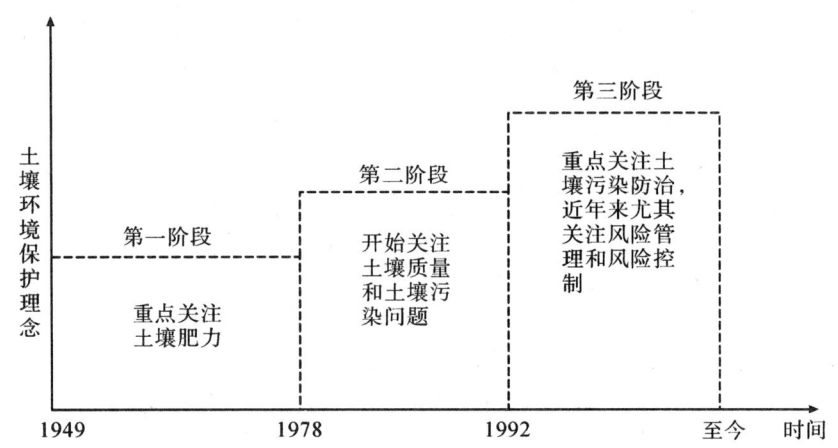

图2-6-4 中国土壤环境保护发展阶段示意图(中国环境与发展国际合作委员会,2010)

第一阶段:起步阶段(1949~1978) 中华人民共和国成立后,人口的增长对粮食生产提出了严峻挑战,提高土壤肥力、增加粮食产量是这一阶段中国土壤环境的关注重点。自20世纪60年代初开始,中国开始大量生产使用有机氯农药,随着化肥和农药的使用,中国土壤环境问题开始受到关注。在1962年底召开的全国陆地水文会议上,北京师范大学刘培桐指出,随着工农业生产的发展而需加强水源污染和水源保护的研究;随后中国地理学会在自然地理组中附设了一个化学地理研究小组。1973年中国召开了全国第一次环境保护会议,以世界公害为警示,提出了中国存在的环境问题。随后,中国逐步开展了全国重点区域污染调查、环境质量评价及污染防治等研究工作,并形成了初步的环境管理制度。但该阶段涉及的环境问题主要为大气和水污染,土壤污染问题并未受到应有的重视。这一阶段为环境土壤学萌生初期,主要引用传统土壤学的研究方法,对出现的土壤环境问题寻求解决办法,如城市污水的农田灌溉、工业废渣的农业利用(研制钢渣磷肥、施用粉煤灰)、土壤污染物分析测试方法探索及局部土壤污染的治理等,这时的环境土壤学尚未形成完整而独立的科学体系。

第二阶段:发展阶段(1979~1992) 改革开放以来,随着经济、社会的迅速发展,中国的土壤环境保护事业也进入了一个创新的新时期。土壤污染问题受到越来越多的关注,同时,中国的环境保护政策和法律法规体系也初步形成。中国最早涉及土壤、防止土壤污染的法律是1979年颁布的《中华人民共和国环境保护法(试行)》。1982年《中华人民共和国宪法》、1986年《中华人民共和国土地管理法》均涉及合理利用土地的相关规定。1989年发布的《中华人民共和国环境保护法》中明确提出了防止土壤污染的相关规定。中国的土壤污染问题开始受到关注。进入20世纪70年代环境土壤学研究内容日趋丰富,从土壤环境背景值研究起步,分析元素由最初的几种主要有毒重金属元素,扩展到60多种化学元素,研究区域从若干重点城市,到主要农业区,"七五"期间发展到全国除台湾以外的30个省市自治区,并注意了背景获取和实际应用相结合,同时开展对主要土壤的环境容量、污染承载负荷、污水土地处理系统研究、土壤环境质量评价、土壤污染发生机制、各种污染物在土壤中的迁移转化行为与危害、控制土壤污染的工程技术与方法等方面的研究。

第三阶段:逐渐完善阶段(1993~) 这一阶段土壤环境关注的重点是土壤污染防治,近年来尤其关注土壤环境的风险管理和风险控制。1992年联合国环境与发展大会后,实施可持续发展战略已成为全世界的共识。1996年国务院发布了《国务院关于环境保护若干问题的决定》,为可持续发展时代的中国土壤环境保护工作指明了方向。2005年国务院发布了《国务院关于落实科学发展观加强环境保护的决定》,明确要求"以防治土壤污染为重点,加强农村环境保护"。2006年环境保护部会同国土资源部开展了全国土壤现状调查及污染防治专项工作,通过大量工作,已掌握了全国范围的土壤污染现状、污染范围、主要污染物和污染程度,为中国土壤环境的监管奠定了基础。2008年环境保护部发布《关于加强土壤污染防治工作的意见》,提出了强化土壤污染防治工作的措施。环境土壤学研究的深度和广度都有大的扩展,以土壤重金属污染研究为例,宏观上扩展到大范围、省际的分布、迁移规律和动态变化,微观上研究重金属对生物的毒害机理从个体水平、组织水平、细胞水平发展到分子水平。在继续研究污染物在土壤植物系统迁移转化和累积规律的同时,开始关注污染物累积所引起土壤环境质量的变化以及这一变化对生态系统结构、功能和人体健康的影响,多种元素多种污染物的交互作用和复合污染开始涉及,土壤环境与温室气体排放的关系研究取得进展,在污染物迁移化方面开始重视土壤胶体的影响和作用,包括对土壤背景值的影响、对土壤负载容量的影响、对酸雨危害的影响、对污染物化学行为的影响等。

为了解中国土壤环境状况,有效防止土壤污染,中国先后组织开展了全国土壤环境背景值调查、"菜篮子"种植基地土壤环境质量、主要污灌区污染状况调查、全国土壤污染状况调查等一系列基础调查工作;制定并发布了《土壤环境质量标准》《土壤环境监测技术规范》等一系列标准和技术规范;不断强化污染源监管,严格控制点源污染;在区域土壤环境质量评价、土壤风险管理等方面进行了积极探索;组织污染土壤修复与综合治理试点示范,并积极开展了国际交流与合作。中国在土壤污染基础性调查工作大体上是在20世纪80年代完成的,1990年在中国环境保护局主持下完成了"中国土壤元素背景值"的调查研究,为土壤环境质量评价提供了标准和依据。农业部门组织开展了农业环境质量调查和背景值研究,先后完成2次全国性的土壤普查工作。国土资源部从1999年组织了典型地区多目标生态地球化学调查。2006年7月全国首次土壤污染状况调查及污染防治专项正式启动,此次调查包括5项主要任务:全国土壤环境质量状况调查与评价、全国土壤背景点环境质量调查与对比分析、重点区域土壤污染风险评估与安全等级划分、污染土壤修复与综合治理试点、建设土壤环境质量监督管理体系。其中,全国土壤环境质量状况调查的重点区域是基本农田保护区和粮食主产区;土壤污染状况调查的重点区域是长江三角洲、珠江三角洲、环渤海湾地区、东北老工业基地、成渝平原、渭河平原以及主要矿产资源型城市;土壤环境质量监督管理体系建设的重点是形成土壤环境监测能力,拟定土壤污染防治法草案。截至2010年底,全国共采集土壤、农产品等各类样品213 754个,获得有效调查数据495万个,点位环境信息数据218万个、照片21万张,制作图件近11 000件;建成全国土壤污染状况调查数据库和样品库,数据总量达1TB,入库样品数量为54 407份;组织完成全国土壤污染状况调查总报告和专题报告;针对重金属类、石油类、多氯联苯类、化工类污染场地和污灌区农田土壤等开展试点研究,完成12项试点工程、18份研究报告和7部污染土壤修复技术指南草案;完成了《土壤保护战略研究报告》;组织开展了土壤污染防治立法调研,起草了《土壤污染防治法》文本草案及法律条款编制说明,提出了中国土壤环境保护标准体系框架建议,形成了《土壤环境质量标准》修订草案。"十二五"期间,将以目前受重金属污染最为严重的内蒙古、江苏、浙江、江西等14个省区市为试点,全面启动砷、铅、铬、汞等重点污染物的源头减量和土壤修复治理工作,尤其是对责任主体历史遗留场地土壤污染,要加大治理修复的投入力度。

土壤环境保护的深入研究促成了土壤环境学的建立和发展。近年来,随着研究的深化和拓展,对土壤环境学的认识无论在理论和实践上都有所提高。

二、中国土壤环境质量现状及其演变研究

目前,在土壤环境质量定义方面尚无统一的意见,陈怀满等(2006)给出了土壤环境质量的参考定义,指出土壤环境质量是在一定的时间和空间范围内,土壤自身性状对其持续利用和其他环境要素,特别是对人类或其他生物的生存、繁衍以及社会经济发展的适宜性。土壤环境质量作为土壤质量的重要组成部分之一,是表征土壤容纳、吸收和降解各种环境污染物的能力,它一方面依赖于土壤在自然成土过程中所形成的固有的环境条件和与环境质量有关的元素或化合物的组成与含量,另一方面又直接受人类活动的影响,并能作为次生污染源影响区域大气、水环境质量。土壤环境的特殊物质组成、结构及空间位置,使得土壤具有缓冲性、净化性等重要的客观属性,这使土壤在稳定和保护人类生存环境中起着极为重要的作用。因此,在某种程度上说土壤环境质量对于人类生存发展的意义并不亚于土壤肥力。伴随着经济的不断加速发展,土壤承受着由重金属、持久性有机污染物等所带来的前所未有的压力,由土壤污染引发的农产品安全和人体健康事件更是时有发生,土壤污染问题已成为影响农业生产、人类健康和社会稳定的重要因素。

土壤污染是人类活动产生的污染物进入土壤并积累到一定程度引起土壤环境质量恶化,并影响土壤利用功能的现象。土壤作为开放的缓冲物质体系,同外界进行物质和能量的交换,被认为是地球上各种人为的和自然的污染物的汇集,承担着环境中大约90%的污染物质。土壤污染很难恢复,即使有机污染物能被降解,但一般也需要经过很长时间。

目前,中国土壤污染的主要方式有土壤重金属污染、土壤有机污染、有机污染物在生物体内的富集以及土壤放射性污染。

1. 重金属污染状况

重金属对土壤的污染具有隐蔽性、滞后性和累积性等特点。受土壤物理化学吸附、化学吸附和生物富集等因素的影响,土壤重金属超过土壤环境容量,污染将在很长时间内难以消除。土壤中的重金属一方面影响土壤养分转化等生化过程和平衡,降低土壤的生物学功能,另一方面影响植物的生理生态活动,降低植物的产量和品质,并通过食物链影响人类的健康。

随着工业、城市污染的加剧和农用化学物质种类、数量的增加,土壤重金属污染日益严重,污染程度在加剧,面积在逐年扩大。据统计,1980年中国工业"三废"污染耕地面积266.7万公顷,而到1992年增加到1000万公顷(张丛等,2000)。农业部环境监测系统近年的调查,中国24个省市城郊、污水灌溉区、工矿等经济发展较快地区的320个重点污染区中,污染超标的大田农作物种植面积为60.6万公顷,占调查总面积的20%,其中重金属含量超标的农作物种植面积约占污染物超标农作物种植面积的80%以上,尤其是Pb、Cd、Hg、Cu及其复合污染最为突出;在约140万公顷的污水灌区中,遭受重金属物的土地面积占污水灌区面积的64.8%,其中轻度污染的占46.7%,中度污染的占9.7%,严

重污染的占8.4%（陈志良等，2002）。2000年有关部门对10个省会城市城郊农产品质量调查发现，有7个城市重金属超标率达监测总量的30%以上（万洪富等，2002）。2000年对全国30万公顷基本农田保护区2亿千克粮食抽查发现，重金属超标率大于10%，污水灌区的问题更加严重。据调查，江苏省某丘陵地区1.4万平方千米范围内，铜、汞、铅和镉等的污染面积达35.9%。安徽贵池黄山岭铅锌矿附近稻田土壤Pb含量最高达3880毫克/千克，属重度污染。广东省地勘部门土壤调查结果显示，西江流域的1万平方千米土地遭受重金属污染的面积达5500平方千米，污染率超过50%，其中，汞的污染面积达1257平方千米，污染深度达到地下40厘米。广州郊区老污灌区土壤Cd的含量最高达228毫克/千克，平均含量为6.68毫克/千克；沈阳张士灌区有2533公顷土地遭受Cd污染，其中严重污染的占13%（王凯荣，1997）。南京栖霞山矿区麦田土壤Pb含量达180毫克/千克，已超过150毫克/千克的轻度标准，菜地土壤Pb含量高达1170毫克/千克，达重度污染（项长兴等，1993）。中国大中城市郊区蔬菜、粮食、水果、肉类与畜产品中铅的超标率分别为38.6%，28%，27.6%，41.9%，71.1%。中国科学院地理研究所的调查表明，北京市生产的蔬菜中有30%的重金属含量超标。截止2005年统计，中国受重金属污染的耕地已占全国面积近1/5，并且还有上升的趋势。根据国家环保部门组织的"典型区域土壤环境质量状况探查研究"（2010）调查显示，珠江三角洲部分城市有近40%的农田菜地土壤重金属污染超标，其中10%严重超标；长江三角洲有的城市连片农田受多种重金属污染，致使10%的土壤基本丧失生产力。中国环境监测总站的资料则显示，中国重金属污染中，最严重的是镉污染、汞污染、血铅污染和砷污染，其中，受镉污染和砷污染的比例最大，约分别占受污染耕地的40%左右，超过46万公顷良田。

土壤重金属污染主要来自于大气、污水、固体废物、农用物资等。大气中的重金属主要来源于能源、运输、冶金和建筑材料生产产生的气体和粉尘。除汞以外，重金属基本上是以气溶胶的形态进入大气，经过自然沉降和降水进入土壤。据Lisk报道，煤含Ce、Cr、Pb、Hg、Ti等金属，石油中含有相当量的Hg（0.02毫克/千克~30毫克/千克）（杨景辉，1995），这类燃料在燃烧时，部分悬浮颗粒和挥发金属随烟尘进入大气，其中10%~30%沉降在距排放源十几千米的范围内，据估计全世界每年约有1600吨的汞是通过煤和其他石化燃料燃烧而排放到大气中去的（李天杰，1995）。运输特别是汽车运输对大气和土壤造成严重污染，主要以Pb、Zn、Cd、Cr、Cu等的污染为主。它们来自于含铅汽油的燃烧和汽车轮胎磨损产生的粉尘，据有关材料报道，汽车排放的尾气中含Pb量多达20微克/升~50微克/升，它们成条带状分布，因距离公路、铁路、城市中心的远近及交通量的大小有明显的差异。在宁杭公路南京段两侧的土壤形成Pb、Cr、Co污染带，且沿公路延长方向分布，自公路两侧污染强度减弱（张书涛等，2000a）。经自然沉降和雨淋沉降进入土壤的重金属污染，与重工业发达程度、城市的人口密度、土地利用率、交通发达程度有直接关系，距城市越近污染的程度就越重，污染强弱顺序为：城市—郊区—农村。高志友等（2004）应用铅同位素示踪原理对成都市土壤的铅同位素地球化学特征进行了研究，表明成都市燃煤铅和燃油铅物质的铅同位素组成总体特征是放射成因铅高，燃煤的放射成因铅高于燃油，特别是汽油铅和燃煤铅同位素组成区别明显。土壤的铅同位素组成基本落在燃油铅和燃煤铅的范围，表明燃油铅和燃煤铅是其主要的污染源，交通流量大的区域铅同位素组成与燃油铅接近，郊区则呈现燃煤铅的特征。路远发等（2005）通过对茶园土壤中可溶相铅、残渣态铅及城区表土全铅的同位素组成对比分析发现，从土壤残渣态（代表土壤背景）—土壤可溶相—城区表层土壤铅 $^{206}Pb/^{207}Pb$ 比值有明显的降低。$^{208}Pb/^{(206+207)}Pb$ 也有类似的变化趋势，将土壤与杭州市的汽车尾气和大气等环境样品进行对比发现，随着土壤受污染程度的增加,铅同位素组成逐渐向汽车尾气铅漂移,表明汽车尾气排放的铅为其主要污染源。

利用污水灌溉是灌区农业的一项古老的技术,主要是把污水作为灌溉水源来利用。污水按来源和数量可分为城市生活污水、石油化工污水、工业矿山污水和城市混合污水等。生活污水中重金属含量很少,但是,由于中国工业迅速发展,工矿企业污水未经分流处理而排入下水道与生活污水混合排放,从而造成污灌区土壤重金属 Hg、As、Cr、Pb、Cd 等含量逐年增加。淮阳污灌区土壤 Hg、Cd、Cr、Pb、As 等重金属1995年已超过警戒线(张书涛等,2000b)。其他灌区部分重金属含量也远远超过当地背景值。随着污水灌溉而进入土壤的重金属,以不同的方式被土壤截留固定。95%的 Hg 被土壤矿质胶体和有机质迅速吸附,一般累积在土壤表层,自上而下递减。郑州污水灌区水中 Hg 的浓度达到0.242毫克/千克,而土壤 Hg 含量0.194毫克/千克就会造成重度污染。污水中的 As 多以3价或5价状态存在,进入土壤后被铁、铝氢氧化物及硅酸盐粘土矿物吸附,也可以和铁、铝、钙、镁等生成复杂的难溶性砷化合物。而 Cd 很容易被水中的悬浮物吸附,水中 Cd 的含量随着距排污口距离的增加而迅速下降,因此污染的范围较少。Pb 很容易被土壤有机质和粘土矿物吸附。Pb 的迁移性弱,污灌区 Pb 的累积分布特点是离污染源近土壤含量高,距离远则土壤含量低(符建荣,1993)。污水中 Cr 有4种形态,一般以3价和6价为主,3价 Cr 很快被土壤吸附固定,而6价 Cr 进入土壤中被有机质还原为3价 Cr,随之被吸附固定。因此,污灌区土壤 Cr 会逐年累积。

固体废弃物种类繁多,成分复杂,不同种类其危害方式和污染程度不同。其中矿业和工业固体废弃物污染最为严重。这类废弃物在堆放或处理过程中,由于日晒、雨淋、水洗重金属极易移动,以辐射状、漏斗状向周围土壤、水体扩散。沈阳冶炼厂冶炼锌的过程中产生的矿渣主要含 Zn、Cd,1971年开始堆放在一个洼地场所,其浸入液中 Zn、Cd 含量分别达6600毫克/升和75毫克/升,目前已扩散到离堆放场700米以外的范围,重金属污染物浓度是以同心圆状分布(李天杰,1995)。对武汉市垃圾堆放场,杭州铬渣堆放区附近土壤中重金属含量的研究发现,这些区域土壤中 Cd、Hg、Cr、Cu、Zn、Pb、As 等重金属含量均高于当地土壤背景值(方满等,1998;潘海峰,1994)。有一些固体废弃物被直接或通过加工作为肥料施入土壤,造成土壤重金属污染。如随着中国畜牧生产的发展,产生大量的家畜粪便及动物加工产生的废弃物,这类农业固体废弃物中含有植物所需 N、P、K 和有机质,同时由于饲料中添加了一定量的重金属盐类,因此,作为肥料施入土壤增加了土壤 Zn、Mn 等重金属元素的含量。磷石膏属于化肥工业废物,由于其有一定量的正磷酸以及不同形态的含磷化合物,并可以改良酸性土壤,从而被大量施入土壤,造成了土壤中 Cr、Pb、Mn、As 含量增加。磷钢渣作为磷源施入土壤时,土壤中发现有 Cr 的累积(王焕校,2000)。随着工业的发展以及城镇环境建设的加快,污水处理正在不断加强。中国现有80余座污水处理厂,估计污泥产生量在400万吨以上,由于污泥含有较高的有机质和氮、磷养分,因此,土壤成为污泥处理的主要场所。一般来说,污泥中 Cr、Pb、Cu、Zn、As 极易超过控制标准。北京褐土施用燕山石化污泥一年后 Hg、Cd 浓度分别达到0.94毫克/千克、0.22毫克/千克(杨居荣,1984)。许多研究指出,污泥的施用可使土壤重金属含量有不同程度的增加,其增加的幅度与污泥中的重金属含量、污泥的施用量及土壤管理有关。固体废弃物也可以通过风的传播而使污染范围扩大,土壤中重金属的含量随距污染源的距离增大而降低。如大冶冶炼厂,每年排放数千吨的粉尘,引起大冶县广大农田的污染,直径20千米范围内的土壤 Cr、Zn、Pb、Cd 含量均大大高于背景值。杨元根等(2004)通过研究榨子厂附近一个废弃多年的古老土法炼锌点土壤和沉积物中重金属积累的 Pb 及污染程度,显示研究区土壤中积累的 Pb 和 S 为矿山物质来源。

农药、化肥和地膜是重要的农用物资,对农业生产的发展起着重大的推动作用,但长期不合理施用,也可以导致土壤重金属污染。绝大多数的农药为有机化合物,少数为有机—无机化合物或纯矿物质,个别农药在其组成中含有 Hg、As、Cu、Zn 等重金属。重金属元素是肥料中报道最多的污染物质。氮、钾肥料中重金属含量较低,磷肥中含有较多的有害重金属,复合肥的重金属主要来源于母料及加工流程所带入。肥料中重金属含量一般是磷肥 > 复合肥 > 钾肥 > 氮肥。Cd 是土壤环境中重要的污染元素,随磷肥进入土壤的 Cd 一直受到人们的关注。许多研究表明,随着磷肥及复合肥的大量施用,土壤有效 Cd 的含量不断增加,作物吸收 Cd 量也相应增加。据马耀华等(1998)对上海地区菜园土研究发现,施肥后 Cd 的含量从 0.13 毫克/千克上升到 0.32 毫克/千克。肥料中 Cr、As 元素含量较高,且土壤的环境含量又较低,能引起土壤中 Cr、As 的较快积累。硝酸铵、磷酸铵、复合肥中 As 量可达 50 毫克/千克~60 毫克/千克,长期施用可造成土壤 As 严重污染(王焕校,2000)。近年来,地膜的大面积的推广使用,造成了土壤的白色污染。由于地膜生产过程中加入了含有 Cd、Pb 的热稳定剂,同时也增加了土壤重金属污染。

城市土壤重金属污染是能有效反映城市环境污染状况的重要指标之一。城市土壤的理化性质是影响城市土壤重金属污染的重要因素。研究发现,pH、土壤有机质含量、氧化还原电位(Eh)值、磁化率、粒度与城市土壤重金属的含量存在一定的相关关系,例如,pH 除直接影响重金属含量在土壤中的活性以及重金属在土壤剖面的纵向移动能力之外,还会影响重金属元素的存在形态。城市土壤的细颗粒组分则可以富集重金属并阻止其淋失。不同的土地利用状况、人类活动强度、污染累计时间的长短和距离污染源的远近,在不同程度上影响重金属污染状况。对南京城市土壤重金属污染研究发现,污染强度以矿冶工业区最高;其次是城市中心的商业区和老居民区;而风景区和新开发区污染较轻,近年新建的市民广场重金属污染不明显。对北京城市公园土壤的铅污染研究发现,历史悠久,客流量大且距离市中心较近的公园土壤铅含量明显偏高;对于大多数开放历史较短,客流量小且相对偏僻的公园而言,表土一般都未见明显的铅污染。研究人员提出公路两侧土壤中铅的含量与到公路边沿的距离符合高斯衰减分布模型,公路两侧土壤中铅的 99% 以上累积量分布在 50 米的范围内。重金属的化学形态一般分为可交换态、碳酸盐结合态、铁锰氧化物结合态、有机物结合态、残渣晶格态。以大气为传播媒介成因的重金属沉积铁锰氧化物态含量占优势,有机态含量较少;以水为传播媒介成因的重金属沉积,以有机态占优势,铁锰氧化物态含量相对较少。研究表明,城市道路两侧土壤中的 Cu 以有机结合态为主,Zn 各形态所占比例由大到小顺序为铁锰氧化物结合态、残渣态、碳酸盐结合态、有机结合态、可交换态。研究发现,南京城市土壤重金属的有效态中,Cu 以有机态为主;Pb 以交换态为主;Co、Mn 以铁锰氧化物态为主;Fe、Ni 有效态含量均小于 10%,并且主要集中在铁锰氧化物态中。与非城区土壤相比较,城市土壤非残渣态比例增加,活性增大,对环境的危险性增大。

2. 有机污染状况

与重金属污染相比,有机物对土壤污染也不容忽视。常见土壤有机物污染物主要为有机农药类、多环芳烃(PAHs)、多氯联苯(PCBs)、二噁英(PCDD/PCDFs)以及石油类等,通过人类活动直接或者间接进入土壤,最终在土壤环境中累积、转化和迁移,危及土壤生态系统、地表水系统和地下水系统,并通过农作物和农产品威胁人类和动物健康。

中国土壤有机污染也十分严重,对农产品和人体健康的影响已开始显现。如中国从1959年起长江中下游地区用五氯酚钠防治吸虫病,其中的杂质二噁英已造成区域二噁英类污染。有机氯农药已禁用了20多年,土壤中的残留量已大大降低,但检出率仍很高。广州蔬菜土壤中六六六的检出率为99%,DDT检出率为100%。太湖流域农田土壤中六六六、DDT检出率达100%。中国科学院南京土壤研究所对某钢铁集团四周农业土壤和工业区附近的土壤调查表明,农业土壤中15种多环芳烃(PAHs)总量的平均值为4.3毫克/千克,且主要以4环以上具有致癌作用的污染物为主,占总含量的约85%,仅有6%的采样点尚处于安全级。而工业区附近的土壤污染远远高于农业土壤。目前,中国受有机污染物(农药、石油烃和PAHs)污染的农田土壤达3600万公顷,其中农药污染面积约1600万公顷,主要农产品的农药残留超标率高达16%~20%。因油田开采造成的严重石油污染土地面积达10 000公顷,石油炼化业也使大面积土地受到污染,在沈抚石油污水灌区,表层和底层土壤多环芳烃含量有的超过600毫克/千克,造成农作物和地下水的严重污染。随着城市化和工业化进程的加快,城市和工业区附近的土壤有机污染也日益加剧,在对天津市区和郊区土壤中10种PAHs的调查结果表明,市区土壤中PAHs含量超标,其中二环萘的超标程度最严重,强致癌物质苯并芘的超标情况也不容乐观(郑一等,2003)。

环境中对生态和人体有危害的有机污染物大多处于纳米级尺度,其中包括近来提出的持久性或难降解有机污染物(POPs);持久性或难降解有化合物(PTS)。这些有机污染物都属于挥发性有机污染物。它们通过挥发、淋溶和由浓度梯度产生扩散等在城市土壤中迁移或逸入空气、水体中,对大气、水体、生态系统和人类的生命造成极大危害。在工业发达国家,认为燃料燃烧是城市土壤多环芳烃(PAHs)的主要来源。因此,近100年~150年来,土壤PAHs的浓度在不断增加,尤其是城市地区。城市土壤微有机物污染呈现一定的空间分布特征。研究人员发现,城市土壤中的PAHs、多氯联苯(PCBs)、多氯联萘(PCNs)等持久性或难降解有机污染物在工业区和居住区花园绿地附近的含量较高,是农田土壤中含量的几倍,并呈现从中心城区向郊区逐渐递减的趋势。对天津市区和郊区土壤中的10种PAHs研究发现,市区是土壤PAHs含量超标最严重的地区,其中二环萘(Nap)的超标程度最严重,强致癌物质苯并芘(a)的超标的情况也不容乐观。微有机污染物的产生及其在环境中的迁移过程将在很大程度上影响其浓度空间自相关性的方向和范围大小。城市土壤微有机物污染的空间结构与城市土壤的理化性质存在相关性,同时受到环境因素的影响。研究人员对天津包括市区的表层土壤中16种优控多环芳烃含量和土壤理化参数进行了空间结构分析,并探讨了环境因素与土壤PAHs含量空间结构特征间的关系。PAHs各组分浓度存在中等或强变异性,表明影响土壤PAHs含量的各种人为或自然因素存在较为明显的空间差异。城市土壤有机碳含量与各组分浓度存在显著正相关,而pH和粘粒含量与其各组分浓度均不存在明显的相关性,表明TOC含量可能是影响土壤多环芳烃浓度空间结构特征的重要环境因素之一。研究还发现,在不同的气候带城市土壤中的PAHs和PCBs的含量不同:地处热带的城市土壤比温带的城市土壤低。这可能是由于热带气候促进其生物降解、挥发损失和光氧化作用以及强烈淋溶进入地下水等原因所致。

3. 城市土壤生源要素(氮元素、磷元素)污染

长期以来,关于生源要素污染的研究主要集中于农田土壤,但近年来,城市土壤生源要素污染已经成为热点研究问题。研究发现,莫斯科的城市土壤与自然土壤相比较,磷具有明显的富集特征;有效磷含量超过植物的需求,磷素供给达到较高水平。研究人员对哈尔滨城市土壤污染的研

究发现,与非城区自然土壤相比,城市土壤的全氮、水解氮含量降低;全磷和有效磷含量显著偏高,磷在城市土壤中的富集现象严重。这可能是由于城市人为活动和大量含磷废水以及垃圾的混入,使得城市土壤中全磷和有效态磷的含量明显高于森林土壤和农田土壤。杭州城市土壤表土总磷含量在563毫克/千克~3522毫克/千克之间,总磷的平均含量由大到小顺序为商业区、风景区、文教居民区、工业区。其中商业区总磷平均约为工业区的3倍,文教居民区的2.5倍,风景区的2倍;郊区农业土壤总磷含量的平均值略低于城市土壤。

城市土壤生源要素的吸附—解吸特性影响到土壤对外源氮磷等的吸持能力和土壤吸持氮磷等的释放。它们均与土壤溶液中生源要素浓度密切相关,影响城市土壤中生源要素的淋溶和地下水中生源要素的浓度。研究发现,与非城区自然土壤相比,南京城市土壤磷的吸附量小,磷的解吸量和解吸率高,并且城市地下水中溶解态磷浓度、总磷浓度都与城市土壤剖面中全磷、有效磷、可溶性磷的加权平均含量有着明显的相关关系,反映了城市土壤是地下水中磷的有效释放源。

4. 土壤中人工放射性核素^{137}Cs分布状况

^{137}Cs是大气层核试验和核电站泄漏事故产生的主要环境污染物,其半衰期为31.7年,^{137}Cs可经过大气环流的传输后以干湿沉降的方式沉降至地表,直接或通过土壤、水体、大气被动植物吸收后进入食物链,对生物体产生内外照射的危险,故土壤中^{137}Cs的分布状况与迁移转化特征已经成为国际土壤环境科学研究的热点领域。

赵烨1999年综合研究了无核活动地区土壤中的人工放射性核素^{137}Cs的分布特征,即在中国南极长城站区,土壤表土层(0厘米~5厘米)中^{137}Cs比活度可达6.14贝可/千克~14.83贝可/千克(Bq/kg),南极枝状地衣体、壳状地衣、苔藓体中的^{137}Cs比活度分别为29.04贝可/千克、58.07贝可/千克、25.07贝可/千克;中国河南省渑池县黄河谷地的壳状地衣体和河北省雾灵山国家级自然保护区(海拔1950米)壳状地衣体中^{137}Cs比活度分别为294.69贝可/千克和311.78贝可/千克。可见全球陆地表面广泛分布的壳状地衣将是监测人工放射性核素长期扩散影响得到极为敏感的环境信息载体。赵烨等2012年对京津冀接壤区约6万平方千米区域的土壤表土层(0厘米~20厘米)中有机质含量与^{137}Cs比活度进行综合调查观测,结果表明,京津冀接壤区土壤表土层中^{137}Cs高值区(5.4贝可/千克~12.9贝可/千克)出现在西北部燕山和西部太行山地中上部,这里植被较好,林地覆盖度高,土壤受人为扰动较少,且土壤中^{137}Cs含量与地区降水量有正相关关系;京津冀接壤区土壤中^{137}Cs含量较低的地区(0.3贝可/千克~2.6贝可/千克)分布在北京城区、天津城区、廊坊城区和保定城区,这里人类活动强烈而深刻地改变了表土层的^{137}Cs含量及其空间分布;平原耕地区土壤中^{137}Cs含量处于中等水平(2.6贝可/千克~4.2贝可/千克);与北半球同纬度其他地区相比,京津冀接壤区土壤^{137}Cs含量处于较低水平,这可能与华北地区多沙尘天气有关。

三、中国土壤元素背景值与土壤环境容量研究

土壤元素背景值与土壤环境容量的研究是土壤环境现状及其演变研究的重要内容,对土壤环境现状的研究十分重要。因为这是检验过去和预测未来土壤环境演化的基础性资料,也是判断土壤中化学物质的行为与环境质量的必要的基础数据,它包括土壤和植物的元素背景值、有机化合物的类型与含量、动物区系微生物种群和活性等生物多样性资料,以及对外源污染物的负载容量等(陈怀满等,2006)。

1. 土壤元素背景值

土壤背景值又称土壤本底值。它代表一定环境单元中的一个统计量的特征值。背景值这一概念最早是地质学家在应用地球化学探矿过程中引出的。背景值指在各区域正常地质地理条件和地球化学条件下元素在各类自然体（岩石、风化产物、土壤、沉积物、天然水、近地大气等）中的正常含量。在环境科学中，土壤背景值是指在土壤无污染或未污染时的元素含量，特别是有害元素的含量（牟树森等，2001）。薛纪渝等（2000）也认为，环境背景值是指环境中诸因素如大气、水体、土壤以及植物、动物和人体组织等在正常情况下，化学元素的含量及其赋存形态。土壤环境中的重金属元素背景值是指一定区域内自然状态下未受人为污染影响的土壤中重金属元素的正常含量。国家环境保护局编制的《中华人民共和国土壤环境背景值图集》（1994）将土壤背景值定义为在土壤发育形成过程中，未受或很少受到人为活动的影响，特别是未受或很少受到污染、破坏的情况下，土壤本身固有的化学组成和含量，它基本上反映了土壤环境原有的物质组成、性质和结构特征。当今，由于人类活动的长期积累和现代工农业的高速发展，使自然环境的化学成分和含量水平发生了明显的变化，要想寻找一个绝对未受污染的土壤环境是十分困难的，因此土壤环境背景值实际上是一个相对概念。

土壤背景值不仅是土壤环境学和环境科学研究的基础，也是区域土壤环境质量评价、土壤污染态势预测预报、土壤环境容量计算、土壤环境质量基准或标准确定、土壤环境中的元素迁移和转化研究，以及制定国民经济发展规划等方面工作的重要基础数据。

国际上对于土壤环境背景值的研究始于20世纪20世纪70年代，其中，美国、英国、加拿大、日本等国家在这方面开展的工作较早。美国首先于1961年由地质调查局在美国大陆本土上开展背景值的调研工作，1984年发表了"美国大陆土壤及其他地表物质中的元素浓度"的专项报告，并于1988年完成了全国土壤背景值的研究，前后共分析近50个元素。日本在1978年～1984年也开展了全国范围的表土和底土背景值的调研，测定了Cu、Pb、Zn、Cd、Cr、Mn、Ni、As 8种元素，并提出了背景值的表达方法。

中国土壤环境背景值的研究始于20世纪70年代中期，首先由中国科学院土壤研究所等单位开展了部分城市及地区（北京、南京、广州等）的土壤背景值调查研究。1982年国家把环境背景值调查研究列入"六五"重点科技攻关项目，在松辽平原、湘江谷地开展了土壤环境背景值研究。1986年再次将土壤环境背景值研究列为"七五"重点科技攻关课题，研究范围包括除台湾省以外的30个省、市、自治区的所有土壤类型，分析元素达60多个，并于1990年出版了《中国土壤元素背景值》专著，并于1994年和2006年分别出版了《中华人民共和国土壤环境背景值图集》《中国主要农业土壤污染元素背景值图集》，对开展中国环境保护、环境监测、环境规划、环境评价、土壤环境标准以及地方病等多方面的科学研究提供了重要的科学依据。陈怀满等（2002）根据有关资料补充了中国土壤中N、P、Si的土壤剖面背景值统计量，它们的算术平均值分别为N（1.46±1.215）克/千克、P（0.67±0.242）克/千克、Si（29.56±3.267）%。

在一定区域内研究土壤背景值时，首先就是确定各种代表性土壤和母质中元素的自然含量。为了确定这个含量，往往在非污染区的代表性土壤类型中采样分析，在此基础上还要对样品分析数据做必要的检验，以找出和剔除可能遭受污染的样品，使得出的背景值更符合实际，以便在成土条件相似而污染状况不同的土壤上进行对比。数据可以通过不同的方法进行检验，常用的方法有平均值价标准差法、差异检验法和富集系数法等。这些方法的一个共同点都是通过数据处理来剔除遭受污染样品中元素的含量。元素相关分析法也被用来确定元素的背景值。武子玉等(2005)对吉林西部生态农业基地土壤样品地球化学指标分析结果表明,区内 N 和 K 元素与全球土壤背景值基本相当,P、Mg、S、Mn、Cu、Zn、Mo、Cd、Cr 元素质量分数低于全球土壤平均值,土壤营养元素 P、B、Zn、Mo 缺乏,F、Se、As、Pb、Hg 元素质量分数高于全球平均值;近 20 年来,土壤背景中 F 质量分数下降 0.41 倍,P 增加 1.30 倍,B、Zn、Mo 有效量低于土壤临界值,为显著贫化。王帅等(2009)使用稳健统计方法中的位置估计量和尺度估计量对中国某受到人为干扰的地下水水源地 C 层土壤重金属的背景值进行了研究,结果表明,稳健统计方法对样本中的异常值有较高的耐抗性,计算结果与常规方法相近,因而适用于某些人为干扰地区的土壤环境背景值研究。对该水源地背景值的计算表明,该地区 C 层土壤 Cu、Pb、Cd、Cr、As 和 Hg 的背景值中心分别为 21.2 毫克/千克、32.5 毫克/千克、0.103 毫克/千克、60.3 毫克/千克、11.0 毫克/千克和 0.012 毫克/千克,其中 w(Pb),w(Cd) 和 w(As) 高于山东省平均值;6 种重金属的阈值分别为 29.0 毫克/千克、43.7 毫克/千克、0.143 毫克/千克、93.5 毫克/千克、21.0 毫克/千克和 0.080 毫克/千克,均小于全国平均上限值,但其中 Pb、Cr、As 的阈值高于土壤环境质量一级标准。基于该地区背景值的污染累积指数评价表明,该地区主要重金属污染物为 Pb 和 Hg,主要污染区为污水沟渠周边,污染深度为 1 米~3 米。曹峰等(2010)以北京、天津、河北多目标区域地球化学调查(1:25 万)取得的数据为基础,遵循地球化学基准值与环境背景值的概念,根据不同的沉积条件将研究区划分为 3 个统计单元,运用标准化方法,即对土壤表层数据反复剔除异常数据后,通过其他元素与惰性元素 Ti 的相关关系分别计算得出各指标土壤的基准值;通过对土壤深层数据反复剔除异常数据后,获得了 34 个指标的平均值、标准离差和变异系数,并以此表征背景值。代杰瑞等(2011)以山东省东部地区农业生态地球化学调查取得的区域土壤地球化学数据为依据,研究了区内 54 种元素或指标的土壤地球化学基准值和背景值与全国土壤的差异。通过对比区内土壤基准值与背景值的变化认为,本区大部分元素或指标在表层土壤中的含量继承了成土母质,后期人类活动对其影响较小,Hg、Cd、Pb、Cu、Zn、Se、S、P、N 等元素或指标在表生作用或人类活动等因素影响下,其分布分配特征产生明显变化;通过表层与深层土壤元素间相关关系的研究,探讨了由人为活动导致土壤重金属元素富集的评价与识别方法,莱州—招远—烟台和牟平—乳山金矿集中区以及人口密集的城镇地带 Hg、Cd、Pb、Cu、Zn、Se 和 S 等元素在表层土壤中强烈富集;结合典型地区土壤垂向剖面及元素分布与地质背景的对比研究认为,人类活动(采金污染、城市化、工业化发展等)和自然地质背景作用是引起山东东部局部土壤重金属富集的重要原因。

  土壤元素中的有效态一直是人们关注的内容,在中国土壤元素背景值的研究中缺少元素有效态的数据,从而在一定程度上影响了元素背景值的实际应用。吴燕玉(1994)、魏复盛等(1993)提出采用元素活性的方法来表征土壤中某一元素的生物有效性。陈怀满等(2002)据李彤等(1993)资料所计算的结果表明,包括黄绵土、垆土、塿土、灰钙土、栗钙土、黑钙土、黑土、白浆土、暗棕壤、花岗岩棕壤、黄土棕壤、淋溶褐土、碳酸盐褐土、草甸土、潮土、紫色土、黄棕壤、水稻土、红壤、黄壤、砖红壤等 21 个土类的分析结果,6 种元素(Cu、Zn、Mn、Co、B、Mo)的活性均与土壤元素有效态浓度有良好的相关性;为了进一步验证土壤活性与有效态之间的关系,利用有关资料计算的结果表明,B、Zn、Cu 在元素活性与有效态之间有着良好的相关性,而 Mo 并非完全如此,因而有关用元素活性与有效态的关系尚需进一步验证。潘根兴等(1999,2000)曾用活性作为苏南土壤中重金属污染影响指标,用 0.1 摩尔/升 HCl(固液比 =1:1)作为提取液,所提取的浓度与样品全量之比称为活化率,它与活性具有相同的表达式。结果表明,土壤中 Cu、Pb、Zn 的活化率由表层向下明显降低,由 20%~30% 降至 10% 左右。工业区和农业区的土壤活化率也有明显差异,表明工业区土壤中 Pb、Zn 活化率显著高于农业区,从元素的活性强度上表达了土壤中 Pb 和 Zn 对环境影响的差异性。

2. 土壤环境基准值

所谓环境基准,目前一般认为,是指环境中污染物对特定保护对象(人或其他生物)不产生不良或有害影响的最大剂量(无作用剂量)或浓度。或者超过这个剂量或浓度就导致土壤对保护对象产生不良或有害的效应(夏青,2004;孙铁珩等,2005;周启星,2005;Gan S 等,2009;孟伟等,2008)。多方面的资料和研究表明,环境基准值是反映并考虑环境初始状况与历史演变的前提下,由污染物与生态系统特定对象之间的剂量—反应关系确定的。因此,环境基准值不是所谓的不产生不良或有害影响的最大单一浓度或单一的无作用剂量,也不是超过该剂量或浓度就导致不良或有害的效应,而是一个基于不同保护对象的多目标函数或一个范围值(周启星,2007)。因此,土壤环境基准应该包括由于有害物质的作用不产生急性、亚急性或亚慢性和慢性毒害的最大剂量(无作用剂量)或浓度,即其内涵应该包括土壤环境质量基准和污染土壤修复基准 2 个方面。土壤环境质量基准的赋值应该建立在大量土壤环境背景值调查,系统的敏感生物致毒浓度和低水平、长期或慢性暴露生物学效应或生态效应的基础上;而无土壤修复基准的赋值则应该建立在系统的急性、亚急性毒性试验以及大量优势种群致毒浓度研究的基础上,并适当参照矿区和高背景地区的背景水平(对于重金属元素和无机营养元素来说)。

与国外相比,中国关于土壤环境质量基准的研究起步较晚,有关污染土壤修复基准的研究更为缺乏。20 世纪 80 年代末和 90 年代初,周启星(1989)、吴燕玉等(1991)就提出来采用作物生态效应法、土壤环境背景值方法和食品卫生基准反推法开展土壤环境基准研究。吴燕玉等于 1991 年基于土壤环境背景值研究成果,并考虑作物生态效应,提出了中国土壤 Cd、Hg 的环境质量基准值;1992 年又进一步推导、提出了 Pb、As 的土壤环境质量基准值。周启星(1994)以苜蓿为受试生物,推导、提出了复合污染条件下 Cd 和 As 的土壤环境质量基准值。杨居荣等(1995)在"七五"科技攻关期间主要依据重金属元素在土壤—植物体系、土壤—微生物体系、土壤—水体系中的生态学效应和环境效应,确定了主要土类重金属元素生态基准值。他们的主要研究思路和方法特点(石俊仙等,2006)有:①注意到土壤类型的地带性分异,有针对性确定了区域性土壤环境中部分重金属的质量基准值;②采用污染生态学的方法,主要考虑个体水平的影响,进行生态毒理实验、盆栽试验和大田调查,研究重金属的污染生态效应,来求出一些临界含量的值;③选取适于不同等级层次的指标体系及与之相应的评定标准,最后根据相对稳定的最低限量法则确定土壤环境质量基准值。这些工作为中国建立并于 1996 年颁布的土壤环境质量标准提供了基础数据和科学依据。此后,国内其他学者运用环境地球化学法确定了浙江省(汪庆华等,2007)、成都市(唐文春等,2005)、宜宾市(曾宜君等,2007)、冀东地区(郭海全等,2007)等的土壤中以重金属为主要元素的基准值。研究表明,各种元素的基准值与全国土壤平均值存在很大差异,与土壤环境质量标准也存在较大差异。由于该方法既强调自然因素对土壤地球化学环境的决定作用,又强调人为因素对土壤地球化学环境的巨大影响,因而近年来更受学者的青睐。例如,石俊仙等(2007)运用生态地球化学方法,借助 GIS 以内蒙古呼和浩特市 5713 平方千米为研究区域,将土壤中镉的空间分布规律与相关统计规律相结合,确定了研究区内 4 种典型的土壤亚类表层中重金属镉的环境质量基准值,其结论是,呼和浩特市表层土壤中镉的环境质量基准值在洪积新积土中最高,达 0.117 毫克/千克;在淡栗褐土中最低,为 0.084 毫克/千克。朱立新等(2006)以中国东部平原区的土壤为研究对象,采用切实可行的试验研究方法,提出了土壤生态地球化学基准值,并提供了相应基准值的土壤物质组成信息,进一步研究结果表明土壤物质组成特性在宏观上控制了基准值的区域性分布特征。陈国光等(2008)利用长江三角洲地区完成的多目标区域地球化学调查数据,求取了该区的土壤地球化学基准值,并对基准值特征进行了分析和应用探讨。结果表明,各沉积环境有其特征的指示元素或组合,F、Cl、Br、I、Ca 和 Mg 元素组合可反映海相沉积物的新老和比例;N、S、OrgC 组合,I、Hg 组合和 Y、Ce、La 等稀土和稀有元素组合分别指示湖相、潟湖相和陆相沉积环境;Hg、Cd 等为全区富集的污染元素;土壤中亲石元素、稀有和稀土元素稳定;I 和 CaO 易流失;部分元素的土壤清洁级界限值采用 X0 + 2S0 能较好地反映土壤污染的分布;研究区土壤中养分 Co、Na_2O 几乎全部为适宜区,K、N、Fe、B、Cu、Cl、Mg、S 含量丰富,Zn、Mn 和 P、Mo、Si 相对缺乏。

为了使获得的土壤环境质量基准更能反映中国环境实际,周启星还开展了农业环境 Cr-酚复合污染条件下相关的土壤环境质量基准研究,并与 1996 年推导、提出了复合污染条件下 Cr 和酚的土壤环境质量基准值;1997 年周启星等从食品安全角度进一步验证了复合污染条件下 Cr 和酚的土壤环境质量基准值。2001 年周启星对中国有机染料的污染限值从水环境到土壤环境,提出了最大允许浓度和相应的基准值的建议。2003 年梁继东和周启星对除草剂乙草胺和杀虫剂甲胺磷的土壤环境重量级准限值也进行了推算和建议。2006 年陈华等基于环境风险评价的目的开展了土壤风险基准值的研究,得出污染场地的土壤中不对人体健康产生危害风险的污染物浓度界限值。土壤风险基准值的建立需要综合考虑污染物的生态毒理学效应、污染物在多相介质中的迁移转化规律、土壤污染控制和修复水平等多方面因素。由地质科学研究院物化探所生态地球化学研究中心承担的中国地质调查局科技外事部主管的地质调查子项目"不同景观区成矿带地球化学异常形成机理、资源评价及查证方法"提出了利用元素相关关系法确定土壤地球化学基准值的新方法,据此在确定异常组分叠加量及其在土壤垂直剖面上的分布形态的基础上,将覆盖区土壤地球化学异常分为表层累积型、整体型和离散型,并进一步确认这 3 种类型异常基本上对应着人为地质作用、自然地质作用及人为和自然地质作用复合的成因类型,初步为覆盖区土壤地球化学异常的确定、查证、评价奠定了基础。由福建农林大学等单位承担的省科技计划重点项目"福建省土壤环境质量基准研究"项目对福建省主要土壤中 10 种元素(镉、铅、锌、铬、汞、砷、镍、铜、硒、氟)的总量、有效含量及其与土壤性质之间的关系,主要农作物可食用部分对这些元素的富集规律进行了较系统的研究,主要创新点有:证实了上述 10 种元素的土壤—植物全量及有效量基转移系数随土壤元素全量及有效量的升高而呈幂函数降低的规律;提出了以有效量为基础计算转移系数的方法,并证明有效量基转移系数比全量基转移系数更具合理性;修正了植物对土壤元素的富集能力的估算方法;提出以高风险指示作物为基础,建立区域土壤环境质量基准体系中土壤污染元素二级限量指标;建立了酸性土壤有效砷的 0.5 摩尔/升 NaH_2PO_4 提取法;在研究的基础上建立了有效量与全量双指标的第二级污染元素土壤环境质量基准指标。其中镉、铅、锌、铬、汞、砷、镍、铜、硒、氟等 10 种元素在土壤全量—土壤有效量—植物含量转移规律和以高风险指示作物为基础建立区域土壤环境质量标准等方面研究达到国际先进水平。

在污染土壤修复基准研究方面,2003 年周启星等率先开展了中国污染土壤修复基准的研究,以中国南太湖地区为例,提出了水稻土磷的推荐临界水平,即磷污染土壤修复基准值。同年,周启星等在第212次香山科学会议上正式提出了关于系统开展污染土壤修复基准研究的建议,标志着中国污染土壤修复基准研究的开端。2004年周启星又率先提出了开展污染土壤修复标准建立的方法体研究,呼吁从国家层面开展污染土壤修复标准制定的研究工作。2010年周启星从中国农业环境问题的角度对国内外污染土壤修复基准研究的标准制定进展进行了分析和总结,为中国开展这一方向的研究奠定了基础。曹雷(2007)以铅和乙草胺2种在中国东北地区普遍存在的污染物作为研究对象,首次开展区域水平上建立污染土壤修复基准方法和修复效果评判的尝试性研究。通过农作物(小麦、大豆和白菜)发芽毒理实验,以食品卫生标准为反推基础的农作物毒物吸收实验、土壤动物毒理实验、生化水平毒理实验、土壤化学毒理实验和土壤酶学水平效应实验得出对土壤中主要组分和功能不产生影响,棕壤中乙草胺和铅浓度阈值。其基准不是所谓的不产生不良或有害影响的最大单一浓度或单一的无作用剂量,而是一个基于不同保护对象的多目标函数或一个范围值,所以对于不同的修复要求和保护对象确定乙草胺的修复阈值为0.4毫克/千克~12毫克/千克,铅的修复阈值为3.98毫克/千克~793毫克/千克。

中国土壤生态毒理学研究起步较晚,还没有针对中国的土壤类型和土地利用类型开展过较为系统地土壤生态毒理研究,甚至自发针对1种~2种土壤类型或1种~2种不同土地利用类型开展的生态毒理研究也比较少,这导致了基于中国人群特点、自有种特性和土壤类型以及土地利用方式的土壤环境基准基础数据十分匮乏,还没有能够建立一套可用于支撑土壤质量评价和生态风险评估的环境质量基准值,严重影响了中国土壤环境标准制定的准确性和科学性(周启星,2010)。近年来,为了使土壤环境基准研究得到主管部门的重视,有关方面连续召开了多场相关学术会议,相关领域专家在会上作了重要学术报告,对系统开展土壤环境基准研究给予呼吁。例如,2008年7月由中国工程院、中国科学院沈阳应用生态研究所、南开大学和沈阳大学共同主办的首届土壤环境基准国际研讨会;2009年2月和11月"环境基准与生态修复"高层论坛和"首届全国环境基准与生态修复博士生论坛"分别在南开大学举行。赵烨2007年和2012年在综合研究了土壤重金属元素的生物有效性,土壤重金属元素对植物的毒性,以及土壤—植物系统中重金属的迁移特征的基础上,指出了从土壤发生学角度来看,农业土壤的重金属污染过程以及被污染土壤的修复过程均是人为参与下相对缓慢的成土过程。土壤不仅是生物赖以生存的基础,人类生存发展的重要环境要素和自然资源,而且是地球表层系统中物质循环和能量转化的一个重要枢纽。因此,农业土壤重金属元素污染修复必须坚持以下原则:确保农业土壤的生物多样性及其活性不受损坏;确保农业土壤正常物质组分、结构和物理化学性状的稳定性;有效控制农业土壤中的重金属元素随地表径流或地下径流进入水环境系统,以防水体污染的发生;对于农业土壤重金属污染的生物修复必须采用非食源性生物(或永不作为食源性物质使用)修复,防止土壤中的重金属元素随修复植物体进入生态系统的食物链并对人群健康构成潜在性危害;在此基础上阐述了土壤污染修复的机理:一是将局部过度聚集的污染物通过适当的途径扩散到广阔的环境之中(环境要素中污染物含量均在其高端阈值之下),二是通过各种物理化学手段固化—钝化或净化土壤中的污染物,或者使土壤中重金属元素的生物有效性—毒性—移动性降低以减轻其对农作物的危害。土壤污染修复的核心是筛选和培育对重(类)金属元素具有超累积型植物。2010年中国环境保护部启动了"中国土壤环境基准体系及其支撑技术研究计划框架"的研究项目,并得到有关方面的全力支持。

3. 土壤环境容量

土壤环境容量又称为土壤对污染物的临界负荷,对它的研究可获取土壤可持续发展质量指标,是实现土壤可持续管理的有效途径。伴随着对土壤重金属和持久性有机污染物的深入研究,环境容量这个概念已用于土壤污染的预防和控制。欧洲效应研究工作组及效应研究合作中心制定了土壤重金属和POPs临界负荷的计算导则,并认为"土壤重金属或POPs临界负荷"为"对人体健康或生态系统结构和功能不产生有害效应时土壤所能承受的最大污染物总输入率(大气沉降、化肥、其他人为输入源)"。土壤环境容量的应用之一就是制定土壤环境质量标准,以土壤生态系统为基础,在全面研究污染物的生态效应和环境效应的过程中,提出污染物(重金属元素)的土壤基准作为制定区域土壤环境质量标准的依据;土壤环境容量是实现污染物总量控制的重要基础,特别是对于土壤环境污染比较严重的地区,急需采取有针对性的土壤环境规划与管理。

土壤环境容量研究是一类具有重要理论和实际意义的应用基础研究,构建临界负荷估算模型是研究土壤环境容量的重要方法。按照土壤环境容量的定义,模型应该能够描述土壤的污染动态特征以及土壤环境生态因子和土壤污染动态的关系。目前这方面的模型主要有 2 种,即基于效应的质量平衡模型和恒静态方法,这 2 种平衡模型的主要不同点在于空间规模(田块、农场、区域和国家)、时间规模(静态或动态)以及相关有效的模型数据库。事实上模型的选择与构建务必依实际情况、具体要求和研究目标来确定。

土壤环境容量不仅能指示生态系统污染物的含量,预防污染物的人为输入,同时也具有指示生态系统潜在风险的作用,可用于制定土壤环境质量标准,区域性污灌水质标准,控制污染物排放总量,指示和评价土壤污染风险以及指导场地管理等。中国"七五"期间将土壤环境容量研究列入了国家科技攻关项目,在此基础上制订了土壤镉、汞、砷、铅、铬和铜标准。表2-6-1是中国不同区域有关重金属的土壤环境容量,它受到多种因素的影响,土壤性质、指示物的差异、污染历程、环境因素、化合物的类型与形态是容量研究中已知的重要影响因素(陈怀满等,1992b,1996,2002;郑春荣等,1995),它们在土壤污染物临界含量的确定中均应予以考虑。但目前土壤环境容量研究的基础仍然建立在黑箱理论上,仅考虑输入和输出而不涉及所发生的过程,而这些过程却是影响土壤环境容量的重要因素。

表 2-6-1 中国不同区域 As、Cd、Cu、Pb 的土壤环境容量(动容量,据夏增绿,1992)

元素	区域	计算年限	容量值/(克/公顷·年)	土壤
As	Ⅲ	100	337~450	灰钙土、栗钙土、棕钙土
		50	394~844	
	Ⅱ	100	450~675	棕壤、褐棕壤、黑垆土、暗棕壤、黑土、黑钙土
		50	844~1237	
	Ⅰ	100	675~787	砖红壤、赤红壤、红壤、黄壤
		50	1237~1462	
Cd	Ⅰ	100	9.0~23	砖红壤、赤红壤、红壤、黄壤、黄棕壤
		50	15~37	
	Ⅱ、Ⅲ	100	23~37	黑土、棕壤、褐土、灰钙土
		50	37~73	

元素	区域	计算年限	容量值/(克/公顷·年)	土壤
Cu	Ⅰ	100	562~1687	砖红壤、赤红壤、红壤、黄壤
		50	1237~2925	
	Ⅱ、Ⅲ	100	1687~2812	棕壤、褐壤、黑垆土、灰钙土、栗钙土、棕钙土
		50	2925~5062	
	Ⅱ	100	2812~3937	暗棕壤、黑土、黑钙土
		50	5062~6750	
Pb	Ⅰ、Ⅱ、Ⅲ	100	4500~6750	砖红壤、赤红壤、红壤、黄壤、褐土、黑垆土、灰钙土
		50	8775~13050	
	Ⅰ、Ⅱ	100	6750~10125	黑土、暗棕壤、棕壤、黑钙土、黄棕壤
		50	13050~20025	

注:Ⅰ为富铝质土区;Ⅱ为硅铝质土区;Ⅲ为干旱土区

夏家淇(1996)根据中国土壤元素背景值和土壤容量的研究结果,结合国际上的有关资料,制定了中国第1个土壤环境质量标准,其中包括Cd、Hg、As、Cu、Pb、Cr、Zn、Ni等8个重金属元素和六六六、DDT等2种有机化合物。数年来的实践表明,如何在轨迹标准指导下根据不同类型的土壤和当地社会、经济等实际情况,从保护和有效地利用土壤资源出发,制定适宜的地方性土壤环境质量标准成为当务之急。

四、污染物在土壤中迁移转化过程与机理研究

重金属的迁移和转化 重金属元素在土壤中的迁移转化是重金属对土壤环境造成污染的必要途径,认识和研究土壤中重金属污染的行为是保护土壤环境可持续发展的主要课题之一。近年来,核磁共振、等离子质谱等现代分析技术的运用,土壤重金属形态及行为的研究得到了快速发展。重金属在物理、化学、生物作用下,经过吸附解吸、溶解沉淀、氧化还原、络合、质子化等生物地球化学行为,在土壤内部及其环境之间发生迁移转化。研究表明,土壤中重金属对食物链和水体的污染都与重金属在土壤中的形态有关,不同形态的重金属被释放的难易程度不同,其在土壤中的迁移难易程度差异也较大。可交换态的重金属在中性条件下最为活跃,易被释放,也容易发生反应转化为其他形态;而残渣态的重金属与沉积物结合最牢固,活性最小,只能通过漫长的风化过程释放。有研究表明,一般情况下在旱作农田中,重金属向下迁移的深度大约在20厘米~60厘米,在成熟度高、分层性好、地表有机质与重金属含量相对丰富的土壤中,重金属能迁移至地表下60厘米~100厘米处(周国华等,2005)。

有机污染物的迁移和转化 多氯联苯(PCBs)、多环芳烃(PAHs)和多氯代二噁英(PCDD/PCDFs)等难降解有机污染是近年来最引人关注的几种典型污染物,其在土壤环境中的迁移转化是研究的热点。土壤是PCBs在环境中的重要归宿,研究发现残留于环境中的PCBs其中93.1%都留存在土壤中。土壤中的PCBs很难随滤过的水渗漏出来,特别是在含粘土高的土壤中,有研究表明PCBs在土壤中的迁移性很弱,并且随着土壤深度的增加PCBs含量迅速降低(储少岗等,1995)。PAHs在土壤中可以被土壤吸附、迁移以及被微生物所降解。PAHs进入土壤后,根据土壤的水文特征可由液态迁移引发下层土壤污染和溶进地下水,有研究表明PAHs的垂直分布特征为距土壤

表面 15 厘米以上浓度最大,20 厘米以下浓度较小(郝蓉等,2004)。PCDD/PCDFs 进入土壤后可通过微生物分解、光降解、挥发、作物蒸腾作用、淋溶等途径损失降解。有研究表明 PCDD/PCDFs 最初的移动取决于载体溶剂的体积及其粘性、土壤的孔隙度、PCDD/PCDFs 在载体与土壤间的分配系数。有学者在研究被木材防腐油污染的土壤中发现 PCDD/PCDFs 可能存在于油相饱和的地下土层,在没有油相的地方,PCDD/PCDFs 很易分布在土壤表面,而且不能被水溶液浸出。

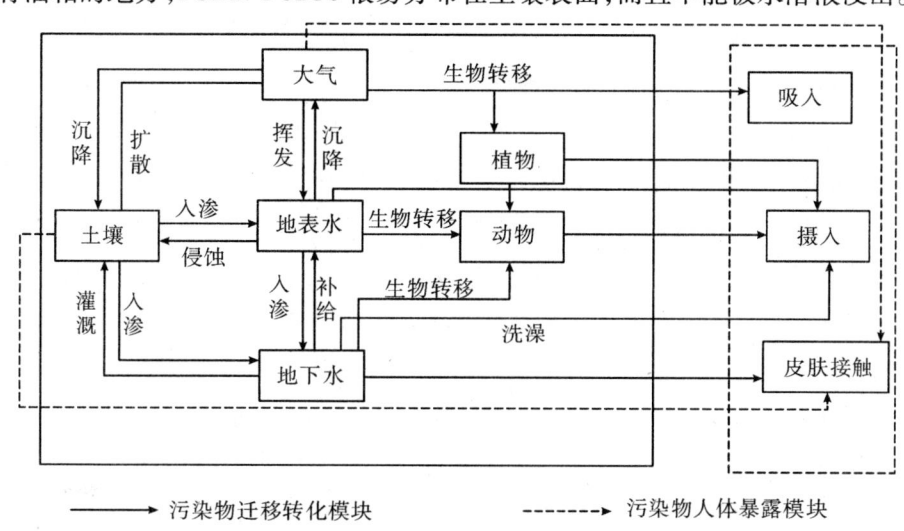

图 2-6-5　土壤污染迁移转化途径(据陈华等,2006)

污染物在城市大气—土壤、水体—土壤体系内的迁移转化研究是当前城市土壤污染研究的重点问题之一。在城市这样一个复杂的环境巨系统内部,大量的自然或人为污染物可能会通过大气干湿沉降而直接纳入城市土壤中;同时,城市土壤等下垫面介质中的污染物又会通过渗滤和扬尘把一部分污染物带回水体和大气,形成大气—壤,水体—土壤的污染物质迁移、转化系统。庄树宏等对烟台市区大气—土壤系统中的重金属污染进行了研究,发现大气重金属污染对植物叶片中重金属污染状况的影响贡献较大,超过了土壤对其的影响。相关学者研究了邢台市近 10 年来环境灰尘、土壤、地面水、地下水、大气及部分作物的铅污染和累积状况,并分析了产生原因及影响。有学者对湖南株洲的水体—土壤—大气—植被系统进行重金属污染物的迁移转化研究;研究了乌克兰 23 个城市中土壤酸溶解性的锰、锌、铜、铅含量与这些重金属在气溶胶中多年平均含量之间的依赖关系。城市中大气悬浮颗粒物与城市表土的关系密切,揭示了悬浮颗粒物是城市土壤污染物质的重要来源之一。对兰州市烟尘、地面灰尘及城市土壤中金属元素之间的相关关系进行研究时发现,烟尘中,除常量元素 Fe、Mn 之外,其余元素含量都高出土壤中几倍、几十倍,尤其是 Se、Hg、Sb、Cd、Pb 等。可见烟尘是兰州城市土壤中主要污染因子。由于城市土壤直接接触浅层地下水,污染物和富集的养分元素也构成了对地下水水质的威胁。已有研究发现,南京城市区域地下水中氮、磷和重金属等均存在不同程度的超标,可能与城市土壤中氮、磷和重金属含量较高有关。

五、土壤污染对人体健康和生态系统的效应研究

土壤处于大气圈、岩石圈、水圈和生物圈之间的过渡地带,是联系有机界和无机界的中心环节。随着经济快速发展和人类活动加剧,土壤污染日益严重,受污染的土壤系统会向环境输出物质和能量,引起大气和水体的二次污染,同时污染物质影响农作物的产量和品质,并通过食物链、饮水、呼吸或直接接触等多种途径危害动物和人类的身体健康。

土壤污染对人体健康的影响 目前,土壤污染对人体健康的影响已受到越来越多的关注。土壤中污染物主要是通过食物链富集、饮水、呼吸或直接接触等途径危害人类的身体健康,其中食物链是最重要的影响途径。当前中国很多菜地土壤已受到了不同程度的重金属污染,蔬菜中重金属含量普遍超标,给人体健康带来了极大的威胁。研究表明,Pb、Cd、Zn 等重金属进入人体后会损坏内脏器官,干扰正常代谢,并使细胞组织发生癌变或突变。同时,进入土壤的持久性有机污染物随着食物链进入人体,在人体内脏器官中富集,干扰机体内分泌系统的功能,导致人体的内分泌系统、免疫系统、神经系统等出现异常,产生各种毒效应。

土壤污染对生态安全的影响 土壤污染对生态系统的影响主要表现在土壤中的污染物可以通过径流和淋洗作用进入水体,污染地表水和地下水,或者是在风的作用下以扬尘进入大气环境。据报道,全世界施用于土壤的肥料的 30%~50% 会经淋溶作用进入地下水中,使地下水受到硝酸态氮的污染;部分有机污染物和 Hg 等则多以气态或甲基化形式挥发进入大气环境,通过核探针研究大气颗粒物的指纹特征,表明上海市大气颗粒物中大约有 31% 来自土壤扬尘(仇志军等,2001)。其次,土壤中的污染物会影响土壤微生物的生长繁殖以及新陈代谢过程(陈中云等,2004),导致土壤微生物群落、土壤酶活性、土壤代谢和生化过程等正常生理生态功能失调,农作物产量和品质下降(陆引罡等,2001)。污染土壤的最直接受害体是农作物,当污染土壤中的污染物浓度超过一定量时,农作物就会产生一定的反应。土壤污染的危害分为 2 种情况(张丛等,2000):一是可食部分有毒物的积累量尚处在食品卫生标准允许限量以下时,农作物的主要表现是减产或品质降低。例如,土壤中含汞达到 1.5 毫克/千克以上时,稻米生长会出现抑制;土壤中砷酸钠浓度大于 8 毫克/千克时水稻生长开始受到抑制,浓度为 40 毫克/千克时水稻减产 50%,浓度达到 160 毫克/千克时水稻已不能生长,以至枯黄死亡(张丛等,2000)。二是可食部分有毒物质积累量已超过允许限量,但农作物的产量却没有明显下降或不受影响,即进入土壤中的污染物浓度超过了作物需要,但未表现出受害症状或影响作物生长,但产品中的某种污染物含量超标。据南京环境保护所报道,南京市的市售蔬菜几乎都受到一定程度的硝酸盐污染;北京、上海等大中城市蔬菜的硝酸盐超标现象也十分严重。进入土壤环境的污染物对水环境的危害主要体现在 2 方面:一是表层污染物通过降水过程随雨水汇入地表水体;二是土壤中的污染物通过迁移、扩散、转化等过程进入地下水体。当前,农田土壤污染是导致农产品品质不良的重要根源,赵其国认为"只有保证了'净土'、才能保证'洁食',才能保证人类生命的健康与安全,应该刻不容缓地对待和解决当前面临的土壤与环境污染问题。"

六、中国土壤环境质量评价研究

土壤环境质量评价是按照一定的目的和方法,对一定区域范围内的土壤环境的优劣程度进行定性和定量评定的过程,是单要素环境质量评价的一种,区域环境质量综合评价的重要组成部分。按照评价目的可分为土壤环境质量现状评价、影响评价和回顾评价。

土壤评价历史悠久,早在 2000 多年前中国战国时代著作《周礼·地官·司徒》就曾对土壤质量作过分类。但过去对土壤质量评价主要是着眼于土壤肥力和生产性能问题。直到 20 世纪 50 年代随着环境污染问题的出现,人们才开始对人为污染问题进行定性评价,到 70 年代进入定量评价。近年来,国内外学者对土壤环境质量及其指标体系进行了较多的研究,极大地丰富了土壤环境质量评价的内容。目前,国内土壤环境质量评价的研究主要集中在单因子局部地区的应用技术研究上,水质、大气、土壤、生物各种环境要素和人类活动及评价模式等基本要素在区域土壤中的综合影响的研究还很薄弱。

1. 土壤环境质量评价指标体系

目前,中国农产品产地土壤环境质量标准主要包括国家标准《土壤环境质量标准》(GB 15618-1995)、《农产品安全质量蔬菜产地环境要求》(GB/T 18407.1-2001)、《绿色食品产地环境质量标准》(行业标准 NY/T 391-2000)、《食用农产品产地环境质量评价标准》(HJ/T 332-2006)和《无公害食品蔬菜产地环境条件》(NY5010-2002)以及地方标准和企业标准。GB15618-1995 发布的时间较早,其后发布的有关土壤环境质量标准中的评价指标及参数大部分是参考该标准而制定的。GB15618-1995 按土壤应用功能和保护目标将土壤环境质量分为 3 类,规定了三级土壤环境质量的限制值标准,一级标准是保护区域自然生态,维持自然背景的土壤环境质量的限制值;二级标准是保障农业生产,维护人体健康的土壤限制值;三级标准是保障农林生产和植物正常生长的土壤临界值。《绿色食品产地环境质量标准》(NY/T 391-2000)规定了绿色食品产地土壤环境质量的各项指标及浓度限值、监测和评价方法,适用于绿色食品(AA 级和 A 级)生产的农田、蔬菜地、果园、茶园等地,同时该标准还提出了绿色食品产地土壤肥力分级,供评价和改进土壤肥力状况时参考。学者们根据不同的标准评价农产品产地土壤环境质量状况、划分不同产地类型。刘庆等(2007)采用 GB15618-1995 土壤环境质量的一级和二级标准进行对比评价,得出部分区域重金属的含量超过一级标准,但是没有超过二级标准。马祥爱等(2009)采用 NY/T 391-2000 标准对太谷县蔬菜产地的环境质量进行调查,认为太谷县的蔬菜产地符合 A 级绿色食品的生产要求。郭跃品等(2007)采用 NY/T 391-2000 和 GB15618-1995 两个标准进行农产品产地土壤环境质量评价,结果表明,文昌区和琼海区大部分农田符合绿色食品产地环境要求。徐春霞等(2007)对秦皇岛市的蔬菜产地采用 GB15618-1995 进行了评价,认为秦皇岛市蔬菜产地土壤环境质量整体上符合中国无公害蔬菜产地环境质量要求。李晓秀等(2006)对北京地区基本农田的土壤环境质量和污染状况进行了系统的调研,并对采样区农田土壤的环境质量按照国家标准进行了单因子评价和综合评价。结果表明,重金属的污染程度依次为 Cd、Cu、As、Pb、Cr、Hg、Cd、Cu、As 高于北京市土壤重金属背景值,Pb、Cr 接近或略低于背景值,相比较而言,Cd 污染为北京市基本农田中的主要污染元素。土壤中的农药残留的主要成分为滴滴涕。只有 1 处农田的 Cd 含量超过了国家二级标准限量,其余指标均低于二级标准。许键等(2007)对贵州省余庆县太子参基地土壤中的重金属 Cd、As、Hg、Cu、Pb、Cr 的含量进行测定,采用单因子污染指数法和综合污染指数法进行评价。结果表明,土壤中 Cd、As、Hg、Cu、Pb、Cr 含量都较低,单因子污染指数和多因子污染指数值均小于 1.0,属于污染等级中的安全级。

评价指标体系是描述和评价农产品产地土壤环境质量的一系列参数的集合,其评价因子是根据土壤环境质量的评价要求,选择毒性大、作物易积累的元素作为评价指标。GB15618-1995 土壤环境质量标准的评价指标包括 pH、镉、汞、砷、铜、铅、铬、锌、镍、六六六、滴滴涕等 11 项指标,并分别按照划分的三级土壤质量级别规定了相应的参数标准值。NY/T 391-2000 标准将土壤按耕作方式的不同分为旱田和水田两大类,每类又根据土壤 pH 的高低分为 3 种情况,即 pH<6.5、pH=6.5~7.5、pH>7.5,规定的土壤污染物评价指标只包括 6 项,即镉、汞、砷、铅、铬、铜,相比 GB15618-1995 土壤环境质量标准少了对锌、镍、六六六、滴滴涕等污染物的限定,污染物的含量限度值一般小于 GB15618-1995 规定的相应参数值。农产品产地认证级别不同,采用的土壤环境质量评价指标准亦不同。林玉锁等（2003）选择了镉、汞、砷、铅、铬、六六六、滴滴涕七项指标评价徐州地区农产品产地土壤环境质量，结果表明土壤质量优良，符合无公害产地要求。刘苹等（2009）在青岛市花生产地采用GB15618-1995规定的指标评价，发现各种金属的平均含量均低于标准规定的限值，适于发展无公害产品。许端阳等（2006）认为土壤环境质量评价中除了土壤污染物因子外，还应该考虑土地条件和土地利用方式，在具体评价中既要考虑主要的因子还要考虑一些次要的因子，因为有些次要因子可能在具体的评价中起到重要作用。

2. 评价指标权重确定方法

由于不同的指标对农产品产地土壤环境质量的影响程度是不同的，所以对不同的产地类型进行土壤环境质量评价时，需要对评价指标体系中的不同因子赋予不同权重来综合衡量产地土壤环境质量的状况。确定权重系数的方法很多，主要有德尔菲法、因子分析法、相关系数法、层次分析法、超标倍数赋值法等。在农产品产地土壤环境质量评价中，层次分析法和超标倍数赋值法是最常用的方法。

层次分析法 层次分析法是美国皮茨堡大学运筹学家萨蒂（T. Saaty）于20世纪70年代提出的，简称AHP法。AHP中的任意层次上各因子两两比较，并赋予相应的值（由专家打分确定），以此构造判断矩阵，然后计算矩阵的最大特征值来进行一致性检验。若检验结果满意，则需要重新确定判断矩阵，直到满意为止，最后求解矩阵得出权重。农产品产地土壤环境质量评价包含的因子较多，它们属于不同类型，但又共同决定土壤环境质量。因此，层次分析方法的分层赋权在不同产地的土壤环境质量评价中得到广泛的运用。王凤春等（2008）在绿色食品产地发展潜力评价中，对土壤重金属因子和土壤肥力因子采用层次分析方法赋权。高晓晶等（2007）采用层次分析方法和模糊数学结合的方法，分析房山区发展绿色食品的可能性。

超标倍数赋值法 超标倍数赋值法是一种反映土壤各种重金属元素相对含量大小的超标倍数赋权法，该方法在一定程度上可以反映污染超标的轻重对因子权重的影响。超标倍数赋值法是一种客观反映重金属污染程度的方法，在综合评价中，各个评价指标对评价对象的作用不同，对评价目标的重要程度不同，应该赋予不同权重，权重系数反映各因子对总评价的影响程度。舒英格等（2007）在乌当区金华镇土壤环境质量评价中运用此方法确定权重，认为这种方法能够反映污染超标的轻重对因子权重的影响。初玲玲等（2008）认为土壤环境质量评价中各单项指标对环境综合体的贡献存在差异，采用超标倍数赋值法能够反映各种重金属相对含量大小。李雪梅等（2005）利用基于改进AHP法确定权重的加权平均评价方法对天津郊区菜田土壤受重金属污染现状进行了评价，结果发现宁河、静海、宝坻、蓟县和武青菜田土壤的重金属污染均为2级，属于尚清洁水平，东丽、西青和津南菜田土壤的重金属污染均为3级，属于轻度污染水平，北辰菜田土壤的重金属污染为4级，属于中度污染水平。

3. 农产品产地土壤环境质量评价方法

评价产地土壤环境质量的方法从广义上可分为定性和定量2种。土壤环境质量的定性评价方法比较直观，通过视觉、触觉和嗅觉进行简单的评价（王博文等，2006）。随着信息技术的发展，土壤环境质量的评价越来越依赖于定量的方法。定量方法是利用各种数学方法，根据量化的土壤污染物属性计算出土壤环境质量的"分数"，来判别环境质量的优劣（张华等，2009）。

（1）传统方法

传统的农产品产地土壤环境质量评价方法是通过野外布点采样，检测各个评价因子的含量，利用单项污染指数和综合污染指数来计算各个因素的污染值,将检测结果与评价标准比较来查看其污染等级,最后计算达到标准的样本点所占比例来确定研究区域的土壤环境质量状况。这种方法的优点是计算简单,缺点是单个样点评价能够客观地反映离散样本点的级别,但无法体现面元的状况,容易导致以偏概全,局部污染而全局遭殃的可能(周脚根等,2009)。传统的土壤环境质量评价方法主要基于数量统计方法,包括指数法和模糊综合评价方法等。

  指数法 土壤重金属污染评价中有单项污染指数法和综合污染指数法。单项污染指数法主要突出单个因子的污染物程度,仅适用于单一因子污染特定区域的评价。土壤污染经常是多个因素复合污染造成的,使用单因子评价不能反映整体的污染情况。综合污染指数又称内罗梅污染指数法,能够综合反映污染物状况,综合污染评价采用兼顾了多种污染物的水平和某一种污染物的严重污染程度。指数法是目前各种类型产地认证和产地土壤环境质量评价最常用的方法。吕跃明等(2005)采用指数法评价法分析庆元县蜜橘产地环境质量,认为产地环境质量符合 NY/T391-2000 要求,适宜开发 A 级绿色食品。臧春明等(2008)对葫芦岛市进行了农产品产地环境质量评价,表明各单项污染指数均低于绿色食品生态环境质量标准和无公害食品生态环境质量标准,可以作为绿色食品和无公害农产品生产基地。孙丙寅等(2006)采用 NY5010-2002 标准,利用指数法对凤县平木镇无公害蔬菜产地进行土壤环境质量评价,结果表明土壤环境质量达到"安全级别",符合国家规定的无公害蔬菜产地环境质量要求。黄绍文等(2007)采用土壤重金属单项污染指数和综合污染指数方法,对农田不同利用方式下北京、天津、河北和山东 4 个试区土壤重金属状况进行评价。天津试区 3 种利用方式农田土壤重金属 Cu、Zn、Cd、Pb 和 As 含量均明显高于河北、山东和北京 3 个试区,4 个试区露地菜田和大棚菜田土壤重金属 Cu、Zn、Cd 和 Pb 含量均有较粮田高的趋势。总体上天津和河北 2 试区露地菜田和大棚菜田、山东试区大棚菜田土壤处于重金属轻污染状况,北京试区 3 种利用方式农田、天津和河北 2 个试区粮田土壤处于重金属污染警戒级,山东试区露地菜田和粮田土壤居重金属安全级。徐云霞等(2008)利用内梅罗指数和潜在生态风险指数法对四川省内江市双桥乡土壤环境质量进行评价,并结合 GIS 空间技术分析各重金属元素及综合污染等级分布。结果表明,该区主要为内梅罗污染指数评价轻度污染区域和潜在生态评价轻度危害区域。吴霖等(2008)为研究安徽东至香隅化工园区域土壤重金属累积程度及其环境影响,在此区域采集 5 个表层土壤样本,分析测定了重金属 Cd、Pb、Cr 的含量,并用单因子指数法和潜在生态危害指数法进行了环境质量评价。结果表明,Cr 含量超出背景值达 10 倍,富集程度高,但潜在生态危害指数较小;Cd 的含量高出背景值 2 倍~3 倍,富集程度低,但潜在生态危害指数最高;Pb 也存在不同程度的污染。刘庆等(2009)对山东省蔬菜种植基地寿光市土壤环境质量进行调查,并利用单因子指数法和内梅罗指数法对表层土壤中的重金属含量进行单因子评价与综合评价,最后根据综合评价结果,利用 Arcgis 的地统计分析模块作图。结果表明,寿光市表层土壤中重金属含量的变异系数除汞元素达到中等变异外,其余 7 种元素的变异系数均较小,8 种重金属元素的含量均不符合标准的正态分布;土壤环境质量的内梅罗指数计算结果为 0.35~1.33,平均值为 0.94。寿光市表层土壤约有 97.7% 的样点属于清洁或尚清洁的水平,仅有 2.3% 的样点处于轻度污染的级别。路婕等(2011)从耕地生态管护的角度出发,探讨了如何实现土壤环境质量评价与农用地分等成果的融合;基于土壤环境质量评价和农用地分等的理论和方法,提出了耕地综合质量评估技术,即在农用地分等所建立的等级体系基础上,引入土壤环境质量评价系数概念,进一步利用该系数对农用地利用等指数进行修订,得到耕地综合评价指数,并以河南省洛阳市为例作了实证研究。

模糊综合评价法　模糊综合评价法来源于模糊数学，主要特点是用数学方法研究和处理"模糊性"现象。由于土壤环境质量的好坏和评定等级划分的界限是模糊的，没有一个确定的等级边界。因此，若用模糊集理论中的贴近度和隶属函数概念来表征土壤环境质量，可消除土壤环境质量分级中的人为因素，客观合理地确定土壤环境质量水平分级（刘志斌，2003）。彭再德（1993）应用模糊综合评判法评价土壤中重金属的污染，较好地克服了指数法需要明确界限的不足。杨光丽等（2008）认为采用模糊综合评价法评价土壤环境质量，可有效地克服土壤污染状况的渐变性和模糊性。谢锋（2005）运用模糊评价法对贵州省遵义市郊菜区土壤重金属进行了评价，发现应用模糊评价的结果与内梅罗综合污染指数评价的结果一致，而且方法直观性更强。岳子明等（2007）采用模糊综合评价方法对土壤重金属污染状况进行评价，结果表明土壤质量属于清洁水平，可以考虑发展绿色食品。模糊数学理论的模糊综合评价对土壤环境质量评价，既有充分理论依据，又极具客观性和合理性，可最大限度地避免主观人为的误差，较全面、真实地反映出土壤环境质量状况。刘宝庆等（2011）通过对南宁市区46个监测点土壤重金属（Cu、Pb、Zn、Ni、Cr、Cd、As）含量的调查与分析，采用模糊综合评判方法对土壤重金属污染状况进行评价。结果表明，南宁市土壤重金属元素，除Cr、Cu、Zn属清洁水平或尚清洁水平以外，其余4种均造成了不同程度的污染；在南宁市土壤的46个样点中有20个样点达到轻污染的程度，占总数的43.48%，这说明南宁市土壤已经受到了重金属的污染。

总之，指数法评价的特点是在评价中只需要评价标准，不需要确定权重；模糊数学不仅需要评价标准，还需要确定每种重金属的权重和污染等级。指数法是一种点源的评价方法，它能够获取单个重金属对土壤的污染状况，但不能了解到多种重金属对土壤的综合污染状况；而模糊数学方法是一种综合评价，它通过给每一种重金属赋予权重，然后通过对每种重金属元素求隶属度，最终以加权平均的方法来求得重金属对土壤的综合污染情况。

（2）基于GIS的方法

地理信息系统（GIS）是在计算机软硬件支持下，把各种地理信息按照空间分布及属性，以一定的格式输入、存储、检索、更新、显示、制图、综合分析和应用的技术系统。GIS的技术优势在于它的数据综合、模拟与分析评价能力，可以得到常规方法或普通信息系统难以得到的重要信息，实现地理空间过程演化的模拟和预测。随着GIS技术的发展，特别是GIS与地统计学的结合，开创了土壤环境质量评价的新局面。基于GIS的土壤环境质量评价采用GIS的空间插值方法，结合GIS技术实现从重金属含量的点状数据到面源分布信息的获取和表达。其评价方法一般也是通过野外布点采样，检测各个因子的含量，之后对采样点数据进行空间插值获得评价指标的空间分布；然后对插值结果进行单项污染指数和综合污染指数计算；最后按标准临界值划分污染等级，获得研究区域土壤环境污染等级的空间分布图。基于GIS的土壤环境质量评价方法很好解决了传统单点评价的不足，其将GIS的空间分析功能和地统计分析功能相结合，将地统计学中变异估计引入农产品产地土壤环境质量评价中，通过克里格插值识别数据的全局性，建立半变异函数，得出农产品产地土壤环境质量状态分布趋势图（张展羽等，2002），利用空间变异函数分析不同土壤重金属指标的空间变异趋势。通过向ARCGIS软件输入采样点、采样边界的点位坐标和采样点的污染状况，通过插值反映区域污染物的分布状况和单个污染物的污染程度，体现该区域的污染状况（徐燕等，2008）。因此，如何运用离散的点数据准确描述土壤重金属含量的空间分布就成为土壤重金属污染评价研究的新问题。尹君（2001）引用GIS技术进行绿色食品基地土壤环境质量评价，认为该方法能够提高评价效率,而且评价效果更直观。毕雪梅(2005)认为土壤环境质量评价中以若干个监测点的评价代替整个研究区域的评价,无法从整体上了解研究区内环境质量状态分布情况。

采用 GIS 技术与模糊数学结合的方法在土壤环境质量评价中评价结果可行,评价结果符合实际。GIS 能够将污染数据和空间位置结合在一起,而模糊数学在产地环境质量的不确定性中具有优势,充分结合这两者能够反映土壤环境的整体状况,使提供的各个污染级别更直观形象,评价效率更高。臧淑英(2006)利用 ARCGIS 的地统计学拟合变异函数模型,分析各个监测点的空间关系,采用克里格插值对绿色食品产地土壤重金属的分布态势进行模拟研究,预测研究区域内的未知点的污染浓度,从而获得绿色食品产地的土壤重金属污染的空间分布。

七、中国土壤污染风险评价研究

国际上土壤污染风险评价始于 20 世纪 70 年代末期的美国超级基金项目,该项目采用风险评价作为重要的政策工具,用于决定污染土地可能带给当地居民健康危害的风险,以风险评价为基础探讨修复技术的筛选以及污染土地修复(整治)目标。随后,荷兰、澳大利亚、加拿大、英国等先后制定了风险评价准则、草案及相关的政策法规(朱成,2008;董志贵,2008;王建刚,2002)。

中国对于土壤污染风险评价的研究起步相对较晚。20 世纪 90 年代起,部分学者开展了香港、南京、广州、北京等城市的重金属含量和化学形态测定,主要研究集中在城郊蔬菜地和郊区土壤重金属污染调查方面。自 90 年代至 21 世纪初期,国内的土壤污染风险评价研究大多涉及在城市水、大气环境风险、水域生态风险等领域的分析和评价(朱成,2008)。如曾光明等(1997,1998)探讨了水环境健康风险评价模型及应用;仇付国等(2003)研究了多种途径污水利用的健康风险;高继军等(2004)对北京市饮用水源水中的重金属污染物进行了健康风险评价;钱家忠等(2001)评价了城市供水水源地的水质健康风险;刘文新等(1997,1999)则利用地积累指数法、潜在生态危害指数法、多变量脸谱图法等评估方法对水域生态风险进行了评估;杨晓松(2000,1998)对区域环境风险评价方法进行了探讨;周启星等(1998)则对中国开展风险评价从不同角度进行了探讨,并建立了评价方法与程序;安凤春等(1994)运用土壤柱法和土壤薄层层析法研究了灭幼脲、单甲脒盐酸盐、涕灭威等针对淋溶行为评价了解对地下水的污染程度。这些可以看作是中国土壤污染风险评价的初级阶段,主要污染源多为重金属及类金属(As)等无机污染物,主要研究多集中在小范围的土壤和农产品污染问题(如一块农田、绿色食品生产基底和污水灌溉区等)。

进入 21 世纪以来,中国土壤污染风险评价研究进入了快速发展时期,有机污染土壤特别是石油类污染场地越来越受人们的关注,同时,针对省级单元或全国性大范围土壤和农产品重金属污染现状及其危害的调查评价方法也被列入研究进程。郑袁明、陈同斌等(2004)以北京市为例在国内率先开展了省级单元的大规模区域土壤环境质量评价与污染风险研究,从 1999 年开始先后在北京地区采集了 1500 多个土壤和蔬菜样品,完成了 1 万余样次的重金属(As、Cd、Cr、Cu、Hg、Ni、Pb、Zn 等)的分析测定,取得大量的科学数据和重要的理论、技术进展。曹云者等(2007)分析了国际上石油烃污染场地环境管理方法的特点和发展趋势,并结合中国的实际情况,提出了在中国建立基于风险的石油烃污染场地环境管理模式的对策建议。赵沁娜等(2009)以某区域土地置换开发为案例,结合区域未来土地利用类型,采用健康风险评价模型对土壤多环芳烃(PAHs)污染可能给未来入住人群带来的健康风险进行了评价。何巧力等(2007)利用 ISO 推介的标准试验方法研究了蚯蚓回避行为试验在萘污染土壤生态风险评价中的应用。中国学者对重金属与持久性污染物

(POPs)的土壤均开展了相关的风险评价研究。在土壤重金属污染方面,方晓明等(2005)采用瑞典科学家Hakanson提出的潜在生态风险指数法分别对沈阳市丁香地区和长春市区重金属污染土壤潜在的风险进行了评价;黄泽春等(2006)对北京市菜地土壤和蔬菜的锌含量及其健康风险进行了评估;赵肖等(2004)评估了因污水灌溉引起的土壤As污染暴露风险;任慧敏等(2004)评估了沈阳市土壤Pb污染所致儿童Pb中毒的潜在风险;浙江大学土水资源与环境研究所孙叶芳等(2005)利用TCLP法评价矿区土壤重金属的生态风险。郭淼等(2005)估算了天津地区人群对六六六的暴露剂量。

在污染土壤生态风险评价方面,中国学者也开展了研究,但主要集中在土壤中重金属污染风险评价,采用的主要方法有概念模型法、数学模型法、生态风险指数法、形态分析法、生物评价法等(许杰等,2007)。其中,风险指数法是国际上众多科学家从沉积学角度提出的多种重金属污染评价方法,主要有潜在生态风险指数法、地质累积指数法、污染指数法、回归过量分析法等。虽然这些方法大多用于沉积物污染评价,但用于土壤重金属评价的实例也逐年增多。宣昊等(2005)在地球化学基线的基础上利用潜在生态风险评价方法对江西德兴铜矿周围土壤中7种重金属进行了评价,将研究区划分为轻微生态风险区、中等生态风险区和强生态风险区。滕彦国等(2002)应用地质积累指数法对攀枝花地区昔格达组黏土的重金属污染进行了评价,提出应选择与该沉积物有直接联系的地球化学背景,由此分析污染状况才更真实;赵沁娜等(2005)以上海为例对典型污染行业土壤的物理性质、pH以及重金属污染进行了调查分析,并采用Hakanson的潜在生态危害指数法对土壤重金属污染进行了潜在生态风险研究的结果表明,典型污染行业土壤总体上受到了原有生产过程排污的影响,重金属污染主要集中于印染、电池制造、电镀、发电厂以及石油加工等企业;产生潜在生态危害的主要是重金属汞、镉,而铅、铬、锌、镍、砷等重金属多属于轻微危害水平。李章平等(2006)采用Hakanson潜在生态危害指数法研究了重庆市主城区不同功能区土壤As、Cd、Cr、Cu、Hg、Ni、Ph、Zn等8种重金属的污染特征。郭平等(2005)以长春市区土壤为对象,采用Hakanson提出的潜在生态危害指数法对土壤中重金属的潜在生态危害进行了评价,结果表明,长春市土壤达到轻微生态危害,且铅、铜和锌对土壤生态危害达到轻微生态危害;不同功能区达到生态危害程度的顺序依次是公园>郊区耕地>工业区>住宅区>开发区。兰天水等(2003)以319国道龙岩市新罗区路段为研究区,对耕作土采样,用原子吸收光谱法和分光光度法分析土壤中重金属Cd、Pb、Cu、Zn和Cr含量,并与对照区比较,同时采用Lars Hakanson指数法评价重金属的潜在生态危害。而林健等(2001)则以319国道龙岩市新罗区路段为例,应用积累指数法对公路环境土壤介质中重金属(Cu、Zn、Cd、Pb、As、Cr、Ni、Fe、Mn)污染叠加进行评价。郭晓君(2010)对太原市污灌区污水灌溉及土壤污染现状进行了调查,利用GPS定位技术及网格布点法采集表层土样150个和分层土样60个,采用国家标准方法测定了土壤Pb、Zn、Cu、Mn、Ni、Cr、As、Hg和Cd共9种重金属的含量。根据测定结果,分析了表层土壤和分层土壤重金属含量的分布规律,评价了土壤重金属污染程度及潜在生态风险程度,并利用ARCGIS技术绘制重金属分级含量图。姜菲菲等(2011)为全面了解北京市农业土壤中重金属污染环境风险等级及空间分布特征,采用Hakanson潜在生态危害指数法对1018个采样点的Cr、Ni、Cu、Zn、As、Cd、Pb、Hg等8种重金属进行污染的潜在生态风险评价,并运用指示克里格方法绘制污染风险概率分布图,对整个北京市农业土壤重金属污染风险的空间分布特征进行分析。由中国科学院、中国农业科学院、中国环境科学研究院和澳大利亚联邦科学与工业研究组织的专家团队共同参与的"亚洲金属"重点研究项目于2010年6

月完成。项目采集中国17种类别的土壤进行试验,研发出一套土壤中铜和镍的风险评价方法,获得了真正基于中国土壤环境特征的科研数据。亚洲金属"作为一项土壤环境研究项目,率先提出环境风险评价的概念,风险评价中不仅包括不同灵敏性的植物品种,还包括国际上标准的微生物毒性的测试方法;得出铜和镍对植物和土壤微生物的毒性预测的经验模型,从而建立土壤生态系统的预测动态模型,为中国的土壤环境质量风险评价提供系统的、科学的依据;不仅对旱地土壤,还对水田土壤进行了深入研究,在中国相关研究领域内尚属首次。

污染土壤风险评价在中国取得了一定进展,主要体现在评估方法、评估基准、具体评估工作等方面。例如,原国家环境保护总局(1999)制定了《工业企业土壤环境质量风险评价基准》,旨在保护那些在工业企业中工作或在附近生活的人群以及保证工业企业辖区内的土壤和地下水的质量,对工业企业生产活动造成的土壤污染危害进行风险评估。北京市环境保护科学研究院姜林和王岩在参考了大量国内外有关场地评价实践中积累的经验于2004年编著出版了《场地环境评价指南》,重在对工矿企业造成的土壤污染进行健康风险评价,为场地交易提供了决策依据。胡二邦等(2000)在《环境风险评价实用技术和方法》中较详细地介绍了土壤健康风险评估的技术与方法。马宝艳(2005)论述了风险评估的理论、方法,并评估了Pb的暴露风险。清华大学开展了"受污染场地环境风险评价与修复技术规范研究",在污染场地监测、风险评价、修复等关键技术方面取得了重要成果,首次在构建污染场地风险评价与修复技术体系方面展开了研究,研究成果为场地环境风险管理和场地功能恢复决策的规范化和标准化提供了支撑。清华大学陈华等(2006)采用多介质暴露模型(MMSOILS),选择最不利的场地条件计算最大的环境风险,评价污染物风险水平,利用线性回归建立了污染物的土壤浓度值与健康风险值的量化关系。2007年国家环境保护总局和国家质量监督检验检疫总局制定了《展览会用地土壤环境质量评价标准》,为城市土壤污染风险评价提供了一个参考标准。

八、中国污染土壤修复研究

1. 污染土壤修复研究发展状况

污染土壤修复技术的研究起步于20世纪70年代后期。在过去的30年期间,欧、美、日、澳等国家纷纷制定了土壤修复计划,并投入巨资用于土壤修复技术的拓展以及相关设备的研发,开展土壤污染状况调查、土壤污染档案、污染场地土壤修复技术等相关研究,积累了丰富的现场修复技术与工程应用经验,成立了许多土壤修复公司和网络组织,使土壤修复技术得到了快速的发展。目前,植物修复研究已成为国际研究热点,在美国已经出现一大批研究和推广植物修复技术的公司,其中部分公司股票已经上市。污染土壤修复的理论与技术已成为当前整个环境科学与技术研究的前沿。

中国的污染土壤修复技术研究起步较晚,在"十五"期间才得到重视,列入了高技术研究规划发展计划,其研发水平和应用经验都与美、英、德、荷等发达国家存在相当大的差距。近年来,为了顺应土壤环境保护的现实需求和土壤环境科学技术的发展需求,科学技术部、国家自然科学基金委、中国科学院、环境保护部等部门有计划地部署了一些土壤修复研究项目和专题,有力地促进和带动了全国范围的土壤污染控制与修复科学技术的研究与发展工作。期间,以土壤修复为主题的国内一系列学术性活动也为我国污染土壤修复技术的研究和发展起到了很好的引领性和推动性作用。土壤修复理论与技术已成为土壤科学、环境科学以及地表过程研究的新内容。土壤修复学已经成为一门新兴的环境科学分支学科,修复土壤学也将发展成为一门新兴的土壤科学分支学科。

"十五"以来,在国家"863"计划项目的资助下,在砷、铜、锌等重金属污染土壤的植物修复技术已经取得了不少研究成果,形成了具有自主知识产权的植物修复技术。中国在 POPs 污染土壤的植物修复和微生物—植物联合修复技术方面也进行了研究。在表面活性剂增强微生物降解有机污染物研究方面,主要集中在溶液体系中表面活性降解有机污染物的作用和机理上。早在20世纪90年代,中国针对石油污染物生物修复技术开展了大量研究工作,包括降解微生物的筛选、降解微生物的活性监测、土壤残油的定量分析、残油降解的控制因子以及降解微生物的富集等,在石油污染物的生物降解性、降解机理、限制性因素以及降解动力学模型等方面取得了显著的研究成果。但中国在某些土壤污染修复技术研究方面与发达国家相比仍有很大差距。中国的污染土壤修复研究,目前正经历着由实验室研究向实用规模研究的过渡阶段,即将进入一个快速发展时期。污染土壤修复是指利用物理、化学和生物的方法转移、吸收、降解和转化土壤中的污染物,使其浓度降低到可接受水平,或将有毒有害的污染物转化为无害的物质。从根本上说,污染土壤修复的技术原理可包括为:改变污染物在土壤中的存在形态或同土壤的结合方式,降低其在环境中的可迁移性与生物可利用性;降低土壤中有害物质的浓度。

长期以来,中国科学院沈阳应用生态研究所以土壤植物系统污染生态学理论为基础,坚持生物修复为主,生物修复同物理化学修复相结合的技术路线,在有机、无机污染土壤修复方面取得了令人瞩目的成果,成为国内外有影响的污染土壤修复研究群体。2003 年主持召开了"污染土壤修复与生态安全"的香山会议,对中国污染土壤修复研究起到了极大的推动作用。中国科学院沈阳应用生态研究所污染土壤修复工作始于20世纪70年代,当时针对沈阳市张士灌区重金属污染和沈抚灌区矿物油污染,先后开展了镉土地区植物富集、污染物固定、污染土壤生态农业高效利用以及沈抚灌区矿物油污染综合治理研究。进入90年代以来,先后主持了中国科学院重大项目"污染土壤清洁技术研究"、中国科学院知识创新重要方向项目"典型地区土壤污染评价与生物修复技术研究"、国家重点基金项目"环境中典型污染物的生态化学过程与修复原理"等,取得了污染土壤修复的系列研究成果。同美国、德国、澳大利亚、俄罗斯等国家开展了污染土壤修复国际合作研究,2002年在沈阳主持召开了生态过程与污染土壤修复国际会议。90年代以来,中国科学院沈阳应用生态研究所综合了生态学、土壤学、微生物学、生态毒理学、环境化学、工程学的理论和方法,以石油、多环芳烃和重金属污染土壤为研究对象,开展生态毒理学、生物修复技术和污染生态工程技术研究,初步建立了污染土壤修复的理论和技术体系,并在如下方面取得突破和进展:①根据土壤污染实际和污染判断需要,采取将急性毒性实验和慢性毒性实验相结合,将陆生生态毒理实验方法和水生生态毒理实验方法相结合,以及将宏观生物学指标和微观生物学指标相结合的方法,定量研究了典型污染物在不同土壤中的剂量—反应关系,确立了污染土壤的生物可利用浓度—效应模型;应用生态毒理学指标阐明了多种污染物共存时的毒性效应作用,提出了以土壤为研究对象的生态毒理学实验方法。在深入研究的基础上,初步提出了中国第一个土壤污染生态毒理学诊断指标体系,这对于中国土壤资源环境保护和农产品的安全评价将起到重要作用,也为复合污染条件下土壤环境质量标准的制定提供了理论依据。②建立了以生物泥浆反应器技术和预制床技术为主体的有机污染土壤异位生物修复技术体系:生物泥浆反应器以液相为处理介质,污染物、微生物、溶解氧和营养物的传递速度快,能够提供良好的微生物生存环境,对高浓度的有机污染土壤有良好的修复效果;建立了实用规模的预制床示范工程,证明了应用异位生物修复技术对石油污染土壤修复的可行性。③建立了以固定化微生物技术和菌根技术为主体的原位修复技术体系,主要包括:第一,发现2种外生菌根毛边滑镐伞菇、劣味乳菇对刺槐和柳树在矿物油污染条件下有良好的保护作用,可保证植物在高浓度的石油污染土壤中正常生长,同时对石油污染土壤修复的效果良好。目前发现石油污染土壤中主要存在3种内生菌根菌,其数量与土壤受石油污染程度密切相关,在轻度污染土壤中(<1000毫克/千克)的数量高于清洁土壤;3种菌在高污染负荷(5000毫克/千克~10 000毫克/千克)土壤中侵染宿主植物获得成功。侵染VA的植株生物量显著增加,内外生菌根侵染使石油污染土壤修复效率分别提高30%~40%。第二,从石油污染土壤中分离出土著石油降解菌,建立了微生物菌种库,经驯化和固定化处理后制成菌剂施入土壤,应用于原位修复可提高石油及难降解多环芳烃(PAHs)的降解速率10%~30%。第三,发现了固定化微生物的理想载体配比,提出了吸附和包埋2种固定化工艺,取得了优化的工艺参数,探索了生物降解多环芳烃的工艺路线和技术参数。经理想载体固定化的细菌和真菌,对PAHs的降解效率分别提高10%~30%。该技术适合于污染土壤的原位修复,也适用于异位修复。④深入研究了污染土壤中多环芳烃生物的降解机理和反应历程,筛选出了一些用于不同分子量多环芳烃降解的共代谢底物,可望在此基础上提出污染土壤中典型污染物转化机制。⑤开展了采用物理、化学方法修复污染土壤研究。针对高分子量多环芳烃生物难以降解的特点,同德国柏林工业大学合作,突破了食物油同多环芳烃分离的难点,实现了用食物油淋洗方法对多环芳烃污染土壤的高效修复,筛选出多种用于重金属污染土壤与河渠底质修复的淋洗剂,建立了重金属污染土壤淋洗修复的系统工艺,为重金属污染土壤的高效修复提供了一条新途径。

由中国科学院南京土壤研究所完成的"土壤重金属污染及修复原理研究"是20余年有关土壤重金属污染领域的基础和应用基础研究工作的总结。它以土壤—植物系统中重金属污染、土壤重金属污染与土壤环境质量、污染土壤修复、环境土壤学的理论与方法体系为主线,以土壤复合污染为主要研究对象,在认识其基本环境过程和原理的基础上,通过多年系统地研究,取得了以下进展:①从本质上揭示了土壤污染物的交互作用、环境行为及影响机制;从化学动力学、根际化学、植物元素化学和溶液化学等方面开展土—水—植物系统中各种类型的重金属复合污染交互作用的研究,阐明了交互作用影响重金属迁移、转化和污染土壤退化的机理;确认了土壤胶体可作为苯酚和苯胺类有机污染物与Cr之间的化学反应催化活化中心。②解决了土壤性质对重金属吸附影响因素的综合表征和其与植物吸收之间的量化关系;创建了同时考虑土壤背景值、土壤标准值及在土壤中价态效应的土壤重金属元素复合污染的表征方法;对"土壤环境容量"提出了修正方法;区分了植物吸收的肥料源和土壤源Cd,评价了长期施用含Cd磷肥和集约化养殖畜禽肥料对水质的潜在污染风险。③发展了重金属污染土壤修复的原理和方法,包括化学修复、植物修复和电动修复,从长期定点试验的结果拓展到矿山修复的实际应用。揭示了土壤活性硅与重金属钝化的良好相关性;系统研究了超积累植物修复和植物诱导修复原理;解决了电动修复装置的自动化控制,并扩展到中试试验。④在基础研究拓展、深化与凝练的基础上发展和充实了环境土壤学的学科建设。研究成果为解决国家重大需求——农产品安全与人体健康、生态与环境保护、土壤环境质量系列标准制定等方面提供了基础资料和科学依据。在土壤环境保护、农产品安全和政府决策等方面有重要的参考价值。

从总体看,中国污染土壤修复决策已从基于污染物总量控制的修复目标,发展到基于污染风险评估的修复导向;技术上已从物理、化学修复,发展到生物修复和自然衰减,从单一技术发展到多技术联合、综合集成的工程修复技术;设备也从基于固定式设备的离场修复发展到移动式设备的现场修复。《全国土壤环境保护"十二五"规划》将以目前受重金属污染最为严重的内蒙古、江苏、浙江、江西等14个省区市为试点,全面启动砷、铅、铬、汞等重点污染物的源头减量和土壤修复治理工作,尤其是对责任主体历史遗留场地土壤污染,要加大治理修复的投入力度。按照规划,这次全国土壤修复工作将集中向受污染农田、城市"棕色地块"及工矿区污染场地三大领域推进。其中,城市污染土壤修复主要分历史遗留和新开发污染两大领域。城市土壤修复的主流运营模式为治理责任主体单位通过治理工程招标,中标修复公司通过土壤置换进行异地修复。目前,城市污染土壤修复主要集中在上海、北京等一线城市。农田污染土壤修复则主要通过在土壤上种植不进入食物链的植物来针对性吸附土壤中的重金属元素。

2. 污染土壤修复的技术体系

污染土壤的修复治理一直是国际上的难点与热点研究课题。经过近10多年来全球范围的研究与应用,包括生物修复、物理修复、化学修复及其联合修复技术在内的污染土壤修复技术体系已经形成,并积累了不同污染类型场地土壤综合工程修复技术应用经验,出现了污染土壤的原位生物修复技术和基于监测的自然修复技术等研究的新热点。

（1）污染土壤生物修复技术

土壤生物修复技术,包括植物修复、微生物修复、生物联合修复等技术,在进入21世纪后得到了快速发展,成为绿色环境修复技术之一。

植物修复技术　从20世纪80年代问世以来,利用植物资源与净化功能的植物修复技术迅速发展（骆永明,1999）。植物修复技术包括利用植物超积累或积累性功能的植物吸取修复（Ma L Q等,2001）、利用植物根系控制污染扩散和恢复生态功能的植物稳定修复、利用植物代谢功能的植物降解修复、利用植物转化功能的植物挥发修复（骆永明,1999）、利用植物根系吸附的植物过滤修复（骆永明,1999）等技术。可被植物修复的污染物有重金属、农药、石油和持久性有机污染物、炸药、放射性核素等。其中,重金属污染土壤的植物吸取修复技术在国内外都得到了广泛研究,已经应用于砷、镉、铜、锌、镍、铅等重金属以及与多环芳烃复合污染土壤的修复（Ma L Q等,2001;Xu L S等,2009）,并发展出包括络合诱导强化修复、不同植物套作联合修复、修复后植物处理处置的成套集成技术（骆永明,2008）。这种技术的应用关键在于筛选具有高产和高去污能力的植物,摸清植物对土壤条件和生态环境的适应性。近年来,中国在重金属污染农田土壤的植物吸取修复技术应用方面在一定程度上开始引领国际前沿研究方向。虽然开展了利用苜蓿、黑麦草等植物修复多环芳烃、多氯联苯和石油烃的研究工作（骆永明,2008）,但是有机污染土壤的植物修复技术的田间研究还很少,对炸药、放射性核素污染土壤的植物修复研究则更少。植物修复技术不仅应用于农田土壤中污染物的去除,而且同时应用于人工湿地建设、填埋场表层覆盖与生态恢复、生物栖身地重建等。近年来,植物稳定修复技术被认为是一种更易接受、大范围应用、并利于矿区边际土壤生态恢复的植物技术,也被视为一种植物固碳技术和生物质能源生产技术;为寻找多污染物复合或混合污染土壤的净化方案,分子生物学和基因工程技术应用于发展植物杂交修复技术;利用植物的根圈阻隔作用和作物低积累作用,发展能降低农田土壤污染的食物链风险的植物修复技术正在研究。Li等（2003）研究了十字花科的超积累植物 *Alyssum Annrale* 和 *Alyssum orsicum* 对Ni和Cu的吸收以及与土壤性质之间的关系。研究结果初步表明,植物的重金属抗性机制包括有区室化作用、螯合作用、细胞修复和生物转化等(王剑虹,2000)。Lin 等(1998)采用沼泽植物 Spartina alterniflora 和 Spartina patens 研究不同浓度石油污染的情况,表明在一定的浓度以内,在污染了 2 年的土壤中(石油含量仍然很高),如果在植物生长期施加肥料,植物不仅可以生存良好,而且可以降解污染物 58.5%。紫花苜蓿为多年生植物,生存力强,遗传学上容易解码,可以灵活地进行基因改良。经过基因改良的紫花苜蓿可以耐受高浓度的原油污染而不死亡,随着时间的推移,可以逐渐恢复生长能力。

微生物修复技术　微生物能以有机污染物为唯一碳源和能源或者与其他有机物质进行共代谢而降解有机污染物。利用微生物降解作用发展的微生物修复技术是农田土壤污染修复中常见的一种修复技术。这种生物修复技术已在农药或石油污染土壤中得到应用。在中国,已构建了农药高效降解菌筛选技术、微生物修复剂制备技术和农药残留微生物降解田间应用技术;也筛选了大量的石油烃降解菌,复配了多种微生物修复菌剂,研制了生物修复预制床和生物泥浆反应器,提出了生物修复模式(骆永明,2008)。近年来,开展了有机砷和持久性有机污染物如多氯联苯和多环芳烃污染土壤的微生物修复技术工作。分离到能将多环芳烃作为唯一碳源的微生物如假单胞菌属、黄杆菌属等,以及可以通过共代谢方式对 4 环以上多环芳烃加以降解的如白腐菌等(Wu Y C 等,2008)。建立了菌根真菌强化紫花苜蓿根际修复多环芳烃的技术和污染农田土壤的固氮植物、根瘤菌、菌根真菌联合生物修复技术(徐莉等,2008;滕应等,2008)。总体上,微生物修复研究工作主要体现在筛选和驯化特异性高效降解微生物菌株,提高功能微生物在土壤中的活性、寿命和安全性,修复过程参数的优化和养分、温度、湿度等关键因子的调控等方面。微生物固定化技术因能保障功能微生物在农田土壤条件下种群与数量的稳定性和显著提高修复效率而受到青睐。通过添加菌剂和优化作用条件发展起来的场地污染土壤原位、异位微生物修复技术有:生物堆沤技术、生物预制床技术、生物通风技术和生物耕作技术等。运用连续式或非连续式生物反应器、添加生物表面活性剂和优化环境条件等可提高微生物修复过程的可控性和高效性(Li P J 等,2002)。目前,正在发展微生物修复与其他现场修复工程的嫁接和移植技术,以及针对性强、高效快捷、成本低廉的微生物修复设备,以实现微生物修复技术的工程化应用。

(2) 污染土壤物理修复技术

物理修复是指通过各种物理过程将污染物(特别是有机污染物)从土壤中去除或分离的技术。热处理技术是应用于工业企业场地土壤有机污染的主要物理修复技术,包括热脱附(Lee W J 等,2008)、微波加热(Jones D A 等,2002)和蒸气浸提(Di P 等,2002)等技术,已经应用于苯系物、多环芳烃、多氯联苯和二噁英等污染土壤的修复。

热脱附技术　热脱附是用直接或间接的热交换,加热土壤中有机污染组分到足够高的温度,使其蒸发并与土壤介质相分离的过程。热脱附技术具有污染物处理范围宽、设备可移动、修复后土壤可再利用等优点,特别对多氯联苯这类含氯有机物,非氧化燃烧的处理方式可以显著减少二噁英生成(Lee W J 等,2008)。目前欧美国家已将土壤热脱附技术工程化,广泛应用于高污染的场地有机污染土壤的离位或原位修复,但是诸如相关设备价格昂贵、脱附时间过长、处理成本过高等问题尚未得到很好解决,限制了热脱附技术在持久性有机污染土壤修复中的应用。发展不同污染类型土壤的前处理和脱附废气处理等技术,优化工艺并研发相关的自动化成套设备正是共同努力的方向。

蒸气浸提技术　土壤蒸气浸提(简称 SVE)技术是去除土壤中挥发性有机污染物(挥发性有

机化合物)的一种原位修复技术。它将新鲜空气通过注射井注入污染区域,利用真空泵产生负压,空气流经污染区域时,解吸并夹带土壤孔隙中的挥发性有机化合物经由抽取井流回地上;抽取出的气体在地上经过活性炭吸附法以及生物处理法等净化处理,可排放到大气或重新注入地下循环使用。SVE具有成本低、可操作性强、可采用标准设备、处理有机物的范围宽、不破坏土壤结构和不引起二次污染等优点。苯系物等轻组分石油烃类污染物的去除率可达90%。深入研究土壤多组分挥发性有机化合物的传质机理,精确计算气体流量和流速,解决气提过程中的拖尾效应,降低尾气净化成本,提高污染物去除效率,是优化土壤蒸气浸提技术的需要。

(3)污染土壤化学—物化修复技术

相对于物理修复,污染土壤的化学修复技术发展较早,主要有土壤固化—稳定化技术、淋洗技术、氧化—还原技术、光催化降解技术和电动力学修复等。

固化—稳定化技术　固化—稳定化技术是将污染物在污染介质中固定,使其处于长期稳定状态,是较普遍应用于土壤重金属污染的快速控制修复方法,对同时处理多种重金属复合污染土壤具有明显的优势(Ma G等,2006)。该处理技术的费用比较低廉,对一些非敏感区的污染土壤可大大降低场地污染治理成本。常用的固化稳定剂有飞灰、石灰、沥青和硅酸盐水泥等,其中水泥应用最为广泛。在美国的非有机物污染的超级基金项目中大部分采用固化—稳定化技术处理。中国一些冶炼企业场地重金属污染土壤和铬渣清理后的堆场污染土壤也采用了这种技术。国际上已有利用水泥固化—稳定化处理有机与无机污染土壤的报道。目前,需要加强有机污染土壤的固化—稳定化技术研发、新型可持续稳定化修复材料的研制及其长期安全性监测评估方法的研究。

淋洗技术　土壤淋洗修复技术是将水或含有冲洗助剂的水溶液、酸/碱溶液、络合剂或表面活性剂等淋洗剂注入污染土壤或沉积物中,洗脱和清洗土壤中的污染物的过程。淋洗的废水经处理后达标排放,处理后的土壤可以再安全利用。这种离位修复技术在多个国家已被工程化应用于修复重金属污染或多污染物混合污染介质。由于该技术需要用水,所以修复场地要求靠近水源,同时因需要处理废水而增加成本。研发高效、专性的表面增溶剂,提高修复效率,降低设备与污水处理费用,防止二次污染等依然是重要的研究课题。

氧化—还原技术　土壤化学氧化—还原技术是通过向土壤中投加化学氧化剂(Fenton试剂、臭氧、过氧化氢、高锰酸钾等)或还原剂(SO_2、FeO、气态H_2S等),使其与污染物质发生化学反应来实现净化土壤的目的(Zhang W X等,2003)。通常,化学氧化法适用于土壤和地下水同时被有机物污染的修复。运用化学还原法修复对还原作用敏感的有机污染物是当前研究的热点。例如,纳米级粉末零价铁的强脱氯作用已被接受和运用于土壤与地下水的修复。但是,目前零价铁还原脱氯降解含氯有机化合物技术的应用还存在诸如铁表面活性的钝化、被土壤吸附产生聚合失效等问题(Zhang W X等,2003),需要开发新的催化剂和表面激活技术。

光催化降解技术　土壤光催化降解(光解)技术是一项新兴的深度土壤氧化修复技术,可应用于农药等污染土壤的修复。土壤质地、粒径、氧化铁含量、土壤水分、土壤pH和土壤厚度等对光催化氧化有机污染物有明显的影响:高孔隙度的土壤中污染物迁移速率快,粘粒含量越低光解越快;自然土中氧化铁对有机物光解起着重要调控作用;有机质可以作为一种光稳定剂;土壤水分能调解吸收光带;土壤厚度影响滤光率和入射光率。

电动力学修复　电动力学修复(简称电动修复)是通过电化学和电动力学的复合作用(电渗、电迁移和电泳等)驱动污染物富集到电极区,进行集中处理或分离的过程。电动修复技术已进入现场修复应用。近年来,中国也先后开展了铜、铬等重金属、菲和五氯酚等有机污染土壤的电动修复技术研究(骆永明,2008)。电动修复速度较快、成本较低,特别适用于小范围的粘质的多种重金属污染土壤和可溶性有机物污染土壤的修复;对于不溶性有机污染物,需要化学增溶,易产生二次污染。发展电动强化的复合污染土壤联合修复技术将是值得研究的课题。Wei 等(2001)等研究了铜在矿物上的热固定的机理。在 300℃～900℃条件下固化 1 小时,吸附或沉积在矿物上的 $Cu(OH)_2$ 将转化为可溶性差、不易被洗脱的 CuO 而固定在矿物表面,固化温度的增加将提高其在矿物表面的固化程度。周东美等(2003b)近年来也开展了相关工作,主要包括铜、铬等重金属在土壤中的电动化学过程及其作用机制等。

(4)污染土壤联合修复技术

协同 2 种或以上修复方法,形成联合修复技术,不仅可以提高单一污染土壤的修复速率与效率,而且可以克服单项修复技术的局限性,实现对多种污染物的复合、混合污染土壤的修复,已成为土壤修复技术中的重要研究内容。

微生物、动物、植物联合修复技术　微生物(细菌、真菌)、植物、动物(蚯蚓)、植物联合修复是土壤生物修复技术研究的新内容(徐莉等,2008;滕应等,2008;Zhuang X L 等,2007)。筛选有较强降解能力的菌根真菌和适宜的共生植物是菌根生物修复的关键。种植紫花苜蓿可以大幅度降低土壤中多氯联苯浓度(徐莉等,2008)。根瘤菌和菌根真菌双接种能强化紫花苜蓿对多氯联苯的修复作用(滕应等,2008)。利用能促进植物生长的根际细菌(Zhuang X L 等,2007)或真菌,发展植物—降解菌群协同修复、动物—微生物协同修复及其根际强化技术,促进有机污染物的吸收、代谢和降解将是生物修复技术新的研究方向。

化学—物化—生物联合修复技术　发挥化学或物理化学修复的快速优势,结合非破坏性的生物修复特点,发展基于化学—生物修复技术是最具应用潜力的污染土壤修复方法之一。化学淋洗—生物联合修复是基于化学淋溶剂作用,通过增加污染物的生物可利用性而提高生物修复效率。利用有机络合剂的配位溶出,增加土壤溶液中重金属浓度,提高植物有效性,从而实现强化诱导植物吸取修复。化学预氧化—生物降解和臭氧氧化—生物降解等联合技术已经应用于污染土壤中多环芳烃的修复。电动力学—微生物修复技术可以克服单独的电动技术或生物修复技术的缺点,在不破坏土壤质量的前提下,加快土壤修复进程。电动力学—芬顿联合技术已用来去除污染黏土矿物中的菲,硫氧化细菌与电动综合修复技术用于强化污染土壤中铜的去除。应用光降解—生物联合修复技术可以提高石油中多环芳烃污染物的去除效率。总体上,这些技术多处于室内研究的阶段。

物理—化学联合修复技术　土壤物理—化学联合修复技术是适用于污染土壤离位处理的修复技术。溶剂萃取—光降解联合修复技术是利用有机溶剂或表面活性剂提取有机污染物后进行光解的一项新的物理—化学联合修复技术。例如,可以利用环己烷和乙醇将污染土壤中的多环芳烃提取出来后进行光催化降解。此外,可以利用 Pd/Rh 支持的催化—热脱附联合技术或微波热解—活性炭吸附技术修复多氯联苯污染土(Liu X T 等,2006);也可以利用光调节的 TiO_2 催化修复农药污染土壤。Yang 等(2001)研究电动 - Fenton 复合过程对土壤三氯乙烯氧化的影响,结果表明这是一种有效的处理方法。

3. 污染土壤场地管理、修复技术及工程实践进展

随着中国城市化进程和产业转移步伐的加快,经济发达或快速发展地区的工业企业搬迁呈现

出普遍的趋势。特别是污染企业的搬迁成为快速改善城市环境和促进企业升级改造以及调整经济结构和转变经济增长方式的有效举措。与此同时,随着工业企业的搬迁或停产、倒闭,遗留了大量、多种多样、复杂的污染场地,涉及土壤污染、地下水污染、墙体与设备污染及废弃物污染等诸多十分突出的问题,成为工业变革与城市扩张的伴随产物(骆永明,2009)。如何有效监管、安全处理处置或可持续开发利用受污染的场地,确保城乡人居环境安全和公众健康,已成为国家和地方政府应当予以高度重视的监管问题,也是中国科技界必须开展科技创新研究与应用实践的重要课题(赵其国等,2009)。

(1)国家和地方对污染场地的监管工作　近年来,污染场地管理工作受到了国务院和环境保护部的重视。原国家环境保护总局于2004年下发了《关于切实做好企业搬迁过程中环境污染防治工作的通知》,于2005年制定了《废弃危险化学品污染环境防治办法》;2005年底,在国务院《关于落实科学发展观加强环境保护的决定》中,明确提出对污染企业搬迁后的原址进行土壤监测、风险评估和修复。2008年环境保护部召开了第一次全国土壤污染防治工作会议,会议要求当前和今后一个时期必须加强城市建设用地和遗弃污染场地环境监管,组织开展搬迁企业原厂址土壤污染风险评估及修复工作,降低土地再利用对人体健康影响的风险,随后环境保护部提出了《关于加强土壤污染防治工作的意见》。2010年环境保护部完成了《污染场地土壤环境管理暂行办法》《场地环境调查技术规范》《场地环境监测技术规范》《污染场地风险评估技术导则》《污染场地修复技术导则》等制定工作。2010年11月环境保护部环境规划院成立了环境风险与损害鉴定评估研究中心。2011年2月国家批准了第一个"十二五"规划——重金属污染防治规划。近年来,多个省、市地方政府制定了有关污染场地的管理条例或办法。例如,2006年浙江省颁布了《浙江省固体废弃物污染环境防治条例》,规定了对污染土壤要实现环境风险评估和修复制度;2007年北京市环保局印发了《场地环境评价导则》,规范了在北京市范围从事产地环境调查、评价的工作程序和技术方法;同年,沈阳市环保局、规划和国土资源局联合印发了《沈阳市污染场地环境治理及修复管理办法(试行)》,对污染场地的评估与认定作了规定;2008年重庆市政府印发了《关于加强我市工业企业原址污染场地治理修复工作的通知》等。

(2)国家、地方和企业界对场地修复技术的研发工作　自从2001年土壤修复技术研发纳入国家"863"高技术研究与发展计划资源环境技术领域以来,中国初步建立了部分重金属、持久性有机污染物、石油烃、农药污染土壤的修复技术体系。2009年国家科技部设立了第一个污染场地修复技术研发项目典型工业场地污染土壤修复技术和示范,其中包括有机氯农药污染场地土壤淋洗和氧化修复技术、挥发性有机污染物污染场地土壤气提修复技术、多氯联苯污染场地土壤热脱附和生物修复技术、铬渣污染场地土壤固化稳定化和淋洗修复技术,这标志着中国工业企业污染场地土壤修复技术研究与产业化发展的开始。同期,科技部还资助开展了硝基苯污染场地和冶炼污染场地土壤及地下水污染修复技术研发与示范工作。在"十一五"期间,环境保护部在全国土壤污染调查与防治专项中开展了"污染土壤修复与综合治理试点"工作,在受重金属、农药、石油烃、多氯联苯、多环芳烃及复合污染土壤治理修复方面取得了创新性和实用性技术研究成果。环境保护部对外经济合作中心(FECO)"POPs履缔办"资助了多氯联苯、三氯杀螨醇、灭蚁灵二噁英等污染场地调查、风险评估、修复技术研究,有效地支持了POPs污染场地的监管与履约工作。北京、上海、杭州、宁波、重庆、南京、沈阳、广州、兰州等地方政府开展了土壤修复技术研究与场地修复工程应用案例工作。例如,北京的染料厂、焦化厂场地修复,上海的世博会场址修复,杭州的铬渣场、炼油厂场地修复,宁波的化工、制药场地修复,江苏的农药场地修复,重庆的化工场地修复,沈阳的冶炼场地修复,兰州的石化场地修复等,发展了焚烧、填埋、固化和稳定化、热脱附、生物降解等修复工程技术(Luo Y M 等,2010),为未来更多、更复杂污染场地的修复和管理提供了技术支撑和实践经验。

(3)管理部门、学术团体和科研机构的建立 在"十一五"期间,环境保护部生态保护司设立了土壤处,专门从事土壤环境管理工作。国家和地方环保部门将污染场地土壤治理与修复工作纳入自身的工作职责范围,有力地促进了污染场地管理工作。近年来,中国土壤学会土壤环境专业委员会(1992年成立,前身为土壤污染防治专业委员会)与中国环境学会土壤和地下水环境专业委员会(2009成立)多次组织召开国内和国际有关污染场地修复学术研讨会。例如,2008年10月在南京召开的第三届土壤污染与修复国际会议,2010年11月在南京召开的首届污染场地修复:政策、技术与融资机制国际会议,2011年3月在北京召开的第二届中美污染场地修复技术高端论坛等,很好地引领了中国污染场地管理与修复工作。2008年以来,为了加强土壤环境与修复科技研究、专业人才培养与队伍建设,中国科学院批准成立了中国科学院土壤环境与污染修复重点实验室(南京土壤研究所),国家环境保护部在南京环境科学研究所成立了土壤环境管理与污染控制环境部重点实验室,北京市、江苏省也成立了有关场地修复战略联盟或环保产业联盟。同时,如北京建工、杭州大地、上海市土壤修复中心、重庆市土壤修复中心等国内修复公司或企业性组织纷纷组建,有力地拓展了土壤修复市场,促进了产业化发展。

第三节 中国土壤环境学发展展望

一、中国土壤保护的宏观战略

赵其国等(2009)从国家宏观层面和长远观点研究了中国土壤保护战略问题,在分析国内外土壤保护的进展和发展趋势的基础上,提出了在中国土壤资源与环境保护宏观战略研究中急需解决的如下一些关键问题:目前中国土壤保护上存在的主要问题;中国土壤保护的指导思想和思路(即宏观战略),包括战略思想、战略方针、战略目标、战略任务及战略重点;中国土壤保护战略的实施对策,包括土壤保护的管理对策、土壤保护的标准对策、土壤保护的科技对策、区域性土壤保护对策以及重要类型土壤的环境保护和修复对策。

1. 指导思想和战略方针

指导思想 以科学发展观为指导,以"人地和谐,地力常新,安全健康,永续利用"为土壤保护的出发点,以流域性、区域性和城市群土壤障碍问题综合防治为重点,构建具有中国特色的土—水—气—生—人一体化的土壤圈研究体系,建立适合国情的融预防—控制—修复—监管为一体的土壤圈管理体系;提供全面实施土壤保护战略,稳固维系中华民族繁荣与文明发展的土壤资源数量和质量的根基,保障国家粮食安全、环境安全、生态安全和国民健康,促进小康社会和生态文明的全面建设。

战略方针 面对现阶段和未来相当长一段时期显现的或潜在的土壤资源退化和土壤环境污染问题,全面贯彻科学发展观,统筹土壤资源保护与社会经济建设,统筹土壤肥力维护与农业持续发展,统筹土壤生态建设与生物多样性保护,统筹土壤污染治理与人居环境安全保障,统筹土壤合理利用与全球变化影响,统筹服务土壤保护的中央、地方政府和社会各方面资源投入;坚持"土壤利用与土壤保护并行,土壤数量与土壤质量并重",坚持预防为主,综合治理,坚持土壤分区分类保护;依靠科学技术进步,强化土壤环境保护法治,提高社会公众的土壤保护意识,长期不懈地努力建设具有中国特色的土壤保护体系。

2. 战略目标

以维护土壤生态功能、改善土壤环境质量,保障农业生产、食物安全和人体健康为目标,查明全国土壤资源数量和质量状况,提高土壤肥力和净化功能,有效避免、遏制或消除土壤资源退化和土壤污染;积极推进科技创新,发展土壤圈层理论和研究方法,建立土壤退化和土壤污染的预防控制修复技术应用体系,创新现代土壤科学,促进土壤科技进步和专业队伍建设;不断完善中国土壤保护法、体制和机制,提升土壤质量监管能力,逐步健全国家土壤保护体系。

为实现以上总目标,分别确定近期、中期和长期的土壤保护阶段性目标:

(1)近期(到2020年) 建立和健全中国土壤保护法制,初步建立国家土壤保护体系,实现土壤资源数量和质量的有效监管;进一步摸清全国土壤资源数量和质量状况,提升土壤保护科技研究水平;使土壤污染退化趋势总体得到有效遏制,对食物安全、饮用水资源和人群健康构成重大隐患的土壤污染区得到有效治理,生态环境脆弱区和农业主产区的土壤保护取得阶段性成效。

(2)中期(到2030年) 进一步完善国家土壤保护体系,健全土壤保护监管体系,全面提升国家土壤科技研究和教育水平,修复具有不可能接受的高风险土壤污染区,使全国土壤环境质量状况明显改善。

(3)长期(到2050年) 基本消除土壤污染区,总体稳定土壤退化区;全面改善土壤功能和土壤环境质量;健全国家土壤保护体系与科学技术支撑体系;土壤资源持续利用和生态环境保护工作整体进入与国家社会经济发展水平相适应,符合生态文明要求的良性循环阶段。

根据总体目标以及阶段性目标,确定土壤保护的战略任务和重点,制定出土壤保护战略路线图(图2-6-6)。

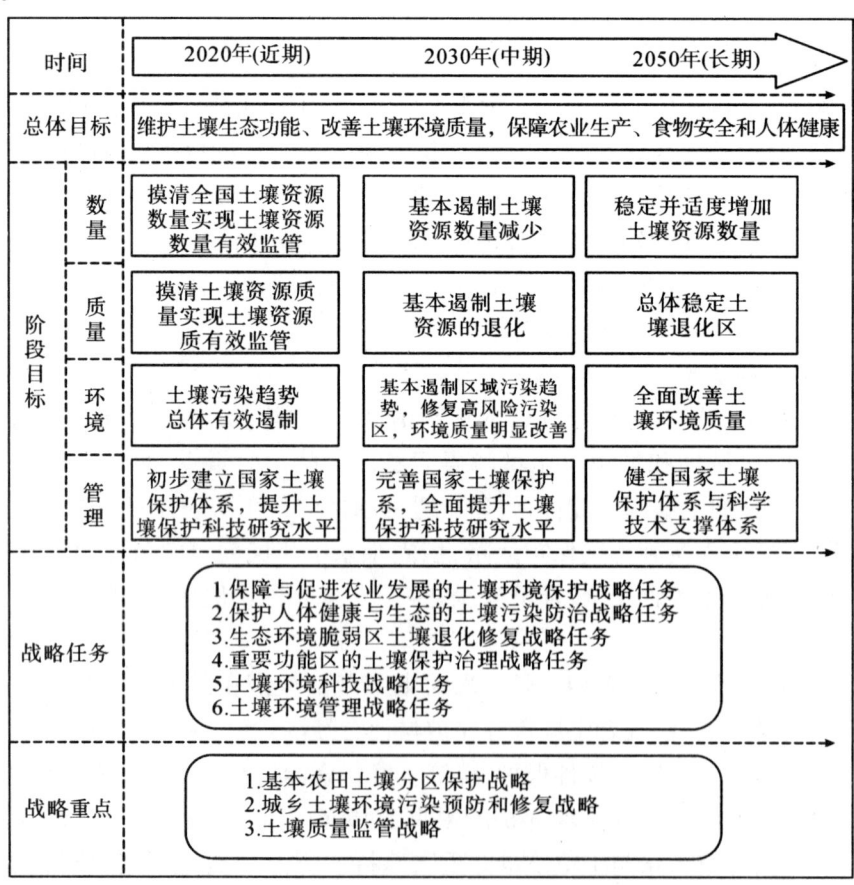

图2-6-6 中国土壤保护宏观战略路线图(据赵其国等,2009)

3. 六大战略任务

（1）保障农业可持续发展的土壤环境保护战略　开展全面、系统、准确地全国土壤资源数量与质量以及污染源的动态普查，掌握中国土壤资源数量、质量动态变化状况和突出环境问题，建立全国土壤资源和土壤质量数据信息系统，科学制定土壤环境质量基准，加强新农村环境保护，切实加大对农业生产区基本农田的土壤保护力度，严格管理化肥、农药、污泥和农业废弃物的使用，提高土壤肥力，保护土壤环境。

（2）保护人体健康与生态安全的土壤污染防治战略任务　针对土壤不同污染渠道，采取有效控制措施，从源头防止土壤污染。严格控制大气酸沉降，适度开发利用设施农业，有效防治土壤酸化过程；建立基于风险的土壤环境质量评估与管理体系；有计划、分步骤地综合整治城乡土壤污染，有效修复和基本消除高风险的土壤污染区，保护农产品与食品安全，加强城乡人居环境安全与人体健康保护工作。

（3）生态环境脆弱区土壤退化修复战略任务　实施生态环境脆弱区的土壤保护，进一步加大区域水土流失、沙尘暴源头区和退化土壤的治理力度，使全国水土流失、草地退化、沙漠化、盐碱化和石漠化面积扩大趋势得到有效控制，退化区得到明显治理恢复。

（4）重要功能区的土壤保护治理战略任务　加强重要生态保护功能区（如水源涵养区、洪水调蓄区、防风固沙区、水土保持区及重要物种资源集中分布区等）和自然保护区的土壤保护和治理，使土壤环境质量达到满足保护生物和水质的标准。

（5）土壤环境科技战略任务　实施国家土壤环境科技创新、土壤环保标准体系建设和土壤环境技术管理体系建设等任务。开展基础理论、环境标准和高新技术推广应用研究，形成一套有机联系的土壤环境科技创新体系。加强长期、稳定的土壤科学研究和关键技术开发，针对性地系统研究全国性和区域性土壤保护科学问题，认识和掌握土壤障碍问题成因与质量演变规律；科学建立土壤质量基准和保护标准体系；在土壤环境监测、水土流失、草地退化、土壤荒漠化、盐碱化和石漠化综合防控以及土壤污染控制和修复、耕层土壤保护、土壤次生盐碱化防治和土壤肥料平衡等技术与设备方面，形成适合国情的自主创新研发体系。

（6）土壤环境管理战略任务　建立和完善土壤保护法制、体制和机制，构建基于风险的中国土壤保护体系。研究并颁布土壤保护的国家法律和地方法规，制定相关政策，实施土壤环境质量标准战略；建立严格的土壤保护责任制度，经济补偿和投入机制，毁损和污染土壤的经济、刑事惩罚制度和行政问责制度等；建立生态补偿制度和管理机制；完善国家和地方土壤保护监管机构，建立有效的土壤监测网络；培育土壤保护的市场经济机制，加强土壤保护宣传教育，提高人民群众的土壤保护意识和生态文明程度。

4. 三大战略重点

（1）分区保护基本农田土壤　加强对东北、华北、东南、华中、西南和西北等农业主产区基本农田土壤保护、农业面源污染控制和农村生态环境建设；加大黄土高原、西北干旱区、华北沙尘暴源头区、西南喀斯特山区、东北黑土和南方丘陵水土流失严重的流域农田土壤的综合治理和生态保护力度，加强耕地土壤退化控制、生态修复和地力提高，有效控制沙漠化、盐碱化和石漠化，逐步实现耕地生产力的生态恢复。

（2）预防和修复城乡土壤环境污染　以预防为主，防治结合为原则，尽快制定城市、城郊和农村土壤环境污染预防和修复行动计划，有计划、分步骤地综合治理和修复工业、企业搬迁遗留场地的污染土壤,有计划地开展经济发达地区、老工业基地和大型工矿区土壤污染的控制和修复;加大大型湖泊、大型河流流域和大型水利工程辐射区土壤环境污染的综合防治力度;以改善土壤环境质量,确保食物质量安全、生态安全和人居环境安全。

(3)监管土壤数量和质量　明确土壤质量监管政府职能部门,建立相应的管理机构;加强区域土壤资源数量和环境质量的监测及其网络和信息共享平台建设;尽早建立适合国情的土壤污染风险评估机制及应急处理预案;系统制定土壤质量标准体系,加快土壤污染防治立法工作;积极开展土壤保护宣传教育活动,提高公众的土壤环境保护意识。

二、中国近期土壤环境保护和综合治理的目标和主要任务

2013年1月23日国务院办公厅发布《国务院办公厅关于印发近期土壤环境保护和综合治理工作安排的通知》指出:近年来,各地区、各部门积极开展土壤污染状况调查,实施综合整治,土壤环境保护取得积极进展。但土壤环境状况总体仍不容乐观,必须引起高度重视。并就近期的工作目标和主要任务进行了安排。

1. 工作目标

到2015年,全面摸清我国土壤环境状况,建立严格的耕地和集中式饮用水水源地土壤环境保护制度,初步遏制土壤污染上升势头,确保全国耕地土壤环境质量调查点位达标率不低于80%;建立土壤环境质量定期调查和例行监测制度,基本建成土壤环境质量监测网,对全国60%的耕地和服务人口50万以上的集中式饮用水水源地土壤环境开展例行监测;全面提升土壤环境综合监管能力,初步控制被污染土地开发利用的环境风险,有序推进典型地区土壤污染治理与修复试点示范,逐步建立土壤环境保护政策、法规和标准体系。力争到2020年,建成国家土壤环境保护体系,使全国土壤环境质量得到明显改善。

2. 主要任务

(1)严格控制新增土壤污染　加大环境执法和污染治理力度,确保企业达标排放;严格环境准入,防止新建项目对土壤造成新的污染。定期对排放重金属、有机污染物的工矿企业以及污水、垃圾、危险废物等处理设施周边土壤进行监测,造成污染的要限期予以治理。规范处理污水处理厂污泥,完善垃圾处理设施防渗措施,加强对非正规垃圾处理场所的综合整治。科学施用化肥,禁止使用重金属等有毒有害物质超标的肥料,严格控制稀土农用。严格执行国家有关高毒、高残留农药使用的管理规定,建立农药包装容器等废弃物回收制度。鼓励废弃农膜回收和综合利用。禁止在农业生产中使用含重金属、难降解有机污染物的污水以及未经检验和安全处理的污水处理厂污泥、清淤底泥、尾矿等。

(2)确定土壤环境保护优先区域　将耕地和集中式饮用水水源地作为土壤环境保护的优先区域。在2014年年底前,各省级人民政府要明确本行政区域内优先区域的范围和面积,并在土壤环境质量评估和污染源排查的基础上,划分土壤环境质量等级,建立相关数据库。禁止在优先区域内新建有色金属、皮革制品、石油煤炭、化工医药、铅蓄电池制造等项目。

(3)强化被污染土壤的环境风险控制　开展耕地土壤环境监测和农产品质量检测,对已被污染的耕地实施分类管理,采取农艺调控、种植业结构调整、土壤污染治理与修复等措施,确保耕地安全利用;污染严重且难以修复,地方人民政府应依法将其划定为农产品禁止生产区域。已被

污染地块改变用途或变更使用权人的,应按照有关规定开展土壤环境风险评估,并对土壤环境进行治理修复,未开展风险评估或土壤环境质量不能满足建设用地要求的,有关部门不得核发土地使用证和施工许可证。经评估认定对人体健康有严重影响的污染地块,要采取措施防止污染扩散,治理达标前不得用于住宅开发。以新增工业用地为重点,建立土壤环境强制调查评估与备案制度。

（4）开展土壤污染治理与修复　以大中城市周边、重污染工矿企业、集中污染治理设施周边、重金属污染防治重点区域、集中式饮用水水源地周边、废弃物堆存场地等为重点,开展土壤污染治理与修复试点示范。在长江三角洲、珠江三角洲、西南、中南、辽中南等地区,选择被污染地块集中分布的典型区域,实施土壤污染综合治理;有关地方要在2013年年底前完成综合治理方案的编制工作并开始实施。

（5）提升土壤环境监管能力　加强土壤环境监管队伍与执法能力建设。建立土壤环境质量定期监测制度和信息发布制度,设置耕地和集中式饮用水水源地土壤环境质量监测国控点位,提高土壤环境监测能力。加强全国土壤环境背景点建设。加快制定省级、地市级土壤环境污染事件应急预案,健全土壤环境应急能力和预警体系。

（6）加快土壤环境保护工程建设　实施土壤环境基础调查、耕地土壤环境保护、历史遗留工矿污染整治、土壤污染治理与修复和土壤环境监管能力建设等重点工程,具体项目由环境保护部会同有关部门确定并组织实施。

三、中国土壤环境学研究的重点领域和方向

随着土壤污染形势的日益严峻,土壤环境质量问题正在不断得到世界范围内的关注,并成为当代土壤科学和环境科学研究的前沿。结合当前实际,土壤环境科学研究亟需在以下几个方面系统开展工作。

1. 土壤环境保护体系研究

（1）土壤保护科学技术对策研究　建立区域协调、空间优化、利用合理的土壤资源保护机制;进一步加强全国土壤资源数量和质量的动态普查,及时摸清土壤资源家底,掌握土壤质量现状;加强土壤资源数量和质量变化规律及其影响评价方法研究;建立国家土壤质量评价方法指标体系和监测网,实现土壤资源科学保护和信息化管理;建立和发展适合我国农业生产的耕地土壤质量分区管理系统,搭建管理信息共享与成果转化技术平台,形成农村地区有效推广和运行的土壤肥力质量培育创新机制。

（2）土壤环境保护的标准化对策研究　建立基于风险评估的土壤保护标准制定体系,健全土壤保护标准体系,强化分区和分类建设管理;研究污染物的土壤生态毒理学,确定土壤环境背景值和生物地球化学基准;建立我国土壤生态风险、健康风险和环境风险评估方法,制定污染场地管理规定和风险评估技术规范;修订和健全适用于不同土地利用方式的国家土壤质量标准体系,开展各省、自治区和直辖市的土壤质量标准制订工作。

（3）土壤保护的管理对策研究　明确土地管理和利用部门间职责分工,建立相应管理机构,制订土壤保护规划、计划或行动纲领;构建和完善我国土壤保护法律法规;制订可操作的土壤保护法案实施细则;建立和完善农药、肥料、污泥和农业废弃物的使用制度;实施土壤污染退化预防和修

复制度,实施土壤修复经济生态补偿机制与制度;发展土壤污染应急处理技术措施;建立土壤、水体、大气环境保护与土壤资源利用相协调的管理模式。

2. 土壤环境质量研究

(1)污染物在土壤中迁移与转化及其生物有效性的研究　目前缺乏对污染物在土壤中的反应转化机理和迁移行为等的深入研究,其描述大多停留于"黑箱"阶段。随着新的监测手段与技术的发展,人们应该加强研究,建立连接实验与实际之间的桥梁,将实验室里的观测与模拟研究运用于定量和预测污染物在土壤的迁移转化及最终归趋,建立污染物的归宿模型。同时,长期定位研究和在线检测,以及稳定同位素示踪等技术,对于揭示污染物在土壤中的过程与行为提供了新的手段。此外,土壤污染物的生物有效性研究也需要关注和加强,以便于了解污染物沿食物链传递规律,定量计算和预测食物链暴露水平,确保农产品质量安全。

(2)地理信息系统等新技术和手段在土壤环境质量研究和监测中的应用　针对日益严重的土壤污染问题,必须采用快速高效的方法对污染进行现状分析和预测警报,当前随着"3S"技术等的发展,为建立区域尺度的土壤环境质量动态变化观察平台和定量可视化预测预警系统提供了好方法。一方面计算机信息技术使得收集和管理土壤污染的信息和数据更为快捷和方便,为土壤污染评价及预测提供基础资料,另一方面能够集成与土壤污染评价和预测相关的各种模型,快速实现对土壤污染物污染的预测预警。

(3)土壤污染风险评估与调控对策　当前,中国绝大多数污染场地并未进行风险评估,这不便于土壤污染物的风险控制与管理。根据中国当前污染土壤的实际状况与环境研究的理论基础,可优先开展Cd、As、Pb、Hg等重金属以及持久性有机污染对农业土壤污染的风险评估,以及这些污染物沿食物链传递的风险、土壤中挥发性有机污染物风险等进行评估,制定污染风险控制和管理措施,预警机制和响应方式。污染土壤风险评估中尤其需要关注高风险污染物,如部分农业地区土壤中已经监测到的二噁英类物质等。

3. 污染土壤修复技术体系研究

(1)土壤污染控制和修复重点研究项目　包括:①农田土壤污染控制与生态修复技术;②金属矿区及周边污染土壤的联合修复技术;③油田区污染土壤生态修复技术;④企业重污染场地土壤修复技术等4个项目。项目的总体目标是研究污染控制与修复关键技术及设备,制定相应的技术规范和标准,建立适合我国国情的污染土壤修复技术创新体系,为确保粮食生产与农产品质量安全、改善综合环境质量和保障生态安全与人体健康提供技术支撑。

(2)土壤污染快速高效的修复技术　包括基于流域社会经济系统和生物地球化学过程的污染综合控制技术;高效低能耗处理技术(含环境新材料);受损、退化生态系统修复理论与实践研究等。开展土壤重金属及有机物污染的生物修复技术研究,探索土壤修复发展的新技术和新工艺。考虑到物理修复、化学修复等往往会破坏污染场地土壤的理化性质,甚至造成环境的二次污染,利用生物修复技术治理土壤污染逐渐成为当前环境科学研究的重点,生物修复具有治理效率高、治理费用低和现场可操作性强的特点,随着生物技术的发展以及转基因手段的成熟,生物修复技术治理污染土壤将有很大发展潜力和市场前景。生态修复是污染土壤修复的最新途径。但是目前生态修复理论和技术的研究还处于起步阶段。从生态修复的近期发展来看,核心内容仍然是重金属超积累植物与有机污染物高效降解微生物的物种筛选和基因工程育种,修复机理的系统研究,基于植物与微生物联合修复的根际圈效应研究,以广义生物修复为核心的联合修复,以及修复强化措施的研究等方面的工作。

（3）土壤环境污染与健康效应研究　包括新型污染物的致毒机理与快速诊断技术；食源污染物的综合控制技术；大气环境质量,特别是氧化剂和颗粒物对人体健康的影响机制及其控制技术；环境基因组学研究及其共享平台；环境流行病学与现代信息技术耦合,形成环境疾病预测预报技术。

参考文献：

[1]陈怀满,郑春荣,周东美,等.土壤环境质量研究回顾与讨论[J].农业环境科学学报,2006,25(4):821-827.

[2]刘冬梅,孙辉,方自力.土壤环境质量研究的回顾和展望[J].四川环境,2009,28(1):73-77.

[3]李天杰.土壤环境科学[M].北京:高等教育出版社,1995.

[4]马耀华,刘树应.环境土壤学[M].西安:陕西科学技术出版社,1998.

[5]于瑞莲,胡恭任.土壤中重金属污染源解析研究进展[J].有色金属,2008,60(4):158-165.

[6]邵学新,吴明,蒋科毅.土壤重金属污染来源及其解析研究进展[J].广东微量元素科学,2007,14(4):1-6.

[7]王宏康.环境土壤学基础研究进展[J].农业环境保护,1999,18(6):263-267.

[8]李静,莫大伦.我国土壤污染研究的现状与展望[J].广州环境科学,2001,16(3):9-12.

[9]魏复盛,陈静生,吴燕玉,等.中国土壤环境背景值研究[J].环境科学,1991,12(4):12-19.

[10]刘定辉,赵燮京,李勇,王昌桃.土壤环境质量评价研究进展[C]//庆祝中国土壤学会成立60周年专刊,2005.

[11]李润林,姚艳敏,唐鹏钦.农产品产地土壤环境质量评价研究进展[J].中国农学通报,2011,27(6):296-300.

[12]杜艳,常江,徐笠.土壤环境质量评价方法研究进展[J].土壤通报,2010,41(3):749-756.

[13]郭嘉庆,张帆.土壤重金属环境质量评价研究进展[J]北京农业,2012(12):209-210.

[14]李想,王延松.土壤污染现状及风险评价研究进展[C]//2007中国环境科学学会学术年会优秀论文集(下卷),2007.

[15]李胜涛,蔡五田,张敏,等.我国土壤污染风险评价的研究进展[J].黑龙江水专学报,2010,37(2):120-122.

[16]周启星,安婧,何康信.我国土壤环境基准研究与展望[J].农业环境科学学报,2011,30(1):1-6.

[17]周启星.环境基准研究与环境标准制定进展及展望[J].生态与农村环境学报,2010,26(1):1-8.

[18]刘冰.国内外土壤环境基准值的确定方法与现状研究[C]//2008中国环境科学学会学术年会优秀论文集(中卷),2008.

[19]王明聪,成杰民,纪发文,等.土壤重金属环境质量评价基准体系进展与研究[J].资源环境与发展,2008(1):14-16.

[20]崔德杰,张玉龙.土壤重金属污染现状与修复技术研究进展[J].土壤通报,2004,35(3):366-370.

[21]王慎强,陈怀满,司友斌.我国土壤环境保护研究的回顾与展望[J].土壤,1999(5):255-260.

[22]崔哲,寿丽娜.土壤环境污染及污染土壤的修复研究进展综述[C]//新农村建设与环境保护——华北5省市区环境科学学会第十六届学术年会优秀论文集,2009.

[23]陈丽莉,俄胜哲.中国土壤重金属污染现状及生物修复技术研究进展[J].现代农业科学,2009(3):139-140.

[24]杨华,纪晓国,何永刚,等.土壤污染现状与治理途径研究进展[C]//新农村建设与环境保护——华北5

省市区环境科学学会第十六届学术年会优秀论文集,2009:455-458.

[25] 陈怀满,郑春荣,周东美. 我国土壤环境保护的研究进展[C]//中国土壤学会第十次全国会员代表大会暨第五届海峡两岸土壤肥料学术交流研讨会论文集(面向农业与环境的土壤科学综述篇),2004:146-157.

[26] 杜立宇,梁成华,索丽珍,等. 土壤环境功能区划研究——以沈阳市为例[J]. 湖北农业科学,2012,51(17):3736-3738.

[27] 郭海彦. 浅谈土壤环境质量评价[J]. 科协论坛(下半月),2009(3):116-117.

[28] 滕应,黄昌勇. 重金属污染土壤的微生物生态效应及其修复研究进展[J]. 土壤与环境,2002,11(1):85-89.

[29] 周东美,郝秀珍,薛艳,等. 污染土壤的修复技术研究进展[J]. 生态环境,2004,13(2):234-242.

[30] 李培军,刘宛,孙铁珩,等. 我国污染土壤修复研究现状与展望[J]. 生态学杂志,2006,25(12):1544-1548.

[31] 文祯中,刘佩松,李红敬. 重金属污染土壤生物修复技术研究现状与展望[C]//全国水土保持与荒漠化防治及生态修复交流研讨会论文集. 2009.

[32] 骆永明. 中国污染场地修复的研究进展、问题与展望[J]. 环境监测管理技术,2011,23(3):1-6.

[33] 骆永明. 中国土壤环境污染态势及预防、控制和修复策略[J]. 环境污染与防治,2009(12):27-31.

[34] 赵其国,骆永明,滕应. 中国土壤保护宏观战略思考[J]. 土壤学报,2009(6):1140-1145.

[35] 骆永明. 中国主要土壤环境问题与对策[M]. 南京:河海大学出版社,2008.

[36] 骆永明. 中国土壤环境和土壤修复科学技术研究现状与展望[R]//土壤学学科发展报告. 北京:中国科学技术出版社,2011:134-136.

[37] 骆永明. 土壤修复学:土壤科学和环境科学的新兴学科[C]//纪念朱祖祥院士诞辰90周年文集. 北京:科学出版社,2006:201-208.

[38] 骆永明. 污染土壤修复技术研究现状与趋势[J]. 化学进展,2009,21(2~3):558-565.

[39] 骆永明,马奇英,马建锋,等. 土壤环境与生态安全[M]. 北京:科学出版社,2009.

[40] 赵烨. 环境地学[M]. 北京:高等教育出版社,2007.

[41] 赵烨. 土壤环境科学与工程[M]. 北京:北京师范大学出版社,2012.

第七章 中国土壤侵蚀—水土流失及防治对策研究

中国是世界上水土流失最为严重的国家。据水利部颁布的《全国水土流失公告》,至20世纪90年代末,全国水土流失总面积达356万平方千米,占全国总面积的37.1%。严重的水土流失导致土壤贫瘠化、土地沙化、石漠化等多种形式的土地退化。近50年来,因水土流失损失的耕地达266.68万公顷,平均每年约6.67万公顷(100万亩)。因水土流失造成退化、沙化和碱化草地约100万平方千米,占中国草地总面积的50%。严重的水土流失产生大量的河流泥沙,淤积河道、湖泊和水库,在20世纪,中国每年流失土壤曾经达50亿吨,其中长江流域为24亿吨,黄河流域输入黄河的泥沙16亿吨。大量泥沙淤积在江河、湖、库,降低了天然河道的泄洪能力和水利设施的调蓄功能。16亿吨黄河泥沙中每年有约4亿吨淤积在下游河床,致使河床每年抬高8厘米~10厘米,形成"地上悬河",对下游平原地区构成严重威胁。长江泥沙在洞庭湖等下游湖泊淤积,不仅严重影响湖泊的分洪削峰能力,而且还会破坏湖泊的自然生态系统,引起湖泊富营养化和水质恶化,威胁周边居民的饮水安全。在中国西南地区,严重的水土流失导致石漠化土地面积逐年扩大。在东南丘陵区,水土流失使土壤粗化和贫瘠化现象日趋严重。在东北黑土区,水土流失则导致肥沃的腐殖质层逐年变薄,甚至损失殆尽。

总之,中国的水土流失问题是目前人类所面临的许多生态环境问题的根源所在,水土流失是中国头号环境问题。半个多世纪以来,迫于其现实的和潜在的环境危害,中国政府一直十分关注水土流失的防治问题。在总结千百年来劳动人民积累的成功经验的基础上,中国地理学、水利学、土壤学、林学和工程技术界学者和各级政府管理部门工作者,通过野外调查、定点观测、模拟实验和典型示范等手段,对中国水土流失规律、过程机理、水沙关系、环境响应以及治理措施等进行了全面系统的研究和推广,取得了丰硕的研究成果和环境效益。在世界土壤侵蚀和水土保持研究领域独树一帜,为水土流失防治作出了重要贡献。

第一节 中国水土流失特点及原因

中国是世界上最具代表性的农业文明古国之一,也是当今人口最多的国家。但在科学技术欠发达的历史时期,农业发展主要是通过毁林开荒、增大种植面积来满足日益增长的食物需求。特别是在唐代开始到明清以后,随着人口的急剧增加,毁林开荒程度也不断增强。直到20世纪90年代,毁林地、草地、湿地变农田的现象也没有从根本上改变。中国又是一个多山的国家,山区和丘陵区植被一旦破坏后,降雨引起的水土流失急剧增加。草地和湿地一经开垦成农地,风蚀程度也会加剧。在人类活动深刻影响和独特的自然环境共同制约下,形成了中国水土流失的时空格局和过程特点。

(1)分布广泛,面积巨大 全国水土流失总面积达356万平方千米,占全国总面积的37.1%。

从东南丘陵区到东北黑土区,从西南石质山区到西北风沙区,包括黄土高原地区和青藏高原地区都有不同类型和不同程度的水土流失发生。全国广泛分布的坡耕地是水蚀发生的主要场所,西北地区的耕地和沙地则是风蚀发生的主要场所。中国水土流失与生态安全综合科学考察的结果显示,全国土壤侵蚀总面积161万平方千米,其中轻度、中度、强度、极强度和剧烈侵蚀面积分别占51.4%、32.7%、10.7%、3.7%、1.5%。水土流失分布很广,不仅广泛发生在农村地区,而且还在城镇和工矿区发生。从东、中、西三大区域看,东部地区水土流失相对较轻,土壤侵蚀面积相对较小,约9.11万平方千米,占全国土壤侵蚀总面积的5.6%;中部地区土壤侵蚀面积约33.48万平方千米,占全国土壤侵蚀总面积的20.8%;西部地区土壤侵蚀面积达118.63万平方千米,占全国土壤侵蚀总面积的73.6%。重点考察的水蚀区水土流失面积138万平方千米,占考察区面积的26.6%,占考察区山丘面积的63%,水蚀严重的地区主要集中于黄河中游地区的山西、陕西、甘肃、内蒙古、宁夏和长江上游的四川、重庆、贵州、云南,风蚀严重地区主要集中在中国西部地区,冻融侵蚀严重地区主要集中在西藏、青海和新疆等省区。

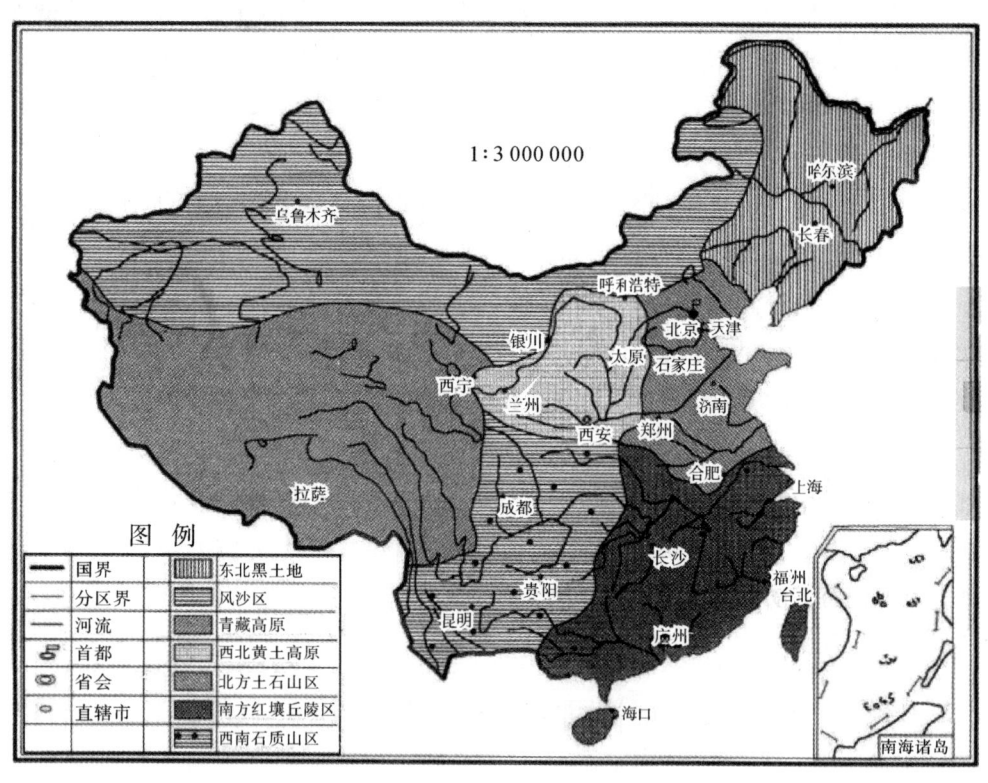

图 2-7-1　中国水土流失分布图

(2)类型多样,成因复杂　受自然环境特征和人类活动特点的影响,中国水土流失类型多样,区域分异特征明显。水力侵蚀、风力侵蚀、冻融侵蚀、重力侵蚀和人为侵蚀及其各种发生方式都十分典型。从东北大兴安岭到西南横断山脉以东地区,主要为水蚀区。青藏高原地区为主要冻融侵蚀区,西北干旱地区则主要为风蚀区。在东部水蚀区,又可以根据侵蚀影响因素和发生过程等方面的差异,进一步分为东北黑土区、北方土石山区、西北黄土高原区、西南石质山区和南方红壤丘陵区。在东北黑土区,地形相对平缓,土壤富含有机质,侵蚀动力除水力外,季节性冻融和风力也有一定作用,形成了黑土区以水力侵蚀为主,兼顾冻融侵蚀和风力侵蚀的区域特征。由于坡面较长,汇水面积大,切沟、冲沟等沟谷侵蚀发育迅速,严重威胁着土地资源及土壤生产力。在北方土石山区,山高坡陡,土壤层较薄,降雨集中,沟道基本为基岩,水土流失主要以面蚀过程为主,引起表层土壤粗化乃至流失,导致土地生产力下降。虽然水土流失的绝对量不大,但造成的危害严重。在西北黄土高原区,地形陡峻,土质疏松,降雨集中,各种水力侵蚀发生都很活跃且强烈,水土流失强度为全国之最。在东南红壤丘陵区,由于年降雨侵蚀力大,未采取水土保持措施的坡耕地土壤流失强度也很大,人工林下水土流失现象普遍。在西南石质山区,山高坡陡,土层很薄,年降雨侵蚀力大,但由于水热条件好,土壤肥力水平高,农作物普遍长势好,地表覆盖度高,加之土质粘滞,水土流失绝对量也不是很高,可以从河流含沙量普遍不高得到印证。在青藏高原冻融侵蚀地区,由于草场退化严重,风蚀作用也日趋增强。除此而外,在矿山开发、道路建设、大型工程建设过程中引发的人为水土流失,不论在规模上还是在强度上也为世界之最。

(3) 程度强烈,效应深远 中国水土流失不仅分布广、面积大,而且程度强烈。中国年均土壤侵蚀总量45.2亿吨,全国平均土壤侵蚀模数约为2800吨/(平方千米·年),主要江河的多年平均土壤侵蚀模数为3400吨/(平方千米·年),部分区域土壤侵蚀模数甚至超过3万吨/(平方千米·年),土壤侵蚀强度远高于土壤容许流失量。与印度、日本、美国、澳大利亚等土壤侵蚀较严重的国家相比,中国水土流失更为严重。按照水土流失面积占国土面积的比例及水土流失强度综合判定,中国现有严重水土流失县646个,其中,长江流域265个、黄河流域225个、松辽河流域44个、海河流域71个、淮河流域24个、珠江流域17个,分别占41.0%、34.9%、6.8%、11.0%、3.7%和2.6%。从省级行政区看,四川、山西、甘肃、内蒙古、陕西5省区占到全国总数的50%以上。在全国165万平方千米水蚀范围内,年平均侵蚀模数大于2500吨/平方千米的面积要占总水蚀面积的近50%,年平均侵蚀模数大于5000吨/平方千米的面积也占到总水蚀面积的16.4%。在水土流失最为严重的内蒙古河口镇到龙门区间7万多平方千米的黄土高原地区,年平均侵蚀模数达1万吨/平方千米,严重的地方高达3万吨/平方千米~5万吨/平方千米。在全国191万平方千米的风蚀范围内,年平均侵蚀模数大于2500吨/平方千米的面积占总风蚀面积的58.6%,年平均侵蚀模数大于5000吨/平方千米的面积占总风蚀面积的45.5%,年平均侵蚀模数大于8000吨/平方千米的极强度面积也要占32.5%。在西北黄土高原和西南石质山区,多为滑坡泥石流频发区,常常会导致严重的地质灾害。水土流失不仅仅是简单的土壤损失问题,常常会引发一系列的生态环境问题,如洪害、旱灾、水质恶化、石漠化、沙尘暴等等,对区域经济发展和生态安全造成更为深刻的影响。

(4) 危害严重,问题典型 水土流失问题对土地资源而言,就像人体患上癌症,在不知不觉中慢慢进入膏肓。但由于面积大和强度剧烈,中国的水土流失所导致的环境问题更为突出。水土流失导致的河流泥沙问题是中国最大的生态环境隐患,大量泥沙在下游淤积,河道抬升,加剧了洪灾隐患,常常会形成小水大灾。纵观世界各大河流,印度恒河平均含沙量为3.92千克/立方米、印度河为2.49千克/立方米,埃及尼罗河为1.25千克/立方米,美国科罗拉多河含沙量较大,达到27.5千克/立方米。而中国黄河平均含沙量达到37.7千克/立方米,海河支流永定河甚至达到60.8千克/立方米(景可,2005)。河流高含沙也为水资源开发带来严重威胁,黄河三门峡水利枢纽的失败根源就在于黄河泥沙问题。黄土高原地区严重的水土流失使地带性土壤——黑垆土流失殆尽,东北黑土区的水土流失使肥沃的腐殖质层变薄直至消失,西南喀斯特地区的水土流失致使珍贵的土壤层破坏,都直接导致了不可逆转的生态环境问题。长江下游地区和渤海湾的赤潮、蓝藻也与水土流失导致的面源污染直接有关。大型滑坡和泥石流灾害,也常常导致巨大的生命和财产损失。

(5) 矛盾突出,难以治理　水土流失是自然环境和人类活动共同导致的结果,中国人口众多,保证粮食供给安全是一项基本国策。在相当长的历史时期,发展经济和生态保护的矛盾难以协调,常常以牺牲资源和环境为代价来促进经济发展,水土流失未能得到有效地控制。从环境特点来看,水土流失严重区植被破坏严重,水资源普遍匮乏,生态恢复困难。且多为山高坡度大的地形条件,很难从根本上解决水土流失问题。另外,由于水土流失面积大,投入资金不足也制约着治理效果。即使政府逐年加大投入,水土流失治理也是中国今后很长时期的生态恢复和建设目标。

第二节　中国水土流失研究进程

水土流失是自然地表过程之一,人类活动介入后渐渐演变为加速侵蚀过程。作为中华民族和文化的发源地,黄河流域也是人类活动对自然环境影响最为深刻的地区。加之自然环境特征的独特性,黄河流域黄土高原地区是中国水土流失最为严重的地区,黄河泥沙淤积引起的洪水灾害自古以来就是对中华民族生存安全的最大威胁。在历史的长河中,中国劳动人民为了生存及生产,对水土流失及黄河泥沙问题有很多朴素的认识,也积累了很多宝贵的治理经验。早在远古时代,黄河流域就有"平治之水""沟洫治黄"之说。春秋后期,随着人口的增加,水土流失日趋加重,腊祭在其祝词中提到"土反其宅,水归其壑,草木归其泽",反映了水、土、草、木资源平衡和水土保持观念,这是中国历史上最早关于水土保持的记载。在中国古代著作《禹贡》中就有关于黄土的记载,西汉末年张戎曾用"石水而六斗泥"来形容黄河多沙的特点,也间接反映了黄土高原水土流失的强烈程度。北宋和明清时期黄河下游决溢灾害频发,因而产生了"治河、垦田与沟洫治河"论、"治水先治源"论、"汰沙澄源"论和"森林拟流固沙"论等代表性的水土保持理论。历史上的水土保持措施也有了一定发展,其中耕作措施有川田法和区田法,工程措施有梯田、引洪漫灌、淤地坝、陂塘等,林草措施有封山育林、植树造林和陂塘、坝堰、堤岸营造防护林等。

然而,将水土流失问题作为科学问题来研究则是近代的事情。19世纪后期,随着中外学者开始研究中国的黄土及其沉积过程,黄土高原地区的土壤侵蚀和水土流失才逐步得到关注。土壤侵蚀作为一门科学技术进行专门研究,则是从20世纪20年代开始的。当时金陵大学森林系的部分教师在晋、鲁、豫进行了水土流失调查及径流观测,于20世纪30年代开设了土壤侵蚀及其防治技术课程。1933年原黄河水利委员会成立并设置林垦组,从事防止土壤冲刷工作。1940年黄河水利委员会与金陵大学农学院、四川大学农学院在成都召开了防止土壤侵蚀的科学研究会,首次提出了"水土保持"一词。20世纪40年代黄瑞采等学者对陕甘黄土分布、特性与土壤侵蚀的关系等进行了深入考察研究。此后,在美国水土保持学家罗德铭的指导下,在天水(1941)、西安、平凉和兰州(1942)、广西西江和东江(1943)、南京和福建长汀河田(1945)相继建立了水土保持实验站,开始了长期定位观测研究,标志着中国现代土壤侵蚀和水土流失研究的开始。

在中国,大规模开展土壤侵蚀科学研究并取得重要进展则是从20世纪50年代开始的。中国人民共和国成立以后,为了缓解黄河下游地区洪水灾害的威胁,政府筹划三门峡水利枢纽工程建设。1957年国务院成立了全国水土保持委员会,指导和协调全国的水土保持工作。此后,全国20多所高等院校设立了水土保持系或水土保持专业。为了摸清和评价库区上游来水来沙对工程影响,1955年~1958年黄河水利委员会和中国科学院在黄河中游地区相继组织了3次大规模黄河流域综合考察,在挖掘和积累黄河流域自然环境和社会经济基础资料的同时,锻炼了一大批后来成为中国土壤侵蚀和水土流失领域领军人物的专家队伍。经过全面考察,对黄土高原地区水土流失格局及成因有了初步认识,并编制完成了《黄河中游黄土高原水土保持土合理利用区划》。1958年,国务院水土保持委员会办公室编印了《中国土壤侵蚀图及其有关资料》,其中含有中国土壤侵蚀程度及其分布。从1953年开始,相继在陕西绥德韭园沟、甘肃西峰南小河和陕西子洲岔巴沟流域建立了水土保持观测站,同期对已有天水站进行扩建,开始全面系统地水土流失规律野外试验研究。随着研究工作的不断深入和研究队伍的扩大,中国科学院西北水土保持研究所(现中国科学院水土保持研究所)也分别在陕西安塞县和长武县以及宁夏回族自治区的固原县,中国科学院南京土壤研究所在江西鹰潭,中国科学院兰州沙漠研究所(现中国科学院旱区寒区工程研究所)在宁夏沙坡头,山西省水土保持研究所在离石王家沟流域,黑龙江省水土保持研究所在宾县,辽宁省水土保持研究所在西丰,广东省土壤研究所在电白,福建省水利厅及有关高校在长汀和安溪分别建立了水土流失监测站点,以及其他省市有关部门也相继建立了许多水土保持监测点。上述水土保持站点的建立与维持,为不同地区土壤流失规律研究积累了较系列的第一手资料。

20世纪70年代末,随着国家经济发展和综合国力增强,土壤侵蚀和水土保持科学也取得了长足发展。水利部在全国实施"八大片"水土流失综合治理工程,国家科技部组织开展了第二次黄土高原综合考察、进行了连续5个计划的黄土高原地区综合试验示范研究,并将研究尺度由小流域扩大到区域,进行了长江流域和全国土壤侵蚀区划分。建立了土壤侵蚀国家重点实验室及与其配套的世界第二大人工模拟降雨实验大厅,各个研究机构、高等学校和各级水利水保部门布设了一系列水土流失观测站进行观测。研制了不同的室内外人工模拟降雨装置并开展了土壤侵蚀及其防治的系统研究,编制了全国水土流失技术标准和检测规程,各大江大河流域和各级行政部门相继建立了水土保持与生态环境监测机构,国家基金委、水利部和黄河水利委员会等联合或单独设立了水土保持研究基金资助开展研究。三峡工程的建设促使其上游地区的水土流失研究受到关注("长治"工程启动),遥感、地理信息系统和全球定位系统等技术在土壤侵蚀调查研究和空间评价中得到广泛应用。《中华人民共和国水土保持法》(1991)和西部大开发对生态环境建设的需求及国家实施的经济与社会协调发展和又快又好发展的战略正在推动土壤侵蚀科学研究向定量化方向发展。

为了科学评价中国水土流失现状与变化趋势,为国家水土保持与生态建设宏观决策提供依据,国家先后启动了一系列的水土保持与生态环境科学考察,取得了一系列有重要科学与实践意义的成果,建立了完善的全国土壤侵蚀分类系统,奠定了对中国土壤侵蚀遥感调查制图的基础。20世纪80年代初期,中国科学院有关院所联合国内相关院校,对黄土高原地区进行了全面系统地综合考察。作为基本调查内容,对50多年来的水土流失规律和水土保持效益研究进行了全面调查与总结。出版了系列成果,并培养了一大批新一代土壤侵蚀和水土保持研究人才。同时,遥感技术被广泛应用于水土流失调查与制图。1984年,水利部组织有关单位应用遥感技术编制了全国和各大流域土壤侵蚀图(1:250万和1:50万)。1985年~1990年,中国科学院再次组织黄土高原区综合科学考察,并进行了相关研究,明确了"黄土高原地区土壤侵蚀区域特征及其治理途径"。1990年,水利部进行了全国第一次土壤侵蚀遥感调查,查明了当时中国水土流失的现状。1999年~2000年,水利部又组织了全国第二次土壤侵蚀遥感调查,摸清了全国水土流失的现状和动态,为国家水土保持宏观决策提供了科学依据。在2002年水利部在《全国水土流失公告》中颁布了第二次水土流失遥感调查结果。2005年7月~2007年5月,水利部、中国科学院和中国工程院联合开展了"中国水土流失与生态安全综合科学考察",较为准确地摸清了全国土壤侵蚀的现状,客观地分析了全国土壤侵蚀的动态变化,并制作了全国土壤侵蚀图。

从19世纪初在黄河支流大汶河南成子设立第一个水文站开始,在全国各大河流干流及其支流上设立了大批水文站,观测记录河流水情及泥沙量变化。经过一个世纪的建设与完善,基本上建成了全国河流水文监测网系。全国河流泥沙资料为宏观把握中国水土流失规律以及水土保持效益评价研究提供了基础数据。从20世纪80年代开始,先后在中国科学院水土保持研究所、中国科学院地理研究所、北京师范大学、黄河水利委员会,以及长江水利委员会等科研单位建立了土壤侵蚀人工模拟降雨大厅,水土流失研究资料获取手段与途径日益丰富。

从研究内容及侧重点来看,中国水土流失研究基本上经历了3个阶段:水土流失现状认识、水土流失规律定量化和基本成果拓展应用。水土流失现状认识,包括面积和程度、类型方式和区域分异规律;基本规律定量化,包括影响水土流失因素定量化评价、研究方法探索和土壤流失量估算模型构建;基本成果拓展应用,包括水土保持环境效应评价、流域水文泥沙计算和全球变化响应等。中国面积辽阔,自然环境条件复杂,水土流失类型多样,河流泥沙危害突出。在相当长时间内,查找泥沙来源及其时空分布一直是土壤侵蚀及相关学者关注的重点。以黄土高原地区为例,在20世纪80年代以前,土壤侵蚀和水土保持研究工作一直围绕着黄河粗泥沙来源、水土流失类型方式、侵蚀主导因素和水土保持措施效益等开展。而对于其他侵蚀类型区而言,上述问题直到现在仍需要进行。随着野外观测资料的积累,从80年代开始,水土流失预报模型受到普遍关注,许多研究者在中国不同地区开始了以美国USLE为蓝本的侵蚀预报模型研究。在这一时期,随着人工模拟降雨方法设备逐渐成熟和水槽实验手段的引入,土壤侵蚀过程机理及水沙关系研究也得到进一步深化。从90年代开始,随着中国退耕还林还草工程、三江源区生态保护工程、长江中上游天然林保护工程和东北黑土保护工程等一系列水土保持和生态恢复工程的实施,区域土壤侵蚀环境发生显著改变,水土保持的环境效应问题受到关注。尽管在研究内容和关注重点上存在3个不同时期,但由于研究力量和水平存在严重的地区失衡,目前在全国不同地区亟待解决的问题也有所不同。实际上,除黄土高原地区之外,全国其他地区整体研究水平都相对较弱,有许多关于土壤侵蚀和水土流失机理方面的问题仍需要进一步研究,土壤侵蚀预报模型研究也有待于提高和完善。

总之,经过60多年的长期不懈地努力,中国土壤侵蚀与水土保持科学研究取得了丰硕的研究成果,在水土保持学科体系建设、水土流失规律与土壤侵蚀机制、土壤侵蚀模拟模型及动态监测与效益评价,以小流域为单元的水土流失综合治理与试验示范等方面取得了较大的进展:初步摸清了中国土壤侵蚀的基本规律,完善了中国土壤侵蚀的分类分区系统,初步建立了多种尺度的土壤侵蚀预报模型,建立了土壤侵蚀研究方法和技术体系。揭示了土壤侵蚀过程和机理,初步建立了坡面土壤流失预报模型并正在研究建立以流域为单元的水蚀预报模型方程,开展了小流域综合治理试验示范研究,建立了水土保持效益观测研究和评价体系,强化了水土流失的预测监督和管理机制。近年来,随着"3S"技术、电子计算机技术的飞速发展和普及应用,同时在土壤侵蚀机理研究和防治理论研究方面引入了现代系统科学,如系统论、运筹学、生态经济理论、景观生态学原理等,大大加快了土壤侵蚀研究步伐,扩大了研究的深度和广度,在土壤侵蚀宏观区域分异规律和土壤侵蚀分类、侵蚀环境演变、土壤侵蚀研究技术、土壤侵蚀综合防治等方面已经达到或接近世界先进水平。同时,形成了一支高效的水土保持科研队伍,对学科发展、科学决策、水土保持科技传播发挥了积极地推动作用。

第三节　中国土壤侵蚀与水土流失研究进展

经过大半个世纪的研究和积累,中国在土壤侵蚀和水土保持研究领域走出了一条独具特色的发展历程,取得了大量科学成果,解决了生产实践中的许多重要问题,为世界水土保持研究作出了重要贡献。有关人员对中国不同时期土壤侵蚀研究进展及主要成果进行过系统论述,在其总结的基础上,将中国土壤侵蚀和水土保持方面的主要研究成果归纳如下。

一、土壤侵蚀分类分区研究

为了有效地防止水土流失,首先必须深入全面地认识和了解水土流失现象,土壤侵蚀分类和分区就成为中国水土流失研究初期重点关注的内容。土壤侵蚀是指土壤和成土母质在外营力作用下的分离、破坏和移动,是限制当今人类生存与发展的全球性环境问题之一,严重制约着全球社会经济的持续发展。20世纪40年代,中国和美国土壤学家共同考察中国土壤,首次提出了片蚀、沟蚀、崩塌和陷穴等侵蚀种类;马溶之、李连捷、朱显谟先后进行了黄河中游、嘉陵江流域和江西地区土壤侵蚀和水土保持的调查研究,明确提出了水力、风力和重力的侵蚀营力概念。中国的土壤侵蚀系统分类分区研究是从黄土高原开始的,20世纪50年代初期,对黄土高原的水土流失组织了3次大规模勘察,对于黄土高原的土壤侵蚀类型和分区进行了许多开创性的研究。为了配合黄河流域经济建设规划和三门峡水利枢纽建设,黄秉维(1955)首次编制了黄河中游土壤侵蚀分区图,将黄土高原的侵蚀营力分为自然营力和人为营力,再按照外营力的性质将土壤侵蚀划分为水力侵蚀、重力侵蚀和风力侵蚀3种;并将黄土覆盖区划分为黄土高原沟壑区和黄土丘陵沟壑区,进一步将黄土丘陵沟壑区分为5个副区。朱显谟(1958)在研究黄河中游土壤侵蚀区划问题时提出划分5级区分制:地带、区带、复区、区和分区,侵蚀地带以主要的侵蚀类型为划分标准并和气候结合,以说明侵蚀营力的强弱和实际反映等不同情况。罗来兴和朱震达(1965)主编了黄土高原水土流失和水土保持图,从水土保持的角度指出哪些地区急需治理,哪些地区不急需治理;在急需治理的地区中,哪些类型地区可以沟谷治理为主、坡面治理为辅,哪些类型地区必须沟谷治理与坡面治理并重。唐克丽、陈永宗(1990)主编的《黄土高原地区土壤侵蚀区域特征及其治理途径》依据土壤侵蚀营力、类型、强度发展趋势以及治理途径在一定区域内的相似性(或一致性)和区域间的差异性来划分土壤侵蚀分区,采用两级分区,即侵蚀地区和侵蚀区。这些成果对土壤侵蚀研究和水土保持布局至今仍有指导意义。陈永宗对黄土高原沟谷类型的划分成果,对土壤侵蚀发展过程研究作出了重要贡献。陈永宗和陈继成等提出的黄土高原沟道小流域侵蚀方式垂直分带性,对认识小流域土壤侵蚀规律和水土保持措施布设具有重要参考价值。史德明则根据南方红壤区土壤侵蚀特点,提出了"岗崩"概念及相关研究,对南方水土保持有一定价值。

全国范围的水土保持区划,主要有辛树帜等人所作的划分方法。辛树帜和蒋德麒(1982)根据土壤侵蚀的研究结果,采用自然界某一外营力在一较大的区域里起主导作用的原则,将全国分为3大土壤流失类型区:风力侵蚀为主的类型区、冻融侵蚀为主的类型区和水力侵蚀为主的类型区(图2-7-2)。根据各地影响水土流失的自然因素的特点,将水力侵蚀为主的一级类型区划分为6个二级类型区:西北黄土高原区、东北低山丘陵和漫岗丘陵区、北方山地丘陵区、南方山地丘陵区、四川盆地及周围山地丘陵区、云贵高原区。风力侵蚀为主的类型区和冻融侵蚀为主的类型区未再细分。

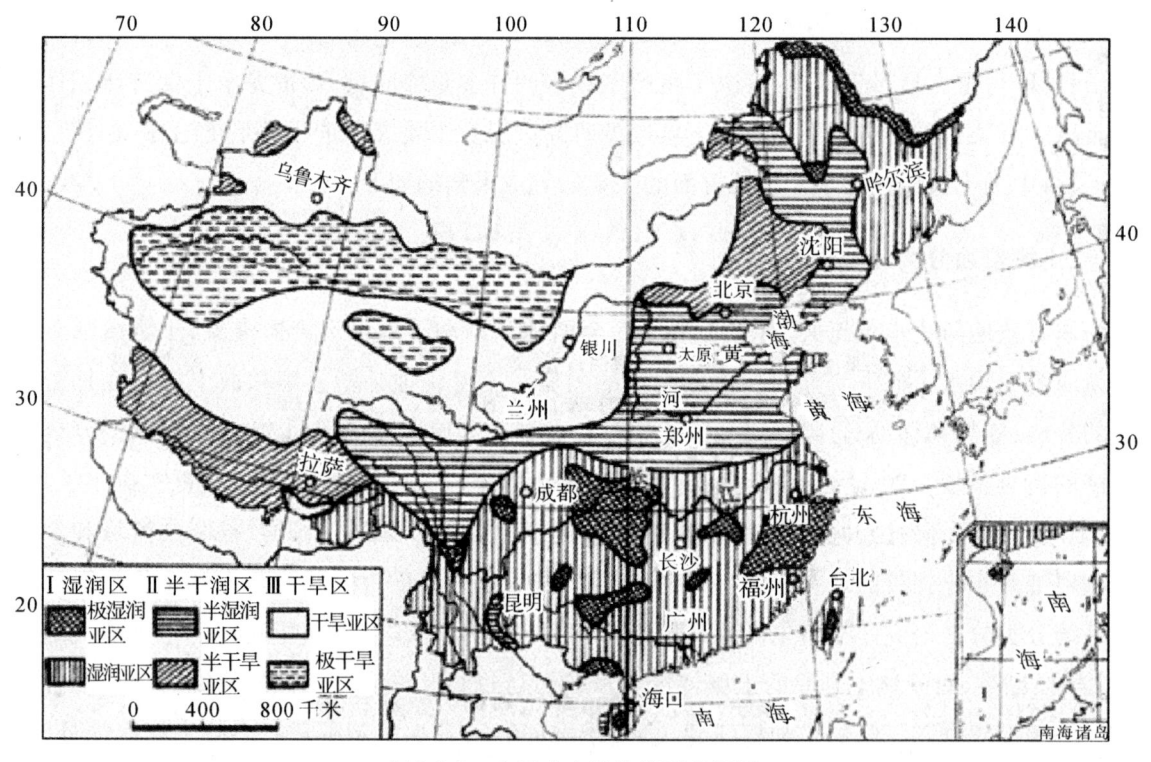

图 2-7-2 中国水土流失类型分区图

陈代中、朱显谟(1989)编制的《中国土壤侵蚀类型及其分区图》中,按侵蚀营力,把全国分为3大土壤侵蚀区:东部流水侵蚀区、西北风力侵蚀区和青藏高原冻融及冰川侵蚀区。其中东部流水侵蚀区包括大兴安岭—阴山—贺兰山—青藏高原东缘一线以东的地区,有8个二级区。西北风力侵蚀区包括位于大兴安岭—阴山—贺兰山—青藏高原东缘一线西北地区,地处欧亚大陆腹地,距海洋较远,气候干旱少雨,是中国沙漠、戈壁分布地区,土壤侵蚀以风蚀为主,包括5个二级区。青藏高原冻融及冰川侵蚀区包括西藏全部、青海南部及四川的甘孜、阿坝2州,土壤侵蚀营力以冻融和冰川作用为主,包括5个二级区。1999年朱显谟等又进一步总结制定了新的中国土壤侵蚀图,形成了中国较为完整的土壤侵蚀类型区划。

水利部土壤侵蚀分类分级标准(SL190-96)的土壤侵蚀分区,用主导因素法并以与土壤侵蚀关联度高同时又是较稳定的自然因素作为分区的依据。全国一级区的区划以发生学原则(主要侵蚀外营力)为依据,分为水力侵蚀、风力侵蚀、冻融侵蚀三大侵蚀类型区。全国二级区的区划以形态学原则(地质、地貌、土壤)为依据,将水力侵蚀为主的一级区分为西北黄土高原区、东北黑土区、北方土石山区、南方红壤丘陵区和西南土石山区等5个二级类型区;风力侵蚀为主的类型区包括三北戈壁沙漠及沙地风沙区和沿河环湖滨海平原风沙区2个二级区;冻融侵蚀为主的类型区包括北方冻融土侵蚀区和青藏高原冰川侵蚀区2个二级区。同年,关君蔚编写的《水土保持原理》中,对中国的水土保持类型进行了初步分类。

唐克丽(2004)主编的《中国水土保持》中,把全国水土保持区划分为3个级别,共43个水土保持类型区。该区划分级中,一级、二级分区基本上以辛树帜、蒋德麒编制的中国水土流失类型分区为依据,把风力侵蚀为主的一级区又分为2个二级区。在一级、二级分区基础上,按照主要地貌单元、侵蚀类型和侵蚀强度、土地利用结构和生产发展方向、水土保持方略和措施及人为因素等,划分第三级分区,也就是类型区。

关君蔚(1996)编写的《水土保持原理》中对中国的水土保持类型进行了分类,初步提出了10个类型区及粗略的分布图。中国的水土保持类型是以全国为背景,就地区的特点、水土流失和水土保持的相似性和分异性进行宏观轮廓性划分。中国水土保持类型主要分为10个类型:北方土石山地丘陵、西北黄土高原丘陵、晋陕峡谷高中山地、南方丘陵山地、西北干旱风沙地区、西北干旱山地丘陵、东北漫岗丘陵山地、东北内蒙林区、青藏高原、平原、盆地和绿洲。

王效科、欧阳志云等(2001)以水土流通用方程为理论基础,利用中国已有的水土流失研究成果及地貌、土壤和植被分布图,分析了降水、土壤质地、地形坡度坡长和地表覆盖因子对中国水土流失敏感性的影响及其形成的区域差异,在综合评价中国水土流失敏感性区域差异基础上,提出了中国水土流失敏感性区划方案(图2-7-3、表2-7-1)。

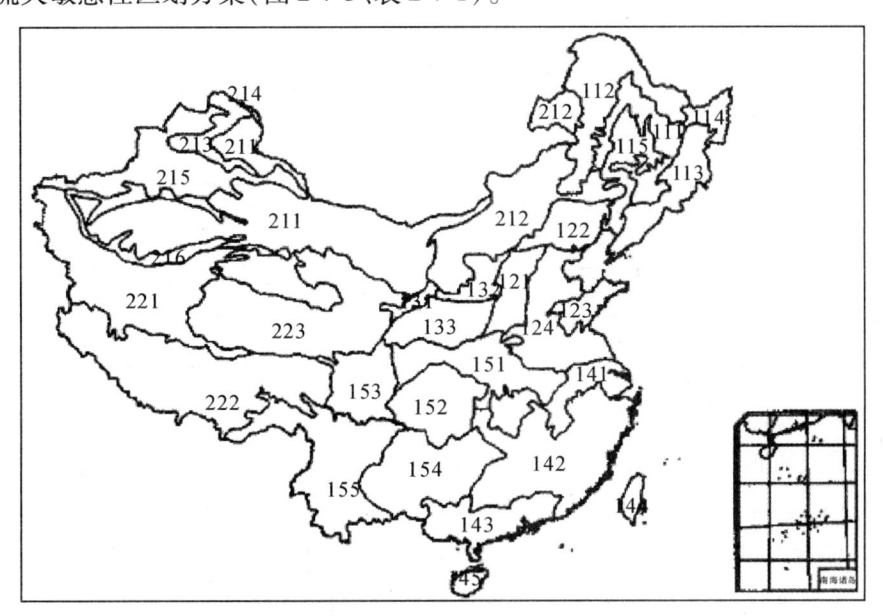

图2-7-3 中国水土流失敏感性区划

表 2-7-1 中国水土流失敏感性区划表

一级	二级	三级	土壤侵蚀容许量 T/(吨/公顷·年)	敏感性等级	编码
东部水土流失常发区	东北丘陵区	松嫩平原	2	2	111
		大兴安岭山地	2	3	112
		长白山地	2	3	113
		三江平原	2	1	114
		松辽平原	2	2	115
	华北平原区	太行山区	2	5	121
		辽西冀北山地区	2	3	122
		山东丘陵区	2	3	123
		黄淮海平原区	2	2	124
	黄土高原区	鄂尔多斯高原区	10	2	131
		黄土高原北部区	10	4	132
		黄土高原南部区	10	3	133
	南方丘陵区	长江中下游区	2	2	141
		江南山地区	5	4	142
		岭南丘陵区	5	3	143
		台湾岛区	5	3	144
		海南岛区	5	3	145
	西南山区	秦岭大别山鄂西山区	5	4	151
		四川丘陵区	5	3	152
		川西山地区	5	3	153
		云贵高原区	5	3	154
		横断山区	5	3	155
西部水土流失少发区	"三北"干旱荒漠区	蒙新宁高原盆地区	2	1	211
		内蒙古高原草原区	2	1	212
		准噶尔绿洲草原荒漠区	2	1	213
		阿尔泰山区	2	2	214
		天山区	2	3	215
		塔里木绿洲荒漠区	2	1	216
	青藏高寒区	藏北高原区	2	2	221
		藏南高原区	2	3	222
		青海东部及河源区	2	3	223

2006年,为了明确国家级水土流失防治重点,实施分区防治战略,分类指导,有效地预防和治理水土流失,促进经济社会的可持续发展,根据《中华人民共和国水土保持法》和《中华人民共和国水土保持法实施条例》的有关规定,水利部在《全国水土保持规划纲要》《全国生态环境建设规划》和全国第二次土壤侵蚀遥感调查成果的基础上,划定了42个国家级水土流失重点防治区(包括重点预防保护区、重点监督区、重点治理区),面积222.98万平方千米(包括重点监督区与重点治理区重复面积14.13万平方千米),其中水土流失面积95.46万平方千米(包括重点监督区与重点治理区重复面积11.28万平方千米)。

此外,中国还开展了与水土保持工作有关的其他部门的自然或综合区划,如全国生态修复区划等,各省和地区也根据自身的特点划定了"三区"或者水土流失防治类型区。

21世纪初,水利部组织完成的中国水土流失图、全国水土流失分区图和全国水土流失强度图,对宏观把握水土流失现状及动态变化提供了科学依据。

二、黄河泥沙来源研究

黄河难以治理的症结在于泥沙,泥沙主要源于黄土高原地区的水土流失。钱宁与黄河水利委员会合作,在分析总结黄河泥沙运动与沉积规律时,基于大量野外河道泥沙沉积物粒径组成的实测资料,首次把黄河下游泥沙运动、沉积与中游泥沙来源区建立起联系,揭示了黄河下游泥沙淤积主要来自中游的粗泥沙来源区洪水,提出了把集中治理中游粗泥沙来源区作为治黄战略的建议。这一成果对黄河泥沙来源认识是一个重要发展,对黄土高原水土流失重点治理与指导治理工作都具有重要意义。

钱宁关于粒径大于0.05毫米的粗泥沙是黄河下游泥沙淤积根本原因的发现,为黄河流域水土流失治理指明了方向。钱宁等人于20世纪50年代就开始从事黄河泥沙问题的研究,分析了粗泥沙对黄河下游河道淤积的贡献,并对粗泥沙来源区进行了长期调研工作。在分析河床质钻孔和水文统计资料基础上,明确指出:从黄河下游不同河段的滩槽物质组成可知,在主槽中特别是在主槽深处的泥沙,极大部分是大于0.05毫米的粗颗粒泥沙;在滩地上,由于河道摆动,粗颗粒也占1/2以上;减少下游河道淤积,主要应控制大于0.05毫米的粗颗粒泥沙;鉴于黄河流域地域辽阔,治理的任务十分繁重,需要明确区域重点,当前如能集中精力搞好粗泥沙来源区生态治理,黄河下游的泥沙淤积情况便会明显改善。钱宁等于1979年提出粒径大于0.05毫米的粗泥沙主要集中在2个区域,分别为皇甫川至秃尾河等各支流的中下游地区[粗泥沙输沙模数达到1万吨/(平方千米·年)]和无定河中下游区[粗泥沙输沙模数达到6000吨/(平方千米·年)~8000吨/(平方千米·年)]以及广义的白于山河源区[粗泥沙输沙模数达到6000吨/(平方千米·年)左右]。龚时旸等在1979年研究黄河泥沙来源及地区分布后提出,80%粒径大于0.05厘米的粗泥沙来自11万平方千米,50%来自4.3万平方千米。此后,钱宁等进一步提出,应该把5万平方千米~10万平方千米的多沙粗沙区作为水土保持工作的重点。对黄河粗泥沙集中来源区的界定,对于构建黄河水沙调控体系,减少干流水库和下游的泥沙淤积,保障黄河防洪安全,维持黄河健康生命,促进流域国民经济和社会的可持续发展具有重要的现实意义。

黄河水利委员会在大量水文泥沙资料分析的基础上,查明了黄河泥沙主要来自河口镇到龙门区间,进一步指出造成下游河道淤积的粗泥沙主要来自晋陕蒙接壤处的不到10万(7.86万)平方千米的范围内。黄河水利委员会2004年~2005年组织有关单位进行了进一步研究,通过分析三门峡库区和下游河道淤积物粒径以及黄河下游不同粒级泥沙淤积比发现:自然条件下,下游河道主槽淤积物中,粒径大于0.1毫米的泥沙所占比例较高(50.7%);小浪底水库运用以来的实测资料表明,0.1毫米以上的泥沙也难以冲刷,因此,选取0.1毫米为界定黄河中游粗泥沙集中来源区的粒径界限,选定以0.1毫米的粗泥沙输沙模数1400吨/(平方千米·年)为指标,界定出黄河中游粗泥沙集中来源区面积为1.88万平方千米。黄河中游粗泥沙集中来源区涉及皇甫川—佳芦河区间,无定河的芦河、大理河,延河和清涧河上游一带,无定河下游等3个区域。粗泥沙集中来源区面积仅占黄河中游多沙粗沙区面积(1.88/7.86)的23.9%,可产生的泥沙达4.08亿吨,占多沙粗沙产沙量的34.5%,大于0.05毫米和0.1毫米的粗泥沙量分别达1.52亿和0.61亿吨,占多沙粗沙区相应粒径输沙量的47.6%和68.5%。

关于黄河泥沙来源的另一个主要贡献是龚时旸、熊贵枢和蒋德麒共同完成的关于沟间地和沟谷地的产沙比例问题。他们在分析各水土保持试验资料基础上,指出沟谷地是河流泥沙的主要来源。唐克丽则认为黄河泥沙主要来自坡耕地,人为耕垦是黄土高原水土流失加剧的原因。关于黄河泥沙来源的研究成果,为水土保持规划及重点区域确定提供了有力证据。

三、河流泥沙输移比研究

泥沙输移比反映了流域内泥沙的输移状况,是连接流域地面侵蚀与河道输沙的纽带和研究流域侵蚀与产沙关系的重要数据。开展泥沙输移比研究可以进一步深化对小流域土壤侵蚀程度和危害的认识,通过对比同一流域不同时期的泥沙输移比来认识水土流失的变化趋势以及检验水土保持实施效果,为小流域综合治理规划及工程设计提供科学依据。泥沙输移比的研究涉及土壤侵蚀学、地貌学、地质学、生态学和环境学等多门学科。中国泥沙输移比是在20世纪70年代后期由龚时旸、熊贵枢首先开始进行研究的,主要注重地貌及自然地理环境等因素对泥沙输移比的影响。

目前,国内外学者普遍认为,泥沙输移比是随流域面积扩大而递减的。许多学者针对特定地区计算了不同流域规模的泥沙输移比。牟金泽(1982)在大理河流域建立的经验方程中的输沙比与流域面积成反比,通过分析小流域泥沙和坡面小区观测资料,指出黄土丘陵沟壑区小流域泥沙输移比接近1。孙厚才等(2004)通过统计分析,结果表明泥沙输移比与流域面积呈幂函数的反比关系;应用分形理论的自相似原理探讨了泥沙输移比与小流域集水面积的关系,并得到泥沙输移比的统计模型,计算得出流域面积0.01平方千米的小流域泥沙输移比为1。景可(2007)通过分析长江干流、黄河干流、长江上游、黄河中游主要支流及任意流域3个层面的流域输沙模数与流域的关系,认为黄河中游输沙模数与流域面积不成反比关系,而长江上游无论是干流还是支流或任意流域的流域输沙模数与流域面积不一定成反比关系,间接地说明了泥沙输移比与流域面积的相关程度不明显;结合泥沙资料和流域地貌形态分析结果,认为黄河流域泥沙输移问题十分复杂,河流泥沙输移比大小是水文、泥沙、地貌形态和流域面积等因素综合影响的结果,大范围平均状态而言,黄河中游地区泥沙输移比接近1,但不同区域间存在差异性。

蔡强国(1991)以晋西离石县王家沟上游羊道沟为研究对象,根据产流降雨实测资料进行了多元回归逐步分析,得到了一个表征泥沙输移比与降雨量、径流系数、最大水流含沙量等的幂指数回归方程。唐政洪等(2001)在研究小流域侵蚀产沙模型时,通过构建泥沙输移比进行流域产沙量的演算。陈浩(2000)探讨了黄土丘陵沟壑区流域系数泥沙输移比的年际变化与次降雨时空变化特征、次降雨径流对泥沙输移比的影响及影响次降雨泥沙输移比的暴雨洪水能量转换机制,最终建立了不同流域尺度多年平均泥沙输移比的预报模型,研究表明,利用次降雨径流深的增幅比和洪峰增幅比,不仅可以表征单位面积水流与沟道系数洪峰能量变化时对泥沙输移比的影响,而且具有极高的预报精度。

陈建国等(1996,1997)研究了三门峡—高村、高村—利津2河段在不同洪峰条件、不同粒径泥沙冲淤的状况,认为随着泥沙粒径变大,输移距离变小,对下游河床的影响也越来越小。许炯心(2002)以实测水文资料为基础,对黄河下游河道泥沙输移比进行了系统研究,指出:粗泥沙(大于0.05毫米)的相对来沙量越大,河道输移比越小;细泥沙(小于0.05毫米,特别是小于0.025毫米)的相对来沙量越大,排沙比越大。

许炯心等(2004)以黄土高原无定河流域为例研究了水土保持措施对流域泥沙输移比的影响。水土保持措施极大地改变了流域泥沙的侵蚀、输移和堆积过程,因而改变了流域的泥沙收支关系。

在天然状况下,无定河流域的泥沙输移比接近1.0。20世纪60年代后流域内大规模地展开水土保持工作以来,泥沙输移比急剧下降为0.2~0.4。泥沙输移比的变化主要是由于流域内人为沉积汇的形成所致。这种人为沉积汇表现为水库、淤地坝的拦沙作用,导致了泥沙输移比大幅度减小。在目前状况下,人工沉积汇的拦沙作用相当于坡面措施减蚀作用的2.4倍~6.3倍,表明坡面治理措施的有效性尚有待提高,并亟待在生态环境建设中予以加强。李秀霞等(2011)通过对黄河、延河、杏子河、纸坊沟4级流域尺度上泥沙输移比的研究,分析了黄河流域泥沙输移比与流域尺度的关系。结果表明,杏子河流域泥沙输移比大于1,而黄河、延河、纸坊沟流域的泥沙输移比均小于1;在黄河、延河、杏子河3级流域中,流域泥沙输移比随流域尺度增大呈明显减小趋势,而杏子河与纸坊沟流域的泥沙输移比随流域尺度增大而增大;随着流域尺度增大,被侵蚀的泥沙在输移过程中沉降下来的概率增大,就可能出现泥沙输移比随流域尺度增大而减小的现象,但这种可能性能否转化成现实,还受制于其他因素的影响。

黄河流域泥沙输移比的研究成果,为水文站泥沙资料在水土流失强度及区域变化、区域水土保持效益分析等研究中的合理应用提供了科学依据。近几年,随着对水土流失环境效应问题的重视,对全国其他河流泥沙输移比的关注程度日趋增加。

四、土壤侵蚀机理研究

土壤侵蚀机理研究的目的在于预报流域侵蚀产沙量,以指导水土保持措施配置,防治和减少水土流失。土壤侵蚀机理研究最早始于19世纪晚期,但在当时仅仅是限于侵蚀产沙的表面现象观测和定性描述。20世纪60年代,土壤侵蚀和产沙机理研究才得到一定发展。80年代以后,土壤侵蚀机理研究取得长足发展,特别是在水力对土壤侵蚀机理方面的研究较为系统和深入。同时,对影响土壤侵蚀因子如降雨、土壤特性、地貌形态、土地利用方式和植被覆盖度等的侵蚀机制也进行了大量研究。有关研究认为,坡面侵蚀过程自降雨到达地面开始,首先从溅蚀、片蚀、细沟侵蚀,然后发展到浅沟侵蚀、切沟侵蚀。1988年,黄秉维从水力侵蚀的研究机制出发,认为坡面侵蚀分为2步:首先是土粒与土体的分离,其次是细沟间片流剪切力。

对土壤侵蚀机理研究包括侵蚀与影响因子间的定量关系、不同侵蚀方式发生的临界条件、坡面产流产沙及其输移过程等方面。20世纪90年代以来,土壤侵蚀机理研究又取得了新进展,充实了土壤密度、持水性、颗粒尺度、水力传导性、植物根系、切沟侵蚀、风水复合土壤侵蚀等方面的研究。

(1)土壤侵蚀与影响因子关系 土壤侵蚀是影响区域生态环境的重要因素,它受气候、地形地貌、土壤、植被和人类活动等因素的影响。周佩华(1981)对降雨能量进行了实验研究,提出了黄土高原产流降雨标准。王万中(1984)根据野外径流小区资料,利用统计方法明确了黄土高原地区侵蚀性降雨大小。江忠善(1989)利用野外试验,研究了雨滴溅蚀过程及其影响因素。王兴奎等(1982)实则了降雨过程中黄土坡面不同地貌部位的产流产沙及其输移过程。陈永宗认为20°~28°为绥德和离石2地坡地上水流面蚀强度的临界坡度,靳长兴和胡世雄(1995)也对坡面侵蚀的临界坡度进行了试验研究,指出在流量一定的条件下,坡面侵蚀的临界坡度在24°~29°之间。李季霞等(2009)为寻找流域上土壤侵蚀的主导影响因子,收集了黄河流域气候、地形、植被、土壤等数据,通过引入信息熵原理分析了各个影响因子与土壤侵蚀的空间相关性。结果表明,在黄河流域1:10万地图比例尺条件下,各因子对土壤侵蚀影响的大小排序为:①水蚀区,加权降雨量>地形起伏度>植被覆盖度>土壤类型>沟壑密度;②风蚀区,地形起伏度>风蚀气候因子>植被覆盖度>土壤类型>沟壑密度;③冻融区,沟壑密度>地形起伏度>气温变化率>植被覆盖度>土壤类型。该研究在定性变量和定量变量之间建立了定量的空间相关性分析,研究结果给出了影响黄河流域水力侵蚀、风力侵蚀、冻融侵蚀的主导性因子,可为流域土壤侵蚀过程研究和水土保持决策提供参考。刘瑞娟等(2010)为探究土壤侵蚀各影响因子在一个较大的地理信息系统内的组合变化关系,通过流域内土壤、植被、气候、地形等数据,利用二元相关分析、偏相关分析和通径分析方法,对流域尺度的土壤侵蚀各影响因子进行了分析,结果表明,对土壤侵蚀起主导作用的因子是地形起伏状况,其次是坡耕地面积比和植被覆盖度,它们之间具有较好的相关性,地形起伏度除直接对土壤侵蚀产生影响外,还通过影响坡耕地的分布和植被覆盖度而对土壤侵蚀产生综合影响。刘玲(2010)用中国土壤流式方程(CSLE)作为模型,计算各因子及其组合在不同尺度下的土壤侵蚀模数,结果表明,利用信息熵法得到各影响因子与土壤侵蚀模数空间相关性排序为:坡度坡长>降雨侵蚀力>生物措施>耕地措施>土壤可蚀性,低精度数据下各影响因子与土壤侵蚀模数的相关程度高于高精度数据下各影响因子与土壤侵蚀模数的相关程度;坡度坡长是影响区域土壤侵蚀最为敏感的因子,它随着空间尺度变化对土壤侵蚀的影响最大,DEM分辨率降低,土壤侵蚀模数变小;生物措施的敏感性次之,其随空间尺度变大,土壤侵蚀模数增大;坡度坡长和生物措施组合随着尺度增大土壤侵蚀模数减少,二者组合的空间尺度变化对土壤侵蚀的影响程度高于单一生物措施尺度变化对土壤侵蚀的影响;降雨侵蚀力和土壤可蚀性的空间尺度变化对土壤侵蚀几乎没有影响,但降雨侵蚀力随着时间尺度变化对土壤侵蚀有着重要影响。

(2)雨滴击溅侵蚀 雨滴击溅侵蚀是土壤侵蚀过程的开始。目前溅蚀的研究成果主要集中在击溅侵蚀模拟方面,学者们将影响溅蚀的因子分为降雨动力与下垫面条件2类,并建立了降雨特性、土壤特性及地形因子等与溅蚀量的各种经验关系式。一般认为,侵蚀量与降雨动能呈指数关系,公式中系数与指数的差异取决于土壤特性的差异和地域的不同。考虑到地面坡度对溅蚀强度的影响,学者们通过不同的试验方法建立了溅蚀强度与坡度之间的关系方程。薄层水流和表土结皮的存在对坡面溅蚀产生很大影响。实验证明,溅蚀量随薄层水流水深的增加而增加,当薄层水流增加到雨滴直径时,溅蚀量开始减少。雨滴溅是土壤、降雨、根系固结系统相互作用、相互影响的结果,虽然对雨滴溅蚀某些因素进行了定量化描述,但对溅蚀过程机理的研究成果较少。

(3)坡面水蚀研究 坡面水蚀包括降雨击溅和径流冲刷引起的土壤颗粒分散、剥离、泥沙输移和沉积4个过程,研究分析这些过程发生发展的水力、土壤、地形条件以及各过程间相互转化、相互影响的机理是深入认识坡面水土流失过程的必然途径。国内外学者对此进行了广泛而深入地研究,从侵蚀机理到侵蚀细沟演变规律以及伴随的各水力要素变化特点均取得大量研究成果。中国对坡面流和坡面过程研究始于对黄土高原水土流失的重视。一大批学者对黄土高原土壤侵蚀类型及分区进行了深入研究,在此基础上,开始全面从土壤侵蚀角度研究坡面流与降雨的关系及坡面流与坡面侵蚀的机制,通过试验从水文学过程深入分析黄土坡面产流与侵蚀的关系,随后对影响坡面流形成及坡面侵蚀的单个因素进行深入探讨,得到许多经验方程。吴普特等(1993)利用人工模拟降雨试验研究了坡面薄层水流产沙及其运移过程。郑粉莉等(1989)、王贵平等(1992)利用人工模拟降雨试验,研究了坡面细沟侵蚀的水动力过程。张光辉等(2005)用水槽试验系统研究了坡面径流对泥沙的分离过程。上述研究成果立足中国侵蚀环境特点,主要解决了陡坡条件下产流产沙及泥沙输移过程,弥补了国外研究中对陡坡研究相对薄弱的不足。坡面水蚀过程研究逐步由经验性分析走向动力学特征为主的机理研究,尤其是在动力学研究方面取得了较大进展。但由于坡面流是一种十分复杂的自然流动,涉及坡面边界及表面条件复杂,流动形态千变万化,至今在这些复杂条件下的流动力学规律认识仍不完善,有待于从野外观测、试验研究、理论分析,尤其是动力学过程的分析等方面不断深入研究。

(4) 坡沟系统水沙关系　坡沟关系是黄土高原的特有问题。长期以来,坡沟侵蚀产沙关系一直是研究的热点。其涉及坡面侵蚀、沟道侵蚀以及坡沟侵蚀输沙与沉积过程的耦合,由于缺乏侵蚀过程定量和坡沟泥沙来源辨识手段,坡沟侵蚀产沙的研究一直停留在定性描述阶段。20 世纪 50 年代以来,在定性描述和定量分析坡面侵蚀过程的基础上,进行了坡面侵蚀分带性研究,揭示了坡面侵蚀形式和形态空间垂直分异的基本格局,阐明了沟间地与沟谷中沟谷侵蚀发育的异同,为黄土沟壑区沟谷侵蚀的理论研究和综合治理提供了依据。80 年代以来的研究表明,坡面来水来沙使沟坡的侵蚀产沙能力大大增强;此后,随着稀土元素、Be 等示踪技术的应用,许多学者通过试验就黄土高原沟间地与沟谷地产沙比例问题进行了探讨,在坡面、沟坡和沟道不同的地貌部位建立了相应的侵蚀产沙关系式,初步阐明了沟坡侵蚀的相互关系。

(5) 沟道侵蚀与输沙　沟道作为输沙通道和侵蚀主体,其研究对揭示水土流失规律和进行流域产沙模拟有重要意义。沟道侵蚀是由重力和水流冲刷联合作用引起的。在分析典型小流域坡沟侵蚀关系和产沙机理基础上,从地貌演化的角度探讨沟道系统的发展演化,确定了沟道侵蚀产沙的比例,用地形特征指示沟道的形成。土壤侵蚀示踪技术的出现和发展为侵蚀产沙过程的定量和泥沙来源的辨识提供了有效手段,一大批学者利用不同的示踪元素成功地得到了流域侵蚀泥沙的来源。在细沟侵蚀方面,陆兆熊等(1991)认为在降雨条件下,坡面出现 1 厘米~2 厘米的小沟即是细沟侵蚀的开始;唐克丽的研究认为细沟的宽、深变化在 1 厘米~10 厘米;郑粉莉等(1998)的描述则是细沟侵蚀深度一般不超过 30 厘米、宽可达 50 厘米,大多数细沟深度小于 20 厘米、宽小于 30 厘米。细沟侵蚀是坡耕地上的主要侵蚀方式,产沙量较大。贾志军等利用人工降雨,采集雨后量测的方法研究了细沟侵蚀量与坡度的关系,在集水区面积相等、降雨特征及下垫面基本一致的前提下,坡度与单位面积细沟侵蚀量呈正相关。郑粉莉等(1998)利用调查、量测的方法,研究了坡耕地细沟的影响因素。细沟侵蚀影响因素以及各因素之间关系的研究取得了丰硕的研究成果,对于促进细沟侵蚀过程及侵蚀预报起到重要作用。浅沟侵蚀是黄土高原特有的侵蚀方式,对其研究是从土壤侵蚀分类和坡面土壤侵蚀垂直带划分开始的,而对其定量分析起于 20 世纪 80 年代。目前研究仍局限于浅沟侵蚀量、浅沟发生的临界坡长与坡度及其影响因素、集水面积、浅沟横断面形态等方面。张科利等(1991)根据航空影像资料提取分析,提出了浅沟发生的临界坡度为 15°~20°,后来又用水槽实验研究了坡面细沟侵蚀过程中的水力参数。张永光等(2007)根据地形临界理论,确定了黑土区浅沟和切沟侵蚀发生的地形临界(S-A)关系。龚建国等(2008)通过野外放水冲刷实验研究得出在坡度 18°左右浅沟携沙水流的流速最小,阻力最大,此时的水流能量分配在侵蚀与携沙之间平衡;浅沟水流在坡度 26°左右时流速达到最大,水流功率达到最大。郑粉莉研究得出浅沟发育初期和中期阶段浅沟侵蚀量占总坡面侵蚀产沙的 58%,浅沟发育后期浅沟侵蚀量占总坡面侵蚀产沙的 26%~59%。切沟侵蚀在现代土壤侵蚀中具有重要位置。游智敏、刘宝元等(2004)利用 GPS 进行切沟侵蚀监测研究,通过对比不同时相的 DEM 来获取该时间段的切沟侵蚀变化,展示了 GPS 在切沟侵蚀研究中的优越性。秦高远等(2007)通过测定典型切沟土壤性质,侵蚀钉法结合全站仪测量,研究发现研究地区土壤水保功能较差;在雨季切沟侵蚀程度较大,特别是沟头溯源侵蚀在一个雨季内估计能推进1米左右;全站仪测量生成的三维图能有效表征侵蚀沟变化。

五、土壤侵蚀与水土流失估算模型

土壤侵蚀预报研究是土壤侵蚀科学的前沿领域和土壤侵蚀过程定量研究的有效手段,其研究能够带动土壤侵蚀过程及其机理、土壤侵蚀防治及侵蚀环境效应评价的研究,从而促进水土保持管理工作的科学化和定量化。土壤侵蚀模型是预报水土流失、指导水土保持措施配置、优化水土资源利用的有效工具,长期以来备受国内外学者的广泛关注。1877年,德国土壤学家Ewald Wollny就开始了定量研究土壤侵蚀,进入20世纪二三十年代,频繁的沙尘暴促进了美国土壤侵蚀定量化监测、研究的全面发展。60年代,随着相邻学科的发展、测验方法的改进和及计算技术的发展,土壤研究得到迅速发展,逐步建立了一些有物理成因基础、能模拟土壤侵蚀与产沙过程的数学模型。如今,土壤侵蚀模型已实现了由估算单一坡面(或地块)的土壤侵蚀模型向估算流域内的土壤侵蚀和沉积模型,再向区域乃至全国范围内的水土流失估算模型转移,以及由经验型模型向分析型、确定性模型的转移,从统计模型向描述过程的物理模型转移。中国真正的土壤侵蚀定量观测始于20世纪40年代初天水、西安水土保持试验站的建立。1953年,刘善建根据径流小区资料首次提出了计算年度坡面侵蚀量的公式,为中国土壤侵蚀的定量化研究揭开了序幕。60年代,张存福建立了黄河中游地区坡耕地土壤流失预报方程,并引入植被度因素。孟庆枚等根据黄土丘陵沟壑区各水土保持试验站的径流小区资料,建立了一个预报次降雨的土壤流式方程,较全面地考虑了各种影响侵蚀产沙的因素。早期的预报模型大都是以坡面土壤流失预报为着眼点,根据径流小区观测资料建立估算次降雨土壤侵蚀量的统计模型,为近期土壤侵蚀理论模型的构建奠定了理论基础。从70年代起,以美国通用土壤流失预报方程USLE为蓝本,根据各地研究区的实际情况修正参数,建立了若干个地区性的土壤侵蚀预报模型,部分还对输沙量过程进行预报。到了80年代,在对单因子进行定量分析研究的基础上,以侵蚀产沙物理过程为基础的概念性模型得到一定的发展,建立了坡面土壤流失量和小流域侵蚀产沙的模拟模型。90年代以后,土壤侵蚀预报模型得到进一步深入研究,取得了重大进展。基于土壤侵蚀过程的研究成果,尝试物理模型的建立。与此同时,由于遥感和地理信息系统的发展和广泛应用,建立了在地理信息系统支持下的坡面侵蚀预报模型、沟坡侵蚀预报模型和梁坡+沟坡的侵蚀预报模型。

关于水土流失估算模型研究一直是中国土壤侵蚀研究的薄弱环节。近10年来,很多学科的学者从不同途径做过很多有益的探索,直到目前仍未建成被广泛接受的官方版本。谢树南、陈国祥、汤立群等根据径流形成和侵蚀产沙机理,从侵蚀力学和泥沙运动力学基本理论出发,建立了小流域侵蚀产沙模型。如汤立群(1990,1996)从流域水沙产生、输移、沉积过程的基本原理出发,根据黄土地区地形地貌和侵蚀产沙的垂直分带性规律,建立了流域产沙随时间、空间分布的确定性模型。该法首先将流域按自然水系的界线,划分许多单元子流域,应用主沟道对子流域进行串联,以先后次序逐块演算其上的水流和泥沙过程,是目前国内较为理想的模型。尹国康(1989)根据黄土高原地区的小流域观测资料,利用数理统计方法建立了以年径流模数和流域下垫面综合特性指标为参数小流域年产沙量预报公式。江忠善等(1980)、牟金泽等(1983)利用黄土高原小流域水文泥沙观测资料,建立了小流域一次降雨产沙模型。蔡强国等(1996)基于侵蚀分带规律,利用径流小区和小流域观测资料,建立了包括多个子模型的小流域产沙估算模型。上述模型的研究和构建,虽然对中国土壤侵蚀和水土流失定量化研究作出了一定贡献,但由于拥有模型构建的基本资料的局限性或者模型结构过于复杂,在后来推广应用方面都遇到了很大困难。王万中等(1996)利用全国基本气象观测数据,研究解决了模型基本因子降雨侵蚀力的计算问题。张先奎等(1992)、阮伏水等(1997)、史学正等(1995)则利用江流小区观测资料,研究了 USLE 在中国的应用问题,提出了区域性模型或计算了模型中的基本参数。北京师范大学刘宝元、张科利等(2002)在国内外研究的基础上,充分考虑中国陡坡地为主的特点,利用全国不同地区小区观测资料,构建了中国土壤侵蚀预报模型 CSLE(Chinese Soil Loss Equation)。对模型中的降雨侵蚀力因子、土壤可蚀性因子、地形因子和水土保持措施因子都给出了相应的算法或取值范围。其中,刘宝元根据中国黄土高原地区径流小区资料构建的陡坡条件下坡度因子和坡长因子的计算公式,弥补了 USLE 模型对陡坡土壤流失估算标准的缺陷,具有世界领先水平。目前,CSLE 模型已经被应用于第四次全国水土流失调查中的流失量计算中。对于区域尺度,根据国家和区域水土保持调查、区域水土流失、水土保持与全球变化关系研究的要求,将区域水土流失过程概化为降水产流产沙过程、泥沙物质输移过程和水土流失治理过程,在以往研究基础上,初步建立了区域水土流失模型。另外,还有许多水土保持和河流泥沙研究者发展和完善了用于水保效益计算的方法,俗称水文法和水保法。

关于土壤侵蚀预报模型,目前国外已经开发出了适应性更强、应用领域更广的新一代模型——基于土壤侵蚀过程的"过程模型",而中国在这方面的工作还处在基本理论探索阶段。中国水土流失环境复杂、区域变化显著,研究开发过程模型是未来土壤侵蚀研究者的努力方向。

六、水土流失环境演变研究

现代水土流失是自然环境和人类活动共同作用的结果。在漫长的地质时期,自然环境特征本身会发生变化,人类活动特征更为明显。对一个特定地区而言,水土流失程度在不同历史阶段也有不同表现,而正确了解水土流失变化过程对认识现代水土流失以及治理方略的制定有现实意义。

长期以来,随着人口的增加和毁林毁草垦殖率的上升,黄土高原地区的土壤侵蚀、黄河泥沙及旱、洪灾害,呈急剧发展的趋势。刘东生(1965)、王永炎(1982)和张宗祜(1981)等对黄土高原黄土分层和堆积环境进行了深入研究,基本上阐明了黄土堆积过程中的气候变化规律。朱显谟(1958)根据黄土地层中埋藏的古土壤研究,得出黄土堆积过程中经历过多次沉积间断。唐克丽(1997)则根据埋藏古土壤微结构特征及古土壤层倾斜角变化等进一步论述了黄土沉积间歇期气候水热状况。史念海(1981)和朱士光(1989)等通过历史文献记载,论述了不同时期黄土高原地区植被和农牧区变化过程,认为历史时期黄土高原地区曾经是森林茂密。王守春(1996)综合历史记载和孢粉分析等结果,对黄土高原地区的植被分布特征及其演替过程进行了全面论述,认为目前水土流失较为严重地区在历史上属稀树草原景观,塬面以草原为主,森林主要分布在沟谷。在不同地区和不同时期,天然植被存在着明显的差异。叶青超等(1982)根据对黄河下游不同时期冲积扇地质钻孔资料,计算了不同时期下游地区冲积扇的范围和厚度,为地质历史时期黄河泥沙量计算提供了科学依据。距今 6000 年～3000 年的全新世中期以来,黄河年均泥沙就超过了 10 亿吨。相对于黄土高原地区,对其他水土流失严重区的侵蚀环境演变研究相对薄弱。景可等(1997)全面分析了黄河中游侵蚀环境的自然和社会方面的基本特征,提出黄河中游的侵蚀环境具有分带性、旋回性和周期性,特别是进行了黄土古土壤序列的粒度、硅酸体、磁化率和稳定同位素研究,记录了黄土高原第四纪古气候的演变和变化周期,并预测了未来侵蚀环境的发展趋势,提出了在史前是以自然侵蚀为主,以后自然侵蚀仍占主导地位,但人类活动加剧了土壤侵蚀强度的变化,这一结论对指导黄河流域的水土保持工作有重要意义;同时,应用统计模型、方法,结合全球变化情景,预测了黄河中游地区降水、植被等侵蚀环境和侵蚀量的变化趋势,指出在全球气候变暖的情况下,21世纪中叶处于相对湿润期,综合考虑人类活动各种影响,中游地区的侵蚀总量将趋于减少;评价了黄土高原人为破坏植被的加速侵蚀,发现人为破坏植被的加速侵蚀量达9000吨/(平方千米·年)~21 700吨/(平方千米·年),是同样条件下对照林地侵蚀量的几百倍至几千倍,是250万年以来黄土年均降尘量的几十倍至几百倍。说明人为破坏生态平衡可使黄土高原原先是黄土沉积的自然地质过程倒转为黄土侵蚀的人为地质过程。

近年来,随着对喀斯特地区的石漠化和东北地区黑土退化问题关注度的增加,喀斯特地区和东北黑土区的水土流失演变受到了广泛重视。关于黑土厚度变化和石漠化发展过程的研究结果可以支撑对水土流失演变过程的重塑。

在全球气候变化的背景下,确切地理解土壤侵蚀环境变化过程是当前重要的科学研究任务,对土壤侵蚀发生发展规律与生态环境演变的关系研究也是国际地学研究的前沿问题。贺秀斌(1999)以土壤微形态方法为主,结合理化、矿物和孢粉分析方法,融合土壤学、生物学和第四纪地质学,揭示了黄土剖面中成壤和沉积过程随生物气候变化而发生交替演化的时空特征,证实了地质时期土壤侵蚀强烈期发生在黄土沉积与成壤的过渡期,发生环境为半干旱环境,探讨了黄土剖面形成的生物气候环境背景及土壤侵蚀强弱交替的时空规律。

人为加速侵蚀可以引起区域性、地带性的景观特征和生态系统发生根本性的变化,比如,地处热带、亚热带的不少森林地区,因人为滥伐、滥垦、滥牧,不仅使森林景观消失,而且导致土层全部流失,出现了与原地带相逆的岩漠化侵蚀景观。董光荣(1998)等对中国北方沙漠化的成因研究指出,2000多年以来的历史时期,人类活动对沙漠化发展的影响越来越大,但沙漠化仍然受制于千年和百年尺度的气候波动。因土壤侵蚀而造成的岩漠化和沙漠化,使得土地丧失了生产力,甚至丧失了人类最起码的生存条件,当地居民不得不迁移。

七、区域土壤侵蚀研究

1. 黄土高原土壤侵蚀研究

黄土高原是中国土壤侵蚀最严重的地区,中国的土壤侵蚀规律研究是从黄土高原开始的,并一直将其作为研究和治理的重点。早在1941年1月,黄河水利委员会在甘肃省天水市建立了陇南水土保持试验区;同年7月,在陕西省长安县建立了关中水土保持试验区。20世纪50年代初,黄河水利委员会先后建立了天水、西峰、绥德3个水土保持科学试验站。到90年代,黄土高原地区成立的水土保持试验站(所)达到31处,技术人员超过了1000人,具有较好的试验研究基础。从50年代开始,中国水土保持科研工作者在黄土高原地区对其土壤侵蚀规律进行研究,先后提出了若干用于计算土壤侵蚀量的产沙模型。1953年,黄河水利委员会规划设计处刘善建根据天水水土保持科学试验站的径流小区观测资料,提出了用于计算坡耕地年侵蚀量的经验方程,这在黄土高原土壤侵蚀规律研究史上尚属首次。60年代,黄河水利委员会水利科学研究所根据天水水土保持科学试验站的径流小区观测资料,建立了适用于黄土丘陵沟壑区第三副区的土壤侵蚀预报方程。这期间,天水水土保持科学试验站也建立了适用于黄土丘陵沟壑区第三副区的土壤流失方程。70年代,美国通用流失方程(USLE)引入中国,一些学者以该方程为原型,同时根据各自研究对象的具体情况,对其参数进行了相应修正,先后在黄土高原地区建立了若干土壤流失预报方程。如70年代末,中国科学院西北水土保持研究所江忠善等根据陕北、晋西、陇东南黄土丘陵沟壑区10条典型沟道小流域(面积0.18平方千米~187平方千米)的实测资料,经多元回归分析,建立了未治理小流域的次暴雨洪水产沙量预报方程。这一时期,牟金泽等根据陕北子洲岔巴沟流域的实测资料,经多元回归分析,也建立了流域一次暴雨和全年的产沙量预报方程。南京大学尹国康等根据晋、陕、甘黄土丘陵沟壑区58个小流域(面积0.19平方千米~329平方千米)的观测和调查资料,建立了小流域年产沙模型。黄河水利委员会水利科学研究所建立了适用于黄土丘陵沟壑区坡耕地的土壤侵蚀方程。

20世纪80年代中期以来,黄土高原土壤侵蚀规律研究呈现两大趋势。一是流域侵蚀产沙的统计回归模型研究,由不考虑空间变化的单一模型向能够反映空间变化的分布模型转变。其典型代表为江忠善等建立的小流域地块侵蚀产沙模型。针对黄土丘陵沟壑区小流域侵蚀产沙的基本特征,将小流域的沟间地和沟谷地2个地貌单元区别对待,分别建立次降雨侵蚀产沙量计算模型。二是以侵蚀产沙物理过程为基础的能够反映流域侵蚀产沙时空变化的模拟模型开始起步并得到发展。其典型代表为汤立群、陈国祥等建立的黄土丘陵沟壑区小流域侵蚀产沙动力学模型。该模型根据流域侵蚀产沙的垂直分带规律,将每个单元流域进一步划分为梁峁坡、沟谷坡和沟槽3个侵蚀产沙区。

在黄土高原地区,较系统地研究了细沟侵蚀的发生发展过程及其机制、影响因素、定量测算方法及防治途径。定量分析了梁峁坡面各侵蚀分带之间在侵蚀过程中的相互作用及其机制,对坡面水土保持措施的配置有重要的指导作用。揭示了土地利用与生态过程的相互作用机制,提出了黄土丘陵坡地和小流域土地合理利用模式。系统研究了黄土高原降雨与产沙的关系,提出了侵蚀性降雨的临界参数,给出了符合黄土高原地区的降雨侵蚀力指标及其计算方法。探索了黄土丘陵沟壑区产沙特点和输沙规律,坡面、沟道的侵蚀产沙具有非线性的叠加效应,对黄土坡面土壤侵蚀过程及不同侵蚀带的产沙关系也取得了一定的认识。初步阐明了黄土高原地区不同空间尺度侵蚀产沙规律,揭示了土地利用/覆盖变化对侵蚀过程和水文过程的调控,建立了不同尺度条件下植被—侵蚀—土壤互动效应预报模型。探索出开展水土保持须以小流域为单元进行综合治理、构建了农林牧相结合综合治理的理论与技术,提出了黄土高原综合整治的"28字方略",提出"径流调控理论是水土保持的精髓",而"合理地调配坡面径流"是控制水土流失的关键的方针。

2. 西南喀斯特土壤侵蚀研究

(1) 西南喀斯特地区土壤侵蚀格局研究

土壤侵蚀的分类与分级研究。由于喀斯特地区土层薄的特征,因此很多时候侵蚀模数等分类指标并不能很好地反映喀斯特地区的实际情况。陈晓平(1997)针对喀斯特山区环境及土壤侵蚀发生的独特性,以滇东南的峰丛洼地区域典型侵蚀研究区所作的观测试验为基础,探讨了喀斯特山区环境土壤侵蚀现状特征与侵蚀分级,发现研究区的土壤侵蚀以中、强度为主,处于极严重的潜在危险程度,认为喀斯特山地土壤侵蚀类型多样,组合各异,以面蚀、沟蚀、石隙刷蚀、潜蚀等水力侵蚀为主,崩塌、滑坡等重力侵蚀为辅。石漠化研究是土壤侵蚀分类和分级研究的一个主要内容。袁道先(1999)采用石漠化概念、杨汉奎(1995)采用喀斯特荒漠化概念来表征植被、土壤覆盖的喀斯特地区转变为岩石裸露喀斯特景观的过程。一般意义上,人们认为石漠化是在亚热带湿润地区脆弱的岩溶生态环境背景下,由于受人为因素的影响,导致土地生产力下降,土层变薄,地表逐渐呈现类似荒漠景观的土地退化过程(屠玉麟,1996),通常是以人类活动为诱因,诸多因素综合作用的结果,其发生和分布规律与各种自然条件密不可分(李瑞玲等,2003)。苏维词(2001)通过对贵州喀斯特山区的研究,将该地区的土壤侵蚀性退化划分为3种类型:石漠化、土壤贫瘠化、土壤结构性恶化;或根据裸岩面积百分比、现代沟谷面积比、植被覆盖率、地表景观特征(裸岩出露方式)、土地生产力下降率将石漠化程度分为轻度、中度、强度(Wang Shijie等,2002)。但裸岩率高低并不总是代表石漠化程度的强弱,只有在高裸岩率、低生物量情况下才具有强度石漠化(王德炉,2003);按石漠化发生的微地貌类型又分为峰林溶原石漠化组合模式,峰丛洼地、峰林、谷地石漠化组合模式和峰丛峡谷石漠化组合模式(蓝安军,2003)。李瑞玲等(2003)在研究中发现石漠化的分布与岩性具有明显的相关性,强度石漠化主要分布在纯质碳酸盐岩地区,尤其是纯质灰岩地区;中度石漠化在白云岩组合中的发生比例较灰岩组合高;轻度石漠化在碳酸盐岩与碎屑岩夹层和互层中分布较广;石漠化与纯碳酸盐岩相关关系最明显。李阳兵等(2004)则建议按土地利用方式和土地类型划分石漠化类型。按土地类型可分森林退化、草地退化、耕地退化后形成的石漠化土地和工矿型石漠化土地;不同的土地利用方式对不同土地利用类型的干扰效应和干扰过程是不一样的,最终表现在恢复方式和恢复难度的差异上。建议以对人为加速石漠化过程中石漠化土"干扰方式+植被+土壤+地貌"地进行类型划分,既体现了石漠化的过程,又反映了石漠化现状退化程度;李阳兵等(2006)在贵州省贵定县中南部峰丛洼地典型石漠化地区的研究中,提出研究区的轻度石漠化应分为灌丛轻度石漠化、疏林地轻度石漠化、坡耕地轻度石漠化;中度石漠化应分为中覆盖度草地中度石漠化、疏林地中度石漠化、灌丛中度石漠化;强度、极强度石漠化应分为难利用地(极)强度石漠化、中覆盖度草地(极)强度石漠化。

  土壤侵蚀状况的研究。根据各个时期贵州省水土流失调查结果,分析了自1952年~1988年以来贵州山区土壤侵蚀的变化,得出长江水系水土流失程度大于珠江水系的结论:在长江水系中以牛拦江和乌江流域水土流失最严重;珠江水系中以南、北盘江流域最为严重;贵州东南部土壤侵蚀面积最小,其次为黔南石质低山地区和黔中石质丘陵盆谷地区,但是石质低山、丘陵地区土壤侵蚀潜在危险程度高。研究结果还指出,乌江流域和贵州南、北盘江流域大于8°的坡耕地分别占流域总面积的23.55%和27.7%,水土流失侵蚀量则分别占71.9%和85.34%。乌江流域8°~25°坡耕地占流域总侵蚀量的42.21%,大于25°坡耕地侵蚀量占流域总侵蚀量的29.68%;在南、北盘江流域25°以上坡耕地侵蚀量占流域侵蚀量46.55%(安和平,1996)。而在南、北盘流域(贵州部分)内70.36%的喀斯特山地是该区域内石漠化形成的基础。根据土壤侵蚀潜在危险性调查,流域石漠化(属毁坏型)的面积占总面积的12.93%,明显高于贵州省石漠化面积比例(7%)、珠江流域石漠化面积比例(4.97%)和邻近云南省的珠江水系(安和平,1997)。白占国(1998)通过对流域水化学组分矿物化学平衡计算,揭示了贵州碳酸盐岩区域侵蚀以化学侵蚀为主,物理侵蚀为次。研究区红枫湖流域总侵蚀速率为0.02克/(平方厘米·年),即约0.08毫米/年。其中化学侵蚀约占4/5,物理侵蚀约占1/5。碳酸盐岩区域物理侵蚀速率虽小,但却导致区域土层处于负增长状态,促使岩体裸露,石漠化趋势加剧。利用在GIS支持下的遥感技术,对贵州省水土流失的现状进行调查,对时空分布变化及评价进行了分析(周忠发等,2000),发现纳雍县的土壤侵蚀面积与1987年侵蚀统计数据相比在减少,表明水土流失治理取得了一定的成果(周忠发等,2001)。彭建等(2001)则在喀斯特峡谷特征明显的花江峡谷,采用埋桩、修建沉沙池等研究方法,研究花江喀斯特峡谷水土流失的现状和特点,发现研究区的土壤侵蚀量远小于大多数喀斯特地区,这不是喀斯特峡谷地区的水土流失不严重,相反是水土流失发展到极致,已濒临无土可流、生态环境极其恶化的地步。万军等(2003)运用 GIS 技术对贵州关岭地区的土壤侵蚀情况的研究中发现,研究区 1987 年~1999 年间石漠化扩展速度为每年增长 0.37%。甘露等(2002)发现贵州喀斯特石漠化土地的分布存在两大特点:一是集中分布,如水城、平坝、普定、安顺等喀斯特面积均在 90% 以上的县市,相应地其石漠化土地面积比重也较高;二是多集中在河流中下游及峡谷地带,如乌江流域的纳雍、织金、黔西等,赤水河流域的毕节、大方,北盘江流域的水城、盘县等县,说明贵州的石漠化与喀斯特分布、河流切割、土壤侵蚀有密切的关系。

(2)西南喀斯特地区土壤侵蚀机制机理研究

石漠化作为喀斯特地区的土壤侵蚀的终极状态,使得发生石漠化的地区被称为是中国四大地质—生态灾难中最难整治、最难摆脱贫困的地区(李阳兵等,2004)。因此,喀斯特地区土壤侵蚀发生的机理研究一直以来都是一个重要的研究领域,许多学者在这个领域从事了大量的工作,并逐渐形成环境地质、地表过程和人地关系 3 种研究学派(吴秀芹,2006)。综合喀斯特地区土壤侵蚀的机理研究,基本上都是从自然因素和自然过程,以及人文因素和人文过程 2 个方向展开的。

自然因素和自然过程研究。袁道先在 IGCP299"地质、气候、水文和喀斯特的形成"和 YGCP379"喀斯特作用和碳循环"2 个项目中,通过 10 年的研究,从大的时间尺度和地质背景上探讨石漠化的形成机制。在后面的研究计划中,"全球岩溶生态对比(IGCP448)"中,期望能找出岩溶生态系统的运行规律,为喀斯特地区石漠化治理、重建良性生态系统探索新思路。在喀斯特地区,土壤侵蚀的发生往往是与多种自然因素相联系的。首先,岩性是影响喀斯特地区土壤侵蚀的最主要原因。周忠发等(2003)分析贵州省清镇市各岩层组中各种岩性石漠化的分布,得出石灰岩地区的石漠化面积最大,石漠化程度最高,而泥灰岩地区的石漠化面积最少,并且地层岩性与石漠化的级别也有密切关系。其次,喀斯特地区土壤多为土质粘重的富含铁质的粘土,土层中呈现上松下紧的物理性状不同的界面;同时土体 B 层直接覆盖于基岩上,呈现软硬不同的界面,因此,土壤易被侵蚀和产生土体整体滑移,导致土下溶蚀形态如石牙等出露(陈循谦,1990)。土壤的发育阶段可反映出生境的退化与恢复,同时土壤有机质、pH 和有效磷对生态演替阶段、演替速率都有重要影响(何尧启,1999)。而土壤物理性质又通常是影响土壤侵蚀和土壤抗蚀性能的内在因素。贵州喀斯特山区土壤表现出明显的粗骨性土壤特征,徐燕等(2005)在研究中发现林地、草地和台耕地的土壤物理性状良好,能缓解土壤侵蚀的发生发展,有效地发挥保持水土的作用;大面积农耕坡地和裸坡地的土壤物理性状极差,促进了山区土壤侵蚀的发生发展,是引起土壤侵蚀的主要因素。第三,喀斯特环境独特的二元结构和地貌特征是土壤石漠化产生的主要自然原因,人类对生态系统的破坏和土地不合理利用则是喀斯特石漠化的诱发因素(龙健等,2005)。石灰土成土速率低,土壤允许流失量小;作为土壤营养库的富含有机质和矿质养分的表土层一旦被剥蚀,土壤结构迅速退化,土壤侵蚀愈演愈烈;石灰土与基岩之间缺少风化母质的过渡,岩土界面的土壤侵蚀是石灰土侵蚀的重要特征(郑永春等,2002)。第四,降水也是造成喀斯特地区土壤侵蚀的一个重要因素,白占国等(2002)通过建立 ^{7}Be 示踪表土季节性迁移的研究手段,揭示了喀斯特地区土壤侵蚀受季节性降水和微地形控制的机理。此外,赵中秋等(2006)从生物、化学、物理等角度对西南喀斯特地区土壤退化的过程与机理进行了综合分析,指出该地区的土壤退化过程,实际上是土壤结构劣化、土壤质地和孔隙性变差、土壤水分性能退化、土壤贫瘠化的过程,以上各退化要素形成相互影响、相互催化的正反馈循环,加剧了土壤的迅速退化。其中,土壤水分和土壤肥力尤其是土壤水分是喀斯特地区土壤退化关键退化因子。杨胜天(2000)以贵州省紫云县境内麻山典型喀斯特地区为案例,应用遥感和地面观测方法对研究区土地覆被、植被覆盖、生物生产量、生物多样性和土壤理化性质等指标研究了喀斯特环境退化的发生过程和自然恢复速率。在对自然因素的研究基础上,研究者希望通过对喀斯特生态环境演替过程的研究,来探究土壤侵蚀发生发展的机制,找到防治和恢复的措施和途径。龙明忠等(2006)在贵州花江示范区通过对土壤侵蚀量的监测,对不同等级的石漠化情况下的土壤侵蚀因子进行系统性、相关性和层次性对比研究,归纳各土壤侵蚀因子对土壤侵蚀的影响,指出林—草结构的保土保水能力优于单一林地的保土保水能力;从潜在石漠化到中度石漠化地区,土层根系量与侵蚀量呈负相关;从潜在、无明显、强度、轻度、直至中度石漠化,其侵蚀厚度依次增加,中度和轻度这2种等级的石漠化现存的土层较厚,土壤侵蚀模数也比较大。胡宝清(2005)以广西都安瑶族自治县为例,在诊断喀斯特石漠化发生、发展过程和驱动机制基础上,进行喀斯特石漠化灾害预警与风险评估分析,构建石漠化灾害预警与风险评估系统。

  人文因素和人文过程研究。在喀斯特地区土壤侵蚀研究中,人文因素与环境之间的相互作用、相互影响,人文过程对于土壤侵蚀的产生和加强也都十分突出,而喀斯特环境的自然条件特点与人类的生存和经济活动之间的冲突亦十分尖锐。苏维词(2001)从岩性、地貌、人类活动等方面详细剖析了土壤侵蚀性退化的成因机理,指出土壤生态系统的脆弱性是喀斯特山区土壤侵蚀性退化的内因,而不合理的人类活动则是该地区土壤侵蚀性退化的诱因和外动力。蓝安军等(2001)在喀斯特石漠化的驱动因子研究中,指出地表植被覆盖率、喀斯特面积、河网密度、未利用地、耕地面积、平均海拔高程、土地垦殖率、草地和≥25°坡地面积等9个因子是喀斯特石漠化的重要驱动力,并试图建立了动力指数模型,计算出了各因子对石漠化的贡献值,通过人地矛盾分析,指出石漠化是喀斯特脆弱自然环境和不合理的人类活动的产物,是区域人地关系严重恶化的结果。近年来,土壤侵蚀作为土地利用/土地覆被变化所导致的主要环境效应之一(后立胜等,2004),引起了研究者普遍关注,成为国际上的研究热点。而在脆弱的喀斯特地区,不合理的土地利用和地表植被覆盖的减少对土壤侵蚀具有放大效应(吴秀芹等,2003),因此喀斯特地区的土地利用/土地覆被变化与土壤侵蚀相互关系的研究也就成为一个重要的研究领域。万军等(2004)在贵州省关岭县利用TM影像和相关资料,分析研究区1987年~1999年间的土地利用/土地覆被变化及其土壤侵蚀风险,发现土地利用动态变化较大,裸土面积下降,一部分被植被覆盖,另一部分由于土壤流失殆尽,形成裸露基岩,故植被覆盖率和基岩出露率上升,石漠化程度加剧,其中旱地石漠化发展速度最快。吴秀芹(2005)在关岭县的喀斯特小流域,从土地利用的类型、坡度格局和高度格局3方面与土壤侵蚀的关系进行了研究,发现该喀斯特流域内各土地利用类型的土壤侵蚀发生率依次为:草地＞林地＞旱地＞难利用地＞建筑用地＞水田。除水田外,植被覆盖度对土壤侵蚀的控制存在临界值为20%~60%,土地利用在坡度和海拔上的分布格局对土壤侵蚀的控制临界坡度在15°~25°之间,临界海拔在1485米~1505米之间。喀斯特地区土壤侵蚀的机制和机理研究一直是该领域的研究热点及重点,但相关的研究均较为分散,未能将自然因素和自然过程与人文因素和人文过程进行有机的结合,来全面地展开对这一特殊地理单元的土壤侵蚀研究工作。

  (3)西南喀斯特地区受损土地的生态恢复与重建研究

  生态重建的产业化途径。近年来,喀斯特地区生态恢复与生态重建的产业化途径的研究和实践陆续进行。如大力发展绿肥生产,推行秸秆还田,实行平衡施肥技术,改良粘瘦酸田土,提高耕地肥力,采取工程措施、半旱式耕作技术改良渍害型低产稻田。结合生物措施改造和治理旱坡地如区域的坡改梯、防治水土流失的生态农业(何腾兵,2000);提高土地产出和增加植被覆盖率的集约化生产的草业途径;通过人工植草造林、林草结合,变"粮—经"二元种植结构为"粮—经—草(饲)"三元结构,实施草业开发、改灶节柴的生态林业工程(龙忠富等,2000);利用喀斯特地区的风景和民俗资源开展的生态旅游,把资源利用的方式从掠夺、耗竭型转换为可持续型,真正和持续地实现资源的价值(蔡运龙,2006;苏维词等,2001);发展专业化规模经营的畜牧业、农牧复合模式、生态家庭农场模式、立体生态农业模式;陡坡地退耕,恢复森林植被,基于乱石缝地整理和基本农田建设的土地整理等。

生态重建的社会工程途径。喀斯特地区严重的土地退化仅靠生态系统自然恢复已经不切实际,因此,对退化土地进行社会投入来实现生态重建。重建要医治引起土地退化的经济和社会病根,还需要发达地区和欠发达地区的共同努力,因而是一种社会工程(蔡运龙等,1999)。要从满足生存的基本需要着手,因地制宜地优化景观生态,变革思想观念,调整体制和政策,引进与推广适用的科学技术,从整体上有步骤地制定不同阶段的战略规划。具体的途径包括体制变革、政策倾斜、财政支持、社会投入、观念更新、技术推广、法律约束等。近年来,贵州省提出的战略,要求必须在加强自然、经济、社会发展"生态立省"关系研究的基础上,确定具体的目标,制定不同发展阶段的评价体系和方法,科学规划,分步实施;增强领导决策层的生态意识,制定相关的法律法规;走生态产业化和产业生态化相结合的发展道路。此外,在长期的实践过程中,人们通过小流域治理试点研究取得生态恢复与生态重建的技术和经验。经过摸索和实践,喀斯特地区已有不少成功小流域治理案例,如俄脚河小流域综合治理,通过建设水平梯田、改进耕作制度、采用良种和高产栽培技术,解决粮食问题(陈文贵,1999);普定蒙铺河小流域经过5年的综合治理,通过人工造林、封山育林育草、退耕还林、坡改梯等一系列治理措施,土地垦殖率、石漠化面积、林草覆盖率、人均收入和人均粮食等指标都有明显改善(袁道先,1999);关岭县南部和贞丰县北部的北盘江花江示范区,其生态重建是以建设"生态农业"为指导思想,其生态农业链主要由经果林种植、养猪、沼气发酵3个环节组成。在喀斯特生态经济类型区为"花椒—猪—沼气"生态农业和绿色产业模式,在半喀斯特生态经济类型区为"果木(砂仁)—猪—沼气"的生态农业和绿色产业模式,可以统称为"沼气—猪—经果(花椒、砂仁、葡萄、石榴)"模式。形成一个集经济开发与利用、生态建设与保护为一体的生态农业良性循环系统(周忠发等,2003;吴绍洪等,2001)。

八、土壤侵蚀监测与研究方法

目前,土壤侵蚀研究方法主要有径流小区、同位素示踪、稀土元素(REE)示踪、侵蚀模型模拟以及遥感和测量学的定性评价等,各方法均有其自身的特点、优势和适宜的研究尺度。其中,同位素、REE等示踪方法适合在坡面和小流域尺度应用,有助于土壤侵蚀过程的深入理解和土壤侵蚀模型的建立及验证。而GIS和RS在土壤侵蚀物理过程模型中的应用为区域尺度土壤侵蚀的评价、预测和调控奠定了基础。

中国在水土流失监测方法方面创新性成果不多,基本上都是沿用国外比较成熟的方法和技术。值得一提的是中国科学院水土保持研究所学者研制的侧喷式模拟降雨机为中国早期水土流失过程研究提供了技术支撑。成都山地研究所张信宝(1989,2003)将核素示踪方法引入中国土壤侵蚀研究,田均良(1992,1999)的研究工作将稀土元素用于土壤侵蚀过程研究,为丰富土壤侵蚀研究手段和坡面水土流失估算作出了贡献。北京师范大学张科利(2000)和张光辉(2002)将水槽试验方法应用到土壤侵蚀研究,推动了土壤侵蚀过程机理的定量化研究。近几年,雷廷武一直致力于水土流失自动监测方法和仪器设备研究,并研制出几款设备,但仍需要在实际应用中加以改进。中国科学院水土保持研究所还利用摄影测量和北京师范大学在利用GPS测量技术在研究沟谷侵蚀方面进行了有益的尝试。北京大学马蔼乃和南京土壤研究所卜兆宏对遥感技术在中国水土流失研究中应用方面作出了贡献。

1. 标准径流小区和人工降雨模拟

对地表径流和土壤侵蚀的研究方法目前主要有标准径流小区和人工模拟降雨2种,研究内容主要有植被层、凋落物层、植物根系层、不同经营方式、土壤特性与产流产沙的关系、产流产沙条件、产流产沙与其影响因子的关系以及产流产沙过程等。20世纪50年代刘善建等利用室外径流试验场对黄土区土壤侵蚀进行了研究,探讨了侵蚀与坡度之间的关系。之后,国内地表径流和土壤侵蚀的研究有了较快发展,由室内定位试验发展到室内和室外人工降雨模拟试验,大批学者开始全面地从坡面流角度研究土壤侵蚀与降雨、坡度、坡长、土壤性质、植被等因素之间的关系,并得到许多经验方程。

径流小区又称为径流场或水量平衡场,是一种传统的土壤侵蚀检测方法。利用径流小区可以进行降雨、截留、土壤下渗、土壤含水量和水势、植物蒸腾、蒸发及径流等试验。采用标准径流小区法要想得到定量的研究结果,则需要足够的资料和可靠的数据,研究年限可达几年甚至数十年,耗费人力和财力巨大。

人工模拟降雨方法可以设定降雨因子,在短期内得到不同条件下地表径流和土壤侵蚀的相关数据,具有试验经费少、速度快、易控制、适应性强等优点,近年来受到广泛重视和应用。人工模拟降雨方法因试验地点的不同分为室内和室外2种。室内试验有的是在试验大厅内种植不同的植物,在不同降雨条件下进行研究;有的是把野外原状土样运回降雨大厅进行相关研究。野外试验在不考虑林冠层和考虑林冠层作用2种情况下进行研究,对于灌木林地,大多在考虑林冠层作用下进行研究;对于一些高大乔木林地(树高大于等于10米),由于条件和技术水平有限,大多在不考虑林冠层作用下进行研究,所得数据与真实数据虽然有差别,但就像同条件下不同植被的水土保持作用的比较研究还是可行的。

2. 同位素及稀土元素示踪研究

环境同位素应用于土壤侵蚀研究已有40多年历史,用于土壤侵蚀研究的放射性核素主要有^{137}Cs、^{90}Sr、^{7}Be、^{210}Pb、^{226}Ra、^{228}Ra等,其中^{137}Cs运用于土壤侵蚀研究在理论和技术上较为成熟。由于^{137}Cs能够提供景观内约40年~50年土壤再分布的方式和平均速率,综合了所有自然和人为因素对土壤侵蚀/沉积过程的影响,因而迅速在不同尺度上得到应用。近几年,很多研究都是通过调查^{137}Cs在河流堆积物、湖泊沉积物等沉积物剖面的分布特征和含量,再结合研究沉积泥沙可能来源地土壤中^{137}Cs的剖面分布特征和含量,通过简单的配比公式,建立方程,求取各泥沙来源地对沉积泥沙的贡献率和贡献量。利用^{137}Cs示踪法研究淤地坝中的沉积泥沙,是研究近现代以来侵蚀环境的一个非常重要的手段。1989年张信宝等在黄土高原应用^{137}Cs示踪法,分析了流域的各个源地对泥沙的相对贡献率。之后,杨明义等在1999年也进行了^{137}Cs示踪泥沙来源的一些研究。其他放射性核素也在土壤侵蚀中有较多应用。2003年张信宝等经过一系列研究,建立了^{210}Pb示踪农耕地土壤侵蚀量的估算模型,该模型对于求算土壤侵蚀速率有一定的意义;近来他又探讨了农耕地侵蚀速率改变后$^{210}Pb_{ex}$的响应过程,为^{210}Pb在实际中的应用奠定了基础。^{7}Be与^{137}Cs具有相似的环境化学行为,可以弥补^{137}Cs无法用于短期或某个特定事件导致的土壤侵蚀速率估算及其空间变化的缺陷,但^{7}Be分布很浅,采样较困难。Walling(1999)、白占国等(1998)初步提出了土壤^{7}Be损失率与土壤侵蚀速率之间的定量模型,但并没有得到广泛应用。复合同位素示踪是最近核素示踪技术研究的一个新领域,被用来解决该核素示踪中存在的问题,如 Wallbrink 等(1996,1998)利用核素比值法并根据特定土壤颗粒^{7}Be、$^{210}Pb_{ex}$和^{137}Cs浓度的剖面差异,分析了不同侵蚀方式的泥沙来源。Du 等(2010)利用复合同位素技术研究了长江口岸侵蚀特征及泥沙来源。

稀土元素(REE)示踪是一种新近发展起来的应用于土壤侵蚀研究的示踪技术。1992年,田均良等通过大量理论分析,选择了黄土中背景值含量较低、具有较高检测灵敏度的 Ce、Nd、Sm、Dy、Eu、Yb、La 等7种元素,按段面法、条带法、点状法3种施放法进行施放,首次利用 REE 对土壤侵蚀垂直分布进行了定量分析,并研究了土壤侵蚀过程中的泥沙沉积、小流域泥沙来源等。随后,国内大量研究人员利用 REE 示踪技术研究了泥沙来源、侵蚀产沙部位、侵蚀过程的发生发展以及侵蚀方式的转变等问题,增加了对坡面侵蚀类型转化机理的认识。试验手段上,发展出了断面法、条带法、点穴法和分段分层相结合等多种 REE 示踪元素的布设方法。研究尺度也由最初的野外和室内小区模拟试验,扩展到小流域侵蚀产沙研究,为小流域侵蚀产沙部位和过程的准确判定提供了佐证。人工释放 REE 技术解决了天然放射性核素在地形复杂、干扰频繁以及侵蚀严重地带应用受到限制的问题,增强了研究的目的性和准确性,能够深入进行土壤侵蚀过程的研究,有助于土壤侵蚀机理的认识。但 REE 成本高,野外试验使用量大,施用过程中对土壤的物理结构和抗蚀能力破坏较严重,限制了其在小流域土壤侵蚀研究中的应用。

3. 遥感与 GIS 的应用

先进的遥感技术和地理信息系统技术的迅速发展给土壤侵蚀研究提供了崭新的研究手段。应用遥感技术开展对土壤侵蚀的研究,国际上始于20世纪70年代。中国进行土壤侵蚀的遥感技术研究起步较晚,但发展较快。70年代~80年代主要利用航空相片进行土壤侵蚀研究。郑威等在遥感用于土壤侵蚀调查中,提出了如下的解译标准:流水侵蚀表面面积小于10%为微度侵蚀;10%~20%为轻度;20%~30%为中度;30%~50%为强度,其中浅切沟面积占10%~30%;50%以上为剧烈侵蚀,其中侵蚀沟分布面积超过50%。中国科学院腾冲遥感试验组自1978年~1980年在云南省腾冲地区进行了大规模的综合性航空遥感试验研究,其中也包括土壤侵蚀的解译研究。自然资源综合考察委员会在黄土高原完成了综合治理的遥感调查。西北水土保持研究所进行了"黄土高原小流域水土流失与综合治理遥感监测"。中国科学院遥感应用研究所利用航片进行了"三北"防护林工程的调查研究。中国科学院南京土壤研究所在黄土高原陕西省安塞县进行了土壤侵蚀动态监测研究,结果发现,研究的3个样区在1958年以来的3个时期,其土壤侵蚀面积和侵蚀量,均出现"马鞍型"起伏。陈德明等在黄土丘陵区利用3个时段的航片对土壤侵蚀进行认真研究,它是从定性研究到定量研究、从静态研究到动态研究的一个实例。

从20世纪80年代~90年代主要使用卫星遥感图像进行土壤侵蚀的目视解译分析。1980年,山西省农业区划委员会遥感试验组与教育部高等院校山西遥感协作组利用陆地卫星 MSS 太原幅卫片就农业自然条件进行了全方位的解译研究,其中包括高起江等人进行的土壤侵蚀目视解译成图。它包含13种侵蚀类型和6个侵蚀等级,比例尺为1:50万。赵其国等通过对 Landsat TM 的研究指出,TM 适合于1:5万~1:20万土壤侵蚀制图,并且认为卫星图像适合于进行土壤侵蚀的动态分析。中国科学院遥感应用研究所黄秀利用彩红外航片、Landsat TM 卫片和中国"国土"卫星相片就土壤侵蚀的解译效果进行了研究,得出的结论是,TM 相片对鳞片状侵蚀、面蚀、切沟侵蚀具有较好地反映效果;TM 相片具有与彩红外航片类似的面积量算精度,两者的误差都在 10% 以内;对各类土壤侵蚀类型的解译,无论从分辨能力还是解译精度上,TM 卫片都优于"国土"卫片;对于植被覆盖度的解译,彩色信息源优于黑白信息源;对微侵蚀形态,如浅沟侵蚀和人工梯田弱度侵蚀的分辨方面,航天信息源应用效果较差。李德成等利用比例尺都为 1:10 万的 1982 年 MSS 标准假彩色合成图像、1992 年 TM 和 1996 年 TM 3、4、5 波段合成图像,成功地进行了土壤侵蚀的解译和动态演变研究,精度达到 90% 左右。史德明等 1996 年对遥感技术用于土壤侵蚀动态监测的机理进行了阐述,建立了南方地区土壤侵蚀程度解译的标志,并利用兴国县 1958 年黑白航片、1975 年卫星遥感数字图像(MSS)和 1988 年彩红外航片以及岳西县 1958 年黑白航片、1982 年黑白航片和 1992 年卫星遥感数字图像(TM),对兴国县和岳西县的土壤侵蚀进行了动态监测。这里要特别指出,他们结合野外调查,利用 MSS 数字图像,解译成了 1:5 万兴国县土壤侵蚀图。在此基础上,分析了南方丘陵区土壤侵蚀的动态变化,认为土壤侵蚀基本上呈抛物线形发展态势。水利部在 20 世纪 80 年代组织进行了全国水土流失遥感调查,主要依靠卫片基本查明了中国水土流失的状况。黄河水利委员会完成了"黄河流域水土流失遥感调查分析"。南京土壤研究所开展了"遥感监测红壤年流失量研究"。

20 世纪 90 年代以来,在利用遥感技术的同时,积极考虑使用 GIS 强大的数据管理功能和数据综合处理功能进行土壤侵蚀研究。中国科学院南京土壤研究所卜兆宏等(1995)在水土流失定量遥感方法研究方面做了大量且系统的研究,发展出一套水土流失定量遥感方法。该法的实质是以流失量监测模型为核心的、由 GIS 和遥感技术紧密结合而成的调查水土流失的实用遥感新技术,它是利用已有的气象观测、土壤普查、土地详查和航测地形图资料,藉助由一系列软硬件组成的定量遥感系统获得各象元侵蚀因子图,代入监测或预报模型中,逐个运算出象元流失量或防治强度值,进而获得全区流失总量、流失现状图和防治预报图。其成果准确可靠,可用于定期监测,成本费用较低。中国科学院遥感应用研究所应用遥感技术和 GIS 等手段,对土地沙漠化动态监测中的空间分布趋势进行了研究,掌握了沙漠化程度在空间上的总体分布规律和在时间上的变化趋势。中国科学院地理研究所卢金发等(1996)利用航片和卫片,并借助 GIS,对浙江省金衢盆地的土地退化进行了研究,完成了试验区 50 年代和 80 年代土地退化图。通过研究指出,流水侵蚀引起的退化土地的空间分布具有明显的坡位分异性。Wu 等人利用 GIS 和 TM 数据对美国水土保持保护地计划(CRP)中土地的土壤性质特别是土壤的侵蚀指数(EI)进行了研究。Sheng 等人在用 GIS 对流域内的坡度、土壤可蚀性、植被覆盖、降雨强度、流域位置等进行综合分析的基础上,进行流域的分类与定级。高志强等(1999)利用 GIS 进行了土地资源生态环境质量与人口分布关系的研究,其中涉及相当多的土壤侵蚀问题。胡良军等(1998,2001)进行了旨在建立区域水土流失定量评价数学模型的基于 GIS 的区域水土流失定量评价指标确定的研究。王文中等(1998)以新疆为例进行了区域土壤侵蚀遥感调查与制图研究,利用陆地卫星 MSS 图像和 GIS 技术制成了新疆 1:100 万具有侵蚀类型和侵蚀强度级别的土壤侵蚀图。王让会等(1998,2000)利用多时期的航片、卫星影像,并用 GIS 对土地沙漠化进行了动态研究。王安明等(1999)利用 TM 数字图像数据和 GIS 进行了浙江省大面积的水土流失普查,编制了中大比例尺(1:10 万)水土流失图,利用 GIS 对植被、坡度、土地利用、降雨等因子进行分析,开发了水土流失定量分析模型。他们认为,利用 TM 数据和 GIS 进行土壤侵蚀调查,在技术上是完全可行的,可以满足水利部发布的中华人民共和国行业标准《土壤侵蚀分类分级标准》;遥感数据处理方法与常规的野外填图方法、航片判读方法、卫星目视解译方法相比,不仅具有参与人数少、费用省、速度快、调查标准与精度统一等优点,而且可以直接与 GIS 配合使用,建立水土流失信息系统,具有快速重复调查的能力,能够实现水土流失的动态监测。

第五节 中国水土保持技术及成功经验

中国是开展水土保持最早的国家之一,在长期生产实践中创造和积累了一整套行之有效的技术体系。包括植树种草、筑坝拦沙、修筑梯田等高耕作和水平沟种植等措施。

(1)水土流失整理方略 关于黄土高原地区水土流失整理方略,在学术界曾经有过很大分歧。一部分学者认为应以见效快的工程措施为主,另有一些学者坚持生物措施为先。经过学术争论和实践后,基本认为还是应坚持生物和工程措施综合整理的方式,但同时要因地制宜。朱显谟提出的黄土高原水土流失整理的"28 字方针"是最为完整的科学思想体系和措施配置原则。

(2)水土保持措施体系 经过多年研究和实践,提出了黄土丘陵沟壑区水土保持综合防护体系和黄土高原沟壑区水土保持防护体系。黄土丘陵沟壑区水土保持综合防护体系由梁峁顶防护体系、梁峁坡防护体系、梁峁缘线防护体系、沟坡防护体系和沟底防护体系5部分组成。黄土高原沟壑区水土保持防护体系由塬面综合防护体系、坡面综合防治体系和沟道防护体系3部分组成。沟道淤地坝系在区域水土保持和农业发展中发挥了重要作用。

(3)小流域综合治理 以小流域为单元,统一规划、统一布局来实施水土保持是中国一大特色。来自成千上万小流域的水土流失是河流泥沙的主要来源,小流域构成一个完整的产流产沙单元,其产流产沙过程及其时空变化遵循着一定的科学规律。以小流域为单元,按照侵蚀产沙规律和水土保持措施的功能特点,布设水土保持措施,实施层层拦防,控制出沟泥沙。沟道淤地坝形成的耕地扩大了基本农田面积,增加了粮食产量,果园等则增加了农民收入。

(4)坡面集雨工程 坡面雨洪收集工程一方面增加了水资源利用效率,更重要的是将坡面径流拦蓄后,在很大程度上将有效地控制水土流失。收集的径流可以在干旱间接保种保苗,也可以解决人畜饮水问题。中国甘肃定西地区自古就有挖水窖收集雨水的习惯。

(5)坡改梯工程 坡耕地是水土流失重要来源地。耕垦不仅破坏了天然植被,也翻松了土壤,增大了土壤可蚀性。梯田是中国最古老的水土保持措施之一,修筑梯田改变了原始坡面形态,增加了降雨入渗,减少了坡面径流,从而达到保持土壤的效果。在黄土高原地区一般为土坎梯田,南方地区多为石坎梯田。大面积梯田也是主要的基本农田,可以增加粮食生产。

(6)退耕还林工程 自然植被遭受破坏是区域水土流失加剧的根本原因。退耕还林还草就是将水土流失严重的坡耕地停止耕作,并经过人工抚育逐渐转变为林地或草地。坡面植被的恢复,增加了降雨入渗,并通过植物根系的固土作用,削弱了径流冲刷强度,达到水土保持目的。目前,中国对大于15°且无水土保持措施的坡耕地,大规模的实施退耕还林工程。水土流失状况得到了明显改善。

(7)垄沟种植 垄沟种植为水土保持耕作措施之一,垄沟首先增加了地表蓄水,减少径流,增大了地表粗糙度,从而达到水土保持的效果。垄沟种植措施的水土保持效果一般与垄向与等高线夹角大小有关,与等高线平行时效果最好,与等高线垂直时效果最差。在西北干旱区,一般都为等高垄沟耕作。在南方地区和东北黑土区则为了排水或提高地温,顺坡垄沟种植的现象很普遍。

(8)防沙防治技术　中国在风蚀防治和防沙固沙方面从指导思想到技术措施在世界上都处于领先地位,积累了丰富的方法和经验,防护林带和草方格沙障就是其中最为成功的措施。在风蚀严重区营造防护林带,减低风速来降低风蚀强度。在流动沙丘上采用草方格沙障,就是通过人工压埋麦草等在沙丘上形成网状草方格,在压埋麦草的同时还可以播入草种,达到固沙的目的。

第六节　中国土壤侵蚀和水土保持主要代表著作

中国土壤侵蚀和水土保持工作经过几代人的努力和发展,已经形成了一支庞大的由不同专业构成的研究队伍,学者遍及各级研究所、高校和相关管理部门。直接由水土保持学会主办的学术期刊有《水土保持学报》《水土保持通报》《中国水土保持科学》和《水土保持研究》,还有黄河水利委员会主办的《中国水土保持》和《人民黄河》、长江水利委员会主办的《人民长江》和《长江流域资源与环境》等刊物。与水土流失相关的期刊还有《地理学报》《地理研究》《地理科学》《土壤学报》《水利学报》《泥沙研究》《生态学报》《中国沙漠》和《山地学报》等。每年发表大量关于水土流失的研究论文(估计超过千篇),极大地促进了土壤侵蚀和水土保持科学发展及生产实践。虽然没有严格的统计对比资料,但是可以说中国在研究队伍和成果发表方面已经是世界水土流失研究大国。经过半个多世纪的研究积累,也出版了许多土壤侵蚀和水土保持方面的专著。

《黄土高原现代侵蚀与治理》由陈永宗等1988年完成出版,是中国第一本系统论述土壤侵蚀和水土流失的著作。利用野外径流小区和河流泥沙资料,系统分析了黄土高原发生强烈侵蚀的古地理环境和现代自然环境,对土壤侵蚀和水土流失等基本概念、类型及其划分原则进行了准确界定。阐明了侵蚀强度及其时空变化,分析了土壤侵蚀影响因素及其在黄土高原水土流失中的作用。书中应用了大量实测资料和研究成果,基本代表和反映了中国20世纪80年代土壤侵蚀和水土保持科学的最高研究水平。《黄土高原现代侵蚀与治理》一书内容丰富,概念清晰,科学性强,风格严谨,既是一本学术专著,也是当时理想的土壤侵蚀领域的教学参考书。

《中国水土保持》由唐克丽主编、国内30多位学者参加编写,于2004年完成出版,是中国第一部兼顾土壤侵蚀研究和水土保持实践的学术专著,为中国水土保持历史经验和水土流失现代研究进展和成果的系统汇总。全书分为土壤侵蚀和水土保持2篇。土壤侵蚀篇包括中国土壤侵蚀现状、土壤侵蚀影响因素、土壤侵蚀类型及区域特征、土壤侵蚀与土地沙漠化、土壤侵蚀过程和环境演变、土壤侵蚀产沙与河流泥沙变化,以及土壤侵蚀产沙模型和土壤侵蚀研究方法论等。水土保持篇包括工程、农业和生物3大技术措施的原理和方法、水土保持区划与规划、流域和水土保持重点工程、水土流失预防监督与管理、水土保持效益评价、水土保持生态环境建设和可持续发展以及防灾减灾等。《中国水土保持》一书体系完整、内容全面、理论性强、资料丰富、论述严谨,基本上代表和体现了中国当今土壤侵蚀和水土保持科学的最高研究水平。

《水土保持原理》由关君蔚主编,是1996年出版的全国高等林业院校教材,是中国第一本水土保持专业教材。全书从基本概念入手,对水土流失基本问题、水土流失规律、水土流失影响因素,以及水土保持基本理论、水土保持类型及其在中国的分布和水土保持影响因素进行了论述。在总体内容上,林学专业特色明显,在水土流失和水土保持基本概念、类型划分和知识体系等方面与其他专业的学者有所不同。

《中国的荒漠化及其防治》由慈龙骏主编、国内20多位学者参加编写,2005年完成出版,是一部系统论述荒漠化形成、分布、发展和防治模式的科学专著。作者在多年研究和综合考察的基础上,结合生产实践,准确系统地阐述了荒漠化的基础理论及其防治模式,特别是总结了1994年《联合国防治荒漠化公约》签署后中国科技工作者的大量研究成果。全书分为荒漠化概论、荒漠化各论和荒漠化防治机理与综合优化模式3篇。全书内容丰富、数据翔实、治理模式科学具体、理论依据充分、思路新颖。为中国荒漠化防治工作提供了科学支撑和技术指导,基本上代表和体现了中国当今土壤风蚀与防治和荒漠化治理科学的最高研究水平。

《黄土高原水土保持》由孟庆枚主编、国内40多位学者参加编写,1996年完成出版,是一本系统回顾和总结黄土高原水土流失和水土保持实践经验的论著。参加编写的作者基本上都是中国第二代长期从事黄土高原水土流失和水土保持研究的专家学者,对黄土高原水土流失问题有深刻认识和见解。《黄土高原水土保持》全面系统地论述了50年来黄土高原水土保持研究与实践、策略与技术方面的科研成果和经验。全书内容丰富、数据翔实、模式具体、体系完整,有很高的理论水平和参考价值。

《黄土高原水土流失与治理模式》由蒋定生主编、近20名国内专家参加编写,1997年完成出版,是黄土高原水土流失及其综合治理研究与实践的结晶。全书包括黄土高原水土流失环境因素、综合治理模式和水土保持优化设计3部分。与其他关于黄土高原水土流失与水土保持方面的著作相比,《黄土高原水土流失与治理模式》在水土流失治理模式和治理措施优化设计方面有独到之处。在黄土高原水土流失治理模式论述中,针对黄土高原地区侵蚀环境的区域差异性,提出了相应的治理模式。在水土保持措施优化设计论述中,从总体规划、具体设计、日常维护到效益评价等进行了全面系统的探讨。在内容安排上既遵循科学性和系统性,又充分兼顾水土保持工作的社会实践性。

《土壤侵蚀预报模型》由刘宝元、谢云、张科利主编,2001年完成出版,是中国第一本系统和准确地介绍论述土壤侵蚀经验模型的著作。《土壤侵蚀预报模型》以美国1997年公布的新一代土壤流失方程(Revised Universal Soil Loss Equation,简称RUSLE)为蓝本,对侵蚀预报模型的基本构型、各因子定义及计算方法等进行了系统论述。同时,针对中国水土流失环境的具体特点,总结回顾了中国在每个因子研究方面取得的主要进展,并对中国水土流失方程研究进行了规划和展望。由于此前关于通用流失方程的介绍都比较零散,在国外相关研究中曾出现定义标准、单位混乱,且没有系统性和针对性,影响了中国土壤侵蚀模型研究的进程。《土壤侵蚀预报模型》一书不是简单的翻译本,整个内容承载着作者对中国土壤侵蚀预报模型研究的具体构想和未来展望。

除了上述代表性著作外,还有许多学者出版了各自的研究成果,为中国土壤侵蚀和水土保持研究作出了重要贡献,在此不一一罗列。值得一提的是,在研究初期,有关土壤侵蚀和水土保持的中文著作很少,基本英文著作的中译本为推动中国土壤侵蚀和水土保持研究发挥过重要作用,如窦葆璋翻译出版的《土壤保持》和《坡面形态与形成过程》、王礼先翻译出版的《土壤侵蚀》、黄委会宣传出版中心组织翻译的《土壤侵蚀研究方法》。中国科学院西北水土保持研究所(现中国科学院水土保持研究所)窦葆璋编写出版的《英汉水土保持词汇》在土壤侵蚀和水土保持科学中外交流方面发挥了一定作用。

第七节　中国土壤侵蚀和水土保持研究亟待解决的问题

经过半个多世纪不懈努力,中国在土壤侵蚀和水土保持研究领域取得了丰硕成果,同时也积累了丰富的实践经验。但由于水土流失类型多样、成因复杂、区域差异显著和人类活动影响深刻,水土流失研究还不能满足生产实践的需要,与先进国家相比,仍存在一定差距。中国未来在水土流失研究方面亟待解决问题概括起来有:

(1)水土流失估算模型　有效控制水土流失是控制水土流失研究的最终目的,而水土流失量计算是进行区域水土流失动态监测和水土保持措施效益评价的工具。关于水土流失估算模型研究在中国已有很长的历史,但目前所取得的成功仍不能满足生产实践的需求。在经验模型研究方面,虽然已经构建了基本构架,但模型中各参数的取值和计算问题仍需要进一步通过实测资料来补充和完善,如土壤可蚀性值估算、水土保持因子的取值问题等。在过程模型研究方面,美国在20世纪90年代,完成了第一代过程模型WEPP,中国仍处在基本规律探索阶段。今后需要加强土壤侵蚀和水沙运移过程方面的实验研究,开展多学科、多单位联合攻关,开发适用中国水土流失环境的过程模型。

(2)区域水土流失规律　中国水土流失严重,自然环境复杂多样。而且,确保黄河下游安全一直以来都是政府部门关注的重点。在这样一个大背景下,中国水土流失研究重点一直集中在黄土高原地区。目前对水土流失规律研究的主要成果大多也是以黄土高原地区的观测资料为依据而取得的。相对而言,全国其他水土流失区的基础性研究还比较薄弱,野外径流小区资料也不够系统。在今后土壤侵蚀和水土保持研究中,应该加强黄土高原野外的其他地区水土流失基本规律的研究,如东北黑土区坡面土壤侵蚀和水土流失过程及影响因素、西南喀斯特地区薄土壤层坡面水土流失规律,以及华南强降雨条件下坡面水土流失规律等。

(3)风蚀量监测方法　由于风沙过程的特殊性,风蚀量监测问题一直是世界性的难题。虽然我国在风沙治理经验方面居世界领先地位,但在风蚀量观测方法和基础资料积累方面仍需要加强。风蚀量实测资料的缺乏也限制了风蚀预报模型研究,目前与国外同类研究水平存在很大差距。核心问题是如何将点资料推广到面上和如何确定特定区域的风蚀绝对量。

(4)水土流失环境效应　水土流失直接导致土地生产力破坏,大量泥沙又会导致下游地区水环境变化。同时,土壤流失也会导致碳循环过程的变化。相反,大面积实施水土保持后,下垫面条件改变后也会引起区域整体环境发生改变。因此,今后应加强对因水土流失和水土保持导致的区域环境变化的预测评价研究,如面源污染及其影响、表层土壤变化与二氧化碳通量耦合关系、水土保持与区域水环境变化、水土流失与水土保持中的经济学规律等。

参考文献:

[1]中华人民共和国水利部. 全国水土流失公告,2002.
[2]景可,陈永宗,李凤新. 黄河泥沙与环境[M]. 北京:科学出版社,1993.
[3]陈永宗,景可,蔡强国. 黄土高原现代侵蚀与治理[M]. 北京:科学出版社,1988.
[4]陈永宗. 黄土高原土壤侵蚀规律研究工作回顾[J]. 地理研究,1987,6(1):76-85.
[5]唐克丽,郑粉莉,史德明. 土壤侵蚀规律研究回顾与展望[J]. 土壤学报,1989,26(3):227-233.

[6] 中国科学院黄土高原综合科学考察队. 黄河中游黄土高原水土保持土地合理利用区划[M]. 北京:中国科学技术出版社,1958.

[7] 中国科学院黄土高原综合科学考察队. 黄土高原地区土壤侵蚀区域特征及其治理途径[M]. 北京:中国科学技术出版社,1990.

[8] 黄秉维. 编制黄河中游流域土壤侵蚀分区图的经验教训[J]. 科学通报,1955(12):15-21.

[9] 朱显谟. 黄土区土壤侵蚀的分区[J]. 土壤学报,1956,4(2):99-115.

[10] 朱显谟. 有关黄河中游土壤侵蚀区划问题[J]. 土壤通报,1958,2(1):1-6.

[11] 罗来兴. 划分晋西、陕北、陇东黄土区域沟间问题和沟谷地的地貌类型[J]. 地理学报,1956,22(3):201-222.

[12] 罗来兴,朱震达. 编制黄土高原水土流失与水土保持图的说明与体会[M]. 北京:科学出版社,1965.

[13] 孟庆枚. 黄土高原水土保持[M]. 郑州:黄河水利出版社,1996.

[14] 陈永宗. 黄河中游黄土丘陵区的沟谷类型[J]. 地理科学,1984,4(4):321-327.

[15] 陈永宗. 黄河中游黄土丘陵区坡地的侵蚀发育[C]//中国科学院地理研究所集刊(10). 北京:科学出版社,1976.

[16] 陈继成. 关于坡地剥蚀过程的垂直分带问题[C]//1963年全国地貌学术讨论会论文汇编. 北京:科学出版社,1964.

[17] 史德明,杨艳生,姚宗虞. 土壤侵蚀调查方法中的侵蚀分类和侵蚀制图问题[J]. 中国水土保持,1983(5):33-36.

[18] 辛树帜,蒋德麒. 中国水土保持概论[M]. 北京:农业出版社,1982.

[19] 陈代中,朱显谟. 中国土壤侵蚀类型及分区图[M]. 北京:科学出版社,1989.

[20] 中华人民共和国水利部水土保持司. 土壤侵蚀分类分级标准(SL190-96)[S]. 北京:中国水利水电出版社,1997.

[21] 关君蔚. 水土保持原理[M]. 北京:中国农业出版社,1995.

[22] 唐克丽. 中国水土保持[M]. 北京:科学出版社,2004.

[23] 李锐,上官周平,刘宝元,等. 近60年我国土壤侵蚀科学研究进展[J]. 中国水土保持科学,2009,7(5):1-6.

[24] 钱宁,张仁,赵业安,等. 从黄河下游的河床演变规律来看河道治理中的调水调沙问题[J]. 地理学报,1978,33(1):13-24.

[25] 钱宁,万兆惠,钱意颖. 黄河的高含沙水流问题[J]. 科学通报,1979,24(8):368-371.

[26] 龚时旸,熊贵枢. 黄河泥沙的来源与输移[J]. 人民黄河,1979(1):7-11.

[27] 水利部黄河水利委员会. 探索之路:黄河中游粗泥沙集中来源区界定研究[J]. 郑州:黄河水利出版社,2006.

[28] 龚时旸,蒋德麒. 黄河中游黄土丘陵沟壑区沟道小流域的水土流失及治理[J]中国科学,1978(6):671-678.

[29] 蒋德麒,赵诚信,陈章霖. 黄河中游小流域径流泥沙来源初步分析[J]地理学报,1966,32(1):21-32.

[30] 唐克丽,席道勤,孙清芳,等. 杏子河流域的土壤侵蚀方式及其分布规律[J]. 水土保持通报,1984(5):10-19.

[31] 景可. 黄土高原泥沙输移比研究[C]//黄河粗泥沙来源及其侵蚀产沙机理研究文集. 北京:气象出版社,1989:14-26.

[32] 蔡强国. 黄土丘陵沟壑区羊道沟小流域次降雨泥沙输移比研究[C]//黄河流域环境演变与水沙运行规律研究文集. 北京:地质出版社,1991:52-83.

[33] 唐政洪,蔡强国,张光远,等. 基于地块间水沙运移的黄土丘陵沟壑区小流域侵蚀产沙模型[J]. 泥沙研

究,2001(10):48-53.

[34] 陈浩.黄土丘陵沟壑区流域系统侵蚀与产沙关系[J].地理学报,2000(3):354-363.

[35] 黄秉维.谈黄河中游水土保持问题[J].中国水土保持,1988(1):12-15.

[36] 周佩华,豆葆璋,孙清芳,等.降雨能量的试验研究初报[J].水土保持通报,1981(1):51-60.

[37] 王万忠.关于侵蚀性降雨的标准问题[J].水土保持通报,1984(2):58-62.

[38] 江忠善,刘志.降雨因素和坡度对溅蚀影响的研究[J].水土保持通报,1989,3(2):29-35.

[39] 王兴奎,钱宁,胡维德.黄土丘陵沟壑区高含沙水流的形成及汇流过程[J].水利学报,1982(7):27-35.

[40] 靳长兴.论坡面侵蚀的临界坡度[J].地理学报,1995,50(3):234-239.

[41] 李秀霞,倪晋仁.土壤侵蚀及其影响因素空间相关性分析[J].地理科学进展,2009(2):161-166.

[42] 刘瑞娟,张万昌,裴洪芹.淮河流域土壤侵蚀与影响因子关系分析[J].中国水土保持,2010(5):29-32.

[43] 刘玲.区域土壤侵蚀影响因子的尺度效应研究[D].西安:西北大学,2010.

[44] 李占斌,朱冰冰,李鹏,等.土壤侵蚀与水土保持研究进展[J].土壤学报,2008,45(5):802-809.

[45] 吴普特,周佩华.地表坡度与薄层水流侵蚀关系的研究[J].水土保持通报,1993,13(3):1-5.

[46] 王贵平,曾伯庆,蔡强国,等.晋西黄土丘陵沟壑区坡面土壤侵蚀及预报研究——细沟侵蚀[J].中国水土保持,1992(1):22-25.

[47] 郑粉莉,唐克丽,周佩华.坡耕地细沟侵蚀影响因素的研究[J].土壤学报,1989,26(2):109-116.

[48] 张光辉,刘宝元,何小武.黄土区原状土壤分离过程的水动力学机理研究[J].水土保持学报,2005,19(4):48-52.

[49] 陆兆燕,蔡强国.黄土丘陵沟壑区土壤侵蚀过程研究[J].中国水土保持,1991(11):19-22.

[50] 郑粉莉.黄土区坡耕地细沟间侵蚀与细沟侵蚀研究[J].土壤学报,1998,35(1):95-103.

[51] 郑粉莉,高学田.坡面土壤侵蚀过程研究进展[J].地理科学,2003,3(2):230-235.

[52] 张科利,唐克丽,王斌科.黄土高原坡面浅沟侵蚀特征值的研究[J].水土保持学报,1991,5(2):8-13.

[53] 张永光,刘宝元.东北漫岗黑土区地形因子对浅沟侵蚀的影响分析[J].水土保持学报,2007,21(1):35-39.

[54] 龚家国,王文龙,郭军权.黄土丘陵沟壑区浅沟水流水动力学参数实验研究[J].中国水土保持科学,2008,6(1):93-100.

[55] 武敏,郑粉莉,黄斌.黄土坡面汇流汇沙对浅沟侵蚀影响的试验研究[J].水土保持研究,2004(4):74-77.

[56] 张新和,郑粉莉,李靖.切沟侵蚀研究现状与存在问题分析[J].水土保持研究,2007,14(4):31-33.

[57] 游智敏,伍永秋,刘宝元.利用GPS进行切沟侵蚀监测研究[J].水土保持学报,2004,18(5):91-94.

[58] 秦高远,周跃,杨黎.切沟侵蚀研究初探——以云南省文山县新开田村为例[J].水土保持研究,2007,14(5):79-81.

[59] 陈国祥,谢树南,汤立群.黄土高原地区流域侵蚀产沙模型研究[M].郑州:黄河水利出版社,1996.

[60] 汤立群,陈国祥,蔡名扬.黄土丘陵区小流域产沙数学模型[J].河海大学学报,1990,18(6):10-16.

[61] 汤立群.流域产沙模型的研究[J].水科学进展,1996,7(1):47-53.

[62] 尹国康,陈钦峦.黄土高原小流域特性指标与产沙统计模式[J].地理学报,1989,44(1):32-45.

[63] 江忠善,宋文经.黄河中游黄土丘陵沟壑区小流域产沙量计算[C]//第一次河流泥沙国际学术讨论会论文集.北京:光华出版社,1980.

[64] 刘宝元,谢云,张科利.土壤侵蚀预报模型[M].北京:中国科学技术出版社,2001.

[65] 牟金泽,孟庆枚.降雨侵蚀土壤流失预报方程的初步研究[J].中国水土保持,1983(6):23-27.

[66] 蔡强国,陆兆熊,王贵平.黄土丘陵沟壑区典型小流域侵蚀产沙过程模型[J].地理学报,1996,51(2):108-116.

[67] 王万中,焦菊英.黄土高原降雨侵蚀产沙与黄河输沙[M].北京:科学出版社,1996.

[68]张宪奎,许靖华,卢秀琴.黑龙江省土壤流失方程的研究[J].水土保持通报,1992,12(4):1-9.

[69]刘善建.天水水土流失测验的初步分析[J].科学通报,1953(12):59-65.

[70]刘宝元,张科利,谢云.土壤流失经验模型[C]//第十二届国际水土保持大会论文集(Ⅱ).北京:清华大学出版社,2002.

[71]阮伏水,朱鹤健.福建省花岗岩地区土壤侵蚀与治理[M].北京:中国农业出版社,1997.

[72]史学正,于东升,吕喜玺.用人工模拟降雨仪研究我国亚热带土壤的可蚀性[J].水土保持学报,1995,9(3):38-42.

[73]刘东生.中国的黄土堆积[M].北京:科学出版社,1965.

[74]王永炎.黄土与第四纪地质[M].西安:陕西人民出版社,1982.

[75]张宗祜.我国黄土高原区域地质地貌特征及现代侵蚀作用[J].地质学报,1981,55(4):308-319.

[76]朱显谟.关于黄土层中红层问题的讨论[J].中国第四纪研究,1958,1(1):74-82.

[77]张信宝,李少龙,王成华.^{137}Cs法测算梁峁坡农耕地土壤侵蚀量的初探[J].水土保持通报,1988,8(5):18-22.

[78]田均良,周佩华,刘普灵,等.土壤侵蚀REE示踪法研究初报[J].水土保持学报,1992,6(4):21-27.

[79]张科利,唐克丽.坡面细沟侵蚀预报模型细沟侵蚀能力的研究[J].土壤学报,2000,37(1):9-14.

[80]徐国礼,周佩华,王文龙,等.沟道侵蚀与地面遥感监测研究[J].水土保持学报,1991,5(2):22-24.

[81]马蔼乃.地理科学与地理信息科学论[M].武汉:武汉出版社,2000.

[82]卜兆宏,唐万龙,潘贤章.土壤流失量遥感监测中GIS像元地形因子算法的研究[J].土壤学报,1994,31(3):322-329.

[83]慈龙骏.中国的荒漠化及其防治[M].北京:高等教育出版社,2005.

[84]蒋定生.黄土高原水土流失与治理模式[M].北京:中国水利水电出版社,1997.

[85]杨勤科,李锐,徐涛,等.区域水土流失过程及其定量描述的初步研究[J].亚热带水土保持,2006,18(2):20-23,31.

[86]贺秀斌.20万年来黄土剖面土壤发生学特征与侵蚀环境演变[J].土壤侵蚀与水土保持学报,1999,5(2):92-94.

[87]唐克丽.土壤侵蚀环境演变与全球变化及防灾减灾的机制[J].土壤与环境,1999,8(2):81-86.

[88]董光荣,靳鹤龄,陈惠忠,等.中国北方半干旱和半湿润地区沙漠化的成因[J].第四纪研究,1998(2):136-144.

[89]苏维词.贵州喀斯特山区的土壤侵蚀性退化及其防治[J].中国岩溶,2001,20(3):217-223.

[90]吕明辉,王红亚,蔡运龙.西南喀斯特地质土壤侵蚀研究综述[J].地理科学进展,2007,26(2):87-96.

[91]刘娜,王克林,张伟,等.土壤侵蚀及其评价、校验方法研究进展[J].中国农学通报,2011,27(18):1-6.

[92]张信宝,李少龙,王成华,等.黄土高原小流域泥沙来源的^{137}Cs法研究[J].科学通报,1989,34(3):210-213.

[93]杨明义,田均良,刘普灵.应用^{137}Cs研究小流域泥沙来源[J].土壤侵蚀与水土保持学报,1999,5(3):49-53.

[94]张信宝,D. E. Walling,冯明义,等.^{210}Pbex在土壤中的深度分布和通过^{210}Pb$_{ex}$法求算土壤侵蚀速率模型[J].科学通报,2003,48(5):502-506.

[95]张信宝,张云奇,贺秀斌,等.农耕地土壤^{210}Pb$_{ex}$含量对侵蚀速率变化的响应模型[J].土壤学报,2010,47(4):593-597.

[96]田均良,周佩华,刘普灵,等.土壤侵蚀REE示踪法研究初报[J].水土保持学报,1992,6(4):23-27.

第八章　中国土壤风蚀沙化及其防治对策研究

中国是一个饱受土壤风蚀及土地沙漠化影响的国家。根据水利部第二次全国水土流失普查数据,截至 20 世纪 90 年代末期,全国风蚀总面积 191 万平方千米。其中轻度侵蚀 79 万平方千米,中度及其以上程度侵蚀达 112 万平方千米。而由土壤风蚀沙化造成直接影响的地区占全国总面积的一半以上。风蚀沙化的实质是在风力的作用下使表层土壤中的细颗粒和营养物质的吹蚀、搬运和堆积的过程以及地表物质受到风吹起的颗粒的磨蚀过程。这一过程对生态环境造成的直接后果主要表现在 2 方面。其一是造成表土层大量富含营养元素的细微颗粒的损失,致使农田表层土粗化、土壤肥力下降和土地生产力衰退;其二是土壤风蚀过程中会产生大量的气溶胶颗粒,这些颗粒悬浮于大气中,是造成所在地区乃至周边地区沙尘天气出现的重要尘源。土壤风蚀是一个综合的地理过程,其中包括气候、植被、土壤、地形地貌、人类活动等多种因子。这些因子发生变化,会导致土壤风蚀程度乃至方向的变化。由于风蚀,土壤颗粒在空间上重新分布和分选,可能对所作用到的土壤、与土壤有关的微地形和任何与该土壤有关的农业活动都产生深刻的影响。严重的土壤风蚀不仅危害本地,造成地表细粒物质和土壤养分、有机质的大量流失,土地生产力下降,影响农作物的正常生长,而且波及周边地区,产生大范围的粉尘污染和其他的风沙问题,影响人类身体健康,并对交通、通讯和水利等设施构成危害,甚至会改变大气辐射平衡,影响全球尺度的生物地球化学循环。近年来,由于过度开垦、超载放牧以及不适当的耕作方式,中国荒漠化面积逐年扩大,生态环境恶化、沙尘暴频发,其范围逐渐从西北干旱区扩展到北京、天津及华北地区。

土壤风蚀沙化所产生的灾难已使中国受害地区的人民付出了极其沉重的代价。土壤风蚀沙化问题已经成为中国北方干旱半干旱地区土地退化最严重的类型之一。中国自 20 世纪 30 年代开展现代科学意义上的风蚀沙化研究以来,今天的风蚀研究已经成为了地理科学、环境保护、农业、林业以及气象等诸多方面科学工作者重点研究的现代自然过程之一。经过诸多学者的多年来不懈努力,土壤风蚀沙化研究已经在风蚀分布的地带性规律、风蚀量的估计、风蚀强度分级、风蚀的准周期规律、影响风蚀的因素分析、近地表气流物理特征对风蚀的影响、风蚀危害评价以及风蚀防治措施等领域取得了丰硕的成果。这些成果不仅为中国风蚀沙化的防治发挥了巨大的作用,而且还引起了国际风蚀学界的广泛关注。

第一节　中国土壤风蚀沙化的主要研究进展

中国土壤风蚀研究虽然起步较晚、研究基础较为薄弱。但已经在风蚀动力学、风蚀监测、预报与评估模型、土壤风蚀强度分级以及风蚀防治技术等诸多领域进行了大量的卓有成效的研究工作,并取得了一批具有代表性的研究成果。尤其是进入 20 世纪 90 年代以来,由于模糊数学、分形理论等新理论的出现以及地理信息系统、遥感等空间技术的成熟,为土壤风蚀沙化研究注入了新的动力。现将这些进展概括如下。

一、土壤风蚀沙化的主要影响因子研究

土壤风蚀沙化与气候特点、下垫面性质等自然因素及人类活动关系密切（表2-8-1）。土壤风蚀沙化是中国北方干旱、半干旱及部分湿润地区土地退化的主要过程之一。中国风蚀沙化地区面积广大，气候多样，土地利用类型，土壤类型以及地形地貌变化复杂，其土壤风蚀的特点不同于美国大平原尘暴区，亦与非洲萨赫勒地区特点迥异。在进行土壤风蚀研究时，需重视风蚀沙化地区的地理特征。影响中国土壤风蚀沙化的主要因素归纳如下：

表2-8-1 土壤风蚀的主要影响因子

气候	土壤	植被	地形	人类活动
风速（-）	土壤类型（±）	植被类型（±）	地表粗糙度（±）	开垦（-）
风向（±）	颗粒构成（±）	植被盖度（+）	坡度（±）	放牧（-）
湍流度（-）	土体结构（±）		土垄（±）	农田防护林（+）
降雨量（±）	有机质含量（±）			作物残茬（+）
蒸发量（-）	碳酸钙含量（±）	注：（+）表示土壤风蚀随该因子的增加而减弱		
温度（+）	土壤容重（±）	（-）表示土壤风蚀随该因子的增加而增强		
气压（-）	团粒密度（±）	（±）表示既有增加也有减少		
冻融作用（+）	土壤水分（+）			

资料来源：据史培军等（2002）.

（1）气候　气候因素是形成土壤风蚀的决定性因素之一。风是土壤发生风蚀的基本动力。如果风力大于阻力（土壤表面的糙度、可蚀性系数、土壤湿度、植被盖度、坡度坡向等），不稳定的土壤颗粒就会移动，反之则土壤风蚀不发生。中国风蚀沙化地区大部分处在干旱半干旱地区，降水量较少，尤其在八大沙漠地区降水量更是稀少，气候干旱。多大风天气，平均风速较大，尤其是在中蒙边界、新疆哈密以及阿拉山口地区，大风日多在300天以上，是土壤风蚀发生的巨大驱动力。

（2）下垫面性质　下垫面性质主要包括土壤状况、植被因素以及地形起伏等。中国风蚀沙化地区主要地表类型可划分为砾质荒漠（戈壁）、沙质荒漠、黄土沉积物、残积物、冲积物、盐生沉积物和灌溉沉积物等7种，其中沙漠、沙漠与黄土过渡区以及废弃古河道的洪积物风蚀最为严重。这些风蚀严重的地表类型往往也是植被覆盖度较低，且地形的整体起伏度较低，这就加大了风力对土壤的侵蚀作用。

（3）人类活动　土壤风蚀不仅是个十分复杂的风沙物理过程，同时也是自然因素和人为因素相互叠加作用的综合表现。受风蚀沙化威胁的很多地区是中国重要的农牧业区，人类的生产生活活动频繁，改变了下垫面的性质，加剧了土壤风蚀的程度，尤其在农牧交错带。耕作活动会明显加大土壤风蚀量，翻耕土地彻底破坏了表层土壤结构，降低了其结持力。事实上无防护措施的开垦以及在不适宜地翻耕土地是加剧土壤侵蚀的重要原因。樵采对土壤风蚀的影响也是不容忽视的。沙区群众在荒地或戈壁滩上打柴和挖药材，这些活动破坏了当地植被，而且还会形成很多小沙坑，这些小沙坑往往就是大规模风蚀的桥头堡。牧民饲养牲畜对土壤表面的践踏亦是加大风蚀的一个重要原因。尤其是在一些过牧严重的草原区，牲畜甚至会把饮水点周围踩踏成不毛之地。另外，人类的在一些易风蚀地区的筑路、修渠、建居民点等活动也是不容忽视的因素。

二、沙漠化研究

中国的沙漠化系统研究始于20世纪50年代的大规模沙漠化考察和研究。这一时期在中国北方地区共建立了6个综合实验站和数十个治沙中心,为全面摸清中国沙漠的分布、面积、危害现状,探讨治理技术与防治对策等奠定了基础。到七八十年代标志性的成果是1∶25万中国北方沙漠与沙漠化土地现状图。1994年展开了全国第一次沙漠化土地普查和1999年开展了全国沙漠化土地抽样监测和重点地区暨南方省区沙漠化土地监测,不仅摸清了中国沙漠及沙漠化土地的家底,且掌握了自沙漠化土地普查以来的动态变化。

中国的沙漠与沙漠化科学从无到有,并以其创新性和系统性的理论进展,经济、社会和环境效益的实践成果,极大地推动了风蚀领域学科发展的同时,又为北方地区经济社会发展和生态环境保护建设作出了突出的贡献。目前,已形成了以中国科学院和国家林业局有关研究所为主体的国家级沙漠和沙漠化研究机构,汇集了一批优秀的沙漠和沙漠化科学家,创建了中国比较完整的沙漠和沙漠化科学及其研究体系,在风沙物理与沙漠环境、沙漠形成演变与全球变化、沙漠化过程及其防治、沙区资源环境与可持续发展、沙漠化遥感与信息系统综合研究等方面取得了重大进展。在全国主要沙漠和沙漠化地区设有一批长期野外试验站(点),已为国家在有关沙漠开发利用和沙漠化防治方面的决策提供了大量的科研成果和理论依据。过去20年来,北方约有10%的沙漠化土地得到治理,12%的沙漠化土地有所改善,局部地区出现"人进沙退"的新局面。中国沙漠科学研究和实践所取得的辉煌成就,得到了政府、地方民众、科学界和国际社会的普遍认可。

中国先后于2000年和2008年启动了2项风蚀机制与沙漠化防治方向的"973"计划项目,"中国北方沙漠化过程及其治理研究"项目围绕中国北方沙漠化过程及其防治、区域生态环境建设与经济社会可持续发展中的基础理论问题,开展了多学科综合研究,取得了一些创新性研究成果,具有重要的理论价值,对推动中国沙漠化防治具有重要指导意义。王涛等(1999)认为,本项目确定了2000年以来重点沙漠化地区水系和古绿洲迁移与土地覆盖变化格局,恢复了历史时期沙漠化的基本过程、格局和演变序列,阐明了历史时期沙漠化发展的驱动机制;揭示了土壤风蚀和沙尘起动的物理机制,确定了土壤风蚀容忍量、定量评价体系,风沙电场形成机制、分布规律和影响;确定了主要沙尘源区、沙尘暴移动规律和形成机制,建立了沙尘暴监测、预报预警方法和系统;研究了土壤碳、氮衰减规律及其对沙区植被的影响,揭示了沙漠化过程中植物的受损过程、适应对策和植被恢复机制;阐明了中国近50年来沙漠化的过程、成因、现状及其发展趋势,定量给出了沙漠化空间变化态势,提出了重点地区防治沙漠化、社会经济与环境协调发展的模式和对策。

"干旱区绿洲化、荒漠化过程及其对人类活动、气候变化的响应与调控"项目8个课题自2009年启动,通过一年的实施,已建立了实用的土地利用/覆盖、绿洲、荒漠化土地的遥感解译标志,并在重点地区做了生态反演探索;进行了盐渍化土壤的光谱室内和野外分析,为展开星地同步盐渍土观测做好了准备工作;初步揭示了西北干旱区荒漠化过程空间分异规律和荒漠化过程中土壤碳氮的衰减规律;掌握了策勒荒漠绿洲过渡带植被—土壤系统的沙漠化演变规律;并揭示了植被对沙丘水分再分配的影响;在此基础上,又模拟了民勤地区沙尘暴期间沙漠复杂地形的流场及不同地表部的单宽输沙率。同时,编写了可初步用于多孔介质流动计算的流体动力学程序,为进一步深入进行水盐运移数值模拟做好了准备;对民勤绿洲盐渍化地区地表的含盐量、植被和风场等进行野外调查;完成了样方的设计和采集,并对该区域盐渍化土地的分布进行了遥感解译,并初步分析了黑河流域地下水系统、流域水文过程、植被生态的变化过程,全面调研与资料收集,初步建立生态水文综合模拟的数据库系统。

概括来讲,中国沙漠化研究主要集中在风沙地貌发育、风沙运动规律、沙漠治理和风沙灾害防治等领域。目前沙漠化研究主要取得了以下成果:①揭示了中国北方干旱半干旱及部分半湿润地区土地沙漠化的类型、主要特征及其发生发展过程;②查明了中国沙漠化现状、分布特征及其危害;③分析了沙漠化的成因,确定了自然因素与人为因素在沙漠化成因中的作用;④制定了沙漠化指标体系,开展了大范围的遥感与地面调查,进行沙漠化的监测和制图工作;⑤选择沙漠化危害严重的地区,进行不同自然条件下不同类型的沙漠化土地防治试验研究与示范。

三、风蚀动力过程模拟与调控

土壤风蚀沙化的本质过程是近地面气流状况与地表物质的相互作用过程。风蚀研究的重要理论基础为风沙物理学(流体力学),研究的主要内容为风蚀影响因素的定量研究、风蚀的动力机制、沙粒的受力机制、风沙运动方式、风沙流结构、输沙率方程等。风蚀影响因素的定量研究主要借助于风洞试验。刘玉璋(1992)和董光荣(1987)利用风洞对影响风蚀的诸因素进行了定量或半定量的模拟实验,认为土壤风蚀是自然和人为因素相互作用的产物,人为因素是叠加于自然因素之上的加速作用,实验表明,由人为因素与自然因素引起的风蚀量分别占总风蚀量的78.6%和21.4%。董治宝及陈渭南(1996)通过风洞实验,研究了植被对土壤风蚀的影响,证明了其影响作用与效果取决于各植物特征,当增加植物密度之后,能够有效地防治风蚀作用;而在干旱、半干旱地区,保持一定的植被盖度对于控制土壤风蚀的发生与发展具有重要的意义。董治宝(1997)、孙悦超以及麻硕士(2007)采用了野外风洞原位测试方法进行试验研究,定量评价了阴山北麓干旱半干旱区不同地表土壤的抗风蚀效果。土壤颗粒的受力分析则是风沙物理学的研究基础。凌裕泉和贺大良(1980)利用风洞实验,对沙粒受力运动的过程进行了动态摄影观测,并根据摄影资料对作用于单颗沙粒的主要作用力进行了研究,讨论了它们对沙粒运动的影响;刘贤万(1995)应用高速摄影机、自动运动参数判读仪等方法,对不同运动方式的沙粒进行了受力分析,建立了各运动阶段的力学模型。沙粒的运动可划分为悬移、跃移和蠕移3种形式。其中沙粒跃移是土壤颗粒运动的主要形式。凌裕泉和吴正(1980)观测到沙粒跃移的轨迹特征,对沙粒的运动特征进行了统计;邹学勇通过高速频闪摄影,初步论证了不同下垫面条件下沙粒的跃移轨迹、延程速度、起跳角与降落角呈线性关系;刘贤万(1995)发现了在沙粒发生跃移前,存在振动、滚动和滑动3种运动形式。风沙流垂直分布特征则是决定输沙率和选择风沙防治工程的重要指标。早在20世纪60年代刘振兴即得出在不同空气稳定度下沙粒悬浮浓度随高度的分布公式及其与平均风速的关系。吴正结合野外观测和风洞实验证明输沙量随高度的上升呈指数规律递减。马世威初步确定了风速、总输沙量及下垫面为影响风沙流结构的3个主要因素。风沙物理学的核心研究内容则是输沙率的确定。输沙率方程包括理论模型和经验公式两大类。除刘振兴提出一个较为全面的输沙率模型外,中国学者多根据野外观测和风洞实验资料,建立输沙量与风蚀因子的相关关系式。总体上,中国风沙物理学研究还需进一步加强。

四、风蚀观测

土壤风蚀具有时空尺度性,不同尺度下的土壤风蚀的特点和主导过程也不相同,相应的研究方法也发生变化。在过去的几十年中,中国科学家们对风蚀进行了大量的研究。在此基础上,提出了应用于估算风蚀量与评价各种防风蚀措施的各种方法。主要分为野外调查和模拟试验两大类方法。其中,野外调查主要有风蚀盘法、插钎法、地形测量法、风蚀形态调查法、土壤剖面分析法、剖面粒度分析、地形摄影和遥感图像分析法及 ^{137}Cs 法等;模拟试验法主要有集沙仪测定输沙率法、风洞的模拟试验、数理分析计算法等。中国的风蚀观测尚缺乏大范围的网络化数据,以零散的点状测定数据为主。表 2-8-2 为中国若干地区风蚀测定数据。

表 2-8-2 中国部分地区土壤风蚀量测定数据

地点	实验方法	土地利用	风蚀模数/(吨/公顷·年)	参考文献
新疆罗布泊	风蚀遗迹	雅丹	60.00	斯文赫定(1905)
内蒙古呼伦贝尔	插钎法	沙地	156.00	马玉堂(1981)
内蒙古四子王旗	土壤剖面测定法	农田	335.00	朱震达等(1981)
内蒙古科尔沁	插钎法	沙地	174.00~349.50	赵羽等(1988)
山东夏津	插钎法	沙地	21.00	赵存玉(1992)
青海共和盆地	风洞试验	4种沙化土地	157.00~1510.00	董光荣等(1993)
内蒙古奈曼旗	插钎法	沙地	80.00	徐斌等(1993)
晋陕蒙边界地区	遥感观测	沙地	15.90	刘连友(1999)
内蒙古后山地区	剖面粒度分析	农田/草地	14.4~41.1	董治宝等(1997)
青海共和盆地	^{137}Cs 法	农田/草地/沙地	7.44~43.68	严平(2000)
青藏高原中南部地区	^{137}Cs 法	农田/草地/沙地	22.62~69.43	严平等(2001)
青海格尔木	^{137}Cs 法	沙地	84.14	
青海格尔木	^{137}Cs 法	农田/沙地	11.19~38.63	严平(2003)
内蒙古太仆寺旗	^{137}Cs 法	农田/草地	30.39~79.9	胡云锋等(2005)
内蒙古四子王旗	剖面粒度分析	沙地	6 214.70	李晓丽等(2006)
河北张北	风蚀圈法	农田/草地/沙地	0.72~3.74	王云超等(2006)
河北宣化	插钎法	农田/草地/沙地	46.77~518.94	孟树标等(2006)
内蒙古锡林浩特	^{137}Cs 法	草地	3.60	刘纪远等(2007)
内蒙古正镶白旗	^{137}Cs 法	草地	3.51	
青海龙羊峡	^{137}Cs 法	农田/沙地	6.23~7.81	沙占江等(2009)
河北康保	插钎法	农田/草地	37.45~48.28	郭晓妮等(2009)
内蒙古多伦	插钎法	农田/草地/沙地	0.05~8.24	郑兵等(2010)
内蒙古武川	风蚀圈法	4种农田	2.80~12.60	赵君等(2010)
河北康保	^{137}Cs 法	2种农田	67.00~89.53	张春来等(2011)

土壤风蚀监测网络的建设则是未来风蚀测定的发展方向。作为风蚀沙化信息获取的重要手段,风蚀监测网络可以提供从土壤风蚀起沙、运移到沉降等各个过程的观测数据。完整、可比的风蚀观测数据结合遥感技术,可以实现风蚀研究从局部到整体的尺度转换。通过网络观测,可以有效地反映风蚀时空变化规律。

四、风蚀评价和分级

风蚀评价分级是指对土壤风蚀作用的影响范围和作用强度进行评价。风蚀评价主要包括2

个方面:①对风蚀源地的评价;②针对风蚀物运移过程以及沉降过程造成影响的评价。截至目前,国内很多学者基于调查、遥感观测以及构建模型等方法对中国风蚀区进行评价和分级。

土壤风蚀强度的地带性空间分布规律是认识风蚀区气候、地貌、土壤、植被及土地利用方式差异的重要方法。齐矗华等(1991)根据自然条件的差异,将黄土高原风蚀区划分为:①中温带荒漠草原、暖温带干草原北部强烈风蚀带,年风蚀速率50吨/(公顷·年)~100吨/(公顷·年);②暖温带干草原中部中度风蚀带,年风蚀速率20吨/(公顷·年)~50吨/(公顷·年);③暖温带干草原南部轻度风蚀带,年风蚀速率小于20吨/(公顷·年)。赵羽等(1988)根据相对风蚀深度、植被盖度和风蚀面积所占百分数等指标,对内蒙古土壤风蚀进行了强度分级,并利用遥感资料,结合地面调查,完成了1:100万内蒙古土壤风蚀分级图。在此基础上,水利部于1997年和2007制定并升级了土壤风蚀分类分级标准,将风蚀强度划分为微度、轻度、中度、强度、极强度和剧烈6级,以此作为国家行业标准(表2-8-3)。按照此标准,水利部等单位于2000年完成了新的1:400万全国土壤风蚀图。近年来,GIS等空间技术以及新的数学理论的应用为土壤风蚀研究开拓了新的研究领域。张国平等(2001)基于GIS技术,结合TM遥感影像、DEM地形起伏、土地利用类型、土壤质地以及实地调查等资料提出风力侵蚀动力的概念,并利用此参数对中国的土壤风蚀的空间格局进行了探讨。结果发现,风力侵蚀动力指数与全国土壤风力侵蚀遥感调查的结果有较好的一致性,表明土壤风力侵蚀动力指数可以较好地反映地区土壤风力侵蚀过程,并对沙漠化治理有指导意义。王涛利用TM遥感影像,结合地面调查,对中国近50年来沙漠化土地的时空分布特征进行了研究,表明中国沙漠化自20世纪90年代以来有加速的趋势。刘纪定等(2007)和师华定等(2008)将GIS技术分别与人工神经网络模型和模糊数学相结合,对内蒙古地区土壤风蚀进行了分级,并取得了良好的科学与应用价值。这些研究丰富了土壤风蚀的研究方法,为合理的制定区域性土壤风蚀防治措施提供了一定的科学依据。

表2-8-3 风力侵蚀的强度分级

级别	床面形态(地表形态)	植被覆盖度/% (非流沙面积)	风蚀厚度/ (毫米/年)	风蚀模数/ (吨/公顷·年)
微度	固定沙丘、沙地和滩地	>70	<2	<2
轻度	固定沙丘、半固定沙丘和沙地	70~50	2~10	2~25
中度	半固定沙丘和沙地	50~30	10~25	25~50
强烈	半固定沙丘、流动沙丘、沙地	30~10	25~50	50~80
极强烈	流动沙丘和沙地	<10	50~100	80~150
剧烈	大片流动沙丘	<10	>100	>150

资料来源:据水利部(2007)。

五、风蚀预报模型

土壤风蚀研究,其归根结底是对土壤风蚀进行定量评价问题。准确的风蚀速率及其区域分布不仅是划分土壤风蚀强度的主要指标和土壤风蚀防治的科学依据,而且也是与风沙地貌、沙尘暴与黄土、土地荒漠化等与风蚀相关的研究领域迫切需要解决的一个关键科学问题。但由于风蚀过程特有的复杂性、随意性和无边界性,目前还很难对其进行精确地测定和科学地评估。风蚀的准确预报和评估是一个世界性的科学难题。世界各国学者经过几十年的努力,先后提出了不同形式的土壤风蚀预报模型,主要有风蚀方程(WEQ)、修正风蚀方程(RWEQ)、风蚀预报系统(WEPS)以及日风蚀量预报(WESS)模型等。

中国在风蚀模型方面起步较晚,目前尚未建立成熟的、能够普遍应用的风蚀模型。董治宝(1998)根据风洞模拟实验结果,建立以风速、空气相对湿度、土体颗粒平均粒径、土体硬度、植被盖度、地表破损率、地表坡度为变量的土壤风蚀预报模型,测算了陕西神木六道沟流域风蚀速率为18.84吨/(公顷·年)。王训明等(2001)以土壤风蚀的随机理论为基础,提出了土壤风蚀的一类随机过程模型,计算出在任意时刻任一类可蚀土壤颗粒的随机概率分布、数学期望(平均风蚀量)及平均风蚀量的方差。张春来等(2011)根据野外观测和风洞实验资料,考虑表土湿度因子、地表粗糙度、植被盖度以及耕作技术措施等因子,分别建立农地、草地以及沙地的输沙量与风速的关系式。另外,高琼等(2002)结合北方地区的实际地理状况修改了Buckley风蚀方程,并对北方地区不同土地利用模式和温度变化情景影响下的土壤风蚀量进行了模拟。这些尝试推动了中国风蚀模型机理和应用研究,但要想建立一个全国主要风蚀区普适的风蚀预报模型,还有很多路要走。

六、沙尘暴研究

中国干旱半干旱地区沙尘暴问题由来已久。最早的沙尘暴记录可以追溯到公元前205年。频发的沙尘暴使发生地居民蒙受了巨大的环境代价和经济损失。比如,1986年5月18日~19日发生于新疆和田的沙尘暴,为当地造成了600万元的损失。1993年5月5号发生于中国北方地区的大范围沙尘暴共造成7000万元的损失。特别是2000年春季,北方地区连续出现了10多次沙尘暴、扬沙和浮尘恶劣天气,其出现时间之早、发生频率之高、影响范围之广、危害程度之大,为历史同期所罕见,对北方地区的交通运输、大气环境、人民生活与生存条件造成严重危害,引起社会各界的广泛关注。近期的,如2006年4月17日发生于华北地区的沙尘暴,北京地区仅降尘量就高达15吨/平方千米。

研究表明,空间上中国沙尘暴主要分布于西北、华北和东北西部,尤其以西北地区的沙尘暴的分布范围广、危害最为严重。中国有五大沙尘暴频发区,自西向东分别为:塔里木盆地(主要包括塔克拉玛干沙漠和罗布泊地区)、阿拉善高原(主要包括巴丹吉林沙漠、腾格里沙漠、乌兰布和沙漠以及河西走廊地区)、鄂尔多斯高原(主要包括毛乌素沙地和黄土高原北部地区)、内蒙古高原东南部地区(主要包括后山地区和科尔沁沙地)以及华北平原北部地区。时间上沙尘暴主要发生在每年的3月~5月间。董治宝(2000)根据自公元前205年以来的沙尘暴统计资料得出,85%的沙尘暴发生于3月~5月间,且沙尘暴的频度和强度随人口的增加而加强。史培军等(2004)对中国历史时期(300~2000)沙尘暴变化规律进行了系统研究,发现大约在公元1100年左右,中国北方沙尘暴发生频数急剧增加。近千年来,中国沙尘暴的频发期有5个,即1060年~1090年、1160年~1270年、1470年~1500年、1610年~1700年和1820年~1890年。从近50年来的时间尺度上,中国沙尘暴的发生频率与区域性的气候变化有关。张德二(1984,1999)分析了中国北方100个气象站沙尘暴观测数据(1951~1997)。表明20世纪50年代以来,青藏高原的东北部柴达木盆地西部共和盆地、祁连山地区,以及内蒙古高原中蒙边境地区,沙尘暴呈增加趋势,其余大部分北方地区则呈减少的特征。强和特强沙尘暴的发生频数自50年代以来一直在增加,50年代每年为0.5次,60年代每年为0.8次,70年代每年为1.3次,80年代每年为1.4次,90年代每年为2.3次,2000年则达14次。由此可见,中国北方强风沙活动呈现增多的趋势。

第二节 中国风蚀防治措施和策略

中国干旱半干旱地区的人们很早就认识到土壤风蚀防治的重要性。自20世纪50年代以来，中国政府逐渐意识到，为了确保干旱半干旱地区，乃至全国的经济发展，必须采取有效的措施控制土壤风蚀。目前，风蚀防治的措施主要包括生物措施、工程措施、土地管理措施以及耕作措施等。

(1) 生物措施　防治土壤风蚀主要生物措施有植树造林、保护和恢复天然植被。中国已成功完成了2期"三北"防护林工程建设，第三期工程也正在实施中。"三北"防护林使该地区森林覆盖率由5.1%提高到9.0%。此外，还实施了防沙治沙工程、水土流失综合治理工程等一系列重大生态建设工程，约有12%的沙化土地得到了治理，1170多万公顷退化草场得到保护与恢复，对风蚀防治发挥了积极的作用。另外，在田块尺度上，利用抗旱灌木构建风障也是一项重要的风蚀治理措施。

(2) 工程措施　干旱的沙漠地区，植物措施难以发挥作用，需要应用工程措施和防治风蚀。工程措施主要采用沙障、草方格、输沙断面、下导风栅板、阻沙堤等方式，用于保护交通线、城镇居民点及重要工矿设施。实践证明这些措施能够明显地降低风沙灾害的程度。这些工程措施在包兰铁路沙坡头段、集通铁路奈曼段、兰新铁路玉门段和塔克拉玛干沙漠公路等成功地控制了流沙的入侵，保证铁路和公路穿越在沙漠的同时能够畅通无阻。目前，在工程措施引进了一些化学方法。比如，在大规模流沙地区，喷洒化学固沙材料和土壤黏着剂，极大地增大土壤颗粒的吸附力，在流沙地表形成保护壳。这一措施直接高效，但成本较高，且会对环境造成的污染。目前，中国化学方法治沙尚处于在极端干旱沙漠中进行小面积试验示范的阶段。

(3) 土地管理措施　不合理的土地利用格局是土壤风蚀的重要驱动因子。防治土壤风蚀沙化的土地管理措施主要是调整和优化土地利用格局。比如1998年启动的长江、黄河上游地区天然林保护工程，以及21世纪初开始的西部地区"退耕还林(草)"工程。特别是对北方草原、荒漠地区，中国实施了"退牧还草、种草养畜"工程。随着这些政策的持续，西部地区土地利用格局将会发生积极的变化，土地滥垦、过牧的问题将得到一定程度的缓解。

(4) 耕作措施　在中国干旱半干旱地区，尽管耕地面积所占比例要小于草地和沙地，但耕地作为种植业的载体，为保证当地的粮食安全发挥着重要的作用。在耕地中，抗风蚀的措施主要包括条带耕作、轮作、作物留茬、深耕、垄耕及免耕等措施。但由于受传统耕作方式的影响，这些措施在中国大范围的推广应用存在一些难度。近年来，以秸秆残茬覆盖地表的保护性耕作技术已开始在山西、河北等地推广，在风蚀防治中起到明显作用。

(5) 典型区治理示范　以典型风蚀区为治理单元，优化治理方法，典型示范，并合理推广治理经验是中国防沙治沙一条重要途径。宁夏中卫的沙坡头地区是中国交通干线防沙体系的成功模式。包兰铁路在中卫境内6次穿越沙漠，其中以沙坡头坡度最大，风沙最猛烈，为了保证铁路畅通，避免路轨被沙埋住，从20世纪50年代起，采用无灌溉途径，在铁路两侧建立起"以固为主，固阻结合""以生物固沙为主，生物固沙与机械固沙相结合"的防护体系。这项工程取得了成功，包兰铁路沙漠段几十年来安然无恙。这一典型区治理经验后来在全国得到推广，不仅创造了巨大的经济效益,而且取得了很大的生态和社会效益。这一治沙成果还引起了全世界治沙界的普遍关注,不少外国专家慕名前来考察。

(6)风蚀防治策略　近50年来,由于全球气候变化,中国北方地区趋于暖干化造成冬春季节土壤水分降低,地表疏松干燥,加之人为活动的干扰进一步加剧,沙化土地持续扩展。中国土壤风蚀危害进一步加重,风蚀防治任务艰巨。因此,需要对以前的土壤风蚀防治实践进行总结,针对存在的问题,中国未来土壤风蚀防治的策略主要有:①以防为主、防治结合,以往土壤风蚀防治强调局部地区的治理,而忽视了大面积的生态环境退化。为此,需要调整土壤风蚀防治的国家战略,即由治转为防、以防为主、防治结合。②调整土地利用格局,针对目前"局部治理,整体恶化"的局面,必须调整这一地区的土地利用机构,即将原先的"大面积搞生产,小面积搞生态"土地利用模式,调整为"大面积搞生态,小面积搞生产"的土地利用模式。③建立土壤风蚀防治的生态资产补偿制度,控制土壤风蚀,必须高度重视生态系统的服务价值。由于土壤风蚀地区植被的恢复不仅对当地起重要作用,而且也受惠于邻近地区。因此,将土壤风蚀防治看作是一项持久的社会公益事业,应建立新的生态建设补偿机制,即把土壤风蚀防治的生态与经济效益统一起来,高度重视生态资产的服务价值开发。

第三节　中国土壤风蚀沙化的未来研究方向

(1)风沙边界层物理机制　风沙边界层是指近地面风沙活动过程中,发生在气流相边界层内层部分的风沙气固两相流动。弄清风沙边界层动力学原理会极大促进地表风蚀和沙漠化过程、风沙工程设计原理、风沙地貌形成机制、沙尘物质搬运和分选沉积过程等关键领域的研究。风沙边界层动力学过程研究重点研究以下内容:①高空沙尘气溶胶运动层底部边界条件;②风沙边界层动力学理论模型;③主要沙丘地貌类型的发育机制;④风沙工程设计的一般性原理;⑤风沙工程与风沙地貌之间的自适应模型。

(2)土壤风蚀预报模型　土壤风蚀预报模型一直是风蚀界外众多学者研究的焦点,尤其普适性、多尺度的土壤风蚀预报模型更是一个世界性难题。与国外相比,中国土壤风蚀预报模型起步晚,仍然有很多问题尚待解决。这些问题主要表现在:①风蚀测定方法不规范,测定数据时空尺度不统一,可比性较差;②可靠的风蚀数据有限,缺乏较大区域尺度的土壤风蚀现状及区域分布数据;③尚未建立一个合适的通用土壤风蚀方程。解决上述问题需从两处着手,一方面要大力开展风蚀测定工作,统一观测方法,建立风蚀观测网络,并整合已测定土壤风蚀数据。另一方面,利用测定的数据开发多尺度土壤风蚀模型。如时间尺度:瞬时—天—年均,空间尺度:点—样方(地块)—区域。

(3)风水两相侵蚀　风力侵蚀与水力侵蚀具有不同的作用机制和过程,单一的水力侵蚀或风力侵蚀的研究领域和治理措施已经较为明确。而在中国受降水时空差异的影响,土壤侵蚀类型从东南以水力侵蚀为主的类型逐渐过渡到西北以风力侵蚀为主的类型,二者在地域上是连续的。由于独特的季风气候和黄土地貌,在中国形成了一条由东北向西南分布的水蚀风蚀交错带,沿中国半干旱气候地带分布,包括半干旱气候区河流受风沙影响的河流两岸及广大的黄土高原地区。风水侵蚀交错带是两相侵蚀方式共同作用的结果,其研究和治理是一个全新的研究领域,风水两相侵蚀研究面临着诸多挑战。首先,需要明确风水两相侵蚀区的主导侵蚀力,划分侵蚀类型;其次,通过水文地质资料分析和野外调查,进一步确定水文状况与风水两相侵蚀的相互作用及关系;第三,分析解决风水两相侵蚀的方法,进而提出治理方案。

(4)确定土壤风蚀容忍量　容忍量(T值)是指在土壤经济而永久地维持高水平生产力前提下的最大土壤侵蚀速率。目前,水利部已经制定了中国主要风蚀类型区土壤水蚀的容忍量标准。而在干旱半干旱地区,风蚀容忍量的研究与应用却相对不足,难以满足当前荒漠化防治与土地可持续利用的要求。问题主要表现在:首先,现有关于土壤风蚀研究的成果,没有考虑自然成土过程和人为加速土壤熟化作用的影响。其次,尚未提出符合自然条件和经济发展要求的控制土壤风蚀的临界值以及相应的防治措施。风蚀容忍量主要包括以下研究内容:①不同地区不同条件下土壤形成现代过程,尤其要考虑到人为利用土地方式的不同影响;②不同层次不同母质土壤形成速率的差异;③确定合理的与土壤形成速率相对应的风蚀;④土壤风蚀对土地生产力的危害。

(5)土壤风蚀与生物圈　土壤是联系有机界和无机界的中心环节,是整个生物圈极为重要的组成部分。土壤风蚀不仅使土壤中的大量营养物质损失,导致土地生产力下降。促使地表养分的再分配,促进碳循环。土壤颗粒团聚体稳定状况、不同土地利用方式和人类活动都会影响土壤风蚀度的大小,从而进一步影响土壤中养分的分布及碳在土壤圈、水圈、大气圈和生物圈中的循环。如今,随着全球变化研究的发展,土壤风蚀引起的土壤养分、水体矿物质及碳循环变化越来越受到学者们的重视。今后的研究工作应当注重:①土壤风蚀的多尺度环境效应;②土壤风蚀与生物地球化学循环的相互作用机理;③风蚀物在土壤—植物—大气系统间的相互反馈机制研究。

参考文献:

[1]陈渭南,董光荣,董治宝.中国北方土壤风蚀问题研究的进展与趋势[J].地球科学进展,1994.9(5):6-11.

[2]慈龙骏,吴波.中国荒漠化气候类型划分与潜在发生范围的确定[J].中国沙漠,1997,17(2):107-112.

[3]Ding D S, Bao H S and Ma Y Y. Process in the study of desertification in China[J]. Progress in Physical Geography,1998,22(4):521-527.

[4]董光荣,李长治,金炯,等.关于土壤风蚀风洞模拟实验的某些结果[J].科学通报,1987,32(4):297-301.

[5]董光荣,高尚玉,金炯.青海共和盆地土地沙漠化与防治途径[M].北京:科学出版社,1993.

[6]赵文斌,傅杰,郭旭东.多尺度土壤侵蚀评价指数的技术与方法[J].地理科学进展,2008,27(2):47-52.

[7]董玉祥,康国定.中国干旱半干旱地区风蚀气候侵蚀力的计算与分析[J].水土保持学报,1994,8(3):1-7.

[8]董玉祥,刘玉璋,刘毅华.沙漠化若干问题研究[M].西安:西安地图出版社,1995.

[9]董治宝.建立小流域风蚀量统计模型初探[J].水土保持通报,1998,18(5):55-62.

[10]董治宝.土壤风蚀预报简述[J].中国水土保持,1999(6):17-19.

[11]董治宝,陈广庭.内蒙古后山地区土壤风蚀问题初论[J].土壤侵蚀与水土保持学报,1997,3(2):84-90.

[12]董治宝,陈渭南,李振山,等.植被对土壤风蚀影响作用的实验研究[J].土壤侵蚀与水土保持学报,1996,2(2):1-8.

[13]董治宝,董光荣,陈广庭.以北方旱作农田为重点开展我国的土壤风蚀研究[J].干旱区资源与环境,1996,10(2):31-37.

[14]董治宝,高尚玉,董光荣.土壤风蚀预报研究评述[J].中国沙漠,1999,19(4):312-317.

[15]董治宝,李振山.风成沙粒度特征对其风蚀可蚀性的影响[J].土壤侵蚀与水土保持学报,1998,4(4):1-

5,12.

[16] Dong Z B, Wang X M and Liu, L. Y. Wind erosion in arid and semiarid China: an overview[J]. Journal of Soil and Water Conservation,2000,55(4):439-444.

[17] 方宗义,朱福康,江吉喜,等.中国沙尘暴研究[M].北京:气象出版社,1997.

[18] Gao Q, L Ci and M Yu. Modeling wind and water erosion in northern China under climate and land use changes[J]. Journal of Soil and Water Conservation,2002.57(1):46-55.

[19] 高尚玉,张春来,邹学勇,等.京津风沙源治理工程效益[M].北京:科学出版社,2008:63-72.

[20] 郭晓妮,马礼.坝上地区不同土地利用类型的地块土壤年风蚀量的对比——以河北省张家口市康保牧场为例[J].首都师范大学学报(自然科学版),2009,30(4):93-96.

[21] 海春兴,刘宝元,赵烨.土壤湿度和植被盖度对土壤风蚀的影响[J].应用生态学报,2002,13(8):1057-1058.

[22] 贺大良,高有广.沙粒跃移运动的高速摄影研究[J].中国沙漠,1988,8(1):18-29.

[23] 胡孟春,刘玉璋,乌兰,等.科尔沁沙地土壤风蚀的风洞实验研究[J].中国沙漠,1991,11(1):22-29.

[24] 胡云锋,刘纪远,庄大方.土壤风力侵蚀研究现状与进展[J].地理科学进展,2003,22(3):288-295.

[25] 黄富祥,牛海山,王明星,等.毛乌素沙地植被覆盖率与风蚀输沙率定量关系[J].地理学报,2001.56(6):700-710.

[26] 孔兴帮,苗敬达,张提.右玉县风蚀规律的研究[J].水土保持通报,1990,10(2):53-57.

[27] 李晓丽,申向东,张雅静.内蒙古阴山北部四子王旗土壤风蚀量的测试分析[J].干旱区地理,2006,29(2):292-296.

[28] 李小雁,李福兴,刘连友.土壤风蚀中有关土壤性质因子的研究历史与动向[J].中国沙漠,1998,18(1):91-95.

[29] 李智广,曹炜,刘秉正,罗志东.中国水土流失现状与动态变化[J].中国水土保持,2008(12):7-10.

[30] 李智广.中国水土流失现状与动态变化[J].中国水利,2009(7):8-11.

[31] 李振山.地形起伏对气流速度影响的风洞实验研究[J].水土保持研究,1999.6(4):75-79.

[32] 凌裕泉,吴正.风沙运动的动态摄影实验[J].地理学报,1980,35(2):174-181.

[33] 刘纪远,齐永青,师华定,等.蒙古高原塔里亚特—锡林郭勒样带土壤风蚀速率的^{137}Cs示踪分析[J].科学通报,2007,52(23):2785-2791.

[34] 刘连友.风蚀地貌动力过程的实验研究[D].兰州大学,1999.

[35] 刘连友.区域风沙蚀积量和蚀积强度初步研究——以晋陕蒙接壤区为例[J].地理学报,1999.54(1):59-64.

[36] 刘玉璋,董光荣,李长治.影响土壤风蚀主要因素的风洞实验研究[J].中国沙漠,1992,12(4):41-49.

[37] 刘贤万.实验风沙物理与风沙工程学[M].北京:科学出版社,1995.

[38] 刘振兴.关于风沙问题的研究(Ⅰ):近地层湍流大气中砂的传输[J].气象学报,1960,31(1):75-83.

[39] 马世威.风沙流结构的研究[J].中国沙漠,1988,8(2):8-22.

[40] 马玉堂.呼伦贝尔草原土壤风蚀的研究[J].中国草原,1981,2(3):67-74.

[41] 孟树标,温素卿,王超.黄羊滩风蚀沙地地表风蚀量的研究[J].河北林业科技,2006(1):5-6.

[42] 孟祥亮,严平,宋阳,等.风蚀容忍量研究进展及其若干问题的探讨[J].中国沙漠,2005,25(3):315-319.

[43] 濮励杰,Higg. DL.^{137}Cs应用于我国西部风蚀地区土地退化的初步研究:以新疆库尔勒地区为例[J].土壤学报,1998,35(4):441-449.

[44] 齐矗华.黄土高原侵蚀地貌与水土流失关系研究[M].西安:陕西人民教育出版社.1991.

[45]齐永青,刘纪远,师华定,等.蒙古高原北部典型草原区土壤风蚀的^{137}Cs示踪法研究[J].科学通报,2008,53(9):1070-1076.

[46]全国土壤普查办公室.中国土种志(第6卷)[M].北京:中国农业出版社,1995.

[47]沙占江,马海州,李玲琴,等.基于遥感和^{137}Cs方法的半干旱草原区土壤侵蚀量估算[J].中国沙漠,2009,29(4):589-595.

[48]Shi H D,J Y Liu,D F Zhuang, and Y F Hu. Using the RBFN model and GIS technique to assess wind erosion hazard of Inner Mongolia,China[J]. Land Degradation & Development,2007,18:13-422.

[49]Shi H D,Q X Gao,Y Q Qi, J Y Liu, and Y F Hu. Wind erosion hazard assessment of Mongolian Plateau using FCM and GIS techniques[J]. Environmental Earth Science,2010,61:689-697.

[50]Shi P J, P Yan,Y Yuan, and M A. Nearing. Wind erosion research in China: past, present and future. Progress in Physical Geography[J]. 2004,28(3): 366-386.

[51]史培军,严平,袁艺.中国北方风沙活动的驱动力分析[J].第四纪研究,2001,21(1):41-47.

[52]史培军,严平,袁艺.中国土壤风蚀研究的现状与展望[R].第十二届国际水土保持大会邀请学术报告,2002:1-15.

[53]孙悦超,麻硕士,陈智,等.阴山北麓干旱半干旱区地表土壤风蚀测试与分析[J].农业工程学报,2007,23(12):1-5.

[54]唐克丽.黄土高原水蚀风蚀交错区治理的重要性与紧迫性[J].中国水土保持,2000(11):11-12,17.

[55]王涛,吴薇.我国北方的土地利用与沙漠化[J].自然资源学报,1999,14(4):355-358.

[56]王涛,赵哈林,肖洪浪.中国沙漠化研究的进展[J].中国沙漠,1999,19(4):299-311.

[57]王涛,吴薇,薛贤,等.近50年来中国北方沙漠化土地的时空变化[J].地理学报,2004,59(2):203-212.

[58]王训明,董治宝,武生智,等.土壤风蚀过程的一类随机模型[J].水土保持通报,2001,21(1):19-22.

[59]王云超,张立峰,侯大山,高运青.河北坝上农牧交错区不同下垫面土壤风蚀特征研究[J].中国农学通报,2006,22(8):565-568.

[60]吴正.风沙地貌学[M].北京:科学出版社,1987.

[61]吴正.风沙地貌与治沙工程学[M].北京:科学出版社,2003.52-55.

[62]夏训诚,杨根生.中国西北地区沙尘暴灾害及防治[M].北京:中国环境科学出版社.1996.

[63]夏训诚.罗布泊科学考察与研究[M].北京:科学出版社,1987.

[64]徐斌,刘新民.内蒙古奈曼旗中部农田土壤风蚀及其防治[J].水土保持学报,1993(2):75-80,88.

[65]徐斌,王道龙,辛晓平,等.在西部大开发中加强旱作农业的战略地位[J].中国农业资源与区划,2001,22(1):11-13.

[66]严平,董光荣.青海共和盆地土壤风蚀的^{137}Cs法研究[J].土壤学报,2003,40(4):497-502.

[67]Yan P,Dong Z B, Dong G R et al. Preliminary results of using ^{137}Cs to study wind erosion in the Qinghai-Tibet Plateau[J]. Journal of Arid Environments,2001,47 (4):443-452.

[68]杨东贞,房秀梅,李兴生.我国北方沙尘暴变化趋势的分析[J].应用气象学报,1998,9(2):352-358.

[69]杨秀春,严平,刘连友.土壤风蚀研究进展与评述[J].干旱地区农业研究,2003,21(4):147-153.

[70]叶笃正,丑纪范,刘纪远,等.关于我国华北沙尘天气的成因与治理对策[J].地理学报,2000,55(9):513-520.

[71]臧英,高焕文.土壤风蚀采沙器的结构设计与性能试验研究[J].农业工程学报,2006,22(3):46-49.

[72]Zhang C L,S Yang,X H Pan,and J Q Zhang. Estimation of farmland soil wind erosion using RTK GPS measurements and the ^{137}Cs technique: A case study in Kangbao County, Hebei province, northern China[J]. Soil & Tillage Re-

search,2011,112:140-148.

[73] 张德二. 我国历史时期以来降尘的天气气候学初步分析[J]. 中国科学,1984,24(3):278-288.

[74] 张德二,陆风. 我国北方的冬季沙尘暴[J]. 第四纪研究,1999,19(5):441-447.

[75] 张国平,张增祥,刘纪远. 中国土壤风力侵蚀空间格局及驱动因子分析[J]. 地理学报,2001,56(2):146-158.

[76] 张洪江. 土壤侵蚀原理[M]. 北京:中国林业出版社,2005:175-176.

[77] 赵存玉. 鲁西北风沙化土地农田的风蚀机制与防治措施[J]. 中国沙漠,1992,12(3):46-50.

[78] 赵君,张立峰,刘景辉,李明. 几种保护性耕作对土壤含水量和风蚀量的影响[J]. 安徽农业科学,2010(9):4720-4720,4728.

[79] 赵羽,金争平,史培军,等. 内蒙古土壤侵蚀[M]. 北京:科学出版社,1988.

[80] 郑兵,吕伟,姚洪林,等. 浑善达克沙地南缘风蚀量的研究[J]. 干旱区资源与环境,2010,24(6):112-117.

[81] 朱震达,吴正,刘恕,等. 中国沙漠概论[M]. 北京:科学出版社,1978.

[82] 朱震达,陈治平,吴正,等. 塔克拉玛干风沙地貌研究[M]. 北京:科学出版社,1981.

[83] 朱震达,刘恕. 中国北方地区的沙漠化过程及其治理区划[M]. 北京:中国林业出版社,1981.

[84] 朱震达,刘恕,邸醒民. 中国的沙漠化及其治理[M]. 北京:科学出版社,1989.

[85] 中华人民共和国水利部. 土壤侵蚀分类分级标准[M]. 北京:中国水利水电出版社,1997.

[86] 中华人民共和国水利部. 土壤侵蚀分类分级标准[M]. 北京:中国水利水电出版社,2007.

[87] 邹学勇,朱久江,董光荣,等. 风沙流结构中起跃沙粒垂直初速度分布函数[J]. 科学通报,1992.37(23):2175-2177.

[88] 邹学勇,董光荣. 风沙物理学的发展与展望[J]. 地球科学进展,1993,8(6):44-49.

[89] 赵烨. 滦河源区东沟小流域土壤风蚀特征分析[J]. 地理学报,2002,22(4):436-440.

[90] 赵烨. ^{137}Cs 亦踪技术在滦河源区栗钙土风蚀速率估算中的应用[J]. 环境科学学报,2005,25(4):562-566.

第九章 中国土壤盐碱化及其防治对策研究

盐碱土(盐渍土)是盐土和碱土的统称,土壤盐碱化即盐土和碱土的形成过程,指土壤含盐量过高(超过0.3%)而导致农作物低产或不能生长的灾害过程。土壤盐碱化过程的实质是盐分,特别是Na^+在土壤表层的聚集过程。通常情况下,表层土壤中的盐基离子会随降雨入渗而向下淋洗进入地下水,在地下水位保持恒定状态下,地下水与表层土壤水会维持一定的动态平衡,盐基离子不会在土壤表层聚集。但在干旱气候区或地下水位较高的地区,由于土壤蒸发量增加,地下水不断补给土壤水,导致盐分在土壤表层累积,土壤中盐分离子累积到一定浓度时,就会发生土壤盐碱化。土壤盐碱化包括原生盐碱化和次生盐碱化2种类型,不受人为影响而自然发生的土壤盐碱化称为原生盐碱化,主要发生在干旱或半干旱地区地下水位较高、地下径流不畅、地下水中含有较多可溶性盐的冲积平原。由于人类活动引发的土壤盐碱化称为次生盐碱化,受人为不合理措施的影响,使地下水抬升,在当地蒸发量大于降水量的条件下,使土壤表层盐分增加,导致土壤盐化。

一、中国土壤盐碱化现状和特征

中国盐渍土分布面积甚广。全国除湘、粤、赣、云、贵、川外,从热带到寒温带,从滨海到内陆,从低地到高原,几乎都有盐渍化土壤的分布。在东部滨海地区以及台湾海峡和南海诸岛的沿海一带,由于受海水浸渍,分布着各种滨海盐渍土。淮河、秦岭以北的干旱和半干旱、半湿润的内陆地区地形低洼的盆地、河谷和冲积平原,由于地下水排泄不畅,多形成水盐汇集区而分布有大面积的盐渍土。据第二次全国土壤普查资料,中国盐碱土面积为3455.3万公顷(51 827万亩),其中盐土面积1687.66万公顷(25 313.6万亩),碱土面积86.66万公顷(1299.9万亩),各类盐化土面积1582.6万公顷(23 738.2万亩),碱化土面积97.15万公顷(1457.2万亩)。在盐渍土总面积中,耕地为569.4万公顷(8541.2万亩),占到总耕地面积的16.5%。中国沿海各省、市、自治区约有1.8万千米的滨海地带和岛屿沿岸,广泛分布的滨海盐土总面积可达500万公顷,主要包括长江以北的山东、河北、辽宁等省,江苏北部的滨海冲积平原以及长江以南的浙江、福建、广东等省沿海一带的部分地区。滨海盐碱地区土壤含盐量较高,可达2.0%~6.0%,土地生产力低,严重制约着这一地区的农业生产与生态建设。

因受太平洋季风气候和欧亚大陆性气候,以及地质、地貌、水文以及人类活动等因素的共同影响,中国盐渍土具有明显的特征:①盐分运动季节性明显。一年中春季干旱少雨,蒸发强烈,导致土壤积盐,夏季高温多雨,土壤以脱盐为主。秋季降雨减少、蒸发加强,土壤重新转入积盐过程。冬季寒冷少雪,随着土壤冻结,积盐速度减缓。②盐分表聚性强烈。盐分表聚性是土壤现代积盐过程的共同特征,在高地下水位与气候强烈蒸发的影响下,地下水和土体的盐分向地表聚集。盐分的表聚性随气候的干燥度或蒸降比由东到西和由东南向西北逐渐增大增强,导致地表积盐层的厚度和含盐量越渐增加。③盐碱土类型多样。由于中国盐渍土分布面广,且各地自然环境条件不尽相同,致使土壤盐渍化过程和盐渍地球化学特征不同。既有现代积盐过程,又有残余积盐过程和次生积盐过程。同时,类型多样性还表现在盐类化学过程和组成差异而引起的多样性。④土壤积盐、脱盐的反复多变性。受气候的影响,土壤发生积盐和脱盐的反复,盐分在土体内上下移动频繁,不仅发生在年内,降雨前后也有发生。土壤盐渍化的这种反复多变性,造成彻底改良盐碱土的困难。

中国盐渍土地区的自然条件相当复杂,各地土壤积盐过程特点和盐渍土的类型也有很大差别,为了因地制宜防止土壤盐碱化,并为合理开垦和利用盐渍化土壤资源提供参考,应根据中国各地土壤盐渍地球化学的主要特征在全国划分若干盐渍区和片。王遵亲(1985)根据这些自然条件的类似性和自然条件对土壤盐碱化综合影响的差异将全国分为8个盐渍区和27个盐渍土片。

(1)滨海湿润—半湿润浸盐渍区 本区土壤及地下水中的盐分主要来自海水。滨海盐渍土均直接发育于盐渍淤泥,积盐过程先于成土过程。不同盐渍度的土壤和不同矿化度的地下水平行海岸呈连续带状或不连续带状分布,越趋向海岸含盐越重。由南向北随着气候由湿润逐渐转为半湿润,土壤自然积盐强度逐渐增大,自然脱盐强度逐渐减弱。但土壤及地下水中的可溶性盐类,不论盐渍度或矿化度高低,均未表现出明显的盐渍地球化学分异特点,除闽江口以南零星分布的酸性硫酸盐盐渍土及滦辽河口地段局部出现少量苏打外,其盐分组成均以氯化物为主。

(2)东北半湿润—半干旱草原—草甸盐渍区 本区盐碱化土壤多为苏打盐渍土和草甸构造碱土。主要是在草甸沼泽土、暗色草甸土、灰色草甸土、草甸黑钙土及黑土等基础上发生发展的,且多以斑状分布于它们之中。苏打来自于山地化学径流和深层油层水以及生物还原作用。

(3)黄淮海半湿润—半干旱旱作—草甸盐渍区 盐分主要来自流经本区的各大河中上游地区及本区的山地和黄土高原。各种可溶性盐类顺地势显示出较明显的地球化学分异;冲积扇及平原上部多为重碳酸盐和碳酸盐分布带;平原中部和为氯化物—硫酸盐或者硫酸盐—氯化物分布带;平原内水盐汇聚地段及邻近滨海平原的地区,多为氯化物累积带。地下水矿化度随盐类分异带的顺序由低到高。在季风气候和地形因素影响下,土壤盐分向微地形高处重新分配,强烈累积于地表几厘米土层中,具有明显的季节性积盐和脱盐频繁交替过程的特点。本区盐碱化土壤主要是在冲积母质经旱作耕种形成的潮土上发生发展的。按盐碱组成可分为氯化物盐碱土(卤碱),硫酸盐—氯化物或氯化物—硫酸盐盐渍土(白不咸),苏打—氯化物盐渍土(黑油碱)及由它们脱盐而形成的瓦碱土。这4种类型的主要盐碱化土壤相互插花,呈大小不同斑状分布于耕地中,它们在一定自然和人为条件下可互相演变。此外,汾渭河谷黄土原地的土壤底层多含硫酸盐,具有潜在盐化的威胁。

(4)蒙古高原干旱—半漠境草原盐渍区 本区盐碱化土壤以苏打盐渍土、草甸构造碱土及草原构造碱土为主。苏打盐渍土分布在河迹湖边缘或河迹洼地中以及现代河谷中低洼地段;草甸构造碱土多以斑状分布于微域地形稍高部位及低阶地上;草原构造碱土则处于高阶地或高平地段,呈斑状分布在地带性土壤中。盐分特别是苏打主要来自邻近山区及高原本身的洪积—冲积物和湖积物。苏打盐渍土起源于当地的水成或半水成土壤,可经脱盐而演变为草甸构造碱土。随着地下水位降低而不再参与现代成土过程,草甸构造碱土逐渐发展为草原构造碱土,其现代成土过程趋向于草原化。

(5)黄河中下游半干旱—半漠境盐渍区 本区是黄淮海平原盐分主要补给区,以多种盐渍过程类型和硫酸盐累积的普遍性为其盐渍地球化学的主要特征。渭、泾、洛河流域黄土高原的黄绵土,其底层多含碳酸盐和硫酸盐,具有潜在盐化威胁,其狭窄河谷则分布以硫酸盐为主的现代盐渍土。兰州以东鄂尔多斯—黄土高原不仅灰钙土和棕钙土等具有更接近地表的碳酸盐和硫酸盐累积层,而且在高原地势上还成片分布着残余盐土及零星的残余碱化土和碱池。黄河冲积平原广泛分布各种现代盐渍土,土壤和地下水中可溶盐具有较明显的水平分异,山麓洪积扇和高阶地多碳酸盐—重碳酸盐,平原上部多重碳酸盐类硫酸盐,中部多氯化物—硫酸盐,下部为硫酸盐—氯化物,且在洼地及其边缘多含苏打。荒地中以结壳蓬松盐土和潮湿盐土居绝大多数,并且后套乌梁素海以西开始,沿安北—狼山一线至银川平原西大滩一代,有不少龟裂碱化土。兰州以西黄河上游高寒地区,盐渍土主要零星分布在山间河谷盆地中,以氯化物—硫酸盐为主。

(6)甘新漠境盐渍区 本区为一内陆闭流区,除额尔齐斯河水系外,所有水流或尖灭于戈壁沙漠,或汇集成内陆湖泊。由水流自山地带来的盐分,随径流状况而具有明显的地球化学水平分异,越趋向水流汇聚中心,土壤积盐愈重。地下水矿化度愈高。土壤不仅普遍含盐重,且以有大量石膏或碳酸镁累积为特征。除广泛分布以氯化物—硫酸盐为主的结壳盐土外,还有大面积的龟裂碱化土和镁质碱化土。

(7)青新极端干旱漠境盐渍区 本区所有来自山区的径流,最终均分别汇聚于塔里木、吐鲁番和柴达木3独立体系的闭流盆地中。其显著的盐渍地球化学特征是:积盐历史久远,第三纪—老第四纪(N2-Q1)含盐底层在山前和山前洪积带广泛出露;土壤普遍含盐,程度甚为强烈,各种现代活性盐土,地表均覆以较厚的盐结壳,含盐有百分之十几到几十不等;盐渍过程多样,除极为广泛的地下水引起的积盐过程外,残余积盐和洪积积盐过程也很广泛;石膏荒漠化比较普遍、强烈,但碱化过程却不广泛、发育也较差。本区盐渍类型繁多,除氯化物、硫酸盐和碳酸盐—重碳酸盐外,在一些地段有以硝酸盐或硼酸盐累积为主者,某些地段硼盐、钾盐和锂盐的累积可达到开采程度。

(8)西藏高寒漠境盐渍区 本区是世界海拔最高的盐渍区。区内水盐除经雅鲁藏布江及狮泉河、象泉河出流极少部分外,其余均通过无数短促而分散的内流河汇成众多孤立的咸水湖泊,在其周缘形成盐渍土。其积盐强度远较青新、甘新2盐渍区弱,且多具草甸沼泽特征。盐渍地球化学分异规律不甚明显,但有地域性差异,羌塘高原多苏打—氯化物(还有硼盐累积),狮泉河、象泉河及雅鲁藏布江河谷以硫酸盐为主。

二、土壤盐碱化形成原因

中国的盐渍土可粗分为盐化土和碱化土2大系列,其中盐土可分为滨海盐土、普通盐土、草甸盐土、沼泽盐土、碱化盐土、洪积盐土、残积盐土等;碱土则可分为草甸碱土、草原碱土和龟裂碱土。中国盐渍土的形成过程大致可分为现代积盐过程,残余积盐过程和碱化过程。盐渍土形成的主要原因是由于气候干旱,土壤排水不畅,地下水位高,矿化度大等重要条件所制约,以及地形、母质、植被等自然条件综合影响的结合所造成的,包括自然因素和人为因素,自然因素包括气候、地质、地貌、水文以及水文地质等。气候因素是形成土壤盐碱化的根本因素,如果没有强烈的蒸发作用,土壤表层就不会强烈积盐。地貌因素特别是盆地、洼地等低洼地形有利于水、盐的汇集。地质因素主要反映在土壤母质上,在含盐量高的母质上容易发生盐渍化。人为因素表现为人类改造自然和适应自然的各种活动,在中国主要为不合理的灌溉和修筑大型水利设施。

1. 气候因素与土壤积盐的关系

中国的盐碱土除分布在长江以南的滨海盐土区以外,主要集中在北方的干旱和半干旱地区,这2个地带都是以降水量少、蒸发量大为特征的,大部分地区年蒸发量是降水量的3倍~8倍,在新疆极端干旱地区高达80倍或更多。雨量不足和地表水大量蒸发,给土壤可溶性盐分的积累创造了条件,即使在灌溉地区,这种现象也仍然存在。从各地区土壤盐渍化的特点、类型和程度看来,土壤盐渍化与该地区气候的干热程度有着明显的关系。气候愈干热,土壤盐渍化愈普遍,盐渍化的分布面积也就愈大;气候愈干热,土壤积盐速度愈快,积盐强度愈大,土壤含盐量也愈高;气候愈干热,土壤盐分表聚性愈强。同时,气候干热程度也影响土壤盐类的组成,气候干热程度与土壤盐渍化程度也存在一定的相关性。此外,气候因素还影响土壤盐分的季节性变化。例如,冬季气温低,一般地区土壤盐分相对稳定;开春后气温猛增,土壤返盐量迅速增加,并与4月~5月形成返盐季节;荒地、撂荒地或者覆盖差的耕地,土壤盐分还进一步随气温增高而增加,7月~8月达到全年的积盐高峰。在地下水位较高的地区,冻融可以参与土壤积盐过程。当地下水埋深1.5米~2.0米,上层土壤冻结后,使冻层和冻层以下的地温产生梯度差,从而引起土壤毛管水表面张力的差异,导致水分向张力大的冻层移动。据观察,0厘米~70厘米土层含水量由冻前22.9%至冻深最大时38.8%,土壤盐分由冻前0.11%增至0.23%,并于0毫米~20毫米处形成一个聚盐层。小雨可以加速土壤盐分表聚。干旱地区一次性降雨一般都小于10毫米,只能湿润地表,促进盐分表聚,加速盐结皮(或盐结壳)的形成。夏季时有风暴发生,常将尘土和地表盐分卷走,引起土壤盐分的搬运和转移。

2. 母质与土壤积盐的关系

在古生代以前,地表分化壳及其析出的盐类,随水由高地向低地迁移,形成现在各地区山系的含盐地层,包括盐山、盐岩、盐矿和石膏矿等。不同岩石都含有不同程度可溶性盐分。岩石分化物和其析出的盐分随水搬运到盆地,成为盆地土壤母质盐分的主要来源;不同地区的岩石含盐情况存在差异,因此,对该地区土壤盐渍化类型和程度具有一定的影响;部分地区的母岩中含有一定量的苏打,对该地区土壤苏打盐化或碱化起促进作用。盐渍土的成土母质,除了局部地区为残积物、坡积物和湖积物之外,绝大部分地区是洪积物和冲击物,而黄土和黄土状沉积物也占有一定的面积。

3. 地貌与土壤积盐的关系

地形、地貌影响土壤母质的分布及地表水和地下水的运动,从而也决定了土壤类型和盐分的分布。与土壤积盐关系最为密切的地貌有山前倾斜平原、冲积平原、湖滨三角洲及湖滨平原等。河流出山口后流速减缓,携带的泥沙按粗、中、细顺序沉积于山前,形成冲积扇。河流水量越大,携带泥沙越多,形成的冲积扇也越大,反之越小。冲积扇的上、中、下部和扇缘地带,土壤质地、土层结构和水文地质条件均有不同,因而土壤积盐状况和改良条件存在显著差异。不同地区的冲积扇,改良条件也有差异。河流流经扇缘以后,水量继续减少,并于河流末端形成三角洲。范围较大的三角洲,其上、中、下部的土壤改良条件有所不同。其上部土质一般较粗,地下水位较低,矿化度也不高,改良条件较好;中部土质变细,水文地层条件变差;下部土层则更细,地下径流几乎成封闭状态,土壤积盐强烈。

在冲积扇之间往往形成较大的冲积平原,其顶部为洪积锥,以下为洪积裙(包括洪积细土平原和扇缘)。洪积锥多为砾质和薄层土壤,向下细土物质逐渐加厚。由于洪水河水量和地下含水层岩性的差异,洪积锥以下的洪积细土平原,以天山南麓最为典型,由于这里地下水补给贫乏,地下水位较深(7米~8米以下),矿化度高(10克/立方厘米~30克/立方厘米),土壤为残余盐化或洪积—坡积盐化。

冲积平原可分为现代冲积平原和古老冲积平原。现代冲积平原又可分为下切性冲积平原和泛滥性冲积平原。下切性冲积平原由下切性河道的河滩地和河流阶地组成。河滩地质地较粗,多为壤质,矿化度常为1克/立方厘米左右,土壤多为轻度盐化,不少地区有较明显的苏打化。河流阶地的质地较细,地下水埋深一般为2米~4米,矿化度多为1克/立方厘米~3克/立方厘米,土壤积盐甚于河滩地。泛滥性冲积平原由天然堤和河间低地组成。天然堤(或河岸)地形较高,质地较粗,因处于河水的淡化范围,地下水位虽然较高,但矿化度较低,土壤积盐较轻。河间低地处于2条河流天然堤之间,地势低洼,土质较细,地下水位较高,矿化度大,排水条件差,土壤盐渍化重,多为盐土。但在泛滥作用强烈的地区,由于河水的洗盐作用,河间低地土壤含盐反而较轻。

河流最后流入湖泊,其携带的泥沙,在湖滨沉积成湖滨三角洲和湖滨平原。湖滨三角洲与干三角洲和大河三角洲都不相同,它的地下水由于受到湖水的顶托,水位都比较高,且积盐特点与湖泊的水化学类型有密切的关系。咸水湖滨三角洲因湖水矿化度很高,土壤强烈积盐,分布着大面积的盐土。淡水湖滨三角洲,一般地下水埋深1米~3米,矿化度多为1克/立方厘米~3克/立方厘米,土壤盐化则较轻。沿湖的湖滨平原,范围一般不大。淡水湖滨平原分布盐化草甸沼泽土和沼泽盐土。咸水湖滨平原则分布盐泥或矿质盐土。

地形对土壤积盐的影响,就大、中地形来看,一般是水往低处流,盐也往低处聚集,灌区下部或低洼地带土壤容易积盐,不但盐渍化程度较重,而且氯化物的比例也较高。灌区下部,土壤次生盐渍化先于上、中部。就小地形来看恰好相反,高处容易积盐。

4. 河流水文与土壤积盐的关系

地表水既是盐分搬运的动力,又是平原地区灌溉和地下水补给的主要水源。河流每年从山地把成千上万吨的盐分输入平原,其中一部分聚积于土壤,另一部分归入地下水和湖泊,从而直接或间接对土壤积盐发生影响。平原地区的地下水也主要靠河道、渠道和田间渗漏水补给。因而河水的化学类型和矿化度对耕地积盐的潜水化学性质有直接关系。地下水中的盐分是土壤盐分的重要来源。地下水的埋深和矿化度是决定地下水中的盐分能否转变成土壤盐分和土壤能否发生积盐的重要条件。矿化地下水通过土壤毛细管上升到地表,水分蒸发后将盐分留于地表,造成土壤积盐。据有关资料表明,潜水的蒸发强度与埋深成反比,与气候干热程度成正比。地下水埋深越浅、蒸发越强,上升到地表的矿化地下水就越多,土壤积盐也就越快。矿化度的大小直接影响土壤积盐的强度。在埋深相同的情况下,矿化度越高,地下水向土壤输送的盐分就越多,土壤积盐也就越重。在地下水埋深一定的情况下,矿化度超过一定数值时,土壤积盐便明显增加,这个数值叫临界矿化度。各地土壤、气候等条件不同,临界矿化度亦有差异。地下水化学类型常随矿化度的增高而变化,是因为所含盐类的溶解度不同所致。重碳酸盐类溶解度最小,随水运动时,首先析出,其次为硫酸盐,而氯化物德溶解度最大,在较高的浓度时,仍处于溶液状态。地下水在矿化度小于1.5克/立方厘米时,一般为重碳酸盐型;矿化度大于2克/立方厘米~3克/立方厘米时,多为硫酸盐—重碳酸盐型;矿化度大于3克/立方厘米~5克/立方厘米时,逐渐形成硫酸盐—氯化物、氯化物—硫酸盐和氯化物型;含苏打水的形成与地方性因素有关。

在不受灌溉影响的情况下，地下水的化学性质与土壤的盐分组成具有一致性。地下水为重碳酸盐—硫酸盐型，土壤为硫酸盐盐化；地下水为硫酸盐和硫酸盐—氯化物型，土壤为硫酸盐和氯化物—硫酸盐型；地下水为硫酸盐—氯化物和氯化物—硫酸盐型，土壤为氯化物—硫酸盐和硫酸盐—氯化物盐化；地下水为氯化物型，土壤为氯化物盐土。

5. 土壤质地与土壤积盐的关系

土壤中土壤颗粒的大小及其组成的比例，称为土壤质地。土壤质地决定了土壤空隙状况，从而影响着土壤中的水盐运动。一般砂质土颗粒粗，粒间空隙大，毛管作用弱，渗透性强。排水良好，土壤脱盐快，盐渍化程度轻。黏质土颗粒细，虽然毛管空隙多，但毛管内径很小，且多为吸湿水、膜状水所占据，毛管水上升摩擦力大，上升速度慢，土壤积盐也慢；又由于透水性差，脱盐也很困难。壤质土毛管空隙较多切孔径大小适中，有利于毛管水的运动，故比砂质和黏质土壤易于积盐。

6. 植物与土壤积盐的关系

盐碱地上的野生植物，因具有多种适应盐碱的能力（如避盐、聚盐、泌盐等），因而能在含盐碱较重的土壤上生长。它们的根系在吸收水分和养分的同时，也把深层土壤或地下水中的盐分带入体内。进入体内的有害盐分一般淀积在细胞间或滞留于细胞液中，部分植物可通过特殊腺组织而分泌到体外。当上述植物残体分解和分泌散落时，盐分直接累积于表土，从而加速了土壤的盐渍化进程。盐生植物的灰分中，含有大量盐分，其中有些是以氯化物为主，如骆驼刺、白蒿等；有些是以硫酸盐为主，如盐穗木、珍珠猪毛菜等；还有些含较多的碳酸盐和重碳酸盐，如胡杨、碱蓬等。它们既给土壤带来大量的盐分，又带来一定数量的碱，加速了周围土壤的盐化或碱化。例如，南疆的红柳，有的可生长数十年，在其周围形成一个很大的红柳土包，土壤含盐量比临近土壤大好几倍。又如发育在胡杨林下的土壤，普遍含有较多的苏打，碱性显著增强。

三、中国盐碱土改良和利用技术

中国人民共和国成立以来，中国在盐渍土改良方面取得了巨大成就和成功经验，得到了国际上的赞誉。中国科学院南京土壤研究所、中国科学院地理研究所（现地理科学与资源研究所）、中国农业大学、中国农业科学院等单位的几代科学家，通过反复科学实验和生产实践，对中国盐碱土的分布、成因及盐分运用规律进行了长期研究，总结出了具有中国特色的盐渍土改良利用原则和一套切实可行的具体措施，为中国农业发展和粮食增产作出了贡献。

1. 盐渍土治理和改良原则

盐碱化形成过程的主要标志是盐分在土壤表层的聚集，治理盐碱土或防治盐碱化的目标也就是阻止盐分在土壤中的表聚。由于自然环境条件和人类耕作方式的区域差异性，致使在中国广泛分布的盐渍土在成因、过程和特征方面不尽相同，中国科技工作者在总结当地实践经验的基础上，提出了盐渍土改良和利用的科学原则，即因时因地制宜、综合治理原则，做到水利工程措施与农业生物措施相结合，灌溉与排水相结合，改良与利用相结合，排除盐分与提高土壤肥力相结合，近期效果与长期目标相结合。因时因地、综合治理充分考虑了各地盐渍土成因、过程和改良经验的差异性，以及经济发展水平和开发利用要求的差异性。综合性治理则要求在开展区域盐渍化治理时，应在系统分析盐渍化形成过程及其影响因素的基础上，找准主导因子对症下药，以免头痛医头、脚痛医脚的片面行为，多途径多方法同时使用，达到事半功倍的效果。

2. 盐渍土治理的成功经验

中国几十年治理盐碱土的成功都在于采取了综合措施。综合治理既是指土壤盐渍化与旱、涝等自然灾害有密切的内在联系，盐渍化土的改良必须与当地的旱、涝治理统一考虑。同时，也是各种措施间的相互有机结合，构成一套防护体系，发挥综合作用。中国治理盐渍土的具体成功经验有：

(1) "水、肥、林、种、管"综合改良海滨盐渍土 海滨盐渍土含盐量高，地下水矿化度高，土壤理化性质差，肥力水平低下。综合运用水利、农业和生物改良措施，因地因时制宜地采用水、肥、林结合，管理跟上的综合治理方法，以开沟排水为核心，合理运用围埝蓄淡、种稻洗盐、灌水放养细绿萍等水利改良措施，起到了防涝洗盐的显著作用。同时，大力推进种植绿肥，秸秆还田，熟化表土，培肥地力，巩固脱盐效果；植树造林，改善生态环境；合理轮作粮棉，用养结合，取得了显著的治理效果。

(2) 水肥结合种稻改良苏打盐渍土 通过兴修水利工程，改善灌溉和排水条件，平整土地和建设条田，压沙增肥改土造田，运用水稻栽培技术调节土壤溶液盐分浓度，植树造林，降低地下水位，实现盐渍土改良利用的目标。

(3) 井灌带排综合防治土壤次生盐渍化 采用机井灌溉，淋洗土壤盐分，降低地下水位。结合修建田间排涝工程，控制旱、涝、盐、碱灾害。土壤盐分由于井灌而下淋减少，种植和翻压绿肥可以巩固井灌洗盐效果。

(4) 深沟浅井综合改良盐碱地 通过建立农田浅井深沟结合的灌排水利工程体系，抽咸补淡，降低土壤和地下水含盐浓度。并通过培肥土壤，合理耕作，建立良性农业生态系统，综合治理旱涝盐灾害。

(5) 渠沟井结合改良利用盐渍土 井、沟、渠灌排水利工程配套建设，平整土地，改建条田，培肥土壤，广种绿肥，在西北新疆干旱地区取得很好的盐碱土治理效果。井、沟、渠灌排水利工程配套建设，既可逐渐降低地下水位，又解决了农业缺水问题。通过平整土地，减少了洪涝带来的积盐过程的危害。

3. 盐渍土治理和改良技术

盐渍土成因多样，程度区域差异性明显，治理盐渍土需要在综合分析的基础上，抓住主要矛盾，选择合理的治理措施，配套建设，综合治理才能取得预期效果。经过半个多世纪的研究和实践，中国在盐渍土治理与改良方面，积累了许多成功经验，提出了效果显著的技术措施。

(1) 水利措施 土壤盐渍化主要是由于土壤中水盐运移异常所导致，改变土壤水状况是实现治理的根本。水利措施主要包括排水、灌溉洗盐、引洪放淤，其中排水是一项带根本性的措施。排水、灌溉洗盐利于土壤中盐分溶解于水中，通过在土壤中渗透，自上而下地把表土层中的可溶性盐碱洗出去，然后由排水沟排除。所谓放淤是把含有泥沙的水通过渠系引入事先筑好的畦埂和进、退水口建筑物的地块，用减缓水流的办法使泥沙沉降下来。由于增加新的淡土层，使地下水位相对降低，抑制土壤返盐，且含丰富的养分，有利于作物的生长发育。

(2) 生物措施 主要是植树造林、种植牧草和绿肥等，植树造林对改良盐土有良好的作用。林带可以改善农田小气候，减低风速，从而减少地表蒸发，抑制返盐。绿肥牧草种植，具有培肥改土的作用，尤其是它们都有茂密的茎叶覆盖地面，可减弱地面水分蒸发，抑制土壤返盐。特别是能固氮的耐盐树种和草木(绿肥)植物，既可以减少地表水分的蒸发、防止土壤表面积盐，又可以降低地下水位和盐分,改良土壤的物理性状,增加有机质和土壤微生物,降低土壤pH,从而彻底改善周围的生态环境。生物措施还包括利用现有资源筛选耐盐品种,或利用基因工程培育新的耐盐物种,利用微生物提高植物的耐盐性等。

(3) 农业措施　主要包括种稻、平整土地、耕作客土、施肥和垄沟种植等。因为种稻的田间要经常保持水层,这样就能使土壤中的盐分不断遭到淋洗,随着种稻年限的延长,土壤脱盐程度不断增加。同时,结合平整土地,合理耕作,增施有机肥料等措施,可以加速土壤淋盐,防止表土返盐。整地深翻,适时耕耙,增施有机肥,合理使用化肥,躲盐巧种等都能有效地减轻盐害。近年来,广泛采用的地膜覆盖技术也可以通过减少蒸发来减弱盐分表聚过程,但覆盖技术只是暂时把盐分控制在土壤深层,存在返盐的潜在危险。

(4) 工程措施　主要包括根据自然地理条件和盐分运移规律,适当实施旨在改变地形条件或水盐规律的工程,如在渤海湾采用的台田池塘配置体系,就是挖池堆台田,池中发展水产业,台田上种植农作物。近年来,北京师范大学等单位又尝试着采用海冰资源淋洗台田土壤中的盐分,实现海滨盐碱土的改良利用。

(5) 化学措施　从盐碱土的改良研究方法上来看,化学改良较为简便易行,而且降低土壤碱性,协调和改善盐碱土壤理化性状的功能作用成效良好,由此成为国内外土壤研究者改良盐碱土的主要研究方向。有关研究资料表明,国内外盐碱土的化学改良剂主要有三大类:一是以石膏等物质为主;二是以硫酸及酸性盐为主;三是以风化煤及泥炭等有机物为主。研究最多的是以石膏等含钙物质改良盐碱土。近年来,与农业生态和环境保护理念相吻合的有机质土壤营养型改良剂成为土壤盐碱化防治与改良技术新热点。如中国农业大学的盐碱土壤生化改良剂"康地宝",利用有机生化高分子结合土壤中成盐离子,随灌溉水将盐分带到土壤深处,降碱除盐,迅速解除盐分对作物的毒害作用。而且它也具有改善土壤团粒结构,使土壤中营养物质及微量元素转化为可利用状态被植物吸收,保证植物在盐碱地上正常生长。上海全新农林科技有限公司引进美国核心技术研究生产的全新KOM活化剂土壤改良剂,对于盐碱地改良、大棚土壤板结化治理、治沙造林、退耕还草等方面也有明显的效果。

四、盐渍土改良的经验教训

中国人民共和国成立以来,在全民和集体所有制农业经济条件下,20世纪50年代～60年代开始大力发展农田水利建设和大规模开垦利用盐碱荒地,使过去在小农经济基础上积累的利用改良盐碱地的经验,就其规模和方式而论,已逐渐显得与农业生产发展形势不相适应了,但与此同时,对发展现代大规模引水自流灌溉,可能导致恶化当地水文和水文地质条件而引起土壤发生次生盐碱化的水盐运动规律又缺乏应有的认识,因而在发展自流灌溉方面的指导思想是重灌轻排,甚至只灌不排,以致在水利建设规划、大型自流灌区设计和施工各方面,都是工程观点占支配地位,其少综合考虑各地的地形、地貌、土壤、水文和水文地质条件等自然因素的影响,以致形成众多的阻水工程,打乱地面径流的自然流势,加重渍涝为患,灌溉管理水平不高,渠系长期输水,渗漏严重,土地不平整,大水漫灌;不因地制宜的发展水稻,且多于旱作物插花布局,形成"水包旱"或"旱包水",又无有效地截渗排水措施;加以在平原地区地下水位普遍已较浅的情况下,采取"以蓄为主"的错误治水方针,大搞超高水位的"平原水库",使区域水文和水文地质条件更加恶化,地下水位迅猛上升接近地表,导致土壤大面积发生强烈次生盐碱化。1959年～1961年,曾经在黄淮海平原发生过这样的情况。据已有资料，黄淮海平原1958年以前，除滨海原始盐荒地90万公顷外，在耕地中插花分布大小不等的斑块状盐碱地，总面积约272万公顷，到1961年，就迅猛增值412.53万公顷，即在原有盐碱地面积基础上增加了约52%，农业生产遭到前所未有的巨大破坏，许多严重地区近乎绝产，教训至为深刻和惨痛。

  1962年以后，在认真总结重灌轻排或只灌不排和在平原地区修建高蓄水位的"平原水库"的教训基础上，对引起土壤发生次生盐碱化的原因及其防治经验，进行了多年深入调查研究和科学实验，此时正确的重新认识什么因素和旱、涝、盐碱在发生学上的相关性及土壤—地下水体系的水盐运动规律，从而进一步认识到防治土壤盐渍化任务的长期性、复杂性、艰巨性和反复性。因此，在中国已公认"因地制宜，综合治理"的防治原则及水利措施和农业生物措施必须紧密相结合的防治途径。在防治土壤盐碱化方面，采取灌排相结合、消除土壤盐碱化与提高土壤肥力相结合、利用和改良相结合等一系列"相结合"方针，取得了稳定而显著的成效。自20世纪60年代中期，在熊毅等倡导下，中国首先在黄淮海平原试验成功并迅速推广应用了具有中国特色的机井（群）灌溉降低地下水位的水利措施，从而在土壤盐渍化综合治理方面取得了突破性进展。例如，在黄淮海平原，由于因地制宜地采取各种形式的井、沟、渠相结合的灌排水利工程措施，同时与此紧密相结合，采取平整土地、重施有机肥料、秸秆还田、合理耕作种植农业生物措施，故在综合防治旱、涝、盐碱等自然灾害，促进农业大幅度增产方面，成效极为显著。

  虽然中国在防止土壤盐碱化方面取得显著的成就，但在改良利用盐碱土的技术体系和经验方面，尚远未完善，有待通过生产实践不断充实提高和继续进行深入研究，使之达到公认的科学理论高度。在中国一些地区，如黄淮海平原，由于贯彻了前述确认的防止土壤盐碱化的原则及正确采取了水利措施和农业生物措施相结合的综合治理途径，特别是因地制宜地采取了不同形式的井、沟、渠相结合的综合性水利措施，在进行灌溉的同时，有效地降低和控制了地下水位，取得了基本消除土壤次生盐碱化的显著成效。由此也使一些人错误地认为，防止土壤盐碱化的问题已经解决了。殊不知土壤盐碱化的威胁始终是普遍存在的，只要水利措施一旦失当，就会使地下水位猛烈上升而高于其临界值，土壤将会再次盐碱化。因此，必须对土壤水盐运动规律和区域水盐平衡继续进行更广泛深入研究，在不同类型地区进行长期定位观测，研究土壤盐渍化预测预报的方法和理论；在防治土壤盐渍化取得显著成效的情况下和利用低矿化或碱性淡质地下水发展机井灌溉的地区，土壤发生次生碱化的问题已渐突出，因而对土壤次生盐碱化的发生条件、形成过程、属性及其防治措施和机制必须予以重视，在不同类型地区进行专门的深入研究；为了合理利用和改良盐碱土，研究土壤溶液浓度、盐碱离子组成及其相互拮抗作用与植物耐盐性的关系以及水、肥、盐三者相互作用和机制也是非常必要的；研究盐渍土的发生和演变规律是为有效防治土壤盐碱化提供科学理论依据，这方面的研究主要是以土壤发生学、地球化学和水盐运动的观点研究土壤及地下水中的盐类来源、土壤化学分异和迁移规律、盐分累积与盐渍土类型的发生学联系，以及在改良利用措施影响下的演变和归宿。经过国内外对盐渍土及其防治的科学实验研究的不断发展，目前已在土壤科学领域逐步形成一个新的土壤盐渍地球化学边缘分支学科。土壤盐渍地球化学应用土壤学和有关多种学科的理论，相互渗透，而形成了具有综合性的独特学术观点、特定的研究领域和内容，以及吸收有关学科的部分研究方法，构成具有综合性特色的实验研究方法，进行盐渍土及其防治的理论和应用实验研究，并以此推动土壤科学的发展。

参考文献:

[1] 俞仁培,肖振华.我国盐渍土改良的巨大成就[C]//中国土壤学在前进.北京:中国农业科技出版社,1995.

[2] 王利民,陈金林,梁珍海,等.盐碱土改良利用技术研究进展[J].浙江林学院学报,2010,27(1):143-148.

[3] 牛东玲,王启基.盐碱地治理研究进展[J].土壤通报,2002,33(6):449-455.

[4] 石元春.半湿润季风气候区盐渍土的水盐运动特点及其调节[C]//盐渍土的水盐运动.北京:北京农业大学出版社,1986.

[5] 黄荣翰、魏永纯等.盐碱地改良[M].北京:中国工业出版社,1962.

[6] 中国农学会,中国水利学会,中国林学会.黄淮海平原农业发展学术讨论会论文选集(第一、第5卷)[C],1982.

[7] 丁泽民.我国农田水利建设的主要成就[J].水利水电技术,1984(10).

[8] 水利水电部.灌溉排水渠系设计规范.1984.

[9] 黄荣翰.中国盐碱地的水利土壤改良[C]//国际盐渍土改良学术讨论会论文集.1985.

[10] 宇振荣.中国土地盐碱化及其防治对策研究[EB/OL].[2007-09-13].http://cc-sas.org.cn/zhili/turanggailiang/200709/89_3.htm.

[11] 尹建道,吴春森,杨进军,等.天津市盐碱土面积考证及其动态分析[J].天津农业科学,2006,12(1):1-4.

[10] 王振平.盐渍土壤改良的生化治理技术[EB/OL].[2004-11-03].http://www.zgny.eOiT1.cn/server/qikan/qk_view/asp? Qkid=3161.

[11] 吕国平.西部大开发应注意的问题和对策建议[EB/OL].[2001-09-19].http://www.si/kroad.org.el1.

[12] 吴淑芳,吴普特.化学物质对提高雨水利用率的应用研究进展[J].水土保持研究,2002,9(2):146-149.

[13] 王宇,韩兴,赵兰坡,等.硫酸铝对苏打盐碱土化学性质及水稻产量的影响[J].吉林农业大学学报,2006,28(6):643-649.

[14] 愈仁培.土壤碱化及其防治[M].北京:农业出版社,1984.

[15] 辛德惠.黄淮海平原盐渍化低产地区综合治理综合发展的工程生态设计及其评价[C]//国际盐渍土改良学术讨论会论文集.北京:北京农业大学出版社,1985.

[16] 杨劲松,姚荣江.黄河三角洲土壤水盐空间变异特征研究[J].地理科学,2007(3):348~353.

[17] 赵宁仁,孙勤,张莲妮,王服宪.江苏省盐渍土的培肥改良.江苏省农业科学院土壤肥料研究所.

[18] 彭津琴,刘永强,杨玉芳,等.遏制土壤盐碱化、荒漠化的必要性及技术进展.天津国际工程咨询公司.

[19] 李取生,裘善文,邓伟.松嫩平原土地次生盐碱化研究.中国科学院长春地理研究所.

[20] 李秀军.松嫩平原西部土地盐碱化与农业可持续发展.中国科学院长春地理研究所.

[21] 黄彦,付强,司振江,等.苏打盐碱土改良技术效果评价研究.东北农业大学水利与建筑学院、黑龙江省水利科学研究院.

[22] 中国科学院南京土壤研究所.西藏高原的盐土、盐渍化改良论文集[C].济南:山东科学出版社,1979.

[23] 王遵亲.中国土壤盐渍过程及盐渍分区[C]//国际盐碱土改良学术讨论会论文集.北京:北京农业大学出版社,1985:18-24.

[24] 王遵亲.中国盐渍土[M].北京:科学出版社,1993.

[25] 愈仁培.土壤盐碱化的监测与防治[M].北京:科学出版社,1993.

[26] 石元亮,王晶,李晓云.盐渍土区域水分调控与综合治理研究进展[J].土壤通报,2001,32(S0):102-105.

第三篇

中国土壤类型及其空间分布

- 中国土壤地理发生学分类
- 中国土壤系统分类
- 中国主要土纲特征
- 中国主要土壤类型的空间分布规律

第一章 中国土壤地理发生学分类

中国近代土壤分类研究工作较欧、美等西方国家为晚。从 20 世纪 30 年代开始,在美国土壤学家梭颇(J. thorp)的帮助下开展了土壤调查分类制图工作,引进了当时美国的马伯特分类,因而受美国早期的土壤分类影响较深,划分为显域土、隐域土和泛域土 3 个土纲,建立了 2000 多个土系。直到中国人民共和国成立初期,宋达泉(1950)在全国土壤肥料会议上提出的《中国土壤分类标准的商榷》一文中的中国土壤分类仍属马伯特土壤分类。以土类为基本单元,以土系为基层单元。共划分显域、隐域和泛域土 3 个土纲,钙层土、淋余土、水成土、盐成土、钙成土、高山土和幼年土 7 个亚纲、18 个土类。其中山东棕壤、砂姜黑土和水稻土等,至今仍被沿用。

第一节 中国土壤发生分类的发展

土壤发生分类,特别地理发生学分类,对中国土壤分类的影响较深,时间也较长,根据其发展特点,大致可分为如下时期:

1954 年 ~ 1958 年时期　即在学习前苏联土壤科学体系的基础上,创建和发展中国的土壤科学体系的时期。在 1954 年全国土壤学会代表大会上所拟订的土壤分类,正式采用前苏联土壤地理发生分类为基础,以成土条件和成土过程为依据,以土类为基本单元包括土类、亚类、土属、土种和变种的 5 级分类制。以后,随着土壤研究工作的深入和扩展,陆续提出了一些新研究的土壤类型,如草甸土、褐土、黄棕壤、棕色泰加林土、黑土、白浆土、黑垆土、灰棕荒漠土、龟裂土、砖红壤、砖红壤性土与山地草甸土等。应用地理发生分类在确立土壤地带性观点,阐明土壤地理分布规律,编制中、小比例尺土壤图、土壤区划图和土壤资源图方面都起到了极为重要的作用。

1958 年 ~ 1978 年时期　1958 年 ~ 1961 年,在全国范围内开展了第 1 次土壤普查,在总结农民群众经验基础上,强调需对耕种土壤分类和命名方面进行研究。拟订了全国农业土壤分类系统。多数学者认为,自然土壤与耕种土壤(或农业土壤)两者之间既有发生联系又有区别,应区别不同情况,将耕种土壤类型置于统一的土壤分类系统中的不同级别上。在此期间,中国土壤分类系统中除水稻土外,潮土、荒漠土、绿洲土和塿土等类型越来越多地被肯定和引用。1978 年中国土壤学会在十年动乱以后,在江苏江宁召开了第 1 次土壤分类会议,建立了中国统一的土壤分类系统《中国土壤分类暂行草案》,结束了"耕种土壤"与"自然土壤"分类之争,并把土壤发生分类与中国实际结合起来,充实了水稻土的分类,明确了潮土、灌淤土和娄土为独立土类;同时丰富了高山土壤的分类,增加了磷质石灰土等新类型。

1978年迄今 从1978年始,中国逐步开始第2次全国土壤普查,并随着中国改革开放,国际交往的增加,美国土壤分类系统和联合国世界土壤图图例单元逐渐进入中国,对中国土壤发生分类系统产生了一定程度的影响。如第2次全国土壤普查办公室主持首拟的《中国土壤分类系统》(1984)在1978年土壤分类方案基础上,集全国第2次土壤普查的研究成果,经过不断总结、提高、改进和完善,汲取和采用了诊断分类一些土纲、亚纲和土类的概念和命名,经1988年修订,最后于1992年确立的《中国土壤分类系统》迄今仍为中国现行的土壤分类系统之一。

第二节 中国土壤地理发生分类系统分类

土壤分类的基本原则包括:①土壤分类发生学原则:土壤是客观存在的历史自然体。土壤分类必须严格贯彻发生学原则。即把成土因素、成土过程和土壤属性(土壤剖面形态和理化性质)三者结合起来考虑,但应以属性作为土壤分类的基础。因为土壤属性是在一定成土条件下,一定成土过程的结果,所以,在土壤分类工作中,必须重视土壤属性。只有充分掌握土壤属性的变化,才有可能进行定量分类。②土壤分类的统一性原则:土壤是一个整体,它既是历史自然体,又是劳动的产物。自然土壤与耕种土壤有着发生上的联系,耕种土壤是在自然土壤的基础上通过耕垦、改良、熟化而形成的,二者的关系既有历史发生上的联系性或统一性,又具有发育阶段上的差异性或特殊性。因此,进行土壤分类时,必须贯彻土壤的统一性原则,把耕种土壤和自然土壤作为统一的整体来考虑,分析各自然因素和人为因素对土壤的影响,力求揭示自然土壤与耕种土壤在发生上的联系及其演变规律。

《中国土壤分类系统》(1992)从上至下共设土纲、亚纲、土类、亚类、土属、土种和亚种等7级分类单元,如表3-1-1所示。其中土纲、亚纲、土类和亚类为高级分类单元;土属属中级分类单元,土种为基层基本分类单元。以土类、土种最为重要。

表3-1-1 中国土壤分类系统(1992)

土纲	亚纲	土类
铁铝土	湿热铁铝土	砖红壤、赤红壤、红壤
	湿暖铁铝土	黄壤
淋溶土	湿暖淋溶土	黄棕壤、黄褐土
	湿暖温淋溶土	棕壤
	湿温淋溶土	暗棕壤、白浆土
	湿寒温淋溶土	棕色针叶林土、漂灰土、灰化土
半淋溶土	半湿热半淋溶土	燥红土
	半湿暖温半淋溶土	褐土
	半湿润半淋溶土	灰褐土、黑土、灰色森林土
钙层土	半湿暖温钙层土	黑钙土
	半干温钙层土	栗钙土
	半干暖温钙层土	黑垆土
干旱土	干旱温钙层土	棕钙土
	干旱暖钙层土	灰漠土

土纲	亚纲	土类
漠土	干旱温漠土	灰漠土、灰棕漠土
	干旱暖温漠土	棕漠土
初育土	土质初育土	黄绵土、红粘土、龟裂土、风沙土、粗骨土
	石质初育土	石灰土、火山灰土、紫色土、磷质石灰土、石质土
半水成土	暗淡水成土	草甸土
	淡半水成土	潮土、砂浆黑土、林灌草甸土、山地草甸土
水成土	矿质水成土	沼泽土
	有机水成土	泥炭土
盐碱土	盐土	草甸盐土、滨海盐土、酸性硫酸盐土、漠境盐土、寒原盐土
	碱土	碱土
人为土	人为水成土	水稻土
	灌耕土	灌淤土、灌漠土
高山土	湿寒高山土	草毡土（高山草甸土）、黑毡土（亚高山草甸土）
	半湿寒高山土	寒钙土（高山草原土）、冷钙土（亚高山草原土）、冷棕钙土（山地灌丛草原土）
	干寒高山土	寒漠土（高山漠土）、冷漠土（亚高山漠土）
	寒冻高山土	寒冻土（高山寒漠土）

（1）土纲是对某些有共性的土类的归纳与概括，反映了土壤不同发育阶段中，土壤物质迁移、转化与累积过程引起的重大属性的差异。如铁铝土纲，将在湿热气候条件下，在脱硅富铁铝化过程中产生的粘土矿物，以1∶1型高岭石和三二氧化物为主的一类土壤（如砖红壤、赤红壤、红壤和黄壤）归集为一个土纲。该分类系统将中国土壤共划分为铁铝土、淋溶土、半淋溶土、钙层土、干旱土、漠土、初育土、半水成土、水成土、盐碱土、人为土和高山土等12个土纲。

（2）亚纲是在土纲范围内的续分，根据土壤形成的水热条件或岩性和盐碱属性的重大差异划分，反映控制现代土壤形成过程方向的成土条件。如铁铝土纲划分为湿热铁铝土和湿暖铁铝土2个亚纲，两者的差别在于热量条件；盐碱土纲划分为盐土和碱土2个亚纲，主要是两者在土壤属性的重大差别。将12个土纲细分为28个亚纲。

（3）土类是高级分类的基本单元。其划分原则和依据在发生学分类体系中一直是稳定不变的。即在划分土类时，强调成土条件、成土过程和土壤属性的三者统一和综合。同一土类是在同一生物、气候、母质、水文、耕作制度等自然和社会条件下形成的，具有独特的形成过程和土体构型。土类与土类之间在性质上有质的差异。如砖红壤，代表热带雨林下高度化学风化、富含游离铁、铝的酸性土壤；黑土代表温带湿润草原下大量有机质累积的土壤；水稻土是在水耕熟化条件下形成的，具有特定土体构型的土壤等。这些土壤均有相对稳定的性态特征可资鉴别，并具有大致相同的利用与改良方向与措施。将28个亚纲细分为61个土类。

（4）亚类是土类的续分。它既有代表土类中心概念的亚类，即在该土类特定的成土条件下和主导成土过程形成的具有该土类典型特征的典型亚类；也有由一个土类向另一个土类过渡的边界亚类，它根据主导成土过程以外的附加的或次要的成土过程划分。如果土类的主导成土过程是腐殖质累积过程，中心概念的亚类是（典型）黑土；当地势平坦，地下水增高参与成土过程，在心土或底土呈现潴育化过程,它便是次要的或附加的成土过程,据此划分的草甸黑土亚类,就是黑土向草甸土过渡性的"边界亚类"。将61个土类细分为233个亚类。

(5)土属是具有承上启下意义的分类单元。主要是根据母质、成因类型、岩性和区域水文等地方性因素来划分。如红壤根据母质影响而划分为铁质红壤、铁铝质红壤、硅铁质红壤等土属,而盐土的土属则是根据盐分组成划分的。土属主要由土种归纳命名。

(6)土种是土壤分类的基层单元。根据土体构型和土壤发育程度或熟化程度来划分。土种的特性具有相对稳定性,如山区土壤根据有机质含量、土层厚度、夹砾情况划分;盐碱土根据盐化和碱化程度划分;水稻土根据水耕下土壤发育程度划分。

(7)变种(或亚种)是土种范围内的变化,一般以表层或耕作层的某些变化来划分。

由上可知,该分类系统的高级分类单元主要反映土壤发生学上质的分异,土壤的地带性空间分布规律用以指导小比例尺的土壤调查与制图,反映土壤合理利用、土壤改良、土地规划与管理和农业发展方向与途径;低级分类单元划分则反映土壤形成过程的量和地区性的差异,用来指导大、中比例尺土壤调查和制图,以及土壤合理利用、改良和土地整理的具体措施服务。

《中国土壤分类系统》采用了连续命名与分段命名相结合的方法,土纲和亚纲为一段,以土纲命名为基本词根,加形容词或副词前缀构成亚纲名称,即亚纲名称为连续命名。如淋溶土纲中的湿暖淋溶土亚纲名称,即是由土纲和亚纲连续命名构成。土类和亚类以下又一段,以土类名称为基本词根,加形容词或副词前缀构成亚类,以及土属,土种和变种。例如:

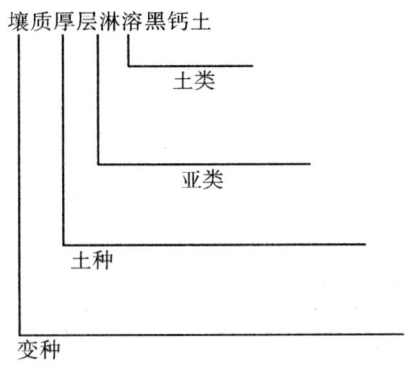

总之,土壤发生学理论和土壤发生分类学在中国土壤分类史上占据着重要地位,是持续时间较长,影响甚远,对推动中国土壤科学的发展,指导农业生产实践都曾起着极其重要的作用。其出版代表着著作如《中国土壤》(1978)、《中国农业百科全书》(土壤卷,1996)、《中国农业土壤概论》(1988),以及编制的1:400万中国土壤圈。但随着科学的进步、生产实践过程的发展,土壤发生分类也逐渐暴露它的不足之处。首先,土壤发生分类是建立在成土条件、成土过程和土壤属性相统一的理论推理的基础上的。由于对上述重要环节的认识不同,都会产生对同一种土壤有不同的分类归属。如20世纪50年代混淆了灰化过程和白浆化过程,而误将白浆土称为灰化土;其次,过分强调生物、气候等"地带性"因素的作用,而忽视时间因素,或母质及地表侵蚀与堆积过程对土壤形成过程中的作用,因而认定同一生物气候带内,仅存在一种土壤发育方向,最终形成一种地带性土壤类型。从而把已经发生的成土过程和即将发生的过程,把"顶级土壤"和"始成土"(如红壤型或褐土型土壤等)相混淆;第三,发生分类强调中心概念,但对土类与土类之间的边界,往往是比较模糊的;第四,发生分类常缺乏明确的定量化指标,难以输入计算机,建立土壤信息系统和进行分类的自动检索系统。此外,在土壤命名上也存在互不统一现象,对相互参比和应用造成一定难度。

第二章 中国土壤系统分类

为了满足中国经济发展和科技发展的需要,并适应国际土壤分类发展的趋势,与国际接轨,加强对外沟通的需要,中国土壤分类必须进行改革。在美国土壤系统分类的影响下,从1984年开始在中国科学院与国家自然科学基金委员会资助支持下,由中国科学院南京土壤研究所主持,先后由30多个高等学校和研究所合作,进行了长达10年的中国土壤系统分类研究。经过多次不断地研究讨论、修订和补充,先后提出了《中国土壤系统分类》(初稿,1985)、(二稿,1987)、(三稿,1988)、(首次方案,1991),并在此基础上提出了《中国土壤系统分类》修订方案(1995),出版专著《中国土壤系统分类—理论、方法、实践》(1999)和《中国土壤系统分类检索》(第三版)(2001)。使中国土壤分类学发展步入定量化分类的崭新阶段。该分类法已在国内外产生重要影响。在国内已应用于科研、教学和生产实践诸方面,于1996年开始,中国土壤学会将此分类推荐为标准土壤分类加以应用。在国际土壤科学界,中国土壤系统分类方案已经翻译成英文和日文。国际土壤学会土壤分类委员会主席 H. Esmwaranm 认为此方案可作为亚洲土壤分类的基础,人为土纲的建立是这一分类系统的重要创新之处。

第一节 诊断层和诊断特性

中国土壤系统分类是以诊断层(Diagnostic horizons)和诊断特性(Diagnostic characteristics)为基础的系统化、定量化土壤分类。因此,就必须首先研究和建立一系列诊断层和诊断特性作为鉴别土壤、进行分类的依据。反之,欲了解与应用任何一个定量化的土壤系统分类前,也一定先要弄清和熟悉它所设置的诊断层和诊断特性。

诊断层(Diagnostic horizons),就是用于鉴别土壤类别(taxon)的,在性质上有一系列定量化规定的特定土层。土壤诊断层和发生层两者是密切相关而又相互平行的体系。用于研究土壤的发生和了解土壤的基本性质,需建立一套完整的发生层;而用于土壤系统分类,也必须研究并建立一套诊断层。土壤诊断层可谓土壤发生层的定量化和指标化。有许多土壤诊断层与发生层相当并同名,如盐积层、石膏层、钙积层、盐磐和黏磐等;有的诊断层相对于某一发生层,但名称不同,如雏形层相当于风化 B 层;有的诊断层则是2个发生层归并而成,如水耕表层为水耕耕层加犁底层;干旱表层一般包括孔隙结皮层和片装层,按其有机碳含量、盐基状况和土层厚薄等定量规定可分为暗沃表层、暗瘠表层和淡薄表层。

诊断层按其在单个土体出现的部位,可细分为诊断表层和诊断表下层。

诊断表层(Diagnostic surface horizons)是指位于单个土体最上部的诊断层。这种表层用 epipedon 表示,表明是单个土体的上部层段。它并非发生层中 A 层的同义语,而是广义的"表层"。既包含狭义的 A 层,也包括 A 层向 B 层过渡的 AB 层。在中国土壤系统分类中共设置11个诊断表层,可归纳为四大类:即①有机物质表层类(有机表层、草甸表层);②腐殖质表层类(暗淡表层、暗瘠表层、淡薄表层);③人为表层类(灌淤表层、堆垫表层、肥熟表层和水耕表层);④结皮表层(干旱表层、盐结壳)。

诊断表下层(Diagnostic subsurface horizons)是在土壤表层之下,由物质的淋溶、迁移、淀积或就地富集作用形成的具有诊断意义的土层。包括发生层中的 B 层和 E 层。在土壤遭受严重侵蚀的情况下,可裸露于地表。中国土壤系统分类共设置了 20 个诊断表下层:漂白层、舌状层、雏形层、铁铝层、低活性富铁层、聚铁网纹层、灰化淀积层、耕作淀积层、水耕氧化还原层、黏化层、黏盘、碱积层、超盐积层、盐磐、石膏层、超石膏层、钙积层、超钙积层、钙磐、磷磐。

诊断特性(Diagnostic characteristics)是用于鉴别土壤类别具有定量规定的土壤性质(形态的、物理的和化学的)称为诊断特性。它与诊断土层的不同在于并非一定为某一土层所有,而是可出现于单个土体的任何部位,常是泛土层的或非土层的。例如,潜育特征可单见于 A 层、B 层或 C 层,也可见于 A 和 B 层、或 B 与 C 层,或剖面各层。它们也可重叠于某个或某些诊断层中,如铁质特性可见于同一个土体中的雏形层或黏化层;有些则是非土层的,如土壤水分状况和土壤温度状况等。该系统分类共设置 25 个诊断特性。这些诊断特性包括有机土壤物质、岩性特征、石质接触面、准石质接触面、人为淤积物质、变性物质、人为扰动层次、土壤水分状况、潜育特征、氧化还原特征、土壤温度状况、永冻层次、冻融特征、n 值、均腐殖质特性、腐殖质特性、火山灰特性、铁质特性、富铝特性、铝质特性、富磷特性、钠质特性、石灰性、盐基饱和度和硫化物物质。此外,中国土壤系统分类还把在性质上已发生明显变化,不能完全满足诊断层或诊断特性规定的条件,但在土壤分类上具有重要意义的土壤性状,作为划分土壤类别依据的称为诊断现象,例如,碱积现象、钙积现象、变性现象等,主要用于亚类一级。

第二节　中国土壤系统分类体系

中国土壤系统分类也是建筑在发生学理论的基础上的。它不同于土壤发生分类之处主要就在于它依据单个土体本身所具有的诊断层和诊断特性进行土壤类别的鉴定,通常称该给定深度范围内的垂直切面为控制层段(control section),目的是为了给土壤分类系统提供一个相同的基础。

矿质土的控制层段一般从矿质土表层到 C 层或 IIC 层上部界限下 25 厘米,或最大到 200 厘米。若从矿质土表到 C 层或 IIC 层上界的深度 <75 厘米,则控制层段可延伸到 1 米;若基岩出现深度 <1 米,则控制层段可延伸到石质接触面。

有机土的控制层段为自土表向下到 160 厘米,或到石质接触面。有机控制层段可细分为 3 个层,即表层(从土表向下到 60 厘米或 30 厘米),表下层(通常厚 60 厘米或出现石质接触面、水层或永冻层时则止于较浅深度)和底层(厚 40 厘米或出现石质接触面、水层或永冻层时止于较浅处)。

中国土壤系统分类为多级分类制,共 6 级,即土纲、亚纲、土类、亚类、土族和土系。前 4 级为较高分类级别,主要供中小尺度比例尺土壤调查与制图确定制图单元用;后 2 级为基层分类级别,主要供大比例尺土壤图确定制图单元用,如表 3-2-1 所示。

表 3-2-1　中国土壤系统分类土纲划分依据

土纲名称	主要成土过程或影响成土的性状	主要诊断层、诊断特性
(1)有机土(Histosols)	泥炭化过程	有机表层
(2)人为土(Anthrosols)	水耕或旱耕人为过程	水耕表层、耕作淀积层和水耕氧化还原层或灌淤表层、堆垫表层、泥垫表层、肥熟表层
(3)灰土(Spodosols)	灰化过程	灰化淀积层
(4)火山灰土(Andosols)	影响成土过程的火山灰物质	火山灰特性
(5)铁铝土(Ferralosols)	高度铁铝化过程	铁铝层
(6)变性土(Verlosols)	土壤扰动过程	变性特征
(7)干旱土(Aridosols)	干旱水分状况下,弱腐殖化过程,以及钙化、石膏化、盐化过程	干旱表层、钙积层、石膏层、盐积层
(8)盐成土(Haloslos)	盐渍化过程	盐积层、碱积层
(9)潜育土(Gleyosols)	潜育化过程	潜育特征
(10)均腐土(Isohumoslos)	腐殖化过程	暗沃表层、均腐殖质特性
(11)富铁土(Ferroslos)	富铁铝化过程	富铁层
(12)淋溶土(Argosols)	粘化过程	粘化层
(13)雏形土(Cambosols)	矿物蚀变过程	雏形层
(14)新成土(Primoslos)	无明显发育	淡薄表层

　　土纲(Order)为最高土壤分类级别。根据主要成土过程产生的性质或影响主要成土过程的性质划分。在 14 个土纲中,除火山灰土纲和变性土纲是根据影响成土过程的物质和性质特性划分,其他均是依据主要成土过程所产生的性质划分(新成土纲除外)。由上可见,中国系统分类中土纲的划分原则与美国的土壤系统分类基本上是一致的,两者都是根据成土过程产生的或影响成土过程的性质,即诊断层或诊断特性确定类别。但目前国际上公认的土壤分类尚未面世,世界各国对土壤性质的认识和自然环境与社会发展历史等也不尽相同,故各国的土壤分类也不可能完全相同。中国与美国的土壤分类系统相比,美国现设 11 个土纲,中国共设 14 个土纲,其中人为土纲、潜育土纲和盐成土纲是不同于美国的。关于人为土纲,中国土壤学家通过对水耕或旱耕人为过程研究,认为它已使原有土壤或成土过程加速或阻缓甚至逆转,形成有别于原有土壤特性的新的性质,如水耕表层、水耕氧化还原层、灌淤表层、堆垫表层、泥垫表层、肥熟表层和耕作淀积层。人为土纲就是根据这些性质鉴别的,人为土在许多土壤分类系统中都有反映,但系统地根据其诊断层和诊断特性将它们划分为人为土纲尚属首次。对此已得到国际土壤分类学界的首肯。

　　关于潜育土纲、盐成土纲,鉴于土纲级土壤划分均是在相似的生物气候条件或其他成土条件下,具有相似的主要成土过程,及其产生的特殊发生层和性质,潜育土和盐成土是完全适合在土纲级反映的。除美国土壤系统分类在土纲级别以下反映,已有不少国家的最新分类中均在最高级别中划分。有少数土纲,由于对其鉴别性质作了修订,与美国相应的土纲相当,但并不完全对应。如均腐土只有暗沃表层、均腐质特性和全剖面盐基饱和度≥50% 的草原或森林草原土壤,与美国的软土(Mollisols)相似。但后者包括有潮湿状况和(或)有机表层土壤,而均腐土则把它们排除在外,所以两者又不完全相同。

　　富铁土纲指在中国南亚热带及热带 B 层具有富铁特征和低活性黏粒特征的土壤。相当于美国的老成土(Uitisols)，但老成土是按黏化层和黏化层上界以下 125 厘米深处盐基饱和度 <50% 确定的；而富铁土却按低活性富铁层(即表现阳离子交换量 CEC <240 摩尔/千克黏粒和细土游离铁 ≥14 克/千克或游离铁占全铁 40% 以上)确定的。2 种指标都是中度富铁铝化过程的产物。富铁土可能有黏化层，也可能不存在黏化层，但其富铁特征和低活性黏粒特征却是共同的。同时，据此鉴别该类土壤(仅包括红壤和大部分赤红壤)完全符合中国东部地区实际情况，而按老成土的划分标准，则可能将部分地区的黄棕壤、酸性棕壤、棕壤和暗棕壤划归老成土。

淋溶土和雏形土纲，由于富铁土选用了低活性黏粒特征，所以它们必然选用了高活性黏粒特征为指标。凡 CEC≥240 摩尔/千克黏粒，有黏化层的归入淋溶土，无黏化特征的归入雏形土，这和美国的淋溶土按照盐基饱和度 ≥50% 的指标划分有很大不同。这意味着中国淋溶土可包括盐基饱和度 <50% 并有黏化层的酸性棕壤。

干旱土土纲的建立曾和美国一样，采用干旱土壤水分状况为诊断鉴别依据。后来在 1995 年《修订方案》中提出了由低腐殖化过程产生的、具有低腐殖质特性和孔泡结皮的干旱表层作为干旱土划分的主要鉴别特征。

亚纲(Suborder)是土纲的辅助级别。主要根据影响现代成土过程的控制因素所反映的性质(如水分状况、温度状况和岩性特征)划分(表 3-2-2)。这需要视各土纲所处的成土条件、主要成土过程的性质而定。例如，按水分状况划分的亚纲有：人为土纲中的水耕人为土和旱耕人为土；湿润火山土；湿润铁铝土；潮湿、干旱和湿润变性土；干旱和湿润均腐土、淋溶土；干旱、湿润和常湿富铁土；滞水潜育土和正常(地下水)潜育土。按温度状况划分的亚纲有：寒性干旱土和正常(温暖)干旱土；酸性火山灰土；冷冻淋溶土；寒冻雏形土；永冻有机土和正常有机土等。按岩性特征划分的亚纲如：岩性均腐土；玻璃质火山灰土；砾质新成土等。还有由于影响现代成土过程的控制因素差异不大，按成土过程的发育阶段划分的亚纲有：腐殖质土和正常灰土；碱积盐成土和正常(盐积)盐成土。

表 3-2-2　中国土壤系统分类(土纲、亚纲、土类)

土 纲	亚 纲	土 类
有机土	永冻有机土	落叶永冻有机土、纤维永冻有机土、半腐永冻有机土
	正常有机土	落叶正常有机土、纤维正常有机土、半腐正常有机土、高腐正常有机土
人为土	水耕人为土	潜育水耕人为土、铁渗水耕人为土、铁聚水耕人为土、简育水耕人为土
	旱耕人为土	肥熟旱耕人为土、灌淤旱耕人为土、泥垫旱耕人为土、土垫旱耕人为土
灰土	腐殖灰土	简育腐殖灰土
	正常灰土	简育正常灰土
火山灰土	寒冻火山灰土	简育寒冻火山灰土
	玻璃质火山灰土	干润玻璃火山灰土、湿润玻璃火山灰土
	湿润火山灰土	腐殖湿润火山灰土、简育湿润火山灰土
铁铝土	湿润铁铝土	暗红湿润铁铝土、简育湿润铁铝土
变性土	潮湿变性土	盐积潮湿变性土、钠质潮湿变性土、钙积潮湿变性土、简育潮湿变性土
	干润变性土	腐殖干润变性土、钙质干润变性土、简育干润变性土
	湿润变性土	腐殖湿润变性土、钙积湿润变性土、简育湿润变性土

续表

土纲	亚纲	土类
干旱土	寒性干旱土	钙积寒性干旱土、石膏寒性干旱土、粘化寒性干旱土、简育寒性干旱土
	正常干旱土	钙积正常干旱土、石膏正常干旱土、盐积正常干旱土、粘化正常干旱土、简育正常干旱土
盐成土	碱积盐成土	龟裂碱积盐成土、潮湿碱积盐成土、简育碱积盐成土
	正常盐成土	干旱正常盐成土、潮湿正常盐成土
潜育土	寒冻潜育土	有机寒冻简育土、简育寒冻潜育土
	滞水潜育土	有机滞水潜育土、简育滞水潜育土
	正常潜育土	含硫正常潜育土、有机正常潜育土、表锈正常潜育土、暗沃正常潜育土、简育正常潜育土
均腐土	岩性均腐土	富磷岩性均腐土、黑色岩性均腐土
	干润均腐土	寒性干润均腐土、粘化干润均腐土、钙积干润均腐土、简育干润均腐土
	湿润均腐土	滞水湿润均腐土、粘化湿润均腐土、简育湿润均腐土
富铁土	干润富铁土	钙质干润富铁土、粘化干润富铁土、简育干润富铁土
	常湿富铁土	富铝常湿富铁土、粘化常湿富铁土、简育常湿富铁土
	湿润富铁土	钙质湿润富铁土、强育湿润富铁土、富铝湿润富铁土、粘化湿润富铁土、简育湿润富铁土
淋溶土	冷凉淋溶土	漂白冷凉淋溶土、暗沃冷凉淋溶土、简育冷凉淋溶土
	干润淋溶土	钙质干润淋溶土、钙积干润淋溶土、铁质干润淋溶土、简育干润淋溶土
	常湿淋溶土	钙质常湿淋溶土、铝质常湿淋溶土、铁质常湿淋溶土
	湿润淋溶土	漂白湿润淋溶土、钙质湿润淋溶土、粘磐湿润淋溶土、铝质湿润淋溶土、铁质湿润淋溶土、简育湿润淋溶土
雏形土	寒冻雏形土	永冻寒冻雏形土、潮湿寒冻雏形土、草毡寒冻雏形土、暗沃寒冻雏形土、暗瘠寒冻雏形土、简育寒冻雏形土
	潮湿雏形土	潜育潮湿雏形土、砂姜潮湿雏形土、暗色潮湿雏形土、淡色潮湿雏形土
	干润雏形土	灌淤干润雏形土、铁质干润雏形土、斑纹干润雏形土、石灰干润雏形土、简育干润雏形土
	常湿雏形土	冷凉常湿雏形土、钙质常湿雏形土、铝质常湿雏形土、酸性常湿雏形土、简育常湿雏形土
	湿润雏形土	钙质湿润雏形土、紫色湿润雏形土、铝质湿润雏形土、铁质湿润雏形土、酸性湿润雏形土、暗沃湿润雏形土、斑纹湿润雏形土、简育湿润雏形土
新成土	人为新成土	扰动人为新成土、淤积人为新成土
	砂质新成土	寒冻砂质新成土、干旱砂质新成土、暖热砂质新成土、干润砂质新成土、湿润砂质新成土
	冲积新成土	寒冻冲积新成土、干旱冲积新成土、暖热冲积新成土、干润冲积新成土、湿润冲积新成土
	正常新成土	黄土正常新成土、紫色正常新成土、红色正常新成土、寒冻正常新成土、干旱正常新成土、暖热正常新成土、干湿正常新成土、湿润正常新成土

土类(Group)是亚纲的续分。根据反映主要成土过程强度或次要控制因素的表现性质划分。如根据主要成土过程的表现性质划分的有：高腐正常有机土、丰腐正常有机土和纤维正常有机土；根据次要成土过程的表现性质划分的如：钙积、石膏、盐积、黏化和简育正常干旱土；根据次要控制因素的表现划分的，反映母质岩性特征的如钙质干润淋溶土；富磷岩性均腐土等；反映气候控制因素的寒冻冲积新成土、干旱、干润和湿润冲积新成土等。

亚类(Subgroup)是土类的辅助级别。主要根据偏离中心概念，是否具有附加过程的特性和是否具有母质残留的特性划分。具有附加过程的亚类为过渡性亚类，如灰化、漂白、黏化、龟裂、潜育、斑纹、表蚀、耕淀、堆垫、肥熟等；具有母质残留特性的亚类为继承亚类，如石灰性、酸性、含硫等。

土族(Families)是土壤系统分类的基层分类单元。它是在亚类范围内，主要反映与土壤利用管理有关的土壤理化性质发生明显分异的续分单元。它是地域性(或地区性)成土因素引起的土壤性质分异的具体体现。土族分类选用的主要指标是土壤剖面控制层级的粒级组成、不同粒级的矿物组成、土壤温度状况、酸碱度、盐碱特性、污染特性，以及人为活动产生的其他特性等。

土系(Series)是中国系统分类最低级别的基层分类单元。它是由性态特征相似的单个土体组成的聚合体所构成，是直接建立在实体基础上的分类单元。同一土系的土壤成土母质、所处地形部位及水热状况均相似。在一定的垂直深度内，土壤的特征土层的种类、性态、排列层序和层位，以及土壤生产利用的适宜性能大体一致。

第三节　中国土壤系统分类命名与检索方法

中国土壤系统分类单元的名称以土纲为基础，其前叠加反映亚纲、土类和亚类性状的术语，就分别构成了亚纲、土类和亚类的名称。土壤性状术语尽量简化，限制为2个汉字，土纲名称一般为3个汉字，亚纲为5个、土类为7个、亚类为9个汉字。各级类别名称均选用反映诊断层或诊断特性的名称，部分或选有发生意义的性质或诊断现象名称。复合亚类在2个亚类形容词之间加连接号"—"，如石膏—磐状盐积正常干旱土；土纲名称中有机土、灰土、火山灰土、变性土、干旱土和新成土等均直接引自美国ST制；铁铝土、淋溶土、雏形土、潜育土和人为土参照联合国世界土壤图图例单元而来，其中铁铝土和雏形土与ST制中的氧化土和始成土相同；均腐土取自法国土壤分类名称；盐土和碱土合称盐成土，人为土和富铁土是中国自己提出的。命名中亚纲、土类和亚类一级中有代表性的类型，分别称为正常、简育和普通以区别。"简育"一词原词是Haplie，即指构成这一土类应具备的最起码的诊断层和诊断特性，而无其他附加过程。土族命名采用土壤亚类名称前冠以土族主要分异特性连续名，如普通强育湿润富铁土(亚类)，其土族可分别命名为黏质高岭普通强育湿润富铁土、黏质高岭混合型普通强育湿润富铁土、粗骨—黏质高岭普通强育湿润富铁土等。土系命名可选用该土系代表性剖面(单个土体)点位或首次描述该土系的所在地的标准地名直接定名，或以地名加上控制土层优势质地定名。

正如前面所述，土壤分类的目的不仅是提出一个土壤分类表来，而是提供一个可检索所有已知的土壤类别或为将来新发现的土壤类别能够纳入到本分类系统中的适当位置上的分类系统。这就需要按照土壤系统分类制订出一个科学的检索系统。土壤检索系统既要包括各级类别的鉴别特性，又要包括它们检索顺序。土壤系统分类用于高级类别的鉴别特性(诊断层和诊断特性)，是由成土过程产生的，或影响成土过程的、可量度的土壤性质。土纲类别一般采用关键的或主要的鉴别性质确定，土纲以下各级类别多采用次要的或附加的鉴别性质确定。

检索顺序就是土壤类别在检索系统中的检出先后次序。按规定先检出的土壤必然包括具有某诊断层或诊断特性的全部土壤,后检出的土壤就不允许再现这些性质。但在自然界中土壤的发生及其性质十分复杂,除优势的或主导过程及其产生的鉴别性质外,还有次要的或附加的过程及其产生的性质。一种土壤的优势过程和产生的性质的可能是另类土壤的次要过程和性质;或相反,一类土壤的次要过程与性质都为另类土壤的优势过程和性质。如果没有一个科学、合理的检索顺序,这些鉴别性质相同但优势过程不同的土壤就可能并入同一类别。中国土壤系统分类的检索系统的检索顺序制订的原则如下:首先,最先检出有独特鉴别性质的土壤;其次,若某种土壤的次要鉴别性质与另一种土壤的主要鉴别性质相同,则先检出前一种土壤,以便根据它们的主要鉴别性质把两者分开;第三,若2种或更多土壤的主要鉴别性质相同,则(或)按主要鉴别性质发生的强度或对农业生产的限制强度检索;第四,土纲类别的检索应严格依照本方案规定的顺序进行,否则可导致错误结果;第五,各土类下属的普通亚类中在资料充分的情况下,尚可细分更多的亚类。由上述可知,检索顺序不完全等同于发生顺序。为把具有相似发生和鉴别性质的土壤留在同一类别,而需要对发生顺序作出适当的调整全新排列。中国土壤系统分类土纲检索如表3-2-3所示。

表3-2-3　中国土壤系统分类14个土纲检索简表

	诊断层和/或诊断特性	土纲(Order)
1	有下列之一的有机土壤物质[土壤有机碳含量≥180克/千克或≥(120克/千克+粘粒含量克/千克×0.1)].	有机土(Histosols)
2	其他土壤中有水耕层和水耕氧化还原层;或肥熟表层和磷质耕作沉积淀积层;或灌淤表层;或堆垫表层	人为土(Anthrosols)
3	其他土壤在土表下100厘米范围内有灰化淀积层	灰土(Spodosols)
4	其他土壤在土表至60厘米或至更浅的石质接触面范围内60%或更厚的土层具有火山灰特性	火山灰土(Andosls)
5	其他土壤中有上界在土表至150厘米范围内的铁铝层	铁铝土(Ferralosols)
6	其他土壤中土表至50厘米范围内粘粒≥30%,且无石质接触面,土壤干燥时有宽度>0.5厘米的裂隙,和土表至100厘米范围内有滑擦面或自吞特征	变性土(Vertosols)
7	其他土壤有干旱表层和上界在土表至100厘米范围内的下列任一诊断层:盐积层、超盐积层、盐磐、石膏层、超石膏层、钙积层、超钙积层、钙磐、粘化层或雏形层	干旱土(Aridosols)
8	其他土壤中土表至30厘米范围内有盐积层,或土表至75厘米范围内有碱积层	盐成土(Halosols)
9	其他土壤中土表至50厘米范围内有一土层厚度≥10厘米有潜育特征	潜育土(Gleyosols)
10	其他土壤中有暗沃表层和均腐殖质特性,且矿质土表下180厘米或至更浅的石质接触面范围内盐基饱和度≥50%	均腐土(Isohumosols)
11	其他土壤中有上界在土表至125厘米范围内的低活性富铁层	富铁土(Ferrosols)
12	其他土壤中有上界在土表至125厘米范围内的黏化层或黏磐	淋溶土(Argosols)
13	其他土壤中有雏形层;或矿质土表至100厘米范围内有如下任一诊断层:漂白层、钙积层、超钙积层、钙磐、石膏层、超石膏层;或矿质土表下20厘米~50厘米范围内一土层(≥10厘米厚)的n值<0.7;或粘粒含量<80克/千克,并有有机表层;或暗沃表层;或暗瘠表层;或有永冻和矿质土表至50厘米范围内有滞水土壤水分状况	雏形土(Cambosols)
14	其他土壤	新成土(Primosols)

覆于火山物质之上和/或填充其间,且石质或准石质接触面直接位于火山物质之下;或土表至50厘米范围内,其总厚度≥40厘米(含火山物质);或其厚度≥2/3的土表至石质接触面总厚度,且矿质土层总厚度≤10厘米;或经常被水饱和,且上界在土表至40厘米范围内,厚度≥40厘米〔高腐或半腐物质,或苔藓纤维<3/4或≥60厘米〔苔藓纤维≥3/4〕。

第四节 中国土壤发生分类和系统分类的土壤参比

鉴于当前国内定量的系统分类和定性为主的发生分类并存的现状,以及国内已有的大量土壤资料是在长期应用地理发生分类体系下积累起来的。而且在中国地理发生分类发展长达半个世纪的历史中,在第2次全国土壤普通基础上拟订的《中国土壤分类暂行草案》(1978),不但丰富了地理发生土壤分类,并吸收了系统分类的一些内容。因此,对这2个分类系统的参比具有现实意义。

因为2个土壤分类的依据不同,从严格意义上,对这2个分类系统很难作简单的比较,只能作近似的参比,且还须注意下列各点:一是把握特点,中国土壤系统分类高级分类单元包括土纲、亚纲、土类和亚类,但重点是土纲;中国土壤地理发生分类中的高级基本单元则是土类,有的没有土纲和亚纲,或只有土纲没有亚纲,而土类是相对稳定的。因此,两者参比时,主要以发生分类的土类和系统分类的亚纲或土类的比较。二是占有资料,尽管2个分类系统的分类原则和方法有很大不同,但只要占有充分的资料,就可进行参比,资料越充足,参比就越具体和确切。如果只有名称而无具体资料,只能抽象参比。三是要着眼典型土壤,中国土壤发生分类的中心概念虽较明确,但边界模糊。有些未成熟的幼年亚类(如红壤性土、褐土性土等)与典型亚类在性质上相差甚远。从系统分类观点看,这种差异可能是土纲级别。因此,2个系统在土类水平上参比时,只能以反映中心概念进行参比,不然涉及范围太广而无从下手。在具体参比时,仍应根据诊断层和诊断特性,按次序检索。表3-2-4列了2个分类系统中常见的土类,可供参考。

表3-2-4 中国土壤发生分类系统(1992)和中国土壤系统分类(CST)的近似参比

中国土壤分类系统	主要CST类型	中国土壤分类系统	主要CST类型
砖红壤	暗红湿润铁铝土	灰漠土	钙积正常干旱土
	简育湿润铁铝土		石膏正常干旱土
	富铝湿润富铁土	灰棕漠土	简育正常干旱土
	粘化湿润富铁土		灌淤干润雏形土
	铝质湿润雏形土	棕漠土	石膏正常干旱土
	铁质湿润雏形土		盐积正常干旱土
赤红壤	强育湿润富铁土		盐积正常干旱土
	富铝湿润富铁土	盐土	干旱正常盐成土
	简育湿润铁铝土		潮湿正常盐成土

续表

中国土壤分类系统	主要 CST 类型	中国土壤分类系统	主要 CST 类型
红壤	富铝湿润富铁土	碱土	潮湿碱积盐成土
	粘化湿润富铁土		简育碱积盐成土
	铝质湿润淋溶土		龟裂碱积盐成土
	铝质湿润雏形土	紫色土	紫色湿润雏形土
	简育湿润雏形土		紫色正常新成土
黄壤	铝质常湿淋溶土	火山灰土	简育湿润火山灰土
	铝质常湿雏形土		火山渣湿润正常新成土
	富铝常湿富铁土	黑色石灰土	黑色岩性均腐土
燥红土	铁质干润淋溶土		腐殖钙质湿润淋溶土
	铁质干润雏形土	红色石灰土	钙质湿润淋溶土
	简育干润富铁土		钙质湿润雏形土
	简育干润变性土		钙质湿润富铁土
黄棕壤	铁质湿润淋溶土	磷质石灰土	富磷岩性均腐土
	铁质湿润雏形土		磷质钙质湿润雏形土
	铝质常湿雏形土	黄绵土	黄土正常新成土
黄褐土	粘磐湿润淋溶土		简育干润雏形土
	铁质湿润淋溶土	风砂土	干旱砂质新成土
棕壤	简育湿润淋溶土		干润砂质新成土
	简育正常干旱土	粗骨土	石质湿润正常新成土
	灌淤干润雏形土		石质干润正常新成土
褐土	简育干润淋溶土		弱盐干旱正常新成土
	简育干润雏形土	草甸土	暗色潮湿雏形土
暗棕壤	冷凉湿润雏形土		潮湿寒冻雏形土
	暗沃冷凉淋溶土		简育湿润雏形土
白浆土	漂白滞水湿润均腐土	沼泽土	有机正常潜育土
	漂白冷凉淋溶土		暗沃正常潜育土
灰棕壤	冷凉常湿雏形土		简育正常潜育土
	简育冷凉淋溶土	泥炭土	正常有机土
棕色针叶林土	暗瘠寒冻雏形土	潮土	淡色潮湿雏形土
漂灰土	暗瘠寒冻雏形土		底锈干润雏形土
	漂白冷凉淋溶土	砂姜黑土	砂姜钙积潮湿变性土
	正常灰土		砂姜潮湿雏形土
灰化土	腐殖灰土	亚高山草甸土和高山草甸土	草毡寒冻雏形土
	正常灰土		暗沃寒冻雏形土

续表

中国土壤分类系统	主要 CST 类型	中国土壤分类系统	主要 CST 类型
灰黑土	正常灰土	亚高山草原土和高山草原土	钙积寒性干旱土
	粘化暗厚干润均腐土		粘化寒性干旱土
	暗厚粘化湿润均腐土		简育寒性干旱土
灰褐土	暗沃冷凉淋溶土	高山漠土	石膏寒性干旱土
	简育干润淋溶土		简育寒性干旱土
	钙积干润淋溶土	水稻土	寒冻正常新成土
	粘化简育干润均腐土		潜育水耕人为土
黑土	简育湿润均腐土		铁渗水耕人为土
	粘化湿润均腐土		铁聚水耕人为土
黑钙土	暗厚干润均腐土		简育水耕人为土
	钙积干润均腐土		除水耕人为土以外其他类别中的水耕亚类
栗钙土	简育干润雏形土	塿土	土垫旱耕人为土
	钙积干润均腐土	灌淤土	寒性灌淤旱耕人为土
	简育干润雏形土		灌淤干润雏形土
黑垆土	堆垫干润均腐土		灌淤湿润砂质新成土
	简育干润均腐土		淤积人为新成土
棕钙土	钙积正常干旱土	菜园土	肥熟旱耕人为土
	简育正常干旱土		肥熟灌淤旱耕人为土
灰钙土	钙积正常干旱土		肥熟土垫旱耕人为土
	粘化正常干旱土		肥熟富磷岩性均腐土

第三章 中国主要土纲特征

中国土壤系统分类共设立 14 个土纲单元,它们之间具有明显的发生联系、形态特征以及空间分布联系,如图 3-3-1 所示,据此将 14 个土纲归并以下土壤类型系列,分别对其诊断土层与诊断特性、地理分布与成土因素、土壤改良利用作以简要描述,即土壤形成发育的主系列是新成土—干旱土—均腐土—灰土—淋溶土—富铁土—铁铝土;其过渡系列是新成土—雏形土—变性土;其副系列包括水成型的盐成土—有机土—潜育土、岩成型的新成土和火山灰土,以及在上述土壤的基础上形成的人为土。

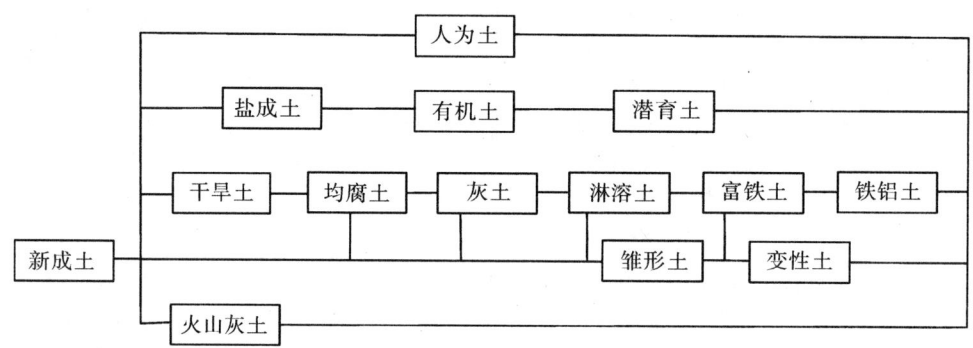

图 3-3-1 中国土壤系统分类单元土纲发生系列示意图(据龚子同,1999 改编)

第一节 中国森林土纲系列

森林土纲系列是土壤形成发育主系列的重要组成部分,它包括的土纲有:灰土、淋溶土、富铁土、铁铝土。这些土纲主要发布在湿润气候区,其土壤的共同特征是酸性或强酸性、土壤水分状况多为湿润土壤水分状况、常湿润土壤水分状况。

一、灰土

灰土是具有灰化淀积层的一类土壤。本土纲相当于美国土壤系统分类中的灰土土纲(Spodosol),联合国 FAO 土壤制图单元中的灰壤(Podzods)、灰化淋溶土(Podzoluvisols),土壤发生分类中的灰化土或者漂灰土。灰化淀积层是灰土纲独有的一个诊断层。灰化淀积层必须具有以下 2 个条件:①厚度≥2.5 厘米,一般位于漂白层之下;②由≥85%的灰化淀积物质(Spodic materials)组成。其指标为:pH≤5.5,有机碳≥12 克/千克,色调为 5YR,明度为 4,彩度为 6;或色调为 7.5 YR,明度≤4,彩度为 3、4 或 6;或在色调为 7.5YR,润态明度≤4,彩度为 3、4 或 6 时,其形态为:单个土体被有机质和铁、铝胶结,胶结部分结持紧实。

1. 地理分布和成土因素

中国灰土分布的面积相对甚小,主要位于大兴安岭北端。另外在世界各地高山垂直土壤带谱也有灰土分布,如在中国长白山北坡及青藏高原南缘和东南缘的山地垂直带中有灰土分布,台湾玉山山地也有部分灰土分布。

灰土形成的气候属于寒温带湿润气候，其特点是冬季寒冷而漫长，暖季短促，气温年较差大，生长期一般只有50天~75天。另外，由于在暖季气温较高，如7月份平均气温可达15℃以上，再加白昼时间长，可以补偿其温度的不足，故这里可以生长茂密的针叶林。其林下地被层多为苔藓、地衣和藻类，并与针叶树的枯枝落叶形成了较厚的半分解状态的枯枝落叶层（O层）。藓类及枯枝落叶层大量吸水，在生长季节其含水量约为150%以上，起着明显的保持土壤冷湿的作用。

2. 成土作用与土壤性状特征

（1）主导成土过程　针叶林对土壤的物质循环、有机物累积过程具有重要的作用。森林每年将大量凋落物归还于土壤表层，形成了O层（枯枝落叶层）。在暖季温暖湿润的条件下，这些灰分含量很低的针叶林凋谢物被微生物不断分解，形成较强的有机酸类化合物随水进入土体，导致土壤酸度升高，其土壤表层的活性酸度可达pH=3.3~4.5，并促进灰化作用的发展。

（2）物质的淋移与淀积　在灰土的成土过程中，微生物在分解枯枝落叶的过程中所产生的强有机酸类化合物，对原生矿物和次生矿物的破坏起了很大的作用，使土壤上部 A_1 和E层中的矿物遭受破坏，分解成各种氧化物，其部分氧化铁、氧化锰等有色矿物在强酸作用下从上部土层中淋失，而 SiO_2 和 Al_2O_3 相对积累，形成了灰白色灰化层。但应该指出，在极强酸条件下也有部分氧化铝发生移动，故B层内粘粒的硅铝率有变小的趋势。在灰化过程中，除了矿物中氧化物的迁移外，交换性阳离子也大部分被淋溶。游离的盐基更易随水向底层淋溶。土壤中交换性盐基的组成可以反映土壤的灰化程度。

（3）土壤性状　灰土是在特定的环境条件下所形成的一类森林土壤，土壤剖面分异明显，其典型的土壤剖面构型为：O-A-E-Bsh-C型，表层为暗色的枯枝落叶层即O层，其厚度在3厘米~10厘米不等；其下部为暗灰色的腐殖质累积层即A层，其厚度20厘米~25厘米；心土层为灰白色的淋溶层即E层，其中富含白色硅质粉末，呈现薄片状结构，其厚度25厘米左右；土壤剖面下部为黄棕色的淀积层即Bsh层，其中常有氧化铁和氧化锰的胶膜，其厚度不足25厘米。淀积层向下逐渐过渡到由冰冻风化物组成的冻土层。

灰土表层有机质含量丰富，向下锐减，具有明显的表聚性，其土壤腐殖质组成以富里酸为主，胡敏酸与富里酸比值在0.5左右。灰土呈现强酸性反应，一般活性酸度pH=4.5~5.5之间，最低可达pH=3.6左右，并具有较强的代换酸量。由于灰土经历了强烈的酸性淋溶过程，其土壤金属阳离子基本淋失殆尽，如钙、镁、钾和钠离子已经大量流失，故阳离子代换量和盐基饱和度均很低。土壤的强酸性直接影响到根系和微生物的活动，进而影响到有效养分的含量和根系的吸收。一般pH小于4.5的土壤上，冷杉生长均较差。灰土中有效态养分元素以腐殖质层最高，而在漂白层相对较低，漂白层中磷素尤感缺乏（全磷<0.1%），但据实际观察，冷杉的粗细根系最多的是集中在漂白层和灰化淀积层（即40厘米以上），灰化淀积层的下部很少有根细分布。

3. 灰土分类与利用

由于灰土纲影响现代成土过程的控制因素差异不大，故直接按照灰土的主导成土过程发生阶段所表现的土壤性质划分亚纲，即根据灰化淀积层内部分亚层（≥10厘米）中迁移淀积的有机碳含量状况划分为腐殖灰土和正常灰土2个亚纲。腐殖灰土下只有一个土类，即简育腐殖灰土；正常灰土下也只有一个土类，即简育正常灰土。

灰土分布区绝大多数为天然林地，其南部也有牧草地或者种植作物。在中国灰土分布区属于重要的原始林区。因此,在灰土开始利用的过程中,应该注意砍伐森林所引起的土壤侵蚀,由于初夏大量冰雪融化水与降雨注入土壤,再加土壤心土层还处于冻结状态,极易造成严重的土壤侵蚀,导致针叶林—灰土生态系统的崩溃。另外,由于灰土分布区气候寒冷而潮湿、生长期短、灰土又土层浅薄、强酸性、养分元素缺乏等,不适宜大面积开发利用。

二、淋溶土

淋溶土作为一个土纲名称,在土壤发生分类和土壤系统分类中都应用过,但各自的含义不同,简而言之,前者强调土壤地带性,不一定要有粘化层;后者却以有粘化层为必备条件,否则便划归雏形土,甚至划归新成土。同为土壤系统分类,而中国和美国的土壤系统分类也不尽相同。虽然二者都要有粘化层,但前者还要求盐基饱和度 ≥50%,后者要求表观阳离子交换量0.24摩尔/千克黏粒(史学正等,1994)。1995年发表的《中国土壤系统分类(修订方案)》,明确规定淋溶土必须具有粘化B层(简称粘粒层,包括淀积粘粒层和次生粘化层),同时其表观阳离子交换量要 ≥0.24摩尔/千克黏粒。故淋溶土相当于联合国FAO土壤图制图单元中的高活性淋溶土、高活性强酸土、灰化淋溶土和粘磐土;相当于土壤地理发生分类中的暗棕壤、白浆土、棕壤、黄棕壤、部分褐土、部分黄壤、部分石灰土等。

1. 地理分布和成土环境

(1)地理分布　中国淋溶土从寒温带、温带、暖温带到北亚热带甚至中亚热带均有分布,约占陆地面积13%,据不完全统计,淋溶土区面积约12.5万平方千米(徐盛荣等,1994),其主要分布区为中国东部、中部及西部某些山地的垂直带。

(2)成土环境　中国淋溶土分布区的气候条件和自然植被具有如下特点:①年均气温可低到 −1℃和高到17℃,气温年较差高达18℃之多;②年均降水量低到600毫米,高到1500毫米~1800毫米;③年干燥度多数在0.5~1.0之间,部分高达1.5或<0.5;④土壤冻结层深度最深的达250厘米,最浅的<15厘米,甚至终年无冻层;⑤自然植被多为不同类型的森林或森林灌丛植被。淋溶土纲中的不同亚纲,在其分布区的气候条件和自然植被有显著不同。淋溶土分布区的地形主要为山地(低山为主,中山次之)、丘陵和黄土岗地,其成土母质以片麻岩、花岗岩、砂岩、页岩等酸性母岩风化物和不同类型的黄土为主,其次为石灰岩的残积风化物。

2. 主导成土过程

粘化层是在土壤剖面中部的存在是淋溶土的必备条件,粘化作用是形成淋溶土的重要的成土作用。粘化作用是一种重要的成土作用,由于不同粘化作用的发生,而导致土壤性质的差异,是鉴别土壤类型而进行土壤分类的重要指标。淋溶土具有淀积粘化作用和次生粘化作用,相应地具有淀积粘化层和次生粘化层,二者统称为粘化层(Bt层)。但并非具有粘化层的土壤都属于淋溶土,同时必须具有较大的交换量,即 ≥0.24摩尔/千克粘粒。南方的富铁土(红壤)也可能具有粘化层,但其交换量<0.24摩尔/千克粘粒。北方的碱质盐成土(碱土)也具有粘化层,但它属于一种特殊的淀积粘化层,是碱化作用所引起的,不属淋溶土。在淋溶土分布区有的土壤无明显的粘化层,但有由于残积粘化作用形成的雏形层(Bw层),应属雏形土。

3. 诊断层和诊断特性

淋溶土的土体构型为O-A-Bt-C型,表层为一枯枝落叶层即O层,受成土的生物气候条件的影响,其有机物组成及其厚度差异较大;其下为暗棕色或淡色的腐殖质层,即A层;心土层为次生粘土矿物聚积的、质地粘重的棕色淀积层，即 Bt 层；剖面下部为母质层即 C 层。

淋溶土表土层一般有机质含量较高，其腐殖质组成差异较大，胡敏酸与富里酸比值在 0.7～1.5 之间；土壤剖面通体一般无石灰反映，土壤呈现微酸性至酸性，多数淋溶土表层土壤的 pH 为 6.0～7.0，土壤阳离子代换量和盐基饱和度均较高，且交换性阳离子以钙镁离子为主；淋溶土质地粘质，次生粘土矿物以 2:1 型矿物为主，即以水云母、蛭石为主。

淋溶土必须有以棕色为主的粘化层，表观阳离子交换量≥0.24 摩尔/千克粘粒。至于盐基饱和度大部分 >50%，但也有少数 <50%，故未把它作为划分土纲的指标。此外，它可以具有常湿润、湿润或半干润土壤水分状况和有寒性、冷性、温性或热性（冬季平均土温 <10℃）土壤温度状况。淋溶土的主要诊断层是粘化层（包括淀积粘化层和次生粘化层）。涉及淋溶土系统分类的诊断层还有暗沃表层、淡薄表层、耕作淀积层、粘磐（层）、漂白层、舌状层、钙积层等。涉及淋溶土系统分类的诊断特性，在土壤水分状况方面有常湿、湿润、半干润等土壤水分状况；在土壤温度状况方面有冷性、寒性、温性、热性等土壤温度状况，其他诊断特性还有岩性特征、氧化还原特征、有机现象、堆垫现象、铁质特性、铝质特性、铝质现象、潜育现象、石灰性、盐基饱和度等。

4. 分类与利用

根据土壤温度条件，可将淋溶土纲划分为冷凉淋溶土亚纲，而后根据土壤水分条件划分干润淋溶土、常湿淋溶土和湿润淋溶土等亚纲，共计 4 个亚纲，其检索如下：

淋溶土中有冷性或寒性土壤温度状况——————冷凉淋溶土
其他淋溶土中有半干润土壤水分状况——————干润淋溶土
其他淋溶土中有常湿润土壤水分状况——————常湿淋溶土
其他淋溶土————————————————湿润淋溶土、冷凉淋溶土

冷凉淋溶土是中国温带冷凉地区排水条件比较好的土壤。在中国东北地区有广泛的分布，包括黑龙江东部、吉林东部地区以及辽宁东部部分山地，即本亚纲主要分长白山地、完达山、张广才岭、大小兴安岭的东坡。另外在中国西南山地垂直带上亦有分布。冷凉淋溶土具有冷性或寒性土壤温度状况和湿润土壤水分状况。植被类型包括草甸向森林过渡的过渡类型，针阔混交林或阔叶林。其成土母质多为花岗岩残积—坡积物，其次为砂岩、砾岩或变质岩残积—坡积物，还有一部分为更新世和近代沉积物。冷凉淋溶土的主要特点是具有腐殖质含量高的表层（Ah 层）和粘化层（Bt 层）。在第四纪河湖沉积物上发育的冷凉淋溶土具有漂白层（E 层），在森林植被下的冷凉淋溶土常有暗沃表层，有时有 O 层。在大部分地区，粘化层呈微酸性反应。

干润淋溶土是具有半干润土壤水分状况的淋溶土，主要分布在中国暖温带东部半湿润、半干旱地区的低山丘陵和山麓平原，如辽宁西部、华北山地、河南西部、山东中部以及陕西中部等地；在云贵高原腹地及其边缘的亚热带干旱河谷也有分布。干润淋溶土具有以下的诊断特征：①半干润土壤水分状况。大多数年份土壤水分控制层段的某些部分或全部每年累积干旱天数超过 90 天，暖温带半干润淋溶土土壤水分年平均亏缺量在 108 毫米～272 毫米之间；亚热带干旱河谷的干润淋溶土，土壤水分年平均亏缺量超过 500 毫米。②土壤温度状况主要属温性，但也有一部分属热性的。50 厘米深处年平均地温在 10℃～16℃之间，夏季均温为 20℃～27℃，冬季均温 -1.5℃～6.0℃，夏季均温差达 19℃～24℃；干旱河谷冬季地温较高，夏冬地温差值相对较小（8℃～18℃）。③粘化层多见于剖面中、上部或地表 25 厘米以下，厚度一般为 30 厘米～70 厘米，个别可厚达 1 米左右，若表层遭侵蚀，粘化层则露于地表；粘化层比上伏或下垫土层具有较高的彩度和较红的色

调,且多呈棱块状结构,比较坚实;粘化层粘粒部分的硅铝率与上伏或下垫土层基本相似,CEC_7 > 0.24 摩尔/千克粘粒(1 摩尔/立方厘米 NH_4OAc 法),盐基饱和度 > 50%。④在矿质土表以下 1.5 米,内或无或有石灰性,或在粘化层底部 50 厘米内或在粘化层中有一钙积层或钙积现象,并在结构体表面有霜粉状石灰或石灰斑点。⑤在上界位于土表至 125 厘米范围内有或无碳酸盐岩岩性特征;或在 B 层中有或无铁质特性。

常湿淋溶土亚纲具有常湿土壤水分状况,并有热性或温性土壤温度状况;主要分布于气候比较潮湿的贵州高原,其次是云南高原和南方山地的垂直带上。其成土母质以酸性母岩风化物为主,也有较老的石灰岩风化物。凡具有粘化层的黄壤和黄色石灰土均可以划分常湿淋溶土。

湿润淋溶土亚纲具有湿润土壤水分状况,但无冷性和寒性土壤温度状况,只有温性和热性土壤温度状况。因此,并非所有的具有湿润水分状况的淋溶土,都为湿润淋溶土,有的在冷凉淋溶土亚纲已被检出(张俊民,1994)。湿润淋溶土主要分布于暖温带和北亚热带,在行政区为辽宁、河北、山东、山西、江苏、陕西、湖北等,地形多为低山、丘陵,多数为中山。在云贵高原和四川盆地周围山地亦有分布。成土母质多为花岗岩、片麻岩、砂页岩等酸性母岩风化物和不同类型的黄土,少数为石灰岩风化物。自然植被以落叶林为主,人为破坏严重,山地丘陵水土流失严重。本亚纲形成的特点为风化作用强于冷凉淋溶土和干润淋溶土,但弱于常湿淋溶土,显然这是水热条件影响所致,因为前二者分别较寒冷或较干旱,后者则水热条件均较好于本亚纲。

淋溶土是中国重要的森林土壤资源,也是重要的农业土壤资源。在自然植被方面,以落叶阔叶林为主,但不同亚纲有所差异。它作为中国重要的森林土壤资源,除冷凉淋溶土亚纲利用较好外,其余 3 个亚纲都未得到合理利用,特别是干润淋溶土亚纲水土流失尤为严重,有待于加强管理,防止水土流失,恢复发展林业。它作为重要的农业土壤资源,除冷凉淋溶土亚纲只能种一年一熟作物外,其余 3 个亚纲,一般都能种二年三熟或一年二熟作物。各亚纲各土类中的"斑纹"亚类,一般都是当地的稳产高产粮食生产基地,同时也是人口较为密集的地区,应予保护,充分发挥其生产潜力。

三、富铁土

富铁土是具有有中度富铁铝化作用形成的、上界在矿质土表至 125 厘米范围内的低活性富铁层,但无铁铝层的土壤。相当于美国土壤系统分类中的老成土;相当于联合国 FAO 土壤图制图单元中的低活性强酸土、低活性淋溶土、粘绨土、聚铁网纹土;相当于土壤地理发生分类中的红壤、黄壤、部分石灰土、部分燥红土等。

1. 地理分布和成土环境

中国富铁土广泛分布于东南部、华南及西南部分地区,包括江苏、江西、浙江、安徽、湖南、湖北、四川、福建大部分地区,以及广东、广西、海南、台湾、贵州、云南、西藏部分地区。

富铁土形成于温热气候条件下,其自然植被以常绿林为主,所占据的地形主要为丘陵低山,但在中亚热带仅限于低丘陵及山地外围的高丘陵地上,在南亚热带及热带则多出现在高丘陵及低山上,在东部地区其分布的海拔高度上限自北向南逐渐增高,如在江西多出现在海拔 500 米以下,广东、海南则可分布至 800 米~900 米。其成土母岩母质种类繁多,但在中亚热带地区主要为第四纪红土及其他母岩的老风化物或易受风化的基性火成岩(玄武岩)风化物,在南亚热带及热带则多为风化不彻底的各种母岩的风化物。

2. 主导成土过程

(1) 中度风化作用　富铁土 B 层的粘粒含量除少数受特殊母岩母质的影响外,大部分都在 30%~50% 之间,且其细粉粒对粘粒含量的比率多集中在 0.3~0.6 范围内。从一些矿物鉴定结果也可发现,富铁土 B 层的细粉和粗粉粒组的矿物组成中除石英外,尚有长石或云母存在。上述的 B 层机械颗粒组成、矿物组成及全钾含量状况,均说明富铁土的矿物风化作用虽已相当强,但并未达到最高,尚处在中度风化阶段。

(2) 单、双硅铝化矿物分解合成作用　据矿物鉴定结果,在湿润土壤水分状况下,由花岗岩形成的富铁土,其 B 层的粘土矿物组成中以高岭石为主,并有部分三水铝矿以及少量水云母、蛭石类粘土矿物;由砂页岩及变质岩形成的富铁土,其 B 层的粘土矿物组成中以高岭石与水云母并存,伴有少量蛭石,或以水云母占优势,伴有少量高岭石;在常湿润或偏向常湿润的湿润土壤水分状况下,由花岗岩或砂页岩形成的富铁土,其 B 层的粘粒矿物组成中除高岭石与水云母并存外,还有相当多的三水铝矿或铝蛭石。上述结果表明,富铁土中矿物质是以部分水解,单、双硅铝化作用兼有;或以有限度酸性络合分解,铝质单、双硅铝化作用兼有的方式进行合成分解(Perdo,1979)。它们既不同于以完全水解、单硅铝化作用为主要方式的铁铝土,又不同于以部分水解、双硅铝化作用为主要方式的淋溶土或雏形土。

(3) 强烈盐基淋失作用　在风化过程中,盐基的淋失是富铁铝化作用的前提,富铁土中盐基离子已被强烈淋失,使土壤盐基离子含量明显降低,富铁土 B 层的水浸提 pH 多在 4.0~5.0 范围内,交换性盐基饱和度大多在 30% 以下。同时,交换性阳离子组成中,交换性铝占了优势,铝饱和度多在 60%~90% 之间;KCl 浸提 pH 多在 3.0~4.0 范围内,表现强酸性反应,但水浸提 pH 均比 KCl 浸提的大,且其差值在 0.5~1.5 范围内,大部分接近 1 左右,也说明富铁土的富铁铝化作用并未达到非常强烈的阶段。

(4) 明显脱硅和铁铝氧化物富集作用　某些富铁土由于在常湿润或偏向常湿润的湿润土壤水分状况下,风化过程中不仅盐基离子而且硅酸也被迅速淋失,矿物分解释放出来的铝离子除部分直接与 $Si(OH)_4$ 结合成 1:1 型粘土矿物外,其大部分则以羟基铝聚合体及三水铝矿,或形成铝质 2:1 型粘土矿物留存在土层中,从而使铝的富集作用更为明显,因此,其 B 层三酸消化分解的硅铝率 <2,或热碱浸提的硅铝率 <1。富铁土在脱硅铝化的同时,矿物分解释放出的大部分铁经水解作用形成氢氧化铁凝胶及水铁矿。由于氢氧化铁凝胶及水铁矿进行脱水老化,在有明显干湿季节变化的湿润土壤水分状况下,多转为赤铁矿,使土壤呈 5YR 或更红的色调。但在无明显干湿季节变化的常湿润土壤水分状况下,则多转为针铁矿,土壤呈 7.5YR 或更黄的色调。根据上述富铁土 B 层的硅铝率及游离铁占全铁的百分比可充分的说明,富铁土在形成过程中进行着明显的脱硅和铁、铝氧化物富集作用。

(5) 低活性粘粒累积作用　根据野外调查观察表明,某些具有稳定地表的富铁土,其 B 层的结构面上或孔隙壁上可见有明显的粘粒胶膜。一些无岩性不连续的富铁土粘粒含量剖面分布也表明,其 B 层粘粒含量比 A 层的有明显地增大,并可符合粘化层的要求条件。根据土壤微形态研究也表明,一些富铁土 B 层存在有明显的粘粒淋移淀积迹象(曹升赓,1989)。这种情况表明富铁土形成过程中存在着明显的粘粒累积作用,但随着富铁铝化作用的加强,粘粒活性相应降低,使其在剖面中向下移动淀积的可能性也渐趋减弱,或因地形坡度或母质再沉积的影响,并非所有富铁土的 B 层都呈现有明显的粘粒累积作用。当然有些富铁土虽然有过明显的粘粒累积作用,但因表层或淋溶层被侵蚀移走,留下的剖面中并不呈现有明显的粘粒含量增大层。上述的成土特点说明,富铁土是中度富铁铝化作用为主要过程,并有低活性粘粒累积作用的土壤。它既不同于以高活性粘粒累积作用为主要过程的淋溶土,又有别于具有高度富铁铝化作用的铁铝土。从土壤形成发育阶段看,它是属于上述两者之间的一个土纲。

3. 主要诊断层和诊断特征

富铁土剖面构型为 Ah-Bs-C 型。其中腐殖质层 Ah 层厚度一般 20 厘米~40 厘米,土壤颜色呈暗棕红色(即 5 YR);淋溶淀积层 Bs 层厚度在 50 厘米~200 厘米,呈棕红色、紧实粘重、块状结构,土壤结构体表面常有棕红色胶膜。富铁土的成土过程是富铁铝化,而粘粒沿剖面向下移动淀积作用已退居次要,且其粘化层的存在又受多方面影响,情况相当复杂。因此,我们选用与中度富铁铝化作用相联系的低活性粘粒特性和有利氧化铁富集特性相结合的低活性富铁层作为富铁土纲的主要诊断层,而粘化层仅作为其下属土类或亚类划分的诊断层。根据调查研究的实际资料表明,中国富铁铝化土壤 B 层盐基饱和度常因成土母质性状、生物富集过程、人工施肥等的不同而有所差异。

富铁土因成土风化过程强烈,土壤矿物已遭受彻底风化分解,故其土壤中原生矿物含量很少,土壤质地粘重,其土体中部粘粒含量可达 50% 以上,粘粒的硅铝率在 2.0~2.4 之间,粘土矿物成分以高岭石为主;由于土壤微生物终年强烈分解有机物,故富铁土有机质含量较低,一般不足 2%,在腐殖质中胡敏酸与富里酸之比小于 1,且胡敏酸的分子结构也较简单,分散性强;富铁土一般呈现酸性至强酸性反应,土壤 pH 在 5.0~5.5 之间,且因强烈的生物富集作用,pH 由剖面上部向下逐渐变小,同时土壤还具有较强的潜在酸性。因此,富铁土的结构较差,多呈块状结构,土壤结构的水稳性差,干时坚硬湿时粘糊。

4. 分类与利用

由于土壤水分状况制约着富铁铝化过程中盐基离子和硅酸的淋失强度、矿物分解合成方式和产物,以及氧化铁存在形式,同时,土壤水分状况也是影响土壤肥力和土壤利用管理的重要因素。根据《修订方案》中有关土壤水分状况的诊断特性定义,富铁土具有半干润、常湿润和湿润 3 种不同的水分状况。所谓半干润土壤水分状况是指一年中土壤水分月收支平衡呈亏缺的时间≥4 个月,但年降水量≥400 毫米的土壤水分状况;常湿润土壤水分状况是指一年中土壤水分月收支平衡呈盈余的时间≥10 个月的土壤水分状况;湿润土壤水分状况则是一年中土壤水分月收支平衡呈盈余的时间不足 10 个月且呈亏缺的时间不足 4 个月的土壤水分状况。

亚纲检索:富铁土中有半干润土壤水分状况——————————干润富铁土

其他富铁土中有常湿润土壤水分状况——————————常湿富铁土

其他富铁土具有湿润水分土壤水分状况——————————湿润富铁土

干润富铁土分布在海南岛西部,五指山脉背风坡,东方至三亚沿海一带,以及云南高原元江、金沙江下切河谷和一些封闭低盆地中。干润富铁土的形成与其因地形引起的焚风效应所致的干热气候条件密切相关。在其分布范围内平均温度多在 22℃~24℃ 之间,年降水量不足 1000 毫米,有的地方仅 600 毫米,而年蒸发量却均在 2000 毫米以上,有的甚至高达 3800 毫米。自然植被以扭黄茅、虾子花、霸王鞭、仙人掌、龙舌兰、刺桐、木棉、凤凰木等为主,生长稀少,具有多针刺,富蜡质的耐旱特点,属热带干旱稀树草原或稀树冠丛草原植被。开垦后种植甘薯、西瓜、剑麻、番麻等耐旱作物,此外腰果、芒果种植也较为普遍。成土母质主要为老沉积物或各种母岩的老风化物。

常湿富铁土分布于贵州高原和华南、滇南山地的一些地方，一般出现在海拔 800 米～1400 米的高度范围内；但滇南超出此范围，出现在 1700 米左右。常湿富铁土形成于温暖潮湿、冬无严寒、夏无酷暑、云雾多、湿度大的气候条件下。就其在贵州高原的分布范围内，年均气温在 14℃～16℃，年降水量 1100 毫米～1400 毫米，年蒸发 1000 毫米～1300 毫米。常湿富铁土的自然植被为喜湿性常绿阔叶林，林内苔藓类，蕨类及水竹类植物生长繁茂。森林砍伐破坏后则为散生马尾松和禾草类植被，或次生栎类灌丛和稀疏马尾松、杉木混交林。耕种地区则为油茶、茶叶等经济林木或旱粮作物所代替。形成常湿富铁土的母质种类繁多，包括花岗岩、玄武岩、砂页岩、石英砂岩、紫红砂岩、钙质泥页岩、石灰岩、白云岩、片岩的风化坡积物及第四纪红色粘土等。大部分常湿富铁土的剖面上部均积累有丰富的有机质，呈现腐殖质特性。由于土壤水分和有机质的双方面影响，土壤中游离氧化铁绝大部分以针铁矿和水铁矿方式存在，致使 B 层土壤为黄色或橙黄色。常湿富铁土的剖面中经常有水分从土表沿着孔隙或裂隙向下渗淋，风化释处的盐基元素和硅酸几乎同时被强烈淋失，且在有机质的参与下，铝硅酸盐类矿物组成中除高岭石与水云母并存外，有多量三水铝矿和羟基铝合物或铝蛭石。因此，常湿富铁土的富铝化作用的强度比其他 2 个土纲（干润和湿润）的更大，尤其在一些母质如花岗岩、砂岩、石英砂岩的风化坡积物及第四纪红色粘土上形成的常湿富铁土表现得更为突出，而具有富铝特性。

湿润富铁土形成于温热湿润，并有明显干湿季节变化的气候条件下。就其分布范围内的年均温多在 17℃～22℃，年降水量在 1500 毫米，年蒸发量略高于年降水量。按 Penman 公式计算的年干燥度均 <1；但每年中月干燥度 >1 的月份数至少有 3 个月，多的更可达 8 个月。湿润富铁土的自然植被为常绿阔叶林，但目前多为人工种植的经济林木，如松杉混交林、毛竹林、油茶林、油桐、茶叶及其他果木，或稀疏马尾松灌丛及草类植被所替代。少部分湿润富铁土开垦为农地、种植旱粮、油料或其他经济作物。在热带和南亚热带地区湿润富铁土，多占据着丘陵低山地形，由花岗岩、玄武岩、砂页岩、片麻岩、石灰岩等各种母盐的风化物母质形成。在中亚热带地区，湿润富铁土则多占据着红色盆地中的丘陵地形，由第四纪红色粘土及一些母岩，如花岗岩、红砂岩、硅质砂岩等的老风化物母质形成。湿润富铁土中游离氧化铁以赤铁矿、针铁矿及水铁矿方式并存。B 层土壤颜色一般呈 5 YR 色调；但当地表坡度平缓或剖面下部由难透水层存在、排水不良的情况下，则可能呈 7.5 YR 色调；处于低山上的湿润富铁土因具有偏向常湿润的湿润土壤水分状况，B 层上部也呈 7.5 YR 色调；另外，有些湿润富铁土因受母岩或母质的影响，富含游离氧化铁，且以赤铁矿占优势，而呈现 2.5 YR 色调。由于盐基元素受强烈淋失，湿润富铁土中交换性盐基饱和度，除部分因受母质富含盐基元素的影响，或人为耕种施肥的补充外，多在 35% 以下；交换性阳离子组成中以铝离子占优势，铝饱和度常超过 60%，水浸提液 pH 4.0～5.0，氯化钾盐浸提液 pH 3.0～4.0，呈强酸性或酸性反应。湿润富铁土形成过程中矿物以部分水解和单、双硅铝化兼有方式进行分解合成。由花岗岩类母岩形成的湿润富铁土 B 层的粘粒矿物组成中以高岭石为主，并有部分三水铝矿，以及少量水云母、蛭石类粘土矿物；有砂页岩、泥板岩、千枚岩及第四纪红色粘土形成的湿润富铁土 B 层粘粒矿物组成中则以高岭石与水云母并存，伴有少量蛭石，母岩中富含云母等矿物的更以水云母占优势，伴有少量高岭石。

富铁土所处地带降水和热量丰富，且生物循环和生物积累旺盛。分布在高丘、低山上的富铁土多为自然森林复被或人工种植林地，低丘、阶地上的富铁土则多已被开垦利用，种植各种热带或亚热带经济作物和果木，或种植粮油作物。一般土层深厚，生产潜力很大。富铁土在植被良好的情况下,其表层土壤的有机质和氮素含量均较高,两者可分别达到30克/千克~70克/千克和2克/千克~3克/千克(熊毅,1987),并且有部分富铁土从土表至100厘米深度范围内土壤有机碳总储量≥12千克/平方米(相当于土壤有机质总储量≥20.7千克/平方米);但在森林植被受砍伐破坏后,土壤有机质迅速分解,加上受侵蚀影响,其含量显著降低,一般仅有10克/千克~20克/千克,甚至低于10克/千克,使土壤氮素十分贫乏。一些质地粘重的富铁土更因有机质含量减少,导致结构性和通透性变劣,而造成作物产量降低。因此,在已开垦种植的富铁土上建立良好物质循环的农业生态体系,通过合理间作或轮作,种植绿肥,增施有机肥,提高土壤有机质含量显得十分重要。当然,直接投入使用氮肥,提高富铁土氮素供应水平仍是获得作物高产所必不可少的一项措施。大部分富铁土呈酸性反应(pH<4.5),盐基饱和度非常低,交换性阳离子组成中铝离子占绝大优势。由于有大量土壤溶液中的铝和交换性铝、锰的存在,对许多作物根部产生毒害作用;同时由于钙、镁及某些微量营养元素(如钼)的缺乏,而严重的影响作物产量。因此,合理施用石灰或白云石灰粉或石灰石粉,中和酸度,调节土壤pH在5~5.5之间,既减少铝的毒害,又补充钙、镁营养元素,并增加微量营养元素的有效性,进而提高作物产量也是十分必要的措施。

四、铁铝土

铁铝土是处于高级风化成土阶段的一个土纲。它是具有由高度富铁铝化作用形成的,上界在矿质土表至1.5米范围内的铁铝层,且在铁铝层之上无火山灰特性、无灰化淀积层的土壤。铁铝层是铁铝土纲的主要诊断层,而且是铁铝土纲特有的一个诊断层。铁铝层必须同时符合下列各条鉴别标准:①厚度≥30厘米;②具有砂壤或更细的质地,粘粒含量≥80克/千克;③表观阳离子交换量(CEC_7)<0.16摩尔/千克粘粒和表观实际阳离子交换量(ECEC)<0.12摩尔/千克粘粒;④50微米~200微米粒级中可风化矿物<10%,或细土全钾(K)含量<8克/千克(K_2O<10克/千克);⑤保持岩石构造的体积<5%,或在含可风化矿物的岩屑上有R_2O_3包膜;⑥无火山灰特性。铁铝土相当于美国土壤系统分类中的氧化土;相当于联合国FAO土壤图制图单元中的铁铝土、聚铁网纹土;相当于土壤地理发生分类中的砖红壤和赤红壤等。

1. 地理分布和成土因素

在中国铁铝土分布于海南、广东、广西、福建、台湾及云南诸省(区)的部分地区,它与富铁土、雏形土及人为土等土纲并存于热带和南亚热带地区。

铁铝土分布地区气候终年高温多雨,非常有利于成土物质的彻底风化淋溶作用。年均气温在19.8℃~24.9℃,年降雨量在1000毫米~2500毫米之间。湿热的气候条件有利于植物繁茂生长,铁铝土原有植被为热带雨林或热带及亚热带季雨林。从地形部位来看,一般分布于地势略呈起伏、坡度平缓、地表相对稳定的低丘阶地地形上,其成土母质为各类母岩强度风化、短距离搬运的身后沉积物,并包括第四纪红土和浅海沉积物。

2. 主导成土过程

(1)土壤矿物的高度风化分解 铁铝土的细土部分富含粘粒,其B层的粘粒(<2微米)含量除少数受母质影响外,大部分都在400克/千克~600克/千克之间,一些玄武岩风化沉积物形成的铁铝土粘粒含量达800克/千克左右。铁铝土剖面中几乎完全没有含可风化矿物,即可作为养分给源的母岩碎屑,其B层的粉粒和砂粒部分除石英外极少有长石和云母类矿物存在,绝大多数原生矿物和2:1型的次生矿物被风化分解为氧化铁和氧化铝。铁铝土B层机械颗粒组成、可风化矿物

状况均可说明其土壤物质的风化作用已达到高级阶段。

(2) 盐基元素强烈淋失　铁铝土在其风化成土过程中盐基元素遭受强烈淋失,心土层 B 层土壤水提 pH 在 4.2～5.3 之间,阳离子代换量较低,盐基饱和度也很少超过 40%。在交换性阳离子组成中铝占优势,交换性铝饱和度多在 40%～80% 之间,可能是因其高含量游离氧化铁铝,并有大量正电荷所致。根据一些统计表明,铁铝土细土部分盐基元素(Ca、Mg、K、Na)总储量(交换态＋矿物结合态)均不足 0.40 摩尔/千克。

(3) 硅酸强烈淋失与氧化铁氧化铝相对富集　铁铝土成土物质在风化过程中释出的硅酸也被强烈排脱淋失,而致铁、铝氧化物产生极明显的相对富集作用。铁铝土 B 层的游离氧化铁 [DCB (连二亚硫酸钠—柠檬酸钠—碳酸氢钠)浸提性] 含量虽因母质种类不同而变化很大,但游离铁占三酸消化性铁含量的百分比却均高达 80% 左右,特别是由玄武岩风化沉积物形成的铁铝土,其游离 Fe_2O_3 含量可高达 180 克/千克。铁铝土 B 层三酸消化性硅铝率多在 2 左右,热碱(0.5 摩尔/立方厘米 NaOH)浸提性硅铝率多在 1.5 左右,其中由玄武岩风化沉积物形成的铁铝土三酸消化性和热碱浸提性硅铝率更分别低至 1.5 和 1 左右,热碱浸提性 Al_2O_3 含量高达 140 克/千克左右,约占三酸消化性 Al_2O_3 含量的 50%。部分铁铝土,特别是由玄武岩风化沉积物形成的,由于铁、铝氧化物的极明显富集,产生大量正电荷,交换性铝饱和度仅 20% 左右,甚至不足 10%。由于受氧化铁、铝的胶结作用,野外观察常见铁铝土 B 层粘粒呈微团聚的假粉粒状态,实验室测定表明几乎不存在水可分散粘粒。

(4) 强烈的生物富集过程　在铁铝土区,热带雨林或热带季雨林密集的植物种群终年旺势生长,并将大量凋落物归还土壤表层,据调查资料,在热带雨林植被下,每年有 11 550 千克/公顷凋落物(干物质)输入铁铝土的表层,于是微生物终年分解这些巨量凋落物,可以为铁铝土上层补给大量的矿质营养元素,供给植物根系再次吸收利用。其结果导致铁铝土的表土层的 pH 高于心土层,盐基饱和度和代换性阳离子量也明显偏高。

(5) 粘粒活性显著降低　高度富铁铝化作用的结果,表现在土壤净负电荷量大为减少,粘粒活性显著降低。铁铝土 B 层表观阳离子交换量(CEC_7)和表观实际阳离子交换量(ECEC)分别为 0.16 摩尔/千克粘粒和 <0.12 摩尔/千克粘粒。因此,粘粒在剖面中随水分向下淋溶移动及淀积作用受到明显阻滞,特别是在缺少有机质的情况下更为严重。铁铝土粘粒含量的剖面分布主要受母质沉积层理或先前成土周期中粘粒在剖面中移动淀积作用的残留特征所影响。在有些铁铝土 B 层结构或孔隙壁上尚可见由少量模糊粘膜或其碎片,或者在无岩性不连续的铁铝土剖面中尚可见有符合一般粘化层标准的粘粒含量增大层,则是多周期成土作用的叠加所致。

3. 剖面特征及理化性质

铁铝土土壤剖面构型为 Ah-Bms-BC-C 型。其中腐殖质层 Ah 层厚度一般 15 厘米～35 厘米,土壤颜色呈暗赫红色(即 2.5 YR);淋溶淀积层 Bms 层厚度在 50 厘米～200 厘米,最厚可达 200 厘米以上,呈棕红色、紧实粘重、块状结构,土壤结构体表面常有棕红色胶膜或者铁锰结核;土壤剖面底部多为红色富含铁锰结核的网纹层。

铁铝土因成土风化过程强烈,土壤矿物已遭受彻底风化分解,故其土壤中原生矿物含量很少,土壤质地粘重,其土体中部粘粒含量可达 50% 以上,粘粒的硅铝率在 1.5～1.8 之间,粘土矿物成分以高岭石为主,并含有大量的三水铝石和氧化铁;由于土壤微生物终年强烈分解有机物,故富铁土有机质含量较低,一般不足 2%,在腐殖质中胡敏酸与富里酸之比小于 1,且胡敏酸的分子结构也较简单,分散性强;铁铝土一般呈现强酸性发应,土壤 pH 在 4.5~5.0 之间,且因强烈的生物富集作用,pH 由剖面上部向下逐渐变小,同时土壤还具有较强的潜在酸性。

4. 分类与利用

铁铝土在中国分布的面积相对较小,故在中国土壤系统分类中,仅按土壤水分状况将铁铝土细分为湿润铁铝土一个亚纲。但湿润铁铝土由于成土母岩或母质的差异,使其盐基元素淋失、硅酸排脱及铁铝氧化物富集的强度并不一致。因此,根据表征其富铁铝化作用的一些特性组合,划分为暗红湿润铁铝土和简育湿润铁铝土2个土类。

暗红湿润铁铝土分布于海南岛东北部、雷州半岛南部由基性火成岩(主要为玄武岩)风化沉积物构成的低丘台地上。地形起伏平缓,但排水良好。土层深厚,常达3米以上,且层次分异不明显,呈渐变过渡层界。由于人为的砍伐与耕作,目前已无原始森林,仅残留由部分次生常绿杂木林或灌木与草类植被,大部分以种植橡胶、油棕等经济作物,或木薯、甘薯等其他旱作物。其形成与其母岩、地形因素密切有关。基性火成岩富含铁镁矿物,易于风化,且地形坡度平缓,排水良好,地表稳定,风化成土时间充足,十分有利于盐基淋失、脱硅、富铁铝化作用的发展,具有较大的风化成土作用强度。

简育湿润铁铝土是湿润铁铝土亚纲中除暗红湿润铁铝土外的土壤,分布于海南、广东、广西、福建、云南诸省(区)的热带、南亚热带。出现在低丘阶地上或在低山外围丘陵的下半部,其母质为酸性火成岩和变质岩(主要为花岗岩、片麻岩)及一些沉积岩(第三纪红砂页岩)的强风化沉积物,并包括浅海沉积物和第四纪红色粘土。除局部保留的热带雨林或南亚热带季雨林自然保护区外,天然植被多被砍伐,而以人工种植防护林(如桉树、木麻黄等)及草本植物为主。目前除种植橡胶、油棕等热带经济作物外,荔枝、龙眼等南亚热带果树及甘薯、木薯等旱作物的种植也为普遍。

铁铝土处于高温多雨气候条件下,植被生长旺盛,在原有森林生态系统的巨大生物量内贮存着大量的营养元素,并且通过每年的凋落过程归还土壤,经微生物分解释放后,又被植物所吸收利用;但随着森林植被砍伐、清除和人为耕种利用,土壤有机质分解作用加强。铁铝土表层土壤有机质含量降低,引起土壤结构性变化,阳离子交换量变小,来自有机质的植物养分贮备减少,往往是造成作物产量下降的一个主要原因。

铁铝土中原有机质迅速分解,作物携出、淋洗、侵蚀作用都会导致土壤中氮素大量损失。栽培的作物不如天然野生植物那样留下大量凋落物和残体,且因耕种加快有机质分解速率,原来正常的氮素循环被破坏,不能通过生物归还来维持土壤氮素水平,其结果是土壤有机质和氮素含量逐渐递减。因此,在生产中需要采取各种措施维持土壤氮素水平,如将森林凋落物、灌木(豆科)叶部和嫩枝条施加到农地中,在农地上种植速生豆科草本植物(绿肥)、施用牲畜废料、增施化学氮肥,种植热带经济作物,如油棕、咖啡、橡胶、柠檬、可可等,这些作物收获后留下叶片,尚可归还到土壤中作为氮肥来源。

铁铝土由于受高含量游离氧化铁、铝对磷的吸持固定影响,土壤中有效磷非常缺乏,大量施用磷肥是增加作物产量的一个重要措施,已为早期的有关试验研究所证实。铁铝土中作为钾素营养来源的可风化含钾矿物贮量非常贫乏。对植物有效的钾素主要是以交换态存在于交换性复合体中。铁铝土阳离子交换量常<0.10摩尔/千克土,低含量交换性钾常不能满足许多种作物的正常生长需要,施用钾肥也成为一项必要的增产措施。大部分铁铝土呈强酸性(pH<5)、低盐基饱和度状况。由于有高量土壤溶液中的铝和交换性铝、锰的存在,对许多作物根部产生毒害作用;同时由

于钙、镁及某些微量营养元素(如钼)的缺乏,而严重地影响作物产量,因此,合理施用石灰或白云石灰粉或石灰石粉,以减少铝的毒害,又补充钙、镁等营养元素,并增加微量营养元素的有效性,进而提高作物产量也是十分必要的措施。

第二节 中国草原与荒漠土纲系列

草原与荒漠土纲系列也是土壤形成发育主系列的重要组成部分,它包括的土纲有:均腐土、干旱土。这些土纲主要分布在干旱、半干旱气候区,其土壤的共同特征是土壤剖面通体具有石灰反应,多为干旱土壤水分状况或半干润土壤水分状况。

一、均腐土

均腐土是具有暗沃表层和均腐殖质特性、腐殖质层 C/N 比小于17 或表层无厚度≥5 厘米的有机土壤物质,且在粘化层上界至125 厘米范围内,或在矿质土表至180 厘米范围内,或在矿质土表至石质,或准石质接触面之间,盐基饱和度≥50% 的土壤。均腐土相当于美国土壤系统分类中的软土;相当于联合国 FAO 土壤图制图单元中的黑钙土、黑土、栗钙土;相当于土壤地理发生分类中的黑土、黑钙土、黑垆土、栗钙土、鸟粪土和部分石灰土等。

1. 地理分布和成土环境

均腐土主要分布在世界温带半干旱及半湿润气候区。在中国境内,均腐土集中分布在北方的温带、暖温带半干旱、半湿润地区,包括黑龙江、吉林、辽宁、内蒙古东部、山西、陕西等省区,在一些山地垂直带中也有均腐土分布。

均腐土分布区的气候以温带大陆性半干旱气候为主,在中国则为温带大陆性季风气候、暖温带大陆性季风气候;其土壤形成发育的植被条件是温带森林草原、温度干草原和暖温带森林灌丛为主,在黄河中游地区长期的旱作农业活动也形成均腐土。分布区地形复杂多样,包括高平原、平原、丘陵、山地以及礁岛等。均腐土的成土母质也是多种多样的。有花岗岩、花岗片麻岩、粗面岩、辉长岩、闪长岩、安山岩、石英砂岩、辉绿岩、玄武岩、流纹岩、砂岩、泥岩、石灰岩、白云岩等风化物,也有黄土、黄土状沉积物、风成沙、珊瑚砂以及冰积物、洪积物、冲积物等。

2. 主导成土过程

(1)腐殖质积累作用 湿润均腐土中的3 个土类及干润均腐土中的暗厚干润均腐土、钙积干润均腐土的气候特点是,夏季温暖多雨,植物生长繁茂,每年进入土壤中的有机物较多;冬季严寒漫长,土壤冻结,微生物分解活动受到抑制,使有机物质得不到充分分解,而以腐殖质的形态积累于土壤中,形成较厚的、腐殖质含量由上向下逐渐减少的腐殖质层。由于这些土壤水热状况,植被类型及其地下根系分布深度不同,其腐殖质积累状况也有各自的特点。一般来说,温带、暖温带地区的草原土壤腐殖质积累是通过草的根系的积累,因此,有机质剖面的分布集中于表层,向下渐减,这些土类的腐殖质层都较深厚。在相似的热量条件下,影响腐殖质积累强度的主要因素是随土壤水分的不断减少而减弱。

(2)钙积作用 碳酸钙的淋溶与积累是干润均腐土、岩性均腐土区别于湿润均腐土的主要特征。处于半干润条件下的干润均腐土,降水只能淋洗其易溶性的氯、硫、钠、钾等盐类,而钙镁等盐类只部分淋失,部分仍残留于土中。因此,土壤胶体表面和土壤溶液多为钙(或镁)所饱和,而使土壤呈中性或碱性。土壤表层的部分钙离子可与植物残体分解所产生的碳酸结合,而形成重碳酸钙向下移动,并以碳酸钙的形式淀积于土层中、下部,形成钙积层,或者只具有钙积现象。剖面中碳酸钙淋洗深度和含量随土类而异。此外,碳酸盐的聚积还与成土母质的类型有关,在残积物和洪积—坡积物上通常淀积部位高而数量大,在沙质母质上淀积较深而且数量较少。

3. 主要诊断层和诊断特性

均腐土的剖面层次十分清楚,其土壤剖面构型为 Ah-AB-Bk-C 型。腐殖质层呈黑灰色至黑色,具有团粒状结构,其土层厚度在 30 厘米～50 厘米,且具有舌状腐殖质下渗的灰棕色过渡层;心土层多具有灰白色的菌丝状、斑块状的碳酸盐淀积物。均腐土的主要诊断层和诊断特性是暗沃表层和均腐殖质特性与盐基饱和度。涉及均腐土系统分类的诊断层还有钙积层、粘化层、磷磐、漂白层、舌状层等,并有堆垫现象、肥熟现象、舌状现象、碱积现象等。涉及均腐土系统分类的诊断特性还有半干润土壤水分状况、湿润土壤水分状况、滞水土壤水分状况、寒性土壤温度状况、冻融特征、富磷特性、珊瑚砂岩性特性、碳酸盐岩岩性特征、潜育特征、氧化还原特征等。

均腐土有机质含量丰富,土体上部有机质含量可达 5% 以上,腐殖质中胡敏酸与富里酸的比值可达 1.5,预示均腐土具有强烈的腐殖质化过程;均腐土呈现中性至微碱性,其土壤 pH 从土壤剖面上部的 7.0 向下逐渐增加到 8.0 左右,土壤盐基饱和度在 90% 以上,其代换性盐基离子以钙、镁离子为主;均腐土质地以壤质为主,其次生粘土矿物以 2∶1 型的伊利石为主,在土体下部往往有微弱的粘化现象。

4. 分类和利用

(1) 均腐土的分类

按土壤水分状况和岩性特征,可以将均腐土划分为:干润均腐土、湿润均腐土、岩性均腐土 3 个亚纲。干润均腐土亚纲是均腐土中具有半干润土壤水分状况的土壤。其分布范围甚广,在大兴安岭中南段两侧山麓、大兴安岭北部西坡三河地区和松嫩平原以及呼伦贝尔高原、锡林格勒高原东、中部、大兴安岭东南部低山丘陵、大青山北麓、新疆额尔齐斯和布克谷地与山前阶地、甘肃、陕西黄土塬区直至青藏高原祁连山地东段南麓河谷山地垂直带上均有分布。湿润均腐土亚纲是均腐土中具有湿润土壤水分状况的土壤。主要分布于中国东北哈尔滨至四平和哈尔滨至北安的铁路两侧地区以及黑龙江和嫩江等流域。所处的地形主要是波状平原、冲积平原或山麓平原。成土母质多为黄土状—河流沉积物、河流沉积物和河湖相沉积物。具有温带半温润季风气候,年均温 -0.1℃～4.9℃,7 月均温 21℃～23℃,1 月均温 -21.5℃～-25℃,≥10℃ 积温 2200℃～2700℃ 左右。岩性均腐土亚纲是均腐土具有珊瑚砂岩特征或碳酸盐岩岩性特征的土壤。其中富含磷和石灰的土壤分布于中国东沙、西沙、中沙和南沙等南海诸岛。至于富含有机质和碳酸岩的土壤广泛则零星的分布于亚热带岩溶地区。前者所处的地形主要是珊瑚群岛,后者则主要是岩溶丘顶、基岩裂隙或坡麓谷地低洼地。南海诸岛的岛礁下部由珊瑚、贝壳等沉积的生物灰岩组成。富磷鸟粪和富钙母质是形成富磷岩性均腐土的决定性因素,热带海洋性气候的高温多雨有利于喜钙耐盐植物生长,其特殊的植物化学组成对土壤有机质的积累和分解、积盐和脱盐均有深刻影响。

(2) 均腐土的利用

干润均腐土因其温度状况和农牧业生产活动的影响有所不同,其利用方向与管理措施存在着差异。温带半湿润地区的暗厚干润均腐土是重要的粮食基地和畜牧基地。旱作农业比较稳定,由于降水大部分集中在夏季和初秋,大多存在有春旱现象,出现不同厚度的干土层(3厘米~10厘米)影响春播和产量。土壤中具有较丰富的营养元素,氮、磷和钾的总量均相当高,但这些营养元素多呈有机态,速效性的氮、磷均感不足。据调查,新开垦的暗厚干润均腐土的肥力一般能够维持3年~5年,不施肥也可维持一定的产量水平,3年~5年后产量开始下降。在连续耕种5年~10年后,肥力大大下降,结构破坏,春天开始发生风蚀。主要采取休闲压青方法来恢复土壤肥力,其年限多为:新荒地开垦3年~4年以后,开始种1年休1年,有些地区种2年休1年。为了防止土壤侵蚀的发生,还有必要建立农田防护林。鉴于暗厚干润均腐土的水热条件适宜于杨、柳、樟子松、落叶松、白桦等树种生长,同时土壤腐殖质层深厚,钙积层层位低或只具钙积现象,对树木根系生长发育无妨碍。暗厚干润均腐土区植被以羊草、针茅、杂类草为主,其产草量高草质优良,是良好的放牧场和割草场,适宜于各种家畜饲养,尤其大畜发展。根据土壤特点,应因地制宜地安排农、牧、林业各项用地,建立林网粮草轮作制度,促进农牧林业全面发展。温带半干旱地区的暗厚干润均腐土和钙积干润均腐土大部分为牧用,在牧业利用上多为割草场或者游牧,由于频繁割草或者超载及其他复杂因素,不仅生产力较低,而且土壤退化日益严重,有机质含量和养分含量下降,水稳性土团聚体数量减少,物理性状也变坏,表现在土壤紧实度增加,通透性变差,土壤沙化发展,细土粒被吹失。旱地农作物产量低而不稳的主要原因是水分不足,特别是春天干旱及干土层(10厘米~33厘米)影响农作物播种、出苗和产量。因此,在有水源条件下应发展灌溉农业。农垦与沙化是中国温带均腐土利用中最严重的问题之一。在中国均腐土集中分布的内蒙古锡林郭勒盟,土壤沙化面积占全盟总面积的55.35%,沙化使土壤表层沙粒增多,含有较高营养物质的细土粒减少,土壤腐殖质层变薄,土壤表层砾质化加强,给农牧业生产、生态环境质量都带来不同程度的危害。而造成沙化的原因是自然条件和过度农垦、过度放牧。

暖温带半湿润、半干旱地区的堆垫干润均腐土处于黄土塬区,土壤侵蚀比较严重,要固沟保塬,塬畔和侵蚀沟边应修地边梗,并种植柠条等灌木,保证水不下沟,防止沟头侵蚀和重力侵蚀。该土类具有土粪覆盖层,土壤肥力不足,抗冲蚀能力差,应增施肥料,发展绿肥,实行粮草、粮豆轮作,改善土壤结构,提高土壤肥力,增强抗冲蚀性能。山地寒温带的寒性干润均腐土天然牧草生长良好,产量高,盖度大,营养丰富,宜作牧畜四季草场,最好采用围栏,有计划放牧,切忌无序放牧;在生长灌丛植被的阴坡要禁止滥砍乱伐,以免引起水土流失,破坏植被;在植被已遭破坏的阳坡,草皮层已部分或完全剥蚀,可采用封育或布播优良草籽,恢复植被,提高单位面积载畜能力;在低平谷地、河流两岸阶地及一部分滩底,可选择土层厚、小气候好的地段种植饲草和多汁饲料。对现有面积有限的耕地,应增施有机肥和化肥,避免烧灰,以免损耗有机质和全氮,有灌溉条件的耕地采用春灌以提高青稞产量。

由于湿润均腐土具有地势平坦开阔,土壤自然肥力高,排水良好,便于垦耕等优越条件,已经被开垦利用,未垦土壤已很少见。湿润均腐土是黑龙江省和吉林省主要耕地土壤之一,其垦殖率达75%,已经成为中国重要的粮食生产基地。湿润均腐土开垦后,由于生态环境发生改变,土壤性质也发生很大变化,一般表现为耕层有机质含量明显减少,腐殖质层厚度变薄,结构性变坏,容重增大,孔隙度减小,持水量降低,形成障碍层次,保水保肥能力减弱,抗御旱涝灾害能力降低。湿润均腐土合理利用关键在于保持和提高土壤肥力。增施有机肥料、秸秆还田、种植豆科绿肥等传统技术措施,仍是适合湿润均腐土的主要培肥方法;加强农田基本建设、植树种草、改善耕作制度、防止水土流失等措施,是保持土壤自然肥力的重要保证。

富磷岩性均腐土本身是一种品位很高的磷肥资源,这种鸟粪磷肥,不仅全磷含量高,而且还富含有机质、氮等营养元素,对于改良热带缺磷土壤具有良好的效果,但贮量已不大。富磷岩性均腐土上生长着各种植被,经过耕垦可种植多种作物、蔬菜和瓜果。但由于土壤富含磷素和碳酸盐,pH较高,故土壤中某些微量元素如铜、锌、锰等不仅绝对量不高,且有效性也低,植物往往发生失绿症。

二、干旱土

干旱土是发生在干旱水分条件下,具有干旱表层的土壤。干旱土形成的主要特征是气候干旱、降水少和渗透浅,土壤水分状况属于非淋溶型。干旱土是有下列条件的矿质土壤:①干旱表层;②无碱积层;③10年中有6年或6年以上每年土表至50厘米范围内无任何一层次被水饱和;④上界在土表至100厘米范围内的一个或更多土层:粘化层、雏形层、钙积层、超钙积层、石灰磐、石膏层、超石膏层、盐积层、超盐积层或盐磐;⑤呈现碳酸盐在上、石膏居中、易溶盐在下的盐分剖面分异特征。干旱土相当于美国土壤系统分类中的干旱土;相当于联合国FAO土壤图制图单元中的钙积土、石膏土;相当于土壤地理发生分类中的棕钙土、灰漠土、棕漠土、寒漠土、寒钙土和部分灰钙土。

1. 地理分布和成土因素

干旱土在中国境内也有广泛的分布,集中分布在中国西部地区,即内蒙古苏尼特右旗—达尔罕茂明安旗—鄂托克旗—盐池—兰州一线以西地区,包括新疆、甘肃、宁夏、内蒙古西部、青海和西藏的部分地区。

干旱土形成环境的主要特点是:大陆性气候最为显著,气温日较差和年较差均很大,这有利于土壤矿物的物理风化;降水量稀少,多数干旱土区年均降水量不足250毫米,且降水变率巨大,同时地表蒸发强烈,年均蒸发量比年均降水量高出数十倍甚至百倍,这样使得土壤矿物风化过程处于脱盐基阶段,且干旱土土体中常有易溶盐分聚积;太阳辐射强烈、多大风天气,极易造成干旱土表层细粒物质被吹失,并形成砂砾质化、漆皮化或龟裂化的土壤景观。干旱土的植被常因水热状况不同而有明显的分布规律。干旱土区由于气候干旱或极端干旱,所以,地表植被稀少,且以耐旱、深根和肉汁的灌木和小灌木为主,植被覆盖度一般只有5%左右,因此,每年归还干旱土的有机物较为有限,故土壤形成的腐殖化过程及其微弱,土壤腐殖质含量少,土壤物质组成与母质非常近似。

2. 主导成土过程

(1) 干旱表层的形成　前面已经指出,干旱表层是在干旱水分条件下形成的具有低腐殖质和特定形态特征的表层。首先,干旱土腐殖质含量低,主要是有机质进入少和矿化作用强共同作用的结果;其次,孔泡结皮层是由低腐殖质、无结构和干透表土浸湿后引起的物理分散作用所产生。因为干透表土突然浸湿后,孔隙中的空气受到压缩,一方面引起团聚体崩解、土壤消散、土壤垒结重新排列和解皮的形成;另一方面,当雨后结皮上部变干时,由于土体收缩使气泡中的空气封闭起来,形成气泡状孔隙。由此可见,孔泡结皮的形成决定于干旱土表土的最初含水量。水分含量越低,则空气含量愈高,浸湿时空气的压缩强度愈大,形成的气泡状孔隙也愈明显。

(2) 土体中钙积过程明显　钙积层、超钙积层和钙磐都是含大量碳酸盐的土层,但它们在$CaCO_3$含量、垒结结构(fabric organization)和成土年龄上尚有较大差别。现依据碳酸盐的来源、碳酸盐的溶解和移动及碳酸盐层的发育说明它们的形成作用。首先，干旱土碳酸盐的来源很多，一般有母质、大气降尘、含碳酸盐的地下水、植物残体等，其中成土母质和大气降尘是最主要的来源；其次，土体中碳酸盐的溶解与移动，碳酸钙是一难溶性盐类（溶解度为0.016克/升），但当土壤溶液有碳酸存在时，碳酸钙可与碳酸作用形成重碳酸钙，其溶解度明显增加（当有大量H_2CO_3存在时，可达0.4克/升），迁移能力也相应提高。在干旱土中仅半荒漠土壤容易实现这一转化，因为在半荒漠条件下，年均降水量达100毫米~300毫米，植被覆盖度可达40%左右，夏季降水较多；而在荒漠土壤中，年均降水量低于100毫米，植被覆盖度<5%，土壤孔隙度经常被空气充满，碳酸钙的溶解和移动受到极大限制。

(3) 石膏化过程　石膏是干旱土的常见矿物。石膏层的发育程度与干旱程度有关，也与成土母质类型和成土年龄有关。按成因分为母质风化释放石膏、洪积石膏化和淀积石膏化。①母质风化释放石膏，沉积岩含有的硫化物在硫磺细菌参与下形成H_2SO_4，再与成土过程中形成的$CaCO_3$作用形成$CaSO_4 \cdot 2H_2O$。另外，如果成土母岩属于富含石膏的岩类，其经渗透水溶解风化就可形成石膏在土体中的积累。②洪积石膏化，是指干旱土石膏层最普遍的形成方式。此种石膏化是指流经含盐含石膏地层的径流水，将把盐、石膏和泥沙一起带至山前洪积扇。随着地表水分的蒸发，混合盐分的浓度增加，其中溶解度较小的石膏先在洪积扇上部沉淀，而溶解度大的易溶盐可继续随洪水迁移，直至洪积扇下部或更远处才大量沉淀下来。前者可称为洪积石膏化，后者即通常所指的洪积盐化。

(4) 盐积过程　干旱土的盐积层、超盐积层和盐磐也是盐化过程的产物，但该过程不是由地下水，而是由地表水引发的。积盐层均形成在干旱表层以下。它和石膏化作用一样，亦可分为溶解风化盐化、洪积盐化、残余盐化和淀积盐化4种。

3. 主要诊断层和诊断特性

干旱表层是干旱土的主要诊断土层。干旱土表层是在干旱气候条件下形成的、具有特殊性态的表土层，一般由特征表土、孔泡结皮层和片状层3部分组成。特征表土包括砾幂、沙被、多边形裂隙或光板地等形态。孔泡结皮层是干旱表层的上部亚层，含有不同数量的气泡状孔隙；片状层是干旱表层的下部亚层，易含少量气泡状孔隙，但呈片状或鳞片状结构。干旱表层就其腐殖质积累特征来看，相当于腐殖质表层中的淡薄表层。但在干旱地区的生物气候条件下，这种腐殖质表层在下列因素影响下，发生了特有的形态分异：①有限的水分供给和强烈的水分蒸发，导致土壤水分的浅层下行和上行。②浅层的水分条件使土壤的冻融作用主要在土壤上部的浅层内进行，虽然干冻作用可涉及较深的部位，但对土层分异不发生影响。③无植被或植被稀疏，而且主要是短命和类短命植物，在经常受大风吹刮的情况下，土壤表面不断遭受风蚀、风积作用的影响。

干旱土表层有机质含量仅1%左右，且腐殖质中胡敏酸与富里酸比值小于1.0；土壤一般呈现碱性，土壤pH通常高于8.0，土壤剖面通体具有石灰反应，土体中部常有易溶性盐分聚积，土壤阳离子代换量较低；土壤层中有大量原生矿物存在，土壤粗骨性强，其土壤质地及其矿物组成与母质类型有密切的联系。

4. 分类和利用

根据土壤温度状况可以将干旱土细分为寒性干旱土、正常干旱土2个亚纲。

干旱土是受干旱因素控制最强的土纲，在干旱土区没有灌溉，就没有农业。干旱土开发利用的前提条件，需要灌溉条件，并在克服干旱、风沙和盐碱危害的基础上，通过增施有机肥，就可以将部分干旱土建成肥沃的绿洲农业系统或优良牧场。在中国西部的一些干旱土外围的高山有雪水灌溉的有利条件,这些干旱土具有优良的开发利用潜力,只要营造防风固沙林网、兴修排灌设施合理发展灌溉,就可以建成发展农牧业的良好基地。

第三节　中国水成型土壤系列

水成型土壤系列属于中国土壤系统分类中的副系列,它包括盐碱土、有机土、潜育土和冻土。在目前世界主要的土壤分类系统中均未将冻土作为一个独立的土壤分类单元划分出来,但从地球表层系统的角度来看,冻土是土壤圈与水圈、大气圈相互作用最为密切的部分之一,因此,冻土特性及其动态变化已经成为全球变化研究的重要议题。近年来,国际土壤科学界已经开始了有关冻土特征的研究,有学者建议将冻土作为土壤分类的一个独立土纲。据此特将冻土列为水成型土壤系列的一个独立单元,并简要阐述冻土的形成条件、地理分布、特征及其动态变化规律。

一、盐成土

盐成土是在矿质土表至 30 厘米范围内有盐积层,或上界在矿质土表至 75 厘米范围内有碱积层,而无干旱表层的土壤。相当于美国土壤系统分类中的部分干旱土;相当于联合国 FAO 土壤图制图单元中的盐土和碱土;相当于地理发生分类中的的盐土和碱土。

1. 地理分布和成土因素

盐成土主要分布在干旱、半干旱和半湿润区的河流低阶地、滨湖低地、洪积扇的中下部、滨海平原以及红树林区。在中国盐成土分布的范围大致沿淮河—秦岭—巴颜喀拉山—念青唐古拉山—冈底斯山一线以北的干旱、半干旱、半湿润地区,以及东部和南部沿海低平原,还有包括台湾在内的诸海岛沿岸也有零星分布。凡在地形比较低平,地面水流和地下径流较滞缓,且较易汇集的盆地和半封闭的浅平洼地、河流三角洲、干三角洲等地区,都有各种类型的盐渍土存在。

盐成土是在气候、地形、地质、水文和水文地质等各种自然环境条件和人为活动因素综合作用下,盐类直接参与成土过程而形成。在气候要素中,以降水和地面蒸发强度与土壤盐渍化的关系最为密切。除滨海地带外,黄淮海平原和东北松辽平原处于半湿润、半干旱气候区,蒸发量和降水量的比值均大于 1,土壤水盐运动以上升运动为主,土壤水的上升运动超过了重力水流的运动,在蒸降比较高的情况下,土壤及地下水中的可溶性盐类则随上升水流的蒸发、浓缩、积累于地表。在一般情况下,气候愈干旱,蒸发愈强烈,土壤积盐也愈多。西北干旱区及漠境地区蒸发量大于降雨量几倍至几十倍,土壤毛管上升水流占绝对优势,所以土壤积盐程度强,且盐成土呈大面积分布。中国东部大陆性季风气候区,夏季高温降雨,土壤淋盐作用强烈,但淋盐时间较短,一般仅有 3 个月左右;而冬春季节气候干燥,且多大风天气,土壤蒸发积盐时间长达 5 个月 ~6 个月,水盐平衡的总趋势,仍以积盐过程大于淋盐过程,故在黄淮海平原和东北松嫩平原盐成土成斑块状分布。

地貌是影响土壤盐渍化的形成条件之一。地形高低起伏和物质组成的不同直接影响到地面和地下径流的运动,也影响土体中盐分的运动。因此,在内流封闭盆地、半封闭出流滞缓的河谷盆地、泛滥冲积平原、滨海低平原及河流三角洲等不同地形地貌环境条件下,形成不同类型的区域盐渍生态景观,由于地面径流和地下径流随地形条件的变化,在中小地形的岗坡洼部分,分布着不同类型的盐渍化土壤,这种变异甚至在很小的范围内,无论是盐分的含量或组成,都可以明显的观察到盐分的地球化学分异,从而形成斑状盐渍生态景观。水文及水文地质条件与土壤盐渍化有十分密切联系,特别是地表径流和地下径流的运动和水化学特性,对土壤盐渍化的发生和分布具有更为重要的作用。地表径流影响土壤盐渍化有2种主要方式:一是通过河水泛滥或引水灌溉,使河水中盐分残留土壤中;二是河水渗漏补给地下水,抬高河道两侧的地下水位,增加地下水含盐量。地表径流影响土壤盐渍化的强弱程度,主要决定于河水含盐量的大小。而河水的矿化度和组成除了受流经地层的影响外,与其径流量大小和出流条件也有密切关系,也影响着地下水的性状。

土壤盐渍化的发生除了受气候、地形、水文、水文地质等因素影响外,母质的沉积类型及其沉积特性与盐渍土的形成也有密切关系。在北方干旱、半干旱地区,大部分盐成土都是在第四纪沉积母质基础上发育形成的,还有一些地区,盐成土的形成与古老含盐地层母质有关,特别是在干旱地区,因受地质构造运动的影响,古老的含盐地层裸露地表或地层中夹有岩盐,故山前沉积物中普遍含盐,从而成为现代土壤和地下水的盐分来源。在盐成土的形成过程中,植物对盐分在土壤中累积的作用也是不容忽视的,特别是干旱地带的一些深根性盐生植物,多具有特殊的抗盐生理特性,对盐渍生态环境有非常强的适应能力。半干旱地区的大多盐生植物,都具有强大的根系,如圣柳的地下部分可达地上部分的4倍左右。许多肉质型的盐生植物如海蓬子、盐节木、盐爪爪、猪毛菜等盐生植物能从土层深处吸取最大量的水分和盐分,并通过茎叶上的毛孔分泌盐分于体外,以调节机体内的盐分平衡,因此,即使在土壤溶液浓度较高的情况下,它们也能正常生长。盐生和耐盐植物的灰分含量,一般可占风干物质的13%~22%,而盐生植物含盐量可达200克/千克~350克/千克。故植物机体死亡后,其体内一般含有较高的盐分,常在土壤表层残留大量盐分,成为表层发生盐积层的盐分来源之一。

2. 主导成土过程

(1)盐化过程 盐化过程是指土壤中易溶性盐分随毛管水运动向表土层运移、累积的过程。干旱、半干旱或半湿润地区的低平洼地区域,使得原生矿物脱盐基过程所释放的盐基离子进入地表和地下水体并向负地形区域积聚;这样由于负地形区域表土强烈蒸发作用,地下水会携带盐分(即土壤溶液)随土壤毛管孔隙上升,在土壤溶液上升的过程中会有部分水分会汽化并通过土壤大孔隙而蒸发,故土壤溶液中盐分浓度逐渐增加,溶解度较小的硅酸盐类化合物首先达到饱和并沉淀在土壤剖面中下部;随着土壤溶液的进一步上升,土壤溶液被碳酸盐和石膏所饱和,这样碳酸盐和石膏便沉淀在土壤剖面的中上部;当土壤溶液顺毛管孔隙达到土壤表层时,水分大量被蒸发,使得土壤溶液中的易溶性盐分残留于土壤表层,形成土壤盐化层。由于土壤中易溶性盐分如$CaCO_3$、$Ca(HCO_3)_2$、$MgCO_3$、$Mg(HCO_3)_2$、$CaSO_4$、Na_2CO_3、$NaCl$的溶解度和土壤溶液中的迁移能力差异较大,土壤表层聚积的盐分成分会随小地形表现出现明显区域分异规律,如图3-3-1所示。

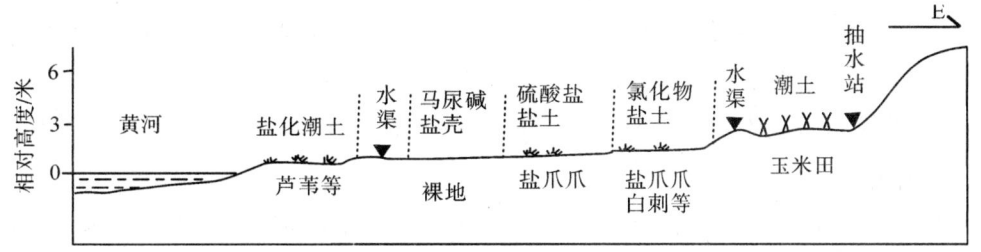

图3-3-1 内蒙古鄂托克旗巴音陶亥乡南侧土壤盐化断面图

(2)碱化过程　碱化过程是指土壤溶液中的钠离子进入土壤胶体,交换出一定量的钙离子或镁离子的过程。土壤碱化过程经常是通过苏打(Na₂CO₃)盐化、土壤积盐于脱盐交替过程的综合。当土壤溶液中含有大量苏打时,溶液中的钠离子进入土壤胶体的能力最强,其反应式为:

$$\mathrm{Ca-\boxed{土壤胶体}-Mg+2Na_2CO_3\rightarrow 2Na-\boxed{土壤胶体}-2Na+CaCO_3+MgCO_3}$$

在上述反应式中的反应产物 $CaCO_3$ 和 $MgCO_3$ 均不易溶解于水,特别是当土壤溶液中有苏打存在时,它们的溶解度会更小,故根据化学平衡原理,土壤溶液中的钠离子几乎可以完全置换土壤胶体中的交换性钙离子和镁离子。

由于季节性气候变化等原因,会引起某些区域的土壤发生季节性盐化与脱盐的频繁交替,再加钙镁的碳酸盐溶解度及其迁移能力均小于钠的碳酸盐,这就促进了在土壤盐化与脱盐交替过程中,钙离子和镁离子将被淋淀至土壤下层,而使土壤表层中钠离子逐渐占绝对优势,并促使土壤碱化过程的发生。这样土壤盐化与脱盐过程引起的碱化过程,在小区域常与土壤盐化构成规律性的空间分布模式,如图3-3-2所示。

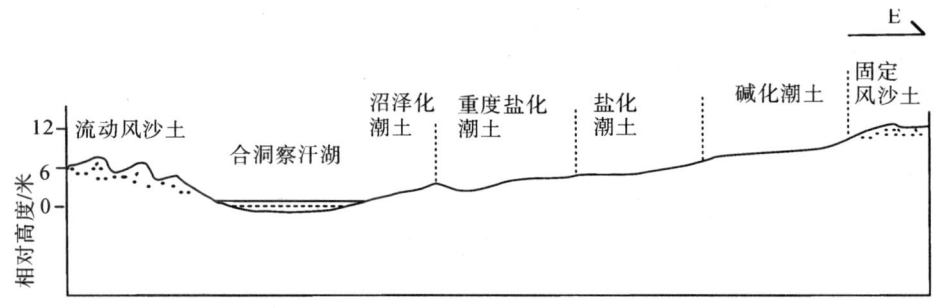

图3-3-2　内蒙古合洞察汗湖沿岸土壤盐化、碱化过程分异图式

3. 主要诊断层和诊断特征

盐成土中的盐土一般没有明显的发生层次,其表土层常有白色或灰白色的盐结皮、盐霜或盐壳薄层;而盐成土中的碱土则具有特殊的土壤剖面构型,即 E-Btn-Bz-C 型,表土淋溶层 E 层厚度15厘米~25厘米,为灰色或浅灰色、片状或鳞片状结构;碱化层 Btn 厚度较大,一般呈现褐色或油黑色,为很紧实的柱状结构,其中结构体表层常有白色的二氧化硅粉末;其下部为盐化层,易溶性盐分含量高、呈块状或核状结构。

鉴别盐成土的主要诊断层有盐积层和碱积层。盐积层(Salic horizon)为在冷水中溶解度大于石膏的易溶性盐类富集的土层。它具有以下条件:①厚度至少为15厘米;②含盐量为:(a)干旱土或干旱地区盐成土中≥20克/千克,或1:1水土比提取液的电导率(EC)≥3西门子/米,或(b)其他地区盐成土中≥10克/千克,或1:1水土比提取液的电导率(EC)≥1.5西门子/米;③含盐量(克/千克)与厚度(厘米)的乘积≥600,或电导率与厚度的乘积≥900。碱积层(Alkalic horizon)为一交换性钠含量高的特殊淀积粘化层。它具有以下主要特性:①呈柱状或棱柱状结构,若呈块状结构,则应有来自淋溶层的蛇状延伸物伸入该层,并达2.5厘米或更深;②在土体下部40厘米范围以内,某一亚层中交换性钠饱和度(ESP)≥30%,pH≥9.0,表层土壤含盐量<5克/千克。

4. 分类与改良利用

根据盐成土诊断土层即盐积层和碱积层,可以将盐成土划分为碱积盐成土和正常盐成土2个亚纲。在盐成土中,有上界在矿质土表至75厘米范围内出现碱积层者,则归入碱积盐成土,而其他盐成土具有盐积层者,为正常盐成土。盐成土作为一种盐渍土地资源虽较丰富、潜力很大(全世

界盐成土面积约 9.54×10^{12} 公顷),因科学技术水平或经济水平所限,目前绝大部分盐成土还无法改造利用。但是,在干旱半干旱地带,盐成土分布区却是地下水资源相对丰富的区域,也具有发展农牧业的有利条件。只要采取合理的土壤改良措施,特别修建灌溉淋洗和排水措施,以消除土壤中多余的盐分和控制地下水位,才有农业利用的可能。为了有效地防止土壤盐碱化,必须要掌握"因地制宜、综合治理"的原则,同时采取和遵循"水利工程措施和农业生物措施相结合""排除盐分和提高土壤肥力相结合""利用和改良相结合"等一系列综合治理措施。在盐渍土农业利用方面,尤其要注意平整土地、合理耕作,重施有机肥料和秸秆还田等措施,才能取得显著的经济效益。为了预防土壤次生盐渍化和防止已改良好的盐碱地反复,特别应重视田间灌溉、排水工程设施的建设和管理,否则将前功尽弃。

二、有机土

有机土是以泥炭化为主要成土过程的一个土纲,土壤形成过程中有机质累积大于分解,以富含有机质为主要特征,即具有有机表层的土壤。有机土相当于美国土壤系统分类中的有机土(Histosols);相当于联合国FAO土壤图制图单元中的有机土;相当于土壤地理发生分类中的泥炭土。

1. 地理分布和成土条件

世界各地的有机土面积较小,但分布极为广泛。从寒带到热带、从沿海区到内陆区、从平原区到高山区,只要是气候湿润、因地表富集水分和养分而通气状况较差的地段,都有可能分布。在中国境内有机土集中分布于东北三江平原地区、青藏高原东部和北部边缘,如青海南部黄河、长江水源区、川西北若尔盖高原,以及一些山地垂直带中,如在大小兴安岭、长白山、祁连山、阿尔泰山地也有小面积有机土分布。

有机土形成发育的气候条件以寒冷而湿润为特征,即气温低、降水相对充沛、大气湿度较大;有机土多分布于负地形区,如在低洼平原和开阔缓丘状高原地区的地势低平的碟形洼地、古河道、牛轭湖、湖滨、沼泽边缘、河漫滩和支流沟谷等,这里常是地表水汇集的区域,因容易积水而使水生或湿生植物大量繁生,以莎草科为主的湿生性植物,形成的大量有机物堆积于地表,在嫌气条件下日积月累逐渐形成有机表层。其成土母质则以第四纪堆积物为主,在山前冲积扇中下部则以质地较细的冲积物和冰碛物为主。

2. 主导成土过程

有机土形成首先是土壤沼泽化过程。沼泽化过程可因地貌分为河流和湖泊沼泽化、草甸沼泽化、林地沼泽化与冻结沼泽化等。其特点是地势低洼、水分多,大气湿度大,土壤常年为水分饱和甚或地表季节性或终年积水,使土壤沼泽化。河流、湖泊沼泽化是有机土形成的主要沼泽化过程,分布较广,主要在平原、高原地区及一些山地谷盆。由河心、湖心向周边滩地依次带状生长着沉水植物、浮生植物和沼泽植物。这些植物残体夹带少量泥沙沉于底部,使水体变浅,水面缩小,沼泽植物向河心、湖心伸展,面积扩大而沼泽化。草甸沼泽化分布于低湿平原、湖滨和山间谷盆的低阶地。由于地势低平,原地下水位较高,土质粘重,茂密的草本根系和残体大量吸水饱和,加上部分有季节性冻层阻滞水分下渗,草甸植物逐渐演替为沼泽植被而使土壤沼泽化。冻结沼泽化指土壤具有永久冻层阻隔水分下渗导致沼泽化。面积较小,主要东北山地及祁连山、阿尔泰山等山地和青藏高原东北缘高海拔地区的局部平缓或低洼地。有机土壤物质含水量很高,一般为体积80%左右,加上土质粘重,使上层滞水,都加剧了沼泽化的发展。

有机土形成的是有机物质生成超过其分解作用。沼泽植物生物量大、气温较低且土壤常年为水分饱和,通气性差,植物残体在嫌气环境下不能完全分解而不断积累,形成有机物质。有的土壤还会长时处于冻结状态,微生物活动微弱,更有利于有机土物质的积累。草甸沼泽化所形成的有机土壤物质厚度较小,多在50厘米~100厘米之间;河流、湖泊沼泽化形成有机层厚度多100厘米以上。随着沼泽化的发展、植物群落更替,使有机土壤物质层的上下组成不同。草甸沼泽化形成的有机土壤物质上部以苔草为主,下部为禾本科的草甸植物为主;河流、湖泊沼泽化形成的有机土壤物质上部为沼泽植物,下部为水生植物,土壤中有机碳含量在220克/千克~400克/千克之间。

3. 主要诊断层和诊断特征

有机土的剖面构型为H-G型,即由泥炭层和潜育层组成。泥炭层H层是由不同分解程度的纤维、半纤维状有机物组成,泥炭层中有机质含量可达500克/千克以上,土壤颜色以黑棕色或灰棕色为主;潜育层因长期受还原过程控制,土壤颜色以灰绿色、浅蓝色为主,土壤有机质含量较低,因氧化铁、氧化锰遭受还原而使土壤矿物分解加快,故土壤质地以壤质或粘土为主,土体紧实,土体层下部有时因永冻层或季节性冻层的阻隔,上部饱和的水分并不与地下水衔接,因而在潜育层的下部亚层常有锈纹斑生成。

4. 分类与利用

根据有机土的温度状况可以将其细分为2个亚纲,即永冻有机土和正常有机土。前者是指有永冻的土壤温度状况,或土表至200厘米范围内有永冻层次的有机土。永冻层的存在,表明气温、土温都较低,使沼生植物发生了变化,苔草类植物减少,而藓类植物比重增高。另外,永冻层的阻隔,使土壤发育过程中无地下水补给,同时所处地形地表径流短,水分主要来自大气降水,矿质养分较为贫乏,也更适应于对养分要求不高的藓类植物生长;而藓类植物灰分含量较低,属"贫营养型",C/N比较宽。主要分布在小兴安岭、祁连山、阿尔泰山等山地的海拔较高地区。正常有机土为除了永冻有机土之外的土壤剖面中没有永冻层存在的所有有机土。

有机土在长期成土过程中积累了大量有机物质,氮素丰富,富含有机酸。大多有机土中矿质养分处中上水平。特别是占据平坦的地形部位,有利于开发利用。如中国东北三江平原的有机土,已经被开垦殖为重要粮食生产基地。但因有机土过湿、土壤比热大、导热性差、冻结期早、解冻升温慢、土温低、作物或树木立地条件差,另外有机土中磷、钾、铜、钼等矿质养分含量偏低,故在农业垦殖过程需要修建排水系统,以降低地下水位,疏干后尚需风化一两年方可种植。在增施矿质养分的情况下,适宜种植大豆、小麦、水稻、马铃薯等。有机土壤物质作为泥炭矿产资源用途甚广。有机土及其环境是个特殊的生态系统,应有一定面积的自然保护区。山地分水岭沟谷中,特别是长江、黄河水源区的有机土更应保护以含蓄水源。

三、潜育土

潜育土是在地下水或地表水影响下形成的,在矿质土表至50厘米范围内出现厚度至少10厘米,并具有潜育特征土层的土壤。潜育土相当于美国土壤系统分类中的部分始成土;相当于联合国FAO土壤图制图单元中的潜育土;相当于土壤地理发生分类中的潜育土。

1. 地理分布和成土条件

潜育土的形成发育总是和低洼地形相联系,在山区多见于分水岭上的碟形洼地、山间汇水盆地、山前洼地、沟谷地、冲积扇前或扇间洼地、河流泛滥地、河流汇合点、古河道及无尾河下游地带,此外,还有滨海洼地、潟湖、湖滩地、溶岩盆地及风蚀洼地等。在中国潜育土以大小兴安岭、长白山山间谷地,以及三江平原、松辽平原的河漫滩及湖滨低洼地区为最多,在青藏高原及天山南北麓积水处、华北平原、长江中下游、珠江中下游及东南滨海地区也有分布。

地形是控制潜育土形成发育的主要因素,如潟湖平原、冲积平原或洼地,因接受地表水汇集使得地下水位较高,从而导致土壤剖面中下部或整个土体滞水,还原过程得以发生并形成潜育层。当然在上述地形条件下,气候、植物、母质、时间等也对土壤潜育化过程具有一定程度的影响。如降雨是水分来源的重要方式,气温通过决定植物生长状况而对潜育化过程施加影响,一般湿冷的气候条件有利于潜育土的发育。质地粘重、渗透不良的母质也有利于土壤潜育化过程的发生。土壤过湿为苔藓及其他各种苔湿性植物的繁茂生长创造有利条件,而这些植物的生长无疑会有利于有机质的积累,甚至形成泥炭,进一步促进了土壤潜育化的过程。

2. 主导成土过程

(1)强烈的土壤还原过程　还原过程是潜育特性形成的主要过程,在土壤水分饱和的条件下,由于土壤空隙中的氧气迅速被消耗,土壤中的氧化还原体系如硝酸盐体系、锰体系、铁体系、硫体系、氢体系和有机物体系,相继经历还原反应过程,导致土体中高价态(难溶态)铁、锰被还原成易溶型的低价态锰、铁,而随水淋失。

(2)有机质的积累与分解　在渍水条件下,土壤有机物在嫌气微生物的作用下被缓慢分解,其分解产物包括气态分解产物、易挥发性有机酸、低分子酸类和残留纤维类物质。其中气态产物有CH_4、C_2H_4、NH_3、H_2S等;易挥发性产物包括挥发性脂肪酸、醛类、酮类、挥发性硫化合物;不挥发性残留物指有机残体中的一些不能很快被微生物分解或者很快为非生物反应所氧化,因而引起在土壤中长期残留的"相对稳定有机物质",主要为一些酯化组织。有机质分解对于潜育作用形成的意义是,有机质的分解与铁锰的转化相耦合,即分解时伴随Fe^{3+}、Mn^{4+}的还原为可移动的Fe^{2+}、Mn^{2+};有机质提供微生物生长所需能量;有机质分解还降低土壤的氧化还原电位,间接的起作用。由此可见,有机质累积既是渍水条件的结果,又促进着淹水条件下土壤的还原和潜育层的形成。

3. 主要诊断层和诊断特征

潜育土的剖面一般为暗色腐殖质层和灰蓝色的潜育层,即土体构型为A-G型。由于土壤表层经常被水分所饱和,故土壤表层有机质累积明显而腐殖质过程相对较为微弱,土壤腐殖质常与矿质颗粒结合在一起,形成泥质腐殖质。潜育层则是土壤长期被水饱和与强烈还原过程的产物,其土壤色调比7.5 Y更绿或更蓝,或为无彩色(N),并有少量锈斑纹、铁锰凝团、结核或铁锰管状物;或湿彩度小于2,土壤结构体内或土壤基质中存在显著的较高彩度的斑纹,土壤剖面中下部的氧化还原电位可达负值。

4. 分类与利用

根据土壤温度状况或土壤水分来源及运行特点,可以将潜育土划分为3个亚纲,即永冻潜育土、滞水潜育土和正常潜育土。永冻潜育土的形成发育与冻融密切相关,当永冻层上部季节融化时,可积聚过量的土壤水分,导致潜育过程的发生。滞水潜育土是由上层滞水影响下形成的潜育土,其土壤水分状况是由于土体中存在缓透水层或石质接触面,缓透水层可以是难透水的粘土层或者是冻层。冻层顶托是指土壤水分阻滞而导致还原的现象。正常潜育土是典型的具有较高地下水位、由地下水作用下形成的潜育土,一般出现在平原沼泽或低洼处,地下水位较高,排水困难。因为长时间受地下水分饱和的影响,土壤有机分解缓慢,积累较多。有一些潜育土经过人工排水开垦,有机质的好气分解相对加快,因而含量可能有所降低。

潜育土最突出的特征就是其潮湿、常潮湿水分状况和高地下水位,以及因此而导致的强还原性土壤环境。作为湿地土壤的重要组成部分,潜育土壤既是可垦耕地的重要后备资源,又是保护环境和维护生物多样性的重要基地。潜育土开发利用的主要措施是修建排水体系,或者降低地下水位,或者阻击侧渗和地表径流。滞水潜育土是由于地表水汇集引起的,应采取以防洪截留和浅沟疏干为主的治理措施:首先,是消除地表水的汇集条件,采取高水高排,分段截流;其次,再治理内部过湿的状况。对由于地下水引起的正常潜育土,要深沟排水,降低地下水位。排除土壤中多余的水,首要的问题是解决好排水出路,如不能自流排水,尚需建立抽水站,实行强制排水。田间的积水可根据条件采取明沟排水或暗管排水,在水文地质条件允许的情况下,可采取垂直排水(井排),还可在潜育土上种植蒸腾大的树种(如柳、杨树)施行生物排水。在潜育土治理上,要因地制宜,并注意排水和蓄水相结合,将多余的水蓄积起来,以利于灌溉和发展养殖业。

四、冻土

冻土是指土壤温度低于0℃,并出现冻结现象即具有表土呈现多边形土或石环等冻融蠕动等形态特征的土壤,在目前中国和国际上均未将冻土列为一个独立的土壤分类单元。在美国土壤系统分类中,冻土被分割为新成土纲(Entisol)、始成土纲(Inceptisol)和有机土纲(Histosol);在联合国FAO土壤图制图单元中,冻土也被分割至始成土(Cambisols)、潜育土(Gleysols)、粗骨土(Regosols)和有机土(Histosol)之中。

1. 地理分布和成土条件

冻土分布于高纬度地区和高海拔地区,北冰洋沿岸地区是世界上冻土最为集中的分布区,包括欧亚大陆北部(俄罗斯北部、挪威及芬兰部分地区)、北美大陆北部(美国阿拉斯加、加拿大北部),以及北冰洋的许多岛屿。据统计,全球冻土总面积约5.9×10^6平方千米,占陆地总面积的5.5%,故有学者将冻土与冰雪合称为冰冻圈。在中国冻土主要分布在东北大小兴安岭山区、西部高山区及青藏高原地区,尤以西藏、青海、黑龙江、内蒙古和新疆面积最大。如此广泛分布的冻土在全球气候变化过程中必然也发生着变化。

冻土是自然地理环境及其演化综合作用的产物,其中纬度位置和海拔高度,以及区域气候的海洋性或大陆性对冻土的形成发育具有重要影响。冻土形成的气候条件多为寒冷常湿气候或冻原气候,主要分布在北纬60°~70°之间的亚洲及北美北部、北冰洋沿岸地区,其气候特征是冬季漫长而严寒,年均温不足0℃,绝对气温可达-60℃,年降水量约250毫米~300毫米,以降雪为主,故土壤下层终年冻结;由于冻土区日照少再加气候严寒,其植被是以藻类、地衣、苔藓等隐花植物为优势种群,草本植物和灌木等显花很少,只有少量石楠属、北极兰浆果、金凤花等开花植物,地表植物生长量有限,故给冻土提供的有机物也极为稀少;冻土发育的母质绝大多数与冰碛物有关,其中含有粉粒、沙粒、粘粒和砾石,由于冻土区过去曾经有过冰川远距离搬运、冻融泥石流作用,常导致区域冻土成土母质的多源性。

2. 主导成土过程

在冻土形成发育过程中生物化学风化相对微弱,而物理风化强烈,故土壤颗粒表面有海绵状多孔结皮层的形成,但冻土土体中还含有大量原生矿物,且土体中化学元素迁移转化过程不明显。土壤矿物风化一般于脱盐基阶段的初期,如土体中镁、钾淋失微弱,但钙、钠则有不同程度的淋失,特别当冰碛物中含有碳酸钙类原生矿物时,碳酸钙可以发生特殊的淋溶淀积现象,并在土壤剖面中表现特殊钙化形态。由于作用和冰川研磨作用,在土体中形成了大量的粉粒甚至粘粒,并且土体中粉粒、粘粒与砾石、沙粒发生相对位移,形成各种各样的石环、石河等。

在冻土区由于季节性冻融过程,以及融雪水及降水输入土壤活动层并受到冻结层的阻挡,使土体中下层形成暂时性滞水层,引起该土层氧化还原电位降低,土体中难溶性高价态 Fe、Mn 被还原成易溶性低价态 Fe、Mn 而迁移,常可形成一个锈纹锈斑层。总之,气候因素、地形因素、生物因素及其成土母质等对冻土的形成发育、形状特征具有重要影响,在不同的条件下冻土的形成过程及其形状会有明显差异。

3. 主要诊断层和诊断特征

冻土土体浅薄,其土层厚度一般不足50厘米。冻土具有永冻土壤温度状况,但其水分状况差异较大。具有潮湿水分状况的冻土,其典型土壤剖面构型为泥炭层 Oi 层—滞水潴育母质层 Cg 层;而具有干旱水分状况的冻土,其典型土壤剖面构型为薄的腐殖质层 Ah 层—易溶盐分聚集层 Bz 层—钙化的母质层 Ck 层。

冻土表层一般具有暗色或淡色表层,表土常呈现多边形土或石环状、条纹状等冻融蠕动形态特征。冻土表层有机质含量低,一般含量在5克/千克~20克/千克之间,其腐殖质分子结构简单,富里酸与胡敏酸比值小于1,土壤酸碱性因成土母质的不同而有明显差异。土壤中有效态养分含量少,林木生长困难。

4. 分类与利用

冻土在全球陆地表面分布较为广泛,但迄今为止,国际土壤学界还没有将冻土列为一个独立的土壤分类单元。根据赵其国等建议在中国土壤分类方案中将冻土列为一个独立的土纲,其下设正常冻土(高纬度冻土)亚纲、高寒冻土(高海拔冻土)亚纲。但有关冻土的分类还是一个复杂的课题,还有不少问题有待进一步深入研究。

冻土由于热量条件差,再加冻土本身养分贫乏,故开发利用价值不大。但是,以冻土为主体的冰冻圈在全球变化、自然地理学研究中具有重要的作用。近些年来,国际学术界十分关注全球变化对冻土及冰冻圈的影响,以及冻土及冰冻圈对未来全球变化的反馈作用的研究。已有的研究成果表明,从1860年~2000年全球范围出现了一个缓慢增温过程,全球温度升高了约0.5℃,增温幅度最显著的地区是高纬度冻土区,即冻土温度已经升高了2℃~4℃。由此可见,冻土及冰冻圈不仅灵敏地反映全球气候变化,而且还因人类文明的孕育在冻土及冰冻圈形成发育的第四纪时期,故冻土及冰冻圈研究已经成为当今国际上一门非常活跃的学科。

第四节 中国过渡土纲系列

一、变性土

变性土是一种富含蒙皂石等膨胀性粘土矿物、具高膨胀性的粘质开裂土壤。其鉴别依据为:①在矿质土表至100厘米范围内有变性特征;②矿质土表至50厘米深度内无石质或准石质接触面。变性土相当于美国土壤系统分类中的变性土;相当于联合国FAO土壤图制图单元中的变性土;相当于土壤地理发生分类中黑粘土、艳粘土和浊粘土等。

1. 地理分布和成土条件

在中国境内变性土分布比较分散,变性土多零散地分布于安徽、河南、江苏、山东、湖北省部分地区,在福建、广东、海南的玄武岩台地和云南金沙江及其支流龙川河地带以及广西的部分地区也小面积分布。

变性土集中分布于一些大河湖的平原、河谷平原或河谷阶地等低平地区,以及台地丘陵的坡麓或低洼地。其成土母质主要为粘质河湖沉积物、基性火成岩(如玄武岩)和钙质沉积岩(如石灰岩、泥岩、粘土岩)等母质;变性土是在亚热带、热带或暖温带具有干湿交替的气候条件下,经由天然次生林、人工栽培作物作用下而形成的。一般认为,变性土是一种较年轻的土壤,不仅是因为它发育的母质年龄一般较轻,而且频繁的土壤扰动也限制了土层的发育,即使在热带地区它与自成土相比常显示较低的风化程度和剖面发育。据刘良梧的研究,中国热带、亚热带地区玄武岩风化发育的变性土,其成土年龄约为3000余年;而发育于古老河湖相沉积物上的变性土则相对年长得多。

2. 主导成土过程

(1)土壤扰动过程 土壤扰动过程又叫自吞模型(self-swallowing model),是指具高胀缩性的粘质土壤干燥后土体收缩裂开,表层土壤和部分裂隙壁的土壤填充到裂隙中,当土壤重新湿润后,掉进裂隙的土壤和两侧土壤的膨胀产生了空间挤压,下层土壤向上和向两侧方向移动,以缓和膨胀压的过程。土壤扰动作用使表层和下层土壤通过"自吞"、扰动、翻转而混合,从而减缓或阻止土壤发生层的形成和发育,并导致楔形结构体和滑擦面的形成,同时地表产生具有微高地和微低地的挤压微地形。也有学者认为,变性土挤压微地形的形成是粘土从较高围压区域向低围压区域移动的结果,实质上是一个可塑挤压成型过程。

(2)土壤矿物蒙脱化过程 蒙脱石化过程是指土体中蒙脱石的形成与聚集过程的总称,这是变性土的重要成土标志。变性土中蒙脱石的来源一是从成土母质中继承下来,如在许多湿润地区河流的冲积物、钙质母岩及荒山碎屑岩风化物中均含量较多的蒙脱石,变性土可以从这些母质中直接继承部分蒙脱石;二是新生成的蒙脱石,在温暖湿润与干旱交替的气候条件下,土壤中的铝硅酸盐类矿物在盐基离子、二氧化硅、碱性水溶液等综合作用下可直接形成蒙脱石。蒙脱石化的结果使变性土具有较大的膨胀收缩性能。

3. 主要诊断层和诊断特征

变性土的土壤剖面通体相对均一,土壤剖面中层次分异模糊,其土体构型大致为耕作层Ap层—蒙脱石聚集及矿物风化层Bw层—钙化母质层Ck层。另外,由于变性土遭受频繁的扰动与人为耕作,土壤矿物与腐殖质充分结合形成有机—无机复合体,故土壤剖面通体颜色灰暗,土壤结构发育良好,一般呈现团粒状或团块状结构。

变性土表土层有机质含量不高,一般在5克/千克~30克/千克之间,土壤腐殖质中富里酸与胡敏酸比值约为1;土壤多呈现中性至微碱性,pH在6.0~8.0之间,故土壤中盐基离子丰富,土壤盐基饱和度多在60%以上,其交换性盐基离子以钙离子、镁离子为主。另外,由于变性土质地较为粘重且富含胀缩性矿物蒙脱石,故变性土耕性较差。

4. 分类与利用

根据土壤水分状况对其土壤过程,特别是膨胀收缩所产生的性质的影响,可以将变性土划分为湿潮变性土、干润变性土和湿润变性土3个亚纲。

变性土具有如下肥力特征:质地粘重、耕性差;土壤干缩湿胀性强;肥力水平较低;土壤保水供水能力因土而异;保肥性能强。在开发利用过程中,首先整治要修建农田水利工程,在疏浚整治大型骨干排水河道的基础上,建立以浅井(深约20米)、深沟(农田末级沟深1米左右)相结合的河网化式农田水利工程配套体系,以发挥排、灌、滞、蓄兼顾,合理开发利用水源作用,达到综合治理旱、涝(渍)灾害的目的;其次,建立综合性农业生产体系,因地制宜合理利用土壤资源,合理调整农业生产结构和农田种植业结构,建立以种植业和畜、禽养殖业为主的农、林(果)、牧、副、渔全面发展的综合性农业生产体系,使其具有良性生物物质循环的功能;第三,要科学施肥,建立有机肥料与无机肥料相结合的增肥改土,注意补磷增氮的科学施肥制度。大力推行秸秆、绿肥等还田与深耕改土相结合的改良土壤,改变不良理化性质的农业生物措施,因土因作物制宜,合理施用化学复合肥料和配方专用肥料。

二、雏形土

雏形土是发育程度较弱的一个土纲,是指具有雏形层,或具备下列条件之一的土壤:①矿质土表至100厘米范围内有如下任意土层:漂白层、钙积层、超钙积层、钙磐、石膏层或超石膏层;②矿质土表下20厘米~50厘米范围内至少一个土层(≥10厘米)的n值<0.7,或细土部分粘粒含量<80克/千克,并且具有有机表层或暗沃表土或暗贫瘠表层;③永冻层和10年中有6年或更多年份1年中至少1个月在矿质土表至50厘米范围内有滞水土壤水分状况。它们无粘化层和粘磐,无低活性富铁层、铁铝层、干旱表层、盐积层、碱积层、灰化淀积层、水耕氧化还原层、肥熟表层和磷质耕作淀积层、灌淤表层和堆淀表层以及无诊断为有机土、火山灰土、变性土、潜育土、均腐土的特性。雏形土相当于美国土壤系统分类中部分的始成土;相当于联合国FAO土壤图制图单元中的雏形土;相当于地理发生分类中的砂姜黑土、潮土、部分褐土、石灰土、腐棕土、紫色土、毡土、部分棕壤、部分暗棕壤、部分黄绵土等。

1. 地理分布和成土条件

雏形土是土壤发育程度较低的未成熟土壤,它的分布十分广泛,从极地和亚极地冰原带、寒温带、温带、亚热带到热带,从湿润气候区到干旱气候区均有分布。除了具有明显诊断特性的土纲和无诊断特性或仅有淡色表层或暗色表层的新成土之外,其余都归入雏形土土纲,故雏形土在分类系统中好似一个大口袋。在中国境内,雏形土从东北的温带到华南的热带、亚热带,从西部的干旱、半干旱地区到东部沿海的湿润区,从低海拔的盆地到高海拔的山地或高原,均有雏形土分布。

雏形土也是气候、生物、地形、母质、时间、人为因素等综合作用的产物,而且这些成土因素也是十分复杂多变的。其中时间因素显得更为重要,这是因为雏形土的绝对年龄和相对年龄较小。在土壤发育条件有利且稳定的情况下,随着时间的推移,土壤可以由幼年阶段发育到成熟阶段和老年阶段。在这样的情况下,雏形土可能是这一连续过程的一个阶段上的土壤,处于具有A-C剖面特征的新成土和具有A-B-C特征的淋溶土之间,预测它们最终可发育成为淋溶土或富铁土和铁铝土。但是,有些雏形土与成土环境达到平衡而不易发展到成熟阶段,陡坡上现有的雏形土可能就是这样。人类活动引起土壤侵蚀速率的变化以及挖土等对雏形土的形成均有重要作用。在侵蚀严重的新成土,通过保护措施减少土壤侵蚀,使侵蚀速率低于土壤发育速率,此新成土可逐渐发育成雏形土;反之,雏形土也会演变成新成土。

2. 主导成土过程

(1)土壤矿物风化程度低 土壤物质风化程度弱是雏形土的一个重要特征,其亚表层或雏形层中的粘粒含量除少数受母质影响外,一般在80克/千克~300克/千克之间,细粉/粘粒的比值大多在0.5以上,高者可接近8.0,而发育程度高的土壤如富铁土和铁铝土,其细土部分粘粒含量一般在300克/千克~600克/千克,细粉/粘粒比值一般低于0.6。雏形土质地一般较粗,砂粒、粉粒较多,而且土壤中常夹杂有碎屑。就矿物组成而言,雏形土含有较多的长石、蒙脱石、伊利石、水云母、蛭石等,粘土矿物以2:1型为主,即使分布于热带、亚热带的一些雏形土如铝质湿润雏形土和铁质干润雏形土,其土壤矿物也是如此。由此可见,雏形土的矿物风化作用还较弱,尚处于较低的风化阶段。

(2)盐基离子淋溶程度低 在风化成土过程中,雏形土物质淋溶程度很弱,基本上无物质淀积。这与铁铝土、富铁土以及淋溶土等土纲明显不同。就粘粒移动而言,雏形土中常常无粘粒淀积,不发生粘化现象,即使有,一般也都很不明显,粘化率很低,无明显粘化层形成。其盐基的淋失一般也很少,表层之下的土层其水提性pH在5.0~8.0之间,具有较强潜在酸度,盐基饱和度常在40%左右。在交换性阳离子组成中,交换性盐基离子一般占明显优势。这说明雏形土中物质的淋溶程度相对较低。

3. 主要诊断层和诊断特征

由于雏形土发育程度较低,其土壤剖面分异程度也不明显,只具有所谓的雏形土层。雏形层是风化成土过程中形成的无或基本上无物质淀积,未发生明显粘化,带棕、红棕、红、黄或紫色颜色,且有土壤结构发育的B层的土层。它有以下一些条件:①除具干旱土壤水分状况或寒性、寒冻温度状况的土壤,其厚度至少5厘米外,其余应≥10厘米,且其底部至少在土表以下25厘米处;②具有极细砂、壤质极细砂或更细的质地;③有土壤结构发育并至少占土层体积的50%,保持岩性构造的体积<50%;④与下层相比,彩度更高,色调更红或更黄;⑤若成土母质含有碳酸盐,则碳酸盐有下移迹象;⑥不符合粘化层、灰化淀积层、铁铝层和潜育层特征,但具有氧化还原特征的条件。此外,涉及雏形土的还有漂白层、钙积层、超钙积层、钙磐、石膏层、超石膏层、有机表层、暗沃表层、暗瘠表层、永冻层等。雏形土的有机质含量变异大,土壤酸碱性也受成土母质影响明显。雏形土的风化程度较低,粘土矿物以2:1型为主,土壤胶体上净负电荷量非常多,使得粘粒活性很强。B层的表观阳离子交换量(CEC_7)均大于0.24摩尔/千克粘粒,且多数在0.40摩尔/千克粘粒左右。

4. 分类与利用

雏形土因其分布地区十分广泛,其成土因素复杂多样,故雏形土组成和性状差异巨大。根据土壤水分状况、土壤温度状况,可以将雏形土划分为寒冻雏形土、潮湿雏形土、干润雏形土、常湿雏形土和湿润雏形土等5个亚纲。雏形土土纲中土壤类型繁多,分布十分广泛。不同土壤类型物质组成、性质、水热状况差异巨大,故其改良利用方式也复杂多样。在开发利用雏形土时,必须根据具体的土壤条件及其分布区的实际情况,因地制宜、合理科学地利用和管理土壤,要做到既能充分发挥土壤生产力及其本身的价值,又能使土壤得到不断改善。

第五节　中国岩成型土纲系列

一、火山灰土

火山灰土专指发育在火山喷发物质和火山碎屑物上的土壤,包括弱风化含有大量火山玻璃质的土壤和较强风化的富含短序粘土矿物的土壤,在矿质土表的 60 厘米内或石质接触面内至少有 60% 的土层满足火山灰特性。火山灰土与美国土壤系统分类、联合国 FAO 土壤图制图单元、土壤地理发生分类中的中的火山灰土类似。

1. 地理分布和成土条件

火山灰土是发育于火山喷出物上的一类土壤,其分布必然与活山活动有关,火山灰土属于非地带性土壤。在世界上,火山灰土主要是围绕活火山或休眠火山而分布的。火山灰土在中国的分布面积不大,且分布零碎,其分布最为集中的区域是黑龙江的五大连池、吉林的长白山、辽宁的宽甸盆地、云南腾冲、青藏高原及台湾北部地区等。

火山灰土在世界各地均有零散分布,故其成土因素也是十分复杂多样的,但具有一个共同的因素就是与第四纪晚期火山活动密切相关。火山灰土的发育强度属于初育土壤的范围。在中国北方地区如山西大同,在第四纪早期虽然火山活动,但其火山活动的喷发物均被后来的风积厚层黄土所覆盖,在这里并没有火山灰土分布,而发育成为干润淋溶土、雏形土等。如果在热带火山活动的地区,则因降水量充沛,土壤遭受强烈的淋溶作用,火山灰质母质风化速度快,盐基大量流失,土壤普遍呈酸性反应,若所受风化作用时间短的,则仍可保留火山灰特性,属于火山灰土,而风化时间长的将丧失火山灰特性发育成为其他的土纲。

2. 主导成土过程

火山灰母质具有很高的表面积,导致了火山灰土的形成过程十分迅速。主要的 2 个成土化学过程,一是水解作用,即将火山灰风化成为无定形的铝硅酸盐;二是腐殖化作用形成稳定的有机—无机络合物。同时,火山灰土中腐殖质的稳定和积累正是由于铁—腐殖质络合物具有抗微生物侵袭的特性所致。

3. 主要诊断层和诊断特征

火山灰土的形态特征相对比较简单。由于发育和风化程度较低,表现在土体构型大多为 A-Bw-C 或 A-C 剖面,在同一地区不同期的火山喷发,还能发现有不同期埋葬的火山灰土壤。火山灰土 A 层厚度一般大于 30 厘米呈黑色高腐殖化,并且具有较高的有机质含量,在矿质部分中火山灰、火山渣和其他火山碎屑物占有很高的比例,可以形成有机表层、暗沃表层或暗瘠表层。而其下的 Bw 层颜色一般较上层浅略呈黄棕色,质地也较上层略为紧实,但并未显现粘粒下移的特征。

火山灰土壤中包括大量的活性铝,pH 显然具有很强的碱性反应。在火山灰土壤中主导矿物是水铝英石,它由包含许多开裂的 3.5 纳米～5.0 纳米空心球粒状的分子结构组成,并容许水分子出入。这就决定了火山灰土壤的一些特定的物理特性,即具有较低的土壤密度,通常在田间持水量的状态下,它的密度小于0.9克/立方厘米。

4. 分类与利用

火山灰特性的定义中已经将弱风化类型即玻璃质类型与富含短序矿物的较强风化类型分出。另外,在中国东北地区的火山灰土集中分布区,它们其中有些具有寒性或更冷的土壤温度状况,这样给土地利用上带来一定的限制。基于这样的考虑,火山灰土可以分作寒冻性火山灰土(有寒性土壤温度状况)、玻璃火山灰土(在矿质土表至100厘米范围内或石质接触面内土层按颗粒含量加权平均的质地比粉砂壤更粗)和其他火山灰土。

火山灰土有机质含量、矿质养分含量一般均较高,同时具有非常好的通透性,无论发展牧业、种植业和林业都具有一定的条件。尤其在中国东北地区,在均腐土区种植土豆,土壤过粘对其生长不利,但在有火山灰土的混杂地区,原有土壤的物理条件将会得到极大地改善,将十分有利土豆的生长;而在中国南方火山灰土区,无论种植经济作物还是大田作物,要注意水利工程的配套;防止旱灾,同时应注意补充磷肥,且需密切注意铝的毒害。

二、新成土

新成土是具有弱度或没有土层分化的土壤,一般有一个淡薄表层或人为扰动层次以及不同的岩性特征。这种土壤是以矿质土占绝对优势。这类土壤弱度发育的原因是年轻性、侵蚀性、间断沉积性母质的深刻影响以及人为扰动等。新成土相当于美国土壤系统分类中的新成土;相当于联合国FAO土壤图制图单元中的冲积土、薄层土、疏松岩性土;相当于土壤地理发生分类中的扰动土、风砂土、冲积土、部分黄绵土、部分紫色土、粗骨土、初育土等。新成土可形成于任何生物气候地带、任何地形与水文条件下的母质上,并经历长短不同的风化发育与土壤退化。

1. 地理分布和成土条件

新成土的分布极为广泛,全球陆地表面任何地段都可能有新成土分布,包括近代河流冲积物上生产力很高的土壤,以及荒漠地带风力侵蚀或堆积形成的不毛裸地的土壤。在中国各地大小河流冲积物或洪积物上,特别是大江大河下游冲积泛滥平原、河口三角洲地段是新成土集中分布区;在干旱地区的风沙物质所在地是大面积砂质新成土集中分布区;在各山丘区由基岩风化物发育的土壤上,也有各种新成土的分布。在人为活动强烈的地区,经人为扰动堆积或引洪放淤土体增厚,可形成人为新成土。

2. 主导成土过程

新成土是处于土壤形成发育初始阶段的土壤,其主导成土过程是表土层有淡色薄层的形成过程,土壤形成发育过程中的物理过程、化学过程和生物过程处于同等重要的地位。因此,新成土的组成和性状基本上取决于成土母质,其土壤剖面构型一般为AC-C或A-C型。在新成土的成土过程中一般有3类不同的形式,其一是在一些水热条件优越的地区,因频繁的堆积过程经常中断土壤的形成与发育,即短暂的成土时间是新成土形成的重要原因;其二是在一些自然环境恶劣的地区,尽管区域土壤形成发育历史较为长久,但因在土壤形成发育过程中,土壤同时还遭受强烈的土壤退化(如土壤加速侵蚀、地表快速堆积等),结果导致土壤发育微弱;其三是在人类活动异常强烈的地域,因人为不合理的开发利用,导致强烈的水土流失、土壤风蚀沙化,使原有的土壤物质不断流失,使土壤从A-B-C型经过AB-C型变化为AC-C型。这种人为扰动破坏后的母土便丧失原有的发生层,使成土过程又重新开始。

新成土的诊断层除了淡薄表层以外,并没有其他土纲的诊断层和诊断特性。它不具有供鉴别作为其他土纲的诊断层和诊断特性,如有机表层、人为表层、灰化淀积层、铁铝层、干旱表层、盐积层、暗沃表层和均腐殖质特性、低活性富铁层、粘化层、雏形层、火山灰特性、变性特征、潜育特征等。

3. 分类与利用

新成土诊断层除了淡薄表层以外,并没有其他的诊断层和诊断特性。中国土壤系统分类中的新成土与美国系统分类稍有不同,因为中国土壤系统分类中具有单独的潜育土纲,所以在新成土中就没有潮湿新成土亚纲。新成土可分为4个亚纲,即人为新成土、冲积新成土、砂质新成土以及正常新成土。

在中国东部大江大河中下游的新成土分布区,由于水热条件较为优越,其新成土土层深厚、土壤质地多为壤质、富含矿质养分、疏松易耕、通透性好、便于耕作管理,常间有河水泛滥沉积而补充细粒和养分,是肥沃程度较高的土壤。目前大部分的新成土已经被改良成为种植各种作物的良田,但仍然受障碍因素制约。在新成土的利用方面应该注意培肥土壤、增施有机肥、防治水土流失。在黄土高原和中西部的新成土区,应加大地表植被恢复的力度,在有稳定水源的条件下,可通过平整土地发展高产稳产农业,其他地段应在植树种草的同时,适度发展畜牧业。新成土是一种很有潜力的土地资源,不仅可以发展农、林、牧业,而且是工业、交通用地。但由于砂性强,结持不紧密,容易遭受风蚀,风沙起暴对环境及经济建设造成危害,在改良利用新成土中应给予重视。"土地复垦"对保护土壤资源和增加耕地面积有十分重要的意义。

第六节 中国人为土

人为土(Anthrosols)是由人类活动深刻影响或者由人工创造出来的,具有明显区别于起源土壤特性的一类土壤。在人类活动如耕作、灌溉和施肥的深刻影响下,形成了具有不同特征的人为层。人为层厚度≥50厘米,土壤肥力比起源土壤高,且多土壤动物尤其是蚯蚓等,人为层中多砖、瓦片、陶瓷碎片以及其他人为侵入体。人为土纲是中国土壤系统分类首次设立的独立土纲,其中有关人为土纲的划分原则和诊断指标已经被世界土壤资源参比基础(WRB)所接受。近300年来,人类活动对土壤影响越来越广泛与深刻,世界各国对人类活动对土壤影响、人为土纲的研究也越来越重视。

1. 地理分布和成土条件

人为土纲分布较为广泛,它集中分布于人类耕作活动频繁和农业历史悠久的地区。在中国境内,人为土纲分布面积与人口集中程度有一定关系,即人为土纲的分布状况是东部多于西部、南方多于北方;江河中下游多于上游,三角洲地区尤为集中,如在长江三角洲和珠江三角洲是世界上水耕人为土最为集中的分布区。在黄土高原地区人为土则集中分布在汾渭平原及黄河河套地区。人为土中,水耕人为土在中国分布最广,从黑龙江呼玛到海南岛三亚,从台湾到新疆伊犁河谷和喀什地区,从海拔2700米的高原到海平面以下的低地。凡生长期在100天左右,有水可灌溉的地方均可种稻。但北方地区多为单季稻区,水耕人为土仅零星分布;南方稻区水耕人为土集中分布。

人为土主要起源于自成土、半水成土和水成土。人们年复一年的灌溉、耕作和施肥形成了水耕土特有的形态和理化特性。特别是水耕土的氧化还原交替过程对其元素迁移产生了深刻影响。水耕人为土的成土条件是：①独特的水热情况，长期淹水和土壤温度趋于平稳、变化幅度小，使不同地区气候差异的影响大为减小；而土壤因淹水耕种，其发育脱离了原来的轨道，母土的影响随人为水耕时间的加长逐渐变小。因此，从水耕土的成土条件来看，在一定程度上它们超越或改变了自然成土因素的影响和控制，具有很强的人为特征。②深刻的人为影响，在农业工程因素中，修筑梯田、围垦海涂和沼泽是最为普遍的的方式。前者扰动了原有的土层，后者则包括人工排水和堆垫。水耕土堆垫的另一个重要原因是灌溉水所带来的淤泥。在栽培管理因素中，主要因素包括施肥、平田、翻耕、粘闭、移栽、间隔排水和复水等。水耕土中频繁的人为活动决定了土壤形成过程的特点。③变动的氧化还原作用，在中国淹水还原作用有自北往南增强之趋势，不同水分类型水耕土的氧化还原状况也不一样。在同一土壤中，还有氧化还原状况的剖面分异。在此条件下水耕土中产生其所特有的土壤形成过程。

2. 主导成土过程

（1）水耕熟化过程　水耕熟化过程是在种植水稻或水旱轮作交替条件下的土壤熟化过程。半水成土和水成土在被耕作利用的过程中，经历灌溉淹水、灌溉水由耕层向下缓慢渗透，这样就发生了淋溶作用，如机械淋溶、溶解淋溶、还原淋溶、络合淋溶和铁解淋溶等一系列过程。其中，①机械淋溶是指土体中粘粒及细粉粒随下行水流的悬粒迁移，从而造成人为土纲剖面中粘粒下移，心土层比较粘重，并形成粘重紧实的犁底层；②溶解淋溶是指土体内可溶性离子土壤渗漏水的迁移过程，其中主要离子有 Na^+、K^+、Ca^{2+}、Mg^{2+}、NH_3^+ 等阳离子和 Cl^-、SO_4^{2-}、CO_3^{2-}、HCO_3^-、NO_3^- 等阴离子；③还原淋溶是指某些元素的氧化物如铁锰氧化物在高价态时的溶解度甚小，但被还原成低价态后其活动性大增，故在淹水还原的条件下，形成低价态铁和锰离子的数量有时甚至比盐基性离子的数量还多；④络合淋溶是指土体内的金属离子以络（螯）合物形态迁移。在淹水条件下，土壤的物理、化学、生物学和矿物学性质都会发生显著的变化，并改变土壤组分的化学行为而最终影响元素的活化、迁移，进而在土壤渗漏液中得到反映。

（2）旱耕熟化过程　旱耕熟化过程是指在长期种植旱作农作物的过程中促使土壤熟化的过程，在中国中原地区已经有数千年的人为旱耕熟化的历史。根据旱耕熟化过程中人们采取的措施及其对土壤的影响，可以将旱耕熟化过程细分为：①灌淤熟化过程，是指在人为控制下，长期交替进行灌溉淤积、淋溶和耕种培肥过程，从而形成一定厚度质地疏松、养分丰富的灌淤表层，由于河流流经不同的生物地理环境，所携带的泥沙来源于相应的植被与土壤地区，它们的灌溉淤积物的性质会有很大差异。②土垫熟化过程，是指在人们旱耕过程中，将黄土与人及家畜粪便、杂草或者草木灰相互混合进行沤肥，并将这些沤肥施加在旱地土壤表层，这样年复一年就逐渐形成了土壤耕性良好、肥力水平较高的土垫表层。这种土垫作用具有复钙、双重淋溶和土垫培肥等作用。如在陕西渭河平原数千年的土垫熟化过程形成的塿土，其表层就有厚度超过 50 厘米土垫层。③肥熟化过程，是在耕作熟化土壤基础上，因长期栽种蔬菜，持续大量施用有机肥的条件下形成深厚腐殖质而富含磷素的肥熟表层过程。

3. 主要诊断层和诊断特征

人为土纲的典型剖面构型为：耕作熟化层 Ap 层—犁底层 P 层—耕作淀积层 B 层—母质层 C 层或潜育层 G 层。其中耕作熟化层一般厚度大、颜色较暗、团块状结构、壤质、养分含量丰富，土壤一般呈现中性或酸性，耕作熟化层中含有木炭、砖瓦碎片等；犁底层厚度一般在 25 厘米左右，其土壤质地细腻、紧实呈片状结构,空隙度较小;耕作淀积层分为2类,即水耕淀积层和旱耕淀积层,水耕淀积层呈现棕色黄棕色,粘粒含量相对较高,土壤盐基饱和度也较高,并有暗棕色、灰棕色的铁锰结核或板块,向下逐渐过渡至潜育层;旱耕淀积层,土壤质地相对粘重,一般呈现块状结构,结构体表面常有腐殖质与粘粒复合淀积形成的胶膜,土壤 pH 及盐基饱和度均较高。

人为土纲是人类在改造利用自然土壤的基础上形成的,那么它的理化性质必然受控于原来自然土壤和人类活动的双重影响,其变异巨大。但总的特征是,人为土纲土壤的有机质含量丰富,有效态养分含量相对较高。

4. 分类与利用

人为土中有人为滞水水分状况的为水耕人为土,其余的为旱耕人为土。人为土是人类长期辛勤培育的结果,是耕地的主体,也是农业生产中的基本农田。中国人口众多、耕地相对紧缺,保护土壤资源特别重要。首先,要通过防治水土流失和土壤污染等逐步做到耕地在数量上不至于逐年减少。其次,要防止土壤退化,并且不断培育,使土壤在质量上也消长平衡。还应该从中国实际出发,实现以节地、节水为中心的资源节约型农业现代化。通过改良土壤,合理轮作与有机和无机肥的配合施用,一方面治理各种障碍因素,另一方面提高基础肥力,这样高产区可以稳定高产、低产区可以逐步提高,并可增强土壤的抗逆能力,以保证农业的持续发展。强化土壤污染的防治,包括加强保护土壤资源的观念教育,完善土壤资源保护的法制,对土壤环境进行动态观察,并推广对土壤无污染的新型农业技术,以保证土壤资源的永续利用,为子孙后代造福。

第四章 中国主要土壤类型的空间分布规律

全球陆地土壤类型繁多、土壤组成多样、性状各异。各土壤类型间在时间和空间上相互作用、相互联系和相互制约,处于不断的发展和演变过程中,并以不同的土壤组合和分布模式存在着。研究和阐明全球的或区域的土壤类型和土壤组合(类型)结构或空间构型的空间分异和分布规律,以全面地反映和提供土壤类型、性态特征、面积数量、质量和土地利用等各种土壤要素信息的空间分布特征和区域差异,是对全球或区域土壤资源保护和合理利用、控制和改进不利的土壤环境条件、防治土壤退化、进行宏观评估、对粮食作物估产具有重要的指导作用;为制定农、林、牧生产建设和非农业建设的途径和措施提供重要科学依据。土壤的空间分布和分异规律主要从 2 个方面进行研究:一是从土壤个体角度,研究土壤类型的分布规律;二是从土壤群体(或土壤组合)角度进行土壤区域划分或土壤分区研究。这些研究可在不同空间尺度上,如全球和大陆尺度级的、区域的、地区的和地级等进行;不同的空间尺度土壤类型分布模式,土壤组合和空间构型及其原因解释是不同的。

第一节 中国土壤分布规律

土壤是各种成土因素综合作用的产物。在一定的条件下,必然形成特定的土壤类型。因此,各类土壤都有着与它相适应的空间位置。所谓土壤(类型)分布规律是指土壤类型随自然环境条件和社会经济因素的空间变化的特性。土壤分布规律,首先,在全球和大陆空间尺度上与广域的气候生物条件相适应,表现为广域的水平分布规律和垂直分布规律;其次,在区域尺度上与大的地质构造、母质、地形、水文、成土年龄等条件相适应,表现为区域的、地方性中域和微域的分布规律。需要指出的是,对土壤分布规律的认识和分析还应该与一定的土壤分类系统相联系。一种是从发生学分类认识土壤分布规律,它主要严格遵循土壤与大的气候生物条件相适应的地带性规律,即在同气候生物地带只存在一种地带性土壤类型;另一种是从系统分类认识土壤分布规律,它以诊断层和诊断特性作为分类的唯一标准,故在同一气候生物自然地带范围内,并非仅有一种主要土壤类型,完全有可能存在一种以上的主要土壤类型,从而更加重视土壤类型的空间组合分布规律。但由于土壤诊断层和诊断特性与土壤环境条件具有密切的发生上联系,系统分类(高级类别)与气候、植被因素存在类似同样相适应的联系。如按照美国土壤系统分类,其主要土纲在理想大陆表面的分布规律与气候类型、植被类型在理想大陆上的分布规律十分近似,如图 3-4-1 所示。

一、土壤的广域性分布规律

通常把在全球或大陆大体呈连续分布并与大气候和生物相适应的土壤类型分布规律叫做土壤广域性分布规律。土壤发生分类通常把土壤与大气候、生物相适应的广域性分布规律叫做土壤地带性规律。由于气候、生物等成土因素具有三维空间的立体变化,作为它们的函数,土壤也必然

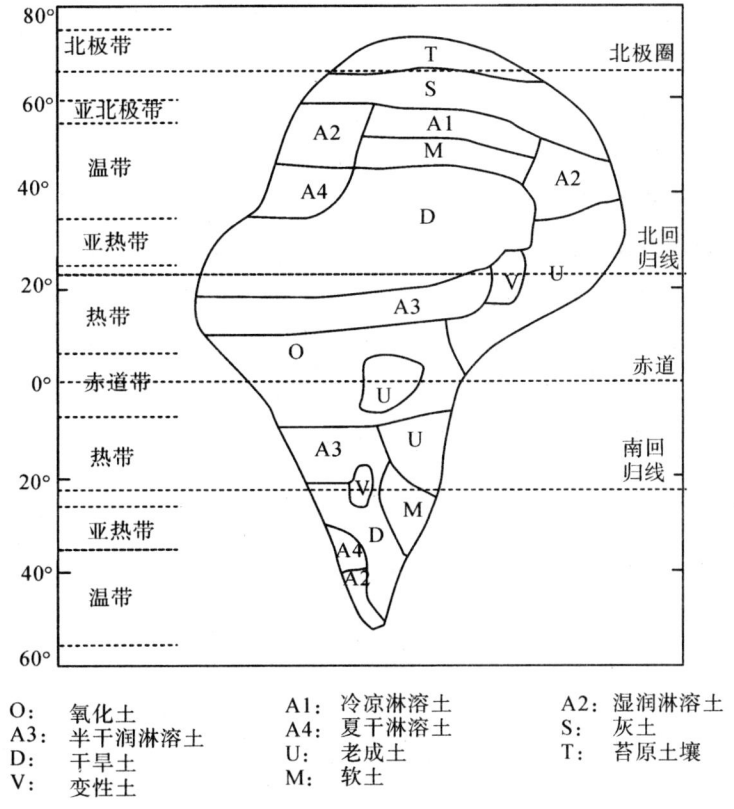

O: 氧化土	A1: 冷凉淋溶土	A2: 湿润淋溶土
A3: 半干润淋溶土	A4: 夏干淋溶土	S: 灰土
D: 干旱土	U: 老成土	T: 苔原土壤
V: 变性土	M: 软土	

图 3-4-1　美国土壤系统分类中主要土纲在理想大陆上的分布规律（据 Strahler 等,1989）

会有三维空间的分布状态。因此,土壤分布的普通情况,可用下列多变函数式表达:

$$S = F(W、J、G)$$

S 表示土壤的分布情况,W、J、G 分别表示南北(纬度)、东西(经度)及高度等方向的变化。在广大平原地区,垂直变化很小,G 可以看成常数或接近常数;此外,在某一定区域范围内其成土条件的综合主要受 W(或 J)所控制,这时 J(或 W)也可视为常数或接近常数。在一定位置的山区,由于地形影响突出,W、J 又可视为常数或接近常数。因此,如果以三维坐标轴表示土壤分布的变化状况,则:

$$S_1 = f(W), S_1 \text{ 为纬度地带谱}$$
$$S_2 = f(J), S_2 \text{ 为经度地带谱}$$
$$S_3 = f(G), S_3 \text{ 为垂直地带谱}$$

通常讲的土壤分布的纬度地带性、经度地带性和垂直地带性,只是从上述意义上的一种相对的划分,并以此来说明土壤的广域分布的规律性。从土壤地带性的起因来看,纬度地带性是经度地带性和垂直地带性的基础。从三者对土壤分布的制约关系来说,纬度地带性和经度地带性共同制约着土壤的水平分布,垂直地带性直接决定着山地和高原谷地的土壤分布。在广大的高山高原地区下,土壤分布实际上受纬度地带性、经度地带性和垂直地带性的共同控制。所以,土壤地带性分布也可以分为水平地带性分布规律、垂直地带性分布规律和水平—垂直地带复合分布规律。此外,还必须指出,土壤地带性或广域性分布不仅具有空间上的分异,而且也是随着环境演变具有时间变化的历史范畴。如根据许多全球地质构造运动、海陆变化、气候、植被和土壤环境资料,土壤圈的土壤广域分布规律、组成和空间构型都在不断地变化中,即使近代土壤地带随着全球气候和生物带的变化,其空间位置、界限和宽幅的扩大或缩小在发生动态变化。土壤的水平分布主要受纬度地带性和经度地带性的共同控制,但大气环流、海陆分布、大地构造和大地形(山地、高原)对土壤的水平分布也有很大的影响。

1. 土壤的纬度地带性分布规律

所谓土壤分布的纬度地带性,主要是指高级类别土壤(土纲、亚纲)或地带性土类(亚类)大致沿纬线(东西)方向延伸,按经度(南北)方向逐渐变化的规律。由于不同纬度上热量差异,从而引起温度、降水等气象要素以及气候自赤道向两极的变化,与此相应也引起生物、土壤呈带状分布。从世界土壤分布图上可以看出,土壤的纬度地带性分布的具体表现形式有二:一是地带延续于全球,成为所有大陆世界性的土壤地带,如冰沼土地带、灰化土地带、砖红壤地带等。这些土壤地带不仅断续地横跨整个大陆,而且大致同纬线相平行;二是区域性土壤地带,它是上述地带受区域性因素的影响,使"带"不是延续于大陆,而只见于大陆边缘或大陆内部。所以,区域性土壤地带又可进一步分为沿海和内陆2种变型。这样的土壤地带在温带表现得最为典型。

沿海型土壤纬度地带的特点是:走向与纬线有些偏离,分布位置多在中纬大陆边缘,土壤地带谱系由森林土壤系列组成,如中国东部沿海型纬度地带谱是由灰化土—暗棕壤—棕壤—黄棕壤—红壤、黄壤—砖红壤性红壤等地带所构成,如图3-4-2所示。

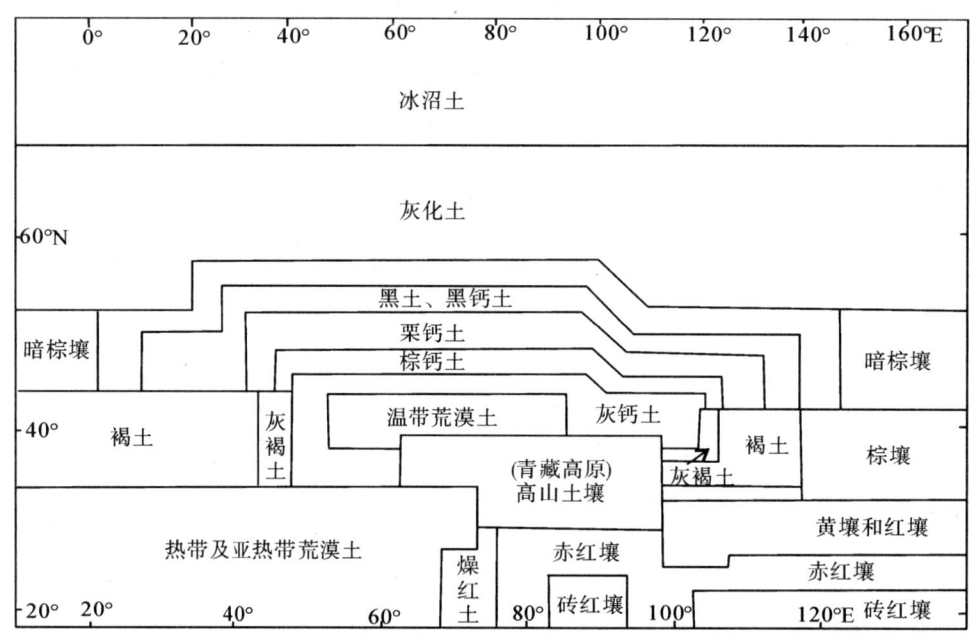

图 3-4-2　欧亚大陆土壤(土壤地理发生分类单元)空间分布格局图

内陆型土壤纬度地带的特点是:位于温带大陆内部的土壤地带谱主要是由草原土壤系列、荒漠土壤系列组成。欧亚大陆内部由北而南,土壤依次为灰色森林土—黑土—黑钙土—栗钙土—棕钙土—灰钙土—荒漠土。

以土壤地理发生分类的土类为单元的全球土壤分布模式图,如图3-4-3所示,与以美国系统分类土纲为单元的全球土壤分布图,如图3-4-4所示,它们均显示了类似的土壤广域性分布规律。但较为概略,如始成土(冻土)、灰土、淋溶土、氧化土等基本上都横贯大陆呈纬向(东西向)广域性分布。大陆内陆和东西沿海区域的土壤广域分布规律有所区别。如欧亚大陆内陆自北而南土壤依次为淋溶土、软土和干旱土;大陆西部沿海自北而南土壤依次为冻土(始成土)、灰土、淋溶土和老成土;大陆东部沿海自北而南土壤依次为冻土(始成土)、灰土、淋溶土、老成土和氧化土。

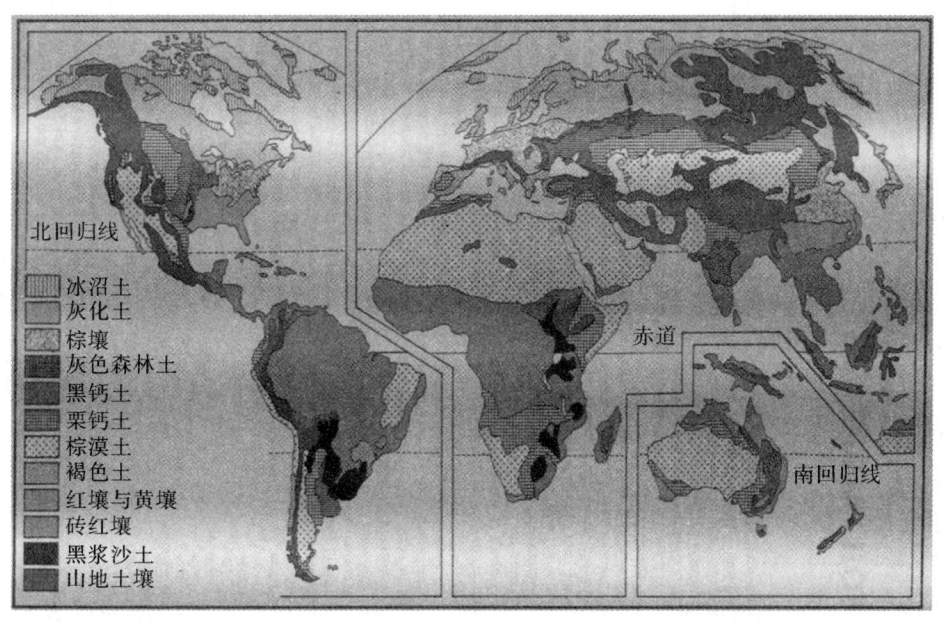

图 3-4-3　土壤地理发生分类中土类的全球分布图（据 Beidges E M,1978）

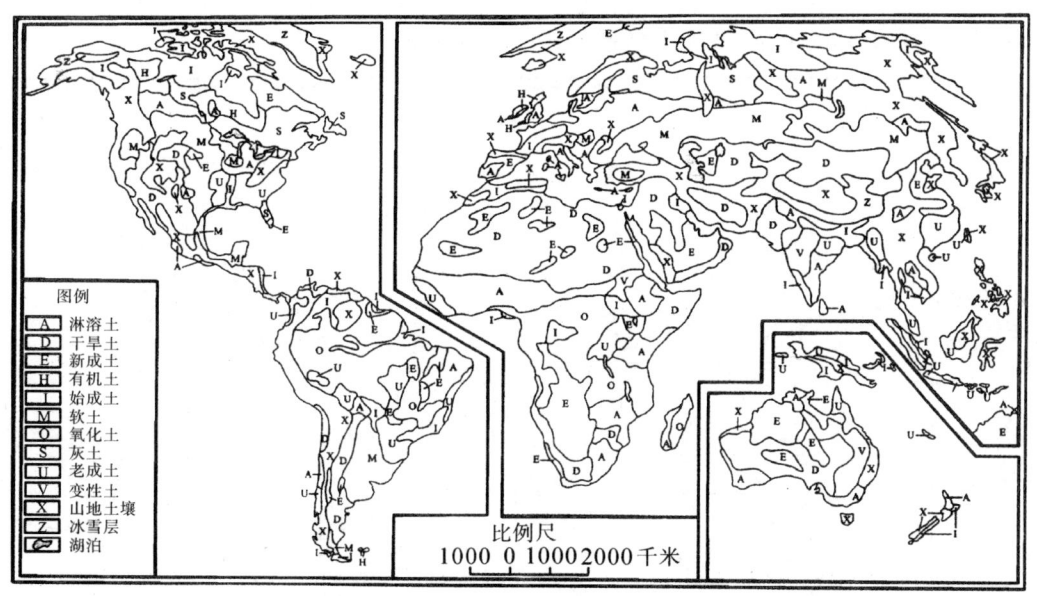

图 3-4-4　美国土壤系统分类中土纲的全球分布图（据 MalcolimE. Sumner,1999）

2. 土壤的经度地带性分布规律

土壤经度地带性，主要是指地带性土类（亚类）大致沿经线（南北）方向延伸，而按纬度（东西）方向由沿海向内陆变化的规律。这种变化主要与距离海洋的远近有关。距离海洋愈远，气候愈干旱；距离海洋愈近，气候愈湿润。气候不同，生物特点也不同，必然带来对土壤形成和分布的重大影响。例如，在欧亚大陆中纬地带，从中国沿海至内陆，植被是森林—草甸草原—草原—干草原—荒漠草原—荒漠，土壤也自东而西呈有规律的递变。在温带其土壤地带为：暗棕壤—黑土—黑钙土—栗钙土—棕钙土—灰漠土—灰棕漠土；在暖温带范围内则为：棕壤—褐土—黑垆土—灰钙土—棕漠土。按美国土壤系统分类的标准，其土壤依次则为淋溶土—软土—干旱土。

二、中国土壤广域分布规律

在中国由于东南季风影响强烈,热带与亚热带带幅宽广,其中砖红壤、砖红壤性红壤、红壤、黄壤与黄棕壤带自南而北依次排列,并呈东西伸展,西侧直抵横断山系。长江以北,因东南风减弱,沿海型纬度地带谱的带幅变窄,方向偏转,加之华北平原横亘其间,暖温带棕壤地带均呈东北—西南向,直到东北地区,这种偏转更为明显,由东而西依次排列着暗棕壤、黑土、黑钙土、灰色森林土、栗钙土带,呈南北延伸。黄土高原与内蒙古高原,地势较高,东南季风势力更弱,所以,土带的排列又大致成为东北—西南向和东西向延伸,由南而北依次出现褐土、黑垆土、栗钙土与棕钙土。到内陆地区,由于西藏高原屏障,东南季风受阻,其土壤地带谱又变成东西向分布,由南疆到北疆依次出现棕漠土、灰棕漠土与灰漠土3个土带,如图3-4-5所示。综上所述,广域的土壤分布型式决定于纬度地带和经度地带,以及大地形状况的综合作用。龚子同等(1996)综合分析了中国土壤系统分类高级单元的分布规律,认为中国是显著的季风气候国家,冬季在西北气流控制下,广大地区干燥而寒冷;夏季受东南季风和西南季风的共同影响,中部及东部地区高温而多雨。使中国东部地区出现一个由北向南呈现纬度地带性的由灰土、淋溶土、铁铝土和富铁土构成的湿润土壤系列;中部地区形成由东北向西南延伸的由均腐土、干润淋溶土、新成土和雏形土为主体的干润土壤系列;西部因地处大陆内部再加受青藏高原大地形影响,其土壤主要是由正常干旱土、正常盐成土、寒性干旱土和寒冻雏形土为的干旱、寒冻土壤系列,如图3-4-6所示。

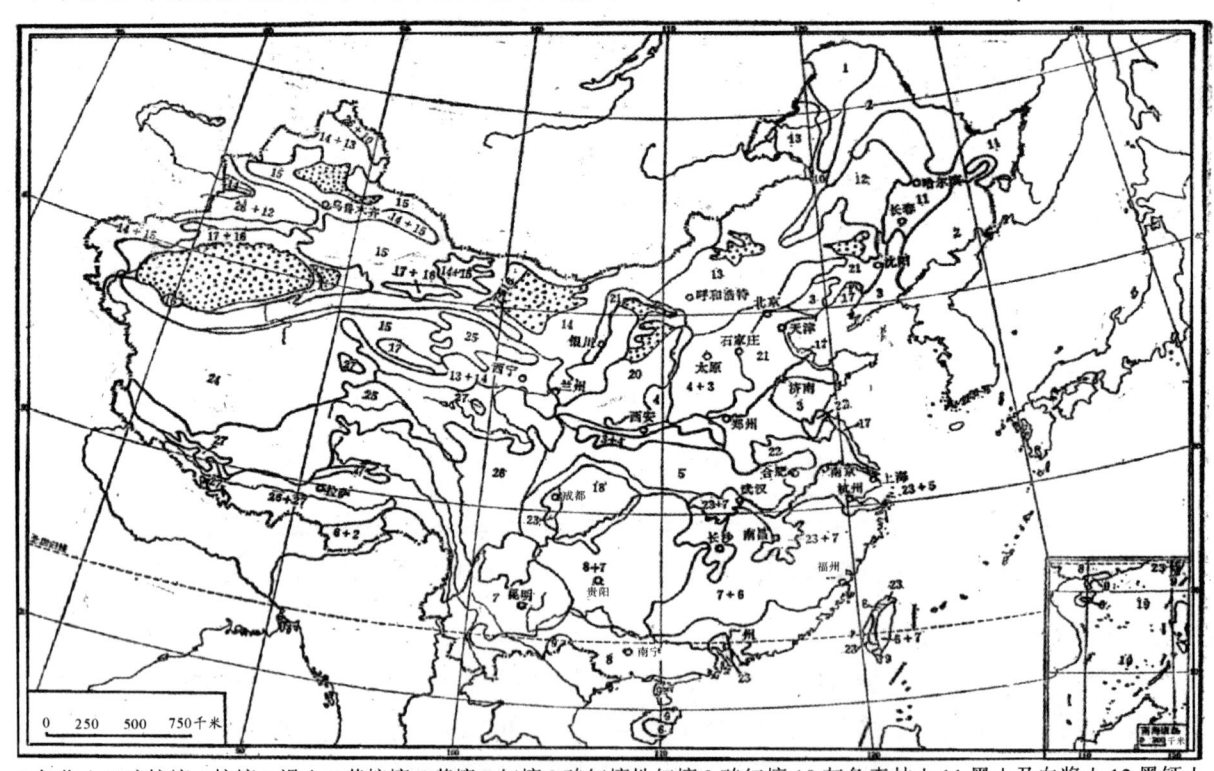

1.灰化土 2.暗棕壤 3.棕壤 4.褐土 5.黄棕壤 6.黄壤 7.红壤 8.砖红壤性红壤 9.砖红壤 10.灰色森林土 11.黑土及白浆土 12.黑钙土 13.栗钙土 14.棕钙土及灰钙土 15.灰棕漠土及棕漠土 16.草甸土 17.盐碱土 18.紫色土 19.磷质石灰土 20.黑垆土 21.潮土 22.青黑土 23.水稻土 24.高山漠土 25.高册草原土 26.高山草甸土 27.高山寒漠土 黑点表示风沙土

图3-4-5 中国土壤地理发生分类体系中土类的分布图

1. 中国东部湿润土壤系列

位于大兴安岭—太行山—青藏高原东部边缘—线以东的广大地区,其地形以平原、低山丘陵、高原和盆地为主,即包括由东北平原、黄淮海平原、江南丘陵、四川盆地和云贵高原,以及台湾、海南岛等岛屿。这里临近海洋,气候湿润,年干燥度(年最大可能蒸发量与年均降水量之比)<1,但温度由南向北递减,发育为各类森林土壤类型,自北而南依次出现的主要土壤组合是:寒冻雏形土—正常灰土、冷冻淋溶土—湿润均腐土、湿润淋溶土—潮湿雏形土、湿润淋溶土—水耕人为土、

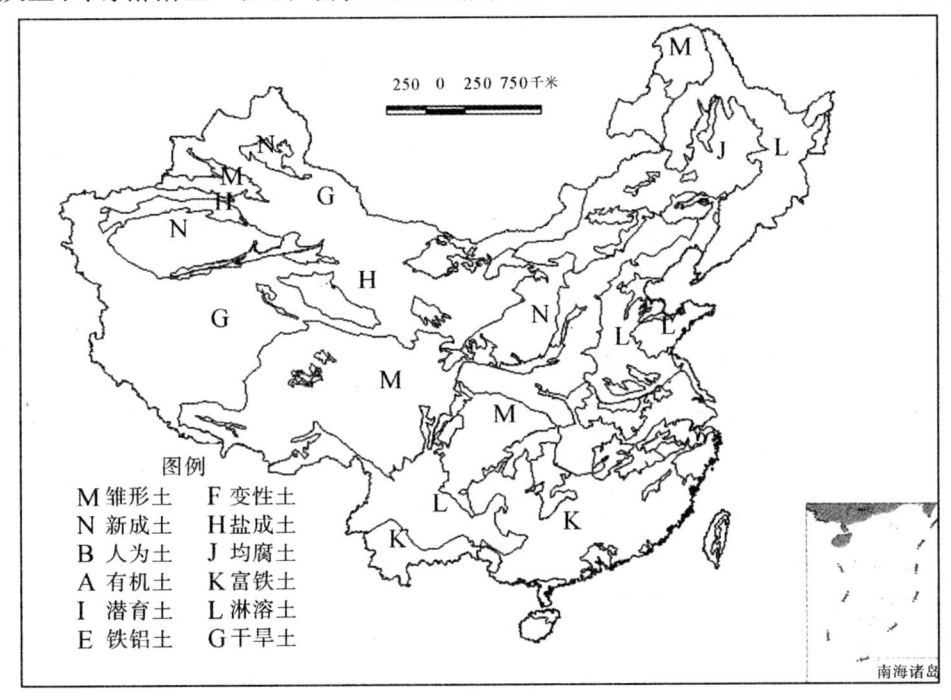

图 3-4-6　中国土壤系统分类体系中土纲的分布图

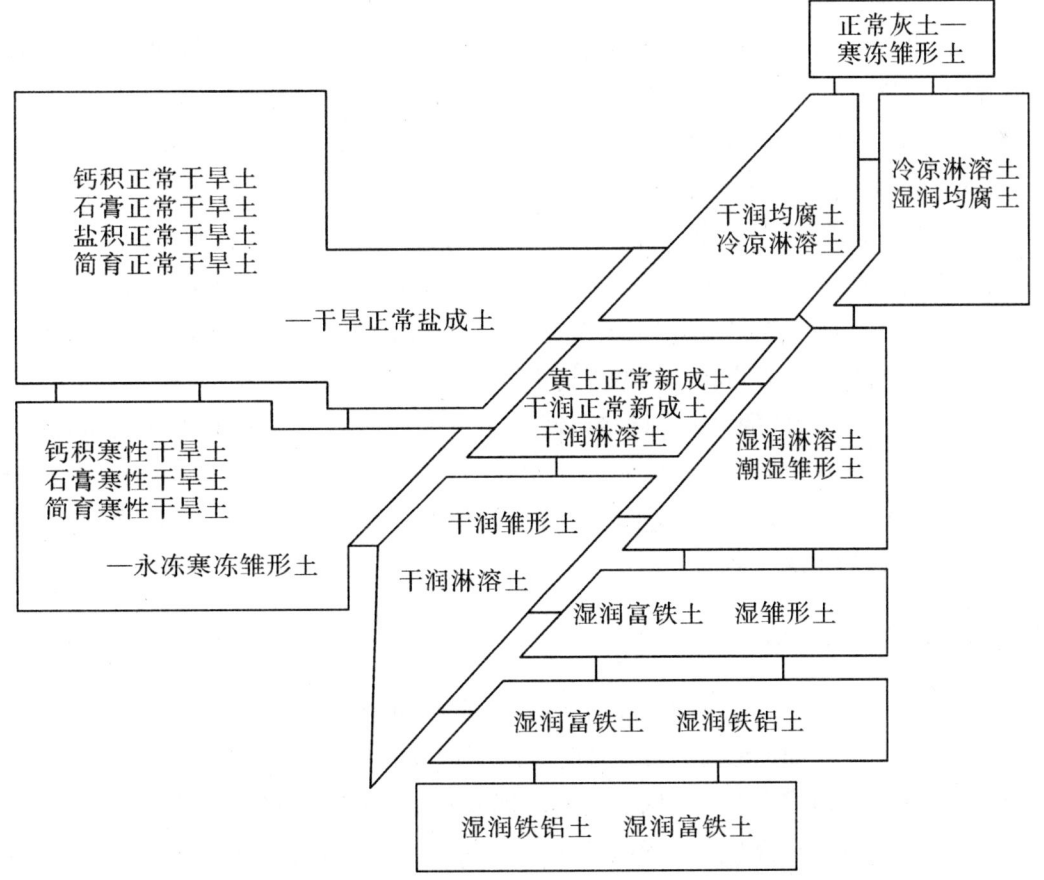

图 3-4-7　中国土壤系统分类高级单元分布格局图

湿润富铁土—常湿雏形土、湿润富铁土—湿润铁铝土、湿润铁铝土—湿润富铁土,如图3-4-6和图3-4-7所示。在这个土壤系列分布范围内,还夹杂大面积的水耕人为土(即水稻土)。这里是中国人口最集中、社会经济发展程度较高、农业林业生产高度发达的区,既有水田又有旱地,有一整套农业生产技术和管理制度。故这些土壤资源为中国提供了绝大多数的粮食、蔬菜,又是中国主要的林区。在中国南方沿海台湾岛海南岛等岛屿,还形成独特的海岛土壤系列。

2. 中国中部干润土壤系列

包括内蒙古高原东南部、黄土高原大部和青藏高原东部边缘部分地区,从东北向西南延伸,跨越接近20个纬度。这里属于温带半干旱、暖温带半湿润至半干旱气候类型,在夏季东南季风可深入这里,形成集中的降雨,使土壤遭受暂短的淋溶过程,多年平均降水量在500毫米~250毫米之间,干燥度在1.0~3.5之间;自然植被景观以草原、森林草原或灌丛森林为主,其土地利用方式以畜牧业、旱耕农业为主,即在东北段表现为农牧交错,在西南段则以旱作农业为主;其成土母质以黄土、沙黄土以及砂质风化残积物为主。在上述成土因素的综合作用下,形成了具有中国自然环境特色的干润土壤系列,即自东北向西南依次分布的主要土壤类型组合为:干润均腐土—冷凉淋溶土、干润正常新成土—干润淋溶土、干润淋溶土—干润雏形土,并夹杂旱耕人为土和灌淤人为土,如图3-4-7所示。

3. 中国西部干旱土壤系列

位于内蒙古西部—贺兰山—念青唐古拉山一线以西广大地区,包括内蒙古高原西部、宁夏、甘肃大部、新疆、青海和西藏大部分地区。根据中国自然地理(气候)中的气候区划,该地区所涵盖的气候类型区有:中温带干旱极干旱气候、暖温带干旱极干旱气候、高原寒带干旱气候、高原温带干旱极干旱气候,多年平均降水量一般不足250毫米,年干燥度>3.5;其植被景观以草原化荒漠、荒漠和沙漠、高寒灌丛荒漠等为主,土地绝大部分处于难以利用状态,部分土地利用以畜牧业和绿洲农业为特色。在上述自然成土因素的综合作用下,形成的主要土壤类型组合由北向南依次是:正常干旱土—干旱正常盐成土、寒性干旱土—永冻寒冻雏形土,其中还夹杂灌淤人为土。由于淡水资源的限制,主要依靠灌溉发展绿洲农业,没有灌溉条件的草地以发展畜牧业为宜。

在上述土壤水平分布的基本规律和模式中,不同土壤类型组合之间总是由量变到质变,逐渐地过渡,它们之间过渡的形式可归纳以下3个特点:①不同土壤类型带之间出现过渡土类,如黑钙土与栗钙土之间出现腐殖质含量相对典型黑钙土较少的黑钙土即淡黑钙土,也出现腐殖质含量相对栗钙土较多、钙化过程较弱的栗钙土即暗栗钙土,在中亚热带红壤与长江中、下游黄棕壤之间可以有黄红壤;②不同土壤类型带过渡区,不同土壤类型在空间上常呈交错分布,相互渗透;③与土壤地带中心相比,土壤地带边缘的土壤性状受母质和地形条件的影响显著,可以在不同母质和地形部位上分布着不同的土壤类型。

三、土壤的垂直分布规律

土壤的垂直分布规律是指土壤随地形高度的升(或降)依次地、有规律地相应于生物气候的变化而变化的规律。把土壤随地形高低自基带向上(或向下)依次更替的现象,叫做土壤分布的垂直地带性。土壤自基带随海拔高度向上依次更替的现象叫正向垂直地带性;反之,称为负向垂直地带性。正向垂直地带性具有普遍意义,负向垂直地带性只是在中国青藏高原等具体条件下所特有的现象。所以,通常讲的垂直地带性皆指正向垂直地带性,简称垂直地带性。

1. 土壤的(正向)垂直分布规律

正如前述,土壤的(正向)垂直地带性主要是指山麓至山顶,在不同的海拔高度处分布着不同类型的土壤。很明显,这是因为随着海拔高度的增加,山地的气候不断下降(一般每升高100米,气温下降0.65℃),自然植被也随着海拔高度的增加而变化,从而土壤的发生、分布也相应地变化。由于土壤分布的垂直地带性是在水平地带性的基础上发展起来的,所以,各个水平地带都有相应的垂直地带谱。一般说来,这种垂直地带谱由基带(即带谱的起点)土壤开始,随着山体升高依次出现一系列与所在地区向极地(或沿海)相应的土壤类型。由于山地的特殊水热条件、地形、母质的特殊性,因而所形成的山地土壤与相应的水平地带性土壤,在发生特征上又各有不同,特别是高山土壤的差异更为明显。这也决定了土壤垂直地带谱的组成,既随基带土壤类型,也随山地高度与山体形态的不同,而呈现有规律的变化:

首先,土壤垂直地带谱的组成和类型随基带不同而不同,它们既有随纬度的变化规律,也有随经度的变化规律。从中国沿海各主要山地出现的土壤垂直地带谱的对比中可以看出,从热带到温带的垂直地带谱组成皆属湿润型,并呈有规律地变化,如图3-4-8、图3-4-9所示。土壤垂直地带谱随经度的变化规律,以温带和暖温带比较明显。如在中国温带范围内,即可分出湿润型、半湿润型、半干旱型和干旱型4种垂直地带谱式。可见,土壤垂直带的基带土壤不同,亦即地理位置的不同,山地土壤垂直地带谱的组成也随之不同。在一定的水热条件范围内,出现相同的建谱土壤类型,其分布高度和带幅也发生有规律的变化。一般说来,在相似的经度上,自南而北,带谱组成趋于简单,同类土壤的分布高度逐渐降低;而在近似的纬度上,自东(沿海)向西(内陆),则带谱组成趋于复杂,同类土壤的分布高度逐渐增高。

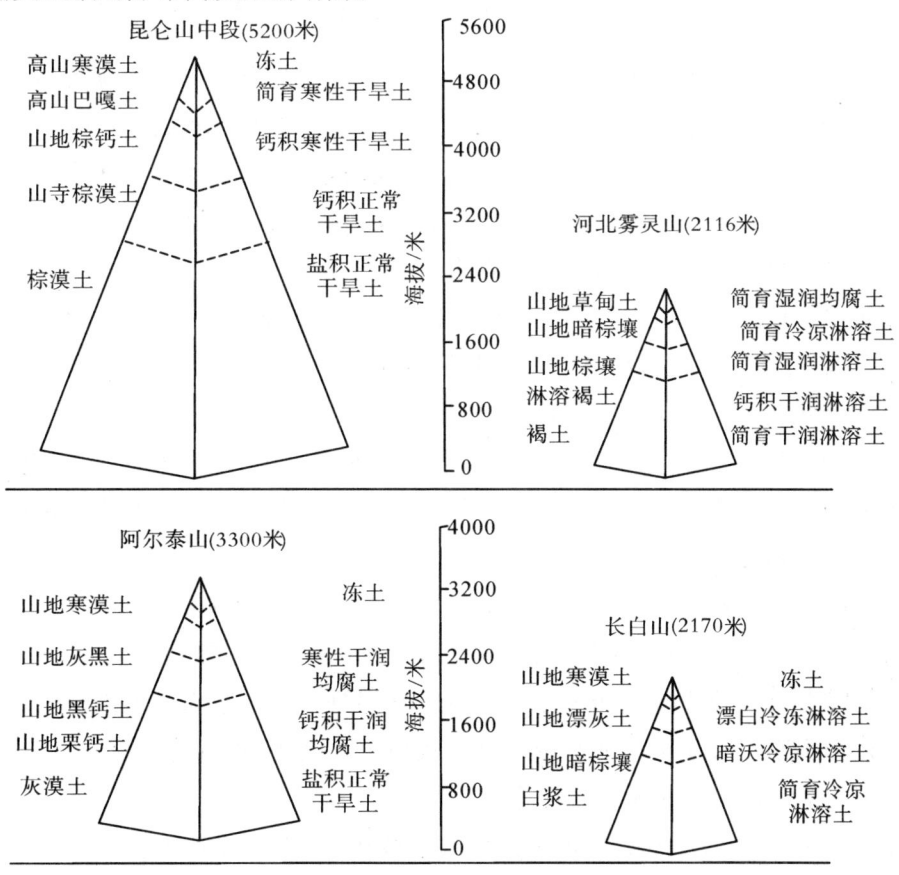

图3-4-8 中国北方温带暖温带土壤垂直分布规律示意图

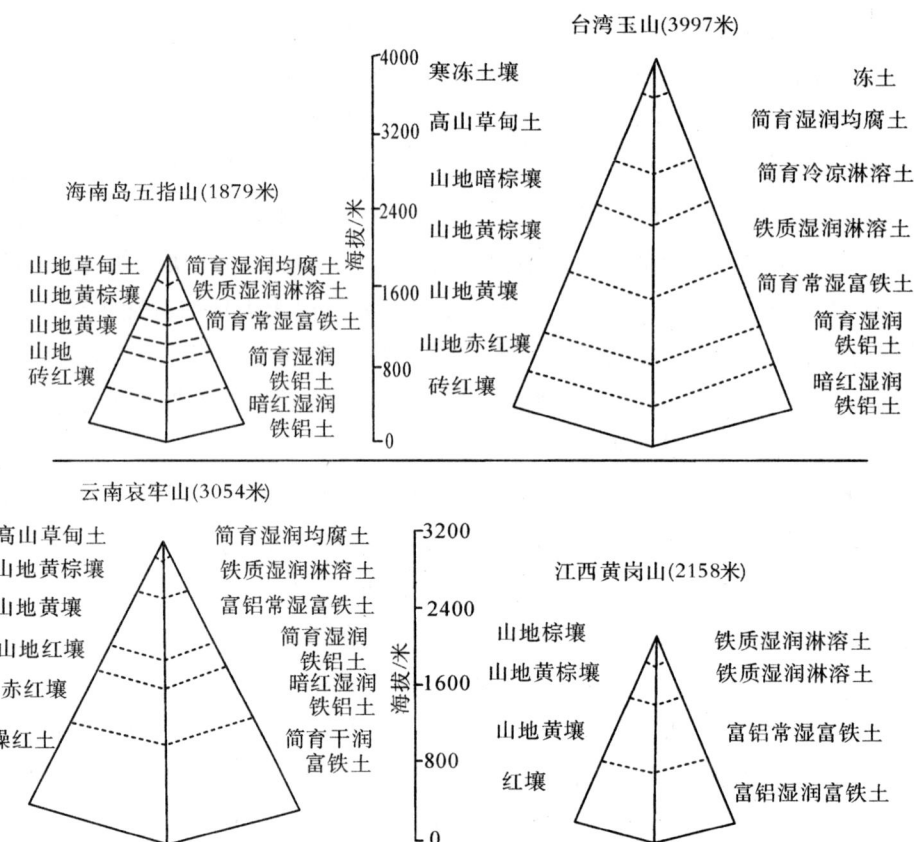

图 3-4-9　中国南方热带亚热带土壤垂直分布规律示意图

其次，山体愈高，相对高差愈大，土壤垂直地带谱愈完整，其中包含的土壤类型愈多。如喜马拉雅山脉珠穆朗玛峰为世界最高峰，从而形成最完整的土壤垂直地带谱，由基带的红壤起，经山地黄棕壤、山地酸性棕壤、山地灰化土、亚高山草甸土与高山草甸土，直达高山寒漠土与雪线。根据龚子同等（1999）的研究结果，中国各地山区出现的土壤垂直带谱类型的对比中可以看出，铁铝土地区只出现一种湿润铁铝土为基带的土壤垂直带谱，到了富铁土、淋溶土、均腐土地区，垂直结构较为多样，因而在富铁土地区出现了干润、常湿、湿润富铁土为基带的 3 种土壤垂直带谱；在淋溶土地区出现了冷凉、干润、常湿、湿润淋溶土为基带的 4 种土壤垂直带谱；在均腐土地区出现了岩性、干润、湿润均腐土为基带的 3 种土壤垂直带谱。到了干旱土、灰土地区垂直带谱又趋于简单。在干旱土地区只有寒性、正常干旱土为基带的 2 种土壤垂直带谱；在灰土地区只有腐殖、正常灰土为基带的 2 种土壤垂直带谱。可见土壤垂直结构类型的有规律出现，是主要成土过程产生的性质及其相联系的山地气候条件变化的必然反映。

第三，山体愈高，相对高差愈大，其垂直带谱也愈完整，综合利用条件也愈优越。中国珠穆朗玛峰为世界第一高峰，属于土壤垂直带谱最完整的山地，由南侧从山麓到山顶，在几十千米距离内可依次见到湿润富铁土—常湿淋溶土—正常灰土—常湿雏形土—寒冻雏形土—正常新成土。而在一般中、高山地因高度所限，土壤垂直带谱就比较简单。例如，庐山的土壤垂直分布，自下而上只有湿润富铁土—常湿淋溶土—常湿雏形土。

第四，山坡坡向对土壤垂直带谱有明显的影响。最好的例证是地跨北亚热带与暖温带呈东西走向的秦岭太白山，其基带土壤南坡属粘磐湿润淋溶土、铁质湿润淋溶土，而北坡属简育干润淋溶土和人垫旱耕人为土。除基带土壤不同外,作为主要建谱土壤的简育湿润淋溶土,其带幅虽然相差不大,但下限明显有别,南坡为海拔1300米,而北坡为海拔1500米,其上的冷凉淋溶土和常湿雏形土亦呈同样趋势。

2. 土壤的负向垂直分布规律

土壤负向垂直地带性,是指从基带土壤向下(由高原面向谷底)随生物气候变化而土壤依次变化的规律,在中国青藏高原东南部边缘区表现最为典型。负向垂直地带谱也称土壤下垂谱,主要发生在高原面的负地形(河谷)中。高原谷地中的土壤是在河流下切加深的过程中在谷坡上发展起来的。因此,河谷地段最下部的土带是不稳定的,故在高原河谷的条件下,选择比较稳定的高原面上的土壤作为垂直地带的起点,即基带,是符合发生学原则的。高原边缘区土壤下垂谱的建谱组成,还有其自身的特点。山愈高,谷愈深,愈趋低处,则愈趋干旱(这可能与自高原上下沉的气流具有焚风性质有关),在谷中往往出现一系列半干旱半湿润类型的土壤,如雅鲁藏布江谷地的灌丛草原土、云贵高原的金沙江谷地中出现的燥红土等。但若季风能随谷地进入高原,则就有比较湿润的生物气候条件下形成的土壤类型,如黄壤、棕壤等。同时也因河流经不同地带,其导入季风的能力由下游而上逐渐削弱。所以,以高原面为基点,在河谷不同地段就会出现不同的下垂谱式,而这种不同的土壤下垂谱式被一河流贯串起来,就形成特殊的负向土壤垂直地带谱。现以雅鲁藏布江谷地为例,在其大拐弯到拉孜段可明显看到,由上向下是由亚高山灌丛草甸土(棕毡土)—山地暗棕壤和灰化土—山地棕壤—山地黄棕壤—山地黄壤组成的下垂谱;溯河而上随谷地地势的增高,下垂谱中最低的山地黄棕壤已不存在,在林芝附近的下垂谱式基本上是由山地灰化土、山地暗棕壤和山地棕壤所组成;再向上溯,地势继续升高,气候趋于干旱,带谱上部的灰化土缺失,森林也逐渐过渡到灌丛草原,从朗县以上谷地中的建谱土壤只有山地灌丛草原土。由此可见,构成下垂谱的成分由下段到上段呈有规律的简化。由上述可见,土壤垂直分布既有正向的,也有负向的。研究和掌握土壤垂直分布规律,对因地制宜地发展"立体农业"具有重要意义。

3. 土壤的垂直—水平复合分布规律

土壤的垂直—水平复合分布规律是指在垂直地带基础上表现的水平分布规律,再在水平地带基础上出现的垂直分布规律。这是高原土壤地理分布的重要特点。中国青藏高原号称"世界屋脊",地势高耸,地域辽阔,土壤的垂直—水平复合分布规律表现最为明显。高原周围山地的土壤是由一系列(正向)垂直地带谱所组成;在高原面上,由南而北依次出现高山草甸土、高山草原土和高山荒漠土3个水平地带;崛起高原面上的山地则又出现了垂直带的分异,形成相对简单的垂直结构类型,即基带土壤—寒漠土—冰川雪被;在高原的谷地中又随谷地的位置、深度而有不同类型的土壤下垂谱。

四、土壤的区域性分布规律

土壤除前述主要受大气候和生物等因素制约呈连续性广域分布规律外,还受地区性或局地的地形、地质(母岩和母质)分布模式、水文地质条件、时间和人为活动等因素的影响,而这些因素往往是决定性因素。除受气候和生物因素制约外,主要受地方性因素的影响,而使土壤在地带的空间范围内,呈现不同的土壤类型系列组合和分布模式。一般称之土壤的区域性或地方性分布规律。研究地带内的土壤区域性分布规律,具有很大的实践意义。在野外观察到的土壤分布,往往都受这些规律所支配。土壤区域性分布规律主要有以下几种:

1. 土壤的中域性分布规律

(1) 地形系列　土壤分布的中域性,是指在中尺度地区范围内,主要受中地形条件影响下,地带性土类(亚类)和非地带性土类(亚类),按确定的方向有规律的依次更替的现象。中域性在不同的地带内,具有不同的性质。例如,位于褐土地带的华北平原,由太行山山麓到滨海横跨全部景观,依次出现褐土、草甸褐土、草甸土(潮土)、滨海盐土等,如图3-4-10所示;在荒漠土地带中,由山麓到盆地中心常见有灰棕漠土(或棕漠土)、草甸土、盐土等;在较小的盆地范围内,如在栗钙土地带,从高处向湖泊周围依次分布有栗钙土、碱土和盐土。显然在不同土壤地带,虽具有不同系列的土壤分布形式,但在任何地带内,地带性土壤与非地带性土壤之间都存在着这样的依次更替关系,从而表现为地带内的中域性特征。

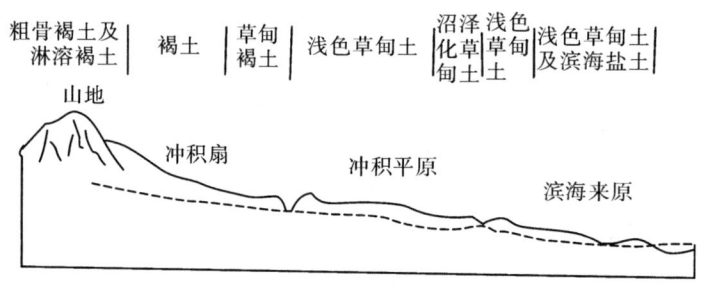

图 3-4-10　华北平原土壤分布断面图(据熊毅,1986)

(2) 地质系列中的土壤分布模式　除受中地形的影响之外,往往还表现出地质因素是决定性因素。中国四川东部平行岭谷区的土壤分布模式是一个典型的地质土壤景观模式。石灰岩或普通砂岩上代表性土壤类型是黄壤,或简育常湿雏形土;在紫色砂页岩发育为各种紫色土,或紫色湿润雏形土。土壤分布模式主要决定于地质因素。另一类似的典型土壤景观,是位于美国宾夕发尼亚中部岭谷与临近的阿帕拉契亚高原区,从岭谷和高原顶部到河谷底部地区。随地质和地形因素的变化,土壤依次出现弱发育正常灰土和不饱和淡色始成土,脆盘潮湿态成土和脆盘湿润态成土、脆盘湿润态淋溶土和弱发育湿润态成土、弱发育湿润淋溶土。

(3) 坡地地形的土壤分布模式——土链(catena)　土链系指沿坡地地形横断面分布的一组土壤,它构成一个制图单元。在景观条件类似的地方可重复出现这一基本定义,由 Milne(1935)最早提出。土链作为坡地土壤分布模式的基本解释和应用,反映了地形部位(地点)、坡度、坡形等对土壤水分状况、排水性能、土壤表层过程和对土壤形成发育的和分布模式的影响。但正如上面所述,主要影响坡地土壤类型的不是地形,而是地质因素,地质构造和母质的多样性上的土链定义就要受到限制,不再是普通性。在极端干旱和半干旱条件下,坡地的稳定特性意味着土壤年龄的变化,坡地最陡而不稳定的地方,具有成土年龄最年轻而相对发育较弱的石质土;在坡度较小的而最为稳定的地方,具有成土年龄最老发育较典型的正常土壤;在许多湿热和温暖的地区的上部沉积物,往往受过去气候和植被、人为活动的影响,干扰了土壤与地形之间的简单关系,土链土壤分布模式实际代表了它固有的和残余的混合特征。例如,北京市海淀区北安河低山—洪积扇—冲积平原土壤类型分布规律如图3-4-11所示。

从上述可知,对区域性土壤分布规律性,同样需要地形、地质和母质、气候、时间和认为活动等多因素综合分析研究入手。

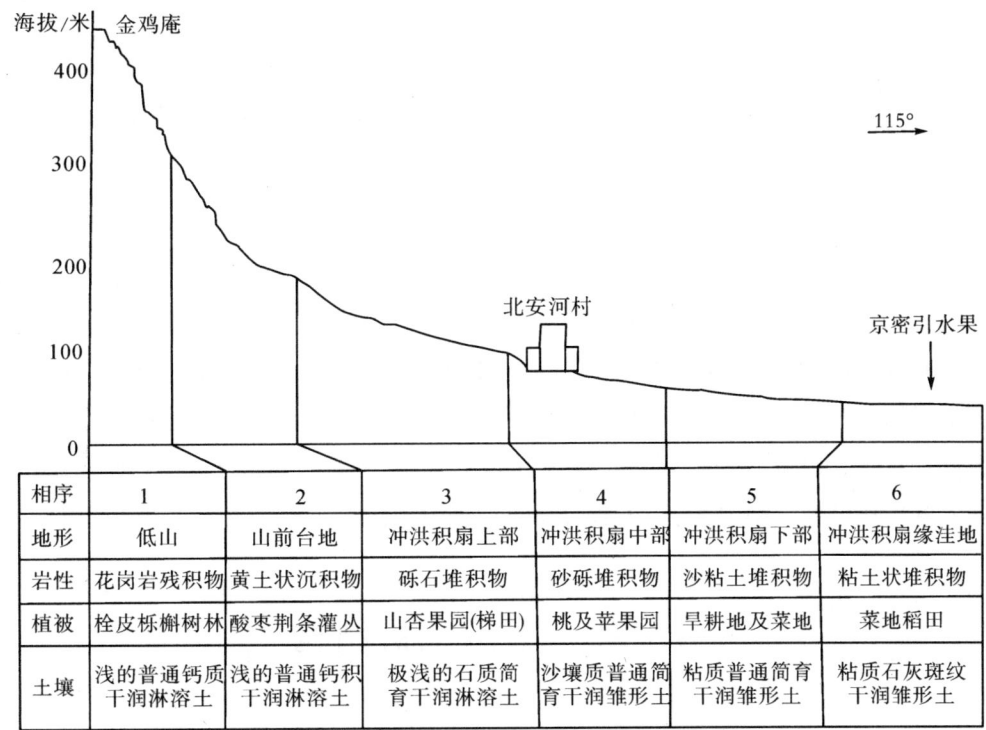

图 3-4-11 北京市海淀区北安河土链分布示意图

2. 土壤的微域性分布规律

土壤分布的微域性,是指在小地形影响下在短距离内土种、变种,甚至土类、亚类,既重复出现又依次更替的现象。例如,黑钙土地带的高地上,随着小地形的变化,往往可在相邻的平浅洼地、平地和稍微隆起的小高地上,相应地见到碳酸盐黑钙土、黑钙土、淋溶黑钙土;在黑钙土地带的低平地上,常常可以看到随着小地形的变化而出现的草甸土和盐渍土相间分布的情况;在黑钙土地带内的涝洼地上,随着小地形的变化,可以见到不同程度、甚至不同类型的盐渍土和盐化沼泽土。由上述可知,土壤的微域性分布具有变异微小而复杂的性质,只有大比例尺制图才能反映这种规律。美国阿拉斯加小地形对土壤及植物影响如图 3-4-12 所示。

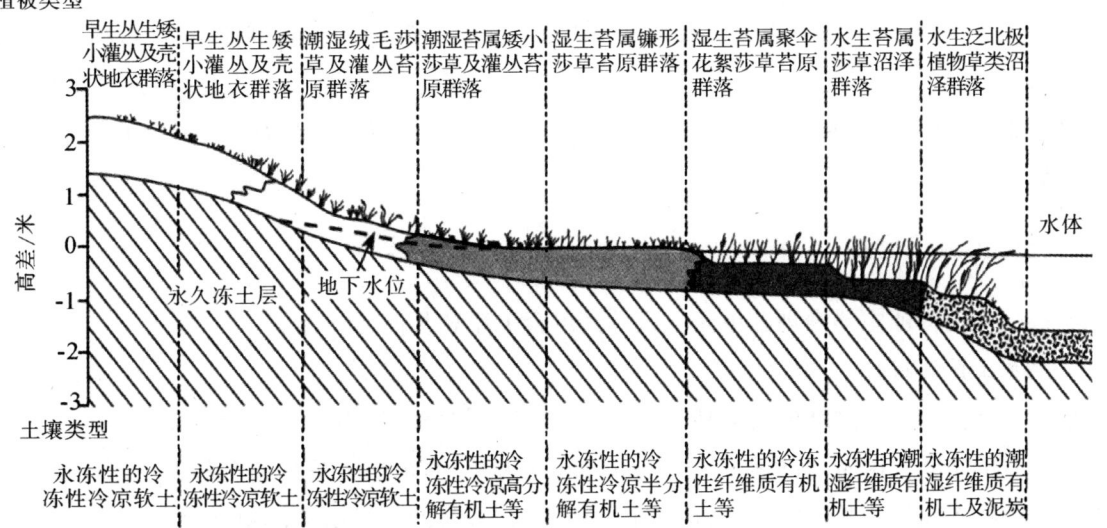

图 3-4-12 美国阿拉斯加州小地形对土壤植被分布的影响图(据 Gerrard,2000)

3. 耕种土壤的分布规律

耕种土壤的分布规律，一方面受到自然条件的影响；另一方面还受到人类活动的制约，而后者大致有以下几种规律性的表现：①同心圆式分布，即耕种土壤的分布于居民点的远近有关。一般以居民点为中心，愈近居民点，受人为影响愈强烈，土壤熟化度愈高。②阶梯式分布，一般情况下，在山岭和丘陵地土壤上垦殖时都要修筑梯田，并在不同地形部位采取不同措施，从而形成不同的耕种土壤。如长江中、下游地区的黄土丘陵，由丘顶到沟底，一次建成"岗地""田"和"冲田"，并相应形成黄土和死黄土（属黄棕壤类）、板浆白土（属水稻土类）、马肝土或青泥土（属水稻土类）等。③棋盘式分布，在平原地区，随着农田基本建设的开展，平整土地，开挖灌排沟渠，使土地逐步方整化与规格化，进而调整了原有的土壤分布，形成棋盘式分布，其土壤成分因地区不同而异。如华北平原，随着开沟排水，发展灌溉与培肥，花碱土面积迅速减少，而耕作层土壤质地通过翻砂压淤或翻淤压沙，不断的壤质化，土壤肥力不断提高，不同种类的土壤分布象棋盘状。

第二节　中国土被结构

一、土被结构的概念

陆地表面连续分布的土壤状如被覆，故也称土被。一个土壤带或土壤区范围内，土被不均一性是普遍存在的现象，也就是说，在土壤带或土壤区内，除某些主要土壤类型外，还插花分布有其他类型的土壤，这在大、中比例尺土壤图上表现尤为明显，反映出了土被的复杂性和多样性。由此可见，土被实际是土壤群体组合。不同的土壤带或土壤区不仅拥有不同的土壤类型，更拥有不同的土壤群体组合。土壤群体组合的空间格局或空间构型，简称土被结构。这种群体组合在空间的表现形式及其成分间的发生联系的规律性，是土被结构主要的研究内容。

土被结构的概念来自于西比尔泽夫的土壤复域（soil combination）。但作为土壤地理研究的一个分支，土被结构在国内外都尚处于初始阶段，没有形成一个完整的体系。从当前研究的现状和趋势分析，土被结构研究的对象主要是土壤群体，而不是个体，但个体是群体的基础，因此，土被结构主要集中研究单元土区（土壤个体）的形状、面积大小和相对比例、单元土被结构（土壤群体）及土壤群体组合成因、类型及其空间结构、不同地区土被结构类型及其在农业生产上的土地评价和土壤区划的意义等。

二、土被结构的特征

土被结构的特征主要表现在单元土区及其组合关系和几何形状方面。

1. 单元土区的特性

单元土区是组成土被结构的最基层、不能再分割的部分。相当于土壤个体或均一的土壤分类单元所占有的空间。B. M. 费里德兰德（Фридланд）认为，单元土区是在其内部无任何土壤地理界限的土壤类型单元。当然，由于土壤是一个不均一的个体，即使是最小的单元，在性质上会有某些微小的变异，故单元土区的均一性或不再分割性也是相对的。

(1) 单元土区的内容　单元土区的内容就是借以划分单元土区的土壤分类单元。由于所依据的分类单元不同,也就构成了单元土区质上的差异。一般地说,单元土区的内容不应受某一土壤分类级别的限制,它们之间的界线可以属于不同分类级别的土壤间的界线。例如,费里德兰德(1965)在研究前苏联不同地带中的单元土区时,在生草灰化土带多以弱、中、强生草灰化土作为划分单元土区的依据;在栗钙土带的草甸碱土单元土区则又以土类或亚类为内容。而在欧美文献中多以土系作为划分单元土区的内容。

(2) 单元土区的面积　单元土区的面积差异甚大,并有明显的地区变化。单元土区的平均面积可用下列公式求得

$$单元土区平均面积 = \frac{\sum_{i=1}^{n} P_i}{R}$$

式中:P_i 为各单元土区面积;R 为单元土区数目。因为各地自然条件,尤其地形条件差异颇大,土壤类型及其组合随之各异,所以,作为土被结构基础单元土区的面积也有较大的变幅,可从数平方米到几十、几百平方米,甚至上万公顷。

(3) 单元土区的形状　单元土区的形状是不规则的,如与圆形比较,则有下列3种形状:椭圆形、延长形和线型形。椭圆形单元土区的最长轴与最短轴之比不超过2,延长形两轴之比在2~5之间,而线形的两轴之比大于5。单元土区的不规则程度亦可分割衡量,其公式是

$$分割度(KP) = \frac{S}{3.54\sqrt{A}}$$

式中:S 为单元土区周长,A 为单元土区面积;3.54为将单元土区面积换算成圆周长的系数。一般来说,在地形分割轻的地区,分割度的值近于1,而随着地形分割程度的增加,这一系数的值则变大。

2. 单元土被结构的特性

一个以上的单元土区的最简单的土被结构类型,称为单元土被结构。以下关于土被结构特征、基本类型和分类系统的阐述,都是从单元土被结构着手进行分析的。

(1) 土被结构中各单元土区的地位　关于土被结构中各单元土区的地位,可以镶嵌关系和界线特点予以说明。镶嵌关系:单元土区在土被结构中必然有镶嵌的,也有被镶嵌的单元土区,又可称为背景式基础单元土区。例如,华北平原的花碱土多在砂土或两合土上形成,以沙土或两合土为背景,而其上的盐斑则为镶嵌单元土区。关于镶嵌程度,可用镶嵌系数予以表达。镶嵌系数可借用分割系数公式计算,S 可代表被镶嵌的单元土区界线长度,A 代表镶嵌的单元土区总面积,从而求得镶嵌系数,分为弱镶嵌的(镶嵌系数<2)、镶嵌的(2~4)与强镶嵌的(>4)。界线特点:单元土区的形状是不规则的,由不同单元土区构成的土被结构,或者非均一单元土区都有个界线特点问题。界线一般分为3类,即突变(ρ)、显变($я$)与渐变(n)3种。例如,在一个土被结构中有3个单元土区,其界线若 $60\rho + 20я + 20n$ 的,这就是说,突变界线占60%,显变占20%,渐变占20%。在一般情况下,平原地区以渐变者居多,丘陵山区则以突变与显变为主。

(2) 土被结构中单元土区的明显度　单元土区的明显度表示2个相邻土区的土壤分类级别差异的大小。在地形平缓的湿润地区,一般所形成的2个相邻土区,其分类级别相当,差异小,显明

度低;在侵蚀严重或干旱地区,构成单元土区的分类级别高,或者有高、有低,则差异大,明显度高。如重庆市垫江县土被结构研究中,将单元土体的分类级别明显度划分为1、0.5、0.25、0.2、0.1等5个等级,显明度1表示相邻单元土区是土类一级的差异;0.5表示相邻单元土区是亚类的差异;0.25表示相邻单元土区是土属的差异;0.2表示相邻单元土区是土种的差异;0.1表示相邻单元土区是变种的差异。一般明显度为0.2或0.1者,多为丘陵或平坦沟谷内各单元土区的差异等级。地面起伏愈大,各单元土区的明显度也增大。凡是显明度大的土被结构,其农业生产条件也较差。

(3)土被结构的复杂度 土被结构内部的复杂程度远远不是一致的,为了表达这一特性,可采用如下公式

$$复杂度(KC) = \frac{\overline{K}_P(A - S_{max})}{S \times A}$$

式中 P 为平均分割系数;S 为单元土区平均面积;A 为某一地段的总面积;S_{max} 为最大的单元土区面积。

(4)土被结构的对比系数 土被结构的对比系数是一种土被结构质量评价的概念。可由土被结构中各成分所占面积百分数,乘以各成分之评价等级,再除以简化系数求得

$$对比系数(K) = \frac{ax + by + C2 + \cdots}{20}$$

式中:a、b、c 为各种土壤所占面积(%);x、y、z 为主要土壤比较的对比等级;20 为简化系数所取的适中值。如将面积最大的壤质淋溶生草潜育土作为对比等级零级,数字愈大所代表的土壤生产性能愈差。

$$K = \frac{42.5}{20}$$

如果一个土被结构中,各种土壤的比例相近或占优势土壤,生产性能好的土壤比例也小,在用上述公式时,可不要零级。采用数字序列的评价方法,主要用相应的简化数值除之,亦可达到彼此对比的目的。但 K 值的意义与上述相反,数字愈大,土被质量愈高。这种方法也可用于一个生产单位的土被评价。

三、土被结构的基本类型

土被结构的类型决定于形成土被结构的因素。在不同地带和区域,成土条件不同,土壤群体各组成分的发生关系,各单元土区的面积和形状等也都不同,并由此构成不同的土被结构。目前,关于土被结构的分类,尚无比较公认的完整体系。但根据已有资料,从发生学角度可将土被结构分为如下3个基本类型,即复区、组合与复合。

(1)土壤复区(Soilcomplex) 土壤复区决定于微地形,不同土壤类情况下,在复区中土壤每隔3米~50米,即为另一种土壤更替,在利用上起决定作用的是整个复区,而不是个别土壤。复区类型随地带与地区不同而异,如三江平原的白浆土、草甸土与沼泽土复区;松嫩平原的碱化草甸土、盐化草甸土和草甸碱土复区;大兴安岭山前漫岗顶的黑土、沼泽化黑土与沼泽土复区;华北平原的花碱土、沙土、两合复区等。若在复区中各成分间差异小(对比性不明显),则可称变异复区,如黑钙土、淋溶黑钙土变异复区等。

2.土壤组合(soil association) 土壤中决定于中地形,是一种不均一的土被,在组合中可以看

到不同水热系列或水盐系列的土壤呈大块状更替，其发展同另一组合没有联系，每一组合具有特殊的利用途径。在土壤组合中，对比性弱者，可称变异组合，如薄层白浆土与厚层白浆土变异组合等。

（3）土壤复合　是指各土壤类型成分间的分布主要是由不同地层及母质所造成的。这种结构类型只形成于母岩类型差异不大的地段，可称变异复合。这种土壤复合和变异在中国屡见不鲜，尤其在东部湿润地区及母岩较复杂地段经常出现。

四、土被结构的空间格局

土被结构的形状与其发生过程密切相关，土被结构的发生—几何形状是土被结构的重要特征。以下就是种种发生学—几何学的主要土被空间结构类型（或空间构型）：①枝状土被结构，常与各种侵蚀地形相联系，多分布在河谷和大的峡谷，以及初级的径流中，即沿着水系的土被结构都属于这种形状，具有这种形状的土被结构在几何学上都是开放的；②扇形土被结构，该土被结构形式常见于洪积—冲积扇上，这种土被结构也是开放的；③环形土被结构，与各种低地地形（如陷穴、各类湖泊）相联系，一般来说在几何学上是相对封闭的；④线形土被结构，与堆积成因的各种线形地貌相联系，这种几何形状的土被结构都是开放的。与上述中地域地形相对应的还有阶梯形、马鞍形、条带形、条格状等土被结构型。

综上所述，土被结构的研究，不仅可以揭示土壤地理分布规律与地理发生的新内容，而且对革新土壤制图和充实土壤区划的内容也具有重要作用。通过单元土区和土被结构及其特性的研究，不仅可以表现不同的地区土壤分布的各种模式，并且可以丰富和补充地带性和非地带性分布的新内容，从而促进土被演变和土壤生态系统研究的深入。随着土被结构研究的日益深入，土被结构图在内容及其表现形式上比土壤类型图都将更为丰富和全面，这势必会促进土壤制图的革新。通过土被结构的研究，可以丰富和充实土壤区划的内容，促进其定量化，使其在生产上具有更大的指导意义。土被结构的研究对土地资源评价和土地规划具有现实意义。如重庆市垫江县1/10万土地资源图中，各土地资源类型的划分就是以单元土被结构及其组合与变异为基础的。1980年，B. M. 费里德兰德甚至将土被结构应用性分类和土地类型分类等同起来，他提出，在土被结构的应用性分类中，是根据它们的实用目的及其效果来加以划分的。这样的分类通常称为土地类型分类。

第三节　中国土壤区划

一、土壤区划的意义和原则

土壤区划就是对土壤群体进行地理区域上的划分。土壤区划工作与土壤的形成、分类、分布以及土被结构的研究密切相关，它们相互补充、相互推动，但后者往往是前者的工作基础。因此，土壤区划要求系统的总结已有的土壤科学研究成果，全面地认识土壤的发生特性、分布和生产的能力，为社会主义现代化农业服务。土壤区划常常与农业的区域特征具有一致性，土壤区划应为因地制宜地合理配置农、林、牧业,合理安排生产,持续利用土地资源,发挥土壤生产潜力,提高农业生产率提供科学依据。

土壤区划方法论的研究是完成区划任务的首要条件。席永藩、张俊民等(1959)认为,在进行土壤区划时必须考虑一下2个原则:一是土壤区划的综合性,即必须认真分析土被的结构、分布规律发生特征和生产性能,以及决定这些特征的全部自然地理因素,同时也要考虑人为农业活动的影响,使区划同时为扩大耕地面积和通过提高产量服务;二是必须强调土壤地带和农业地带的一致性,即应该把土壤和农业的地带性概念作为土壤区划的主要理论基础和高级区划单位系统划分的依据。这样可以更确切地反映出地区性的差异,特别是大区农业环境的特点,这对了解不同地区内有利和不利条件,以及因地制宜地拟定农业生产配置和采取方向性的改造措施,具有特别重要的意义。这样也就使土壤区划不仅能阐明土壤发生和演化的自然规律,而且,更重要的是在充分认识这种规律的基础上,达到能动地改造和利用土壤的目的。

二、土壤区划的单位与划分依据

根据以上原则并结合中国土壤的实际情况,中国科学院自然区划工作委员会于1959年提出了如下的区划分级系统:土壤气候带(0级)、土壤地区或亚区(一级)、土壤地带和亚地带(二级)、土壤省(三级)、土壤区(四级)、土组(五级)、土片(六级)。0级至三级是土壤区划的高级单位,四级至六级是低级单位。

1. 土壤气候带

土壤气候带(0级)是区划中最大的单位,但仅作参考的级别。它围绕大陆表面以带状形式随纬度而变化,表现出总的纬度地带性,其根据是太阳辐射和热量条件的相似性(主要是参考日均温≥10℃的积温的总和等值线)。在同一土壤气候带中,相似的热量条件对土壤形成、风化过程、植物生长以及农业发展的影响都具有相似的性质。因此,它不但具有一定的土纲群(如温带包括温带的森林土壤、草原土壤和荒漠土壤等),同时在农业上也反映一定的潜在土地自然生产力,如主要农作物的种植和复种指数具有一定程度的相似性等。中国共分为寒温带、温带、暖温带、亚热带和热带5个土壤气候带。其具体积温指标是,寒温带的南界为1700℃左右,温带的南界在东部沿海地区是3000℃~3200℃,在西部内陆地区为3200℃~3500℃,暖温带的南界为4500℃上下,亚热带与热带的分界在东部大约是7500℃(8000℃),在西部约为7000℃。

2. 土壤地区

土壤地区(一级)是土壤气候带的一部分,是按土壤气候带内土壤气候相的不同而划分的。在气候上,虽然同一土壤气候带中的各个地区在热量条件上类似,但是它们具有独特的大气特征以及相应的大陆性程度。因此,它的划分与各地区在大陆所处的地理位置,也就是离海远近有密切关系。它和土壤气候带不同,它表示出明显地总的经度地带性。在同一土壤地区内,不仅辐射和热量条件相似,而且湿润情况与大陆性程度也相似,以致对风化过程和成土过程、植物生长和农业发展的影响更具有共同性特性。在同一地区范围内,不仅具有一定的土壤水平地带性系列(如温带草原土壤系列、温带半荒漠和荒漠系列等),也具有一定的垂直地带性系列(土壤垂直带谱)。在农业生产上,不同的土壤地区可以有不同的农业经营方向(如农、林、牧业)和不同的土壤改良的方向性措施。这个单位的命名是地理名称+气候带+土壤系列名称,例如,东北东部温带森林土壤地区、华南和华中亚热带森林土壤地区等。在土壤地区的范围内,根据地区性的差异,还可分为亚地区。

3. 土壤地带

土壤地带(二级)是土壤地区的一部分,是根据土壤和农业的地带性原则来划分的。在同一地带的范围内,具有同类的水热条件、生物过程和土壤形成过程,它们不仅和特有的生物气候性(即地带性)土类、相应的隐域性土壤以及一定耕种土壤相联系,而且也和相应的自然植被类型(或植物地带)以及一定的农业发展方向、农作制度和作物组合相吻合。在同一土壤地带中,其土地生产力基本上是相同的。在某些土壤地带内还可以分出土壤亚地带。在同一亚地带中,水热状况以及植物类型或作物组成不仅一致,其划分也与一定的土壤亚类(或者是地区性的土类)相联系。这个单位即以土类或亚类来命名,如栗钙土地带、暗栗钙土亚地带等。

4. 土壤省

土壤省(三级)为土壤地带或亚地带的一部分,是按地带或亚地带内土壤气候相的不同而划分的。其土壤或成土条件的特点是与一定的干湿度、大陆性程度相联系的。因而大致随经度而呈东西方向变化。在土壤省的范围内,在土壤形成过程的现代特征、残遗特征上都有较大的一致性,同时,其农业环境条件较之地带或亚地带也更加一致。在区划系统中,可把土壤省分为平地土壤省和山地土壤省。平地土壤省是指包括一定的地带性土壤、隐域性土壤和耕种土壤所构成的土壤系列,在不同的土壤省范围内,其作为组成的比例也有一定的差异。山地土壤省和平地土壤省一样,也从属于土壤地带或亚地带,是根据相似的土壤垂直带谱类型来划分的。

5. 土区

土区(四级)为土壤省的一部分,是根据土壤、地貌原则来划分的,是平地土区的范围内具有一定的地貌发生类型或几个地貌发生类型的组合,因而也就决定了土区范围内各部分在水文和水文地质条件及成土物质等方面都有一定的发生上的连续性,在土区范围内有独特的土壤组合群。平地土区也必须有与大气候特征和植被相适应的代表部位,它也与作为组合的类型相适应。山地土区是考虑地貌结构比较一致的部分或相关的组合部分来划分的,是与山势大小、海拔高地和坡向等密切相关的,因而它是土壤垂直带的一部分。

6. 土组

土组(五级)这是土壤区范围内的一部分,只包括单一的土壤组合。土组是与一定的地貌形态组合系列及发育在不同母质上的土壤成分相联系的单一的土壤组合。

7. 土片

土片(六级)是土组范围内的一部分。是由于小地形的变化和发育在同一母质上的各种土壤具有一定的规律性的特复区。土片就是包括相似土壤复区的单位。

席承藩等(1982)根据土壤和自然景观的重点差异,而将中国分为四大土壤区域:一是富铝质土区域(或铁铝质土区域);二是硅铝质土区域;三是干旱土区域;四是高山土区域。以上作为第一级土壤区域。土壤带列为第二级土壤区划单元。土壤区是全国土壤区划的重要单元,是依据土壤组合及其有关自然条件的一致性、利用改良特征的共性划分的(见图3-4-13,表3-4-1)。

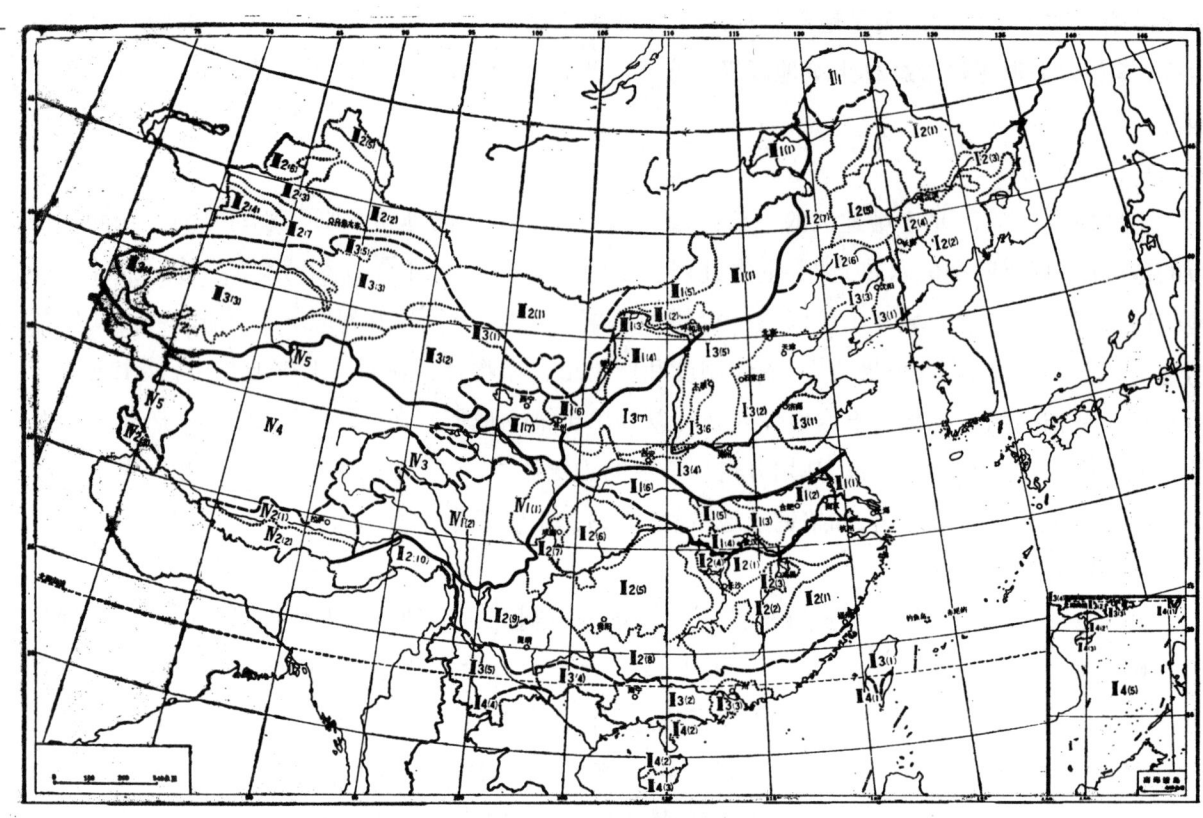

图 3-4-13　中国土壤区划（席承藩等,1982）

表 3-4-1　中国土壤区划（席承藩等,1982）

土壤区域	土壤带	土壤区
I 硅铝质土区域	I_1 大兴安岭北端灰化土（或漂灰土）带	—
	I_2 暗棕壤、黑土、黑钙土带	$I_{2(1)}$ 兴安暗棕壤、黑土区
		$I_{2(2)}$ 长白暗棕壤、暗色草甸土、白浆土区
		$I_{2(3)}$ 三江平原暗色草甸土、白浆土、沼泽土区
		$I_{2(4)}$ 松辽平原东部黑土、白浆土区
		$I_{2(5)}$ 辽河上游平原淤灌土、风沙土区
		$I_{2(6)}$ 松辽平原西部黑钙土、暗色草甸土区
		$I_{2(7)}$ 大兴安岭西部黑钙土、暗栗钙土区
	I_3 棕壤、褐土、黑垆土带	$I_{3(1)}$ 辽东、山东半岛棕壤、潮棕壤、淋溶褐土区
		$I_{3(2)}$ 黄淮海平原潮土、盐碱土、潮褐土区
		$I_{3(3)}$ 辽河下游平原潮土区
		$I_{3(4)}$ 秦岭、伏牛山、南阳盆地棕壤、淋溶褐土区
		$I_{3(5)}$ 华北山地褐土、潮褐土、山地棕壤区
		$I_{3(6)}$ 汾渭谷地潮土、褐土区
		$I_{3(7)}$ 黄土高原黄绵土、黑垆土区

续表

土壤区域	土壤带	土壤区
II 富铝质土区域	II_1 黄棕壤带	$II_{1(1)}$ 长江中下游平原水稻土区
		$II_{1(2)}$ 江淮丘陵黄棕壤、水稻土区
		$II_{1(3)}$ 大别山、大洪山黄棕壤、水稻土区
		$II_{1(4)}$ 江汉平原水稻土、灰潮土区
		$II_{1(5)}$ 襄阳谷地黄棕壤、水稻土区
		$II_{1(6)}$ 汉中、安康盆地黄棕壤、山地棕壤区
	II_2 红壤、黄壤带	$II_{2(1)}$ 江南山地红壤、黄壤、水稻土区
		$II_{2(2)}$ 江南丘陵红壤、水稻土区
		$II_{2(3)}$ 鄱阳湖平原水稻土区
		$II_{2(4)}$ 洞庭湖平原水稻土区
		$II_{2(5)}$ 四川盆地周围山地、贵州高原黄壤、石灰(岩)土、水稻土区
		$II_{2(6)}$ 四川盆地紫色土、水稻土区
		$II_{2(7)}$ 成都平原水稻土区
		$II_{2(8)}$ 桂中、黔南石灰(岩)土、红壤区
		$II_{2(9)}$ 云南高原红壤、水稻土区
		$II_{2(10)}$ 察隅、墨脱红壤、黄壤区
	II_3 赤红壤带	$II_{3(1)}$ 台湾中北部山地丘陵赤红壤、水稻土区
		$II_{3(2)}$ 华南低山丘陵赤红壤、水稻土区
		$II_{3(3)}$ 珠江三角洲水稻土、赤红壤区
		$II_{3(4)}$ 文山、德保石灰(岩)土、赤红壤区
		$II_{3(5)}$ 横断山南段赤红壤、燥红土区
	II_4 砖红壤带	$II_{4(1)}$ 台南砖红壤、水稻土区
		$II_{4(2)}$ 琼北、雷州砖红壤、水稻土区
		$II_{4(3)}$ 琼南砖红壤、山地热带黄壤区
		$II_{4(4)}$ 河口、西双版纳砖红壤、水稻土区
		$II_{4(5)}$ 南海诸岛磷质石灰土区

土壤区域	土壤带	土壤区
III 干旱土区域	III$_1$ 栗钙土、棕钙土、灰钙土带	III$_{1(1)}$ 内蒙古草原栗钙土、盐碱土、风沙土区
		III$_{1(2)}$ 阴山、贺兰山棕钙土、栗钙土、灰褐土区
		III$_{1(3)}$ 河套、银川平原灌淤土、盐碱土区
		III$_{1(4)}$ 鄂尔多斯高原风沙土、栗钙土、棕钙土区
		III$_{1(5)}$ 内蒙古高原西部灰钙土区
		III$_{1(6)}$ 黄土高原西部灰钙土、黄绵土区
		III$_{1(7)}$ 青海高原东部灰钙土、栗钙土区
	III$_2$ 灰棕漠土带	III$_{2(1)}$ 阿拉善高原灰棕漠土、风沙土区
		III$_{2(2)}$ 准噶尔盆地风沙土、灰漠土区
		III$_{2(3)}$ 北疆山前灰钙土、灰漠土、灌淤土区
		III$_{2(4)}$ 伊犁河谷灰钙土、山地黑钙土、灰褐土区
		III$_{2(5)}$ 阿尔泰山灰色森林土、亚高山草甸土区
		III$_{2(6)}$ 准噶尔西部山地棕钙土、灰色森林土区
		III$_{2(7)}$ 天山灰钙土、亚高山草甸土区
	III$_3$ 棕漠土带	III$_{3(1)}$ 河西走廊棕漠土、灌淤土区
		III$_{3(2)}$ 祁连山、柴达木盆地高山草甸土、棕漠土、盐土区
		III$_{3(3)}$ 塔里木盆地、罗布泊棕漠土、盐土区
		III$_{3(4)}$ 塔里木盆地边缘棕漠土、盐土、灌淤土区
		III$_{3(5)}$ 吐鲁番盆地棕漠土、灌淤土区
IV 高山土区域	IV$_1$ 亚高山草甸土带	IV$_{1(1)}$ 松潘、马尔康亚高山草甸土、沼泽土区
		IV$_{1(2)}$ 甘孜、昌都高原亚高山草甸土、山地灌丛草甸土区
	IV$_2$ 亚高山草原土带	IV$_{2(1)}$ 雅鲁藏布江河谷山地灌丛草原土区
		IV$_{2(2)}$ 喜马拉雅山北侧亚高山草原土区
		IV$_{2(3)}$ 西喜马拉雅山北侧亚高山草原土区
	IV$_3$ 高山草甸土带	—
	IV$_4$ 高山草原土带	—
	IV$_5$ 高山漠土带	—

龚子同等(1999)应用中国土壤系统分类对中国土壤分区进行了研究。他们认为土壤分区应遵循如下原则:①土壤组合类型的结构和功能相似;②制约或影响土壤地域的自然和社会经济条件基本相同;③改造、利用和保护土壤资源,提高土壤利用率和途径基本相同;④为解决多级分区及其应用问题,高级分区级别的土壤为基础,由上而下展开,在可分为地区、土区、亚区、土片,最后至土壤样块。其土壤分区单位系统如下:①土壤区域,是土壤分区中最大的单位,根据中国土壤组合和环境条件的重大差异概括的广域概念。每一个土壤区域,具有特定的土壤类型系列(土纲和亚纲系列)及其相应的大气候特征(由于在大气环流系统中的位置而充实的气候特点)和大的植被

类型(森林、草原、荒漠等),反映同一土壤区域内土地利用现状、农林牧各业的比例及土壤改良方向性措施(如防治盐渍化、防治土壤侵蚀和沙化、防止沼泽化与潜育化及酸性物质在土壤的积累)相同或相似。如中国东南部湿润土壤区域、中部干润土壤区域和西北部干旱土壤区域。②土壤地区,具有相同的光热水资源总量和分配特点与类似的土壤组合(土纲至亚纲),植被类型及农业发展方向、农作制度,提高土壤利用率和生产潜力的途径基本相同。如南亚热带、热带湿润铁铝土、湿润富铁地区,农田以双季稻一年三熟为主,可种椰子、咖啡、剑麻等热带作物。而中亚热带湿润富铁土、常湿雏形土地区,农田以双季稻三年五熟为主,只能种柑橘、油桐、油茶等。③土壤区,具有相似的大地貌、土壤组合(亚纲至土类)及相应的土壤肥力特点,生产配置和生产问题基本相同,土壤利用方式、综合治理途径相似。如在以平原为主体有零星丘陵山地的冲积平原地区,丘陵低山和河谷盆地交错的丘陵区,有一定连续性的低中山区。④土壤亚区,由一个或几个土片组成,具有相似中地貌特点和土壤组合(土类至亚类)。每一个亚区内,在水文、水文地质以及成土物质等方面都相似,土壤利用方式和改良措施基本相同,如平原与洼地组合、河谷平原与丘陵岗地组合、盆地底部与盆周山地组合,山区具有类似垂直结构的一群相连山地。⑤土壤片,由一个以上的土壤样块组成,具有相似的中地貌和土壤组合(亚类至土族),土壤水分、肥力水平及其上植物群落与作为轮作复种制度类同,耕作管理及改良措施相似。如平原区高中低平田组合,丘陵区岗、冲组合,山区具有完全相同垂直结构的一群相连山地。⑥土壤样块,为分区的基本单位。在同一土块范围内,具有一致小地貌,由土系构成的土壤复区,且具有相应的植物群丛或作物复种、轮、间、套制度,水肥供应能力与节律相同,应进行同样的耕作管理措施。如平原区的高平田与中平田、低平田,丘陵区的垅田与冲田,山区中地貌结构比较一致的部分或相关的组成部分。所作的全国土壤分区只完成土区以上3级,3大土壤区域和16个土壤地区和54个土区。

第四篇

中国土壤科学信息要览

- 中国土壤科学研究单位
- 中国土壤科学学术期刊
- 中国普通高校土壤学专业
- 中国土壤科学研究专家
- 中国土壤科学大事记
- 中国土壤科学主要文献

第一章 中国土壤科学研究单位

北京市

中国科学院生态环境研究中心土壤环境研究室 地址:北京市海淀区双清路18号 邮政编码:100085 网址:http://www.rcees.cas.cn/ 电话:010-62849788 传真:010-62923549 E-mail:jzhe@rcees.ac.cn hyz@rcees.ac.cn

水利部水土保持生态工程技术研究中心 地址:北京市海淀区车公庄西路20号 邮政编码:100044 网址:http://www.cswr.org.cn/ http://www.sedi.iwhr.com/ 电话:010-68786626 传真:010-68416371 E-mail:erosion@iwhr.com zuochq@sina.com

中国农业科学院土壤肥料资源高效利用国家工程实验室/土壤质量研究重点实验室 地址:北京市海淀区中关村南大街12号 邮政编码:100081 网址:http://www.iarrp.cn/SoisWeb/ 电话:010-82106203 E-mail:jcyang@caas.ac.cn hylong@caas.ac.cn

中国林业科学研究院林业研究所水土保持研究室/森林土壤研究室 地址:北京海淀区东小府1号院 邮政编码:100091 网址:http://rif.caf.ac.cn/ 电话:010-62889610 传真:010-62872015 E-mail:cjmcaf@163.com

清华大学地下水与土壤环境研究所 地址:北京海淀区清华园环境节能楼环境科学与工程系 邮政编码:100084 网址:http://env.tsinghua.edu.cn/ 电话:010-62783508 传真:010-62785687 E-mail:huanky@tsinghua.edu.cn hjx@tsinghua.edu.cn

中国农业大学土壤和水农业部重点开放实验室 地址:北京圆明园西路2号资源环境学院 邮政编码:100094 网址:http://www.cau.edu.cn/saw/ 电话:010-62732487 E-mail:deplnu@cau.edu.cn jxyj1@cau.edu.cn

中国农业大学植物—土壤相互作用教育部重点实验室 地址:北京圆明园西路2号 邮政编码:100094 网址:http://www.cau.edu.cn/psi/ 电话:010-62731326 传真:010-62731016 E-mail:zhangfs@cau.edu.cn

北京林业大学水土保持研究所 地址:北京市海淀区清华东路35号水土保持学院 邮政编码:100083 网址:http://shby.bjfu.edu.cn/ 电话:010-62338689 E-mail:yuxinxiao@bjfu.edu.cn

北京林业大学土地资源环境与肥料技术研究所 地址:北京市海淀区清华东路35号水土保持学院 邮政编码:100083 网址:http://shby.bjfu.edu.cn/ 电话:010-62338689 E-mail:yuxinxiao@bjfu.edu.cn

北京师范大学水土保持研究中心 地址:北京市海淀区新街口外大街19号地理学与遥感科学学院 邮政编码:100875 网址:http://geog.bnu.edu.cn/ 电话:010-58809959 传真:010-58806955 E-mail:baoyuan@bnu.edu.cn

北京师范大学土壤环境研究所 地址:北京市海淀区新街口外大街19号环境学院 邮政编码:100875 网址:http://env.bnu.edu.cn/ 电话:010-58805080 E-mail:liuxt@bnu.edu.cn

华北电力大学能源与环境研究院土壤及地下水环境研究中心　地址：北京市昌平区北农路2号　邮政编码：102206　网址：http：//raees. ncepu. edu. cn/　电话：010-51971370　传真：010-51971255　E-mail：weili819@ yahoo. com. cn

河北省

河北省水利科学研究院水土保持研究所　地址：河北省石家庄市泰华街310号　邮政编码：050051　网址：http：//www. waterresearch. com. cn/　电话：0311-85020598/　E-mail：hbdam@ sina. com hbsl1990@ sohu. com

河北省农林科学院农业资源环境研究所土壤资源研究室/土壤生态研究室　地址：河北省石家庄市和平西路598号　邮政编码：050051　网址：http：//www. hebnky. com/keyanjigou/zihuansuo/　电话：0311-87652141　传真：0311-87652139　E-mail：df7652141@ 163. com

山西省

山西省农业科学院农业环境与资源研究所土壤环境与养分资源山西省重点实验室/土壤与环境研究室　地址：山西省太原市北园街17号　邮政编码：030045　网址：http：//www. sxsoil. com/　电话：0351-7126726　E-mail：sxsoil@ 163. com　sxsnkytfs@ 163. com　sxsbycm@ 163. com

山西省水土保持科学研究所　地址：山西省太原市迎泽区郝家沟街99号汇隆花园　邮政编码：033000　网址：http：//www. sxsbkj. org/　电话：0358-4381303

山西农业大学土地科学研究所　地址：山西省太谷县山西农业大学资源环境学院　邮政编码：030801　网址：http：//www. zh. sxau. edu. cn/　电话：0354-6288322　E-mail：hjpsx@ yahoo. com. cn　brt@ sxau. edu. cn

内蒙古自治区

水利部草地水土保持中心(水利部牧区水利科学研究所)　地址：内蒙古呼和浩特市大学东街128号　邮政编码：010020　网址：http：//www. nmmks. com/　电话：0471-4690607　传真：0471-4951331　E-mail：yzy@ nmmks. com

内蒙古自治区水利科学研究院水土保持研究所/水保环评监测所　地址：内蒙古呼和浩特市呼伦贝尔南路7号　邮政编码：010020　网址：http：//www. nmgsky. net. cn/　电话：0471-3386210　传真：0471-6263523　E-mail：sbs0471@ 163. com　huanpingwlp@ 126. com

辽宁省

中国科学院沈阳应用生态研究所土壤生态与农业生态工程研究中心　地址：辽宁省沈阳市沈河区文化路72号　邮政编码：110016　网址：http：//www. iae. cas. cn/　电话：024-83970210　E-mail：ji. lanzhu@ iae. ac. cn　cjjin@ iae. ac. cn

辽宁省农业科学院水土保持研究所/风沙地改良利用研究所　地址：辽宁省朝阳市龙山街四段235号　网址：http：//www. laas. cn/　电话：0421-2929925　E-mail：lnytsg@ 126. com

沈阳农业大学农业部东北土壤与环境重点开放实验室/农业部东北耕地保育重点实验室/植物营养与肥料研究所/土地资源研究所　地址：辽宁省沈阳市东陵路120号土地与环境学院　邮政编码：110161　网址：http：//www. syau. edu. cn/tdyhj　E-mail：hxr@ syau. edu. cn　thtw@ syau. edu. cn

辽宁工程技术大学土地复垦与流转研究所　地址：辽宁省阜新市中华路47号博雅楼　邮政编码：123000　网址：http：//202. 199. 224. 50/gyf/　E-mail：gsxywgh@ 163. com

吉林省

吉林省水土保持科学研究院　地址：吉林省长春经济技术开发区昆山路1195号　邮政编码：130033　网址：http：//slt. jl. gov. cn/　电话：0431-84669301　E-mail：jlsbyXXh191@ 163. com

东北师范大学土地资源管理研究所　地址：吉林省长春市人民大街5268号城市与环境科学学院　邮政编码：

130024　网址：http://city.nenu.edu.cn/　电话：0431-85099550　E-mail：wangss272@nenu.edu.cn　zhaojj662@nenu.edu.cn

中国科学院黑土区农业生态重点实验室　地址：吉林省长春市高新技术产业开发区蔚山路3195号东北地理与农业生态研究所　邮政编码：130012　网址：http://www.neigae.ac.cn/　电话：0431-85542216　传真：0431-85542298　E-mail：luxg@neigae.ac.cn　songcc@neigae.ac.cn

黑龙江省

黑龙江省水土保持科学研究所　地址：黑龙江省宾县宾州镇西城街88号　邮政编码：150400　网址：http://www.hljsl.gov.cn/　电话：0451-57982425　E-mail：liulili0720@163.com

黑龙江省水利科学研究院季节冻土区工程冻土黑龙江省重点实验室　地址：黑龙江省哈尔滨市道里区机场路1234号　邮政编码：150078　网址：http://www.hljsky.gov.cn/　电话：0451-84119007/84119002　传真：0451-84119001　E-mail：hljskywel@163.com　mklnxy@public.hr.hl.cn

黑龙江省农业科学院土壤与环境研究所　地址：黑龙江省哈尔滨市南岗区学府路368号　邮政编码：150086　网址：http://221.212.126.117:8080/　电话：0451-86662295　E-mail：bfyybjb@163.com　nykx13579@sina.com

东北林业大学森林土壤研究所　地址：黑龙江省哈尔滨市动力区和兴路26号　邮政编码：150040　网址：http://dept.nefu.edu.cn/senlinzy/　电话：0451-82192756　E-mail：ygcf@nefu.edu.cn

东北林业大学盐碱地生物资源环境研究中心　地址：黑龙江省哈尔滨市香坊区和兴路26号　邮政编码：150040　网址：http://yjd.nefu.edu.cn/　电话：0451-82191402　E-mail：yanjiandi2008@163.com

东北农业大学寒地黑土资源利用与保护重点实验室　地址：黑龙江省哈尔滨市香坊区公滨路木材街59号　邮政编码：150030　网址：http://zhxy.neau.edu.cn/　电话：0451-55191170　E-mail：neaulgp@126.com

东北农业大学水土保持研究中心　地址：黑龙江省哈尔滨市香坊区公滨路木材街59号　邮政编码：150030　网址：http://sljzxy.neau.edu.cn/sysjj.asp/　电话：0451-55191502　传真：0451-55191502　E-mail：neaushuili@126.com　fuqiang100@371.net

上海市

上海市环境科学研究院固废与土壤环境研究所/上海土壤修复中心　地址：上海市徐汇区钦州路508号　邮政编码：200233　网址：http://www.saes.sh.cn/　电话：021-64085119　传真：021-64758279　E-mail：chenjie@saes.sh.cn　scsr@saes.sh.cn

上海市园林科学研究所土壤营养研究部　地址：上海市徐汇区龙吴路899号　邮政编码：200232　网址：http://www.slgri.com.cn/　电话：021-54357176　传真：021-54351199　E-mail：lvhuacankao@126.com

江苏省

中国科学院南京土壤研究所　地址：江苏省南京市北京东路71号　邮政编码：210008　网址：http://www.issas.cas.cn/　电话：025-86881114　传真：025-86881000　E-mail：jiangxin@issas.ac.cn

中国科学院南京土壤研究所土壤与农业可持续发展国家重点实验室　地址：江苏省南京市北京东路71号　邮政编码：210008　网址：http://ssa.chinalab.gov.cn/　电话：025-86881114　传真：025-86881000　E-mail：rfshen@issas.ac.cn　jmzhou@issas.ac.cn

中国科学院土壤环境与污染修复重点实验室/土壤与环境生态修复研究中心　地址：江苏省南京市北京东路71号南京土壤研究所　邮政编码：210008　网址：http://www.soilrem.ac.cn/　电话/传真：025-86881126　E-mail：ymluo@issas.ac.cn　soilrem@issas.ac.cn

中国科学院南京土壤研究所土壤利用与环境变化研究中心　地址：江苏省南京市北京东路71号　邮政编码：210008　网址：http://www.soilrem.ac.cn/　电话：025-86881114　传真：025-86881000　E-mail：zccai@issas.ac.cn　jgzhu@issas.ac.cn

中国科学院封丘农田生态系统国家野外科学观测研究站　地址：江苏省南京市北京东路71号南京土壤研究

所 邮政编码:210008 网址:http://www.soilrem.ac.cn/ 电话:025-86881114 传真:025-86881000 E-mail:jbzhang@issas.ac.cn lyzhou@issas.ac.cn

中国科学院鹰潭农田生态系统国家野外科学观测研究站/中国科学院常熟农田生态系统国家野外科学观测研究站 地址:江苏省南京市北京东路71号南京土壤研究所 邮政编码:210008 网址:http://www.soilrem.ac.cn/ 电话:025-86881114 传真:025-86881000 E-mail:bsun@issas.ac.cn

环境保护部南京环境科学研究所土壤利用与污染控制国家环境保护重点实验室 地址:江苏省南京市蒋王庙街8号 邮政编码:210042 网址:http://www.nies.org/ 电话:025-85287093 传真:025-85411611 E-mail:info@nies.org office@nies.org

江苏省水利科学研究院农村水利与水土保持研究所 地址:江苏省南京市建邺区南湖路97号 邮政编码:210017 网址:http://www.jswater.org/ 电话/传真:025-86419333 E-mail:njssks@163.com liuxiaoman_70@126.com

江苏省农业科学院资源与环境研究所 地址:江苏省南京市玄武区孝陵卫钟灵街50号 邮政编码:210014 网址:http://zhs.jaas.ac.cn/ 电话:025-84390242 传真:025-84390248 E-mail:yczhang66@sina.com

河海大学农业水土工程研究所/水土保持工程研究中心/南方地区高效灌排与农业水土环境教育部重点实验室 地址:江苏省南京市西康路1号水电馆 邮政编码:210098 网址:http://sdxy.hhu.edu.cn/ 电话:025-83786511 E-mail:sdxy@hhu.edu.cn

南京农业大学土壤有机污染控制与修复研究所 地址:江苏省南京市卫岗1号资源与环境科学学院 邮政编码:210095 网址:http://soil.njau.edu.cn/ 电话:025-84395238 E-mail:gaoyanzheng@njau.edu.cn

南京信息工程土壤生态研究所 地址:江苏省南京市浦口区宁六路219号应用气象学院 邮政编码:210044 网址:http://web3.nuist.edu.cn/dqkxxy/sy/ 电话:025-58731186 E-mail:bslt@nuist.edu.cn

浙江省

浙江省水利河口研究院水土保持研究所 地址:浙江省杭州市凤起东路50号 邮政编码:31002 网址:http://www.zihe.org/ 电话/传真:0571-86438028 E-mail:yjy@zjwater.gov.cn zjgc@zihe.org

浙江省农业科学院环境资源与土壤肥料研究所 地址:浙江省杭州市石桥路198号 邮政编码:310021 网址:http://www.zaas.ac.cn/ 电话:0571-86404207 传真:0571-86404208 E-mail:Fujr@mail.hz.zj.cn tfsszs@zaas.org

浙江大学亚热带土壤与植物营养浙江省重点开放实验室 地址:浙江省杭州市浙大路38号玉泉校区环境与资源学院 邮政编码:310027 网址:http://www.cers.zju.edu.cn/ 电话:0571-88982951 E-mail:wliu@zju.edu.cn ylhu@zju.edu.cn

浙江大学土水资源与环境研究所 地址:浙江省杭州市浙大路38号玉泉校区环境与资源学院 邮政编码:310027 网址:http://www.cers.zju.edu.cn/ 电话:0571-88982951 E-mail:wliu@zju.edu.cn ylhu@zju.edu.cn

浙江农林大学—中国科学院土壤研究所森林土壤与环境联合实验室 地址:浙江省临安市环城北路88号环境科技学院 邮政编码:311300 网址:http://et.zafu.edu.cn/ 电话:0571-63740889 E-mail:zhongxt@zafu.edu.cn hjkj@zafu.edu.cn

安徽省

安徽省/水利部淮委水利科学研究院农水与水保研究所 地址:安徽省蚌埠市治淮路771号 邮政编码:233000 网址:http://www.ahwrri.org.cn/ 电话:0552-3051566 传真:0552-3058844 E-mail:ahwrri@ahwrri.org.cn anhhf@sina.com

安徽省农业科学院土壤肥料研究所 地址:安徽省合肥市农科南路40号 邮政编码:230031 网址:http://sfi.ahas.org.cn/ 电话:0551-5149152 传真:0551-5149158 E-mail:ahtfs@sohu.com leader_aaas@163.com

安徽理工大学冻土研究所　地址:安徽省淮南市舜耕中路168号土木建筑学院　邮政编码:232001　网址:http://scea.aust.edu.cn/　电话:0554-6668737　传真:0554-6668693　E-mail:tmx@aust.edu.cn

安徽农业大学土壤肥料研究所　地址:安徽省合肥市长江西路130号资源与环境学院　邮政编码:230036　网址:http://zhxy.ahau.edu.cn/　电话:0551-5786311　传真:0551-2821390　E-mail:zhxy@ahau.edu.cn　rimaohua@ahau.edu.cn

福建省

福建省农业科学院土壤肥料研究所　地址:福建省福州市晋安区新店埔档/福建省福州市五四路247号　邮政编码:350013/350003　网址:http://www.faas.cn/dept/tfs　电话:0591-87572400　传真:0591-87572514　E-mail:fjtfs@vip.sina.com

福建农林大学水土保持研究所　地址:福建省福州市仓山区洪山桥上店路15号石仓楼林学院　邮政编码:350002　网址:http://210.34.80.217/lxy/　电话:0591-83706551　E-mail:zys1960@163.com

江西省

江西省水土保持科研所　地址:江西省南昌市青山湖南大道290号　邮政编码:330029　网址:http://www.jxiswr.com/　电话:0791-8828136　E-mail:jxsbs88@163.com　jxsbxh@163.com

江西省农业科学院土壤肥料与资源环境研究所/国家红壤改良工程技术研究中心　地址:江西省南昌市莲塘北大道1738号　邮政编码:330200　网址:http://www.jxaas.com/institute/tfs/　电话:0791-7090355　传真:0791-7090350　E-mail:tfsbgs@163.com　jxaas@126.com

南昌工程学院土壤与植物生态江西省高等学校重点实验室　地址:江西省南昌市天祥大道289号　邮政编码:330099　网址:http://science.nit.jx.cn/　电话:0791-8307912　E-mail:hbfan@nit.edu.cn

山东省

山东省水利科学研究院水土保持与生态研究所　地址:山东省济南市历山路125号　邮政编码:250013　网址:http://www.skysd.com/　电话:0531-86974348　传真:0531-86953030　E-mail:office@skysd.com　sdsbxh@163.com

山东省农业科学院土壤肥料研究所　地址:山东省济南市东郊桑园路28号　邮政编码:250100　网址:http://www.sfisaas.cn/　电话/传真:0531-88613934　E-mail:qbstsg@saas.ac.cn　nky9335@163.com

山东农业大学土壤资源山东省重点实验室　地址:山东省泰安市岱宗大街61号资源与环境学院　邮政编码:271018　网址:http://www.sdau.edu.cn/ziyuan/ceshi/　电话:0538-8243939　E-mail:zhaogx@sdau.edu.cn　zhdzz@sdau.edu.cn

山东农业大学水土综合治理规划研究所/土壤侵蚀与生态修复山东省重点实验室　地址:山东省泰安市岱宗大街61号林学院　邮政编码:271018　网址:http://www.sdau.edu.cn/linxue/shengtaishiyanshi/　电话:0538-8249902　E-mail:liuxia@sdau.edu.cn　sdzly369@163.com

青岛农业大学土壤肥料研究所　地址:山东省青岛市城阳区春阳路化学楼资源与环境学院　邮政编码:266109　网址:http://zhxy.qau.edu.cn/　电话:0532-88030461　E-mail:kongdq86@qq.com

临沂大学水土保持与环境保育山东省重点实验室　地址:山东省临沂市通达路18号化学与资源环境学院　邮政编码:276005　网址:http://stbc.lyu.edu.cn/　电话:0539-8766307　E-mail:stbc@lytu.edu.cn

河南省

黄河水利科学研究院水土保持研究所　地址:河南省郑州市顺河路45号　邮政编码:450003　网址:http://www.yrihr.com.cn/stbcyjs/　电话/传真:0371-66025352　E-mail:sxuejian@163.com

河南省水利科学研究院水土保持研究所　地址:河南省郑州市纬五路10号　邮政编码:450003　网址:http://www.hnsky.org.cn/　电话:0371-65571001/65951296　传真:0371-65571452　E-mail:office@hnsl.gov.cn　bgszxf@hnsl.gov.cn

河南省农业科学院植物营养与资源环境研究所土壤肥力与环境监测研究室/土壤资源与养分信息管理研究室
地址：河南省郑州市农业路1号　邮政编码：450002　网址：http://www.hnagri.org.cn/trfls.php/　电话：0371-65738543　E-mail：hnaas@126.com

湖北省

长江水利委员会长江科学院水土保持研究所　地址：湖北省武汉市黄浦大街23号　邮政编码：430010　网址：http://www.yrsri.cn/　电话：027-82927550　传真：027-82820003　E-mail：zhangpc@mail.crsri.cn　sun_hc@126.com

湖北省农业科学院植保土肥研究所　地址：湖北省武汉市洪山区南湖瑶苑特1号　邮政编码：430064　网址：http://www.hbaas.com/zhibaotufeiyanjiusuo/　电话：027-88430551　传真：027-88430560　E-mail：hbzts@126.com　hbnykxzz@126.com　njgw001@126.com

华中农业大学水土保持研究中心　地址：湖北省武汉市洪山区南湖狮子山街1号资源与环境学院　邮政编码：430070　网址：http://zyhj.hzau.edu.cn/　电话：027-87282152　传真：027-87288618　E-mail：wenfeng.tan@hotmail.com

华中农业大学湖北土地问题研究中心　地址：湖北省武汉市洪山区南湖狮子山街1号经济管理学院/土地管理学院　邮政编码：430070　网址：http://jm.hzau.edu.cn/　电话：027-87282679　传真：027-87282679　E-mail：master@jbr.net.cn

华中师范大学土地科学研究中心　地址：湖北省武汉市珞喻路152号城市与环境科学学院　邮政编码：430079　网址：http://ccnucity.ccnu.edu.cn/　电话：13871175279　E-mail：shshgong@sina.com　shshgong@hotmail.com

湖北大学新型肥料研究中心　地址：湖北省武汉市武昌学院路11号资源环境学院　邮政编码：430062　网址：http://zhxy.hubu.edu.cn/　电话：027-88661699　E-mail：zli@hubu.edu.cn　skysky@hubu.edu.cn

湖南省

湖南省农业科学院土壤肥料研究所（湖南省农业环境研究中心）　地址：湖南省长沙市马坡岭　网址：http://www.hnagri.com/　电话：0731-4691327　传真：0731-84691124　E-mail：hnagri@163.com　nkyb792@yahoo.com.cn

广东省

珠江水利委员会勘测设计研究院水土保持研究中心　地址：广东省广州市天河区天寿路沾益直街19号　邮政编码：510610　网址：http://www.prpsdc.com/zszj/　电话：020-87117779　传真：020-38810724　E-mail：zszj@prpsdc.com　ldh@prpsdc.com

广东省水利水电科学研究院农业水利与水保生态工程研究所　地址：广东省广州市天河区天寿路101号　邮政编码：510610　网址：http://www.gdsky.com.cn/　电话：020-38804312　传真：020-38800954　E-mail：lt@gdsky.com.cn　yghsks@21cn.com

广东省生态环境与土壤研究所（污染控制与修复研究中心、水土保持与环境生态中心、土壤与土地资源研究中心、土壤资源环境信息中心）　地址：广东省广州市天源路808号　邮政编码：510650　网址：http://www.soil.gd.cn/　电话：020-87024633　传真：020-87024123　E-mail：zxguo@soil.gd.cn　jhzhong@soil.gd.cn

广东省农业科学院土壤肥料研究所　地址：广东省广州市萝岗区科学城彩频路9号B幢12楼　邮政编码：510663　网址：http://soilfert.gdcct.gov.cn/　电话：020-22320794　传真：020-22320385　E-mail：editor@gdcct.gov.cn　market@gdcct.gov.cn

华南农业大学南方土壤与植物营养学农业部重点开放实验室/土壤农化研究中心/农业部热带亚热带土壤研究室　地址：广东省广州市天河区五山资源环境学院　邮政编码：510640　网址：http://xy.scau.edu.cn/zyhjxy/　电话：020-85280293　传真：020-85280292　E-mail：huaxli@scau.edu.cn　huaping@scau.edu.cn

广西壮族自治区

广西农业科学院农业资源与环境研究所土壤环境与生态研究室/土壤资源研究室 地址:广西南宁市大学东路174号 邮政编码:530007 网址:http://www.gxaas.net/ 电话:0771-3243866 E-mail:sfri@gxaas.net

广西大学土地资源利用规划研究所 地址:广西南宁市大学路100号农学院 邮政编码:530004 网址:http://www.gxu.edu.cn/college/nongxue/ E-mail:nxywlb2009@163.com

海南省

中国热带农业科学院土壤肥料研究中心 地址:海南省儋州市宝岛新村 邮政编码:573717 网址:http://www.catas.cn/ 电话:0898-23300496 传真:0898-23300545 E-mail:23300496@163.com catasbgs@126.com

海南省农业科学院土壤肥料研发中心 地址:海南省海口市流芳路9号 邮政编码:571100 网址:http://www.hnaas.org.cn/ 电话:0898-65313090 传真:0898-65314539 E-mail:hnhnaas@163.com

重庆市

重庆市农业科学院农业资源环境研究所 地址:重庆市九龙坡区白市驿镇农科大道 邮政编码:401329 网址:http://www.cqaas.cn/ 电话:023-65705208 传真:023-65703532 E-mail:nfnyzz@163.com

西南大学农业部紫色土生态环境重点野外科学观测试验站 地址:重庆市北碚区天生路1号资源环境学院 邮政编码:400715 网址:http://zihuan.swu.edu.cn/ 电话:023-68251249 E-mail:zihuan_b@swu.edu.cn lyzsoil_2006@126.com

西南大学农业部土壤肥力研究室/西南大学农业部土地资源研究室/水土保持规划研究所 地址:重庆市北碚区天生路1号资源环境学院 邮政编码:400715 网址:http://zihuan.swu.edu.cn/ 电话:023-68251249 E-mail:zihuan_b@swu.edu.cn lyzsoil_2006@126.com

重庆交通大学水土保持与评价研究所 地址:重庆市南岸区学府大道66号河海学院 邮政编码:400074 网址:http://www2.cqjtu.edu.cn/hhxy/ 电话:023-62652714 传真:023-62650204 E-mail:hhxl@cquc.edu.cn hhxy@cqjtu.edu.cn

四川省

中国科学院成都山地灾害与环境研究所水土保持研究室/土壤与环境研究室/盐亭紫色土农业生态国家野外科学观测试验站 地址:四川省成都市人民南路四段9号 邮政编码:610041 网址:http://www.imde.cas.cn/ 电话:028-85235869 传真:028-85222258 E-mail:wabang@imde.ac.cn bzhu@imde.ac.cn

四川省水利科学研究院水土保持与生态环境研究中心 地址:四川省成都市外西罗家碾牧电路7号 邮政编码:610072 网址:http://www.scwater.gov.cn/ 电话:028-87319520 E-mail:123poie@163.com

四川省农业科学院土壤肥料研究所 地址:四川省成都市锦江区狮子山2区 邮政编码:610066 网址:http://www.chinawestagr.com/ 电话/传真:028-84791784 E-mail:ascias@263.net

四川农业大学土地资源管理信息四川省重点实验室 地址:四川省成都市温江区东北路555号成都校区资源环境学院 邮政编码:611130 网址:http://zhy.sicau.edu.cn/ 电话:0835-2885844 传真:0835-2885822 E-mail:wcquan@sicau.edu.cn rsz01@163.com

贵州省

贵州省农业科学院土壤肥料研究所 地址:贵州省贵阳市小河区金农社区 邮政编码:550006 网址:http://www.gzaas.org.cn/ 电话:0851-3761571 E-mail:gzsxds@yahoo.cn liuzuoyi@yahoo.com.cn

云南省

云南省农业科学院农业环境资源研究所土壤肥料与农业环境研究中心 地址:云南省昆明市北郊龙头街桃园村 邮政编码:650205 网址:http://www.iaer.cn/ 电话:0871-5891333 传真:0871-5892112 E-mail:ynnkyyzx@163.com

云南农业大学土壤肥料研究所 地址:云南省昆明市北郊黑龙潭资源与环境学院 邮政编码:650201 网址:

http://zhxy.ynau.edu.cn/ 电话：0871-5227650 E-mail：tang7650@sohu.com

西藏自治区

西藏自治区农牧科学院农业研究所土壤肥料研究室 地址：西藏自治区拉萨市金珠西路130号 邮政编码：850000 网址：http://www.taaas.org/ 电话：0891-6362171 传真：0891-6863313 E-mail：ftc-taaas@taaas.org

西藏大学农牧学院土壤与植物营养自治区重点实验室 地址：西藏林芝地区八一镇学院路8号资源与环境学院 邮政编码：860000 网址：http://www.xza.cn/yxsz/zihuanxy/ 电话：0894-5822668/5822481 E-mail：caitw21@sohu.com xzzhangmin84@126.com

陕西省

中国科学院水利部水土保持研究所水土保持生态工程技术水利部研究中心 地址：陕西省杨凌区西农路26号 邮政编码：712100 网址：http://www.chinawsi.com.cn/ 电话：029-87010700 传真：029-87011354 E-mail：ysxie@ms.iswc.ac.cn gzl@ms.iswc.ac.cn

中国科学院水利部水土保持研究所区域水土保持与环境研究室 地址：陕西省杨凌区西农路26号 邮政编码：712100 网址：http://www.iswc.ac.cn/ 电话：029-87012411 传真：029-87012210 E-mail：13088958910@vip.sina.com wafe@ms.iswc.ac.cn

西北农林科技大学陕西省农业科学院土壤肥料研究所 地址：陕西省杨凌区邰城路3号资源环境学院 邮政编码：712100 网址：http://zhxy.nwsuaf.edu.cn/ 电话：029-87080055 E-mail：ljlll@nwsuaf.edu.cn wanghongwu371@163.com

西北农林科技大学旱区农业水土工程教育部重点实验室/旱区农业节水工程农业部重点开放实验室 地址：陕西省杨凌区渭惠路3号水利与建筑工程学院 邮政编码：712100 网址：http://nysgc.nwsuaf.edu.cn/hqns/ 电话：029-87092473 传真：029-87091151 E-mail：zhangfucang@tom.com sjxy208@163.com

西北农林科技大学黄土高原土壤侵蚀与旱地农业国家重点实验室 地址：陕西省杨凌区西农路26号 邮政编码：712100 网址：http://www.soil-lab.cn/ 电话：029-87012884 传真：029-87012210 E-mail：ddragon@public3.bta.net.cn huanghua@nwsuaf.edu.cn

西北大学水资源与水土保持研究所 地址：陕西省西安市长安区郭杜教育科技产业园学府大道1号城市与环境学院 邮政编码：710127 网址：http://mainpage.nwu.edu.cn/unit/uczx/ 电话：029-88308427 E-mail：chengshi@nwu.edu.cn yangxj@nwu.edu.cn

甘肃省

中国科学院寒区旱区环境与工程研究所冻土工程国家重点实验室/冻土与寒区工程研究室 地址：甘肃省兰州市东岗西路320号 邮政编码：730000 网址：http://sklfse.casnw.net/ 电话：0931-4967653 传真：0931-8271054 E-mail：wgr@lzb.ac.cn luzijian@lzb.ac.cn

中国科学院寒区旱区环境与工程研究所寒旱区水文与水土资源研究室 地址：甘肃省兰州市东岗西路320号 邮政编码：730000 网址：http://www.casnw.net/WEB_YJS_STZY/ 电话：0931-4967152 E-mail：qifeng@lzb.ac.cn Zhaowzh@lzb.ac.cn

甘肃省水土保持科学研究所 地址：甘肃省兰州市城关区东岗东路1371号 邮政编码：730020 网址：http://www.gssbs.cn/ 电话：0931-8656319 传真：0931-8497866 E-mail：gsssbs@163.com

甘肃省农业科学院土壤肥料与节水农业研究所 地址：甘肃省兰州市安宁区农科院新村1号 邮政编码：730070 网址：http://www.gsagr.ac.cn/tfs/ 电话：0931-4181460 E-mail：eduhgnay@sina.com yangsicun@sina.com

兰州大学水土保持研究设计中心/西北土壤和地下水污染控制修复技术研究中心 地址：甘肃省兰州市天水南路222号资源环境学院 邮政编码：730000 网址：http://geoscience.lzu.edu.cn/ 电话：0931-8912627 传真：0931-8912449 E-mail：wangna@lzu.edu.cn fhchen@lzu.edu.cn

兰州交通大学水土保持与资源环境研究所　地址:甘肃省兰州市安宁区安宁西路88号环境与市政工程学院　邮政编码:730070　网址:http://hgxweb.lzjtu.edu.cn/　E-mail:renjun30@hotmail.com　changq47@mail.lzjtu.cn

甘肃农业大学园林与水土保持工程规划设计研究院　地址:甘肃省兰州市安宁区营门村1号林学院　邮政编码:730070　网址:http://lxy.gsau.edu.cn/　电话:0931-7631200　E-mail:liyi@gsau.edu.cn

甘肃农业大学土壤肥料研究所　地址:甘肃省兰州市安宁区营门村1号资源与环境学院　邮政编码:730070　网址:http://zh.gsau.edu.cn/　电话:0931-7631176　传真:0931-7631741　E-mail:chen-nl@sohu.com　sungy@gsau.edu.cn

宁夏回族自治区

宁夏农林科学院农业资源与环境研究所土壤研究室/土地资源研究室　地址:宁夏银川市黄河东路590号　网址:http://www.nxaas.com/　电话:0951-6886707　传真:0951-6886710　E-mail:nxnlkxy@yahoo.com.cn　kyc5044253@sina.com

新疆维吾尔自治区

新疆农业科学院土壤肥料与农业节水研究所　地址:新疆乌鲁木齐市南昌路403号　邮政编码:830091　网址:http://www.xaas.ac.cn/　电话:0991-4514405　传真:0991-4503133　E-mail:mayanru2005@sohu.com　hlms@sina100.com

第二章　中国土壤科学学术期刊

冰川冻土　刊期：双月刊　主管单位：中国科学院　主办单位：中国地理学会、中国科学院寒区旱区环境与工程研究所　主编：程国栋　地址：甘肃省兰州市东岗西路260号　邮政编码：730000　网址：http://bcdt.westgis.ac.cn/　电话/传真：0931-4967248　E-mail：edjgg@lzb.ac.cn　shenyp@lzb.ac.cn　国际标准刊号：ISSN1007-0240　国内统一刊号：CN62-1072/P　国内邮发代号：54-29　国外邮发代号：BM440　开本：大16开　定价：35元/期　创刊日期：1979-01-01　学科覆盖包括冰川学、冻土学、水文学、地理生态学、生态经济学、寒区生物学，重点在冰冻圈的资源、环境、工程和全球变化。

干旱区研究　刊期：双月刊　主管单位：中国科学院　主办单位：中国土壤学会、中国科学院新疆生态与地理研究所　主编：张立运　地址：新疆乌鲁木齐市北京南路818号　邮政编码：830011　网址：http://www.egi.cas.cn/　电话：0991-7885364　E-mail：azr@ms.xjb.ac.cn　国际标准刊号：ISSN1001-4675　国内统一刊号：CN65-1095/X　国内邮发代号：58-37　开本：大16开　定价：20元/期　创刊日期：1984-01-01　以反映中国干旱区水、土、生物、气候4种可再生资源为主要内容。探索和揭示中国干旱区特殊自然地理环境的发生、发展、演变过程，以及国民经济可持续发展中的土壤学、生物学与环境和资源等方面的重大科学问题。

山西水土保持科技　刊期：季刊　主管单位：山西省水利厅　主办单位：山西省水土保持科学研究所、山西省水土保持学会　主编：蔡继清　地址：山西省太原市郝家沟街汇隆花园　邮政编码：030045　网址：http://www.sxwater.gov.cn　电话：0351-4397005　E-mail：sxsbkj@126.com　国际标准刊号：ISSN1008-0120　国内统一刊号：CN14-1103/TV　国内发行代号：22-93　开本：16开　定价：7.5元/期　创刊日期：1974-09-01　主要版块栏目：综合论述、试验研究、技术创新、学术天地、生态建设、科技论坛、调查思考、治理经验、监督管理、实用技术、水保人物、信息窗口。

生态环境学报（原《热带亚热带土壤》《土壤与环境》）　刊期：月刊　主管单位：广东省科学技术协会　主办单位：广东省土壤学会、广东省生态环境与土壤研究所、广东省土壤肥料总站　主编：李定强、赵其国　地址：广东省广州天河区天源路808号　邮政编码：510650　网址：http://www.jeesci.com/　电话：020-8702461　E-mail：editor@jeesci.com　国际标准刊号：ISSN1674-5906　国内统一刊号：CN44-1661/X　国内邮发代号：46-272　开本：大16开　定价：30元/期　创刊日期：1992-09-01　主要刊登国内外环境科学和环境工程、生态学和生态工程具有明显创新性和重要意义的原创性研究论文，以及对重大的科学前沿问题有独到见解和理论建树的综述和观点类文章。

水土保持通报　刊期：双月刊　主管单位：中国科学院　主办单位：中国科学院水利部水土保持研究所、水利部水土保持监测中心　主编：刘国彬　地址：陕西省杨凌区西农路26号　邮政编码：712100　网址：http://www.iswc.cas.cn　电话：029-87018442　E-mail：bulletin@ms.iswc.ac.cn/　国际标准刊号：ISSN1000-288X　国内统一刊号：CN61-1094/X　国内邮发代号：52-167　国外邮发代号：BM4721　开本：大16开　定价：10元/期　创刊日期：1981-01-01　报道内容：土壤侵蚀、旱涝、滑坡、泥石流、风蚀等水土流失灾害的现状与发展动向；水土流失规律研究、监测预报技术研发成就与监测预报结果；水土流失治理措施与效益分析；水土流失地区生态环境建设与社会经济可持续发展研究；计算机、遥感、生物工程等边缘学科新技术、新理论、新方法在水土保持科研及其实践中的应用；国内外水土流失现状及水土保持研究进展等（特约稿）。

水土保持学报　刊期：双月刊　主管单位：中国科学院　主办单位：中国土壤学会、中国科学院水利部水土保持研究所　主编：雷廷武　地址：陕西省杨凌区西农路26号　邮政编码：712100　网址：http://www.iswc.cas.cn　电话：029-87012707　E-mail：journal@ms.iswc.ac.cn　国际标准刊号：ISSN1009-2242　国内统一刊号：CN61-1362/TV　国内邮发代号：52-150　国外邮发代号：QR4722　开本：大16开　定价：25元/期　创刊日期：1987-01-01　刊登内容:主要是有关水土保持、土壤侵蚀方面的基础研究和应用研究——水土流失和荒漠化防治、土壤侵蚀(水蚀、风蚀等)过程及模型、水土流失预防监督与管理、流域植被修复与生态环境建设、区域水土保持与农业可持续发展、土地利用及退化(荒漠化、沙化、石化)与评价、土壤水分与养分的变化特征、水土保持生物与工程措施及其综合治理效益与评价、自然灾害的防治与监测,以及与之相关的交叉、边缘学科和高新技术(RS、GIS、GPS 等)在水土保持方面的最新研究成果。

水土保持研究 刊期:双月刊 主管单位:中国科学院 主办单位:中国科学院水利部水土保持研究所 主编:邵明安 地址:陕西省杨凌区西农路26号 邮政编码:712100 网址:http://www.iswc.cas.cn 电话:029-87012705 E-mail:research@ms.iswc.ac.cn 国际标准刊号:ISSN1005-3409X 国内统一刊号:CN61-1272/X 国内邮发代号:52-211 开本:大16开 定价:20元/期 创刊日期:1985-01-01 刊登土壤侵蚀、旱涝、滑坡、泥石流、风蚀等水土流失灾害的现状与发展动态;水土流失规律研究、监测预报技术研发成就与监测预报结果;水土流失治理措施与效益分析;水土流失地区生态环境建设与社会经济可持续发展研究;计算机、遥感工程、生物工程等边缘学科新技术、新理论、新方法在水土保持科研及其实践中的应用;国外水土流失现状及水土保持研究新动态等。主要栏目有土壤侵蚀、土壤资源、土地利用、西部大开发、生态环境整治等。

水土保持应用技术 刊期:双月刊 主管单位:水利部 主办单位:辽宁省水土保持研究所 主编:党福江 地址:辽宁省朝阳市龙山街4段235号 邮政编码:122000 网址:http//stbk.chinajournal.net.cn/ 电话:0421-2911717 传真:0421-2917149 E-mail:sb1532@163.com 国际标准刊号:ISSN1673-5366 国内统一刊号:CN21-1532/S 国内邮发代号:8-174 开本:大16开 定价:5元/期 创刊日期:1981-09-01 主设栏目有试验研究、流失规律、测试技术、治理措施、效益分析、综合论述、工作研究、环境评价、新技术应用、动态简讯等10余个。主题是以水土保持为中心,引进国外先进技术,面向国内水保科研及生产选题,做到"洋为中用",为水土保持建设服务。

土壤 刊期:双月刊 主管单位:中国科学院 主办单位:中国土壤学会、中国科学院南京土壤研究所 主编:赵其国 地址:江苏省南京市北京东路71号 邮政编码:210008 网址:http://www.issas.cas.cn/xscbw/tr/ 电话:025-86881236 E-mail:soils@mail.issas.ac.cn tr@mail.periodicals.net.cn 国际标准刊号:ISSN0253-9829 国内统一刊号:CN32-1118/P 国内邮发代号:28-21 开本:大16开 定价:25元/期 创刊日期:1958-10-01 以能及时反映国内外土壤科学发展的最新动向为目的,刊载土壤科学方面的学术论文、试验研究报告、文献综述、简报、科研和生产实践中的新技术、新方法、国内外考察报告等。

土壤圈(英文版) 刊期:双月刊 主管单位:中国科学院 主办单位:中国土壤学会、中国科学院南京土壤研究所 主编:沈仁芳 地址:江苏省南京市北京东路71号 邮政编码:210008 网址:http://pedosphere.issas.ac.cn/ 电话:025-86881235 传真:025-86881256 E-mail:pedosphere@issas.ac.cn rmdu@issas.ac.cn 国际标准刊号:ISSN1002-0160 国内统一刊号:CN32-1315/P 国内邮发代号:2-576 开本:16开 定价:68元/期 创刊日期:1991-02-01 主要刊登国内外土壤学领域未曾公开发表的具有坚实科学理论和实验基础与创新的最新高水平科研成果,内容包括土壤化学、土壤物理学、土壤生物与生物化学、土壤肥力与植物营养、土壤资源与利用、土壤矿物学、土壤环境与生态、土壤微生物学、土壤气体与全球变化、土壤质量与土壤修复、水土保持、盐渍土壤与治理、土壤信息与遥感技术等与生物圈、岩石圈、水圈和大气圈密切关联的土壤科学理论、实验技术及应用的学术研究论文、专题综述、研究简报等。

土壤通报 刊期:双月刊 主管单位:中国科学技术协会 主办单位:中国土壤学会 主编:张玉龙 地址:辽宁省沈阳市东陵路120号(沈阳农业大学62信箱) 邮政编码:110161 网址:http://219.238.6.204/HomePage/trtb.html 电话:024-88417948 E-mail:trtb@periodicals.net.cn xnylynzb@126.com 国际标准刊号:ISSN0564-3945 国内统一刊号:CN21-1172/S 国内邮发代号:8-15 开本:大16开 定价:25元/期 创刊日期:1957-01-01 主要刊登土壤科学及与之相关的学术论文、研究简报和文献综述等文章,内容包括土壤发生与分类、土壤地理与土壤调查、土地评价与管理、土壤质量与生态环境、土地利用与改良、土壤化学与土壤物理、植物营养与施肥、土壤侵蚀与水土保持等方面的调查和试验研究成果、专题文献评述、国内外新技术及学术研究动向等学术论文。

土壤学报 刊期:双月刊 主管单位:中国科学院 主办单位:中国土壤学会、中国科学院南京土壤研究所主编：蔡祖聪　地址：江苏省南京市北京东路71号　邮政编码：210008　网址：http://pedologica.issas.ac.cn/http://trxb.periodicals.net.cn/　电话/传真：025-6881237　E-mail：actapedo@issas.ac.cn　国际标准刊号：ISSN0564-3929　国内统一刊号：CN32-1119/P　国内邮发代号：2-560　国外发行代号：BM45　开本：大16开　定价：50元/期　创刊日期：1948-12-01　反映土壤学各分支学科有创新或有新意的、有较高学术价值的研究成果，主要刊登土壤科学及相关领域，如植物营养科学、肥料科学、环境科学、国土资源等领域中具有创造性的研究论文、研究简报、前沿问题评述与进展和问题讨论。

亚热带水土保持　刊期：季刊　主管单位：福建省水利厅　主办单位：福建省水土保持委员会、福建省水土保持学会　主编：阮伏水　地址：福建省福州市鼓楼区铜盘路6号　邮政编码：350003　网址：http://www.fjstbc.gov.cn/　电话：0591-87812785　E-mail：yrdstbc@fjstbc.gov.cn　国际标准刊号：ISSN1002-2651　国内统一刊号：CN35-1283/TV　国内邮发代号：自办发行　开本：大16开　定价：6元/期　创刊日期：1989-09-01　报道中国水土保持方针、政策、法律、法规，交流水土流失治理经验和科技成果普及水土保持科技知识等任务。开辟重要会议专栏、综述、治理与开发、试验研究、预防监督、水土保持科技动态、简讯等栏目。

植物营养与肥料学报　刊期：双月刊　主管单位：农业部　主办单位：中国植物营养与肥料学会　主编：白由路　地址：北京中关村南大街12号中国农业科学院资源与农业区划所　邮政编码：100081　网址：http://www.plantnutrifert.org/　电话：010-82108653　E-mail：zwyf@caas.ac.cn　国际标准刊号：ISSN1008-505X　国内统一刊号：CN11-3996/S　国内邮发代号：82-169　国外发行代号：1380Q　开本：大16开　定价：40元/期　创刊日期：1994-09-01　主要刊登本学科具有创造性的学术论文，新技术和新方法的研究报告、简报、文献评述和问题讨论等。具体包括土壤、肥料和作物间的关系，养分变化和平衡；各种肥料在土壤中的变化规律和配施原理；农作物遗传种质特性对养分反应；作物根际营养；施肥与环境；施肥与农产品品质；农业生物学和生物化学应用；肥料的新剂型新品种的研制、应用及作用机理；本学科领域中新手段、新方法的研究以及与本学科相关联的边缘学科等。

中国水土保持　刊期：月刊　主管单位：水利部　主办单位：黄河水利委员会　主编：李西民　地址：河南省郑州市金水路11号　邮政编码：450003　网址：http://www.swcczz.cn/　电话：0371-66022619　传真：0371-66022338　E-mail：swcc2000@sina.com　国际标准刊号：ISSN1000-0941　国内统一刊号：CN41-1144/TV　国内邮发代号：自办发行　国外发行代号：M748　开本：大16开　定价：9元/期　创刊日期：1980-08-01　本刊紧密围绕全国水土保持中心工作，贯彻水土保持方针政策，报道水土保持科技成果，推广生态建设经验，剖析监督执法案例，介绍开发建设项目生态恢复技术，探讨水土保持监测方法，普及水土保持基础知识，提供水土保持动态信息。

中国水土保持科学　刊期：双月刊　主管单位：中国科学技术协会　主办单位：中国水土保持学会　主编：王礼先　地址：北京市海淀区清华东路35号北京林业大学综合办公楼109室　邮政编码：210008　网址：http://www.sswcc.org/　电话：010-62338031　E-mail：sbxh035@263.net　国际标准刊号：ISSN1672-3007　国内统一刊号：CN11-4988/S　国内邮发代号：82-710　开本：大16开　定价：15元/期　创刊日期：2003-01-01　主要刊登有关水土保持科学的理论和技术方面的研究成果，包括水蚀、风蚀、重力侵蚀等土壤侵蚀规律，土壤侵蚀预防监测与监督管理，农业耕作与栽培措施、林草植被建设措施（含生态自我修复）、工程措施、防沙治沙及小流域综合治理，水土保持规划、设计和施工，水土保持效益评价，高新技术（3S等）在水土保持中的应用，以及林学、生态、土壤、地理等相关领域的研究报告、专题论述、综述和研究简报等。

中国土壤与肥料　刊期：双月刊　主管单位：农业部　主办单位：中国农业科学院农业资源与农业区划研究所、中国植物营养与肥料学会　主编：黄鸿翔　地址：北京市海淀区中关村南大街12号　邮政编码：100081　网址：http://chinatrfl.alljournal.net.cn/　电话：010-82108656　传真：010-82106225　E-mail：trfl@caas.ac.cn　国际标准刊号：ISSN1673-6257　国内统一刊号：CN11-5498/S　国内邮发代号：2-559　国外发行代号：BM5559　开本：大16开　定价：8元/期　创刊日期：1964-08-01　主要刊登土壤资源与改良利用，土壤生态与环境保护，植物营养与合理施肥，土壤微生物和菌种保藏，肥料介绍和制造技术，节水农业，土壤、肥料分析测试等方面的新理论、新成果、新技术及国内外最新发展动态等。辟有专题综述、研究报告、技术讲座、分析方法、经验交流、信息窗等栏目。

第三章　中国普通高校土壤学专业

北京市

中国农业大学资源与环境学院土壤和水科学系土地资源管理专业　地址：北京市圆明园西路2号　邮政编码：100094　网址：http://www.cau.edu.cn/zihuan/　电话：010-62732487/62733423　E-mail：deplnu@cau.edu.cn　jxyj1@cau.edu.cn

北京林业大学水土保持学院水土保持与荒漠化防治专业　地址：北京市海淀区清华东路35号　邮政编码：100083　网址：http://shby.bjfu.edu.cn/　电话：010-62338689　E-mail：yuxinxiao@bjfu.edu.cn

中国地质大学(北京)土地科学技术学院土地资源管理专业　地址：北京市海淀区学院路29号　邮政编码：100083　网址：http://dept.cugb.edu.cn/landsoil/　电话：010-82321807　E-mail：baizk@cugb.edu.cn　knwu@sohu.com

中国矿业大学(北京)地球科学与测绘工程学院土地资源管理专业　地址：北京市学院路丁11号　邮政编码：100083　网址：http://dcxy.cumtb.edu.cn/　电话：010-62339300　E-mail：dcxy@cumtb.edu.cn

河北省

河北农业大学城乡建设学院土地资源管理专业　地址：河北省保定市灵雨寺街289号　邮政编码：071001　网址：http://tch.hebau.edu.cn/chjian/　电话：0312-7521275　E-mail：cjhhl@hebau.edu.cn

山西省

山西农业大学林学院水土保持与荒漠化防治专业　地址：山西省太谷县山西农业大学　邮政编码：030801　网址：http://211.82.8.7/linxue/　电话：0354-6288329　E-mail：lxyyzxx@126.com

山西农业大学资源环境学院土地资源管理专业　地址：山西省太谷县山西农业大学　邮政编码：030801　网址：http://www.zh.sxau.edu.cn/　电话：0354-6288322　E-mail：hjpsx@yahoo.com.cn

内蒙古自治区

内蒙古农业大学生态环境学院水土保持与荒漠化防治专业/土地资源管理专业　地址：内蒙古呼和浩特市赛罕区新建东街275号　邮政编码：010019　网址：http://www1.imau.edu.cn/shengtai/　电话：0471-4301371　传真：0471-4300732　E-mail：stzww@imau.edu.cn

内蒙古师范大学地理科学学院土地资源管理专业　地址：内蒙古呼和浩特市赛罕区昭乌达路81号　邮政编码：010022　网址：http://210.31.176.18/Academy/Geography/　电话：0471-7383376　E-mail：baoshanhu@imnu.edu.cn

辽宁省

沈阳农业大学水利学院水土保持与荒漠化防治专业　地址：辽宁省沈阳市东陵路120号　邮政编码：110161　网址：http://www.syau.edu.cn/sl/　E-mail：sl@syau.edu.cn　jshe@syau.edu.cn

沈阳农业大学土地与环境学院土地资源管理专业　地址：辽宁省沈阳市东陵路120号　邮政编码：110161　网址：http://www.syau.edu.cn/tdyhj/　E-mail：hxr@syau.edu.cn　thtw@syau.edu.cn

辽宁工程技术大学资源与环境工程学院水土保持与荒漠化防治工程专业　地址：辽宁省阜新市中华路47号　邮政编码：123000　网址：http://202.199.224.50/zhxy/　电话：0418-3350469　E-mail：kyzhw@263.net

吉林省

吉林大学地球科学学院土地资源管理专业　地址：吉林省长春市建设街2199号　邮政编码：130061　网址：http://geo.jlu.edu.cn　电话：0431-88502278　传真：0431-88584422　E-mail：geology@jlu.edu.cn

吉林农业大学资源与环境学院学院水土保持与荒漠化防治专业　　地址:吉林省长春市新城大街道 2888 号　　邮政编码:130118　网址:http://www.jlau.edu.cn/　电话:0431-84532980　传真:0431-84533451　E-mail:jlauzs@sina.com

吉林农业大学经济管理学院土地资源管理专业　　地址:吉林省长春市新城大街道 2888 号　邮政编码:130118　网址:http://www.jlau.edu.cn/　电话:0431-84532980　传真:0431-84533451　E-mail:jlauzs@sina.com

黑龙江省

黑龙江大学农业资源与环境学院水土保持与荒漠化防治专业　　地址:黑龙江省哈尔滨市学府路 74 号　邮政编码:150080　网址:http://www.hlju.edu.cn/　电话:0451-86608661　E-mail:zsb@hlju.edu.cn

东北农业大学资源与环境学院土地资源管理专业　　地址:黑龙江省哈尔滨市香坊区公滨路木材街 59 号　邮政编码:150030　网址:http://zhxy.neau.edu.cn/　电话:0451-55191170　E-mail:howard2857@hotmail.com　neaulgp@126.com

江苏省

南京农业大学土地管理学院土地资源管理专业　　地址:江苏省南京市玄武区卫岗 1 号　邮政编码:210095　网址:http://clm.njau.edu.cn/　电话:025-8435700　E-mail:mhou@njau.edu.cn

中国矿业大学(徐州)环境与测绘学院土地资源管理专业　　地址:江苏省徐州市三环南路　邮政编码:221116　网址:http://cesi.cumt.edu.cn/　电话:0516-83591309　E-mail:flyingstudio@126.com

南京师范大学地理科学学院土地资源管理专业　　地址:江苏省南京市栖霞区文苑路 1 号行远楼　邮政编码:210046　网址:http://dky.njnu.edu.cn/　电话/传真:025-85891347　E-mail:09159@njnu.edu.cn

浙江省

浙江大学公共管理学院土地资源管理专业　　地址:浙江省杭州市浙大路 38 号玉泉校区　邮政编码:310027　网址:http://www.cpa.zju.edu.cn/　电话:0571-87953824　传真:0571-87953814　E-mail:ggyb202@zju.edu.cn

安徽省

安徽农业大学经济管理学院土地资源管理专业　　地址:安徽省合肥市长江西路 130 号　邮政编码:230036　网址:http://jgxy.ahau.edu.cn/　电话:0551-5786126　E-mail:sxhuang@ahau.edu.cn　glkxy@ahau.edu.cn

安徽师范大学国土资源与旅游学院土地资源管理专业　　地址:安徽省芜湖市九华南路花津校区　邮政编码:241003　网址:http://www.ahnu.edu.cn/site/tourism/　电话:0553-5910688　E-mail:zhangzzmt@163.com

福建省

福建农林大学资源与环境学院土地资源管理专业　　地址:福建省福州市仓山区洪山桥上店路 15 号　邮政编码:350002　网址:http://zhxy.fafu.edu.cn/　电话:0591-83789361　传真:0591-83776849　E-mail:gwang572003@yahoo.com.cn　fjcwd@21cn.com

福建农林大学林学院水土保持与荒漠化治理专业　　地址:福建省福州市仓山区洪山桥上店路 15 号石仓楼　邮政编码:350002　网址:http://210.34.80.217/lxy/　电话:0591-83706551　E-mail:zys1960@163.com

江西省

江西农业大学国土资源与环境学院土地资源管理专业　　地址:江西省南昌市昌北经济技术开发区　邮政编码:330045　网址:http://guotu.jxau.edu.cn/　电话:0791-3813884

山东省

中国农业大学烟台研究院理学院土地资源管理专业　　地址:山东省烟台市莱山区滨海中路 2006 号　邮政编码:264670　网址:http://www.cauyt.edu.cn/lgxy/　电话:0535-6923126　E-mail:lgxy@cauyt.edu.cn　caulg@126.com

山东农业大学资源与环境学院土地资源管理专业　　地址:山东省泰安市岱宗大街 61 号　邮政编码:271018　网址:http://www.sdau.edu.cn/ziyuan/ceshi/　电话:0538-8243939　E-mail:zhaogx@sdau.edu.cn　zhdzz@sdau.

edu. cn

山东农业大学林学院水土保持与荒漠化防治专业　地址:山东省泰安市岱宗大街61号　邮政编码:271018　网址:http://www.sdau.edu.cn/linxue/　电话:0538-8242216　E-mail:liuxia@sdau.edu.cn　sdzly369@163.com

青岛农业大学资源与环境学院土地资源管理专业　地址:山东省青岛市城阳区春阳路化学楼　邮政编码:266109　网址:http://zhxy.qau.edu.cn/　电话:0532-88030461　E-mail:kongdq86@qq.com

河南省

华北水利水电学院资源与环境学院水土保持与荒漠化防治专业　地址:河南省郑州市北环路36号　邮政编码:450011　网址:http://210.43.130.137/　电话:0371-69127351　传真:0371-65790279

湖北省

武汉大学资源与环境科学学院土地资源管理专业　地址:湖北省武汉市武昌珞喻路129号　邮政编码:430079　网址:http://sres.whu.edu.cn/　电话:027-68778381　传真:027-68778893　E-mail:awlin@263.net　Pangxp2002@yahoo.com.cn

华中农业大学资源与环境学院农业资源与环境(水土流失)专业　地址:湖北省武汉市洪山区南湖狮子山街1号　邮政编码:430070　网址:http://zyhj.hzau.edu.cn/　电话:027-87282152　传真:027-87288618　E-mail:wenfeng.tan@hotmail.com

华中农业大学土地管理学院土地资源管理专业　地址:湖北省武汉市洪山区南湖狮子山街1号　邮政编码:430070　网址:http://jm.hzau.edu.cn/　电话:027-87282679　传真:027-87282679　E-mail:master@jbr.net.cn

湖南省

湖南师范大学资源与环境科学学院土地资源管理专业　地址:湖南省长沙市麓山路36号　邮政编码:410081　网址:http://zhxy.hunnu.edu.cn/　电话:0731-8872377/8873030　E-mail:zhxy@hunnu.edu.cn

湖南农业大学资源环境学院土地资源管理专业　地址:湖南省长沙市芙蓉区马坡岭　邮政编码:410128　网址:http://61.187.55.45/zhxy/　电话:0731-84617803　E-mail:duanjn@hunau.net　tiebq@yahoo.com.cn

广西壮族自治区

广西师范学院资源与环境科学学院土地资源管理专业　地址:广西南宁明秀东路175号　邮政编码:530001　网址:http://www2.gxtc.edu.cn/GeoWeb/　电话:0771-3908320　E-mail:ftwwlb@163.com

重庆市

西南大学资源环境学院水土保持与荒漠化治理专业、土地资源管理专业　地址:重庆市北碚区天生路1号　邮政编码:400715　网址:http://zihuan.swu.edu.cn/　电话:023-68251249　E-mail:zihuan_b@swu.edu.cn　lyzsoil_2006@126.com

四川省

四川农业大学林学院水土保持与荒漠化防治专业　地址:四川省雅安市雨城区新康路37号校本部　邮政编码:625014　网址:http://lxy.sicau.edu.cn/　电话/传真:0835-2882338　E-mail:wlgzb@126.com

四川农业大学资源环境学院土地资源管理专业　地址:四川省成都市温江区东北路555号成都校区　邮政编码:611130　网址:http://zhy.sicau.edu.cn/　电话:0835-2885844　传真:0835-2885822　E-mail:wcquan@sicau.edu.cn　RSZ01@163.com

贵州省

贵州大学林学院水土保持与荒漠化防治专业　地址:贵州省贵阳市花溪区南校区　邮政编码:550025　网址:http://web.gzu.edu.cn/for/　电话:0851-8298015　传真:0851-3851335　E-mail:lfyu@gzu.edu.cn　gzdxlxy@163.com

云南省

云南农业大学资源与环境学院农业资源与环境专业、土地资源管理专业　地址:云南省昆明市北郊黑龙潭

邮政编码:650201　网址:http://zhxy.ynau.edu.cn/　电话:0871-5228888

云南农业大学水利水电与建筑学院水土保持及荒漠化防治专业　地址:云南省昆明市北郊黑龙潭　邮政编码:650201　网址:http://sy.ynau.edu.cn/　E-mail:ynndslsd@yahoo.com.cn

西南林业大学环境科学与工程系水土保持与荒漠化防治专业　地址:云南省昆明市白龙寺300号　邮政编码:650224　网址:http://yx.swfu.edu.cn/　电话:0871-3863101　传真:0871-3863200　E-mail:zb@swfu.edu.cn

西藏自治区

西藏大学农牧学院资源与环境学院水土保持与荒漠化防治专业、生态学专业　地址:西藏林芝地区八一镇学院路8号　邮政编码:860000　电话:0894-5822668/5822481　网址:http://www.xza.cn/yxsz/zihuanxy/　E-mail:xiaoliny66@.126.com　caitw21@sohu.com

陕西省

西北农林科技大学资源环境学院水土保持与荒漠化防治专业　地址:陕西省杨凌区邰城路3号　邮政编码:712100　网址:http://zhxy.nwsuaf.edu.cn/　电话:029-87080055　E-mail:ljlll@nwsuaf.edu.cn　txhong@hotmail.com

甘肃省

甘肃农业大学林学院水土保持与荒漠化防治专业　地址:甘肃省兰州市安宁区营门村1号　邮政编码:730070　网址:http://lxy.gsau.edu.cn/　电话:0931-7631200　E-mail:liyi@gsau.edu.cn

新疆维吾尔自治区

新疆农业大学水利与土木工程学院水土保持与荒漠化治理专业　地址:新疆乌鲁木齐市南昌路42号　邮政编码:830052　网址:http://wcc.xjau.edu.cn/　电话:0991-8762805　E-mail:xysllc@xjau.edu.cn

第四章　中国土壤科学研究专家

蔡道基(1935.6.1~　)　男,浙江省温岭市人,1957年毕业于南京农学院。农药环境毒理学专家,2001年当选为中国工程院院士。国家环境保护总局南京环境科学研究所研究员,兼任土壤与农业可持续发展国家重点实验室、国家环境保护农药环境安全评价与污染控制重点实验室、江苏省有机毒物污染控制与资源化工程技术研究中心等3个实验室的学术委员会主任。从事农用化学品对生态环境影响研究,重点研究农药的环境行为特征与生态效应。在中国创建了农药环境毒理学学科领域,建立了化学农药生态环境安全评价体系、安全评价试验准则和"国家环境保护农药环境安全评价与污染控制"重点实验室;曾对中国生态环境、农畜产品造成全国性严重污染的有机氯农药的禁用工作作出了重要贡献;"八五"与"九五"期间曾负责国家科技攻关项目6项,对中国新农药开发中对生态环境安全性预测进行了深入研究;并与国际合作防止农药对地下水污染和防止农药对水生物危害,以及制定农药安全使用标准等做了大量研究工作。发表学术论文百余篇,出版《农药环境毒理学研究》等著作6部。曾获中国科学院重大科研成果奖1项、农业部科技进步一等奖1项、国家环境保护总局科技进步二等奖2项、国家科技进步三等奖2项。

蔡典雄(1958~　)　男,上海人,比利时根特大学土壤管理与保护学院硕士生毕业。中国农业科学院农业立体污染防治与产地环境质量研究中心副主任、农业资源与农业区划研究所农业水资源利用研究室主任、研究员、博士生导师,全国旱作节水农业专业委员会副主任委员、农业部节水农业咨询专家、国际土壤与耕种学会中国分会主席、农业部洛阳旱地农业试验站站长。主要从事旱地农业、农业水资源与环境、节水灌溉施肥与水肥高效利用、节水农作制度、水土养分保持耕作、节水材料与抗旱肥料,以及精准节水与信息服务研究。提出了农业立体污染综合防治新理论,建立了中国北方旱作农区保护性耕种技术体系、主要类型旱地农田水肥耦合模式、旱地水肥胁迫下的CGR植物生长动态模型、土壤水肥调理技术、水肥耦合技术及模式、农业立体污染新概念和新成果等。主要主持国际重大基金项目、科技部、财政部、农业部和国家自然科学基金等数十个项目。在国内外发表学术论文140余篇(其中SCI论文10多篇),出版专业著作9部。获国家、省部和技术鉴定成果等各类科技进步奖10项。

蔡贵信(1941.7~　)　女,出生于四川成都,1963年于四川农学院土壤农化系毕业,1967年于中国科学院南京土壤研究所研究生毕业,1988年获澳大利亚昆士兰大学农学博士学位。中国科学院南京土壤研究所研究员。在土壤氮素的矿化和供应、农田生态系统中氮肥的损失及其对策的研究中进行了比较深入和系统的研究。用^{15}N示踪技术研究了农田中化肥氮的去向,在氨挥发和硝化—反硝化两方面进行了较为深入的工作;为了提高氮肥利用率,减少氮肥损失,研究了各种管理措施,包括氮肥用量、施用方法、施肥时期、养分平衡以及水肥管理等的影响,主要在施用脲酶抑制剂和表面膜的研究工作中作出一些贡献;先后用培育、盆栽和田间试验进行了研究,获得了一些参数,为确定氮肥的适宜用量和施用期提供了理论依据。发表论文100余篇。先后获中国科学院科学技术进步二等奖、国家科学技术进步二等奖和中国科学院自然科学奖二等奖各1项。

蔡祖聪(1958.11~　)　男,出生于浙江余姚,1982年毕业于浙江农业大学土化系,1985年和1988年在中国科学院土壤研究所分获土壤生态专业硕士和土壤化学专业博士学位,1989年~1992年在美国新泽西州立罗格斯大学环境科学系从事土壤磷素化学的博士后研究。中国科学院南京土壤研究所研究员、博士生导师,中国土壤学会常务理事。研究领域为土壤利用与环境变化,研究方向为土壤碳、氮循环与全球变化。长期与日本农业环境技术研究所、德国Brunschweig技术大学、英国贝尔法斯特女王大学、菲律宾国际水稻研究所等进行合作研究。主持国家重点基础研究发展规划项目(973)、国家自然科学基金面上项目、中国科学院知识创新工程重大项目等多项。发表学术论文170余篇,其中SCI收录论文50篇,参与编写中英文专著7部。曾获中国科学院自然科学奖二等奖2次、江苏省科学技术进步奖一等奖2次。

陈华癸(1914.1.11~2002.11.19) 男,原籍江苏昆山,出生于北京。1935年毕业于北京大学生物系,1939年获英国伦敦大学哲学博士学位。中国微生物学家和高等农业教育家,土壤微生物学的主要奠基人,1980年当选为中国科学院(生物学部)院士。曾任北京大学农学院教授、土壤系主任,武汉大学农学院农业化学系主任,华中农业大学教授、土壤及农业化学系主任、院长,中国科学院武汉病毒研究所研究员,国务院学位委员会委员、中国科协委员、中国农学会副会长、中国微生物学会副理事长、中国土壤肥料研究会理事长等。其学术活动着力于农业生产、土壤肥力和微生物活动的交叉点上,主要体现在共生固氮和土壤微生物对土壤中植物营养元素的转化作用这两方面。首次阐明了根瘤组织的大小和持续时间与共生固氮有效性的关系、首次发现紫云英根瘤菌的属——寄生属性,为紫云英根瘤菌在农业中的利用奠基了基础;开创了水稻田绿肥耕作制并对水稻田耕层土壤中优势微生物的种类起主导作用的论点;发现了严格厌气亚硝酸细菌,对研究自然界氮的转化有重要意义;为长江流域及长江以南扩大双季稻种植紫云英绿肥提供了科学基础和应用技术;率先将中国根菌的研究引入分子生物学领域。出版专著《土壤微生物学》《微生物学》等。曾获得科技进步一等奖。

陈怀满(1939.12~) 男,1965年毕业于南京大学化学系,1982年获国际水稻研究所/菲律宾大学理学硕士学位,1985年获中国科学院南京土壤研究所理学博士学位。中国科学院土壤研究所研究员、博士生导师。致力于环境化学学科领域的科研与教学工作。20世纪60年代主要从事中国科学院718任务组的除莠剂和落叶剂的化学行为及毒性和解毒措施的研究,为国防建设作出了贡献;70年代主要从事离子选择性电极的研制及其在国防、土壤、医学和环境科学与工程等方面的应用研究;80年代至今主要从事环境保护与土—水—植物系统中的污染化学、环境质量、环境容量,矿区生态环境整治、环境监测、污染环境的防治与修复等研究。参加完成了多项国家攻关、国家自然科学基金等项目,取得了系统地学术成就。在国内外发表科学论著150余篇;主要著作有《土壤—植物系统中的重金属污染》《土壤中化学物质的行为与环境质量》《21世纪环境科学:环境土壤学》等。曾获中国科学院自然科学二等奖。

陈恩凤(1910.12.20~2008.6.7) 男,出生于江苏句容,1933年毕业于金陵大学农学院,1938年在德国获博士学位。著名土壤学家、教育家。历任中央地质调查所土壤研究室技师、中国地理研究所副研究员、复旦大学教授、沈阳农业大学校长、中国科学院林业土壤研究所研究员、国务院学位委员会学科评议组成员、辽宁省政协副主席。长期从事土壤科学的教学和科研工作,在土壤地理、土壤改良和土壤肥力方面有重要贡献。提出以水肥为中心改良盐碱土的综合措施;对土壤肥力与酶活性关系、有机肥的改土作用、深耕的适宜深度及将土壤微团聚体组成作为评价和提高土壤肥力水平的综合指标等进行了深入研究。著有《水土保持学概论》《中国土壤地理》等著作,主要学术论文有《农业土壤的形成与分类问题》《耕翻深度与耕层的层次发育》《草甸棕壤区耕作土壤的层次发育及其肥力特征》《土壤肥力实质的探讨》等。

陈文新(1926.9.23~) 女,湖南浏阳人,1952年毕业于武汉大学农学院土化系,1958年在前苏联季米里亚捷夫农学院获副博士学位。土壤微生物学家,2001年当选为中国科学院院士。中国农业大学生物学院教授,国际根瘤菌、土壤杆菌分类分委会委员。主要从事土壤微生物学与细菌分类学教学和科学研究。完成国家科委、国家自然科学基金委一系列面上项目、"八五""九五"重点项目以及中国欧共体合作项目等多项,在根瘤菌资源分类和系统发育方面取得了瞩目成就。参加并组织了全国32个省、市不同生态条件下各种豆科植物根瘤菌资源调查,新发现可以结瘤的豆科植物300多种、根瘤菌新属2个、新种11个,发现一批抗逆性强、耐酸、碱、盐、高温、低温性强的珍贵根瘤菌种质资源,已建成目前国际上菌株数量最大、性状信息最丰富的根瘤菌数据库。近年来将优良豆科植物与根瘤菌共生体系引入到中国西部大开发的事业中。在国内外学术刊物上发表论文80多篇,其中10多篇被SCI收录。先后获农业部部级科技进步一等奖2项、国家教委科技进步二等奖2项、农业部优秀教材一等奖1项、国家自然科学二等奖1项。

程学达(1913.9.13~1987.7.17) 男,出生于安徽省怀宁县,1937年毕业于南通学院农业化学系。土壤肥料学家,浙江省土壤肥料研究所的创建人之一。浙江省农业科学院土壤肥料研究所所长、研究员,历任浙江省农业改进所技士兼农化股股长、浙江大学农学院讲师、南通学院副教授、浙江省实业厅农业技术改进所技正兼土壤农化系主任、浙江省农业科学研究所工程师兼土壤农化系主任、副所长等。对红壤改良和开发利用有重要建树。提出改造低产田的配套技术措施,强调有机肥和化肥的配合施用,积极提倡发展绿肥,"以磷增氮,以氮增粮",为浙江省农业生产作出了重要贡献;积极创导"以磷增氮"和"南萍北移";立足当地资源,研究石灰氮肥的肥效和施用技术,提出迅速把化肥研究的重点转移到钾肥的肥效和有效施用条件的研究上来,提出了增施钾肥将成为提高作物产量、改善品质的重要措施之一。对浙江省农业种植制度的改进也做了大量工作,参与了耕作制度调查和规划,对确立一年三熟和二年五熟种植制、冬季绿肥在种植中的地位和意义起到建设性作用。主要著述有《红土的改良》《积肥法》《浙江土壤志》等。

邓良基(1957.11~) 男,四川泸县人,1981年四川农业大学农化系土壤农化专业毕业,1986年获西德波恩大学农学院土壤所硕士学位。现任四川农业大学党委书记、教授、博士生导师,四川土壤肥料学会理事长、四川省土地学会副理事长,四川农业农村发展研究中心主任。长期从事土壤学、土地资源学、土地利用管理学、农业信息技术等方面的教学和科研工作,先后主持和参加完成了"梁平县土地利用现状调查研究""四川土壤生产问题分区""农业专家系统的开发利用研究"等50多项省、地、厅、委研究课题。对高原山区土地资源调查方法、地类转化规律、川渝地区土壤可蚀性、四川土壤生态环境条件与稻米品质之间的相关性、专题地图的数学基础、信息农业、农业专家系统、土壤资源信息系统及农业资源信息系统等方面进行了卓有成效的研究。发表学术论文100余篇,撰写专著5本。获省级优秀教学成果一等奖1项,省部级科技成果一等奖1项、二等奖2项、三等奖3项,厅局级一二三等奖8项,省级科技进步特等奖1项,首届侯光炯科技先河奖,国家星火先进科技工作者荣誉称号。

邓植仪(1888.6.11~1957.10.18) 男,广东东莞人,1909年~1914年在美国加利福尼亚州立大学学习,后转威斯康星大学攻读土壤学,获硕士学位。著名农业教育家、土壤学家,中国现代高等农业教育的开拓者和土壤科学奠基人之一。历任广东大学农科学院教授、院长,中山大学农学院教授,广西实业院院长、农务局副局长,中山大学教授、教务长、农学院院长、研究院土壤学部主任,广东土壤调查所所长,华北农业科学研究所研究员,中国农业科学院研究员,华南农业科学研究所研究员。毕生从事农业教育和土壤研究事业,对全国土壤的类型进行了认真的普查、研究,对土地的利用和农业发展作出了重要贡献。组织对广东省94个县的农业概况开展调查研究,对广东蚕丝、蔗糖和化肥进行专题调查,对欧洲、美国、南洋农业与农业教育进行考察,还为发展西北农业献计献策。主要代表作有《广东农业概况调查报告书》《发展我国西北农业之管见》《广东土壤提要初集》《沿滇缅公路考察昆明至大理间农林及土壤概况报告》等。

傅焕光(1892.2.1~1972.11.10) 男,江苏太仓人,1915年毕业于上海南洋公学,同年由政府公费派送菲律宾大学森林管理科学习,又转农科选读,1918年回国。著名林学家和水土保持学家,中国水土保持科学研究的主要奠基人之一,水土保持事业的开拓者。历任江苏省立第一农业学校校长、江苏省第一造林场场长,重庆国民政府经济部农林司技术科科长、农林部林业司造林科科长,南京国民政府农林部中央林业实验所副所长兼水土保持系主任、中山陵园管理处处长,华东行政委员会农林部林业总局副局长,安徽省林业科学研究所副所长等。曾开创早期的中国土壤侵蚀试验研究工作,组建开创中国早期的水土保持实验区,提出了比较系统的水土保持治理措施,为水土保持事业作出了重要贡献。主要著述有《提倡造林以弭苏省水灾》《水土保持与水土保持事业》《石质山地造林技术》《淮北石灰岩山区树木初步观察》《傅焕光文集》等。

龚子同(1931.10.14~) 男,出生于江苏省海门县,1954年浙江农学院农学系毕业,1966年前苏联沃龙涅什大学生物土壤系研究生毕业。土壤学专家。南京土壤研究所研究员、博士生导师。长期致力于土壤的发生、分类和利用改良的研究。提出以诊断层和诊断特性为基础的土壤系统分类,这是中国土壤分类由定性向定量的转变,其中人为土的分类被世界土壤分类组织所接受,成为国际土壤分类的一部分;率先以地球化学的观点,论述了中国土壤和风化壳的发生演化过程,编制了中国第一幅土壤地球化学图,并探讨其与土壤肥力和人、畜健康的关系。在国内外包括SCI杂志上发表有关文章200余篇,专著10余部,主要著述有《中国土壤系统分类——理论·方法·实践》《华中亚热带的土壤》《西沙群岛土壤和鸟粪磷矿》《我国境内成土风化壳的地球化学类型》等。先后获国家和省(部)级奖励17项。

关君蔚(1917.5.23~2007.12.29) 男,辽宁省沈阳市人,满族,1941年毕业于日本东京农工大学林学科,获技术士学位。1995年当选为中国工程院院士,林学和水土保持学家,水土保持学教育和学科的奠基者。北京林业大学教授、博士研究生导师,中国科学院林业土壤研究所研究员。长期致力于中国水土保持、防护林体系的教学和科研,创办了中国高等林业院校第一个水土保持专业和水土保持系,建立了具有中国特色的水土保持学科体系。长期深入实际,在山区建设、泥石流治理、防护林体系理论基础等研究领域取得了重要成果,指导了生产实践,为中国水土保持事业的发展作了突出的贡献。承担华北地区山地利用和水土保持等国家重点攻关项目和课题。曾参加冀西、永定河、豫东、华北5省区和中国科学院综合考察委员会等组织防护林和治沙方面的考察、区划、规划、设计施工工作;从事泥石流的研究30多年,在泥石流的预测预报方面有所突破。主要著述有《水土保持学》《水土保持原理》《山区建设和水土保持》《中国西南的水土保持问题》《"三北"防护林体系建设工程》等。曾获全国科学大会奖、国家科技二等奖、林业部科技进步一等奖。

郝晋珉(1960~) 男,1982年毕业于山西农业大学土化系,1985年获北京农业大学土化系硕士学位,1988年获北京农业大学土化系博士学位。中国农业大学资源与环境学院教授、博士生导师,中国农业大学研究生院常务副院长、学位委员会副主席,曾任中国农业大学资源与环境学院副院长、科研处处长。从事土地利用规划、土地评价(估价)、土壤改良与利用、区域治理与可持续发展研究。曾参加或主持"浅层咸水型盐渍化地区综合防治配套技术和效益研究""盐渍化改造区高效持久综合农业发展的优化决策和综合技术研究""黄淮海平原高产区优质高效农业结构模式与技术研究""黄淮海平原综合治理与高效持续农业发展""中低产田治理与区域农业综合发展研究"等国家科技攻关专题、国家科技攻关重点课题、国家重点攻关项目、国家自然科学基金、国家"863"课题、教育部跨世纪人才基金、农业部丰收计划项目等20余项和多项区域规划项目。著有《浅层咸水型盐渍化低产地区综合治理与发展》《盐渍化改造区农业持续综合发展》《农业—农村可持续发展研究与实践》《土地利用规划》《土地利用控制》《迷人的生态世界》《中国荒漠化与农业可持续发展》等著作多部,发表论文40余篇。曾获国家科学技术进步二等奖、农业部科技进步二等奖、教育部科学技术进步二等奖、国家重点科技攻关计划优秀科技成果奖、中国高校科学技术奖等。

何园球(1955.7~) 男,出生于湖北浠水县,1982年毕业于华中农业大学农学系。中国科学院南京土壤研究所研究员、博士生导师,中国土壤学会副秘书长,江西省生态学会副理事长。长期从事红壤资源调查、红壤养分和水分循环、红壤农业生态系统结构、功能与优化模式、红壤质量退化与防治、红壤生态技术的组装和优化以及红壤的改良和利用等方面的研究;1998年以后,主要从事红壤肥力演化过程与机理、养分平衡与评价、水肥耦合对土壤磷素有效性的影响以及红壤水分、养分管理、红壤农业生态系统结构、功能和优化模式、红壤退化以及红壤的改良和利用等方面的研究。主持国家"973"项目课题1项,完成国家基金2项、重大基金二级课题1项、重点基金二级课题1项,参与国际重大课题1项,目前研究项目有国家重点基础研究发展规划项目、中国科学院知识创新重点工程项目等国家和省部级科研课题。在国内外学术期刊上发表论文130多篇,主编《红壤生态系统研究》等论文集共7部,出版《红壤质量演变与调控》和《红壤地区有机食品的生产与管理》专著2部。获得国家与院(省)自然科学与科技进步奖等奖励8项。

侯光炯(1905.5.7~1996.11.4) 男,上海金山人,1928年毕业于北平农业大学农化系。土壤学家,1955年当选为中国科学院院士。西南农业大学教授、自然免耕研究所所长。专长土壤地理学、土壤分类和土壤肥力的研究,在土壤地理、土壤化学、土壤生态、土地开发利用等分支学科作出了卓越贡献。在土壤肥力和土壤地理研究方面发现"光肥平衡"日周期变化的事实,从而开辟了土壤胶体热力学新领域;提出水稻土的"三育"(淹、潴、潜)分类法和中国土壤分类方案;提出利用土壤粘韧曲线作为判断土壤肥力的方法;运用土壤肥力理论试验成功水稻自然免耕法;创建了土壤胶体物理—土壤粘韧率和粘韧曲线,以及土壤胶体热力学十联式pH两种测定方法,并拟定了土壤肥力分类体系,为制定中国土地利用规划提供了科学依据。撰写了各类论著及学术论文,主编出版中国第一本农业土壤专著《中国农业土壤学概论》,还主编出版《土壤学》(南方本)等5本专著,公开发表的论文达140余篇(册),主要有《江西省南昌地区潴育性红壤水稻土肥力的初步研究》《土壤的粘韧率和粘韧曲线》《农业土壤生理性》《中国农业土壤分类体系》以及《利用土壤剖面研究结果鉴定土壤肥力》(英文)等。

黄瑞采(1907.3.10~) 男,出生于江苏省南京市,原籍湖南省长沙市。1929年毕业于金陵大学农学院森林学系,1937年先后在美国加利福尼亚州和明尼苏达州大学研究院攻读土壤学并获硕士学位。著名土壤学家、农业教育家。历任金陵大学教授、农艺系主任，中国土壤学会第一届理事长，南京农学院教授、土化系主任、博士生导师。从事教学和科学研究工作 60 余年，编写了大量教材，培养了大批土壤科技人才，在土壤地理、土壤发生分类、土壤微形态和农田生态特别在变性土等领域进行了长期的卓有成效的研究。先后到东北、西北、西南和鲁、皖、苏及海南岛等地进行土壤实地考察，主张农林牧结合，保持生态平衡；对中国暗色粘性水稻土的分类和利用进行了深入研究，其成果为联合国粮农组织修正《世界土壤图》中国图幅提供了依据。主要著述有《新疆之土壤及水土保持》《土壤学—土壤学基础及土类各论》《东北的土壤和土地利用》《关于华南土壤发育和分布规律的认识》《中国变性土及变性土型土的地理分布》《土壤发生分类及资源评价》《土壤微形态学》等。

黄野萝（1902.3.7~1981.5.1） 男，出生于江西省贵溪县，1926 年毕业于南京东南大学，1929 年~1931 年先后在日本明治工业专门学校、林业试验场和东京文理科大学学习和实习，1938 年获德国明兴大学森林土壤学博士学位。历任中正大学农学院教授、森林系主任，南昌大学教授、校务委员会委员兼教务长，江西农学院、江西共产主义劳动大学总校、江西农业大学教授、江西农学院副院长、江西省土壤学会第一届理事长。土壤学家、农业教育家，土壤物质循环研究的先驱，森林土壤研究和红壤利用改良的开拓者之一。学术观点有：红壤是可以开发利用的宝贵资源；红壤利用改良应走"全面规划，综合利用，农林牧相结合，山水田综合治理"的道路，做到用地与养地相结合；红壤丘陵在开垦利用中必须采取一系列的等高作业，即等高开垦、等高作畦、等高种植、等高留茬、等高种草带等，以减轻水土流失；红壤利用改良的熟化阶段理论。为江西农业大学和华中林业大学的建设作出了重要贡献。主要论著有《在林地落叶腐烂过程中氮素分解与酸度改变的田间试验》《从物质运动形式的发展看土壤的形成与发展》《江西丰城熊庄与龚村两地红壤利用调查报告》等。

蒋德麒（1908.10.24~1994.6.23） 男，江苏省昆山县人，1934 年毕业于南京金陵大学农学系，先后 2 次在美国明尼苏达州大学研究院、华盛顿州立学院研究院学习，获硕士学位。著名水土保持学家。历任上海银行西安分行农业课主任、全国稻麦改进所技士、中央农业实验所技正、农林部西北农业推广繁殖站主任、联合国粮农组织编辑、华东农业科学研究所农技师兼土壤系主任、黄委会西北工程局农技师、黄委会水利科学研究所水土保持研究室主任、黄河中游水土保持委员会技师、陕西省水土保持局总工程师、中国水土保持学会和陕西省水土保持学会名誉理事长等职。长期致力于水土保持科研和实践活动，参加黄河中游水土保持综合考察、治理规划、科学试验及径流泥沙资料的分析研究等。主张治黄要以水土保持为基础；水土保持应沟坡兼治，以治坡为主；治理方针应农林牧全面发展，因地制宜，综合治理。为水土保持事业作出了重要贡献。出版《黄河中游黄土地区水土保持手册》《中国水土保持概论》《水土保持》《水坠坝》《陕西省水土保持区划》等水土保持专著。获国家科技推广二等奖、国家农业区划一二等奖及陕西省科技进步三等奖等。

蒋平安（1965.5~ ） 男，四川省乐至县人，1987 年毕业于西北农业大学，1995 年获新疆农业大学硕士学位，1999 年获中国农业大学土壤学博士学位。新疆农业大学副校长、教授、博士生导师。主要从事遥感、农业信息技术及施肥技术方面的研究和教学工作，在土壤系统分类、土壤养分管理与推荐施肥信息系统的开发，以及规模化生产条件下数字农业技术应用研究方面有所突破，在精准农业技术应用研究与示范及棉花、苜蓿作物需肥规律及施肥技术研究方面作出了突出贡献。集成创新了滴灌条件下的土壤墒情网络化监测和控制、以棉花滴灌施肥模型为核心的棉田土壤养分管理与精准施肥、棉花害虫监测和预警的信息技术体系，构建了大规模生产条件下的数字化农业技术应用模式并进行了规模化示范；系统研究了棉花、苜蓿的营养特点与水肥耦合规律，获得了项目区主要土壤类型的土壤养分供应系数、肥料利用率、主栽品种的养分吸收数据，建立了适应不同区域的推荐施肥模型和施肥技术，研制出专用肥，并已申报专利。先后主持和参加完成国家科技攻关、自然科学基金、863 计划及新疆地方科研项目 18 项。发表科研论文 70 余篇，出版专著 3 部、教材 1 部，获省、部级科技进步一二三等奖各 2 项，获自治区自然科学优秀论文二等奖 3 篇。

蒋新（1962.2~ ） 男，江苏南通人，1982 年毕业于南京农业大学理学院，1987 年获南京农业大学资源与环境学院土壤化学专业硕士学位，1997 年获德国萨尔大学环境科学研究中心环境化学专业博士学位，1997 年~1999 年德国慕尼黑技术大学生态化学研究所从事博士后研究工作。中国科学院南京土壤研究所研究员、博士生导师、副所长、土壤化学与环境保护研究室主任，江苏省土壤学会理事长、中国土壤学会秘书长。长期从事土壤化学、环境化学与污染控制技术研究,主要研究污染物在土壤和水体中的环境化学行为、生态环境效应及污染控制技术,污染物的传输过程与农产品质量安全,痕量有机污染物的环境分析化学与生态毒理学等。近年来,主持并圆满完成20余项国家级、省部级和国际合作研究项目。发表中文、英文和德文学术论文190余篇,其中SCI论文50余篇,EI论文48篇,参编中英文专著3部。

李保国(1964.10.20~) 男,山西省襄汾县人,1984年毕业于北京农业大学土壤农化系,1990年获北京农业大学理学博士学位。中国农业大学资源与环境学院教授、博士生导师、土壤和水科学系系主任、农业部土壤和水重点实验室主任,国家863"数字农业"重大专项专家组成员,中国土壤学会土壤学名词审定委员会主任、中国土壤学会盐渍土委员会副主任、中国自动化学会农业知识工程专业委员会副理事长、北京市土壤学会理事长。主要从事在土壤过程的定量化及其在农业、资源利用和环境保护中的应用研究,提出和研制了区域水盐运动监测预报系统、干旱地区土壤发育过程模拟系统、区域尺度的随机土壤水分均衡模型,建立了基于GIS的土壤分布式过程模型(水、氮、盐、污染物等)并在黄淮海平原、西北地区区域水土资源管理中得到了应用,提出和初步建立了虚拟农田系统。先后主持承担国家自然科学基金重大项目、国家重点基础发展规划项目(973)、国家高技术研究发展计划(863计划)、国家重点科技攻关项目等各类课题20余项。发表文章170余篇,出版教科书及专业书籍5部。曾获国家科技进步特等奖、国家教委科技进步一等奖、农业部科技进步二等奖、首届"中国土壤学会奖"等。

李连捷(1908.6.17~1992.1.11) 男,河北省玉田县人,1932年毕业于燕京大学理学院地理系,1940年被派往美国考查水土保持工作,先后获田纳西大学硕士学位和伊利诺大学博士学位。土壤地理学家,中国土壤学主要开拓者和奠基人之一,1955年选聘为中国科学院院士(学部委员)。曾任中国地质调查所研究员,北京大学农学院教授兼土壤系主任。1949年后,历任北京农业大学教授、土壤农业化学系主任、研究生院副院长、国家农业遥感培训及应用中心主任,中国土壤学会第一届理事长,第一届国务院学位评议委员会评议组成员。在土壤分类学、土壤地理学、地貌学和第四纪地质学方面,科研、教学成绩卓著,在土壤微形态、农业遥感方面有开拓性建树。首次提出土壤分类的自型土纲、水型土纲和复成土纲;对中国土地资源的区划评价和合理开发利用,盐碱地的治理等提供了大量的基础性资料和建设性意见;曾主持对西藏、新疆、青海、东北和华南等地的资源考察,对土壤类型和中国不同地区的地貌和第四纪地质与土壤形成的关系有深入研究。撰有学术论文数十篇,主要论著有《江苏省句容县土壤调查报告》《西藏农业考察》《土壤学在第四纪历史研究中的意义》《中国之土壤》《土壤地理微形态特征》《渭河断谷之地文》《西藏高原的自然区域》《从土壤科学发展动态中吸取教训》等。指导研究的"黄淮海平原旱涝盐碱综合治理"项目获全国科学大会奖和国务院先进集体嘉奖令。

李庆逵(1912.2.12~2001.2.25) 男,浙江宁波人,1932年毕业于上海复旦大学化学系,1948年获伊利诺斯大学农学院哲学博士学位。土壤学家,中国土壤学和农业化学的奠基人之一,1955年当选中国科学院学部委员(院士)。曾任中国科学院南京土壤研究所副所长、名誉所长,长沙农业现代化所所长、中国土壤学会理事长、第四届国际土壤学会副主席、国际磷酸盐研究委员会委员,中国农学会副理事长、中国化肥学会副理事长、江苏省科委副主任、江苏省科协副主席。长期致力于土壤分析化学、土壤植物营养化学及施肥,红壤性质、发生分类及合理开发利用研究。率先研究了中国土壤植物养分状况与合理施肥的关系;系统地研究了磷肥的肥效、有效条件及施用方法;提出了提高化学氮肥肥效的造粒工艺;在橡胶树北移和施肥研究方面也有所建树;为发展中国土壤科学和化学肥料工业作出了重要贡献。主要著述有《土壤分析法》《中国磷矿的农业利用》《中国红壤》等。曾获国家科委发明一等奖、全国科技大会奖、国家自然科学三等奖。

李天杰(1929.12~) 男,山东章丘人,1954年毕业于北京师范大学地理系,1956年毕业于北京师范大学土壤地理研究生班。土壤地理学家、环境地学方面的科学家与教育家。先后就职于北京师范大学地理系、环境科学研究所,任环境学研究室副主任、极地与遥感研究室主任。曾任北京市土壤学会副秘书长、中国高等师范院校土壤地理教学与研究会理事长、国际土壤学会第三届南极学术研究委员会委员,第二次全国土壤普查华北区专家顾问组等多个社会团体的重要成员。主要从事土壤地理学、化学地理学、遥感技术应用、土壤环境学、南极土壤与环境、环境地学和土地资源评价等方面的教学与研究工作,并作出突出贡献。参与国家多项重大课题,率先应用现代遥感技术开展土壤地理及其应用研究;开拓南极无冰区土壤地理发生、自然地理过程和全球变化研究;参与指导全国农用地分等定级评估研究工作,并提出了基于农用地分等测算区域耕地生产能力的研究框架与途径。发表学术论文或专业图件百余篇(幅),主要著作10余部。荣获国家科技进步二等奖2项、国家科技进步三等奖1项、省部级科技进步奖10余项,并获香港全球华人科技成果奖。培养研究生和高校进修教师80余名。

林景亮(1912.7.21~1994.7) 男,出生于福建省莆田县,1933年毕业于北平大学农学院土壤农业化学系。土壤学家。先后任浙江省化学肥料管理处技士、江西省农业院技士、福建省农业改进处技正、福建省农事试验总场副场长兼土壤肥料系主任,福建农学院教授、农学系副主任、土壤农业化学系主任、红壤开发利用研究所所长等,全国第2次土壤普查科学技术顾问。长期致力于土壤科学的教育和科研事业,特别在土壤的开发改良利用研究等方面造诣较深。为福建农学院创办了红壤开发利用研究所。将土壤生态学理论与红壤改良利用相结合;在闽东南建立的试验基地,对指导农业生产起到示范推广作用,为红壤的开发和改良利用作出了贡献。发表《福建省土壤分类及应用》《系统土壤学》等学术论文150余篇。曾获福建省科技成果二三等奖及技术推广奖等。

林培(1928.9.17~) 男,出生于湖北公安县,1953年毕业于华中农学院土壤农化系,1956年获北京农业大学硕士学位。土壤学家。北京农业大学资源与环境学院教授、博士生导师。在土壤地理、农业遥感应用、土地资源与土壤利用等领域,卓有建树。先后参加了黄河中游水土保持综合考察,新疆中苏联合考察;以及利用现代遥感技术进行全国土壤普查、黄土高原土壤侵蚀研究和全国水土流失调查等工作。在大量野外和生产实践工作基础上,确认了土壤地理与土地利用的地学原则。参与了"中国土地人口承载潜力"的国际合作研究,主持国家"六五""七五"攻关项目等多项,创办了全国第一个"土地资源与管理系",主编了全国第一本《土地资源学》教材,先后创立了"北京农业大学农业遥感应用与培训中心"及南京、成都和哈尔滨3个应用分中心,并为土壤、土地、遥感等学科的专门人才培养作出了重要贡献。主要论著有《陆地卫星影像数学图像土壤解译初探》《现代土壤调查技术》《土地资源学》《区域土壤地理学》《试论土宜及其研究》等。获水利部科技进步一等奖及国家科技进步二等奖、农业部科技进步二等奖等。

林先贵(1955.4~) 男,出生于广东省汕头市,毕业于武汉大学生物学系微生物专业。中国科学院南京土壤研究所研究员、博士生导师、所党委书记、副所长,南京土壤所—香港浸会大学土壤与环境联合开放研究实验室主任。主要研究领域为土壤微生物多样性及其生态功能、环境微生物及其应用。长期从事微生物学科,尤其是在菌根真菌和土壤微生物生态等领域的研究工作。近年来主要从事VA菌根技术在退化红壤恢复重建中应用、VA菌根在重金属和有机物污染土壤中的生物修复、利用生物学指标监测农田土壤中污染物的生态毒性、鱼菜共生工程水环境的净化与控制技术的研究和开发、有益微生物的研究和生物肥料的开发。公开发表论文90余篇,申请专利5项。获云南省科技进步三等奖、中国科学院与省市企业合作奖个人二等奖、江苏省科技进步一等奖等。

刘宝元(1958~) 男,陕西佳县人,1982年毕业于陕西师范大学地理系,1985年、1990年分获中国科学院西北水土保持研究所土壤侵蚀专业硕士、博士学位,1992年12月~1996年6月在美国农业部国家土壤侵蚀实验室、普渡大学作博士后研究。北京师范大学地理科学与遥感学院教授、博士生导师,教育部地理教学指导委员会副主任,中国地理学会副理事长。从事土壤侵蚀与水土保持研究工作,包括土壤侵蚀的基本理论、实验研究、模型研究,以及侵蚀模型与地理信息系统(GIS)的结合等,先后主持国家基金重点项目、欧盟国际合作项目,以及多项省部级课题。建立了降雨入渗模型中的水力传导率公式,大大提高了模型对径流的预报精度;建立了陡坡土壤侵蚀坡度公式,受10多个国家的重视,对中国土壤侵蚀模型的建立意义尤为重大;建立了黄河水沙数据库及计算机管理和自动制图系统,对黄河水沙时间变化和空间分布规律进行了系统研究;在美国国家土壤侵蚀实验室进行WEPP项目研究过程中,对USLE,RUSLE,EPIC,CREAMS,SWRRB,AGNPS,ANSWERS等美国较有影响的模型也进行了研究和对比。先后发表近百篇(部)论文(著),其中10余篇被SCI和EI收录。曾获国家自然科学奖二等奖等。

刘更另(1929.2.15~) 男,原名赓麟,号德鑫,出生于湖南省桃源县。1952年毕业于武汉大学农业化学系,1959年获前苏联季米里亚节夫农学院副博士学位,后确认为博士。土壤肥料植物营养专家,1994年当选为中国工程院院士。中国农业科学院研究员、博士生导师,曾任中国农业科学院土肥所副所长、所长、副院长,中国土肥研究会、中国植物营养与肥料学会理事长等。长期从事稻田施肥、水稻持续增产等方面的研究。对红壤水稻土养分状况、水热动态、微量元素、生土熟化、水稻田阴离子吸附和红壤植被恢复以及砷在土壤中的化学性状、吸附特点及其对动植物生产的关系获得规律性的认识,首次解决水稻"坐秋"问题,揭示了磷肥防治"坐秋"的机理。把土壤、气候、作物条件联系起来综合研究双季稻绿肥制度取得成功;首次研究出钾肥,提高绿肥田稻谷产量;首次研究出硫酸锌防治水稻"僵苗",揭示了亚砷酸根在土壤中的化学行为,为改良"砷毒田"提供了理论与方法;提出"水平浅沟、沟坑相连、分散蓄水"的工程措施,解决了红壤地区旱坡地季节性干旱缺水问题,为发展林果业、草业,恢复植被作出了贡献;首次研究出北方板栗专用肥、栗蘑人工栽培和产业化,经济效益明显。撰有《长期施用硫酸盐肥料对土壤性质和水稻生产的影响》等论文近百篇;译有《化学在农业和生理学上的应用》等。多次获得国家和农业部科技进步奖。

刘培桐(1916.12.5～1994.11.11) 男,河南浚县人,1940年毕业于西北联合大学史地系,1957年赴苏联莫斯科大学进修。著名土壤地理学家、环境学家。历任北京师范大学教授、环境科学研究所所长,中国地理学会化学地理专业委员会主任。专于土壤地理学、化学地理学、环境地理学。建立北京师范大学土壤地理实验室,使研究从定性描述不断走向定量化论证;主持了中国第一个化学地理专业的教学与科研工作;在北京师范大学成立环境科学研究所取得了一系列成果,如"三峡工程对土壤环境的影响""大庆地区土壤分布规律及重金属元素的形态、动态研究""贵溪冶炼厂环境影响评价研究"等,对国民经济建设提出了可行性的对策和建议,并对环境影响预测进行了有益的探索。撰有论文《岱海盆地的水文化学地理》《我国风化表及土壤中化学元素迁移的地理规律性》等,出版了多部土壤、土壤化学方面的著作,其代表作有《中国的地貌与土壤概述》《中苏黑钙土的对比研究》《化学地理学》《环境地学》《环境科学》《环境科学概论》《环境科学基础》《环境科学导论》等。

刘兆谦(1927～2003.3.23) 男,甘肃省临洮县人,1949年毕业于西北师范学院。陕西师范大学旅游与环境学院教授、硕士研究生导师。主要从事土壤地理学的教学和研究工作。参加中国科学院甘青综合考察队进行河西走廊、青海海北考察,并任土壤专业总队长和分队长;主讲土壤地理学、环境保护概论、水土保持学、农业化学、土壤地理学原理、中国土壤地理、土壤调查与制图、土壤理化分析等专业,课程出版《土壤地理学原理》《土壤地理实验实习》《陕西农业土壤》等著作,发表学术论文《河西走廊的土壤》《我国土壤地带性分布规律》《陕西省的土壤地带性分布规律》等10余篇。曾获多项奖励和荣誉。

陆发熹(1912.10.23～2001.2.3) 男,出生于广西容县,1936年毕业于中山大学农学院,1938年获中山大学研究院土壤学部硕士学位。土壤学家。历任中央地质调查所土壤研究室技士、四川农业改进所土壤股股长、中山大学教授兼农业化学系主任,华南农学院(现华南农业大学)教授、副教务长、土壤农业化学系主任,中国科学院广州土壤研究所所长,广东省科学技术协会主席团书记处书记,中国农学会土壤肥料研究会副理事长,广东省土壤学会理事长等。在土壤调查、土壤分类和红壤开发利用研究等方面有丰富的经验和成果,为建立华南农业大学、中国科学院广州分院的土壤科研机构、发展土壤科技事业和培养土壤科技人才作出了重要贡献。先后在成都平原及其相邻地区开展土壤肥力研究、陕西土壤调查研究、西沙群岛调查研究等;担任全国第2次土壤普查技术顾问组副组长、中南地区和广东省土壤普查技术顾问组组长,参加制订全国土壤普查工作方案和土壤分类系统。先后发表50多篇论文,著有《珠江三角洲土壤》等。曾获全国科学大会奖和广东省科学大会奖等。

骆永明(1962.11～) 男,1982年和1985年在浙江大学(原浙江农业大学)先后获学士、硕士学位,1997年获英国纽卡斯尔大学和贝尔法斯特女王大学博士学位。中国科学院烟台海岸带研究所研究员、博士生导师,中国科学院土壤环境与污染修复重点实验室主任、土壤与环境生物修复研究中心主任、土壤所与香港浸会大学联合实验室副主任,中国土壤学会土壤环境专业委员会主任,"973"项目首席科学家,中国科学院创新团队项目首席科学家。长期从事土壤环境化学与安全、污染土壤环境修复、区域土壤环境质量评价与管理和废弃物土壤利用等研究工作,在土壤化学、土壤修复、污泥利用、长江三角洲及香港地区土壤环境质量等研究方面取得了创新性成果。先后承担国家科技部"973"项目、国家杰出青年基金科学项目、科技部中荷科学战略联盟重大国际合作项目、国家自然科学基金重点项目、中日重大国际合作项目、中国科学院创新团队国际合作伙伴计划项目等研究。发表学术论文300余篇,出版著作8部,重要咨询报告6份。获省部级科技奖励4项,专利20余项。

马溶之(1908.11.25～1976.4.2) 男,出生于河北省定县,1933年毕业于燕京大学地质地理系。著名土壤学家,中国现代土壤地理研究的奠基者之一,水土保持事业的先驱,1956年当选民主德国通讯院士。曾任中国科学院土壤研究所研究员、所长,中国科学院综合考察委员会副主任,中国科学院地理研究所研究员,中国科学院黄河中游水土保持综合考察队队长,中国科学院青海、甘肃地区综合考察队副队长,中国科学院宁蒙地区综合考察队队长,中国土壤学会理事长等。毕生致力于土壤地理学的研究工作,在土壤调查制图、土壤区划、土壤分类及地理分布、古土壤、第四纪地层成因、水土保持以及自然资源考察等领域进行了大量的研究工作和组织领导工作,为中国土壤科学事业发展作出了重要贡献。主要著述有《水稻土层分类及命名概则》《1/1800万中国土壤图》《中国土壤概要》《中国黄土之生成》《西北各省之土壤地理及其利用》《黄河中游之水土保持》《中国土壤的地理分布规律》《中国土壤区划草案》《中国土壤发生类型及其地理分布》《中国山地土壤的地理分布规律》等。

牛德奎(1957.10.1~) 男,1982年毕业于江西农业大学林学专业,2009年获南京林业大学生态学专业博士学位。江西农业大学国土资源与环境学院副院长、教授,江西省水土保持学会副理事长,江西省土壤学会副秘书长,江西省生态学会副秘书长。主要研究方向:土壤科学、水土保持与荒漠化防治、生态学,主持国家自然科学基金项目2项、国家科技部农业成果转化项目1项、国家软科学子项目1项、江西省科技厅重大攻关项目2项、江西省自然科学基金项目1项、中加合作项目5项。发表论文30多篇。获国家科技进步二等奖1项、国家级教学成果二等奖1项、省部级科技进步二等奖2项、省科技进步三等奖3项、"梁希"科学技术二三等奖各1项、江西省教学成果一等奖1项。

潘根兴(1958.10.26~) 男,浙江浦江人,1988年获南京农业大学农学博士学位。土壤学与植物营养学专家,南京农业大学农业资源与生态环境研究所所长、农业与气候变化研究中心教授、博士生导师。主要研究方向为碳氮循环、土壤环境、土壤微生物、岩溶生态等。主要学术活动领域为土壤与地球表层环境过程,学术专长为生命元素土壤生物地球化学。目前主要进行土壤碳生物地球化学与碳库变化研究,主要承担国家自然科学基金重点项目、国家自然科学基金项目、教育部重大项目、国际合作重大项目等多项。阐明了中国农业土壤有机质碳库及其变化特点,评估了农业土壤有机质固碳对于减排的贡献,提出了水田土壤有机质碳固定、保护与微生物活性和生产力协同稳定的理论,揭示了土壤有机质对耕地粮食生产力及其稳定性的影响,为中国农业应对气候变化和实现粮食安全与固碳减排双赢提供了科学依据;2008年提出"中国农田土壤固碳减排值得重视,亟待国家扶持"战略咨询报告,由新华社作为国内动态清样得到国家领导人批示。在国内外学术刊物已发表论文100多篇,包括SCI收录论文20多篇,著有《地球表层系统土壤学》等著作。获教育部和江苏省科技进步奖三等奖各1次。

潘剑君(1959.11~) 男,先后获南京农业大学农学学士和硕士学位、荷兰ITC理科硕士学位、中国科学院南京土壤研究所博士学位,加拿大多伦多大学博士后。南京农业大学资源与环境学院教授、博士生导师,中国土壤学会土壤遥感与信息专业委员会副主任,江苏省遥感与GIS学会副秘书长。主要从事土壤/土地资源调查与评价、遥感应用、地理信息系统应用、土水环境质量检测、精准农业研究工作。主持国家自然科学基金项目2项、国家留学基金项目1项、省自然科学基金项目2项、国际合作课题1个,参加国家自然科学基金重点项目2项,其他国家和部省级科研课题5项,参加荷兰的围海造田区、西班牙的钙积层土壤、泰国的土壤性质对地表径流影响和江西—福建土壤考察等土壤活动,完成土壤调查规划任务5项。出版《土壤调查与制图》《土壤资源调查与评价》《农业资源信息系统》《中国东部红壤地区土壤退化的时空变化、机理及调控》等专著,发表学术论文数十篇。获江西省科技进步二等奖、农业部科技进步三等奖等。

彭家元(1897.7.16~1966.9.3) 男,四川省金堂县人,1918年毕业于北京农业专门学校(今中国农业大学),1923年获衣阿华州立大学农学硕士学位。土壤肥料学家,中国现代土壤学、肥料学奠基人之一。先后任北京农业大学教授、福建厦门集美农林学校教务主任、中山大学农学院教授兼农林化学系主任、武汉大学农学院教授、四川大学农学院教授兼院长、四川农学院教授兼土壤农化教研组主任等。毕生从事农科大学的教育和土壤肥料科学研究,对土壤学、肥料学、土壤微生物学、水土保持等学科作出了重要贡献。早在20世纪30年代中期就编写出版中国大学教科书《肥料学》和《土壤学》,较长时期为多所大学使用;发表了一批有学术价值的研究报告;主持筹建的四川省内江土壤研究室,对四川的水土保持事业起了推动作用;参与创立了中国土壤学会。在国内率先研究了细菌对土壤形成的作用;探讨了土壤微生物在生物小循环中的作用;引进国外土壤微生物的分离和接种技术,探讨了土壤微生物与土壤肥力及植物营养的三边关系,研究了土壤微生物类群的作用;对固氮菌生态条件的研究和固氮菌分类为国内初创。

彭克明(1905.12.5~1990.7.10) 男,河北省晋县人,1929年河北大学毕业,1939年和1946年获美国伊利诺大学土壤化学硕士学位和哲学博士学位。植物营养学家、农业教育家,中国农业化学学科的奠基人之一。历任河北农学院教授、北京大学农学院土壤系教授、北京农业大学土壤肥料系教授、中国科学院植物研究所植物生态研究室研究员,兼任北京师范大学地理学系教授。是新中国第一位向国际土壤学界系统介绍中国有机肥料施用理论与实践的科学家;主持了与德国霍恩海姆大学有关施肥的合作项目,项目后来发展成为中国与德国国家级10年科研合作项目,促进了中国植物营养学的建设与发展。第一个提出"土壤中固定态钾可被植物利用的数量与速度"科学论断;首次提出在中国进行轮栽肥料长期定位试验的主张,并在北京农业大学实验站正式开展试验;采取华北地区粮食作物的一种主要轮栽方式,即"冬小麦—夏玉米—夏大豆—冬小麦"两年四熟制;第一个将植物营养与土壤肥力长期定位研究相结合的方法引入中国的植物营养学家;为了在中国建立国家级和省级土壤肥力监测网付出了不少的心血。

任承统(1898.1.27~1973.7.21) 男,出生于山西省忻县,1923年毕业于金陵大学林科。水土保持学家,中国水土保持科学研究的主要奠基人。历任金陵大学讲师径、济部中央农业实验所技正、黄河水利委员会简任技正、农林部专门委员、农林部农政处土地利用科科长、农林部水土保持总站主任、西北黄河工程局工程师、中国农业科学院陕西分院土壤肥料研究所研究员等。曾开创中国的土壤侵蚀试验研究和观测工作,创建早期的水土保持实验区,提出了比较系统的水土保持治理措施并组建水土保持管理机构,1940年主持确定"水土保持"一词,为中国水土保持事业作出了重要贡献。先后主持了陕北、泾河流域和宝(鸡)天(水)、天(水)兰(州)铁路沿线的水土保持勘查,获取并推广了径流小区试验、河滩淤地、梯田修筑、保土植物研究等成果;负责西北水土保持考察和黄河中游水土保持综合考察,参加讨论并制定了《全国山地利用和水土保持十年科学规划》(1963)。主要著述有《甘肃水土保持问题之研究》《陕北水土保持工作的重要性与前途展望》《黄河问题及治理纲要》《黄河中游黄土地区水土保持手册》《西北土地合理利用与水土保持》等。

邵明安(1956.11~) 男,湖南常德人,1982年湖南师范大学物理学专业毕业,1985年获中国科学院水利部水土保持研究所土壤物理专业硕士学位,1996年获美国衣阿华州立科技大学博士学位。西北农林科技大学资源环境学院院长、中国科学院水利部水土保持研究所副所长、黄土高原土壤侵蚀与旱地农业国家重点实验室主任、教授、博士生导师,中国土壤学会副理事长,陕西省土壤学会理事长。主要围绕黄土高原旱地农业和生态环境建设中的有关应用基础问题开展研究,主要研究方向为土壤水、热、溶质运移及土壤—植物(被)—大气连续体中水分运动等,在土壤物理、水土保持和退化生态系统修复的某些方面有较多研究。在中国率先较全面地开展了以植物根系吸水为中心的土壤水分有效性动力学研究;建立了根系吸水模式和土壤水分有效性动力学模式;提出了描述土壤—植物系统中水流运动的瞬态流通用模型;建立了土壤水分运动的广义相似理论,发展了传统的 Boltzmann 变换,提出了土壤导水特性的积分方法,获得了最具影响的 van Genuchten 导水特性模型参数的解析表达式;在入渗条件下求解了水热耦合方程,使得该问题的显式解成为现实。发表论文200余篇,其中SCI论文50多篇,出版编著6部著作。主持的项目曾获中国科学院自然科学一等奖、陕西省科技进步一等奖和国家科技进步二等奖。

沈梓培(1910.12.2~1990.5.30) 男,原名沈祖林,出生于浙江绍兴,1934年毕业于浙江大学农学院农艺系农业化学专业。土壤学家。历任浙江大学农学院助教、福建省地质土壤调查所技正、中央林业实验所(南京)水土保持系技正及华东农业科学研究所、中国农业科学院江苏分院土壤肥料系、所副主任、主任和所长等职。长期从事土壤资源调查及改良利用工作。主持了华东农业科学研究所在山东沂蒙山区和安徽大别山区进行的防止水土冲刷,提高土壤肥力,合理利用坡地以发展山区农业生产的研究;参加华阳河流域湖滩荒地土壤资源调查和江苏沿海地区国营农场的土壤勘测,并制定了发展规划,《史河及灌河上游山地土壤冲刷情况和水土保持的意见》一文是中国人民共和国成立后较早论述土壤侵蚀及水土保持的著作;领导并参与了淮河流域土壤调查及江苏省盐碱土试验改良等工作,完成1:20万比例尺的淮河流域土壤图和改良利用图,主持编写了流域的土壤调查报告,为制定淮河流域水利资源综合利用规划提供科学依据,为治理淮河及中低产土壤作出了贡献;主持了安徽五一农场的土壤调查,研究了腐殖酸在农作物上的应用。较早主张和推行将土壤地理工作与农业生产实践相结合、土壤改良与利用相结合,并取得了积极成果。著有多部著作。

史学正(1959.1~) 男,出生于浙江嵊县,1982年初毕业于浙江大学,1985年在中国科学院南京土壤研究所获硕士学位,1989年在联邦德国获博士学位。南京土壤研究所研究员、博士生导师,所学术委员会副主任、所长助理、土壤资源与遥感应用研究室主任。长期从事土壤资源与遥感信息以及水土保持方面的研究工作。首先是制定了建设中国土壤信息系统的整体框架,并已完成了全国1:1200万到1:100万等一系列的土壤数据库建设,建成了全国性土壤类型齐全、空间分辨率高、数据量大、集成系统以及国际化程度好的中国土壤数据库;建立起不同可信度等级的各种土壤分类系统间的参比基准,为国际土壤学界解决土壤参比难题提供了一种全新的途径;通过东北黑土、华北潮土、太湖流域水稻土和南方红壤案例地区的研究,揭示了这些地区土壤肥力质量及其指标的空间分布和时空演变规律、土壤健康质量的空间分异特征,以此阐明了中国土壤质量状况及肥力质量演变格局;建立了中国亚热带不同类型土壤的可蚀性K值。在研项目有:科技部国家重点基础研究规划项目(973项目)、国家自然科学基金项目、中国科学院创新方向项目、欧盟合作项目等。发表学术论文162篇,其中SCI收录论文15篇,主编出版著作1本,参与中英文专著和编著5部,国家授权发明专利3个。获江西省科技进步二等奖、国家科技进步二等奖、江苏科技进步一等奖。

石玉林(1936.1.2~) 男,福建长乐人,1957年毕业于北京农业大学土壤农业化学系。土地资源与区域开发专家,1995年当选中国工程院院士。中国科学院自然资源综合考察委员会研究员,历任中国科学院自然资源综合考察委员会常务副主任、中国工程院资源环境委员会副主任、中国自然资源学会理事长、中国农业资源与农业区划学会副理事长等职。长期从事资源、环境与区域发展研究,为中国的土地资源与区域开发研究作出了重要贡献。首次系统阐述了土地资源的基本理论,提出了"中国1:100万土地资源图"的土地资源分类系统与统计体系,主持并完成了该资源图的编制工程,推动了土地资源承载力的研究,开拓了土地资源工程学的新学科领域;领导多学科的"新疆资源开发与生产布局"的综合考察研究项目,完整地提出开发方案,获得新疆维吾尔自治区党委与政府的高度评价,丰富了区域开发研究的理论;主持多项资源环境问题综合研究,系统阐明中国资源环境特点,揭示中国人与资源、环境的矛盾所在,提出发展劳动密集型与技术密集型产业,建立资源节约型国民经济体系,优化人力资源与自然资源组合,产生了强烈的社会反响,为有关部门所重视和采纳。主要著作有《中国1:100万土地资源图》,参加并主持了《新疆资源开发与生产布局》《中国综合农业区划》《中国农业发展战略》《中国农业自然资源与区域发展》《中国农业土地利用》《中国自然资源丛书·综合卷》《中国农业需水与节水高效农业建设》《西北地区土地荒漠化与水土资源利用》《中国国情分析:"开源与节约"和"两种资源、两个市场"》的研究与编写。曾获国家科技进步一二三等奖和多项中国科学院及部级奖。

石元春(1931.2.18~) 男,湖北武汉人,1953年毕业于清华大学农学院(后合并为北京农业大学)农学系,1956年北京农业大学土壤农业化学系研究生毕业。著名土壤学家,1991年当选为中国科学院院士(学部委员),1994年选聘为中国工程院院士,同年当选为第三世界科学院院士。中国农业大学教授、中国科学技术协会副主席、国务院学位委员会委员、中国农学会副会长,曾任北京农业大学校长、中国科协副主席、国务院资源环境委员会科学顾问。长期从事土壤地理和盐渍土发生与改良方面的工作。在土壤形成的地学条件、干旱、半干旱和半湿润地区易溶盐积聚规律和古地球化学过程、中国黄土高原更新世古土壤及其分类、地理和时空上的发展演替系列等方面,均取得了重要成果。提出了半湿润季风气候区水盐运动理论;揭示了黄淮海平原旱涝盐碱共存和交相为害的十分复杂的自然现象;提出了旱涝盐碱必须实行综合治理和综合治理的实质是对区域水盐运动的科学调节和管理,以及调节管理的枢纽和杠杆是浅层地下水的采补等一系列观点,在黄淮海平原旱涝盐碱治理实践上有重要指导意义和发挥了重要作用;研究提出了对区域综合治理具有重要意义的"PWS"区域水盐运动监测预报体系和农田水均衡模式化等研究成果。著有《黄淮海平原的水盐运动和旱涝盐碱的综合治理》《盐渍土的水盐运动》《区域水盐运动监测预报》《节水农业应用基础研究进展》等学术著作7部,发表论文100余篇。曾获国家和部委奖10余项,先后获陈嘉庚农业科学奖、王丹萍科学奖和何梁何利农业科学奖。

宋达泉(1912.10.20~1988.8.27) 男,浙江绍兴人,出生于辽宁省沈阳市。1934年毕业于浙江大学农学院。著名土壤学家,中国科学院林业土壤研究所(现沈阳应用生态研究所)的主要创建人之一。历任浙江省建设厅化学肥料管理处技士、中央地质调查所土壤室技师、中央地质调查所土壤室技正,中国科学院土壤研究所东北分所筹备处副主任,中国科学院林业土壤研究所研究员、副所长兼土壤研究室主任,中国土壤学会理事长等。前期从事土壤及自然资源调查和研究工作。早期在浙江、福建、云南等地进行土壤调查和考察。中国人民共和国成立后,先后主持了东北地区土壤资源及全国海岸带和海涂资源的系统调查和研究工作;倡议和促成了第一次全国土壤普查;中国第一个土壤分类系统的倡导者和制定者;中国第一个将水稻土独立地划分为土类的倡导者和制定者;第一个全面论证东北黑土是一个独立土壤类型的学者,第一个采纳与应用苏联发生土壤学理论及其分类方法的倡导者;第一个发现并命名苏打盐渍土、潮滩盐土的学者。曾获辽宁省科学大会重大成果奖。

孙鸿烈(1932.1.31～) 男,原籍河南濮阳。1954年毕业于北京农业大学土壤农化系,1960年中国科学院沈阳林业土壤研究所研究生毕业。著名土壤地理与土地资源学家,1987年当选为第三世界科学院院士,1991年当选为中国科学院院士。中国科学院地理科学与资源研究所研究员、博士生导师,中国自然资源学会名誉理事长、中国青藏高原研究会名誉理事长、中国可持续发展研究会副会长、国家自然科学基金委员会委员、国际科学数据委员会(CODATA)执行委员、国际山地综合发展中心理事等职。曾任中国科学院自然资源综合考察委员会主任、中国科学院副院长、国际科学联合会副主席。主要研究领域为资源利用与区域开发,是中国自然资源科学考察与区域开发研究领域的学术带头人。主持中国科学院青藏高原综合科学考察研究工作;提出关于可更新资源的整体性、多宜性、区域性与有限负荷等特性观点;从全国、区域、典型地区等3个层次推动中国农业自然资源开发与保护管理研究;领导建立中国生态系统试验观测研究网络。主持研究并撰写了一系列有关自然资源开发、利用、保护和区域农业、经济可持续发展的研究著作,代表性学术著述有《农业自然资源研究的意义和任务》《西藏的土壤》《青藏高原形成演化与发展》等。曾获国家自然科学奖一等奖、中国科学院科技进步特等奖、陈嘉庚地球科学奖等、何梁何利科技奖等。

孙铁珩(1938.3～) 男,辽宁海城人,1963年毕业于沈阳农业大学。污染生态学、环境工程学专家,2001年当选为中国工程院院士。沈阳大学校长、中国科学院沈阳应用生态研究所学术委员会主任、研究员、博士生导师,兼任中国人与生物圈国家委员会第四、五届委员会委员,中国生态学会副理事长、中国土壤学会副理事长、辽宁省科协副主席、沈阳市科协主席。长期致力于污染生态学与生态恢复工程技术研究,在建立与发展污水土地处理和污染土壤生物修复为主体的污染生态环境工程技术体系等方面作出了突出贡献。主持国家重点攻关项目和国际合作研究项目10余项。开展有机、无机污染物在土壤—植物系统生态过程研究,发展了中国土壤复合污染生态学;根据土壤的净化功能和环境同化容量,建立了污水土地处理技术体系,为在中国实施污水人工处理与自然处理并行的水处理政策提供技术支撑;通过对石油、多环芳烃与重金属污染的土壤开展清洁与生物修复研究,在土壤生态毒理诊断与建立特异工程菌,生物泥浆反应与预制床等方面,取得重要成果。出版《污染生态学》《城市污水土地处理系统研究》《城市污水土地处理技术指南》《城市污水土地处理利用设计手册》《北京燕山石化工业小区生态工程规划》《草原矿区开发的环境影响与生态工程》《土壤—植物系统污染生态研究》等学术著作13部,发表论文150余篇,申报国家专利9项。获国家、中国科学院和部委科技进步奖等15项。

唐克丽(1932.8.5～) 女,出生于上海市。1954年毕业于山东农学院土壤农化系,1962年获原苏联科学院道库恰耶夫土壤研究所副博士学位。著名土壤侵蚀与水土保持专家,中国土壤侵蚀学科学术带头人之一,2006年当选国际欧亚科学院院士。中国科学院水利部水土保持研究所研究员。长期致力于黄土高原土壤侵蚀和水土保持研究工作,组建了中国第一个土壤侵蚀研究室,主持创建了黄土高原土壤侵蚀与旱地农业国家重点实验室,创建了子午岭土壤侵蚀与生态环境观测站等。主持多项国家、省部级科研项目,研究了黄土高原土壤侵蚀区域规律,指出了侵蚀最强烈的地区是在降水量为400毫米左右的水蚀风蚀交错带;认为退耕上限坡度应由现行规定的25°降为15°～20°;提出了"侵蚀环境"的概念,拓展了土壤侵蚀的研究领域。主要著述有《古土壤的类型及其微形态特征的鉴别》《杏子河流域坡耕地的水土流失及其防治》《黄河泥沙与黄土高原水土流失综合治理问题》《黄土高原地区土壤侵蚀区域特征及其治理途径》《黄河流域的侵蚀与径流泥沙变化》《黄河流域环境演变与水沙运行规律研究》等。获中国科学院自然科学一等奖、中国科学院科技进步一等奖、中国科学院第二届竺可桢野外科学工作奖、何梁何利基金科学技术进步奖等。

同延安(1956~) 男,出生于陕西华县,1982 毕业于西北农学院土化系,1995 年获瑞典农业大学土壤学硕士学位,2003 年获瑞典农业大学土壤学博士学位。西北农林科技大学资源环境学院教授、博士生导师,陕西省土壤学会副理事长,陕西省植物营养与肥料学会理事长。主要从事土壤化学、植物营养、施肥与环境、农业生态、农业环境保护与食品安全等方面的研究。由于研究项目的需要,现已扩展到旱作农业、流域治理等方面。"十一五"期间主持的项目有中加合作项目、国家自然科学基金项目、农业部农业结构调整重大技术研究专项、国家科技支撑计划、英国洛桑试验站合作项目等研究,正在主持的项目有与瑞典农业大学三期合作项目、中国加拿大合作项目、国家自然科学基金项目、农业部优势农产品重大技术示范推广项目、农业部 948 引进计划等,参加的科研项目有国家自然科学基金重大项目、农业部 948 重大国际合作项目,主持陕西省冬小麦/夏玉米轮作体系养分资源综合管理技术体系研究与陕西省苹果园养分资源综合管理技术体系的建立及示范 2 个子项目。发表论文 60 余篇。获中国高校科学技术奖二等奖、陕西省农业技术推广二三等奖各 1 项、陕西省科技进步三等奖 1 项、陕西省科学技术三等奖 1 项。

田长彦(1961.2~) 男,陕西山阳人,1982 年毕业于西北农学院土壤农化系土壤农化专业,1988 年中国科学院新疆生物土壤沙漠研究所土壤学硕士。中国科学院新疆生态与地理所党委书记、副所长、研究员、博士生导师,中国土壤学会土壤改良专业委员会委员副主任。主要从事土壤改良,植物营养与绿洲农业生态研究工作。在干旱区绿洲农业、植物营养与施肥方面有较深的造诣。主持完成国家、国家基金、省(部)项目 20 余项,目前主要承担国家"973"重大基础、中国科学院知识创新项目、中国科学院农办项目、"863"项目等研究。曾从事新疆土壤调查与整段标本制作,为新疆土壤标本馆的建立作出了一定贡献;阐明了沙漠公路沿线土壤类型、理化特性,特别是在公路所经过的盐碱沙地高地下水区,通过调查、监测和室内试验较为系统的研究了土壤水盐运动规律、土壤盐分组成和含量对土壤物理性状的影响,提出了沙漠公路可能出现的病害和防治对策,对沙漠公路建设有一定的价值。发表学术论文 140 余篇,其中 SCI 收录的文章 8 篇,授权发明专利 4 项,软件登记 1 项。获国家科技进步二等奖 1 项、省部级科技进步一二三等奖各 1 项。

王家玉(1938~) 男,江苏无锡人,1959 年毕业于浙江农学院农学系农学专业。浙江省农业科学院环境资源与土壤肥料研究所研究员。长期从事土壤肥力演变与施肥环境效应研究。主持国家自然科学基金项目"钠钾替代效应在水稻经济施钾上的应用及机理研究"、联合国国际原子能机构/联合国粮农组织联合司项目"应用同位素技术研究中国稻田土壤有机质管理及养分循环",参加或主持了"新围海涂改良利用研究""稻田土壤供氮特性的研究""多熟制大麦双季稻长期连种与粮食产量和土壤肥力的关系研究""多熟条件下稻田持续高产的土壤肥力演化机理研究""水稻除草药肥黄尿素的开发应用与环境效应研究""稻田土壤氮素淋失规律及其数量模拟研究""浙江水稻土肥力与肥料效益监测基地建设"等项目,开创当年围涂当年种稻利用技术,发现土壤基础氮肥力对水稻吸氮的重要作用和淹水稻田中氮素淋失的主要形态是硝态氮而不是铵态氮,证明除草剂覆膜可提高氮肥利用率,验明覆膜尿素可提高氮肥利用率。主要著述有《土壤非交换性钾研究》《稻田土壤中氮素淋失的研究》《稻田土壤中 N 的渗漏损失研究》《浙江稻田土壤的微生物区系研究》《稻田多熟制适宜施肥量的研究》《多熟制稻田土壤腐殖质特性的研究》《不同肥料配合对作物产量与土壤肥力的长期影响》《多熟制条件下稻田土壤肥力演变及其管理》等。获 1978 年浙江省优秀科技成果二三等奖、浙江省科技进步二三等奖等。

王秋兵(1962.7.5~) 男,出生于河北省邢台县,1982 年毕业于河北农业大学土壤农化专业,1985 年获沈阳农学院土壤学专业硕士学位,1991 年获沈阳农业大学博士学位。沈阳农业大学土地与环境学院教授、博士生导师、土地资源研究所所长,中国土壤学会土壤发生分类与土壤地理专业委员会主任、辽宁省土壤学会副理事长、辽宁省土地学会副理事长,曾任沈阳农业大学土地与环境学院院长。从事土壤发生、分类、土壤地理学、古土壤鉴别与古环境解译、土壤遥感与信息技术、土地(壤)资源调查与评价、土地利用规划、土地资源保护、土地修复与整治等研究。先后主持国家和省部级科研项目多达 10 余项,包括国家自然科学基金、科技部国家科技基础性工作专项项目课题等。发表论文 170 余篇。曾获辽宁省科技进步一等奖 1 项、三等奖 5 项,辽宁省国土资源厅科技成果一二等奖等多项。

王益权(1957.1.27~) 男,陕西省旬邑县人,1982 年毕业于西北农学院土壤农化系,1996 年获俄罗斯莫斯科大学土壤科学系博士学位。西北农林科技大学资源环境学院常务副院长、教授、博士生导师,陕西省土壤学会副理事长。主要研究领域为土壤物理与土壤改良、土壤条件与食品安全等,研究方向有土壤基模特性研究、土壤水分运动模型参数和应用条件及应用精度研究、土壤水分养分的时空耦合关系与调控技术的研究、干旱地区生物与环境演变及土壤质量变异规律研究、果园土壤质量退化对果品品质影响研究、极端逆境环境条件下土壤物理特性与生物特性关系研究、优质食品和安全食品生产的土壤条件研究、土地退化与国土整治技术体系研究、关中灌区农业生态环境演替规律研究。发表论文38篇,出版《土壤物理学概论》《土壤肥料学》《土壤物理研究法》等著作、教材。获陕西省科技成果二等奖1项、推广三等奖1项。

王云森(1896.8.1~2002) 男,出生于江西省临川县,1921年毕业于北京国立京师大学堂农科。土壤学家、农业教育家,中国土壤科学史研究的开拓者。先后担任南昌大学、湖南农学院、江西农学院、江西共产主义劳动大学总校等院校的教授,曾任江西农学院院务委员、农学系系务委员及农化教研室主任。致力于土壤学教学和科研近70年,提出了若干宝贵的学术观点,其中主要包括:阐述了中国古代关于"土"和"壤"的科学意义,对土壤的定义提出了明确的见解;突出了人类耕作活动在土壤形成中的重要作用;提出土壤不是死的客体,而是一个独特的、有生命的自然体的观点;发掘和发展了中国古代关于土壤肥力"常新壮"的理论;提出从生产实际出发,以"土宜"科学为基础,因地制宜的生产原则为依据的土壤分类学观点,论述中国古代土壤分类;系统总结了中国古代劳动人民认土、用土、改土、养土等方面的经验。早年编著了中国第一本专业教科书《土壤学》,晚年出版了《中国古代土壤科学》和《中国古代土壤科学技术发展史》2部专著。

王占礼(1960.4~) 男,陕西人,1982年毕业于西北大学地理系,2003年获西北农林科技大学资环学院博士学位。西北农林科技大学教授、中国科学院教育部水土保持与生态环境研究中心博士生导师、中国科学院知识创新工程研究员。从事土壤侵蚀研究,先后主持了国家自然科学基金项目等10多个研究项目,参与了国家科技攻关项目等10多个研究项目。在土壤侵蚀预报模型、土壤侵蚀过程、土壤侵蚀因子评价、耕作侵蚀及其效应、坡面水文模型、坡面侵蚀动力学模拟、降雨物理、侵蚀生产力关系、开发建设项目水土流失等方面开展了研究。针对黄土区坡地不同下垫面特征,进行了大量野外模拟降雨条件下的侵蚀过程试验研究;提出一种黄土高原土壤抗冲性的研究方法;首次通过模拟降雨试验方法并结合临界稳定入渗率拟定了黄土高原土壤侵蚀长、短历时暴雨标准;对开发建设项目水土流失环境效应进行了研究;建立了分析河龙区间西部地区土壤侵蚀动态变化的区域土壤侵蚀模型;提出中国水土流失小区监测体系方案;分别建立坡面水文估算模型及不同侵蚀带非过程模型;并对坡面土壤侵蚀预报物理模型、土壤侵蚀力学学科建设、耕作侵蚀等进行了研究。发表论文60多篇,获陕西省科学技术一等奖等。

王遵亲(1923.7.9~) 男,出生于山东泰安,1950年毕业于南京大学(原国立中央大学)农学院农业化学系。土壤学家。中国科学院南京土壤研究所研究员、土壤盐渍地球化学研究室主任。长期致力于盐渍土的发生、演变、分类及改良利用研究。率先在国内进行水盐运动规律和土壤次生盐碱化的发生及其预测预报研究;出了水利措施和农业生物措施相结合的"因地制宜,综合治理"的指导思想;在黄淮海平原农业发展战略及综合治理工作中成功地应用机井群开采地下水灌溉压盐,降低地下水位,继而形成了各种形式的井、沟、渠相结合的灌排工程,在防治土壤盐碱化方面取得了突破性成就;利用工矿企业"三废"如磷石膏、亚硫酸钙和风化煤等及农村有机物料进行改土试验,取得明显成效,并对其作用机理进行了阐述;在合理利用和调节水资源方面提出的方案及其依据,深得广大有关人员的赞许,并在水利部"引黄入淀济京"调水计划中列为优先考虑的方案。主要著述有《山东广北地区农民的盐土改良》《中国盐渍土》《河网化与排水种稻是改良华北平原地区盐渍土主要途径》《山东聊城盐渍土的形成条件及其分布规律》等。获国家和中国科学院级特、一二等科技进步奖、自然科学奖和其他荣誉奖16项。

魏复盛(1938.11.9~) 男,四川省简阳县人,1964年毕业于中国科技大学化学系。1997年当选为中国工程院院士,土壤背景值专家。中国环境监测总站研究员,曾任分析研究室主任、监测总站副站长、研究员、总工程师,中国环境科学学会副理事长、全国环境监测专业委员会主任。长期从事环境化学、环境监测技术、环境污染与健康等研究。20世纪70年代中期开始进行环境监测分析技术与方法的研究,80年代中期领导并组织了全国按照水和废水、空气和废气、土壤、固体废物等要素进行监测分析方法的研究、统一验证和标准化,对建立和发展中国的环境监测技术与方法体系作出了重要贡献。先后承担了国家一系列的重大科技攻关课题。近年关注环境污染与健康的研究,开展与美国的多项合作研究,如"空气污染对呼吸健康的影响研究""PAHs暴露量及其代谢物与肺癌风险评价研究""硼污染对男性生殖健康影响研究"等,取得了一系列重要成果。编著或组织编写的专著10余部,在国内外学术刊物上发表论文180余篇。曾获国家科技进步二等奖2次,获部级科技二等奖2次、三等奖1次。

吴发启(1957.9~) 男,出生于陕西省黄陵县,1982年毕业于西北大学地理系,并先后在成都地质学院地质系、东北林业大学、意大利摩德纳大学、北京语言学院进修,1999年获中国科学院水利部水土保持研究所博士学位。西北农林科技大学学资源与环境学院副院长、教授,土壤侵蚀及水土保持工程专家,中国土壤学会土壤侵蚀与水土保持专业委员会副主任委员、国家林业局"水土保持与荒漠化防治"教学指导委员会委员。主要从事土壤侵蚀与水土保持、土地资源和区域生态环境修复、流域管理等领域的教学与科学研究工作,参加与主持国家、省部级科研推广及国际合作等研究项目14项。在小流域治理的研究方面取得了一系列理论和实践上的重要成果和经验,为治理黄土高原水土流失,促进地区生态恢复和农业生产的发展作出了贡献。出版教材7部、专著5部,发表论文80余篇。获得国家、省部科技进步奖9项等。

吴金水(1961.6~) 男,1982年毕业于华中农业大学,1985年获中国科学院亚热带农业生态研究所硕士学位,1987年到英国洛桑试验站留学,1991年获英国里丁大学博士学位,1991年~1998年在英国纽卡斯尔大学从事科研工作。中国科学院亚热带农业生态研究所副所长、研究员、博士生导师、所学术委员会主任,黄土高原土壤侵蚀国家重点实验室常务副主任。长期从事土壤有机质和养分循环与计算机模拟研究,包括农业生态管理、土壤生物化学、土壤肥力与施肥等领域。参与主持欧共体、英国AFRC和BBSRC等研究项目,现主持国家杰出青年基金、国家引进国外杰出人才基金、国家基金项目和国际合作等项目、国家"973"项目、中国科学院知识创新工程重点项目等科研任务。新建土壤微生物生物量碳、磷、硫含量及周转动力学参数的测定方法,建立了有自主版权的土壤有机质和养分循环计算模拟模型;阐明了中国亚热带和黄土高原区土壤有机碳对全球气候变化的响应;提出黄土高原区土壤有机质积累是该区域退化土壤的生态功能恢复的必要条件的观点;建立了典型湿地生态系统沉积剖面有机碳贮量估算方法及系统碳循环计算机模拟模型;阐明了土壤微生物在控制磷素转化、活化固定态磷、保持磷素有效性等方面的重要功能。发表论文150余篇,主编专著1部,参编专著5部,获国家发明专利8项。获湖南省科技进步一等奖(第一完成人)、中国科学院青年科学家奖、国务院政府特殊津贴、留学回国人员成就奖等奖励。

吴克宁(1963~) 男,1983年毕业于河北农业大学农学系土壤农业化学专业,1989年获河南农业大学农学院土壤学专业硕士学位,1994年获南京农业大学资源与环境科学系土壤学专业博士学位。中国地质大学(北京)土地科学技术学院教授、博士生导师、国土资源部土地整治重点实验室副主任,中国土壤学会土壤地理专业委员会副主任、北京市土壤学会副理事长等。研究领域有农用地的质量与监控、土地评价与利用规划、土壤地理与土壤发生与分类、土地质量地球化学评估、土地整治、土壤功能、土地政策。先后主持国家自然科学基金、科技部基础和支撑计划、国土资源部公益性行业等课题,主持编制市、县级土地利用总体规划、基本农田保护规划、土地开发整理规划、土地开发整理项目的规划设计等多项。主编、参编的教材12部,出版著作10余部,发表论文80余篇。获省部级奖5项。

席承藩(1915.10.1~2002.4.19) 男,出生于山西文水,1939年获北平大学农学院农业化学系学士学位,1949年获美国俄克拉荷马州立大学农学院硕士学位。著名土壤地理学家,1995年当选为中国科学院院士。长期从事土壤地理研究和土壤资源合理利用研究,在土壤分类、调查制图、资源开发利用、区域综合治理及土壤详测制图等领域,均进行了开创性研究,为中国土壤学的发展作出了重要贡献。首次制订了土壤基层分类与命名原则;还拟订了全国各级分类系统;首次完成了1:100万中国土壤图,并主编汇总了《中国土壤》专著,建立了具有中国特色的土壤分类、命名体系;在华北平原土壤研究中,总结出旱涝、盐碱、风沙、瘠薄为平原低产的主要原因,并选点整治,提出了科学治理与合理改良利用平原土壤的途径;曾主持和参加全国第二次土壤普查、黄淮海平原综合治理、三峡工程对生态与环境的影响等项国家重大研究任务。出版专著和图集30本,代表作有《黄淮海平原综合治理与农业发展问题》《中国自然区划概要》《中国土壤》《华北平原图集》。发表论文300余篇。获国家级、省部委级科技奖励共12项。

谢德体(1957.9~) 男,四川省开江县人。西南大学(原西南农业大学)资源环境学院院长、图书馆馆长、教授、博士生导师,数字农业重庆市重点实验室主任,重庆土壤学会理事长,重庆市国土资源与房地产学会副理事长,知名"三农"专家。主要从事土壤肥力研究,先后主持和参与国家自然科学基金、国家科技部、国家教委博士点基金、水利部、农业部、四川省科委、重庆市科委等科研项目40余项。弄清了水田土肥力的变化规律,提出用水调节土壤温度、空气、肥效和结构的配套技术,形成使水稻高产稳产的半旱栽培法;紫色土抗旱机理及途径的研究为从土壤物理结构方面改善中国南方大面积冷烂低产田提供的重要的科学依据和有效措施。发表论文200余篇,出版《水田自然免耕技术》《土壤地理学》《土壤肥料学》《土壤学》《土壤发生与分类学》《中国西南山地土壤肥料研究进展》等专著、教材。获国家、省(部)级奖10项。

谢申(1898.8.23~1990.8.1) 男,出生于广东省电白县,1927年毕业于中山大学农学院,1937年获美国威斯康星大学硕士学位。土壤学家。历任中山大学农学院副教授、教授、农化系主任、土壤学部主任、土壤研究所主任、所长,华南农学院教授、土化系主任。长期从事土壤学研究和教育工作,在土壤调查及研究、红壤利用改良方面作出了贡献。曾参加土壤调查工作,足迹遍布广东、云南的平原山川;参加热带作物宜林地勘察,为中国发展橡胶事业作出贡献;积极指导广东省土壤普查工作,研究热带亚热带土壤,为红壤利用改良工作贡献了毕生精力。主要论著有《厩肥概说》《粮食增产与土壤调查》《广东红壤的利用问题》《对农业土壤一些问题的商榷》《略谈我国土壤科学的发展》等。

谢祖彬(1964.2~) 男,生于江苏南通,1987年毕业于中国农业大学土化专业,2003年获中国科学院南京土壤研究所土壤学专业博士学位。中国科学院土壤与可持续农业国家重点实验室研究员。研究领域为全球环境变化与土壤物质生物化学过程,研究方向为土壤利用与全球变化,主要研究内容为全球环境变化与土壤C、N、微量元素生物地球化学循环的互馈作用,全球环境变化对作物地上和地下过程的影响,生物固氮、调控措施及其环境效应。主持完成国家重大基础研究规划项目(973项目)课题1项、国家自然科学基金2项,参加中日重大国际合作和中国科学院创新项目。建立了分根法研究稀土生物效应的方法,解决了长期困扰稀土生物效应研究中磷—镧共存时的沉淀问题;创建了研究根系呼吸的分根生长集气箱法,使根系正常生长状态下根系呼吸的测定成为现实。目前主持科技部支撑计划1项,NSFC项目1项,院创新项目1项。发表论文论著80多篇,其中SCI论文20多篇。

辛德惠(1931.12.24~1999.5.27) 男,辽宁省开原人,1954年毕业于北京农业大学土化系,1962年毕业于原苏联莫斯科大学获科学副博士学位。土壤学与农业生态学专家,1995年当选为中国工程院院士。北京农业大学教授、博士生导师,农业生态研究所名誉所长。"六五""七五""八五"黄淮海平原区域治理项目主要参加人和曲周试验区主持人,国家基金重点项目桓台区主持人。总结提出综合治理旱、涝、盐碱和地下水的综合配套工程技术——浅井—深沟体系;提出完整的方法论——改造与调控盐渍化农业生态系统的工程生态设计与多层次人工控制系统的建设;创立工程科技领域的一个新方向、一门新学科——普适性工程生态设计及其理论(泛生态学);指导并初步完成区域农业发展和生产系统决策和设计的现代信息工程系统;完成了宁波围涂造地综合开发的总体设计,为大开发提供了科学依据。在国内外发表了有影响的论文报告3篇和科技专著5部。曾获得7项国家、省部级科技进步奖及4项荣誉称号。

熊毅(1910.4.13~1985.1.14) 男,贵州贵阳人,曾名其毅。1932年毕业于北平大学农学院,1951年获美国威斯康星大学博士学位。著名土壤学家,1980年当选中国科学院学部委员(院士),中国土壤胶体化学和土壤矿物学的奠基人。历任中国科学院南京土壤研究所研究员、所长、名誉所长,中国科学院南京分院院长,中国土壤学会副理事长,中国生态学会副理事长。毕生从事土壤研究工作,在土壤物理化学、土壤矿物学、盐渍土改良、土壤发生学、土壤肥力和土壤生态学研究方面有较深的造诣,在黄淮海平原的治理工作上作出了重大贡献。首先发现水稻土的淡色层是铁锰还原淋溶的结果,提出了水稻土形成与灰化过程和区别;在中国开创了土壤粘土矿物和土壤胶体化学的研究;组织并领导了华北平原土壤调查研究,对华北平原旱涝盐碱危害提出了综合治理的原则和措施,在国内首次采用"井灌井排"法治理盐碱地取得了重大成就。晚年从事土壤生态系统方面的研究,对太湖地区水稻土资源及其合理利用提出了许多建设性建议。主要著作有《土壤胶体》《华北平原土壤》《中国土壤》《中国土壤图集》《土壤生态学》等,先后发表科学论著、学术报告等200余篇。

许林书(1948.1.28~) 男,吉林省德惠市人,1976年毕业于东北师范大学地理系。东北师范大学城市与环境科学学院教授。长期从事自然地理学、土壤地理学、灾害地理学的教学与科研工作,科研方向以土壤地理、土壤地球化学、湿地土壤生态研究为主,并获得创新性成果,主持与参加科研项目20余项。率先提出和运用"土体热力构型"的概念,揭示了土体热力构型演变的阶段性与时序性,首次提出了盐渍土壤水盐运移的周年节律性;发现了洪水对土壤盐渍化的双重作用,指出半湿润—半干旱区的洪水对盐渍土壤具有脱盐的近期效应和积盐的滞后效应;提出了湿地土壤对洪水的均化效应,提供了湿地土壤均化洪水的评估方法;指出流动草原风沙土的物理性状使其具有一定的自我保墒性能,在干旱季节表现出比同期黑钙土较为湿润的特性;指出了流动草原风沙土经植被固定而发育为半固定、固定风沙土后,其自我保墒能力逐渐降低的规律,为沙地的合理的生物治理和沙地农业开发提供了理论基础。出版著作有《土壤地理学原理》《东北沙地与生态建设》《地理灾害与防治》等10部,发表学术论文50余篇。曾获全国师德先进个人、曾宪梓高师教师奖、吉林省教书育人标兵、长春市劳动模范等荣誉和奖励。

徐明岗(1961~) 男,1984年西北农学院毕业,1994年于西北农业大学获博士学位,1994年~1996年在中国科学院南京土壤所作博士后。中国农业科学院农业资源与区划研究所副所长、研究员、祁阳红壤实验站站长,中国土壤学会副理事长。从事土壤肥力演变与培育、污染土壤环境与修复及农业可持续发展方面的研究,对土壤养分运移和转化、土壤与离子间的相互作用、土壤重金属吸附、形态转化等有较深入系统研究。近10年来,主持完成了国家区域农业综合发展和污染土壤环境修复方面的"973"课题、科技攻关、自然基金、国际合作课题8项,现主持国家"973"课题、科技攻关课题、重点基础性项目和国际合作项目等多项。以第一编著者出版《中国土壤肥力演变》《土壤养分运移》等专著5部,发表学术论文90余篇。获国家和省部级成果奖6项。

徐琪(1928.7.15~) 男,出生于生于山东省邹平县,1952年毕业于山东农学院农化系土壤肥料专业。土壤学家,中国科学院土壤研究所研究员、博士研究生导师,曾任江苏省生态学会副理事长、中国生态学会农业生态专业委员会主任、中国土壤学会土壤肥力专业委员会主任。早期主要从事土壤地理研究工作,对白浆土的形成与分类作出了很大贡献;对水稻土的形成进行了系统的研究,提出了"五水"分类系统。对稻田生态系统、草原生态系统、复合农业生态系统的养分循环进行了系统的研究,推动了中国土壤生态学研究和发展。承担了三峡工程对生态环境影响及其对策的研究,参与大型水利工程的环境影响评价、移民环境容量的研究,为三峡工程的论证、库区的生态环境建设作出了贡献。主要著述有《中国太湖地区水稻土》《长江流域土壤与生态环境建设》《中国白浆土》《中国稻田生态系统》等。曾获获国家科技进步二等奖、中国科学院科技进步一二等奖、中国科学院科技成果二等奖和自然科学二等奖等。

杨劲松(1959~) 男,分别于北京大学和南京农业大学获学士和博士学位。中国科学院南京土壤研究所研究员、博士生导师、盐碱土利用与盐渍化治理研究中心主任、土壤物理与盐渍土研究室主任,中国土壤学会盐碱土专业委员会主任,江苏省土壤学会土壤改良专业委员会主任。主要研究领域为土壤和水资源利用与管理,土壤盐渍化防控和盐渍土资源利用,土壤盐渍化监测与水盐运移建模,土壤退化及其环境效应。先后主持并完成过国家重点基础理论发展规划研究项目(973项目)、国家自然科学基金项目、国家科技攻关子项目、"948"项目,以及包括国家"863"子课题、中国科学院重点项目、国家三峡建设委员会重点项目、中国科学院知识创新重大项目专题、国际合作项目等20余项。目前正在主持的科研项目包括:国家公益性行业(农业)科研专项经费项目、国家"863"计划重点项目、中国科学院知识创新重要方向项目、国家自然科学基金项目、国家科技支撑计划项目专题、国务院三峡建设委员会办公室重点课题、中国科学院知识创新重大项目专题及新疆重点项目专题等。在土壤水盐动态与区域次生盐渍化的预警、土壤盐分动态调控机制与盐渍与易盐区土壤盐碱障碍的综合防控、不同尺度土壤盐分动态的监测评估方法、作物对土壤盐分的响应与作物抗盐性调控、土壤退化机制与生态环境效应、盐渍土资源的利用与管理、沿海滩涂资源的利用、三峡工程对长江河口的生态环境影响及其监测等方面取得了重要进展和研究成果。发表学术论文260余篇,合作和参与编写学术专著4部。获得国家专利授权6项。曾获中国科学院科技进步奖2项、江苏省科技进步奖1项、江苏省和山东省水利厅科技奖各1项。

杨太保(1962~) 男,1984年兰州大学自然地理专业毕业,1995年获俄罗斯高等学位委员会授予的博士学位,1996年~1999期间在中国科学院沙漠研究所从事博士后研究。兰州大学资源环境学院副院长、冰川与生态地理研究所所长、教授、博士生导师,甘肃省地理学会副理事长。主要从事第四纪自然地理环境变化黄土记录的区域差异、全球变化与中国西部景观响应国土资源与规划、环境保护、土壤学与水土保持、生态环境建设、地质公园规划和旅游地理学等方面的研究,主持和参加国家自然科学基金重点、国家自然科学基金、国家重点基础研究发展计划(973)、国土资源部国土资源大调查项目、财政部、教育部、甘肃省等研究项目10余项。主讲《土壤地理学》课程。发表论著50余篇(部),获国家自然科学二等奖等。

姚归耕(1906.2.15~1992.6.17) 男,出生于江苏省吴县,1933年毕业于金陵大学农学院农艺专业。土壤肥料学家。历任中央农业部土地利用局技正、上海复旦大学农化系教授、沈阳农学院土壤农化系教授、中国科学院沈阳林业土壤研究所研究员、辽宁省农业科学院土壤肥料研究所所长等。长期致力于中国肥料试验和教学工作。参与并完成中国历史上首次地力测定,为肥料田间试验奠定了基础;积极倡导并建立了中国第一批肥料长期定位试验地,为研究土壤肥力演变和合理施肥提供了科学基地。进行了现代生物统计理论及其田间试验设计技术在中国肥料田间试验的开创性尝试;主持沈抚灌区污水灌溉研究和应用,提出在东北大豆产区施用微量元素钼肥,均获得实质性成果,开创了中国工业污水合理农用和大面积施用微量元素肥料的先例;指导辽宁省化肥试验网的建设,率先在辽宁省进行磷肥的试验和推广应用;在阐明不同施肥条件下的土壤肥力演变规律和合理施肥方面,提供了短期试验所无法比拟的科学结论。

叶和才(1912.10.31~1992.9.5) 男,广东省梅县人,1934年毕业于金陵大学农学院,1940年获英国剑桥大学农学院理科硕士学位。土壤学家、教育家,中国北方盐渍化土壤改良的奠基人之一,用能量观点研究土壤水分运动规律的带头人之一。历任北京农业大学土壤农业化学系教授、水利土壤改良教研室主任、土壤农业化学系主任,北京留美学生家属联谊会常委、北京市第五届人大代表、北京市第五届政协委员、第六七届政协常委,中国农学会土壤肥料研究会副理事长,中国农业科学院土壤肥料研究所副所长等职。主要从事盐碱地改良,土壤水分和作物节水灌溉的研究工作。运用土壤发生学的观点和方法研究中国华北滨海盐碱土的土壤植物演变过程,提出滨海重盐土的生物水利土壤改良措施,为华北滨海重盐土的改良利用创造了一条生物水利土壤改良的新途径;对土壤水分和喷灌灌溉制度等进行了较深入地研究,根据土壤水分特征曲线并联系节水灌溉的研究取得了"高产小麦灌溉制度""北京昌平白各庄荒地种植饲草苜蓿"等重要成果,在生产上起到了积极作用,发展了农作物节水灌溉技术,为中国水利土壤改良和土壤水分研究的发展作出了重要贡献。合译了《土壤和水》《物理的土壤学》《干旱地区集水保水技术》《农田排水》《土壤学》等教学参考书。主编和编写了《水利土壤改良》《农田水利学》等著作和论文数十篇。

于天仁(1920.2.4~2004.5.22) 男,山东省郓城县人,1945年毕业于西北农学院农业化学系。著名土壤学家,中国土壤电化学的创始人,1995年当选为中国科学院院士。中国科学院南京土壤研究所研究员。长期从事水稻土和红壤的电化学研究工作。在土壤的氧化还原过程、可变电荷土壤的电化学性质、土壤电化学研究方法及离子选择性电极在土壤学研究中的应用等方面都取得了首创性的成果。在20世纪50年代后期开始构思中国的土壤电化学体系。60年代初,在有关研究工作的基础上,根据胶体化学的基本理论,他正式提出土壤电化学这一分支学科,并在中国科学院土壤研究所内创建了国际上第一个土壤电化学研究室,设计试制了适用于野外现场测定的多用途测量仪器和新型的多用电化学测量仪,开创了中国的土壤电化学研究事业。出版《土壤电化学性质及其研究法》等13部专著,其中英文专著3部,发表中英文学术论文180余篇,获国家级和中科院科技成果奖10余项。

俞元春(1961.7~) 男,1983年毕业于南京林业大学林学系,1989年获农学硕士学位,1999年获理学博士学位。南京林业大学森林资源与环境学院教授、博士生导师,中国林学会、中国土壤学会森林土壤专业委员会副主任。从事森林土壤、森林生态、林木营养与施肥、环境科学等领域的教学和科研工作。主持完成国家自然科学基金项目4项,国家林业公益性行业专项、国家林业局"948"项目、国家科技支撑项目、江苏省等部省级项目10多项,近年来对南方森林土壤的性质,特别是杉木等人工林的土壤肥力变化进行了系统的研究,提出了该地区森林土壤微量元素的背景值,阐明了杉木人工林的地力变化机制,提出了地力维护的技术措施;首次应用向量图解法对杉木、银杏的营养状况作了诊断,第一次提出了杉木对磷肥的吸收利用率,为林木的合理施肥奠定了基础;在国内率先开展了林木根系分泌物与林木营养、森林土壤酸化及铝的环境效应等研究,阐明了磷胁迫下不同种源的马尾松、杉木根系分泌有机酸的类型和数量,提出了土壤酸化及土壤铝与林木生长的相互关系。合著出版专著《林木施肥与营养专刊》《森林土壤质量演化与调控》《杉木人工林长期生产力保持机制研究》等8部、教材4部,发表论著100余篇。获国家科技进步二等奖、中国土壤学会科学技术奖二等奖、教育部科技进步三等奖各1项。

张凤荣(1957.3~) 男,出生于河北省沧县,1982年从北京农业大学土壤与农业化学专业毕业,1984年获北京农业大学土壤专业硕士学位,1988年获北京农业大学土壤专业博士学位。中国农业大学资源环境学院环境战略与管理中心主任、教授、博士生导师,中国土地学会副理事长,中国自然资源学会土地资源专业委员会副主任,全国土地利用总体规划专家组成员。从事土地评价、土地利用规划、持续土地利用管理、土壤地理学教学和研究工作,主持和参加研究项目30多项。在中国率先开展持续土地利用评价研究,开创了建设用地持续利用评价方向;对中国土地资源状况,特别是后备土地资源状况有深入调查研究,促进了中国耕地保护和占补平衡工作由注重数量到数量与质量并重,乃至向生态环境保护的转变;为农用地分等定级工作作出了贡献;提出土地利用总体规划中耕地与基本农田保护的新思路;研究中国耕地质量与数量变化,耕地生产能力,耕地保护目标和农田基本建设工程措施,为国家和区域耕地保护和农田基本建设政策提供决策支持;在中国第一次将逻辑学应用到土壤分类学中,革新了中国土壤分类学的哲学思想。出版专(译)著和教材15部,在国内外学术期刊发表论文180余篇,其中SCI、EI收录12篇。获国土资源部科学技术一等奖1次、二等奖4次等。

张甘霖(1966.8~) 男,生于湖北通山,1987年毕业于华中农业大学土化系,1990年获中国科学院南京土壤研究所理学硕士学位,1993年获中国科学院南京土壤研究所理学博士学位。中国科学院南京土壤研究所研究员、博士生导师,国际土壤科学联合会城市土壤工作组副主席、土壤发生委员会副主席,中国土壤学土壤发生、分类和土壤地理专业委员会主任。主要从事土壤发生和土壤分类、土壤地球化学、土壤地理、土壤资源和信息研究,研究方向包括不同时间尺度人为影响下的土壤形成和演变、现代土壤形成过程与环境变化的关系、中国土壤系统分类、城市土壤质量演变及其生态环境效应、土壤质量指标与土壤质量评价、现代土壤制图的理论和方法等;曾经主持或参加国际科学基金项目、多项国家自然科学基金重点和面上项目、中国科学院特别支持项目、UNDP项目、国家重大基础研究规划项目(973)。在人为土壤的发生和演变、中国土壤系统分类研究、土壤和地体数字化数据库、中国主要耕地土壤质量指标和评价、香港土壤及其环境研究、城市土壤研究等方面取得了较大进展和诸多成果。发表论文140多篇,其中SCI收录30多篇,出版专著共8部,获得授权专利2项。获得国家自然科学二等奖1项、省部级一二三等科技奖各1项。

张洪江(1955.1~) 男,河北省易县人,1978年毕业于北京林学院水土保持系,1989年和1996年于北京林业大学在职攻读研究生分获农学硕士和农学博士学位。北京林业大学水土保持学院副院长、教授、博士生导师。从事水土保持、防护林建设、环境生态方面的教学和科研工作,主持国家科技部973重大基金项目、国家林业局948项目、国家自然科学基金委员会专项基金项目、国家科技支撑计划课题等。发表论文和译文100余篇,有6篇论文被EI收录,主要专著有《水土保持学》《水土保持原理》《土壤侵蚀原理》《长江三峡花岗岩地区优先流运动及其模拟》《长江三峡花岗岩坡面土壤流失特性及其系统动力学仿真》《山地防护林水土保持水文生态效益及其信息系统》等。获林业部科技进步二等奖2次、四川省科技进步三等奖1次、国家优秀教学成果一等奖1次和北京市优秀教学成果一等奖1次。

张金池(1962.10~) 男,1983年毕业于南京林业大学林学系,1989年获南京林业大学生态学科硕士学位,生态学博士。南京林业大学森林资源与环境学院院长、教授、博士生导师,江苏省生态学会副理事长,南京市林学会副理事长。主要研究方向为水土保持与林业生态工程。近年来,主持或主要参加完成的科研项目20余项,现主持或主要参加科研课题10余项。首次提出了平原沙土区土壤侵蚀机理模型和侵蚀危险性评价模型,率先开展了平原沙土区防护林的固土防蚀功能与效益以及防护林体系的优化配置技术研究,形成了独具特色的平原沙土区水土流失综合防治措施体系。出版学术著作《水土保持及防护林学》《水土保持学》《森林生态学》等6部,发表学术论文50余篇。获国家科技进步二等奖2项、江苏省科技进步二等奖2项、省(部)级科技进步一二等奖7项等。

张佳宝(1957~) 男,1982年毕业于南京农业大学土化系,1985年在中国科学院南京土壤所获得理学硕士,1987年赴国际水稻研究所农业工程系做博士论文研究,1990年获菲律宾大学土壤物理学博士学位,1991年初到中国科学院南京土壤研究所做博士后研究工作2年。中国科学院南京土壤所研究员、中国科学院研究生院教授、博士生导师,中国科学院南京土壤所土壤物理与盐渍土研究室主任、农业生态与区域发展研究中心副主任,中国科学院封丘农业生态国家实验站站长,中国科学院知识创新项目首席科学家,中国土壤学会土壤物理专业委员会副主任。主要从事土壤水动力学、污染物的迁移与地下水污染防治、平原与坡地水量平衡、节水技术、水分和氮素管理区域模型以及精准种植技术等方面的研究,主持多项国家级、中国科学院和国际合作的研究项目。出版了包括《自然科学发展战略——土壤学》和《The transport of contaminants in vadose zone and the prevention of groundwater pollution》专著2部,发表学术论文60余篇。获三部委(科委、计委、财政部)"八五"科技攻关成果奖、中国科学院科技进步三等奖、江西省科技进步二等奖。

张科利(1962.1~) 男,陕西宝鸡人,1985年毕业于陕西师范大学地理系,1988年获中国科学院水土保持研究所硕士学位,1992年~1993年在日本宫崎大学农学部研究生学习研究,1996年获日本鹿儿岛大学大学院博士学位,1996年3月~1996年8月任日本宫崎大学农学部特别研究员,1996年9月~1998年6月清华大学水利系博士后研究。北京师范大学地理学与遥感科学学院教授、博士生导师、土壤与环境实验室主任。主要从事的专业领域为土壤与环境、土壤侵蚀及水土保持,主要研究方向为水土保持、土壤侵蚀机理及土壤侵蚀预报模型等,主持和参加国家"七五""八五"科技攻关项目、中国科学院基金课题、国家自然科学重大基金课题、973专题、国家林业局、交通部等研究。发表学术论文100余篇,出版《中国水土保持》《中国的荒漠化及其防治》《土壤侵蚀预报模型》《土壤地理学》等专著4部。获中国公路学会科学技术奖1等奖、北京市教育成果(高等教育)二等奖等多项。

张乃凤(1904.3.31~2007.2.22) 男,出生于浙江省湖州南浔镇,1922年迁居上海考入青年会中学,后又考入圣约翰中学,1926年毕业后升入圣约翰大学,1927年秋自费去美国康奈尔大学农学院留学,1930年毕业,随后在美国威斯康星大学研究生院土壤系攻读硕士学位,1931年学成回国。现代土壤肥料科学的开拓者,著名的土壤肥料学家。中国农业科学院农业资源与农业区划研究所研究员。致力于化学肥料试验研究工作60余年,组织中国历史上首次地力测定和全国化肥试验网,为中国化学肥料的使用、推广和科学研究作出了重要贡献。他主持和参加的研究工作及其成果,多次获国家和部、省级奖励。

章申(1933.10.24~2002.9.3) 男,江苏常熟人,1956年毕业于南京农学院土壤农业化学系,1962年获苏联莫斯科大学生物学副博士学位。化学地理学家、环境地学家,1993年当选为中国科学院院士,1996年当选为国际欧亚科学院院士。中国科学院地理科学与资源研究所研究员。从事微量元素景观地球化学和生物地球化学的科学研究,创建了微量元素实验室和化学地理研究组和研究室,主持多项有关环保的重大科研项目,参与国家环保科技规划的制定,对中国环保工作作出了贡献。揭示珠穆朗玛峰地区冰、雪、水中氢氧同位素的含量、分布和分馏规律;在国内率先开展环境中元素分布与克山病等地方病的生物地球化学病因学研究,提出生物地球化学质、量、比营养概念及中国生物地球化学省的划分方案;系统揭示蓟运河、湘江等河湖重金属污染规律,取得防治成效;全面揭示长江水系5 800余个水、泥、生物样中约30种微量元素背景值、空间分布、形态分配,在湖泊沉积物中历史演变规律,在环境保护实践基础上提出环境问题形成的源、流、场、效应链式机制和防治对策。先后发表论文约160余篇,编、著文集(书)4册。获奖17项。

张维理(1953.11~) 女,1976年毕业于山西农业大学土壤农化系,1982年于中国农业科学院获硕士学位,1989获德国哥廷根大学博士学位,1989年~1990年在荷兰瓦格宁根大学完成博士后研究。中国农业科学院土肥所副所长、研究员、博士生导师。主要从事数字土壤、施肥与环境、施肥与品质、农业信息技术在土壤与植物营养研究中的应用等相关领域的研究工作。建立了中国农业科学院数字土壤实验室,并主持中国1:5万大比例尺数字土壤建设,推动了现代"3S"技术和数字技术方法在土壤学、农业和环境科学领域的应用;最早进行了北方农区施肥对地下水硝酸盐污染的研究,对中国农业面源污染的成因、发生规律与防治对策进行了长期、系统的研究,研究结果在国际同行中产生了很大影响。主持完成10多项重要的基础和应用研究项目,目前主持有国家科技部、农业部、国际合作等多个研究项目。发表论文50余篇,已被SCI论文引用150次,发表在中国农业科学,植物营养与肥料学报等一级学报上的论文分别是近10年来该学报他引频次最高的论文,研究结果对推动并形成国家层面的认识和政策产生了重大影响。出版德文版专著1部,获发明专利8项。近年获省部级科技进步奖3项。

张晓平(1957~) 男,出生于吉林省长春市,1982年毕业于吉林农业大学土壤化学系。中国科学院东北地理与农业生态研究所研究员、博士生导师。从事黑土有机碳动态变化和盐渍土演变机理与改良利用研究。曾参与西藏土壤背景值科学考察工作，比较系统地报道了西藏土壤中 Cu、F、Se、Hg 的含量和分布状况；长期在松嫩平原从事苏打盐渍土演变机理和改良利用研究；近年来主要研究土壤碳固定及其机理、土壤有机碳质和量的变化与全球变化如温室效应的关系；同时还致力于研究免耕等保护性耕作措施对保护和恢复黑土资源的作用。发表论文 80 余篇（在 SCI 检索刊物上发表论文 14 篇），合作撰写专著 5 部，申请国家发明专利 2 项。获省部级科技进步二等奖一项、三等奖 2 项。

赵其国（1930.2.25～ ） 男，湖北武汉人，1953 年华中农学院农学系毕业。著名土壤地理学家，1991 年当选中国科学院学部委员（院士）。中国科学院南京土壤研究所研究员、博士生导师，国务院学位委员会学科评议组成员，中国科学院农业研究委员会主任；曾任南京土壤研究所所长、中国土壤学会理事长、国际土壤学会盐渍土分委员会主席、国际土壤学会土壤环境委员会第一副主席。长期从事土壤地理与土壤资源研究工作。首次明确提出中国红壤具有古风化过程及现代红壤化过程两种对立统一的特征；指出红壤元素迁移的顺序、红壤化过程目前仍在进行的论据，以及红壤相对与绝对年龄的范围；指出运用红壤渗透水组成、游离铁等作为红壤化过程指标的重要性，并首次对红壤的定量分类提出具体区分标准，对红壤的发生研究与定量分类指出了新的途径；总结了以橡胶为主的热带作物开发利用与红壤分布及土壤性质的相互关系，首次提出以热量条件、土壤性质为标准的热带作物利用等级的评价方案，为制定热作发展规划与布局提供了可靠的科学依据；提出了"土壤圈"研究的新方向，建立了中国土壤学界第一个开放实验室——土壤圈物质循环开放研究实验室；提出土壤分区整治、退化土壤改良，以及土壤生态与环境评价的多种规划与开发方案。发表专著 6 本，论文 300 余篇，代表作有《江西红壤》《红壤物质循环与调控》等。曾先后荣获国际道库恰也夫奖、第四届日经亚洲技术大奖、竺可桢野外科学奖以及国家级和部省级成果奖 10 余次。

赵烨（1963～ ） 男，陕西乾县人，1985 年毕业于北京师范大学地理系，1988 年获北京师范大学环境科学研究所硕士学位，1995 年获北京师范大学资源与环境科学系博士学位。北京师范大学环境学院教授、博士生导师、环境学院学术委员会主任。研究方向为自然地理学、土壤地理学与区域环境演变、土壤污染诊断与修、环境地学和土地健康评估、土地整理及其生态环境影响评价、南极土壤与环境变化研究，主持或参加完成相关国家科技攻关、国家自然科学基金项目、"973"及省部委级科研项目 20 余项。研究领域包括中国北方农牧交错带土壤资源特征、全新世土壤环境演变、土壤退化遥感监测与防治对策、土壤风蚀过程诊断与危险性评价，南极无冰区土壤地理学、自然环境背景、自然地理过程、人类活动对南极无冰区环境影响评价，土壤污染诊断与植物修复技术、土地资源评价、土地规划实施保障措施及其战略环境影响评价、农用地产能测算与健康评价、土地利用及其生态环境影响评价。出版和发表《南极乔治王岛菲尔德斯半岛土壤与环境》《土壤地理学》《自然地理基本过程和基本规律》《土壤环境科学与工程》等专著、学术论文图件 90 余篇（部），获国家专利 6 项。获国家科技进步二三等奖、国家海洋局特等奖、国家教育委员会科技进步三等奖、内蒙古自治区科技进步一等奖等多项。

郑粉莉（1960.10～ ） 女，陕西蓝田人，1983 年毕业于西北大学地理系，1986 年获中国科学院西北水土保持研究所硕士学位，1997 年获中国科学院水利部水土保持研究所博士学位，美国国家土壤侵蚀研究实验室博士后。西北农林科技大学资源环境学院院长、中国科学院水利部水土保持研究所研究员、博士生导师。参加和主持过多项国家科技攻关课题、国家重大基金项目、中国科学院"百人计划"项目、中国科学院重大项目、中澳合作研究项目等、国家自然科学基金项目、中国科学院知识创新项目、中美和中欧合作项目等科研课题 20 多项。主要从事土壤侵蚀与水土保持研究，在土壤侵蚀过程与机理、土壤侵蚀预报模型、侵蚀环境效应评价、人类活动与生态环境演变、植被演变与侵蚀和土壤互动作用、土壤质量对植被恢复响应等科学研究方面取得了新的研究进展。发表学术论文 130 多篇，出版专著 5 部。获中国科学院自然科学一等奖 1 项、中国科学院科技进步一三等奖各 1 项、杨凌示范区科技进步一等奖 1 项。其先进事迹在中央电视台以"情系黄土高原"为主题进行了专题报导。

周健民（1956.7.20～ ） 男，出生于江苏省赣榆县，1982 年 1 月毕业于南京大学化学系，1985 年获中国科学院南京土壤研究所硕士学位，1995 年加拿大萨斯喀彻温大学攻博士学位和从事博士后研究。中国科学院南京土壤研究所所长、研究员、博士生导师、中国土壤学会理事长兼土壤与农业可持续发展国家重点实验室主任、中德土与环境联合实验室主任,中国农工民主党中央委员、中央科技委员会副主任、江苏省委副主委、江苏人大常委、人大常委会农业与农村工作委员会委员。主要研究领域为土壤肥力、土壤化学、植物营养与肥料。在中国首先开展了土壤钾素转化动力学的研究工作,开辟了多种元素在土壤中的交互作用研究的新领域,为正确理解元素的转化循环过程及生物和环境效应提供了理论依据。在缓、控释肥料研制、设施农业相关技术、平衡施肥技术研究方面取得显著进展,产生了较广泛的社会影响。发表中英文论文90余篇,其中SCI论文15篇,申请国家发明专利5项,主编中英文专著或论文集5部。获省科技进步一等奖和二等奖各1项。

周凌云(1960.10~) 男,1983年毕业于沈阳农业大学基础部农业生物物理专业。中国科学院南京土壤研究所研究员,中国科学院封丘农业生态实验站副站长。主要从事土壤水分运动、节水农业、植物生理、中药材栽培、黄淮海平原区域农业生态环境综合治理等方面的研究。在土壤—植物—大气(SPAC)系统中的水及溶质运移规律及影响因素,以及水、肥定量描述与作物生长和环境关系、作物水肥生理、中药材GAP的研究等方面有较为深入系统的研究。参加、主持"六五、七五、八五、九五"国家科技攻关任务、中国科学院重大、重点、973、国家重大和面上基金等多项研究课题。公开发表学术论文50余篇,编著2部,获国家实用新型专利2项授权。曾获多项荣誉及奖励。

朱鹤健(1931.6~) 男,土壤地理学与土地学家,2001年当选国际欧亚科学院院士。福建师范大学原校长、教授、博士生导师、自然资源研究中心主任,中国自然资源学会热带亚热带地区资源研究专业委员会主任、全国高校土壤地理研究会理事长、福建省自然资源学会名誉理事长、福建省人民政府顾问。长期致力于土壤地理学与土地资源开发利用与生态环境建设的研究,取得一系列创新成果,推动了土壤学与地理学交叉学科前沿性应用理论和技术支撑体系的发展,主持完成国家科学基金、福建省科学基金和重大、重点攻关项目10余项。近年来,结合培养博士生,将农业资源优化模式不断调整完善,构建特色农业耦合系统,分别在漳浦大南坂农场、马坪镇和长汀河田等地应用推广,并建立博士生工作站和试验基地,取得明显的生态和经济效益。出版《土壤地理学》《土壤学与地理学交叉研究》《世界土壤地理》《福建山地土壤研究》等专著。曾获国家和福建省科技进步奖、教学成果奖、优秀教材奖15项。

朱建国(1957.8~) 男,江苏启东人。1982年毕业于苏州大学化学系,1990年获南京大学化学系博士学位。1990年进中国科学院南京土壤研究所博士后流动站。中国科学院南京土壤研究所土壤与农业可持续发展国家重点实验室研究员。长期从事植物营养元素和有益元素农用的生态环境效应、全球变化区域响应研究。主持中国科学院知识创新重要方向项目、国家自然科学基金委重大国际合作研究项目、重点项目、中日政府间科技协作协议项目、科技部国际合作重点项目等。采用FACE技术研究农田生态系统对大气二氧化碳浓度升高的响应,涉及系统控制技术、植物生理、作物栽培、元素生物地球化学等众多学科,属全球变化区域响应研究领域,在国内外有较大影响;在模拟未来大气组成以及温度改变的微域环境中,研究生态系统的响应与适应,涉及植物生理生化、作物栽培、土壤、生态、生物地球化学、系统控制等学科,是在国际前沿的综合性研究;建成了国际上第一个水稻/小麦臭氧FACE系统,作为研究近地层臭氧浓度升高对稻田生态系统影响的试验平台,在研究臭氧对水稻、小麦的损伤及其机制方面获得初步结果,发现水稻、小麦的不同品种对臭氧暴露胁迫的响应差异显著。相关研究先后发表论文100多篇,其中在国际学术刊物发表50多篇。

朱莲青(1907.8.2~1991.10.31) 男,生于浙江省嘉兴县,1933年毕业于金陵大学农学院森林系。著名土壤学家。历任中央地质调查所土壤研究室技师、农林部林业实验所研究员、华东农林部南京农业试验所研究员、农业部土地利用局工程师、农垦部荒地勘测设计院副院长、农垦部建设局副局长、农牧渔业部土地利用局副局长。在土壤地理、土壤发生分类、水稻土的形成和特性、荒地勘测、农场规划以及全国土壤普查工作中做了大量的组织领导和科学研究工作,取得了显著成绩,对中国土壤科学事业的发展作出了重要贡献。主要论著有《论土壤与成土物质》《水稻土土层分类及命名概则》《水稻土的构造》《中国之土壤概要》《我国土壤层理的分类和命名》《西北黄土高原的土地合理利用问题》《水土保持的原理是恢复生态平衡》等。

朱显谟(1915.12.4~) 男,出生于上海崇明县,1940年中央大学农业化学系毕业。著名土壤学家和土地资源开发与整治学家,1991年当选为中国科学院学部委员(院士),中国土壤侵蚀研究的开拓者与奠基人之一。中国科学院、水利部水土保持研究所名誉所长、研究员。从事土壤、土壤侵蚀、水土保持和国土整治研究。提出华南红壤主要是古土壤和红色风化壳的残留以及红色冲积物的堆积而不是现代生物地带性土壤的观点。对国内外土壤剖面进行对比研究,明确了灰化土中的A2层不是R_2O_3的淋溶层而是硅的淀积层。阐明了黄土中土壤和古土壤粘化层的生物起源。对黄土和黄土高原的形成提出了风成沉积的新内容和风成黄土3种沉积方式并赋予黄土高渗透性、高蓄水功能,并被着生生物所巩固和提高。是"整治黄土高原国土和根治黄河水患的28字方略"和维护加强以土壤水库为本的"三库协防"的提出者。代表作有《中国黄土高原土地资源》和《黄土高原土壤与农业》《陕西土地资源及其合理利用》《陕西土壤》《中国黄土高原土地资源图片集》等专著,发表论文百余篇。获国家级、省(部)级科技成果奖、科技进步奖5项,参与编著的《中国土壤图集》被评为中国科学院1988年十大成果之一。

朱兆良(1932.8.21~) 男,浙江奉化人,出生于山东青岛,1953年毕业于山东大学化学系。著名土壤农业化学家,1993年当选中国科学院院士。中国科学院南京土壤研究所研究员、博士生导师,全国政协常委、江苏省政协副主席、中国农工民主党中央委员会副主席、江苏省主委,中国土壤学会理事长;曾任国际土壤学会水稻土肥力组主席、江苏省土壤学会理事长等职。长期从事土壤—植物营养化学研究,尤其是对土壤氮素的研究具有很高的造诣。首次对土壤供氮能力进行了定量解析,提出了田面水中铵浓度和光照是决定氨挥发量的主要因素等观点;明确了中国主要种稻区的稻田中氨挥发程度及其在氮肥损失中的重要性;提出了"力求减少施肥后留于田面水中的氮量"的稻田氮肥合理施用原则,为改进稻田氮肥施用技术提供了依据;明确了三熟制中作物的高产对土壤养分供应速率的要求明显高于两熟制,指出了土壤供氮进程与双季稻的需氮特点不相协调,明确了土壤结构是制约供氮早发特性的主要因素;提出了控制氮肥施用量,注意氮与磷、钾和硅等养分协调施用的建议;开拓了中国土壤供氮能力与氮肥施用量推荐研究,为中国土壤氮素研究及氮肥的有效施用作出了重要贡献。出版学术专著3部,发表论文百余篇。曾获陈嘉庚奖农业科学奖,国家、中国科学院、江苏省科技进步奖和自然科学奖10余项。

朱祖祥(1916.10.5~1996.11.18) 男,浙江宁波人,1938年毕业于浙江大学农学院农化系,1946年、1948年先后获美国密执安州立大学硕士、博士学位。中国土壤学家和农业教育家,1980年当选为中国科学院学部委员(院士)。历任浙江农业大学教授、土壤农化系主任、校长、名誉校长,兼中国科学院沈阳林业土壤研究所和南京土壤研究所研究员,中国水稻研究所所长。主要从事教育并主攻土壤化学的研究。早期研究影响土壤中交换态阳离子有效性的各种因子,提出饱和度效应,陪补离子效应和晶格结构效应等概念。通过土壤中磷的转化研究,从正反两方面论证了养分位的实际涵义。对土壤和水稻营养障碍化学诊断的理论、方法及标准等问题作了系统的研究。在国内外发表论文90余篇,主编全国统编教材《土壤学》《土壤化学》《土壤物理学》《土壤物理化学专题综述》等多种教材和专业性文章。曾获浙江省人民政府、省科学大会、省教育委员会、国家教育委员会多项科技进步二三等奖等。

第五章 中国土壤科学大事记

公元前 11 世纪～前 771 年 周人先祖公刘由邰迁豳(今彬县、旬邑一带)后,"度其隰原,彻田为粮"(《诗经·大雅·公刘》),公刘规划和整治田亩的方法,后被周族人所效法。先周时,古公亶父由豳迁周原后,在关中西部进行"畎田法"耕作,即今具有蓄水保墒的垄作法,是井田制或沟洫制的重要组成部分,是旱作农业最早的一种耕作法,为后来其他耕作法的源渊。

春秋后期 腊祭在其祝词中提到"土反其宅,水归其壑,草木归其泽",反映了水、土、草、木资源平衡和水土保持观念,这是中国历史上最早关于水土保持的记载。

秦孝公三年(前359) 商鞅变法,实行重农抑商、奖励耕战政策,富平赵老峪一带采取引洪漫地的办法改良土壤,增产粮食,使原来"地大高燥"的贫瘠农田变成"土润而腴""亩产一钟"(约125 千克)的肥沃良田。秦相吕不韦在咸阳广纳食客,著《吕氏春秋》,其中《任地》《辩土》农业论文,总结了秦国的"上田弃亩,下田弃甽""甽欲广以平,甽欲小以深"等方法,用以保水、防旱、防涝。

公元前 480 年～前 222 年 《尚书·禹贡》篇记述了九州的土壤类型、分布及土地等级。这是中国关于土壤和土地分级的最早著述。

公元前 200 年前后 《管子·地员》篇是中国最早的土地分类专篇,涉及土壤地理和植物地理,论述了土壤与地形、地下水、植物的关系。

东晋永和四年(348) 东晋常璩撰《华阳国志》,记述今陕南汉中、甘南及川、滇、黔等长江上游各省自远古到东晋永和三年(347)间的建制沿革、统辖郡县之境域、道里、土地、水文地理、水利、物产、民俗及人物等史事。

北魏孝昌三年(527) 郦道元著《水经注》。

1902 年 12 月 17 日,京师大学堂正式开学,1905 年在京师大学堂的农科开设土壤肥料学课程,开始讲授土壤科学知识。

20 世纪 20 年代 金陵大学森林系的部分教师在晋、鲁、豫进行了水土流失调查及径流观测,视为中国土壤侵蚀研究的开始。并于 20 世纪 30 年代开设了土壤侵蚀及其防治技术课程。

1930 年 7 月 2 日,中华教育文化基金董事会第 6 次年会(南京)委托农矿部地质调查所举办全国土壤调查,中央地质调查所聘请国内外专家并在所在地北京西四兵马司 9 号及丰盛胡同 3 号成立土壤研究室,开始对中国土壤进行系统的调查与研究,这是中国近代土壤科学研究真正开始的标志。谢家荣、常隆庆等开展了河北省三河、平谷县土壤调查与约测,以及在陕西省渭水流域采集土壤标本,并编绘了中国北方部分地区土壤图和土壤断面图,特别是他们编辑出版的 1:75 000 河北省三河平谷蓟县土壤类型彩色图,属于中国土壤地理学区域研究的开拓之作。黄国璋《社会的地理基础》(世界书局)出版,其中从社会与土壤方面辩证地论述了人地关系。

1931 年 3 月,谢家荣著名的土壤学论著《土壤分类及土壤调查》发表。

1932 年 翁文灏在《独立评论》发表《中国人口分布与土地利用》一文,进一步阐明了中国人多地少的困境,说明土壤调查的重要性和迫切性。

1933 年 原黄河水利委员会成立并设置林垦组,从事防止土壤冲刷工作。

1933 年～1936 年 侯光炯、陈伟、周昌云、李连捷、陈恩凤、朱莲青、李庆逵、熊毅、马溶之、宋达泉、刘海蓬、席连之、陆发熹等土壤学家在全国除西藏和新疆外开展了前所未有的土壤概查。通过概查,了解了中国土壤类型和分布,在此基础上以梭颇的名义于 1936 年出版了《中国之土壤》一书,这是反映中国土壤概貌的第 1 本土壤专著,在国际上有一定影响。

1940 年 马溶之、朱莲青根据历年资料补编土壤图,并缩编为 1∶1000 全国土壤约图。黄河水利委员会与金陵大学农学院、四川大学农学院在成都召开了防止土壤侵蚀的科学研究会,首次提出了"水土保持"一词。

1941 年 1 月 1 日,黄河水利委员会在甘肃天水设立陇南水土保持试验区。 7 月,在陕西省长安县建立了关中水土保持试验区。

1942 年 8 月,农林部也在天水设立天水水土保持试验区。 此年,开始在 77 项大中比例尺区域性土壤调查基础上编制分省土壤图,包括余皓编制的四川 1∶100 万土壤图、侯光炯编制的福建全省土壤图、侯光炯和马溶之编制的 1∶300 万甘肃土壤概图、朱显谟编制的江西省土壤图等。平凉和兰州相继建立了水土保持实验站。

1945 年 1 月,在黔南惠水县设立农林部西江水土保持实验区。 12 月 25 日,中国土壤学会成立大会在重庆北碚召开。 南京和福建长汀河田相继建立了水土保持实验站。

1947 年 9 月 13 日,中国共产党全国土地会议通过《中国土地法大纲》,同年 10 月 10 日公布施行。 《土壤通讯》杂志创刊,以介绍各地会员的动态为主,1957 年更名为《土壤通报》。 陆发熹、席连之分别进行了西沙群岛土壤与鸟粪磷矿、南沙群岛太平岛的考察,这不仅具有很大的学术意义,还有重要的国防意义。

1948 年 《中国土壤学会会志》杂志创刊,1952 年更名为《土壤学报》。

1950 年 4 月,全国土壤肥料会议在北京召开。

1951 年~1953 年 中国科学院组织了西藏科学工作队,在西藏中部和东部进行地质、地理、气象和农业等方面的考察,在土壤方面第一次进行了比较系统地考察研究。

1952 年 7 月,中国科学院决定将原中央地质调查所所属土壤研究室扩充为土壤研究所并成立筹备处,自 1952 年 10 月 1 日起改属中国科学院。

1953 年 4 月 14 日,中国科学院和中央人民政府水利、林业、农业、铁道等部门组织了大批科学工作者,到各地进行生产、水利、土壤、地理等方面的野外调查研究和勘察工作。这是中国人民共和国成立后第 1 次规模巨大的综合性的野外调查工作。 5 月 15 日,中国科学院南京土壤研究所成立。中国科学院土壤研究所东北分所筹备处(现中国科学院沈阳应用生态研究所前身)亦同时成立。

1954 年 7 月 16 日~28 日,中国人民共和国成立后的第 1 次中国土壤学会代表大会在北京召开。

1955 年 林业部西南林区调查队先后在川西和滇西北高原地区开展了包括土壤在内的科学考察。 从 1955 年开始,由中国科学院土壤研究所与水利电力部北京勘测设计院密切合作组成土壤调查总队,对华北平原(黄淮海平原黄河以北的部分)的土壤、地形、地貌、水文、水文地质进行了大规模调查研究。历时 7 年余,编制完成一套 1∶20 万土壤图集,包括:土壤图、土壤盐渍图、第四纪沉积类型图、地下水埋藏深度图、地下水矿化度图、地下水水质图、积水情况图以及植被图、土地利用现状图、土壤改良分区及措施图等,完成了近 50 万字的《华北平原土壤》专著。 1955 年~1958 年黄河水利委员会和中国科学院在黄河中游地区相继组织了 3 次大规模黄河流域综合考察,并编制完成了《黄河中游黄土高原水土保持合理利用区划》。

1956 年 2 月 20 日,中国科学院西北农业生物研究所正式成立,1958 年 5 月经国务院批准改名为中国科学院西北生物土壤研究所,1964 年 7 月改名为中国科学院西北水土保持生物土壤研究所,1979 年 10 月更名为中国科学院西北水土保持研究所。 12 月 1 日~8 日,中国土壤学会第 2 次全国会员代表大会在南京召开,对土壤科学的重要问题进行讨论。 1956 年~1959 年,中国科学院综合考察委员会组建了新疆综合考察队,对新疆地区的水、土、生物资源和社会经济状况进行了全面的考察和综合研究,完成了境内平原地区的土地资源质量评价工作和全疆 1∶100 万土壤图及《新疆土壤地理》专著。

1957 年 国务院成立了全国水土保持委员会,指导和协调全国的水土保持工作。同时,国务院颁布了《中华人民共和国水土保持暂行纲要》。

1958 年 10 月,《土壤》杂志创刊。国务院水土保持委员会办公室编印了《中国土壤侵蚀图及其有关资料》,

其中含有中国土壤侵蚀程度及其分布。 1958年~1960年,开展了全国第1次土壤普查工作,其重要意义在于对耕种土壤分类的关注。不仅丰富了中国耕作土壤学、土壤改良学和土宜学,在土壤分类命名方面也作出了贡献。

1959年~1961年 西部地区南水北调综合考察队对川西滇北地区土壤和土地资源进行较详细路线考察及重点地区的调查,1964年完成了《川西滇北土壤》报告,报告中对全区土壤和土地资源作了全面系统地论述和总结,并拟定了体现地理发生分类体系的川西滇北土壤分类系统。

1960年 2月,中国科学院土壤队改建为中国科学院土壤及水土保持研究所。 1960年~1961年,中国科学院西藏综合考察队通过对西藏中部的土壤路线考察和日喀则、江孜地区的土壤地理与土壤资源重点考察以及日喀则农场和帕里开展的耕作土壤半定位研究,积累了宝贵的资料,与协作单位合作编写出《西藏的土壤》等,不仅为发展高寒地区的农业总结了经验,而且为中国高山土壤分类研究奠定了基础。

1961年 11月,中国科学院土壤及水土保持研究所与中国科学院南京土壤研究所合并。

1962年 6月25日~7月1日,中国土壤学会学术年会在南京召开,主要目的是进行专题讨论与对土壤科学发展规划提供意见。

1963年 6月11日~18日,中国土壤学会土壤分类会议在南京召开,对制定新的统一的全国土壤分类系统进行了讨论。 8月15日~24日,中国土壤学会第3次全国会员代表大会在沈阳举行,就土壤分类制度、土壤分析、盐碱土改良、土壤合理利用及水土保持、土壤科学研究中如何贯彻"三严""干部培养"6个专题进行了讨论。 12月3日~12日,盐碱土改良水文地质专业会议在天津召开,讨论了盐碱土改良水文地质勘察工作的阶段划分,充气带、潜水层与微地貌的研究,典型地段的工作方法,水盐动态与平衡条件的研究,渠道工程地质工作等问题。

1964年 6月15日~20日,土壤农化分析专业第1次会议在杭州浙江农业大学召开。 9月11日~18日,中国林学会、中国土壤学会在沈阳联合召开了全国第1次森林土壤专业学术会议,对森林土壤研究方向、任务、森林土壤分类、研究方法与干部培养等问题,进行了热烈的讨论。 1964年~1966年,中国科学院南方山地利用水土保持考察队对南方山地利用与水土保持状况进行了调查。

1965年 8月12日~19日,在哈尔滨召开了全国盐碱土改良学术会议,汇报了近年来改良盐碱土的成就,交流了开展样板田和科学研究工作的经验和体会,并对今后如何进一步开展盐碱土改良工作、如何进一步搞好样板田等问题展开了热烈的讨论。 11月1日~8日,在江苏省兴化县召开了样板点、人民公社土壤调查规划专业会议,对中国样板点、人民公社及农场进行土壤详测制图及规划所取得的部分成果进行了交流,标志着中国的土壤详测及规划工作已经开始走上一条摆脱洋框框、旧框框、面向基层、密切为生产服务、健康发展的道路。

1966年 5月1日,中国科学院西藏科学考察队开始考察珠穆朗玛峰地区的隆起及其对自然界与人类活动的影响,并进行了珠穆朗玛峰地区土壤科学考察。

1973年~1976年 中国科学院青藏高原综合科学考察队对青藏高原南部的西藏全境的土壤和土壤资源进行了比较全面系统的考察研究。根据西藏4年的考察和室内分析鉴定资料撰写的《西藏土壤》,均是首次获得的第一手资料。对西藏高原土壤形成过程的主要特点总结为土壤发育的年青性、土壤生物积累的特殊性和土壤发生的多元性;在国内首次论述了高山与亚高山荒漠土壤与高原盐土的形成和分类;丰富和发展了高原山地土壤地理分布规律的理论,为因地制宜用土改土提供了科学依据。

1975年~1978年 中国科学院黑龙江省荒地资源考察队对黑龙江省荒地资源进行了考察,摸清了黑龙江省荒地资源的分布、数量、质量及其开发利用的条件和潜力,总结了全省荒地开垦利用的经验教训,提出了农林牧合理用地及荒地利用的规划,为中国东北地区商品粮的基地建设与北大荒的合理开发利用作出了重大贡献。

1975年~1982年 新疆维吾尔自治区承接了"新疆荒地资源综合评价与合理利用"重点科研项目并组建了新疆资源综合考察队,对4个重点荒区的土地资源分布状况和质量进行了评价,进行了土壤类别、分布和分类调查,综合评价、研究了农业自然资源合理开发利用的途径。

1977年 12月21日~28日,全国土壤物理专业会议在杭州召开,共收到科学论文和工作报告85篇,展出了

16件测试仪器,其中中子测水仪、测氧仪、微波测水仪引起了代表们的重视。

1978年 10月27日~11月5日,全国第2次森林土壤学术讨论会在浙江杭州市召开,共收到包括森林土壤形成过程、地理分布、森林土壤生态、适地适树、林木施肥、林木营养诊断、森林土壤分析方法以及数理统计、信息系统应用等学术论文77篇。

1979年 年初,国务院发专文提出了在全国开展第2次土壤普查的工作方案,全国第2次土壤普查正式开始,历时16年,完成了国务院下达查清土壤资源数量、质量(包括养分状况)、分布和利用状况的任务,为国土整治、合理用地、科学施肥、区域治理、农林牧业持续发展提供科学依据的任务。 11月16日~23日,中国土壤学会第四次会员代表大会暨1979年学术年会在成都召开。

1980年 10月19日~24日,国际水稻土学术讨论会在南京举行。

1980年~1990年 中国科学院组织南方山区综合科学考察队,重点对东南部山区各种自然资源开展多学科考察,为国家区域治理、山区开发利用生产潜力分析和生态经济建设作出科学评价。

1981年~1984年 中国科学院青藏高原综合科学考察队对青藏高原东南部的横断山区的土壤和土壤资源进行了路线考察,完成了云南省丽江纳西族自治县中比例尺土壤调查制图和四川金川县中比例尺土壤调查制图及贡嘎山的登山考察,出版《横断山区土壤》,对全区土壤和土壤资源作了全面系统的科学论述和总结。

1982年 6月30日,国务院颁布《水土保持工作条例》。 10月27日~11月2日,中国土壤学会第2次土壤物理专业会议在大连举行。 10月28日~11月4日,第3次全国森林土壤学术讨论会在重庆北碚召开,根据党的十二大精神,以恢复和发展森林资源为中心议题。

1983年 11月15日~19日,国际红壤学术讨论会在南京举行。 11月27日~12月3日,中国土壤学会第5次代表大会在西安召开,中心议题为赵紫阳总理在五届四次人大会议上提出的"十分珍惜每寸土地,合理利用每寸土地"的方针。围绕这一中心,在学术交流的基础上讨论当前中国国民经济建设中的重大土壤、肥料问题及如何加快土壤科学的发展等。

1985年 1月30日~2月3日,中国土壤学会第3次全国土壤物理学术讨论会在上海市青浦县召开。 10月,第1次全国土壤侵蚀和土壤保持学术会议在陕西杨陵召开。

1986年 6月11日~17日,中国土壤学会土壤发生分类和土壤地理专业委员会在山西太原召开了土壤分类学术讨论会,中心议题是讨论土壤系统分类中居于高级分类单元和基层分类单元之间的中级分类单元问题,即中国现行土壤分类体系中的土壤分类问题,还对各地土壤普查和土壤分类研究中新订的土壤类型进行了交流和讨论。 6月25日,全国人大通过并颁布《中华人民共和国土地管理法》。 9月7日~11日,国际旱地土壤(热带、亚热带)肥力与管理会议在南京举行。 10月5日~10日,全国森林土壤学第四次学术讨论会在山西省原平县举行,主题是交流讨论中国主要造林树种的土壤立地条件,探讨扩大森林资源的途径。

1987年 3月30日~4月15日,土壤系统分类国际研讨会在南京举行。 11月6日~12日,中国土壤学会第六次全国会员代表大会在南昌市举行,主题是"保护土壤资源,提高土壤肥力"。

1987年~1990年 中国科学院青藏高原综合科学考察队对喀喇昆仑山—昆仑山地区进行了土壤和土壤资源考察,撰写了《喀喇昆仑山—昆仑山地区土壤》一书。

1988年 8月9日,中国土壤学会第2次土壤地质学术讨论会在新疆农业大学召开。 12月12日~16日,中国土壤学会第四次全国土壤物理学术讨论会在西南农业大学举行,以"土壤水和溶质运动规律及其管理技术与稳产、高产、省工、节能的耕作技术原理及效益"为主题,广泛交流了近年来有关土壤物理方面的工作。

1989年 9月6日,农业部发布《农业部关于肥料、土壤调理剂及植物生长调节检验登记的暂行规定》。 10月4日~10日,国际盐渍土动态专题学术讨论会在南京举行,主题是土壤水盐运动及土壤次生盐碱化预测预报。

12月26日,七届全国人大常委会通过《中华人民共和国环境保护法》,其中第20条提出:各级人民政府应当加强对农业环境的保护,防止土壤污染、土地沙化、盐渍化、贫瘠化、沼泽化、地面沉降和防治植被破坏、水土流失、水源枯竭、种源灭绝以及其他生态失调现象的发生和发展,推广植物病虫害的综合防治,合理使用化肥、农药及植物生长激素。 12月29日,第七届全国人民代表大会常务委员会通过《关于修改〈中华人民共和国土地管理法〉的决定》。

1990年 7月22日~27日,第1届国际森林土壤学术会议在中国哈尔滨市召开,主题为"森林土壤与现代营林",会议主要目的是促进国际间森林土壤研究成果和学术思想的交流;探讨林地生产力的提高与改良及人工林、天然林、种子园和苗圃集约经营的土壤措施。 7月28日~8月2日,中国土壤学会第3次土壤地质学术讨论会在昆明举行,对中国热带地区复杂的地质条件及其丰富的自然资源有了实际认识,并感到强化自然资源保护、结合研究其土坡地质条件是开发这一地区的重要前提之一。 12月3日~15日,亚太地区国际红壤会议在南京举行。对改进土壤利用,提高土地生产力和促进农业的持续发展具有非常现实的意义。 1990年,水利部进行了全国第1次土壤侵蚀遥感调查,查明了当时中国水土流失的现状。

1991年 1月4日,《中华人民共和国水土保持法实施条例》发布施行,接着水利部在108个县开展了全国第1批水土保持监督执法试点工作,中国水土保持监督管理的法规体系、执法体系和技术服务体系建设工作全面展开。 6月29日,七届全国人大常委会审议通过《中华人民共和国水土保持法》,并颁布实施。 10月21日~25日,中国土壤学会第7次全国会员代表大会在湖南省长沙市举行,以"土壤,面临11亿人民生存的新挑战"为主题进行学术交流活动。

1992年 6月2日,土壤侵蚀与土地管理地理信息系统国际学术讨论会在太原召开,内容涉及地理信息系统、土壤侵蚀预报、土地生产力评价、经济效益评价、土壤养分流失、风蚀、土壤侵蚀机理及治理效益等方面。 9月15日~19日,国际水稻土学术研讨会——第3届国际水稻土肥力研讨会暨首届东亚、东南亚水稻土会议在南京举行。来自亚洲、非洲、美洲、欧洲和大洋洲地区的学者交流和分享了世界上最先进的水稻土本性和水稻生产制度的最先进的知识和信息。

1993年 8月1日,国务院发布《中华人民共和国水土保护法实施细则》。 8月21日~29日,国际干旱土分类、管理和环境学术研讨会在乌鲁木齐举行。 11月13日,中国科学院水利部西北水土保持研究所黄土高原土壤侵蚀与旱地农业国家重点实验室经中国科学院正式批准开放。 国务院批复了《全国水土保持规划纲要(1991~2000)》,编制了《全国水土保持规划(1991~2000)》。

1994年 10月3日~8日,首次国际根瘤菌多样性和分类学术讨论会在武汉华中农业大学举行。 11月22日,水利部、国家计划委员会、国家环境保护局联合发布《开发建设项目水土保持方案管理办法》,标志着水土保持方案制度成为中国开发建设项目立项的一个重要程序和内容。

1995年 3月7日~16日,国际刀耕火种替代技术学术研讨会在昆明举行。 9月14日~29日,土壤—温室气体的源和汇国际学术讨论会在南京举行。 11月3日~7日,中国土壤学会第八次全国会员代表大会在杭州举行,中国土壤学会成立50周年庆典以及首次海峡两岸土壤肥料学术交流研讨会与大会同期举行。以"民以食为天,食以土为本"为主题的学术交流活动为中心,热烈庆祝建会50周年。 《土壤环境质量标准》颁布实施。

1996年 4月18日,农业部发出《关于贯彻落实〈中华人民共和国基本农田保护条例〉中有关农业环境保护工作的通知》。 9月6日,农业部发布《基本农田保护区环境保护规程(试行)》。

1997年 5月4日~11日,土壤、人类和环境的相互作用国际学术讨论会在南京举行。主题是:协调土壤资源的利用和环境保护,提高土壤的持续生产能力。 8月7日,农业部发布《关于印发〈基本农田保护区土壤环境质量监测实施方案〉和〈基本农田保护区土壤环境质量监测技术方案〉的通知》。 9月16日~19日,土壤侵蚀与旱地农业国际学术研讨会在西安举行,大会围绕土壤风蚀水蚀过程与预报、区域土壤侵蚀环境与土壤保持规则、小流域治理与农村经济发展、可持续性资源利用与旱地农业系统、遥感地理信息系统和全球定位系统等新技术在土壤保持与旱地农业中的应用等主题提交了论文200余篇。 10月12日~18日,人类活动对亚洲氮循环影响国际学术研讨会在南京举行。 12月16日,"黄土高原土壤侵蚀与旱地农业学术研讨会"在陕西杨凌召开。

1998 年 12月2日~9日,"人为土分类与参比"野外土壤参比考察在中国广州地区和西安地区进行。来自美国、德国、荷兰、比利时和中国的20名代表参加了这次野外考察,并进行了学术讨论和总结报告会。 12月27日,国务院发布《中华人民共和国土地管理法实施条例》,1999年1月1日起实施。 1998年,水利部为了配合全国生态环境建设规划,组织编制了《全国水土保持生态环境建设规划》。

1999 年 1月1日,国家环境保护总局发布《工业企业土壤环境质量风险评价基准》,1999年8月1日起实施。 7月22日,农业部办公厅印发《关于开展基本农田保护区土壤环境质量监测的通知》。通知指出:为加强基本农业环境保护工作,从1999年起在全国开展基本农田保护区土壤环境质量监测工作。 9月,国家重点基础研究发展规划项目"土壤质量演变规律与持续利用研究"正式启动。 10月18日~21日,国际香根草生物工程技术保持水土与工程保护学术讨论会在福州举行。 10月19日~22日,中国土壤学会第9次全国会员代表大会在南京召开。大会主题为"迈向21世纪的土壤科学——提高土壤质量,促进农业持续发展"。同期举行的还有1999年学术年会和第3届海峡两岸土壤肥料学术交流研讨会。 1999年~2000年,水利部开始进行全国第2次土壤侵蚀遥感调查,首次建设完成全国1∶10万土壤侵蚀数据库,实现分省、分县和分流域数字地图和土壤侵蚀面积统计数据的管理;制作完成全国1∶600万土壤侵蚀数字地图,以及分省、分流域数字地图;首次利用1∶25万数字高程模型和1∶1万土地利用数据,完成全国各省耕地地形坡度分析;形成并发展了全数字人机交互土壤侵蚀遥感判读分析方法,培养和锻炼了数百人的遥感与地理信息系统应用专业人员,为进一步开展土壤侵蚀遥感监测奠定了技术和队伍基础。摸清了全国水土流失的现状和动态,为国家水土保持宏观决策提供了科学依据。

2000 年 5月22日,国家环境保护总局发布《拟开放场址土壤中剩余放射性可接受水平规定》。 9月25日~28日,中澳"土壤和水环境质量"双边学术讨论会在南京举行。 10月12日~15日,第1届土壤修复国际学术会议在杭州召开。

2001 年 2月25日~27日,稻田温室气体排放国际会议在南京召开。 4月28日,土壤侵蚀管理国际学术讨论会在太原召开。 11月10日~12日,全国土壤侵蚀与区域水土保持环境效应学术研讨会在陕西杨凌召开。

2002 年 1月,水利部完成了全国第2次水土流失遥感调查并向社会公告。 5月31日~6月5日,热带地区可持续土地管理:计划与行动国际学术会议在海口举行。 8月15日~16日,"中国土壤侵蚀预报模型研讨会"在杨凌召开。 11月24日~28日,第1届土壤物质演变规律与可持续利用——土壤和水体间的物质交换与面源污染国际学术讨论会在苏州举行。 12月27日,国家重点基础研究发展规划项目"长江、珠江三角洲地区土壤和大气环境质量变化规律与调控原理"启动。

2003 年 5月,科技部正式批准依托中国科学院土壤研究所建设"土壤与农业可持续发展国家重点实验室"。 8月22日~24日,"全国水土流失与江河泥沙灾害及其防治对策"学术研讨会在武汉召开,围绕"全国水土流失与江河泥沙灾害及其防治对策"主题,就水土流失区的分布及主要特征;水土流失规律及水土保持原理;山地洪水、泥沙灾害与水土流失;江河洪水、泥沙灾害及其防治对策;水土保持与区域生态环境效应;流域生态环境建设与区域经济可持续发展战略;土壤侵蚀研究与水土保持的新技术、新方法等7个议题进行了大会交流和专题讨论。 9月23日~28日,第2届土壤质量演变规律与持续利用——热带、亚热带地区土壤质量、环境与持续农业国际学术研讨会在鹰潭市举行。 10月23日~28日,国际农业土壤碳固定与动态学术研讨会在南京举行,主要议题是讨论土壤有机碳储库及其农业利用下的变化。讨论了为缓冲全球气候变化土壤碳固定的趋势、潜力及可能采取的农业战略。 11月16日~19日,土壤侵蚀与水土保持研究优先研究领域学术研讨会在杨凌召开,议题包括土壤侵蚀与水土保持研究的学科定位、科学意义及社会需求;当前国际上土壤侵蚀与水土保持研究的现状及动态;近年来国内土壤侵蚀与水土保持研究取得的主要学术成就;中国开展土壤侵蚀与水土保持研究的迫切性、特色及优势;针对国际发展动态及中国地域特色,未来5年~10年中国开展土壤侵蚀与水土保持研究的优先方向及近1年~3年迫切需要研究的科学问题。

2004 年 7月27日~29日,中国土壤学会第十次全国会员代表大会在辽宁省沈阳市举行。大会的主要内容有：举行主题为"面向农业与环境的土壤科学"学术交流活动,以及第五届海峡两岸土壤肥料学术交流研讨会和会员代表大会。8月28日,第十届全国人民代表大会常务委员会通过《关于修改〈中华人民共和国土地管理法〉的决定》。10月16日,"土壤侵蚀与可持续发展学术研讨会暨唐克丽研究员从事科研50周年庆典活动"在陕西杨凌举行。11月10日~12日,第2届土壤污染和修复国际会议在南京召开,旨在探索、交流和讨论当今全球土壤中无机、有机、生物性污染及其生态、环境和健康风险评价面临的新问题,以及污染土壤修复的科学、技术和管理的研究最新进展和前沿发展态势。12月9日,《土壤环境监测技术规范》发布并实施。

2005年 1月10日~13日,第八次全国森林土壤学术研讨会在浙江德清县召开,就森林土壤养分、森林土壤有机质动态、森林土壤微生物及生物肥料等领域开展了广泛的学术交流。4月18日,上海市环境科学研究院上海土壤修复中心和固体废物与土壤环境研究所正式宣布成立。6月22日~24日,上海土壤修复中心与AECOM茂盛集团联合主办了"污染土地风险评估与修复"国际会议,研讨了适合上海地区的污染土壤风险评价方法与修复技术,以及污染土地管理与决策方法。8月11日~12日,首届中国数字化土壤与区域发展学术研讨会在太原市召开,中心议题是分析国内外数字化土壤新理论、新技术、新方法的发展趋势,研讨国内数字化土壤的应用前景、存在问题以及有关对策,交流数字化土壤的设备、技术、方法和经验。9月21日~24日,土壤发生和分类研究的现状和未来需要国际会议在南京举行,议题有极端环境条件下的土壤发生、人为土壤发生过程和人类活动影响下的土壤变化、古土壤和过去环境变化的记录、表征土壤发生特性和过程的新指标、环境土壤发生学和生态土壤发生学、土壤分类的未来、土壤分类系统的参比基础。11月17日,国家环保总局审议通过了《全国土壤现状调查及污染防治专项实施方案(环保总局部分)》。2005年7月~2007年5月,水利部、中国科学院和中国工程院联合开展了"中国水土流失与生态安全综合科学考察",通过这次科考,较为准确地摸清了全国土壤侵蚀的现状,客观地分析了全国土壤侵蚀的动态变化。

2006年 5月11日,《关于划分国家级水土流失重点防治区的公告》经国务院同意,由水利部发布,明确了国家级水土流失重点预防保护区、重点监督区和重点治理区。7月18日,"全国土壤污染状况调查及污染防治专项工作视频会议"召开,全国土壤污染状况调查及污染防治专项工作启动,计划用3年半左右时间完成,调查分3个阶段进行。9月19日~20日,"中国土壤资源的合理利用与环境安全"学术研讨会在乌鲁木齐市召开,内容涉及土地资源现状、问题与对策;土壤与环境退化过程与机理;土地资源利用与粮食及环境安全;肥料高投入对土壤质量与生态环境的影响;工业化和城市化对土壤资源与环境变化的影响;土壤资源合理利用与维护环境安全的政策与建议等方面。10月2日~4日,"第2届土壤侵蚀与旱地农业国际学术研讨会"在陕西杨凌召开,议题是:土壤侵蚀过程、评价和控制;生态修复机理与技术;半干旱地区水土资源开发与可持续利用;旱地农业系统水分利用效率的改善;全球气候变化对土壤侵蚀与旱地农业的影响及新技术在水土保持和旱地农业中的应用。

2007年 3月5日,水利部发布《关于命名第1批水利部水土保持科技示范园区的决定》,包括北京市门头沟区龙凤岭水土保持科学示范园区等25个园区被命名为"水利部水土保持科学示范园区"。3月26日~28日,森林土壤学术讨论会在海口市召开,以"森林土壤发展方向和林业生产实践中所存在的实际问题"为主题,围绕中国森林土壤资源分布和开发利用、中国主要造林树种土壤质量演化机理和防治技术途径、森林土壤质量变化与森林经营、荒漠化区域和盐碱地植被恢复过程与机理、森林土壤碳储量与森林经营、森林土壤管理、森林土壤污染与防治技术途径以及森林土壤信息系统在土壤调查中应用等内容开展了广泛的讨论与交流。4月29日,第2届中国数字化土壤与区域发展学术研讨会在四川农业大学召开。5月18日,由中国科学院西北水土保持研究所主持的"973"项目"中国主要水蚀区土壤侵蚀过程与调控机理"启动会议在北京召开。5月24日~30日,"土壤生物物理理论与研究方法"国际培训班在中国科学院南京土壤研究所举办,主要介绍土壤生物的生态功能、土壤生物学过程与土壤物理、化学过程的相互作用的基本理论、前沿进展以及综合性研究方法。7月22日~26日,"现代农业中水分、养分高效利用与农业可持续发展"学术讨论会在山西太原召开,内容涉及植物营养分子生物学、合理施肥与养分资源综合管理、提高肥料利用率的理论和技术、植物吸收微量元素和有益元素的生理机制、水分与养分的耦合效应、植物对营养逆境的适应机制、植物有机营养和有机物资源高效利用、间套作根系相互作用提高养分利用的机理、特种作物的营养与施肥等方面。 8月5日~10日,"全国盐渍土资源及农业水资源利用与管理学术研讨会"在海口市召开,交流中国近年来在盐渍土资源及农业水资源利用与管理、土壤盐渍化防控等相关研究领域的最新研究进展和成果,提高中国盐渍土资源利用和管理水平,进一步加强政府、学术界、行业和公众对盐渍化问题和盐渍土资源利用方面的重视。 10月8日~10日,"水文土壤学研究和应用领域"国际讲学班,在中国科学院南京土壤研究所举办。 10月21日~23日,"第4届城市、工业、交通、矿山和军事区域土壤及其利用与保护国际会议"在南京召开,围绕城市化和工业活动影响条件下土壤的发生、演变、利用、规划以及由此引起的生态、环境和生物健康等主题展开了广泛的交流和讨论,内容涉及城市土壤的主要领域、热点研究方向、新的研究技术和方法、学科前沿问题以及最新的科学发现等多个方面。 11月23日~25日,"中国土壤学会土壤化学专业委员会2007年学术研讨会"在重庆西南大学桂圆宾馆隆重召开,主题为"土壤组分相互作用及其对环境质量和人体健康的影响",内容涉及土壤组分相互作用的研究现状与发展趋势、土壤界面化学行为与环境效应、根际微环境物质迁移转化与农产品安全、土壤组分与现代土壤演变等多个方面。 12月7日~8日,"第4次全国土壤生物与生物化学学术研讨会"在广州举办。会议以"土壤生物与环境、生物资源利用与生物化学新技术"为主题,交流近年来土壤生物与生物化学的基础理论和应用技术研究成果,并对未来土壤生物学与生物化学的发展进行研讨。

2008年 6月6日,国家环保部发布《关于加强土壤污染防治工作的意见》。 7月11日~13日,2008全国土地资源可持续利用与新农村建设学术研讨会在重庆市西南大学隆重召开,围绕落实科学发展观和统筹城乡协调发展新形势下,中国土地资源可持续利用与新农村建设的热点、焦点和关键问题,展开了广泛的交流和讨论。 9月10日~12日,欧盟第七框架项目"全球土壤观测系统与区域数据平台建设(e-SOTER)"启动会议在位于荷兰瓦赫宁根的国际土壤信息与参比中心召开,8个国家的13个研究所和大学参加此项目,中国参加单位是中国科学院南京土壤研究所。 9月25日~27日,中国土壤学会主办的"中国土壤学会第11次全国会员代表大会暨第7届海峡两岸土壤肥料学术交流研讨会"在北京九华山庄成功召开。主题为"土壤科学与社会可持续发展"。 10月22日~27日,2008农业土壤固碳与缓解气候变化研讨会在南京举行。

2009年 4月12日~13日,在重庆召开的全国水土保持工作会议上,水利部命名了第2批水土保持科技示范园区,共有24个园区获得命名。 4月24日,由中国科学院南京土壤研究所主持的"我国土系调查与《中国土系志》编制"科技基础性工作专项启动。预期在系统整理中国基层土壤类型数据的基础上,结合补充调查与参比,建立中国土系分类的原则、方法和相关标准。 8月2日~5日,"土壤资源演变与管理的科学技术"会议在黑龙江省大庆市召开,围绕土壤资源发生和演变、土壤/土地遥感数据获取与处理技术、"3S"技术集成的理论方法与应用实践、土壤调查与制图、土壤/土地信息系统与土壤/土地资源数字化管理、精准农业的理论与实践以及其他有关议题等开展了学术研讨。 8月18日~20日,"全国土壤培育及高效施肥技术学术研讨会"在吉林省长春市召开,围绕中国土壤、肥料及农业可持续发展等议题展开了深入的研讨与交流。 9月24日~25日,"第3届土壤微生物生态学研讨班"在湖南长沙举行,着重就土壤微生物多样性与生态功能、土壤有机碳与微生物动态、硝化细菌与古菌多样性及功能活性、反硝化多拷贝基因、污染物控制技术等生态学热点问题进行了热烈的讨论,进一步促进了国内外学者在土壤微生物生态学领域的研究成果和学术思想交流。 9月29日~30日,"第5次全国土壤生物与生物化学学术研讨会"在重庆市召开,以"土壤生物资源利用与生态环境安全"为主题,重点交流中国近年来土壤生物与生物化学方面研究的基础理论和应用技术研究成果,并对未来土壤生物与生物化学学科的发展进行讨论。 10月10日~14日,"地球关键区界面反应:分子水平环境土壤科学国际学术会议"在杭州市浙江大学紫金港校区国际会议中心举行,会议着重围绕矿物胶体在碳周转和固定中的作用及其对全球气候变化的影响、生命和有毒元素的生物化学界面反应及其转化迁移和归趋、人工有机物、作物生产与生态毒理学、环境纳米颗粒的分布、构成、转化、结构和表面化学及其生物地球化学和生态效应与环境过程与生态系统健康等5个议题展开。 12月10日,《污染场地土壤修复技术导则(征求意见稿)》公开征求意见。

2010年 5月4日~5日,"第4届土壤微生物生态学研讨班"在福建厦门召开,就土壤微生物生态学目前的研究领域、研究进展以及未来发展等问题进行了积极提问和热烈讨论,进一步促进了国内外学者在土壤微生物生态学领域的研究成果和学术思想交流。 6月27日~30日,"农业土壤固碳减排与气候变化"国际学术研讨会在北京举行。 8月27日~28日,"盐碱土资源利用学术研讨会"在新疆乌鲁木齐市召开,以盐碱土资源利用与盐碱区生态环境建设为主题,围绕盐碱土发生与危害机制、盐碱土快速诊断与评估技术、盐碱土信息系统与质量标准建立、盐碱地治理与利用新方法、盐碱地障碍的形成过程与调控、盐碱地的培肥与养分高效利用、盐土农业理论与技术实践、抗盐植物选育与盐生植物应用技术、盐碱区的生态环境建设、盐渍化与气候变化、盐碱地的固碳减排潜力、盐碱地农业高效利用配套技术与模式等内容进行交流和研讨。 9月19日~23日,第4届土壤—植物连续体中磷动态过程国际会议在北京举行,会议主题为土壤磷的形态和生物有效性、植物获取和利用磷的过程、植物磷营养的分子生物学、农业园艺与林业生产中的磷循环、自然生态系统与人工生态系统中磷动态过程与环境效应。 10月14日~16日,中国林学会第11届森林土壤专业委员会扩大会议暨森林土壤可持续发展及应对全球气候变化学术研讨会在浙江临安浙江农林大学举行,会议论文涉及森林土壤碳汇、森林土壤微生物、森林土壤呼吸、森林土壤养分变化等与森林可持续发展及温室气体HCO_2、CH_4变化等相关内容。 10月19日~21日,第11届全国土壤微生物学术讨论会暨第6次全国土壤生物与生物化学学术研讨会和第四届全国微生物肥料生产技术研讨会在湖南省长沙市召开。本次会议是在国家对土壤(农业)微生物学科与产业发展日益重视的背景下举行,会议的成功召开必将对土壤微生物相关学科与微生物肥料相关产业产生深远的影响。 11月5日~6日,中国土壤学会土壤遥感与信息专业委员会"中国土壤学会土壤发生分类与土壤地理专业委员会2010年学术研讨会"在福建师范大学召开,以"保障科学发展,合理利用和保护土壤资源"为主题。 11月22日~24日,"第1届污染场地修复:政策、技术与融资机制"国际研讨会于在南京成功召开,有利于服务中国"十二五"土壤环境保护规划的战略需求,提升中国土壤环境科学与技术界的影响,推动中国基于风险的污染场地管理体系建设,增强国家可持续环境修复的工程应用能力。 12月5日~12日,由中华土壤肥料学会和中国土壤学会共同举办的"第八届海峡两岸土壤肥料学术交流会"在台湾台北市成功举行,研讨会分土壤基础研究、土壤肥料与施肥技术、土壤生态与微生物利用、土壤环境与污染整治、土壤改良与土壤物理以及土壤资讯与管理应用等6大主题,共安排了41个口头报告,53份墙报展示,基本涵盖了目前土壤学研究的各热点领域。 12月25日,十一届全国人大常委会通过了修订后的《中华人民共和国水土保持法》,于2011年3月1日起实施。

2011年 1月,"第2届污染场地修复科技创新与产业发展论坛"在广州举办,并组织与会者参观广州佛山南海污染场地修复示范工程。 2月22日,水利部公布第3批水土保持科技示范园名单,天津蓟县黄土梁小流域水土保持科技示范园等18个园区被命名为"水利部水土保持科技示范园区"。 2月,《重金属污染综合防治"十二五"规划》得到国务院批复,成为第1个"十二五"国家规划。在2010年,湖南、湖北、江苏、浙江、江西、山东、陕西等多个省、市出台重金属污染防治规划。 3月14日,十一届全国人大四次会议通过了关于国民经济和社会发展第12个五年规划纲要的决议。规划指出,加强重金属污染综合治理,以湘江流域为重点,开展重金属污染治理与修复试点示范。加大持久性有机物、危险废物、危险化学品污染防治力度,开展受污染场地、土壤、水体等污染治理与修复试点示范。推进历史遗留的重大环境隐患治理。 3月,第2届"污染场地修复技术与管理政策"高端研讨会在北京召开,中、美专家学者重点交流、探索和讨论污染场地修复相关政策、标准及法规,污染场地修复与管理技术筛选、经济性评价以及技术与设备的产业化等问题。 4月13日,水利部办公厅印发了《关于做好黄土高原地区淤地坝安全运行工作的通知》。 4月24日,环境保护部审议并原则通过《污染场地土壤环境管理暂行办法》,该办法共6章28条,明确了污染场地土壤环境管理的定义、适用范围、管理职责、标准规范等,并对污染场地土壤环境调查与风险评估制度进行了规定,即何时启动调查与评估、调查什么内容、按照什么程序进行调查等。同时规定了污染场地土壤修复治理和污染场地档案管理制度,包括何时启动修复治理、对修复治理方案和工程实施的具体要求、修复治理结果如何处理以及对相关机构资质要求等。 6月,第1期污染场地土壤与地下水风险评估技术

RBCA培训班在南京开班,主要针对风险评估的基本理论、国内外污染场地风险评估技术导则差异性比较、污染场地土壤及地下水基准制定的常用模型等13个专题进行剖析和讨论。 7月16日~17日,全国"土壤物理学前沿与粮食安全"学术讨论会在哈尔滨市召开,就土壤物理过程定量化方法和模型、气候变化下的土壤物理性状和过程、土壤物理过程与作物生产和粮食安全、土壤物理—化学—生物过程的相互作用等方面的研究进展以及土壤利用、保护和修复中的土壤物理学理论与方法进行了广泛的学术交流。 9月5日,《全国土壤环境保护"十二五"规划》通过水利部组织的审核验收,"十二五"土壤环境保护有5项重点工作:一是对农用土壤和集中式饮用水水源地土壤实行优先保护;二是对土壤重金属、持久性有机污染物等实行源头控制,落实好重金属污染防治等相关规划;三是对受污染土壤的使用进行风险评估与管控;四是开展污染土壤治理修复试点示范;五是夯实土壤环境监管基础。提出了"十二五"期间水土保持建设目标、任务、主要建设内容和建设规模等,确定了"十二五"期间水土保持发展与改革的总体目标和具体目标,拟续建革命老区水土保持、农业综合开发水土保持、小流域综合治理、坡耕地水土流失综合治理、南方崩岗治理工程、黄土高原淤地坝工程等12项重点工程项目,新建黄河中游粗泥沙集中来源区拦沙工程、黄土高原综合治理工程等5项重点工程项目,实施预防监督管理制度建设、水土保持生态补偿机制建设、技术标准体系建设等18项管理改革重点项目。 10月19日~25日,中国土壤学会土壤遥感与信息专业委员会和土壤发生、分类与土壤地理专业委员会2011年联合学术研讨会在湖南农业大学举行,主题为土壤科学及信息技术发展与"两型社会"建设。 10月29日~30日,2011年中国土壤学会土壤化学、土壤环境专业委员会学术研讨会在华中农业大学召开,会议的主题是"土壤—环境与生态可持续发展"。 2011年,长江流域水土保持三级区划工作基本完成;先后完成了金沙江下游、洞庭湖和鄱阳湖水系、三峡库区、西南诸河怒江流域、四川岷沱江流域等重点流域、重点区域的水土流失遥感调查,监测面积达110多万平方千米,并初步建立了本底数据库;云贵鄂渝水土保持世行项目实施综合治理的小流域186条,累计完成水土流失治理面积1800平方千米。

2012年 2月14日,教育部、水利部联合印发了《教育部、水利部关于公布首批全国中小学水土保持教育社会实践基地名单的通知》,将评审合格的北京市延庆县上辛庄水土保持科技园等24家单位命名为首批全国中小学水土保持教育社会实践基地。 3月1日,水利部印发了《关于命名第4批国家水土保持科技示范园区的决定》,河北省易县清西陵水土保持科技示范园区等17个园区被命名为国家水土保持科技示范园区,并于2月25日在广西南宁召开的全国水土保持工作会议上予以命名授牌。 3月20日,水利部办公厅印发《关于公布验收合格的全国第1批水土保持监督管理能力建设县和确认全国第2批监督管理能力建设县的通知》,北京市怀柔区等489个全国第1批水土保持监督管理能力建设县(市、区、旗)通过验收;北京市平谷区等788个县(市、区、旗)为第2批全国水土保持监督管理能力建设县。 5月5~6日,《全国坡耕地水土流失综合治理规划》通过审查。 5月24日,水利部制定并印发了《深化全国水土保持国策宣传教育行动方案》。 6月4日,国务院批复了《丹江口库区及上游水污染防治和水土保持"十二五"规划》(以下简称《规划》),指出水污染治理和水土保持是南水北调工程成败的关键,保护好丹江口水库水质,持续改善库区及上游地区的生态环境,对南水北调中线工程的顺利实施以及区域经济社会可持续发展,具有十分重要的意义。有关部门和地方要加强组织协调,健全工作机制,落实工作责任,加大资金投入,严格项目管理,建立监测网络,强化环保监管,确保《规划》各项目标实现。 6月19日,水利部印发了《关于印发鼓励和引导民间资本参与水土保持工程建设实施细则的通知》。 8月14日,水利部印发了《关于印发＜国家农业综合开发水土保持项目管理实施细则＞的通知》。 8月20日~23日,中国土壤学会第12次全国会员代表大会暨"第9届海峡两岸土壤肥料学术交流研讨会"在成都市召开,重点围绕土壤资源合理开发与永续利用、土壤障碍的形成过程与调控、土壤污染过程与污染土壤修复、土壤肥力提升与养分高效利用、土壤圈物质循环与生态环境效应、土壤高强度利用与全球变化、持续优质高产农业与生态环境协调发展的技术理论及对策等进行研讨和交流。 8月26日~28日,第6届海峡两岸土壤和地下水污染与整治研讨会在烟台市召开,会议的主题包括:土壤、底泥(沉积物)和地下水污染防治法规、政策与标准,土壤、底泥和地下水污染特征调查技术及其实例研究;工业场址土壤和地下水污染调查技术及其实例研究;污染场址人体健康和生态风险评估研究进展,土壤、底泥和地下水污染整治（修复）技术应用实例;污染场址的可持续风险管理策略等。 9月23日～26日,第4届土壤污染与修复国际会议暨第2届污染场地修复国际研讨会在烟台召开,旨在讨论土壤及场地污染与修复的科学、技术与管理新问题。 10月31日,国务院总理温家宝主持召开国务院常务会议,研究部署土壤环境保护和综合治理工作。会议确定了5项主要任务,即严格保护耕地和集中式饮用水水源地土壤环境;加强土壤污染物来源控制;严格管控受污染土壤的环境风险;开展土壤污染治理与修复;提升土壤环境监管能力。 11月11日,滇黔桂岩溶区农业综合开发水土流失综合治理项目列入国家计划。 11月15日,水利部印发了《水利部办公厅关于印发〈全国水土保持区划（试行）〉的通知》,将全国划分为8个一级区、41个二级区、117个三级区,一级区为总体格局区,二级区为区域协调区,三级区为基本功能区。 12月2日～4日,2012年中国水土保持学会年会暨学术研讨会在海南三亚召开,主题为"新时期水土保持生态建设的理论与实践"。 2012年,第1次全国水利普查水土保持情况普查基本完成,基本摸清了水力侵蚀、风力侵蚀、冻融侵蚀的强度、面积、分布,侵蚀沟道的数量、分布以及水土保持措施保存情况。据中国环境修复网不完全统计,仅2012年,新注册成立、或转作土壤修复业务的企业超过了20家,土壤修复工程类公司数量飞速增长。在北京、上海、江苏、湖南、湖北等经济相对发达且污染存在的区域,围绕产业链诞生的修复类企业正不断诞生,有新的企业成立,有环保企业转做这一新的业务,更有欧美企业看好中国内巨大的市场。

2013年 1月22日,水利部批准发布了《生态清洁小流域建设技术导则》,于2013年4月22日正式实施。 3月16日,水利部组印发了《全国水土保持信息化规划（2013～2020年）》。 4月,环境保护部在北京召开土壤环境保护立法"两会"代表委员座谈会,初步形成了《土壤环境保护法》（草案）。 5月5日～10日,第4届国际有机质大会在中国南京举行,议题涵盖从有机质结构的分子特性到全球尺度下的圈层界面碳交换等多个尺度的科学问题。土壤与植物,地上与地下,农田与大气,水体之间的有机质及其有机质起源碳的交换、效应及其机理,农田有机碳与农业可持续生产和粮食安全、土壤有机质与环境质量、有机质与温室气体排放及碳管理、有机质研究的创新方向等都是此次研讨会的热点问题。 5月17日,水利部发布《第1次全国水利普查水土保持情况公报》,公布了31个省（自治区、直辖市）的水力侵蚀总面积及各强度等级面积;13个省（自治区）的风力侵蚀总面积及各强度等级面积;31个省（自治区、直辖市）的水土保持措施总面积及工程、植物、其他措施面积,黄土高原淤地坝数量和淤地面积;西北黄土高原区、东北黑土区及相关省（自治区）的侵蚀沟道数量等。根据《公报》结果,中国土壤侵蚀总面积294.91万平方千米,占普查范围总面积的31.12%,其中水力侵蚀129.32万平方千米、风力侵蚀165.59万平方千米。西北黄土高原区侵蚀沟道共计666 719条,东北黑土区侵蚀沟道共计295 663条。水土保持措施面积99.16万平方千米,其中,工程措施20.03万平方千米,植物措施77.85万平方千米,其他措施1.28万平方千米。黄土高原共有淤地坝58 446座,淤地面积927.57平方千米。 5月24日～27日,中国土壤学会土壤环境专业委员会主办的"中国土壤学会土壤环境专业委员会第16次会议暨场地污染土壤风险与修复研讨会"在江西南昌成功召开,主题是"场地污染土壤风险评价与修复"。 6月28日～30日,"水文土壤学与自然资源可持续利用国际学术研讨会"在北京师范大学举行。"水文土壤学"自2003年提出以来,受到国内外众多学者的高度关注。研讨会围绕"水文土壤学与地球关键带科学""景观—土壤—水文过程空间异质性与多尺度耦合""田间监测、制图、模型"和"水、土、气、生自然资源可持续利用"4个主题,展示了各地在水文土壤学、自然资源利用等相关领域的最新进展和研究成果,同时针对水文土壤学的研究方法、未来发展方向等进行了深入而热烈的讨论。 8月12日,水利部办公厅印发了《全国水土保持规划国家级水土流失重点预防区和重点治理区复核划分成果》,根据"两区复核划分"成果,全国共划分了大小兴安岭等23个国家级水土流失重点预防区,涉及460个县级行政单位,重点预防面积43.92万平方千米,约占国土面积的4.6%;东北漫川漫岗等17个国家级水土流失重点治理区,涉及631个县级行政单位,重点治理面积49.44万平方千米,约占国土面积的5.2%。 8月,水利部、财政部正式启动第5期国家水土保持重点建设工程。根据水利部、财政部联合批复的《国家水土保持重点建设工程（2013～2017）省级实施规划》,第5期工程建设范围以水土流失严重、经济社会发展相对滞后的一类和二类革命老区县为重点,涉及北京、河北、四川、贵州、甘肃等20个省（自治区、直辖市）的279个县,分布在太行山、大别山、沂蒙山、陕甘宁等12个革命老区片。规划 5 年累计新增水土流失治理面积 2000 公顷,治理小流域 2008 条。 9 月 17 日~20 日,2013 年国际森林土壤研讨会在沈阳举办,研讨会的主要目标是加强森林土壤和生态系统过程的国际联系、科技交流及战略联盟,引领志在解决关于由森林生态系统生产率、多样性及功能引起的气候变化和地区管理和干扰等问题的科研项目合作。通过研究探讨如何评价和模拟气候变化对于影响生物地球化学循环和生物多样性的地区管理和干扰、交流革新技术和新方法以及所取得的进展、连接生态系统过程管理到森林生物多样性与功能,尤其是在地区和全球尺度上的气候变化的适应和减缓等议题来加强国际同行间的交流和联系。 9 月 22 日~24 日,中国土壤学会土壤侵蚀与水土保持专业委员会 2013 年学术年会在武汉华中农业大学举行,主题是"水土保持与中国生态文明建设",交流内容涉及土壤侵蚀过程机理、土壤侵蚀与水土保持新方法新技术、水土保持与生态安全及土壤侵蚀环境演变等方面的最新研究成果。认为目前土壤侵蚀过程及其调控研究取得的主要进展表现为:影响土壤侵蚀因子试验研究的规范化及其定量化;坡地土壤侵蚀过程(细沟和细沟间侵蚀);侵蚀预报模型的研发与应用;水土保持措施的作用机理及坡耕地土壤侵蚀防治技术。与会代表认为,中国在水土流失过程与动力机制、水土流失发展趋势预测、侵蚀预报模型、土壤侵蚀环境效应评价、水土保持生态服务价值评价等方面研究还需亟待加强。 12 月 18 日~20 日,中国水土保持学会城市水土保持生态建设专业委员会 2013 年年会暨中国首届城市水土保持学术研讨会在深圳市召开,围绕"生态水土,美丽城市"主题从城市水土保持生态建设理论研究与实践、城市水土保持与生态文明、城市水土保持与风景园林、城市水土文化与水土景观、城市内涝与水土保持、城市水土保持监督管理、城市水土保持生态建设的新技术以及城市水土保持与生态修复等多个学术角度进行了深入的研讨和交流,报道了最新学术思想和研究成果,共同探讨了相关领域的发展趋势、热点、难点及科学问题。 2013 年,国家水土保持重点工程建设范围不断扩大,全国完成水土流失综合治理 3600 公顷;长江、黄河上中游、东北黑土区、西南石漠化等水土流失严重地区水土保持重点治理加快推进,新启动实施第五期国家水土保持重点建设工程、国家农业综合开发滇黔桂水土保持项目,坡耕地水土流失综合治理工程建设力度进一步加大,项目县较 2012 年增加了 20 个,完成坡改梯 266.64 万公顷;继续加大生态清洁型小流域建设力度,建成生态清洁型小流域 160 多条。云贵鄂渝水土保持世行贷款/欧盟赠款项目圆满结束,累计完成 181 条小流域的综合治理任务,完成水土流失综合治理面积 2225.27 平方千米,占设计变更后治理任务的 100%,占项目区水土流失面积的 87%。同时,项目开展了支持服务体系建设。

2014 年 1 月 9 日,从全国环境保护工作会议获悉,2014 年环境保护部门将着力推进土壤污染治理工作,编制《土壤环境保护和污染治理行动计划》并组织实施,重点是实施重度污染耕地种植结构调整,开展污染地块土壤治理与修复试点、建设 6 个土壤环境保护和污染治理示范区。此外,还将启动全国土壤污染状况详细调查和土壤环境保护工程第 1 批重点项目,积极推进土壤污染治理与修复。 1 月 19 日,由中国科学院南京土壤研究所主持的国家重点基础研究发展计划(973 计划)项目"东南丘陵区红壤酸化过程与调控原理"启动,项目将针对东南丘陵区红壤酸化及由此带来的生态环境问题,拟通过研究红壤酸化的机理、驱动因子及时空演变规律,土壤 - 植物系统对红壤酸化的响应、适应与反馈,以及红壤酸化阻控原理与对策及生产力恢复等方面的工作,实现为红壤资源持续高效利用提供理论依据和技术支撑的目标。 3 月 29 日,国家重大科学研究计划青年科学家专题"稻田生态系统对大气 CO_2 升高的高应答机制及其可持续性研究"项目启动。 4 月 4 日~5 日,中国科学院战略性先导科技专项"土壤—微生物系统功能及其调控"启动会在北京召开。 4 月 17 日,环境保护部和国土资源部发布了全国土壤污染状况调查公报。根据国务院决定,2005 年 4 月~2013 年 12 月,环境保护部会同国土资源部开展了首次全国土壤污染状况调查。调查结果显示,全国土壤环境状况总体不容乐观,部分地区土壤污染较重,耕地土壤环境质量堪忧,工矿业废弃地土壤环境问题突出。全国土壤总的点位超标率为 16.1%,其中轻微、轻度、中度和重度污染点位比例分别为 11.2%、2.3%、1.5% 和 1.1%。从土地利用类型看,耕地、林地、草地土壤点位超标率分别为 19.4%、10.0%、10.4%。从污染类型看,以无机型为主,有机型次之,复合型污染比重较小,无机污染物超标点位数占全部超标点位的 82.8%。从污染物超标情况看,镉、汞、砷、铜、铅、铬、锌、镍 8 种无机污染物点位超标率分别为 7.0%、1.6%、2.7%、2.1%、1.5%、1.1%、0.9%、4.8%;六六六、滴滴涕、多环芳烃 3 类有机污染物点位超标率分别为

0.5%、1.9%、1.4%。 4月19日~24日,中国土壤学会土壤环境专业委员会第17次会议暨土壤环境保护与生态文明建设国际研讨会在长沙召开。会议主题为"土壤环境保护与生态文明建设"。主要围绕土壤污染过程、污染土壤和场地的调查与风险评估、污染土壤和场地修复技术、矿山废弃地生态重建、国家土壤环境保护政策、农产品安全与公共健康等内容开展学术交流。 7月13日,科技基础工作专项"我国土系调查与《中国土系志(中西部卷)》编制"项目启动。 7月27日~29日,中国土壤学会土壤发生、分类与土壤地理专业委员会和土壤遥感与信息专业委员会2014年联合学术研讨会在辽宁沈阳举行。会议主题为土壤资源时空演变与可持续利用管理,主要研讨内容包括:人类活动影响下的土壤/土地资源变化、土壤/土地资源高效利用管理、土壤资源空间变异与数字土壤制图、土壤/土地资源遥感监测、高光谱遥感在土壤与环境中的应用、土壤/土地退化评价及防治、土壤发生过程与环境变化、土壤碳循环与土壤质量管理、土系调查与土系志编制等。 8月8日~10日,2014年全国土壤物理学进展与生态安全学术研讨会在桂林隆重召开,围绕土壤物理学最新研究进展以及发挥土壤物理学在保障国家生态安全中的作用这一主题展开了热烈的讨论,并针对侧重点的不同设置7个专题,包括地球关键区水土过程与物质迁移转化,不同耕作措施下土壤物理性状与土壤生产力变化,气候变化条件下土壤物理过程的响应与作物生长模拟,土壤物理、化学和生物过程的相互作用,土壤污染物迁移转化与生态安全,盐碱地水盐调控与综合治理技术,土壤物理研究的新理论、新方法和新技术等。 8月21日~23日,中国土壤学会土壤侵蚀与水土保持专业委员会2014年高层学术论坛在山东临沂大学举行,会议以"中国土壤侵蚀与水土保持的现状与未来发展"为主题,主要针对新形势下中国土壤侵蚀与水土保持的发展方向和热点问题进行小范围高层次的讨论,引领中国土壤侵蚀与水土保持的研究和发展方向。 11月9日~11日,第12届全国土壤微生物学术讨论会暨第5届全国微生物肥料生产技术研讨会在武汉举行。会议以"创新驱动学科与产业发展"为主题,围绕土壤微生物与植物及土壤间互作、微生物在土壤修复与健康维护、微生物生态及其调控等研究领域新进展,以及微生物肥料技术产品创新、微生物肥料产业发展和政策支持、微生物肥料与农产品质量安全等热点议题进行研讨。 11月11日~14日,第6届全球数字土壤制图国际会议在南京召开。大会旨在借助这一国际学术交流平台,推动数字土壤制图新理论、新方法和新技术的研究开发与应用,满足各领域对准确和精细土壤信息的迫切需求,促进数字土壤信息在气候与环境变化、粮食安全、土壤资源保护与精准管理等方面发挥基础性作用,加强国际间在相关领域的交流与合作。 12月5日,为首个世界土壤日,以"健康土壤带来健康生活"为主题的2015"国际土壤年"活动也正式启动。"世界土壤日"和"国际土壤年"活动旨在提高人们对土壤在粮食安全和生态系统功能方面重要作用的认识和了解。12月5日~9日,2014年度中国土壤学会土壤化学专业委员会学术研讨会在广州举行,会议的主题是"土壤化学与生态文明"。会议具有3个突出的特点,第一,突出了土壤化学在地球表层系统科学中的作用与地位;第二,突出了土壤化学与土壤生物学、土壤物理学以及其他地球科学的交叉融合;第三,突出了土壤化学在解决国家土壤环境问题中的作用与地位。

第六章　中国土壤科学主要文献

王云森. 土壤学. 上海:商务印书馆,1933.

彭家元,邓植仪. 土壤学. 广州:中山大学农学院,1937.

刘培桐. 中国气候与土壤之关系. 地理,1942,2(3-4):16-28.

陈恩凤. 水土保持学概论. 上海:商务印书馆,1949.

程学达. 肥料配合的方法. 上海:中华书局,1950.

陈恩凤. 中国土壤地理. 上海:商务印书馆,1951.

程学达. 红土的改良. 上海:中华书局,1951.

程学达. 积肥法. 上海:中华书局,1951.

侯学煜. 中国境内酸性土钙质土和盐碱土的指示植物. 中国科学院,1952.

刘海蓬. 中国的土壤. 上海:商务印书馆,1952.

李庆逵,鲁如坤. 土壤分析法. 北京:科学出版社,1953.

马溶之,宋达泉,席承藩,朱显谟. 1:1800万全国土壤图(中华人民共和国分省地图). 北京:地图出版社,1953.

四川省人民政府水利厅. 怎样进行水土保持. 成都:四川人民出版社,1954.

宋达泉,席承藩,朱显谟. 土壤调查手册. 北京:科学出版社,1955.

林景亮. 怎样改良土壤. 福州:福建人民出版社,1956.

浙江省科学技术普及协会,程学达. 土壤. 杭州:浙江人民出版社,1956.

陈华癸. 土壤微生物学. 北京:高等教育出版社,1957.

方正三. 水土保持. 北京:科学出版社,1958.

李庆逵,鲁如坤,陈家坊. 土壤分析法(第2版). 北京:科学出版社,1958.

刘茂林. 怎样改良泗田土. 南京:江苏人民出版社,1958.

И.П.格拉西莫夫,马溶之. 中国土壤发生类型及其地理分布(俄文). 莫斯科:苏联科学院出版社,1958.

黄瑞采. 土壤学——土壤学基础及土类各论. 上海:上海科技出版社,1958.

中国科学院黄土高原综合科学考察队. 黄河中游黄土高原水土保持土地合理利用区划. 北京:中国科学技术出版社,1958.

裴保义. 熏土的肥田作用. 南京:江苏人民出版社,1958.

贝尔. 土壤化学. 袁可能,朱祖祥,泽. 北京:科学出版社,1959.

中国科学院土壤研究所. 怎样改造低产冷浸田和白土. 北京:科学出版社,1959.

中国科学院土壤研究所. 中国土壤区划(初稿). 北京:科学出版社,1959.

宋达泉,曾昭顺. 黑龙江流域的土壤与农业资源. 北京:科学出版社,1959.

周廷儒,刘培桐. 中国的地形和土壤概述. 北京:商务印书馆,1959.

中国科学院土壤及水土保持研究所,水利电力部北京勘测设计院. 华北平原土壤. 北京:科学出版社,1961.

中国科学院土壤研究所. 水稻丰产的土壤环境. 北京:科学出版社,1961.

侯光炯. 土壤学附地质学基础. 北京:农业出版社,1961.

叶和才. 土壤改良学(水利土壤改良). 北京:农业出版社,1961.

熊毅,席承藩. 华北平原土壤. 北京:科学出版社,1961.

南京农学院土壤教研组. 土壤调查与制图. 南京:江苏人民出版社,1962.

朱显谟. 中国农业土壤论文集. 上海:上海科技出版社,1962.

刘培桐. 中苏黑钙土基本特征的对比研究. 北京:科学出版社,1962.

彭家元. 中国肥料学概论. 上海:上海科学技术出版社,1962.

山西省水利科学院研究所. 山西省盐渍土与盆地土壤图集. 北京:科学出版社,1963.

中国科学院地理研究所. 航空相片在土壤研究中的应用. 北京:中国工业出版社,1963.

朱显谟. 塿土. 北京:农业出版社,1964.

中国科学院土壤队,水利部北京勘测设计院调查队. 华北平原土壤图集（1:200 000）. 北京:科学出版社,1964.

李庆逵,崔澄. 中国科学院微量元素研究工作会议汇刊. 北京:科学出版社,1964.

程学达. 浙江土壤志. 杭州:浙江人民出版社,1964.

席承藩,张同亮,赵仲武,等. 山西省的盐渍土与盆地土壤. 北京:科学出版社,1965.

林景亮. 磺酸田的成因和防治. 福州:福建人民出版社,1965.

中国土壤学会. 土壤常规分析方法. 北京:科学出版社,1965.

熊毅,朱祖祥. 土壤物理化学专题综述. 北京:科学出版社,1965.

中国科学院新疆综合考察队,中国科学院土壤研究所. 新疆土壤地理. 北京:科学出版社,1965.

于天仁. 土壤的电化学性质及其研究法. 北京:科学出版社,1965.

中国科学院西藏综合考察队,中国科学院土壤研究所. 西藏的土壤. 北京:科学出版社,1970.

罗来兴,朱震达. 编制黄土高原水土流失与水土保持图的说明与体会. 北京:科学出版社,1965.

中国科学院. 中国土壤图. 北京:科学出版社,1971.

陕西省水土保持局. 水土保持. 北京:农业出版社,1973.

于天仁. 土壤的电化学性质及其研究法(修订版). 北京:科学出版社,1976.

中国科学院南京土壤研究所西沙群岛考察组. 我国西沙群岛的土壤和鸟粪磷矿. 北京:科学出版社,1977.

中国科学院南京土壤研究所. 中国土壤. 北京:科学出版社,1978.

中国科学院内蒙古宁夏综合考察队编. 内蒙古自治区与东北西部地区土壤地理. 北京:科学出版社,1978.

中国科学院南京土壤研究所. 土壤物理性质测定法. 北京:科学出版社,1978.

中国科学院南京土壤研究所. 土壤理化分析. 上海:上海科学技术出版社,1978.

中国科学院南京土壤研究所编图组. 1:400万中华人民共和国土壤图及说明. 北京:地图出版社,1978.

孙林夫. 水土保持林草措施. 北京:农业出版社,1979.

中国科学院南京土壤研究所. 土壤和植物中微量元素分析方法. 北京:科学出版社,1979.

李天杰,郑应顺,王云. 土壤地理学. 北京:人民教育出版社,1979.

于天仁,张效年. 电化学方法及其在土壤研究中的应用. 北京:科学出版社,1980.

中国科学院南京土壤研究所,中国人民解放军南京部队城西湖农场. 机械耕作条件下的土壤改良. 北京:农业出版社,1980.

中国科学院南京土壤研究所. 中国太湖地区水稻土. 上海:上海科学技术出版社,1980.

戴昌达. 土壤航测普查. 北京:农业出版社,1980.

刘铮,吴兆明. 中国科学院微量元素学术交流会汇刊. 北京:科学出版社,1980.

席承藩,黄荣金,龚子同,等. 中国自然地理·土壤地理. 北京:科学出版社,1981.

王云森. 中国古代土壤科学. 北京:科学出版社,1980.

宋达泉. 中国东北土壤. 北京:科学出版社,1980.

侯光炯. 土壤学(南方本). 北京:农业出版社,1980.

戴昌达. 南京地区土壤景观分析. 北京:科学出版社,1981.

朱显谟. 陕西土地资源及其合理利用. 西安:陕西科学技术出版社,1982.

中国科学院南京土壤研究所黑龙江队. 黑龙江省与内蒙古自治区东北部土壤资源. 北京:科学出版社,1982.

陕西省农业勘察设计院. 陕西农业土壤. 西安:陕西科学技术出版社,1982.

赵其国. 贵州土壤. 贵阳:贵州人民出版社,1982.

辛树帜,蒋德麒. 中国水土保持概论. 北京:农业出版社,1982.

侯光炯,高惠民. 中国农业土壤概论. 北京:农业出版社,1982.

李天杰. 土壤地理学(第2版). 北京:高等教育出版社,1983.

熊毅. 土壤胶体第1册:土壤胶体的物质基础. 北京:科学出版社,1983.

李庆逵,石华,龚子同,等. 中国红壤. 北京:科学出版社,1983.

龚子同. 华中亚热带土壤. 长沙:湖南科学技术出版社,1983.

于天仁. 水稻土的物理化学. 北京:科学出版社,1983.

石元春. 黄淮海平原的水盐运动和旱涝盐碱的综合治理. 石家庄:河北人民出版社,1983.

中国科学院南方山区综合考察队. 江西省太和县土壤. 北京:能源出版社,1983.

孙羲. 土壤养分、植物营养与合理施肥. 北京:农业出版社,1983.

俞仁培,杨道平,石万普. 土壤碱化及其防治. 北京:农业出版社,1984.

文启孝. 土壤有机质研究法. 北京:农业出版社,1984.

戴昌达. 黄淮海平原主要低产土壤类型图(1:100万). 西安:西安地图出版社,1985.

红黄壤利用改良协作组编. 中国红黄壤地区土壤利用改良区划. 北京:中国农业出版社,1985.

新疆荒地资源综合考察团. 新疆重点地区荒地资源合理利用. 乌鲁木齐:新疆人民出版社,1985.

熊毅. 土壤胶体第2册:土壤胶体研究法. 北京:科学出版社,1985.

中国科学院南京土壤研究所. 土壤微生物研究法. 北京:科学出版社,1985.

高以信,陈鸿昭,吴志东,等. 西藏土壤. 北京:科学出版社,1985.

龚子同. 土壤地球化学的进展和应用. 北京:科学出版社,1985.

宋达泉,胡思敏. 中国海涂资源国际盐渍土改良学术讨论会论文集. 北京:北京农业大学出版社,1985.

中国土壤学会. 我国土壤氮素研究工作的现状与展望. 北京:科学出版社,1986.

张俊民. 山东省山地丘陵区土壤. 济南:山东科学技术出版社,1986.

中国科学院南京土壤研究所. 中国土壤图集. 北京:中国地图出版社,1986.

中国科学院西北水土保持研究所. 黄土高原杏子河流域自然资源与水土保持. 西安:陕西科学技术出版社,1986.

朱显谟. 中国黄土高原土地资源(图片集). 西安:陕西科学技术出版社,1986.

姚贤良,程云生. 土壤物理学. 北京:农业出版社,1986.

黄瑞采,周传槐. 土壤的发生分类与资源评价. 南京:江苏科学技术出版社,1986.

张俊民. 山东省山地丘陵区土壤. 济南:山东科学技术出版社,1986.

谢建昌,范钦桢,郑文钦. 土壤钾素的动态. 南京:江苏科学技术出版社,1986.

宋达泉. 辽宁省海岸带和滩涂资源及其开发利用. 北京:科学出版社,1986.

张万儒. 中国森林土壤. 北京:科学出版社,1986.

黄瑞农. 环境土壤学. 北京:高等教育出版社,1987.

张淑光、杨勤科. 土壤和环境研究中的数学方法与建模. 北京:中国农业出版社,1987.

熊毅,李庆逵.中国土壤(第2版).北京:科学出版社,1987.

于天仁.土壤化学原理.北京:科学出版社,1987.

林景亮,陈清硕.系统土壤学.福州:福建科学技术出版社,1987.

刘多森,曾志远.土壤和环境研究中的数学方法与建模.北京:农业出版社,1987.

谢建昌,范钦桢,郑文钦.钾的土壤测试与作物反应.南京:江苏科学技术出版社,1987.

俞仁培.土壤水盐动态和盐碱化防治.北京:科学出版社,1987.

宋达泉,沈善敏,王春裕.辽宁国土资源.沈阳:辽宁人民出版社,1987.

中国科学院南京土壤研究所.国际土壤分类述评.北京:科学出版社,1988.

夏增禄.土壤环境容量及其应用.北京:气象出版社,1988.

杨勤科,张淑光.中国1:100万土壤资源图(太原幅说明书).西安:西安地图出版社,1988.

陈永宗,景可,蔡强国.黄土高原现代侵蚀与治理.北京:科学出版社,1988.

水利电力部黄河水利委员会.黄河流域水土保持(画册).上海:上海教育出版社,1988.

于天仁,王振权.土壤分析化学.北京:科学出版社,1988.

潘佑民,杨国治.湖南土壤背景值及研究方法.北京:中国环境科学出版社,1988.

刘兆谦.土壤地理学原理.西安:陕西师范大学出版社,1988.

赵其国,谢为民,贺湘逸,等.江西红壤.南昌:江西科学技术出版社,1988.

张俊民.砂姜黑土综合治理研究.合肥:安徽科学技术出版社,1988.

龚子同,雷文进.国际土壤分类述评.北京:科学出版社,1988.

陆发熹.珠江三角洲土壤.北京:中国环境科学出版社,1988.

雷志栋,杨诗秀.土壤水动力学.北京:清华大学出版社,1988.

赵其国,龚子同.土壤地理研究法.北京:科学出版社,1989.

中国科学院南京土壤研究所,西安光学精密机械研究所.中国标准土壤色卡.南京:南京出版社,1989.

湖南省农业厅.湖南土壤.北京:中国农业出版社,1989.

朱显谟.黄土高原土壤与农业.北京:中国农业出版社,1989.

陈代中,朱显谟.中国土壤侵蚀类型及分区图.北京:科学出版社,1989.

中国科学院三峡工程生态与环境科技组.长江中下游土地条件分析.北京:科学出版社,1989.

中国科学院南方山区综合科学考察队.红壤丘陵开发和治理:千烟洲综合开发治理试验研究.北京:科学出版社,1989.

李香兰,刘玉民.黄土高原土壤有机质与腐殖酸.西安:天则出版社,1989.

中国土壤学会盐渍土专业委员会.中国盐渍土分类分级文集.南京:江苏科学技术出版社,1989.

中国土壤学会土壤发生分类和土壤地理专业委员会.中国土壤土属土种分类研究.南京:江苏科学技术出版社,1989.

卜兆宏,李士鸿.水土流失调查的遥感数据处理.南京:东南大学出版社,1989.

国家环境保护局.中国土壤元素背景值.北京:中国环境科学出版社,1990.

西北水土保持研究所、安塞县人民政府安塞水土保持试验区、中国科学院安塞水土保持综合试验站.黄土丘陵沟壑区水土保持型生态农业研究(上下册).西安:天则出版社,1990.

唐克丽,陈永宗.黄土高原地区土壤侵蚀区域特征及其治理途径.北京:中国科学技术出版社,1990.

熊毅,李庆逵.中国土壤.北京:科学出版社,1990.

熊毅,陈家坊.土壤胶体第3册:土壤胶体的性质.北京:科学出版社,1990.

于天仁,陈志诚.土壤发生中的化学过程.北京:科学出版社,1990.

李锦,曹锦铎,王鹤林. 1:100万土壤图制图规范(试行). 南京:南京出版社,1990.

陈恩凤. 土壤肥力物质基础及其调控. 北京:科学出版社,1990.

李庆逵,孙鸥. Soil of China. 北京:科学出版社,1990.

徐启刚,黄润华. 土壤地理学教程. 北京:高等教育出版社,1990.

陈文新. 土壤和环境微生物学. 北京:北京农业大学出版社,1990.

张俊民,蔡凤歧,何桐康. 中国土壤地理. 南京:江苏科学技术出版社,1990.

中国科学院南京土壤研究所中国土壤系统分类课题组,中国土壤系统分类课题研究协作组. 中国土壤系统分类. 北京:科学出版社,1991.

中国科学院黄土高原综合科学考察队. 黄土高原地区土壤侵蚀区域特征及其治理途径. 北京:中国科学技术出版社,1991.

黄瑞采. 土壤微形态学发展及应用. 北京:高等教育出版社,1991.

于天仁,季国亮. 土壤和水研究中的电化学方法. 北京:科学出版社,1991.

赵其国,龚子同,徐琪,彭补拙. 中国土壤资源. 南京:南京大学出版社,1991.

石元春,李保国,李韵珠. 区域水盐运动监测预报. 石家庄:河北科学技术出版社,1991.

林景亮. 福建土壤. 福州:福建科学技术出版社,1991.

朱兆良,文启孝. 中国土壤氮素. 南京:东南大学出版社,1992.

罗汝英. 土壤学. 北京:中国林业出版社,1992.

朱鹤健,何宜庚. 土壤地理学. 北京:高等教育出版社,1992.

金争平,张宝珍. 黄河皇甫川流域土壤侵蚀系统模型和治理模式. 北京:海洋出版社,1992.

李庆逵. 中国水稻土. 北京:中国科学技术出版社,1992.

中国科学院红壤生态实验站. 红壤生态系统研究(第1集). 北京:科学出版社,1992.

龚子同. 中国土壤系统分类探讨. 北京:科学出版社,1992.

龚子同,陈鸿昭. 土壤环境变化. 北京:中国科学技术出版社,1992.

傅积平,王遵亲. 土壤培肥与农业环境生态研究. 北京:科学出版社,1992.

周明枞,姚培元. 淮北地区水土资源开发与治理研究. 北京:科学出版社,1992.

陶鸿钧. 水土保持动态规划. 北京:中国水利水电出版社,1992.

杨艳生,史德明. 数值分析和土壤侵蚀研究. 南京:东南大学出版社,1992.

王汉存. 水土保持原理. 北京:中国水利水电出版社,1992.

田均良. 黄土高原土壤地球化学. 北京:科学出版社,1992.

孙俊杰,汪立直. 黄土高原小流域综合治理与发展. 北京:科学技术文献出版社,1992.

尹文英,杨逢春,王振中,等. 中国亚热带土壤动物. 北京:科学出版社,1992.

贾文锦. 辽宁土壤. 沈阳:辽宁科学技术出版社,1992.

刘宝元,唐克丽,焦菊英. 黄河水沙时空图谱. 北京:中国科学技术出版社,1992.

成延鳌,田均良. 西藏土壤元素背景值及其分布特征. 北京:科学出版社,1993.

李景科,陈鹏. 土壤动物区系生态地理研究. 长春:东北师范大学出版社,1993.

广东省土壤普查办公室. 广东土壤. 北京:科学出版社,1993.

中国科学技术学会. 中国科学技术专家传略:农学编—土壤卷(1). 北京:中国科学技术出版社,1993.

牟树森,青长乐. 环境土壤学. 北京:中国农业出版社,1993.

景可,陈永宗,李凤新. 黄河泥沙与环境. 北京:科学出版社,1993.

余延敏. 土壤学. 北京:中国水利水电出版社,1993.

俞仁培. 土壤盐化碱化的监测与防治. 北京:科学出版社,1993.

龚子同. 中国土壤分类系统. 成都:四川科学技术出版社,1993.

《中国土壤系统分类研究丛书》编委会. 中国土壤系统分类进展. 北京:科学出版社,1993.

中国科学院红壤生态实验站. 红壤生态系统研究(第2集). 北京:科学技术文献出版社,1993.

西藏自治区拉萨市农牧局. 西藏拉萨土地资源. 北京:中国农业科学技术出版社,1993.

赵其国. 豫北淮北苏北地区农业综合开发文集. 北京:科学出版社,1993.

赵其国. 黄淮海平原土壤肥料研究论文集. 北京:中国农业科学技术出版社,1993.

赵其国. 豫北淮北苏北地区农业综合治理开发技术专题研究. 北京:科学出版社,1993.

傅积平,王遵亲. 豫北平原旱涝盐碱综合治理. 北京:科学出版社,1993.

王浩清,王敬轩. 西藏拉萨土地资源. 北京:中国农业科学技术出版社,1993.

王恒俊,谢永生,吕惠明. 黄土高原地区1/50万土壤图. 西安:西安地图出版社,1993.

谢永生,王恒俊,吕惠明. 1/50万黄土高原地区土壤图说明书. 北京:地震出版社,1993.

林培. 区域土壤地理学. 北京:北京大学出版社,1993.

王遵亲. 中国盐渍土. 北京:科学出版社,1993.

中国环境监测总站. 中华人民共和国土壤环境背景值图集. 北京:中国环境科学出版社,1994.

西藏自治区土地管理局. 西藏自治区土壤资源. 北京:科学出版社,1994.

海南省农业厅土肥站. 海南土壤. 海口:三环出版社/海南出版社,1994.

龚子同,曹升赓. 中国土壤系统分类新论. 北京:科学出版社,1994.

龚子同. 土壤分类学. 南京:东南大学出版社,1994.

龚子同. 中国名特优农产品的土宜. 长春:吉林人民出版社,1994.

杨艳生,史德明. 长江三峡区土壤侵蚀研究. 南京:东南大学出版社,1994.

周慧珍等. 海南岛土壤与土地数字化数据库及其制图. 北京:科学出版社,1994.

王遵亲. 中国盐渍土. 西安:陕西人民出版社,1994.

徐明岗,赵世伟,郑粉莉,等. 现代土壤科学研究. 北京:中国农业科学技术出版社,1994.

中国科学院南京土壤研究所. 席承藩与我国土壤地理. 西安:陕西人民出版社,1994.

席承藩. 长江流域土壤与生态环境建设. 北京:科学出版社,1994.

康绍忠,刘晓明,熊运章等. 土壤—植物—大气连续体水分传输理论及其应用. 北京:水利电力出版社,1994.

吴钦孝. 黄土高原水土保持林体系综合效益与评价. 北京:科学技术文献出版社,1994.

叶青超,唐克丽. 黄河流域环境演变与水沙运行规律研究. 济南:山东科学技术出版社,1994.

王文焰. 波涌灌溉试验研究与应用. 西安:西北工业大学出版社,1994.

吴燕玉. 辽宁省土壤背景值研究. 北京:中国环境科学出版社,1994.

《中国土壤系统分类研究丛书》编委会. 中国土壤系统分类新论. 北京:科学出版社,1994.

席承藩. 土壤分类学. 北京:中国农业出版社,1994.

杨艳生,郑振源. 中国土壤侵蚀及生产力研究. 南京:东南大学出版社,1994.

王礼先. 水土保持学. 北京:中国林业出版社,1995.

中国科学院水利部西北水土保持研究所,黄土高原土壤侵蚀与旱地农业国家重点实验室. 土壤侵蚀环境调控与农业持续发展. 西安:陕西人民出版社,1995.

李天杰. 土壤环境学. 北京:高等教育出版社,1995.

李壁成. 小流域水土流失与综合治理遥感监测. 北京:科学出版社,1995.

中国科学院南京土壤研究所土壤系统分类课题组,中国土壤系统分类课题研究协作组. 中国土壤系统分类(修订方案).北京:中国农业科学技术出版社,1995.

赵其国.土壤圈物质循环与农业和环境.南京:江苏科学技术出版社,1995.

中国土壤学会.中国土壤学在前进.北京:中国农业科技出版社,1995.

谢建昌,马茂桐,杜承林.北方土壤钾素肥力及其管理.北京:中国农业科学技术出版社,1995.

关君蔚.水土保持原理.北京:中国农业出版社,1995.

中国科学院红壤生态实验站.红壤生态系统研究(第3集).北京:中国农业科学技术出版社,1995.

孟宪玺,李生智.吉林省土壤背景值研究.北京:科学出版社,1995.

魏克循.河南土壤地理.郑州:河南科学技术出版社,1995.

于天仁,季国亮.可变电荷土壤的电化学.北京:科学出版社,1996.

陈怀满.土壤—植物系统中的重金属污染.北京:科学出版社,1996.

刘铮.中国土壤微量元素.南京:江苏科学技术出版社,1996.

刘光崧.土壤理化分析与剖面描述.北京:中国标准出版社,1996.

张俊民,蔡凤歧,何同康.中国的土壤.北京:商务印书馆,1996.

陈文新.土壤和环境微生物学.北京:中国农业大学出版社,1996.

孟庆枚.黄土高原水土保持.郑州:黄河水利出版社,1996.

王万忠,焦菊英.黄土高原降雨侵蚀产沙与黄河输沙.北京:科学出版社,1996.

陈国祥,谢树南,汤立群.黄土高原地区流域侵蚀产沙模型研究.郑州:黄河水利出版社,1996.

中国农业百科全书总辑委员会土壤卷辑委员会.中国农业百科全书:土壤卷.北京:中国农业出版社,1996.

李韵珠,李保国.土壤溶质运移.北京:科学出版社,1996.

宋桂琴.黄土高原土地资源研究的理论与实践.北京:中国水利水电出版社,1996.

刘秉正,吴发启.土壤侵蚀.西安:陕西人民出版社,1997.

陈炳涛.土壤地理与生物地理.上海:华东师范大学出版社,1997.

陈焕伟,吴肖菊.土壤资源调查.北京:中国农业大学出版社,1997.

蒋定生.黄土高原水土流失与治理模式.北京:中国水利水电出版社,1997.

吴长文.水土保持技术经济学.北京:中国水利水电出版社,1997.

吴克宁.北亚热带淋溶土系统分类.北京:中国农业科学技术出版社,1997.

李锦,周明枞.土壤制图.福州:福建地图出版社,1997.

孟庆枚.黄土高原水土保持.乌鲁木齐:新疆人民出版社,1997

彭祥林,贾恒义.黄土高原草地土壤生态.北京:世界图书出版公司,1997

水利部水土保持司.土壤侵蚀分类分级标准(SL190-96).北京:中国水利水电出版社,1997.

王文富,席承藩.中国土壤.北京:中国农业出版社,1998.

高以信.中国土壤图.北京:科学出版社,1998.

崔云鹏,蒋定生.水土保持工程学.西安:陕西人民出版社,1998.

鲁如坤.土壤植物营养学原理和施肥.北京:中国农业出版社,1998.

徐琪.中国稻田生态系统.北京:中国农业出版社,1998.

史学正.土地资源持续利用与信息技术.北京:气象出版社,1998.

李锦.中国土壤图(1:400万).北京:化学工业出版社,1998.

中国科学院红壤生态实验站.红壤生态系统研究(第4集).南昌:江西科学技术出版社,1998.

黄河水利委员会,黄河上中游管理局.黄土高原水土保持实践与研究(2).郑州:黄河水利出版社,1998.

水利电力部黄河水利委员会.黄河流域水土保持.上海:上海教育出版社,1998.

尹文英. 中国土壤动物检索图鉴. 北京:科学出版社,1998.

李庆逵,朱兆良,于天仁. 中国农业持续发展中的肥料问题. 南昌:江西科学技术出版社,1998.

何振立. 污染及有益元素的土壤化学平衡. 北京:中国环境科学出版社,1998.

李韵珠、李保国等. 土壤溶质运移. 北京:科学出版社,1998.

程彤. 红壤丘陵生态系统恢复与农业持续发展研究(第2集). 北京:气象出版社,1998.

杨光滢. 森林土壤标准物质. 北京:科学出版社,1999.

刘昌明. 土壤—作物—大气界面水分过程与节水调控. 北京:科学出版社,1999.

南方红壤退化机制与防治措施研究专题组. 中国红壤退化机制与防治. 北京:中国农业出版社,1999.

赵烨. 南极乔治王岛菲尔德斯半岛土壤与环境. 北京:海洋出版社,1999.

中国土壤学会. 土壤农业化学分析方法. 北京:中国农业科学技术出版社,1999.

徐富安. 豫北平原农业生态系统研究(第2集). 北京:科学出版社,1999.

何圆球,杨艳生. 红壤生态系统研究(第5集). 北京:中国农业科学技术出版社,1999.

龚子同. 中国土壤系统分类:理论·方法·实践. 北京:科学出版社,1999.

张万钧. 盐渍土绿化. 北京:中国环境科学出版社,1999.

孟庆枚. 黄土高原水土保持. 郑州:黄河水利出版社,1999.

邵明安. 黄土高原土壤侵蚀与旱地农业. 西安:陕西科学技术出版社,1999.

段巧甫. 水土保持的探索与实践. 北京:中国水利水电出版社,1999.

吴丁丁. 水土保持经济林. 北京:中国水利水电出版社,1999.

马毅杰. 水稻土物质变化与生态环境. 北京:科学出版社,1999.

王礼先. 水土保持工程学. 北京:中国林业出版社,2000.

张洪江. 土壤侵蚀原理. 北京:中国林业出版社,2000.

刘震. 再塑秀美山川:全国八片水土保持重点治理区纪实. 郑州:黄河水利出版社,2000.

庄卫民,东野光亮. 土壤地质与土地资源:中国土壤地质与土地资源可持续利用学术研究. 北京:地质出版社,2000.

潘根兴. 地球表层系统土壤学. 北京:地质出版社,2000.

黄昌勇. 土壤学. 北京:中国农业出版社,2000.

李保国. 农田土壤水的动态模型及应用. 北京:科学出版社,2000.

高以信,李明森. 横断山区土壤. 北京:科学出版社,2000.

李锐. 区域水土流失快速调查与管理信息系统研究. 郑州:黄河水利出版社,2000.

河南省土壤学会. 迈向21世纪的土壤科学:提高土壤质量促进农业持续发展. 郑州:黄河水利出版社,2000.

冉大川. 黄河中游河口镇至龙门区间水土保持与水沙变化. 郑州:黄河水利出版社,2000.

张从,夏立江. 污染土壤生物修复技术. 北京:中国环境科学出版社,2000.

杨文治. 黄土高原土壤水分研究. 北京:科学出版社,2000.

郑粉莉,高学田. 黄土坡面土壤侵蚀过程与模拟. 西安:陕西人民出版社,2000.

高以信,李明森. 横断山区土壤. 北京:科学出版社,2000.

中国科学院青藏高原综合科学考察队. 喀喇昆仑山—昆仑山地区土壤. 北京:中国环境科学出版社,2000.

尹文英. 中国土壤动物. 北京:科学出版社,2000.

鲁如坤. 土壤农业化学分析方法. 北京:中国农业科学技术出版社,2000.

杨金钟. 多孔介质中水分及溶质运移的随机理论. 北京:科学出版社,2000.

刘宝元,谢云,张科利. 土壤侵蚀预报模型. 北京:中国科学技术出版社,2001.

吕军. 农业土壤改良与保护. 杭州:浙江大学出版社,2001.

赵其国. 中国东部红壤地区土壤退化的时空变化、机理及调控. 北京:科学出版社,2001.

张甘霖. 土系研究与制图表达. 合肥:中国科技大学出版社,2001.

中国科学院南京土壤研究所土壤系统分类课题组,中国土壤系统分类课题研究协作组. 中国土壤系统分类简索(第3版). 合肥:中国科技大学出版社,2001.

方怀龙,崔晓阳. 城市绿地土壤及其管理. 北京:中国林业出版社,2001.

郭建平. 中国云水资源和土壤水资源. 北京:气象出版社,2001.

殷秀琴. 东北森林土壤动物研究. 长春:东北师范大学出版社,2001.

熊顺贵. 基础土壤学. 北京:中国农业大学出版社,2001.

陈健飞,朱鹤健. 福建山地土壤研究. 北京:中国环境科学出版社,2001.

何圆球,杨艳生. 红壤生态系统研究(第6集). 北京:中国农业科学技术出版社,2001.

夏立江,王宏康. 土壤污染及其防治. 上海:华东理工大学出版社,2001.

李学垣. 土壤化学. 北京:高等教育出版社,2001.

郑秀清. 水分在季节性非饱和冻融土壤中的运动. 北京:地质出版社,2002.

黄炎和. 闽南地区的土壤侵蚀与治理. 北京:中国农业出版社,2002.

张凤荣. 土壤地理学. 北京:中国农业出版社,2002.

赵其国. 中国东部红壤地区土壤退化的时空变化、机理及调控. 北京:科学出版社,2002.

汪习军. 黄河水土保持生态工程建设管理. 郑州:黄河水利出版社,2002.

胡广录. 水土保持工程. 北京:中国水利水电出版社,2002.

程积民,万惠娥. 中国黄土高原植被建设与水土保持. 北京:中国林业出版社,2002.

王万忠,焦菊英. 黄土高原水土保持减沙效益预测. 杨凌:西北农林科技大学出版社,2002.

邵明安. 土壤物理与生态环境建设研究文集. 西安:陕西科学技术出版社,2002.

刘小兰,刘军. 黄土高原水肥资源的高效利用. 西安:陕西科学技术出版社,2002.

王冬梅. 农地水土保持. 北京:中国林业出版社,2002.

陈怀满. 土壤中化学物质的行为与环境质量. 北京:科学出版社,2002.

赵其国. 红壤物质循环及其调控. 北京:科学出版社,2002.

陈同斌. 跨世纪土壤环境保护战略. 北京:中国农业科学技术出版社,2002.

林大仪. 土壤学. 北京:中国林业出版社,2002.

卢升高. 中国土壤磁性与环境. 北京:高等教育出版社,2003.

陈隆亨,肖洪浪. 河西山地土壤及其利用. 海洋出版社,2003.

郭建平. 中国北方地区主要植物对高二氧化碳浓度和土壤干旱的响应. 北京:气象出版社,2003.

金争平. 砒砂岩区水土保持与农牧业发展研究. 郑州:黄河水利出版社,2003.

齐实,罗永红,徐小涛. 宁夏南部黄土丘陵区水土保持与农业可持续发展. 郑州:黄河水利出版社,2003.

龚子同. 中国土壤系统分类(修订方案,英文版). 北京:科学出版社,2003.

朱鹤健,何宜庚. 土壤地理学. 北京:中国农业出版社,2003.

黄昌勇. 土壤学(第1版). 北京:中国农业出版社,2003.

邢光熹,朱建国. 土壤微量元素和稀土元素化学. 北京:科学出版社,2003.

黄河水利委员会水土保持局. 黄河水土保持生态工程重点支流治理项目可行性研究. 郑州:黄河水利出版社,2003.

张爱国. 区域水土流失土壤因子研究. 北京:地质出版社,2003.

吴发启. 水土保持学概论. 北京：中国农业出版社，2003.

刘震，苏仲仁. 中国水土保持生态建设模式. 北京：科学出版社，2003.

周月鲁. 水土保持生态建设工程监理理论与实践. 北京：中国计划出版社，2003.

雷海章. 中西部地区农业水土资源保护与永续利用问题研究. 北京：中国农业出版社，2003.

宋长春. 松嫩平原盐渍土壤生态地球化学. 北京：科学出版社，2003.

王礼先. 中国水利百科全书：水土保持分册. 北京：中国水利水电出版社，2004.

杨庭硕，吕永锋. 人类的根基：生态人类学视野中的水土资源. 昆明：云南大学出版社，2004.

龚子同. 海南岛土系概论. 北京：科学出版社，2004.

河南省土壤普查办公室. 河南土壤. 北京：中国农业出版社，2004.

吴建国. 土地利用变化对土壤有机碳的影响——理论、方法和实践. 北京：中国林业出版社，2004.

周健民，石元亮. 面向农业与环境的土壤科学（综述篇）. 北京：科学出版社，2004.

周启星，宋玉芳. 污染土壤修复原理与方法. 北京：科学出版社，2004.

吴三保，钱正英，石玉林. 西北地区水资源配置生态环境建设和可持续发展战略研究（土地荒漠化卷）. 北京：科学出版社，2004.

唐克丽. 中国水土保持. 北京：科学出版社，2004.

李峰，霍春雁，邱璐. 中国水土保持. 北京：科学出版社，2004.

刘东生. 黄土高原·农业起源·水土保持. 北京：地震出版社，2004.

郑西来. 土壤—地下水系统石油污染原理与应用研究. 北京：地质出版社，2004.

潘剑君. 土壤资源调查与评价. 北京：中国农业出版社，2004.

刘震. 水土保持监测技术. 北京：中国大地出版社，2004.

郭廷辅，段巧甫. 水土保持径流调控理论与实践. 北京：中国水利水电出版社，2004.

米国华. 挖掘生物高效利用土壤养分潜力保持土壤环境良性循环. 北京：中国农业大学出版社，2004.

李振声. 挖掘生物高效利用土壤养分潜力保持土壤环境良性循环. 北京：中国农业大学出版社，2004.

陈立新. 人工林土壤质量演变与调控. 北京：科学出版社，2004.

土壤学名词审定委员会. 土壤学名词. 北京：科学出版社，2004.

黄河水利委员会天水水土保持科学试验站. 黄土丘陵沟壑第三副区水土流失原型观测及规律研究. 郑州：黄河水利出版社，2004.

水利部黄河水利委员会水文局. 黄河流域水土保持数据库表结构与信息代码编制规定. 郑州：黄河水利出版社，2004.

《唐克丽论文集》编辑委员会. 唐克丽论文集——土壤侵蚀与水土保持研究50年. 北京：中国农业出版社，2004.

李占斌，张平仓. 水土流失与江河泥沙灾害及其防治对策. 西安：陕西人民出版社，2004.

陈江南. 黄土高原水土保持对水资源和泥沙影响评价方法研究. 郑州：黄河水利出版社，2004.

廖绵浚. 现代陡坡地水土保持. 北京：九州出版社，2004.

黄河上中游管理局. 黄土高原水土保持工程建设管理的实践与探索. 北京：中国计划出版社，2005.

陈功，毕玉芬，管春德. 林草植被与水土保持. 昆明：云南科技出版社，2005.

廖绵浚. 现代陡坡地水土保持. 北京：九州出版社，2005.

孙向阳. 土壤学. 北京：中国林业出版社，2005.

景可，王万忠，郑粉莉. 中国土壤侵蚀与环境. 北京：科学出版社，2005.

吴钦孝. 森林保持水土机理及功能调控技术. 北京：科学出版社，2005.

林而达,李玉娥.中国农业土壤固碳潜力与气候变化.北京:科学出版社,2005.

王礼先,朱金兆.水土保持学.北京:中国林业出版社,2005.

李天杰,赵烨,张科利,等.土壤地理学(第3版).北京:高等教育出版社,2005.

杨学震,钟炳林,谢小东.丘陵红壤的土壤侵蚀与治理.北京:中国农业出版社,2005.

付强.农业水土资源系统分析与综合评价.北京:中国水利水电出版社,2005.

王学军,李本纲,陶澍,周一星.土壤微量金属含量的空间分析.北京:科学出版社,2005.

王礼先,朱金兆.水土保持学(第2版).北京:中国林业出版社,2005.

孙铁珩,李培军,周启星.土壤污染形成机理与修复技术.北京:科学出版社,2005.

董哲仁.水土保持可持续发展研究:水土保持可持续发展高级圆桌会议论文集.北京:中国水利水电出版社,2005.

李敏,李晓华,李久进,宛楠.黄土高原土壤侵蚀治理的生态环境效应.北京:科学出版社,2005.

杨培岭.土壤与水资源学基础.北京:中国水利水电出版社,2005.

韩晓增,颜春起.中国东北农田土壤水分属性及调控.北京:科学出版社,2005.

李志洪,赵兰坡,窦森.土壤学.北京:化学工业出版社,2005.

杨林章,徐琪.土壤生态系统.北京:科学出版社,2005.

吕达仁.内蒙古半干旱草原土壤—植被—大气相互作用.北京:气象出版社,2005.

王建武.中国土地退化与贫困问题研究.北京:新华出版社,2005.

刘江涛,杨开忠,冯长春.城市边缘区土地利用规制——缘起·失灵·改进.北京:新华出版社,2005.

黄河上中游管理局.黄河水土保持生态工程中期评估与调整.北京:中国计划出版社,2005.

桑以琳.土壤学与农作学.北京:中国农业出版社,2005.

张广军、赵晓光.水土流失及荒漠化监测与评价.北京:中国水利水电出版社,2005.

李智广.水土流失测验与调查.北京:中国水利水电出版社,2005.

黄河上中游管理局.黄土高原水土保持实践与研究(1997~2000).郑州:黄河水利出版社,2005.

黄河上中游管理局.黄土高原水土保持实践与研究(2001~2004).郑州:黄河水利出版社,2005.

吴发启,徐建华.黄土高原产流产沙机制及水土保持措施对水资源和泥沙影响的机理研究.郑州:黄河水利出版社,2005.

陈亚新,史海滨,魏占民.土壤水盐信息空间变异的预测理论与条件模拟.北京:科学出版社,2005.

陈怀满.环境土壤学.北京:科学出版社,2005.

中国土壤学会.中国土壤学会60年(1945~2005).南京:河海大学出版社,2005.

朱金兆.发展水土保持科技 实现人与自然和谐:中国水土保持学会第3次全国会员代表大会学术论文集(1985~2005).北京:中国农业科学技术出版社,2006.

许林书.土壤地理学原理.长春:东北师范大学出版社,2006.

靳孟贵,方连育.土壤水资源及其有效利用——以华北平原为例.武汉:中国地质大学出版社,2006.

杨万勤.森林土壤生态学.成都:四川科学技术出版社,2006.

李法云,曲向荣,吴龙华.污染土壤生物修复理论基础与技术.北京:化学工业出版社,2006.

吕贻忠,李保国.土壤学.北京:中国农业出版社,2006.

张辉.土壤环境学.北京:化学工业出版社,2006.

朱鹤健.土壤学与地理学交叉研究.北京:科学出版社,2006.

吴金水,林启美,黄巧云,肖和艾.土壤微生物生物量测定方法及其应用.北京:气象出版社,2006.

张展羽,俞双恩.水土资源分析与管理.北京:中国水利水电出版社,2006.

张一平. 土壤水分热力学. 北京:科学出版社,2006.

邓益群,彭凤仙,周敏. 固体废物及土壤监测. 北京:化学工业出版社,2006.

姚槐应,黄昌勇. 土壤微生物生态学及其实验技术. 北京:科学出版社,2006.

李昌华. 森林、土壤和水:天然林水文生态效益的小流域研究. 北京:中国林业出版社,2006.

李毅,王全九,王文焰. 覆膜条件下土壤水、盐、热耦合迁移研究. 西安:陕西科学技术出版社,2006.

张夫道. 中国土壤生物演变及安全评价. 北京:中国农业出版社,2006.

李玉浸,高怀友. 中国主要农业土壤污染元素环境背景值图集. 天津:天津教育出版社,2006.

陆景冈,蔡卫东. 土壤地质学. 北京:地质出版社,2006.

周月鲁,郑新民. 水土保持治沟骨干工程技术规范应用指南. 郑州:黄河水利出版社,2006.

冉大川,刘斌,王宏等. 黄河中游典型支流水土保持措施减洪减沙作用研究. 郑州:黄河水利出版社,2006.

吴普特,高建恩. 黄土高原水土保持新论:基于降雨地表径流调控利用的水土保持学. 郑州:黄河水利出版社,2006.

高健翎,严国民,刘会源. 黄河流域黄土高原地区水土保持生态环境建设研究. 郑州:黄河水利出版社,2006.

何丙辉,廖纯艳,张小林,孙凡. 长江流域水土保持生态修复的实践与发展. 北京:化学工业出版社,2006.

全国土壤普查办公室. 中国土壤. 北京:中国农业出版社,2006.

邢尚军,张建锋. 黄河三角洲土地退化机制与植被恢复技术. 北京:中国林业出版社,2006.

万洪富,郭治兴,邓南荣,文雅. 广东省土壤资源及作物适宜性图谱. 广州:广东科技出版社,2006.

吕春娟. 农村水土保持. 北京:中国社会出版社,2006.

徐明岗,梁国庆,张夫道. 中国土壤肥力演变. 北京:中国农业科学技术出版社,2006.

邵明安,王全九,黄明斌. 土壤物理学. 北京:高等教育出版社,2006.

任国栋,杨秀娟. 中国土壤拟步甲志(第1卷):土甲类. 北京:高等教育出版社,2006.

曹志洪. 太湖流域土—水间的物质交换与水环境质量. 北京:科学出版社,2006.

朱兆良,诺斯,孙波. 中国农业面源污染控制对策. 北京:中国环境科学出版社,2006.

朱鹤健. 土壤学与地理学交叉研究. 北京:科学出版社,2006.

熊又升,何园球. 红壤地区有机食品种植业的生产与管理. 北京:中国农业出版社,2006.

秦向阳,王存荣,邓吉华. 黄土高原水土保持生态工程建设监理. 银川:宁夏人民出版社,2006.

毛昆明. 土壤地质环境与农业资源利用. 北京:中国农业科学技术出版社,2007

张明炷,黎庆淮,石秀兰. 土壤学与农作学. 北京:中国水利水电出版社,2007.

张学俭,武龙甫. 东北黑土地水土流失修复. 北京:中国水利水电出版社,2007.

崔晓阳. 土壤资源学. 北京:中国林业出版社,2007.

钱天伟,刘春国. 饱和非饱和土壤污染物转移. 北京:中国环境科学出版社,2007.

廖克. 中国土壤图. 北京:中国地图出版社,2007.

关连珠. 普通土壤学. 北京:中国农业大学出版社,2007.

王红旗,刘新会,李国学等. 土壤环境学. 北京:高等教育出版社,2007.

朱克贵. 土壤调查与制图(第2版). 北京:中国农业出版社,2007.

杨林章,董元华. 三峡库首地区土地资源潜力与生态环境建设. 中国水利水电出版社,2007.

龚子同,张甘霖,陈志诚等. 土壤发生与系统分类. 北京:科学出版社,2007.

赵其国. 土壤资源概论. 北京:科学出版社,2007.

骆永明. 香港地区土壤及其环境. 北京:科学出版社,2007.

徐盛荣. 土壤科学研究50年. 北京:中国农业出版社,2007.

曹志平. 土壤生态学. 北京:化学工业出版社,2007.

佘之祥,骆永明. 长江三角洲水土资源环境与可持续性. 北京:科学出版社,2007.

王全九,邵明安. 土壤中水分运动与溶质迁移. 北京:中国水利水电出版社,2007.

中国科学院南京土壤研究所. 马溶之与中国土壤科学. 南京:江苏科学技术出版社,2007.

许月卿,蔡运龙,彭建. 土地利用变化的土壤侵蚀效应评价(西南喀斯特山区的一个研究案例). 北京:科学出版社,2008.

张洪江. 土壤侵蚀原理(第2版). 北京:中国林业出版社,2008.

田杏芳,贾泽祥,刘斌,等. 黄土高原沟壑区典型小流域水土流失规律及水土保持治理效益分析研究. 郑州:黄河水利出版社,2008.

中国土壤学会. 中国土壤科学的现状与展望. 南京:河海大学出版社,2007.

李锐. 中国黄土高原研究与展望. 北京:科学出版社,2008.

何园球. 红壤质量演变与调控. 北京:科学出版社,2008.

庄卫民. 福建省分县土壤图集. 福州:福建地图出版社,2008.

李振高,骆永明,滕应. 土壤与环境微生物研究法. 北京:科学出版社,2008.

杨林章. 中国农田生态系统养分循环和平衡及其管理. 北京:科学出版社,2008.

曹志洪,周健民. 中国土壤质量. 北京:科学出版社,2008.

骆永明. 中国主要土壤环境问题及对策. 南京:河海大学出版社,2008.

薛惠锋,常远. 小流域综合治理管理模式研究. 北京:中国水利水电出版社,2008.

林先贵. 土壤微生物研究原理与方法. 北京:高等教育出版社,2008.

沈仁芳. 铝在土壤—植物中的行为及植物的适应机制. 北京:科学出版社,2008.

余新晓,张晓明,李建劳. 土壤侵蚀过程与机制. 北京:科学出版社,2009.

许炯心. 基于气候地貌植被耦合的黄河中游侵蚀过程. 北京:科学出版社,2009.

张辉. 土壤环境学实验教程. 上海:上海交通大学出版社,2009.

龚振平. 土壤学与农作物. 北京:中国水利水电出版社,2009.

依艳丽. 土壤物理研究法. 北京:北京大学出版社,2009.

谭伯勋. 灌漠土与持续农业. 成都:四川大学出版社,2009.

骆永明. 土壤环境与生态安全. 北京:科学出版社,2009.

徐建明,黄盘铭. 地球关键区界面反应:分子水平的环境土壤科学. 杭州:浙江大学出版社,2009.

贺康宁,王治国,赵永军. 开发建设项目水土保. 北京:中国林业出版社,2009.

王秀茹. 水土保持工程学. 北京:中国林业出版社,2009.

吴发启,高甲荣. 水土保持规划学. 北京:中国林业出版社,2009.

何艳芬,马超群. 松嫩平原中部农业区土地景观动态与农业自然灾害相互关系研究. 北京:中国环境科学出版社,2009.

尚松浩,毛晓敏,雷志栋. 土壤水分动态模拟模型及其应用. 北京:科学出版社,2009

王果. 土壤学. 北京:高等教育出版社,2009

邵明安,郭忠升,夏永秋等. 黄土高原土壤水分植被承载力研究. 北京:科学出版社,2010.

雷廷武,唐泽军. 坡面土壤侵蚀动力过程与化学调控技术. 北京:科学出版社,2010.

魏永霞. 坡耕地水土保持理论与技术研究. 北京:中国农业出版社,2010.

徐建明. 土壤质量指标与评价. 北京:科学出版社,2010.

水利部,中国科学院、中国工程院. 中国水土流失防治与生态安全(总卷上下、水土流失影响评价卷、水土流失数据卷、开发建设活动卷、水土流失政策卷、东北黑土区卷、北方土石山区卷、西北黄土高原区卷、长江上游及西南诸河区卷、南方红壤区卷、西南岩溶区卷、北方农牧交错区卷).北京:科学出版社,2010.

潘剑群.土壤调查与制图(第3版).北京:中国农业出版社,2010.

全斌.中国西北与东南土地利用变化及比较.北京:中国环境科学出版社,2010.

李世清,沈玉芳.黄土高原土壤有机氮及其矿化.北京:科学出版社,2010.

王瑄,李占斌.坡面水蚀输沙动力过程试验研究.北京:科学出版社,2010.

戴金水.裸露山体治理与水土保持.郑州:黄河水利出版社,2010.

曲向荣.土壤环境学.北京:清华大学出版社,2010.

朱鹤健,陈健飞,陈松林,何宜庚.土壤地理学(第2版).北京:高等教育出版社,2010.

董杰,杨达源.三峡库区的土地退化与生态重建.北京:科学出版社,2010.

师华定,齐永青.蒙古高原土壤风蚀研究.北京:中国环境科学出版社,2010.

于洪波,陈利顶,蔡国军,等.黄土丘陵沟壑区生态综合整治技术与模式.北京:科学出版社,2010.

韩贵清,周连仁.黑龙江盐渍土改良与利用.北京:中国农业出版社,2010.

谢萍若.中国东北土壤化学矿物学性质.北京:科学出版社,2010.

方少文,杨洁.江西省红壤土壤侵蚀与防治技术研究.郑州:黄河水利出版社,2010.

郭索彦.水土保持监测理论与方法.北京:中国水利水电出版社,2010.

雷廷武,唐泽军,于剑,等.坡面土壤侵蚀动力过程与化学调控技术.北京:科学出版社,2010.

林先贵.土壤微生物研究原理与方法.北京:高等教育出版社,2010.

邵明安,郭忠升,夏永秋,等.黄土高原土壤水分植被承载力研究.北京:科学出版社,2010.

邵明安,马东豪,朱元骏,等.黄土高原土石混合介质土壤水分研究.北京:科学出版社,2010.

史文娟,汪志荣,沈冰.夹砂层土壤水盐运移实验研究.北京:中国水利水电出版社,2010.

王全九,王辉,郭太龙.黄土坡面土壤溶质随地表径流迁移特征与数学模型.北京:科学出版社,2010.

谢萍若.中国东北土壤化学矿物学性质.北京:科学出版社,2010.

张建国,金斌斌.土壤与农作.郑州:黄河水利出版社,2010.

陈彩虹,佘济云,田蜜.城乡交错带林下植被及土壤肥力研究.北京:中国林业出版社,2011.

陈新军.水土保持与生态文明:沂蒙山区水土保持探索与实践.北京:知识产权出版社,2011.

党维勤.黄土高原小流域坝系评价理论及其实证研究.北京:中国水利水电出版社,2011.

丁昌璞,徐仁扣.土壤的氧化还原过程及其研究法.北京:科学出版社,2011.

耿增超,戴伟.土壤学.北京:科学出版社,2011.

蓝勇.近两千年长江上游森林分布与水土流失研究.北京:社会科学出版社,2011.

李月臣,刘春霞.三峡库区水土流失问题研究——格局过程机制与防治.北京:科学出版社,2011.

李跃军.山地旅游地水土保持景观生态建设.北京:中国环境科学出版社,2011.

刘增文,吴发启.水土保持实验研究方法.北京:科学出版社,2011.

南忠仁.干旱区绿洲土壤作物系统重金属化学行为及生态风险评估研究.北京:中国环境科学出版社,2011.

史海滨,李瑞平,杨树青.盐渍化土壤水热盐迁移与节水灌溉理论研究.北京:中国水利水电出版社,2011.

史学建,秦奋.基于GIS和RS的黄土高原土壤侵蚀预测预报技术.郑州:黄河水利出版社,2011.

苏芳莉.辽东地区不同营林措施对土壤特性的影响及其作用过程研究.郑州:黄河水利出版社,2011.

王济,白玲玉,张浩.贵阳城市土壤重金属污染研究.北京:气象出版社,2011.

王敬国.设施菜田退化土壤修复与资源高效利用.北京:中国农业大学出版社,2011.

许信旺.农田土壤有机碳变化研究.合肥:安徽师范大学出版社,2011.

张学洪,刘杰,朱义年.重金属污染土壤的植物修复技术研究.北京:科学出版社,2011.

中国土壤学会,中国科学技术协会.土壤学学科发展报告(2010～2011).北京:中国科学技术出版社,2011.

周月鲁,王健.黄河流域水土保持概论.郑州:黄河水利出版社,2011.

蔡强国,朱阿兴,毕华兴,等.中国主要水蚀区水土流失综合调控与治理范式.北京:中国水利水电出版社,2012.

陈怀满.土壤中化学物质行为与环境质量.北京:科学出版社,2012.

陈利顶,吕昌河.黄土丘陵区土地利用与水土流失的尺度效应研究.北京:科学出版社,2012.

海春兴.内蒙古高原中部及其东南缘土地利用与土壤风蚀研究.北京:中央民族大学出版社,2012.

雷金银,吴发启,李生宝.黄土高原北部风沙土地退化与治理研究.银川:宁夏人民教育出版社,2012.

李新荣.荒漠生物土壤结皮生态与水文学研究.北京:高等教育出版社,2012.

刘继龙,马孝义,汪可欣,张振华.土壤特性的时空变异性及其应用研究.北京:中国水利水电出版社,2012.

刘孝盈,于琪洋,杨爱民,等.前沿研究:典型国家土壤侵蚀与泥沙淤积.北京:中国水利水电出版社,2012.

骆永明.长江、珠江三角洲土壤及其环境.北京:科学出版社,2012.

骆永明.城郊农田土壤复合污染与修复研究.北京:科学出版社,2012.

骆永明.重金属污染土壤的香薷植物修复研究.北京:科学出版社,2012.

孟令钦,王念忠.坡耕地水土流失防治技术.北京:中国水利水电出版社,2012.

申向东,李晓丽,邹春霞.寒旱区农牧交错带土壤风蚀运动特性及其影响因子研究.北京:中国水利水电出版社,2012.

施建平,杨林章.陆地生态系统土壤观测质量保证与质量控制.北京:中国环境科学出版社,2012.

王昌全,李冰.成都平原土壤质量研究.北京:科学出版社,2012.

吴发启,张洪江.土壤侵蚀学.北京:科学出版社,2012.

吴向华,刘五星.土壤微生物生态工程.北京:化学工业出版社,2012.

肖珊美.土壤检验技术.北京:化学工业出版社,2012.

张凤敏,刘建玲.河北省丰润区耕地地力评价与利用.北京:知识产权出版社,2012.

张甘霖,龚子同.土壤调查实验室分析方法.北京:科学出版社,2012.

张洪萍.盐渍土的工程性质及防治.北京:国防工业出版社,2012.

张妙仙.土壤水盐动态预测及调控.北京:科学出版社,2012.

张胜利,吴祥元.水土保持工程学.北京:科学出版社,2012.

赵秉强.施肥制度与土壤可持续利用.北京:科学出版社,2012.

赵辉.红壤区流域径流输沙规律.北京:中国水利水电出版社,2012.

赵建民,李靖,吴发启.基于生态系统服务的水土保持综合效益评价研究.银川:宁夏人民教育出版社,2012.

赵景波,曹军骥.青海湖流域土壤水与土壤水库研究.北京:科学出版社,2012.

赵烨.土壤环境科学与工程.北京:北京师范大学出版社,2012.

中国土壤学会.面向未来的土壤科学(共3册).成都:电子科技大学出版社,2012.

车宗贤.土壤科学与水肥资源高效利用.兰州:甘肃科学技术出版社,2013.

陈阜,张海林.保护性耕作的土壤生态与固碳减排效应:华北麦玉两熟区典型研究.北京:中国农业大学出版社,2013.

陈志彪,陈志强,岳辉.花岗岩红壤侵蚀区水土保持综合研究:以福建省长汀朱溪小流域为例.北京:科学出版社,2013.

方海兰.城市土壤生态功能与有机废弃物循环利用.上海:上海科学技术出版社,2013.

国土资源部土地整理重点实验室.土地复垦潜力调查评价研究.北京:中国农业科学技术出版社,2013.

郝汉舟.土壤地理学与生物地理学实习实践教程.成都:西南交通大学出版社,2013.

侯振安,龚江.干旱区滴灌棉花土壤水盐养分运移与调控.杨凌:西北农林科技大学出版社,2013.

环境保护部自然生态保护司.土壤污染与人体健康.北京:中国环境科学出版社,2013.

兰思仁.生态文明建设背景下的水土流失治理模式创新.厦门:厦门大学出版社,2013.

李国刚等.土壤和固体废物污染物分析测试方法.北京:化学工业出版社,2013.

李晶,任志远.基于3S的陕北黄土高原土地生态效益与生态安全评价.北京:测绘出版社,2013.

李正才,王斌,格日乐图,杨校生.北亚热带土地利用变化对土壤有机碳的影响究.北京:中国林业出版社,2013.

李子君.水土保持措施的水文水资源效应.北京:北京大学出版社,2013.

林和明,李永涛.广东土地整治理论与实践.北京:中国农业出版社,2013.

刘铁军,刘艳萍,赵显波,等.黑土地冻融作用与土壤风蚀研究.北京:中国水利水电出版社,2013.

刘永定,胡春香,张文军.荒漠蓝藻环境生物学与生物土壤结皮固沙.北京:科学出版社,2013.

罗承德,李贤伟.森林土壤研究集成.北京:科学出版社,2013.

石玉林.新疆人工绿洲建设、盐碱地改良与农林牧业可持续发展.北京:中国水利水电出版社,2013.

隋红.有机污染土壤和地下水修复.北京:科学出版社,2013.

孙传芝,邢世和.厦门市耕地土壤与地力评价.北京:中国农业科学技术出版社,2013.

王丽学,熊守纯.秸秆残茬覆盖对农田土壤水热效应和侵蚀的影响研究.郑州:黄河水利出版社,2013.

吴发启,王健,张青峰,等.水土保持图集.郑州:黄河水利出版社,2013.

徐仁扣.酸化红壤的修复原理与技术.北京:科学出版社,2013.

杨广斌,王济,蔡雄飞,安裕伦.喀斯特山区土壤侵蚀评价及数值模拟.北京:气象出版社,2013.

余殿友.河南省信阳市耕地地力评价.北京:中国农业科学技术出版社,2013.

余明辉.水土流失与水土保持.北京:中国水利水电出版社,2013.

余晓新,毕华兴.水土保持学(第3版).北京:中国林业出版社,2013.

张洪江.水土保持与荒漠化防治实践教程.北京:科学出版社,2013.

张建军,朱金兆.水土保持监测指标的观测方法.北京:中国林业出版社,2013.

张建明,胡双熙,周宏飞,等.中亚土壤地理.北京:气象出版社,2013.

张普.黄土—古土壤同位素记录的若干问题讨论.北京:海洋出版社,2013.

赵兰坡,王宇,冯君,等.松嫩平原盐碱地改良利用:理论与技术.北京:科学出版社,2013.

周健民,沈仁芳.土壤学大辞典.北京:科学出版社,2013.

朱首军,黄炎和.开发建设项目水土保持.北京:科学出版社,2013.

毕润成.土壤污染物概论.北京:科学出版社,2014.

陈松林.武夷山土壤地理实习指导.北京:科学出版社,2014.

戴春胜,龙显助,孙飚,等.松嫩平原分散性黏土形成机理与治理对策研究.北京:中国农业科学技术出版社,2014.

方海兰.城市土壤生态功能与有机废弃物循环利用.上海:上海科学技术出版社,2014.

龚子同.中国自然地理系列专著:中国土壤地理.北京:科学出版社,2014.

郭索彦.水土保持治理措施普查方法.北京:中国水利水电出版社,2014.

郭索彦.土壤侵蚀调查与评价.北京:中国水利水电出版社,2014.

郭忠升.土壤水分植被承载力的理论与实践.北京:科学出版社,2014.

逄焕成,李玉义.西北沿黄灌区盐碱地改良与利用.北京:科学出版社,2014.

金丽华,郑雅莲,张世文.通州土壤资源及其高效利用.北京:中国农业科学技术出版社,2014.

李新举,方玉东,刘宁.黄河三角洲土壤质量时空演变规律.北京:学苑出版社,2014.

林采舜,蔡建军.临海耕地地力评价.北京:中国农业科学技术出版社,2014.

史舟.土壤地面高光谱遥感原理与方法.北京:科学出版社,2014.

王宝桐,潘庆宾.侵蚀沟道水土流失防治技术.北京:中国水利水电出版社,2014.

汪海斌,冯兆东.黄土高原古土壤S1的地理分异:末次间冰期古气候重建置疑.兰州:兰州大学出版社,2014.

王家强,彭杰.土壤地理学实验实习指导.成都:西南财经大学出版社,2014.

吴嘉平,荆长伟,支俊俊,等.浙江省土壤数据库及其应用.杭州:浙江大学出版社,2014.

吴珊眉.中国变性土.北京:科学出版社,2014.

谢俊奇,郭旭东.土地生态学.北京:科学出版社,2014.

谢晓梅.土壤与植物营养学实验.杭州:浙江大学出版社,2014.

谢永生.中国黄土高原水土保持与农业可持续发展.北京:科学出版社,2014.

徐树建,任丽英.土壤地理学实验实习教程.济南:山东人民出版社,2014.

续勇波.热带亚热带土壤氮素反硝化及其环境效应.北京:科学出版社,2014.

阎国荣,彭立新.耐盐植物生物改良滨海盐渍地研究.北京:中国林业出版社,2014.

杨帆,罗金明.松嫩平原盐渍化区水盐转化规律与调控机理.北京:中国环境科学出版社,2014.

杨贵羽,王浩,贾仰文,等.土壤水资源定量评价理论与实践.北京:科学出版社,2014.

姚文艺.土壤侵蚀模型及工程应用.北京:科学出版社,2014.

张富,姚进忠,雷升文,等.甘肃省水土保持综合治理效益研究.郑州:黄河水利出版社,2014.

张洪江,程金花.土壤侵蚀原理(第3版).北京:科学出版社,2014.

张科利,王志强,高晓飞,张卓栋.土壤地理综合实践教程.北京:科学出版社,2014.

赵其国,黄国勤.广西红壤.北京:中国环境科学出版社,2014.